GESCHICHTE VON STADT UND KREIS WETZLAR

Dr. AUGUST SCHOENWERK

GESCHICHTE VON STADT UND KREIS WETZLAR

2. überarbeitete und erweiterte Auflage
von

HERBERT FLENDER

PEGASUS VERLAG WETZLAR

Der Textteil „Die Ur- und Vorgeschichte"
wurde von Heinrich Janke neu geschrieben

Bilder: Erich Schick: 24, Dr. Kurt Hinze: 1,
Heinrich Janke: 4 und 2 Kartenskizzen, Rudolf Virnich: 1

Historisches Archiv der Stadt Wetzlar: 9 und 4 Dokumente

Städtisches Museum Wetzlar: 10

Umschlagfoto: Dom zu Wetzlar, Aufnahme Erich Schick

Schutzumschlag, Einband und Textzeichnungen: Klaus Gelbhaar, Weilburg

2. Auflage 1975

Herstellung: Buch- und Offsetdruck W. Bechstein KG, 633 Wetzlar

Printed in Germany

ISBN 3-87619-005-3

VORWORT ZUR ZWEITEN AUFLAGE

Der immer dringender werdende Wunsch, die Schoenwerk'sche „Geschichtliche Heimatkunde von Stadt und Kreis Wetzlar" neu aufzulegen und damit wieder verfügbar zu machen, war der unüberhörbare Auftrag für alle Mitarbeiter an der Gestaltung einer 2. Auflage mit dem Titel „Geschichte von Stadt und Kreis Wetzlar".

Da die Kritiker der Erstauflage durchweg die Gründlichkeit der zugrundeliegenden heimatgeschichtlichen Forschungen, die Gültigkeit der Darstellungen und nicht zuletzt die Art der sprachlichen Formung gelobt hatten, stand es von vornherein außer Frage, den vorhandenen Text möglichst unangetastet zu lassen und nur bei einigen wenigen sachlichen Fehlern oder Irrtümern, die Schoenwerk zumeist noch selbst für eine vorgesehene Zweitauflage kenntlich gemacht hatte, die notwendigen Verbesserungen vorzunehmen.

Größere Eingriffe erforderten die Anfangs- und Schlußkapitel des Werkes. Die Erforschung der ur- und vorgeschichtlichen Bodenaltertümer in Stadt und Kreis Wetzlar, viel zu lange ein Stiefkind unserer Heimatgeschichte, hat in den beiden letzten Jahrzehnten ganz erhebliche Fortschritte gemacht, an Systematik gewonnen und wichtige neue Erkenntnisse gebracht. Dies ist in erster Linie ein Verdienst des Kreisbeauftragten für Bodendenkmalspflege Heinrich Janke. Deshalb erschien es berechtigt, ihm eine Neufassung des Eingangskapitels zu überlassen, die alle Forschungsergebnisse der letzten Jahre berücksichtigt.

Die beiden letzten Kapitel erforderten naturgemäß eine sorgfältige Überarbeitung, da sich seit Erscheinen der Erstauflage nicht nur in Industrie und Wirtschaft, sondern auch auf allen Gebieten des öffentlichen Lebens gewaltige Veränderungen vollzogen haben, deren Ausmaß gerade der so recht ermessen kann, der beim Studium des Gesamtwerkes den Gang durch die Geschichte der vergangenen Jahrhunderte verfolgt hat.

Die Lieraturnachweise wurden um alle Veröffentlichungen erweitert, die seit Herausgabe der Erstauflage erschienen sind bzw. bekannt wurden und soweit sie dem interessierten Leser zur Vertiefung seiner heimatgeschichtlichen Kenntnisse dienen können; sie umfassen nun freilich erheblich mehr Werke und Aufsätze, als sie der Verfasser damals verwerten konnte, und zahlreiche neue Gedanken, Hinweise und Forschungsansätze, die im Text selbst noch keine Beachtung gefunden haben.

Sämtliche Kapitel wurden der besseren Übersicht und Lesbarkeit halber durchgehend mit Zwischentiteln versehen.

Man hat nach Erscheinen der Erstauflage allgemein das Fehlen eines Namen- und Sachregisters bedauert; der suchende und nicht ganz sachkundige Leser bemängelte dies am meisten. Niemand erkannte dies eher als Schoenwerk selbst, und er hinterließ ein mit äußerster Sorgfalt erarbeitetes Register, das nun nach entsprechender Überprüfung und Ergänzung in die 2. Auflage übernommen werden konnte.

Auch die äußere Ausstattung der Erstauflage hatte manche Kritik hervorgerufen. Deshalb wurde nunmehr Wert darauf gelegt, das Werk mit guten Bildern auszustatten, bei deren Auswahl Museumsdirektor Walter Ebertz kundige Hilfe gewährte und deren technische Herstellung Erich Schick besorgte. Die Gestaltung des Umschlages lag in den bewährten Händen von Klaus Gelbhaar, dessen Zeichnungen teilweise aus der Erstauflage übernommen werden konnten.

Das Lesen der Korrekturen übernahm in bewährter Genauigkeit mein Kollege Rudolf Virnich.

Der Verleger scheute keine Mühen, die so lang ersehnte Neuauflage in bestmöglicher Ausstattung herauszubringen.

Allen genannten und auch vielen ungenannten Mitarbeitern danke ich für ihre selbstlose und freundschaftliche Hilfe bei einer Arbeit, die ich meinem unvergeßlichen Patenonkel August Schoenwerk schuldig war.

Juni 1975 Herbert Flender

VORWORT ZUR ERSTEN AUFLAGE

Diese Darstellung der Geschichte von Stadt und Kreis Wetzlar ist entstanden, um den vielfachen Wünschen nachzukommen, die immer wieder an den Verleger herangetragen worden sind. Alteingesessene und – noch häufiger – Neubürger möchten ein Bild von der Vergangenheit ihres Lebenskreises gewinnen, durchreisende Fremde wollen ein Buch mitnehmen, das ihnen ihre Eindrücke wachhalten und ergänzen könnte, und nicht zuletzt suchen Lehrer eine verläßliche Auskunft für ihren Unterricht, möglichst sogar ein Buch für die Hand ihrer Schüler. Das Verlangen scheint eindeutig, aber im einzelnen gehen die Wünsche doch weit auseinander: in der Stoffauswahl vom großen Überblick bis zum Nachschlagewerk und in der Form vom knappen sachlichen Bericht bis zur novellistischen Geschichtserzählung.

Dabei wird von den meisten stillschweigend vorausgesetzt, daß die Aufgabe nur darin bestehe, aus vorhandenen wissenschaftlichen Geschichtswerken einen geschickten, allgemeinverständlichen Auszug zu liefern. Tatsächlich fehlt aber für Stadt und Kreis Wetzlar eine umfassende, durchgängig auf Quellenstudium aufbauende Gesamtdarstellung nach wissenschaftlichen Erfordernissen. Vieles hätte dafür gesprochen, zunächst alle Kräfte und verfügbaren Mittel an ein solches Werk zu wenden und dann erst eine Darstellung für weitere Kreise folgen zu lassen. Aber bis einmal alle Forschungslücken ausgefüllt sind, wäre es noch ein langer Weg, und so lange kann das bestehende drängende Verlangen nach einer zuverlässigen geschichtlichen Heimatkunde nicht warten.

In solcher Lage empfiehlt sich als einzige Darstellungsform, die den eingangs genannten auseinandergehenden Wünschen vermittelnd gerecht werden kann, die des allgemeinverständlichen Tatsachenberichts. Der kann dann als Grundlage für andere Darstellungsweisen dienen, während „Geschichten" und erzählerisch ausgeschmückte Geschichtsbilder, in denen vielleicht Tatsachenkern und erdichtete Zutat nicht sicher zu scheiden wären, doch immer noch die Frage offen ließen, wo man etwa die Geschichtstreue nachprüfen könnte. Denn es gibt - viel weiter verbreitet, als es bei oberflächlicher Beobachtung scheint - neben dem bloßen Unterhaltungsbedürfnis auch einen echten, unbeirrbaren Drang nach geschichtlichem Wissen, der erfahren will, was sich wirklich und wahrhaftig auf dem Heimatboden abgespielt hat und was die in Bauten, Inschriften und Namen noch sicht- und vernehmbaren Zeugen der Vergangenheit zu sagen haben. Darin besteht ja gerade der Reiz der Heimatgeschichte, daß vieles von dem, was in Geschichtsbüchern als fremde Mär aus weiter Ferne erscheint, hier als wirklich geschehende Tatsache in greifbarer Nähe vor Augen steht, daß Menschen wie du und ich, wohl gar die eigenen blutsverwandten Vorfahren, Geschichte gemacht, erlebt und erlitten haben. Wer könnte es verantworten, diesem echten Verlangen, das an Stelle von Meinen und Hörensagen verbürgte Gewißheit will, Geschichten statt Geschichte darzubieten!

Wir dürfen freilich nicht erwarten, im engen heimischen Raum all das Große, Erregende und Bewunderungswürdige an Dingen und Menschen vorzufinden, das die Allgemeingeschichte in weiter Auslese zusammenträgt. Ein ehrlicher Heimatforscher muß vielmehr eingestehen, daß es mitunter über lange Zeiträume oder über andernorts wohlbezeugte Zustände und Begebenheiten aus der eigenen Heimat nichts oder nur wenig zu berichten gibt. Das kann an Lücken der Überlieferung oder mangelnder Forschung liegen, aber oft genug erweist sich das Anderssein als wirkliche heimatliche Eigenart.

In solchen Fällen nach bekannten Mustern für die fehlenden Abschnitte eine „Heimatgeschichte” zu rekonstruieren, liefe auf eine Vortäuschung hinaus, wenn nicht Vermutungen auch ausdrücklich als solche gekennzeichnet sind. Hier werden deshalb Geschichtsabschnitte, für die es an heimischen Unterlagen mangelt, nur im Überblick behandelt. Vollständigkeit und gleichmäßige Ausführlichkeit war nicht zu erreichen; so mußte demjenigen am meisten Raum gegönnt werden, was die Eigenart der Heimat ausmacht oder dem Verstehen der Heutigen ferner liegt und dennoch bis in die Gegenwart wirkt, also zum Beispiel dem Mittelalter.

Weil Stadt und Kreis Wetzlar zwar erst durch neuzeitliche Behördenorganisation wieder zusammen geführt worden sind, aber von alters her eine Einheit bilden, ist es möglich, die Geschichte von Stadt und Land gemeinsam darzustellen. Unmöglich aber wäre es, in dem gegebenen Rahmen für jeden Ort im Kreise eine Chronik zu liefern. Naturgemäß ist von der alten Reichsstadt mehr überliefert als von der Überzahl der Dörfer; ihre Bedeutung und Eigenart rechtfertigt eine gründliche Schilderung und darf auf Beachtung über ihre Mauern hinaus rechnen. Geht eine Dorfchronik jedoch so recht ins Einzelne, wie es die Heimatliebe verlangen darf, dann nehmen daran naturgemäß auch nur die Eingesessenen Anteil. Deshalb kann einer Gesamtdarstellung nur die Aufgabe zufallen, das Schicksal der ganzen Landschaft und das Allgemeingültige in den dörflichen Zuständen zu schildern. In dem so geschaffenen Rahmen bleibt das örtliche Bild noch durch Einzelforschung auszufüllen; doch möchte dieses Buch helfen, den Stoff hierfür bereitzustellen, die zu lösenden Aufgaben zu umreißen und durch Literaturhinweise zu jedem Kapitel die vertiefende Arbeit zu erleichtern.

Die geschichtliche Wirklichkeit soll erfaßt werden, soweit es uns vergönnt ist. Dazu gehört auch, daß nichts beschönigt oder ruhmredig erhoben wird, nur weil es Angelegenheit unserer Heimat ist; und ebenso wollen wir uns hüten, überheblich auf das Vergangene herabzusehen, als ob wir es herrlich weit gebracht hätten. Nein - wir müssen uns schon bemühen, im Vergangenen auch das ganz Andersartige als für seine Zeit notwendig zu sehen, zu verstehen und gelten zu lassen. Es sind doch alles Stufen der Entwicklung, die begangen werden mußten, und wir haben - im Guten und im Bösen - damit ein Erbe übernommen, das uns vor neue Aufgaben stellt. Dieses Bewußtsein mag uns bewahren vor lähmendem Schwärmen für eine „gute, alte Zeit” und uns stark machen für die Forderungen unserer Tage.

Dezember 1954 A. Schoenwerk

INHALTSÜBERSICHT

1. Die Ur- und Vorgeschichte

Das Gebiet des Kreises Wetzlar wird durch Lahn und Dill, aber auch durch zahlreiche Nebentäler dieser Flüsse stark gegliedert. Sein landschaftlicher Charakter wird zudem noch durch die Ausläufer des Taunus, des Westerwaldes und des Rothaargebirges entscheidend geprägt. Die dadurch bedingte Dreiteilung, die auch für die Besiedlung durch den Menschen verschiedene Voraussetzungen bot, brachte im Nordwesten, einer auch klimatisch vom Westerwald beeinflußten Landschaft mit kleinräumigen, höher gelegenen waldreichen Flächen, die weniger fruchtbare Böden aufweisen, dafür aber sicher für Viehzucht Vorteile boten, andere Voraussetzungen als die beiden anderen Teile. Von der Eisenzeit an werden dann Erze Anreize zur Besiedlung geboten haben.

Wesentlich siedlungsfreundlicher ist dagegen der Nordostteil des Kreises. Spielte auch hier das Erz eine bedeutende Rolle, so sind doch auch größere Lößflächen vorhanden, die in älterer Zeit dem prähistorischen Bauern gute Ernten versprachen, wie uns umfangreiche Einzelfunde aus neolithischer Zeit (Jungsteinzeit) beweisen. Die Öffnung der Landschaft durch die Lahn zum Marburger Raum und hier weiter nach Norddeutschland und Westfalen, führte unter anderen auch aus dieser Richtung zu kulturellen Einflüssen in frühester Zeit.

Der südliche Teil unterscheidet sich von den beiden anderen entscheidend. Wenn auch im Südwesten noch eine stärkere Gliederung durch die Taunusausläufer spürbar ist, so gehört der „Schöffengrund" z. B. zu den Gebieten mit größeren Lößflächen, die sich nach Südosten vergrößern. Hier öffnet sich der Kreis Wetzlar zur fruchtbaren Wetterau, die, wie wir heute wissen, bereits im Neolithikum eine dichte Besiedlung aufwies. Von der Wetterau her wird unser Gebiet auch immer wieder seine stärksten kulturellen Impulse erhalten haben.

Unser Kreis öffnet sich also im wesentlichen nach drei Seiten, durch die Lahn nach Nordosten und Westen und im Südosten zur Wetterau hin. Die vierte Öffnung durch die Dill nach Nordwesten spielte für die kulturellen Einflüsse keine sehr große Rolle.

Die Steinzeit

Da auch unser Gebiet zu den Räumen zählt, die nicht von Eis bedeckt waren (das Eis reichte von Norden bis zum Mittelgebirge und von Süden bis etwa zur Donau), sondern auch in den vereisungsstärksten Zeiten eine Art Tundra, zudem einen „Korridor" zwischen den großen Siedlungsräumen im Osten und dem Westen bildete, übte es bereits in frühester Zeit seine Anziehungskraft auf den damaligen Menschen aus.

Sicherlich waren es in erster Linie Jägergruppen, die bereits in der letzten Eiszeit (der Würm-Eiszeit) vor mindestens 50000 Jahren unser Land durchzogen. Wie wir aber durch intensive Forschung in der letzten Zeit wissen, haben sie sich hier und da zum längeren Verweilen niedergelassen.

Bereits in den 20er Jahren kamen Knochen eiszeitlicher Tiere, Mammut, Wollhaarnashorn und Rentier, aber auch Tiere wärmerer Zeiten wie Wildpferd, Bison und Riesenhirsch bei Steinbrucharbeiten aus den Höhlen der „Dalheimer Schlucht" bei Wetzlar zum Vorschein. Da einige Knochen angebrannt sind und auch andere Spuren menschlicher Manipulation wie Schnittkerben aufweisen, ist es sicher, daß der Mensch der Eiszeit mindestens zeitweise hier gelebt und in der Umgebung gejagt hat. Auf Werkzeuge wurde damals leider nicht geachtet. Sie sind zum Teil auch so „primitiv", daß sie nur der Fachmann von zufälligen Geröllen unterscheiden kann.

Ein ähnlicher Fall lag in den gleichen Jahren bei Braunfels an der Tiefenbacher Straße vor. Hier kamen ebenfalls bei Steinbrucharbeiten Knochen eines Wollhaarnashorns und Knochen anderer eiszeitlicher Tiere zum Vorschein. Nähere Begleitumstände sind leider auch hier nicht bekannt. Einige weitere Knochen stammen aus Aßlar, Rodheim-Bieber, Krofdorf-Gleiberg, Solms, Tiefenbach und Wetzlar.

Wichtiger zur Beurteilung der Anwesenheit der Menschen des Paläolithikums (der Altsteinzeit) sind seine hinterlassenen Werkzeuge. Artefakte aus Feuerstein, Kieselschiefer und Quarzit kennen wir in den meisten Fällen als Einzelfunde aus Atzbach, Bonbaden, Braunfels, Dutenhofen, Greifenstein, Hermannstein, Rechtenbach, Schwalbach, Wetzlar und Wißmar. Fast immer sind es einzelne Schaber oder gar nur unbearbeitete Abschläge. Aus Atzbach stammt ein sogenannter „Faustkeil", ein Universalwerkzeug, das verschiedenen Zwecken diente, der noch vor die letzte Eiszeit zu datieren ist.

Die ältesten Geräte lagen jedoch im Lahnkies und in den Schottern der darüberliegenden Lahnterrasse. Es sind sehr primitive Werkzeuge, z. T. retuschierte Abschläge, vornehmlich aus Quarzit. Wie alt sie genau sind, läßt sich nicht leicht entscheiden. Wir gehen aber sicher nicht fehl, wenn wir ihre Entstehung mindestens in die vorletzte, die Riß-Eiszeit, zurückverlegen.

Gehen wir aber zurück in die Zeit der jüngeren Altsteinzeit (etwa 50000–20000 v. Chr.). Die bisher wichtigste Fundstelle finden wir bei Braunfels. Hier wurden auf einem größeren Gelände südlich der Stadt bisher weit über 5000 Artefakte gesammelt. Kern-, Klopf- und „Amboßsteine", aber auch eine Fülle von kleinsten Absplissen und Abfällen zeugen von einer langen Tätigkeit des Menschen auf diesem Gelände. Auf dieser großen „Freilandstation" konnten bisher 14 Schlagstellen (Stellen, an denen Steinwerkzeuge hergestellt wurden) lokalisiert werden. Hier standen vielleicht auch die mit Häuten und Fellen verkleideten Zelte über längere Zeit.

Der Mensch muß immer wieder dieses Gelände aufgesucht haben, denn typologisch gesehen gehören die jüngsten Artefakte bereits ins Mesolithikum (Mittelsteinzeit), zwischen 8000 und 5000 v. Chr. Es handelt sich hier unter anderem um sogenannte Mikrolithen, winzige Besatzstücke, z. B. Dreiecke und Trapeze aus Feuerstein für Harpunen, wie sie für diese Zeit typisch sind. Das Mesolithikum ist bei uns, außer Braunfels, nur noch durch zwei kleine Besatzstücke vom Stoppelberg (Wetzlar) belegt.

Daß die Besiedlung bei Braunfels nicht im Mesolithikum endete, beweisen Steinbeile, Schaber und Scherben von der gleichen Fundstelle. Sie können der bandkeramischen und einer „Becherkultur", also der Jungsteinzeit, zugeordnet werden.

Das Neolithikum (4500–1800 v. Chr.) ist eine Zeit, in der unser Kreis Wetzlar eine außerordentliche Zuwanderung erfuhr. Aus dem Süden und Südosten über die Wetterau erreichte unser Gebiet eine Kulturströmung, die wir nach den Verzierungen der Gefäße, da wir den Namen des Volkes nicht kennen, die Bandkeramische nennen. Es handelte sich um in erster Linie Ackerbau treibende Menschen, die auf der Suche nach ertragreichen Böden, es wurden Lößböden in Bachnähe bevorzugt, in unser Gebiet vordrangen.

Die Landnahme wird sich friedlich vollzogen haben, da in dieser Zeit kaum mit einer zahlreichen Urbevölkerung zu rechnen war. Trotz der reichen Einzelfunde, die wir der Jungsteinzeit zuweisen können, im Kreis wurden bisher allein über 110 Steinbeile und ähnliche Geräte gefunden, sind bisher nur bei Aßlar, Bermoll, Leun, Niederkleen und neuerdings auch Braunfels Scherben und z. T. auch Gruben, die auf eine echte Niederlassung deuten, gefunden worden. Zweifellos handelt es sich jedoch um eine Forschungslücke, und wir müssen aufmerksamer Baugruben und andere Erdarbeiten beobachten.

Die Rößener-Kultur, die in der Wetterau z. T. parallel zur jüngeren Phase der Bandkeramik festgestellt wird, hat bei uns nur sehr geringe Spuren hinterlassen. Wie in der Wetterau fanden sich zwischen den linearbandkeramischen Scherben aus Aßlar einige, die der Rößener-Kultur zuzuordnen sind. In der Baugrube der neuen Schule in Wißmar kamen derartige stichverzierte Scherben zum Vorschein. Sonst kennen wir nur je eine Scherbe aus Lützellinden und Dornholzhausen. Sie lagen in einer Schicht der jüngsten Bronzezeit.

Zum Ende des Neolithikums, in der Zeit der Schnurkeramik (um 1800 v. Chr.), ebenfalls nach der Verzierung der Gefäße benannt, scheint die Besiedlungsdichte nachgelassen zu haben. Oder sind die Siedlungsspuren der bevorzugt Viehzucht treibenden Schnurkeramiker für uns nur schwerer zu finden?

Hatte man z. B. in der bandkeramischen Periode die Toten meistens in Hockerstellung in Gruben beigesetzt, so ist es jetzt das Hügelgrab, in das man sie bestattete. Wie in der davorliegenden Zeit wurden ihnen Dinge des täglichen Lebens mitgegeben. Oft sind es nur ein Becher und das Steinbeil, in selteneren Fällen eine bauchige Amphora oder Schmuck. Trotz der Fülle der Hügelgräberfelder im Kreis Wetzlar, kennen wir nur zwei, aus denen Funde der schnurkeramischen Periode bekannt sind. Die Gräber von Hochelheim und Oberbiel.

Ihre Anwesenheit verraten uns die Schnurkeramiker durch typische Steinbeile und Streitäxte aus der Gegend von Aßlar, Bonbaden, Braunfels, Dorlar, Garbenheim, Hohensolms, Krofdorf-Gleiberg, Launsbach, Naunheim, Niederlemp, Hörnsheim, Rechtenbach, Rodheim, Waldgirmes, Wetzlar, Wißmar und Vollnkirchen. Als einzige Spuren einer Niederlassung können wir vielleicht Becherscherben, die bei Braunfels gefunden wurden, werten und einen Becher aus Wetzlar, Friedenstraße.

An der „Dianaburg" bei Ulm wurde ein Dolch aus bräunlichem Feuerstein gefunden, der in diesen Zusammenhang zu stellen ist. Seine Form weist jedoch mehr auf kulturelle Verbindungen nach Norden hin.

Betrachten wir eine Verbreitungskarte jungsteinzeitlicher Funde des Kreises Wetzlar, so stellen wir fest, daß diese von Südost nach Nordwest schnell „ausdünnen". Ist das Fundmaterial um Naunheim noch recht häufig, so stellen die Funde von Bermoll und Leun nur noch im gewissen Sinne „Inseln" dar. In den Nachbargebieten Biedenkopf, Dillkreis und Westerwald sind jungsteinzeitliche Funde nur vereinzelt anzutreffen. So können wir den Kreis Wetzlar als „Randzone" der an solchen Funden reichen Wetterau ansehen. Kulturell ist unser Gebiet mit diesem eng verbunden.

Erst in der schnurkeramischen Zeit werden die Einflüsse von Osten stark spürbar, es kommt zu einer Überlagerung. Inwieweit sich Einflüsse der etwa gleichzeitigen Glockenbecherkultur von Westen her bei uns ausgewirkt haben, kann bisher nicht entschieden werden. Manches spricht dafür, es fehlen jedoch aufschlußreiche Bodenfunde.

Die Bronzezeit

In der nachfolgenden Bronzezeit (1700–1200 v. Chr.) ändert sich bei uns die Fundsituation. Funde sind aus der Frühphase kaum vorhanden. Nur aus der Umgebung von Wetzlar kennen wir ein schweres sogenanntes Randleistenbeil, das der frühen Bronzezeit zuzuordnen ist. Alle anderen Funde sind zeitlich später anzusetzen.

Erst aus der entwickelten Phase der „Hügelgräberbronzezeit" sind Funde häufiger. Reine Siedlungsfunde sind bisher keine bekannt; alle Funde stammen aus Hügelgräbern, die zumeist bereits Schaum 1816–18 im Auftrag des Fürsten zu Solms-Braunfels ausgegraben hat. Hügelgräberfelder dieser Zeit kennen wir aus Dornholzhausen, Niederwetz, Oberbiel und Wetzlar „Dalheim".

Das Fundmaterial setzt sich in erster Linie aus Bronzeschmuck, Nadeln, Armringen, Anhängern und Spitzknöpfen zusammen. Es kommen auch vier kleine Dolche und zwei Beile, die auf Männerbestattungen hindeuten, vor. Keramik ist sehr selten. Aus unserer Gegend kennen wir nur zwei Gefäße, die als Grabbeigaben dienten; Siedlungskeramik dagegen nicht. Keramik dieser Zeit ist allerdings auch in anderen Gebieten nicht häufig.

Armschmuck (Bronze) der Hügelgräberbronzezeit aus Wetzlar.

Mit dem Beginn der für uns jüngsten Phase der Bronzezeit (von 1200–800 v. Chr.), der nach den Befunden genannten Urnenfelderzeit, beginnt sich das Dunkel der Vorgeschichte ein wenig zu lichten. Es muß eine Zeit der für damalige Verhältnisse weltweiten Umwälzungen gewesen sein, was auch mit auf klimatische Änderungen zurückzuführen sein wird. Wir lesen von den dorischen Wanderungen und dem Einfall der „Seevölker" in Ägypten.

Auch unser Gebiet hat in dieser Zeit einen bis dahin nicht dagewesenen Zuzug von Süden zu verzeichnen. Die Urnenfelderleute waren wie die Bandkeramiker in erster Linie Bauern, denn auch sie bevorzugten fruchtbare Böden. Häufige Waffenfunde zeugen aber auch von ihrer Wehrtüchtigkeit.

Der Name Urnenfelderkultur ist auf eine veränderte Bestattungssitte zurückzuführen. Vor allem in Süddeutschland wurden ganze „Urnenfelder" entdeckt, bei denen kein Grabhügel erkennbar war. Auch die Toten wurden jetzt in der Regel verbrannt und in einer Urne, die meistens auch die Beigaben enthielt, beigesetzt. Trotzdem hat sich aber hier und da die alte Sitte der Beisetzung unter einem großen Hügel gehalten. Es werden sich jedoch auch verschiedenartige Kultureinflüsse auf die Grabsitten ausgewirkt haben. Wie wir in unserem Gebiet nicht nur mit Einflüssen aus dem Süden, sondern auch lahnaufwärts oder von Thüringen her rechnen müssen.

Wie in vorhergehender Zeit sind auch Funde der frühen Stufe (A) der Urnenfelderkultur bei uns selten. Erst in der Mittelstufe (B) wird das Fundmaterial reichhaltig. Reine Siedlungsfunde bleiben weiterhin relativ selten, dagegen belegen die Funde aus Gräbern eine lebhafte Besiedlung. Neben dem Flachgrab behält das Hügelgrab seine Bedeutung. Von drei Stellen kennen wir urnenfelderzeitliche Grabhügelfelder, von Bermoll, Hochelheim und Rodheim-Bieber. Um Flachgräber handelte es sich bei den Gräbern von Aßlar „Klein-Altenstädten", Dorn-

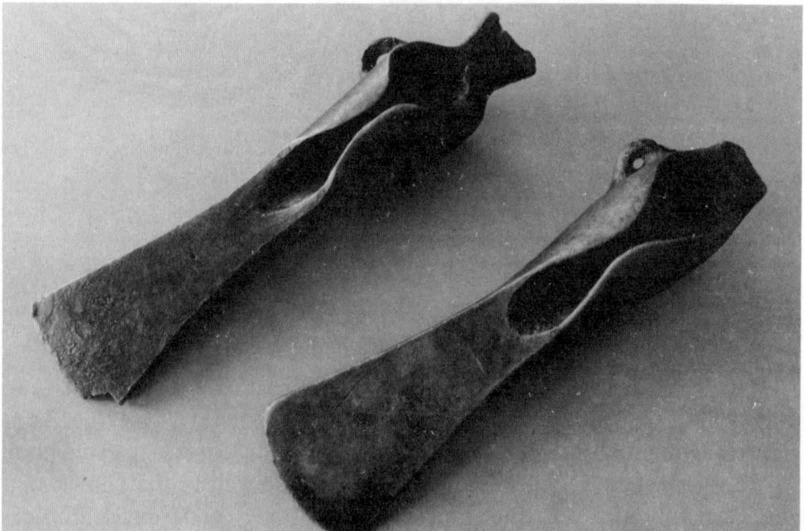

Bronzebeile der Urnenfelderzeit aus der Lahn bei Dutenhofen.

holzhausen, Hochelheim-Ort, Lützellinden, Rechtenbach, Wetzlar „Altenbergerstraße" und - „Scheib". Bei den Gräbern „Altenbergerstraße" und „Klein-Altenstädten" kann heute jedoch nicht mehr mit Sicherheit entschieden werden, ob es sich ursprünglich um Flach- oder Hügelgräber handelte. Ebenfalls läßt es sich beim Bronzefund aus Schwalbach „Siebendelle", der 1816 gefunden wurde, nicht mehr klar entscheiden, ob hier ein Grab- oder vielleicht ein „Hortfund" vorliegt.

Siedlungsfunde mit z. T. reichem Fundmaterial stammen aus Dornholzhausen, Rechtenbach, Schwalbach, Wetzlar „Drachengelände", - „Hauserberg" und - „Küchengrund". Dazu kommen noch Einzelfunde aus Braunfels, Naunheim, Wetzlar „Lahn" und - „Dulag", vor allen Dingen aber die Funde aus der Lahn bei Dutenhofen, zu denen Armringe, Beile und verschiedene Kleinfunde gehören.

Der wichtigste urnenfelderzeitliche Befund des Kreises Wetzlar dürfte der Grundriß eines kleinen Hauses, das bei Dornholzhausen ausgegraben werden konnte, sein. In drei Feuerstellen, die sich darin befanden, wurden Reste von rund 110 Gefäßen, Spinnwirtel, Webgewichte, Wetzsteine, Tonringe und Reste von fünf sogenannten „Feuerböcken" gefunden. Solche „Feuerböcke", hörnerartige Gebilde aus Ton, werden von vielen Forschern als Kultobjekte angesehen. Dicht neben dem Haus befand sich ein einfaches Brandgrab. Manches spricht dafür, daß es sich hier um einen Kultplatz gehandelt hat.

Der Übergang von der Urnenfelder- zur Voll-Hallstattzeit vollzieht sich in unserem Gebiet, nach Aussage des Fundmaterials, im 8ten Jahrhundert v. Chr. fließend. Die neuen Einwanderungen werden kaum zu kriegerischen Auseinandersetzungen geführt haben. Die späturnenfelderzeitlichen Funde aus Lützellinden weisen bereits deutliche Hallstattcharakteristik auf, das Grabinventar vom „Drachengelände" in Wetzlar dagegen noch Urnenfeldermerkmale. In einem Grabzusammenhang lag ein urnenfelderzeitlicher Becher mit typischer Verzierung; er mag mit der Füllerde in das Grab geraten sein. Hieraus wird ersichtlich, daß die Urnenfelderzeit noch nicht weit zurückgelegen hat.

Die Eisenzeit

In der Hallstattzeit, benannt nach dem Ort Hallstatt im Salzkammergut, die bei uns bis etwa 450 v. Chr. dauerte, bleibt die Zuwanderung aus dem Süden weiterhin bedeutend. Die Fundhäufigkeit erreicht ihren Höhepunkt. Die meisten Funde stammen aus Gräbern. Jetzt dominiert das Hügelgrab. Der Kreis Wetzlar ist geradezu eine „Hügelgräberprovinz", denn es gibt kaum ein Gebiet, das reicher an Grabhügeln ist. In unseren Wäldern, aber vereinzelt auch auf Äckern, hier

Tongefäß mit Fingertupfenverzierung der Hallstattzeit aus Lützellinden.

natürlich kaum noch erkennbar, wurden bisher rund 800 Hügel festgestellt.

Die meisten Funde aus Grabhügeln haben wir Schaum zu verdanken, der im Auftrag des Fürsten zu Solms-Braunfels in den Jahren 1816–18 allein im Gebiet des heutigen Kreises etwa 70 Hügel geöffnet hat. Das dabei geborgene Fundmaterial befindet sich, bis auf wenige Stücke, heute noch im Schloß Braunfels. Den größten Teil dieser Sammlung können wir der Hallstattzeit (750–450 v. Chr.) zuordnen. Eine chronologische Analyse der Grabbeigaben, soweit sie noch möglich ist, zeigt, daß unser Gebiet in der frühen bis mittleren Phase dieser Kulturstufe am dichtesten besiedelt war. Aber auch zum Ende dieser Zeit hin ändert sich das Bild nicht wesentlich.

Trotz der großen Verbreitung über unser Kreisgebiet, ist die Vorliebe der Hallstattleute für fruchtbare Böden unverkennbar. Hier lagen auch die Siedlungen. Die bisher größte „auf der Plank" bei Wetzlar, andere bei Aßlar, Brandoberndorf, Dreisbach, Ehringshausen, Leun, Münchholzhausen, Niederquembach, Oberndorf, Wetzlar „Altenbergerstraße", - „Heidenstock" und - „Trauar".

Bei den Untersuchungen wurden immer wieder Abfall- und sogenannte Wohngruben festgestellt, die häufig große Mengen Scherben von verschiedenen Gefäßen, aber auch Handmühlen, Spinnwirtel und Webgewichte enthielten, Gegenstände aus Metall dagegen sehr selten.

Bei Brandoberndorf gelang es, Reste einer kleinen Hütte freizulegen. Sie war nur 4 x 3 m groß. Von den Wänden aus lehmverstrichenem Reisig hatte sich nur im Feuer verziegelter „Hüttenlehm" erhalten. Das spitze Dach bestand sicher aus Stroh oder Schilf und wird wie in Norddeutschland gelegentlich bei Schafstellen bis zum Boden gereicht haben. Spuren von schräg zur Mitte eingesetzten Pfosten sprechen jedenfalls dafür. Zum Inventar dieser Hütte zählten auch hier viele Scherben verschiedener Gefäße, Spinnwirtel, Webgewichte, Reste von Mahlsteinen, aber auch eine eiserne Pflugschar eines einfachen Hakenpflugs.

In der Hallstattzeit, die auch als ältere Eisenzeit bezeichnet wird, begegnen wir bei uns zum erstenmal Eisengegenständen. Eisen war noch sehr rar, selten legte man dem Toten ein Rasiermesser, eine Lanze oder gar ein Eisenschwert mit in das Grab. Gelegentlich auch einen eisernen Ring. Schmuck wurde sonst weiterhin aus Bronze hergestellt. Dienten in der ersten Hälfte dieser Zeit oft ganze Geschirrsätze als Grabbeigaben, so überwiegen zur Endphase hin Metallbeigaben. Gefäße sind jetzt seltener.

Gräberfelder sind an so vielen Stellen im Kreis Wetzlar heute noch vorhanden, daß hier nur stellvertretend die größten genannt werden sollen. Es sind dies die Gräberfelder von Münchholzhausen und Lützellinden mit 85 und 86 Grabhügeln, aber auch die von Laufdorf (34), Oberwetz (49), Oberquembach (36) und Niederwetz mit 21. Der Durchmesser dieser Hügel schwankt zwischen 3 und 40 Metern. Leider sind immer wieder Raubgrabungen festzustellen, durch die wissenschaftlich wertvolle Funde, vor allem aber Befunde, ihrer Auswertung entzogen werden. Das neue Denkmalschutzgesetz sieht für solche Tätigkeiten sehr hohe Strafen vor, so daß zu hoffen ist, daß diese Zerstörungen aufhören.

Der oft gerühmte Reichtum der Hallstattzeit wird auf den Handel mit Salz und anderen Rohstoffen zurückgeführt. In unserer Gegend kann auch das Eisen eine Rolle gespielt haben, jedoch ist trotz der reichen Eisensteinvorkommen eine Verhüttung, die in diese Zeit zurückreicht, noch nicht nachgewiesen. Die häufig in unseren Wäldern anzutreffenden Eisenschlackenhalden sind sicher zum größten Teil erst später entstanden.

Erst in der darauffolgenden Latènezeit (450 - etwa 50 v. Chr.), nach einem wichtigen Fundort Latène am Neuchâteler See benannt, können wir mit Eisengewinnung in nennenswertem Umfang in unserem Gebiet rechnen. Schlüssig nachgewiesen ist das bisher noch nicht, denn z. B. auch die Schlackenhalden am „Dünsberg" überschneiden zum Teil die Wälle, sind folgedessen jünger. Der Eisengehalt der Schlacken reicht allein zu einer Altersbestimmung nicht aus.

Das bedeutendste Kulturdenkmal des Kreises Wetzlar ist der „Dünsberg" mit seiner dreifachen Umwallung. Die Wälle sind insgesamt 12 km lang und an manchen Stellen heute noch bis zu 10 m hoch. Innerhalb dieser Wälle befinden sich umfangreiche Ackerterrassen und Wohnpodien.

Wie Ausgrabungen und Begehungen 1974 zeigten, müssen sich auf dem Berg zum Teil auch Dauersiedlungen und Werkstätten befunden haben, denn es wurden neben großen Mengen Scherben von Gefäßen aller Art auch zahlreiche Metallfunde gemacht. Außer Waffen und Werkzeugen verschiedener Art wurden auch Geräte für die Landwirtschaft gefunden. Dieses Resultat weist darauf hin, daß die Wälle nicht nur den Menschen der Umgebung Schutz in Gefahrenzeiten bieten sollten, sondern daß der „Dünsberg" eine befestigte stadtartige Anlage, ein „Oppidum" war.

Allein aus Hessen kennen wir über 30 solcher oder ähnlicher Wall-

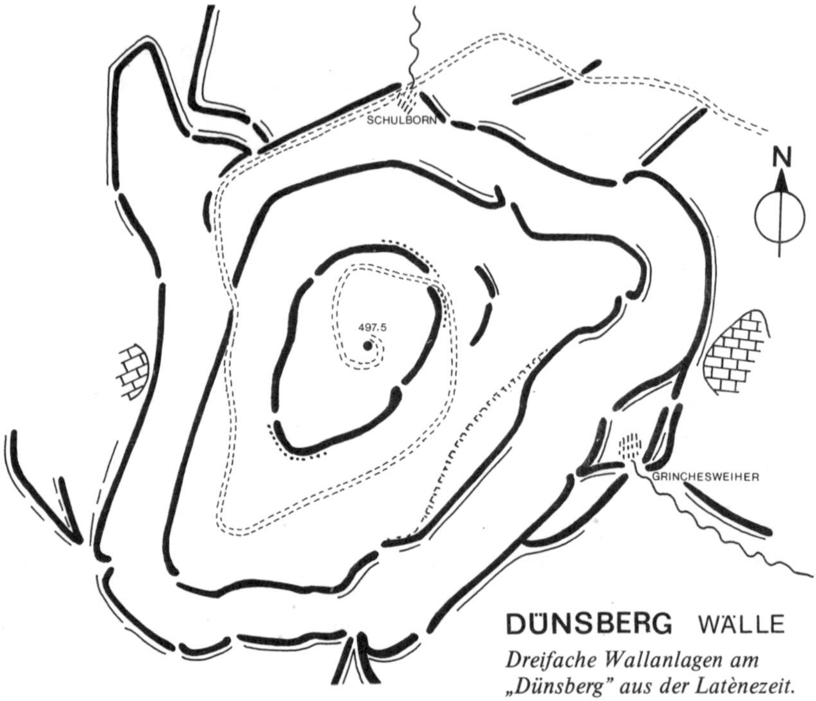

DÜNSBERG WÄLLE
Dreifache Wallanlagen am „Dünsberg" aus der Latènezeit.

anlagen. Eine zweite, wenn auch im Vergleich zum „Dünsberg" wesentlich kleinere Anlage liegt bei Holzhausen im Ulmtal. Eine Befestigung der Leuner - und Bieler Burg, des Stoppel- und Köhlerberges, auch des „Wehrholzes" bei Bonbaden ist gegenüber anderen Ansichten nicht nachzuweisen.

Freilandsiedlungen dieser Zeit sind im Kreis Wetzlar bisher lediglich bei Bonbaden, Burgsolms, Edingen, Krofdorf-Gleiberg, Leun, Reiskirchen und Wetzlar festgestellt worden. Einzelfunde liegen dagegen aus Aßlar, Bermoll, Braunfels, Dutenhofen, Greifenstein, Launsbach, Oberbiel, Oberlemp, Wetzlar und Wißmar vor. Bei Steindorf wurde 1904 bei Wegebauarbeiten ein „Depotfund" oder „Verwahrfund" geborgen, den möglicherweise ein fahrender Bronzegießer dort deponiert hatte. Der Fund besteht aus 24 verschiedenen Bronzeringen, vier Scheiben vom Pferdegeschirr, vier Blechstücken (vielleicht von einem Eimer) und drei „Bronzegußkuchen". Ein wissenschaftlich interessanter Fund, der an den äußersten Anfang der Latènezeit zu datieren ist.

Gräber kamen bisher nur vereinzelt ans Tageslicht, am „Dünsberg", bei Edingen, Ehringshausen (?) und Hochelheim, wo in den letzten Jahren mehrere sehr kleine Grabhügel ausgegraben werden konnten. Sie enthielten neben der Asche des Verstorbenen nur relativ wenige Beigaben, Armringe aus Bronze und Eisen, Gürtelketten, Fibelfragmente, in einem Fall Glasperlen und nur wenige Scherben von Gefäßen. Interessant ist, daß einem Toten ein Tier, wahrscheinlich ein Hund, mitgegeben wurde.

Als technische Errungenschaft bringen uns die Kelten, die Träger der Latènekultur, auf der Drehscheibe hergestellte Keramik. Bei uns kommt sie jedoch sehr selten vor. Das „Alltagsgeschirr" wurde noch wie in den zeiten davor aus freier Hand geformt. In den großen keltischen „Oppida" wie Manching werden jetzt die ersten Münzen aus Gold, Silber, Elektron (einer Gold-Silber-Legierung), aber auch aus Kupfer geprägt. Besonders typisch sind hier sogenannte „Regenbogenschüsselchen". Etwa um 1,5 cm große, schüsselförmige, auf der einen Seite mit einer Art „Regenbogen" verzierte Münzen. Auch aus dem Wetzlarer Gebiet kennen wir solche Münzen von Greifenstein, Oberbiel, Wetzlar-Büblingshausen und aus der Lahn bei Dutenhofen, jedoch bisher nicht vom „Dünsberg". Hier wurden nur an den Enden sorgsam abgeschliffene Teile von Bronzearmringen gefunden. Solches „Ringgeld" ist von verschiedenen keltischen Wallanlagen bekannt.

Kelt-Iberische Silbermünze aus Büblingshausen.

In der zweiten Hälfte des letzten vorchristlichen Jahrhunderts waren die Kelten dem sich verstärkenden Druck der Römer und der germanischen Völker nicht mehr gewachsen. Es rächte sich, daß sie keine einheitliche Staatsordnung und Führung hatten.

In unserem Gebiet dominierten zunehmend wohl die Chatten. Sie haben die bereits vorhandenen Anlagen auf dem „Dünsberg" erweitert und verstärkt. Ständige Auseinandersetzungen mit den immer wieder vorstoßenden Römern machten ihr Leben unruhig, aber auch sie hatten umgekehrt an der ständigen Bedrohung des damals sich fest in römischer Hand befindlichen Rhein-Main-Raumes teil, bis der unserem Gebiet so nahe Limes, der zuerst nur ein „Postenweg" war, nach und nach von den Römern durch Palisaden, Graben und gleichmäßig verteilte Wachtürme befestigt wurde. Kastelle lagen in regelmäßigen Abständen an wichtigen Durchlässen.

Die Bodenfunde sprechen jedoch nicht nur von Krieg. Über den Limes hinweg kam es zu friedlichen Handelsbeziehungen. Immer wieder treffen wir auch bei uns auf römisches Importgut. Wir kennen z. B.

17 römische Münzen aus unserem Kreis. Andere Funde stammen aus Burgsolms, Dutenhofen, vom „Dünsberg", aus Waldgirmes, Wetzlar und Wißmar. Germanische Gräber aus Garbenheim und Naunheim enthielten neben einheimischer „Ware" auch Keramik und Bronzegefäße römischer Herkunft. Neben Wißmar wurden nur bei Naunheim und am „Dünsberg" stärkere Spuren germanischer Siedlungen festgestellt.

Den Hauptanteil der Funde stellt auch in dieser Zeit die Keramik dar; sie ist immer noch fast ausschließlich aus freier Hand ohne Drehscheibe geformt, kann aber deutlich von Keramik anderer Zeiten unterschieden werden. Hier und da spürt man noch die alte Tradition der keltischen Kultur, ein Zeichen, daß die ehemalige Bevölkerung nicht einfach verdrängt, sondern in die neue integriert wurde.

Nach einer längeren, relativ friedlichen Zeit nehmen die Unruhen wieder zu. Die nachlassende Spannkraft der Römer und andererseits Erstarkung der Germanen führt zu Vorstößen dieser Stämme über den Limes hinweg, bis er schließlich in erster Linie von den Alemannen überrannt und ganz aufgegeben wird. Die Römer ziehen sich bis auf wenige Stützpunkte über den Rhein zurück. 368 n. Chr. dringt Kaiser Valentinian noch einmal über den Rhein und schlägt die Alemannen. Das ändert jedoch nichts an der Situation.

Jetzt prägen Alemannen und später Merowinger unser Land. Die Zeit der „Völkerwanderung" hat begonnen. Dieser Wandel (um 500 n. Chr.) geht nicht unblutig vor sich. Auf dem „Dünsberg" fanden sich zerbrochene Schwerter und andere Waffen, die hier auf größere Auseinandersetzungen hinweisen. An dieser Stelle drängen sich Gedanken an Aliso, Solicinium, an den Heimatforscher C. Metz auf, der Schlachten, wie die an den „Pontes longi", zwischen den Germanen und Römern bei Wetzlar sah. Die Bodenfunde und Befunde, auch seine eigenen, konnten diese Theorie jedoch nicht bestätigen. Auch die vielen Hügelgräber in unserer Gegend sind, wie wir gesehen haben, viele hundert Jahre älter als die Kämpfe zwischen Germanen und Römern.

Mit der Völkerwanderungszeit treten wir allmählich in die geschichtliche Zeit, in die Zeit der schriftlichen Überlieferungen. Die Vorgeschichte findet somit ihr Ende, wenn auch noch aus fränkischer Zeit kaum Urkunden auf uns gekommen sind. Auch Bodenfunde sind spärlich. Eigentlich kennen wir nur einige aus Wetzlar, Gräber aus Burgsolms, Ehringshausen und Naunheim. In Burgsolms am „Freien Stein" sind heute noch Wall und Graben eines befestigten Königshofes, einer sogenannten „Curtis" zu sehen, die dort an günstiger Stelle angelegt, sicher einen Lahnübergang schützen sollte. Eine ähnliche Situation können wir uns bei Wetzlar und Naunheim vorstellen.

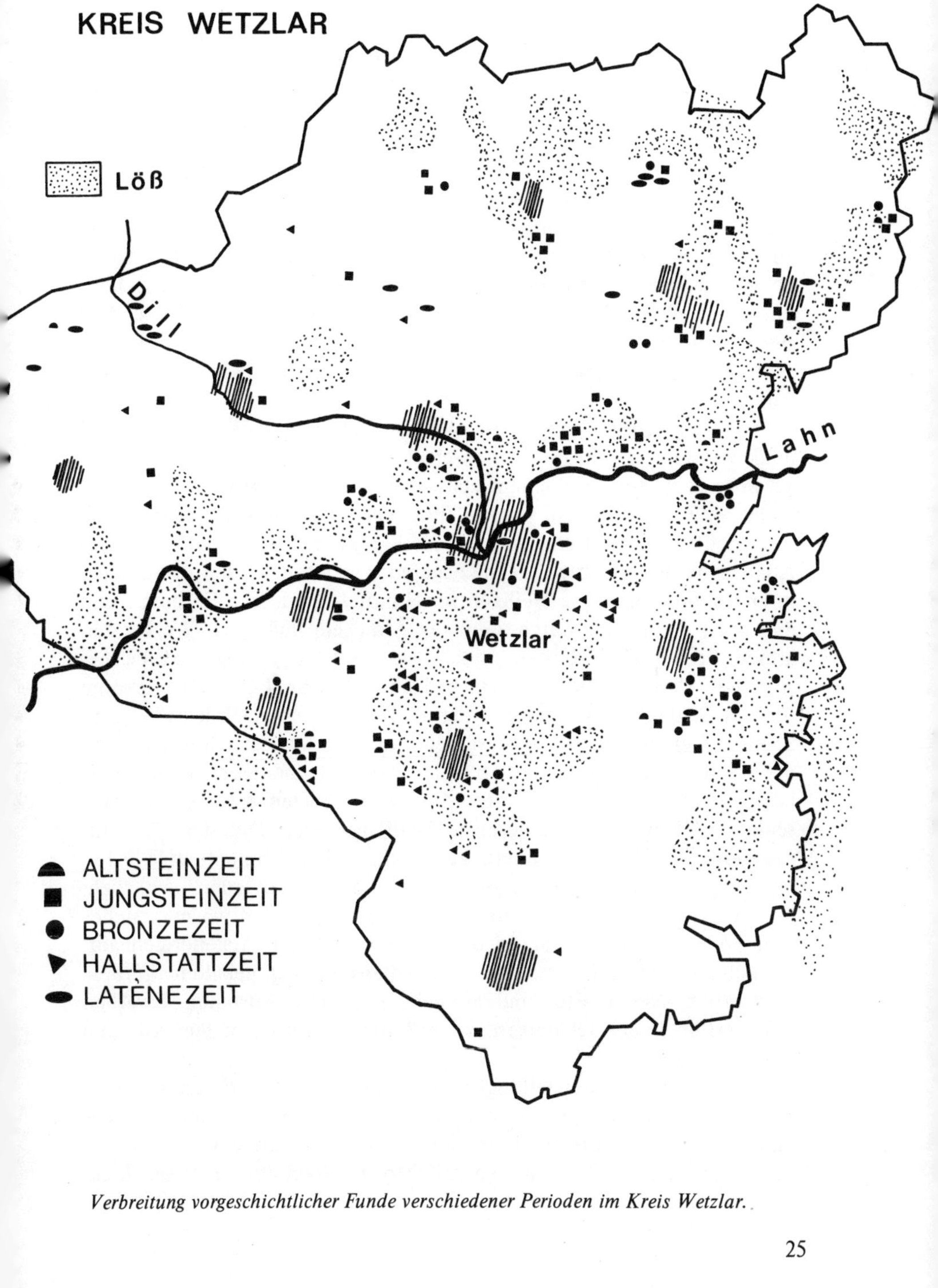

Verbreitung vorgeschichtlicher Funde verschiedener Perioden im Kreis Wetzlar.

2. Besiedlung in fränkischer Zeit

Christianisierung

Eine Legende erzählt, daß der heilige Lubentius schon um die Mitte des 4. Jahrhunderts von Trier aus lahnaufwärts gezogen sei und dort das Christentum gepredigt habe; auf wunderbare Weise habe denn auch ein Schifflein seine Leiche nach Dietkirchen gebracht, wo er beigesetzt wurde. Sicherlich haben aber in unserer Gegend erst Jahrhunderte später Missionare das Christentum gepredigt, und erst dem Angelsachsen Bonifatius und seinen Helfern wird zur Zeit Karl Martells (714-741) und König Pippins (751-768) die vollständige Bekehrung gelungen sein.

Nach der neuen Lehre trennt sich im Tode die Seele vom Leib und muß vor Gottes Thron Rechenschaft ablegen. Die meisten müssen gewärtig sein, zunächst einem zeitweiligen Läuterungsorte, dem Fegefeuer, überantwortet zu werden, und darum greifen sie sehnsüchtig nach den Gnadenmitteln, die von der Kirche zu einer Milderung oder Abkürzung des Aufenthaltes im Fegefeuer geboten werden. Denn nach ihrer Lehre können die Heiligen im Himmel durch ihre Fürbitten und die noch Lebenden durch Gebete, Almosen und gute Werke den armen Seelen Hilfe leisten, indem sie Gott zu gnädiger Milde bestimmen. Darum ist jeder darauf bedacht, noch bei Lebzeiten Fürsorge für das Seelenheil zu treffen oder - wie man es ausdrückte - „sein Selgerede zu bestellen". Das ist der Sinn der zahllosen Stiftungen an die Kirche, die von Menschen jeden Standes und jeder Vermögenslage dargebracht werden, damit die armen Seelen ins Gebet eingeschlossen, Totenmessen gelesen und alljährlich am Todestag Gedächtnisfeiern (Anniversar, Jahrzeit) gehalten werden. Namentlich Klöster, in denen Gebeine berühmter Heiliger bewahrt werden, wo viele Mönche oder Nonnen sich zum Gebet vereinigen und wo man sicher sein konnte, daß die Namen der Stifter und ihrer Angehörigen aufgezeichnet und die bestellten Gottesdienste auch gehalten wurden, namentlich also Klöster und ähnliche geistliche Anstalten erwarben das Vertrauen der Gläubigen, so daß ihnen Stiftungen aus nah und fern zuflossen.

Diesen Glaubensvorstellungen verdanken wir die frühesten Nachrichten über unseren Kreis, wie ja überhaupt die Überzahl aller Urkunden des Mittelalters mit solchen Stiftungen, mit der Vermögensverwaltung geistlicher Anstalten und den Abgaben der Leistungspflichtigen zu tun hat.

Die Ersterwähnungen von Orten der Heimat

Zwei Klöster wurden aus unserer Gegend in karolingischer Zeit besonders gerne bedacht: Das eine war L o r s c h , zwischen dem Odenwald und Worms gelegen; es barg die Gebeine des hl. Nazarius und war von einem Grafen Cancor gegründet worden (764), dessen Sohn Heimo zeitweise Graf in unserer Gegend war. Das andere ist F u l d a , die Gründung (744) und Grabstätte des hl. Bonifatius. Beide also weit entfernt, aber einstmals in hohem Ruf. Und dennoch besäßen wir keine Kunde aus karolingischer Zeit, wenn sich nicht 400 Jahre später Mönche die Mühe gemacht hätten, nach den alten Urkunden Auszüge und Verzeichnisse anzufertigen. Nur diese sind erhalten, und da zur Zeit ihrer Anfertigung die meisten fernliegenden Besitzungen den Klöstern bereits entfremdet waren und die Schreiber die erwähnten Orte und Menschen nicht kannten, mußten sich mancherlei Fehler einschleichen, die uns heute Rätsel aufgeben. Diesen Schenkungsurkunden, ferner einigen Güterlisten und sonstigen Quellen verdanken wir es immerhin, daß schon für die Zeit vor dem Jahre 1000 die folgenden Orte des Kreises schriftlich bezeugt sind; sie werden hier nach dem ABC aufgeführt, zusammen mit der alten Namensform und dem ersten Erwähnungsjahr. Ein Kreuz vor dem Namen deutet an, daß der Ort wüst geworden ist.

† A d e l n h a u s e n . „Adelholdeshusen" um 779; wüst, südl. Königsberg.

A h r d t und E r d a . „Erdehe, Ardahe" 771. Die Erdaer Mark wird in vielen Lorscher Schenkungen genannt ohne ausdrücklichen Hinweis auf die gleichnamigen Ortschaften. Namengebend ist der Ahrbach; die Endsilbe „-aha, affa" und ähnlich findet sich in den meisten alten Bachbezeichnungen und ist verwandt mit lateinisch „aqua = Wasser". „Gamenarde" und „Winarde" sind als Nebenbäche erwähnt.

A l b s h a u s e n . „Alboldeshusen". Ein Schenker des Namens Albold kommt 778 und 782 vor.

A ß l a r . „Haslare, Aslare" 793. Die Wortbildungssilbe -lar bedeutet „Leere, d. h. Weide". Die erste Silbe kann auf den Haselstrauch deuten, aber keinesfalls etwa auf den nordischen Götternamen der Asen, den man in Deutschland nicht kannte.

A t z b a c h . „Ettisbach" 771?. In der ersten Silbe kann der Personenname Atto stecken.

† B a r c d o r f 788. Ober- und Niederbarcdorf sind um 1400 Wüstungen gegenüber Ehringshausen.

† B e n s b u r g . „Benisburg" 788. Eine Wüstung zwischen Königsberg und Frankenbach.

† B e r g h a u s e n . „Berchusen" 9. Jh. Wüstung bei Wißmar.

† B e r n s c h e i d . „Berinscehit" 782. Es ist fraglich, ob damit nur eine Anhöhe bei Oberquembach gemeint ist oder eine Siedlung.

B i e b e r . „Biberaha" 9. Jh. Bach und Siedlung, die im Mittelalter ausgegangen war, aber wieder besiedelt worden ist.

B i e l , Ober- und Nieder-. „Bielle" 802. † Mittel-Biel.

B l a s b a c h . „Blasbach" 797 ?.

B o n b a d e n . „Banamaden" 772/3. Die Deutung als „Bann"-wiesen oder Wiesen eines „Banno" ist fragwürdig.

B r e i t e n b a c h . „Breitenbach" am Bach „Lemphia" 778.

† B r ü n i n g s b e r g . 790 schenkt ein Bruninc dem Kl. Lorsch in der Werdorfer Mark einen „Bifang", d. h. ein aus der Allmende als Eigentum umgrenztes („gefangenes") Gut.

D o r n h o l z h a u s e n . „Holzhusen" 815, 1294 „Durrenholzhusen"; dabei die Wüstung Obernholzhausen-Obertshausen. In der alten Wortform deutet die erste Silbe auf „dürr", nicht „Dorn". So auch Dornholzhausen b. Nassau.

E b e r s g ö n s . 9. Jh.? 1197 „Eberhartesgunnesse". Unter den vielen Schenkungen in der

Gönser Mark („Gunnisser, Gunnisheimer marca") ist nicht unterscheidbar, welcher von den Gönsorten: Kirchgöns, Langgöns, Pohlgöns oder Ebersgöns gemeint ist. Ein Eberhard kommt unter den Schenkernamen nicht vor.
E h r i n g s h a u s e n. 801 schenkt ein Jrinc dem Kl. Lorsch einen Bifang (s. o. bei Brüningsberg!) in der Barcdorfer Mark; 1284 „Jringeshusen".
Erda vgl. Ahrdt.
G a r b e n h e i m. „Garbenheim" 776. Personenname?
† G e r i n g s h a u s e n. Im Jahre 975 schenkt König Otto II. seinem Getreuen Otbrecht Besitzungen in Reiskirchen, die einem gewissen „Gerricus" abgesprochen worden sind. Dessen Name könnte in der Wüstung Geringshausen (1311 „Gerinchusen", 1314 „Geringishusen") nö. Reiskirchen stecken.
† G i l b e r t s h a u s e n. „Giselbrechteshusen" 890. Wüstung zwischen Erda und Frankenbach.
G i r m e s. Nieder- oder Waldgirmes. 771. „Germizer" Mark. Eine Hubenliste des Kl. Lorsch nennt nur Waldgirmes, „Waldgermice". Der Name ist bisher nicht befriedigend zu erklären.
† Obergirmes. 1327 „Germicze superior".
† H i l d e b a l d e s h u s e n. „Tidebaldeshusen, Hildebaldeshusen" vor 811. Als namengebender Schenker ist ein Hildebald genannt; deswegen wird „Tidebaldeshusen" eine Fehlschreibung sein. Damit entfällt aber auch die Wahrscheinlichkeit, daß Dietenhausen gemeint sein könnte. Der Ort muß im Waldgebiet des oberen Solmsbaches gelegen haben.
H o c h e l h e i m. 9. Jh. „Habechesheim", 1239 „Habechenheim", 15. Jh. „Hachenheim". Wohl von „habuch = Habicht", das aber hier Name einer Person war.
H ö r n s h e i m. 9. Jh. „Herlebesheim, Heriltisheim". 1257 „Herlisheim", 15. Jh. „Hirnsheim". Wohl von einem Personennamen Herlib od. ähnl.
† I m m e n h a u s e n. 780? Eine Imma schenkt dem Kl. Lorsch in der Wanendorfer Mark. 1278 „Iminhusen". Wüstung bei Oberwetz.
K i n z e n b a c h. „Chinzinbach" 788. Wohl von einem Personennamen herzuleiten.
K l e e n, Ober- und Nieder-, „Clehen, Cleheim" und der Bachname „Clehon" 744. Die Herleitung von „Klee" ist kaum statthaft.
K r o f d o r f. „Crufdorf" 771. Name bisher nicht befriedigend erklärt.
„L a r e". Die Schenkungen aus einem Ort und einer Mark dieses Namens sind auf Lohra zu beziehen, nicht, wie der Wetzlarer Heimatforscher H. Veltman vorgeschlagen hat, auf Wetzlar, noch weniger, wie C. Metz glaubte, auf ein ausgegangenes „Lohr" bei Aßlar; denn der dortige Flurname heißt „Loh, Löhchen" und bedeutet „Wald".
L a u f d o r f. „Lauptorf, Louptorph" 776. Vielleicht von „louf" = sprudelnder Bachlauf.
L e m p, Ober- und Nieder-. „Lempha" 845, der Bachname „Lemphia" 778; also die bekannte Silbe „-aha" oder „-apa, affa" mit einem bisher nicht befriedigend erklärten Grundwort.
L e u n. „Liuun" 771, 9. Jh. „Liuna", so auch 912. Vielleicht nach der Lahn benannt, deren Name für keltisch gilt.
L ü t z e l l i n d e n. 790? Welches „Linden" bei den vielfachen Schenkungen mit dieser Ortsbezeichnung gemeint ist, läßt sich nicht entscheiden; gemeint ist „zu den Linden". 1258 „Lutcelynden".
† M e i l b a c h. „Melcbach" 782. Eine Wüstung Meilbach gehörte 1350 zum Quembacher Gericht.
† M e r z h a u s e n. „Mertineshusen" 912. Wüstung bei Kraftsolms.
† M i t t e. „Mitte" 860, ein Bifang zwischen Gönser und Wanendorfer Mark (s. u.), 9. Jh. „Mitte, Mittaha" in der Solmser Mark, 912 „Mittiu". Vielleicht verschiedene Orte, darunter † Lahnmitte, eine Wüstung am Bahnhof Braunfels, und Möttau.
† M ü h l b a c h. „Mulinbach" 790, eine Wüstung bei Mudersbach.
M ü n c h h o l z h a u s e n. „Holzhusen" 774. Da in der gleichen Schenkung † Walsdorf und Allendorf genannt werden, wird man unter mehreren möglichen „Holzhausen" an Münchholzhausen denken müssen. 1349 „Monchulzhusin". Namengebend ein „Mönchhof", den dort Kloster Altenberg hatte? Oder sollte die Erinnerung bis in die Zeiten von Lorscher Klosterbesitz zurückreichen?
N a u b o r n. „Niuvora, Niuvern, Niuvaren" 778, im Mittelalter „Nuffern, Naufern", erst in der Neuzeit Nauborn. Man denkt bei dem Namen an „Neu-Fahre", eine Bezeichnung für einen Ort an einem neuen Weg.
N a u n h e i m. „Niuuenheim" 778/784, im Mittelalter „Nunheim", also „Neues Heim", dem Sinne nach ähnlich wie Nauborn.
N e u k i r c h e n. „Niunchirihha" 912, zur Unterscheidung gegenüber dem gleichzeitig erstmals erwähnten Altenkirchen (Oberlahnkreis).
† O b e r n d o r f. „Oberndorph" 864/876 in der Erdaer Mark; wohl später Wüstung, nicht Oberndorf östlich Dillenburg.
O b e r n d o r f. 788 schenkt ein Kleriker dem Kloster Lorsch u. a. eine Kirche am Flusse

„Sulmissa". Die Solmser Mark wird noch vielfach erwähnt. Da jedoch Oberndorf die Mutterkirche für Burgsolms war, ist als die hier erwähnte Siedlung mit der Kirche Oberndorf anzusehen. Der Name „Solms" ist bisher nicht befriedigend erklärt.
Rechtenbach, Groß-, Klein- und † Mittel-. „Rechtinbach" 788.
Reiskirchen. „Richolveschiricha" 975. Ein Priester Richolf, der im 9. Jh. in Hochelheim, Hörnsheim und Rechtenbach Schenkungen an Kl. Fulda macht, könnte der Namengeber sein. Die Erwähnung von 975 in der oben unter Gehringshausen erwähnten Urkunde Kaiser Ottos II. könnte auch auf Reiskirchen, Kr. Gießen, bezogen werden.
Salzböden. „Salzbutine" 8. Jh.
Schwalbach. „Sualbach" 795. Der Name deutet wohl auf den „schwellenden" Sprudel hin.
Steindorf. „Steindorph" 886/7.
† Umbach. „Umbach" 844, wahrscheinlich eine Wüstung † Humbach bei Naunheim.
† Walsdorf. „Walahesdorph, Walchesdorph" 774. Aus den im gleichen Zusammenhang genannten Orten der Nachbarschaft: Holzhausen (Münchholzhausen), Allendorf (a. d. Lahn) und Rechtenbach ist zu schließen, daß der ausgegangene Ort in deren Nähe lag. Der Name des Welschbaches verweist auf die Gegend zwischen Dutenhofen und Büblingshausen.
† Wanendorf. „Wanendorph" 774/5. Mit 33 Erwähnungen und Schenkungen von etwa 2000 Joch Ackerland steht die Wanendorfer Mark obenan unter den Örtlichkeiten unserer Gegend. Ihr gehören zu: Nauborn und die Wüstungen Bernscheid, Hildebaldeshausen und Meilbach, vielleicht auch ein Teil der Bonbadener Gemarkung, also ungefähr das Gebiet des Wetzbaches und seiner Zuflüsse. Der Ort „Wanendorf" selbst ist an den Schenkungen kaum beteiligt; er lebte vielleicht fort in einem früh ausgegangenen „Wandorf", das C. Metz vor der Neustadt suchte, das aber eher in der Steindorfer Gemarkung, vielleicht am Einhäuser Bach, lag.
† Waneshusen. 819? Vielleicht in der Gönser Mark. Offenbar liegt dem Namen ein Personenname zugrunde; das könnte auch für Wanendorf gelten.
Werdorf. „Wertorph" 782.
† Wertshausen. „Werdolfeshusen" 810. Die Wüstung lag zwischen Oberwetz und Vollnkirchen und ist nach dem Schenker, dem Priester Werdolf, benannt.
Wetz, Ober- und Nieder-. „Wettiffa" 832. Ob nur der Bachname oder eine Siedlung gemeint ist, ist nicht zu entscheiden.
† Winterburg. „Winterburc" 886/7. Heute ein Flurname nördl. Braunfels, der nicht nur die rauhe „Nordseite" zu bezeichnen braucht. Auch als Personenname, der mit Werner gleichgesetzt wird, kommt Winther noch im Ma. häufig vor.
Wißmar. „Wisemare, Wisumeren, Wisomaren" 778/9, 1349 „Wisenmor"; bedeutet vielleicht „moorige Wiese".

Die vorstehende Aufzählung nennt nur diejenigen Orte, deren Namen uns zufällig in Klosteraufzeichnungen und Königsurkunden bis zum Jahre 1000 überliefert sind. Es ist immerhin schon ein starkes Drittel aller heutigen Orte des Kreises Wetzlar, und manche andere Landschaft wird uns um eine so hohe Zahl früher Erwähnungen beneiden. Trotzdem kann gar nicht scharf genug betont werden, daß noch eine ganze Reihe nichterwähnter Orte ebenso alt sein wird wie die hier genannten. Denn die Überlieferung ist von allzu undurchsichtigen Zufällen abhängig. Stiftungen zum Seelenheil konnten auch an die örtlichen Kirchen und Priester gehen oder an gleichfalls berühmte ferne Klöster an Rhein oder Mosel, die durchaus nicht schlechter (eher besser!) zu erreichen waren als Lorsch und Fulda. Aber kaum irgendwo sind sonst die Stiftungen aus karolingischer Zeit später noch einmal so sorgfältig verzeichnet worden und dadurch zu unserer Kenntnis gelangt. Persönliche Beziehungen, Werbetätigkeit einzelner Priester, Empfehlungen oder gar Druck von seiten hoher Herren können an dem einen Ort die Stiftungen nach Lorsch geleitet haben, und im Nachbarort hätte man es vielleicht dem Pfarrer oder dem Grundherrn nicht antun dürfen, die Stiftungen einer anderen als der heimischen Kirche zuzuwenden.

Das Siedlungsbild wäre also unvollständig und irreführend, wenn wir es nur nach den zufällig erhaltenen frühen Erwähnungen entwerfen wollten. Es muß ergänzt werden durch Rückschlüsse aus den Ortsnamen und durch das, was wir etwa von der geschichtlichen Bedeutung eines Ortes als Mutterkirche oder Gerichtsvorort wissen. Im folgenden werden also die bisher nicht genannten Orte des Kreises aufgeführt, wiederum mit dem Jahr ihrer ersten urkundlichen Erwähnung und der ältesten erreichbaren Namensform.

So müssen wir allein schon wegen der Namensform folgende Orte als „alt" ansprechen, d. h. sie können gleichfalls in karolingische Zeit zurückreichen:

1. Ortsnamen auf -heim: † Dalheim (1226 Dalheim) lag zwischen Wetzlar und Kloster Altenberg. Dillheim (1226 Dilnheim), Mutterkirche und Gerichtsort für einen weiten Bezirk. † Mühlenheim (1239/40 Mulenheim), vor 1377 zerstört und dann im Anschluß an die damals errichtete Burg Hermannstein unter diesem Namen wiedererstanden. Rodheim (1150 Rudeheim) kann alte Rodung sein, aber auch einen Personennamen enthalten.

2. Ortsnamen auf -ingen: Bechlingen (1298 Bechelingen); Edingen (1341 Ödingen). Beide enthalten wahrscheinlich Personennamen.

3. Ortsnamen auf -lar: Dorlar (1258 Torlor, 1336 Dorlar). Das in Lorscher Schenkungen genannte „Dorenlar" weist auf die Wüstung „Durler" in Luxemburg. Unser Dorlar ist Mutterkirche für die schon in karl. Zeit genannten Orte Atzbach, Naunheim und Waldgirmes. Wetzlar.

4. Ortsnamen auf -stätten: Altenstädten, Groß- (1309 Aldinsteden), Klein- (1279) Aldynstedin). † Husteden (1196 Husteden), nw. Waldgirmes, später Haustädter Mühle.

5. Ortsnamen auf -dorf: Allendorf a. d. Ulm (1267 Aldendorf). † Allendorf a. d. Dill (1339 Aldendorf) lag gegenüber Dillheim; beide werden schon in ihrem Namen als „alt" gekennzeichnet. Bellersdorf (1294 Beldirsdorf), mit einem Personennamen gebildet, war Ende des 14. Jahrhunderts eingegangen und ist im 17. Jh. wieder besiedelt worden. Brandoberndorf (15. Jh. Oberndorf bei Kleen); eine Feuersbrunst im Jahre 1543 soll den Zusatz „Brand"- begründet haben. Das Alter der Siedlung ist bisher nicht sicher feststellbar.

6. Ortsnamen auf -kirchen: Altenkirchen (1285 Aldenkrichen, 14. Jh. Aldenkirchen im Hinterland), als Mutterkirche und Gerichtsvorort mindestens so alt wie Altenkirchen im Oberlahnkreis, das 912 erwähnt wird. Biskirchen (1245 Bischoveskirchen); der Bischof, auf den der Name hinweist, könnte der Konradiner Bischof Rudolf v. Würzburg (892-908) sein. Vollnkirchen (1308 Volkinkirchen); von einem Personennamen herzuleiten. Andere Bildungssilben in Ortsnamen geben über das Alter keine sichere Auskunft. Trotzdem sollen die weiteren Orte des Kreises gleichfalls nach sprachlichen Gesichtspunkten zusammengestellt werden:

7. Ortsnamen auf -felden und -hofen: Dutenhofen (1244 Dudenhoven) enthält wohl einen Personennamen. Lorscher Schenkungen nennen im Lahngau zwar eine „Duda Mark" und einen Ort „Dudari", aber es wäre zu gewagt, darin Dutenhofen zu sehen, zumal die Begleitschenkungen auf die Gegend von Lohra und Walgern hinweisen. Aber schon der Lage nach müßte Dutenhofen alt sein. † Silhofen (1271 Selehoven), die spätere Vorstadt von Wetzlar. † Gommersfeld (15. Jh. Gommers- und Hommersfeld), eine Wüstung bei Griedelbach. Weiperfelden (1207 Walpurgeveld), vermutlich nicht alt.

8. Orte nach Bächen benannt: † Ansbach (1432 Ansbach), Wüstung im Hohensolmsischen. † Dernbach (1226 Derenbach), bei Berghausen als Hof des Klosters Altenberg genannt.

Dreisbach (1300 Dreispach). † Dudelnbach (1351 Doydelnbach), Wüstung im Kirchspiel Dillheim. † Etsbach (1432 Etsbach), Wüstung im Hohensolmsischen. Espa (1590 Espa). Ob es sich wirklich um die Bachendung -apa, -affa in Zusammensetzung mit „eß- = Weide" handelt, ist sehr fraglich, da eine ältere Wortform nicht bekannt ist. Frankenbach (1285 Frankenbach). Griedelbach (1333 Gridelbach). † Heiligenbach (1371 Heilgenbach bei Bissenberg). † Hunsbach (1277 Hunisbach) bei Biskirchen. Kröffelbach (1300 Cruftelbach); der nicht seltene Bachname wird mit „gruft – Höhle, Schlucht" in Verbindung gebracht. Krumbach (1263 Crumbach). Kraftsolms (1319 Craftsolmese); der Vorname „Kraft" ist im Ma. zwar häufig, kommt aber im Grafenhause Solms nicht vor. † Larebach (1325 Larebach) bei Heisterberg. Launsbach (1263 Lunsbach). † Lindelbach (1349 Lindelbach) bei Tiefenbach. Mudersbach (1264 Mudersbach); wahrscheinlich vom Personennamen Mothar. † Mudersbach (1246 Mudersbach), Wüstung bei Berghausen. Quembach, Ober- (1259/67 Quenenbach), Nieder- (1314 Quenenbach); der Name wird mit „quena" = „Frau" oder „Rind" in Verbindung gebracht. † Schwabach (1264 Swabach), Wüstung bei Kröffelbach. † Sindernbach (1291 Sinderbach), bei Braunfels. Tiefenbach (1288 Dyffenbach). Ulm (1286 Olmene); der Name gilt als vorgermanisch.

9. Ortsnamen auf -hausen: Berghausen (1256 Berchusen); das in einer Fuldaer Schenkung genannte † Berghausen (9. Jh. Berchhusen) wird eine Wüstung bei Wißmar gewesen sein. † Brunkelnhausen (vor 1389 Brunkelnhusin), eine Wüstung zwischen Steindorf u. Albshausen. Büblingshausen (1250 Buvelinchusen, danach meist Bubelingeshusen), zweifellos eine alte Siedlung, um 1400 ausgegangen, nach 1918 neu bebaut. Daubhausen (1286 Duphusen) enthält vielleicht einen Personennamen. † Dillberghausen (1313 Berchusen bei Dillheim), auch Dürrenberghausen (1352) genannt. † Einhaus (1320 Eynhus), heute Magdalenenhausen; durch Verschmelzung aus „zum Einhaus" auch „Meinhaus" genannt, so auch der „Meinhäuserbach". † Elgershausen (1351 Elgershusen), heute Heilstätte. Fellingshausen (1263 Velinghishusin) enthält einen Personennamen. † Gotzelshausen (1228 Gozilinshusen), zwei Wüstungen gleichen Namens, eine bei Oberbiel, die andere im Hohensolmsischen. † Hausen (1249 Husen), Stadtteil von Wetzlar. † Hobehausen (1326 Hobehusen) bei Biskirchen. † Hohenberghausen (Hohinberghusen 1359) bei Berghausen. † Holzhausen (1313 Holzhusen bei Culshusen) bei Kölschhausen. Holzhausen a. d. Ulm (Holzhusen 1325). † Ichelhausen (1259 Huchilnhusen) bei Ehringshausen. Kölschhausen (1253 Culshusen, 1299 Colshusen). Magdalenenhausen s. Einhaus! Um 1700 nach der Gemahlin des Grafen Wilhelm Moritz v. Solms benannt. † Niederhausen (1255, 1326 Niderhusin bei Ulm). † Obertshausen (1245 Holzhusen) oberhalb Dornholzhausen. Odenhausen (1255 Udenhusen), von einem Personennamen herzuleiten. † Reimershausen (1349 Reymershusin) bei Wißmar. † Reinboldshausen (1255 Rembretishusen), Wüstung bei Oberbiel. † Sterkershausen (1479 Sterkershusen) bei Rodheim. Stockhausen (1245 Stochusin). Volpertshausen (1232 Volprachtishusen). Weidenhausen (1296 Wydenhusen). Die ungewöhnlich hohe Zahl von Orten mit der Endung „-hausen" deutet darauf hin, daß die Orte aus Einzelgehöften hervorgegangen sind, die in bisher unbebautes Land vorgestoßen waren. Einige haben sich zu Dörfern entwickelt, andere haben sich nicht halten können, vielleicht weil die Bodenverhältnisse zu ungüsntig waren oder die einsame Lage zu unsicher. Jedenfalls ist der Anteil der Wüstungen recht hoch.

10. Ortsnamen mit Stellenbezeichnungen verschiedener Art: Bermoll (1277 Berenbuhele), also „Bärenbühl", doch kann Bero auch Personenname sein. Bissenberg (1313 Byssinberg), möglicherweise war ursprünglich in dem Namen doch auch das Wort „Bischof" enthalten wie in Biskirchen. Bubenrod (1450), † Entenrod (1420 Entenrod), eine Wüstung bei Altenkirchen und † Hohenrod bei Groß-Altenstädten geben sich durch ihre Namen als nachträgliche Rodungen zu erkennen. † Doberg (1323 Dapurch) bei Allendorf/Ulm. St. Georgen (15. Jh.), nach dem Kirchenheiligen benannt. Greifenthal, 1689 bei der Besiedlung durch Hugenotten im Anklang an Greifenstein benannt. † Haina (1362 Hayna) bei Kraftsolms. † Heisterberg (1313 Heysterberg), nach der Heister benannt, heute Hof. Hasselborn, um 1700 als Hugenottensiedlung begründet. Katzenfurt (1233 Kaczenfurt); der Name meint die Wildkatze, die Herleitung von den Chatten ist sprachwidrig. † Pomberg (1313 Pumberch), Wüstung nw. Cleeberg. † Rabenscheid (1271 Rabinscheit), Wüstung bei Tiefenbach.

11. Die folgenden Orte sind im Anschluß an Burgen – nach mittelalterlichem Ausdruck als „Tal" – entstanden: Braunfels (1246 Brunenvels), wohl von einem Personennamen Bruno, nicht von „braun" herzuleiten. Burgsolms (1129 Sulmese). Cleeberg (1196 Cleberg). Königsberg (1257 Cuningesberg). Gleiberg (11. Jh. Glichberg, 1329 Glizberg, 1367

Gliperg). G r e i f e n s t e i n (1237 Griffenstein). H e r m a n n s t e i n (1377 Hermansteyn). H o h e n s o l m s (1351 Hoesolms). V e t z b e r g (1244 Vodesberg).

Wenn hier die frühesten Erwähnungen der Orte des Kreises Wetzlar zusammengestellt werden, so geschieht es nicht, um einen Wettstreit um das „Alter" zu entfesseln, sondern es soll nochmals betont werden, daß die Überlieferung von allzu vielen Zufällen abhängig ist, als daß man aus der Nennung des Namens allein weittragende Schlüsse ziehen dürfte. Es muß auch dem weitverbreiteten Irrtum vorgebeugt werden, als ob in Urkunden etwas vom Werdegang eines Ortes und besonderen Geschehnissen erzählt werde. Eine Schenkungsurkunde aus den Lorscher Aufzeichnungen lautet in der überlieferten Form, aus dem Lateinischen übersetzt, nur etwa folgendermaßen:

„In Christi Namen, am 29. Dezember des 12. Regierungsjahres des Königs Karl, schenke ich Albolt zum Heil meiner Seele dem hl. Nazarius . . . im Lahngau im Orte Wanendorph 100 Tagewerke Ackerland und andere 100 Tagewerke ungebautes Land, 2 Leibeigene und eine Mühle zu ewigem Besitz."

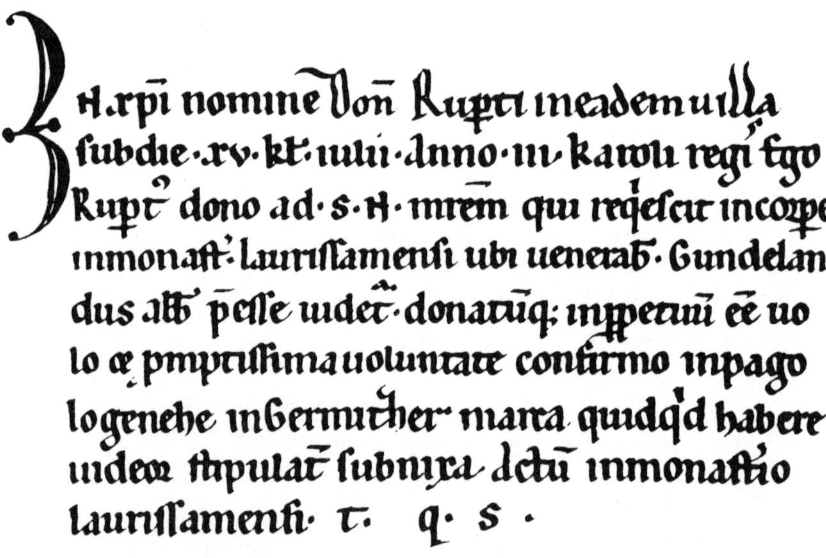

Schenkungsurkunde aus dem Jahre 771 mit der Ersterwähnung der Girmeser Mark.

Großgrundherrschaften

Da häufig als Jahresangabe nur Amtsjahre von Äbten angegeben sind, deren Amtszeit wir nicht genau kennen, sind manche von den Jahresangaben unsicher, und ebenso ist es unmöglich, die geschenkten Grundstücke ihrer Lage nach genau festzustellen. Denn häufig haben die Stifter weit auseinanderliegenden Besitz in mehreren Gauen und Orten zu einer Schenkung zusammengefaßt und mit Vorliebe solchen Streubesitz, den sie selbst schlecht verwerten konnten, abgegeben. Die Klöster ihrerseits haben dagegen nach Möglichkeit ihren Besitz zu Großgrundherrschaften abgerundet und von einem Haupthof aus die Nebenhöfe verwalten lassen. Aus gleichfalls erhaltenen Listen hören wir näheres über solche Klosterhöfe in Nauborn und der Mark Erda.

Der Hof in Nauborn wurde von einem Klostervogt (villicus) geleitet, der für seinen Dienst zwei Huben (Höfe) von etwa je 30 Morgen erhielt. 18 Huben wurden von Leibeigenen bestellt, die drei Tage in der Woche für den Hof arbeiten mußten und je Hube 1 Huhn, 12 Eier und 1 Leinengewand zu liefern hatten, wobei sie das Garn vom Herrenhof bekamen. Es wurden 117 Leibeigene gezählt. 28 weitere Huben waren an Halbfreie, sogenannte „Liten", ausgetan; sie hatten für die Hube 1 Schwein von festgesetztem Wert zu liefern, ferner 1 Pfd. Leinen, 1 Huhn, 12 Eier und bei Bedarf ein Vorspannpferd. Der Besitz in Erda umfaßte einen Herrenhof mit 10 Huben, ferner 26 Huben von Halbfreien und 30 Huben mit Hörigen. Zu den Abgaben gehörte hier noch ein Gemäß Honig, ein Teil war bereits durch Geld ablösbar. Dort zählte man 147 Leibeigene.

Die Schenker sind überwiegend Edle und Geistliche, weniger freie Bauern, und wo diese ihr ganzes Gut stiften, werden sie es auf Lebenszeit weiter gegen feste Abgaben bewirtschaftet haben. Die halbfreien Liten oder Lassen dürfen ihr Gut ohne Genehmigung des Herrn nicht verlassen, sind also „an die Scholle gefesselt", aber sie dürfen nicht wie die Leibeigenen als Sache behandelt werden, die man nach Belieben verwenden kann. Wahrscheinlich sind diese Leibeigenen oder ihre Vorfahren Unterworfene oder Kriegsgefangene; andere mögen durch Verschuldung ihre Freiheit eingebüßt haben. Wieder andere konnten die Lasten eines freien Mannes, den Heerdienst und die Teilnahme am Thing, nicht mehr tragen. Dann gaben sie ihr Eigentum einem Kloster oder einem Edlen, erhielten es gegen nicht allzu drückende Abgaben zur Bewirtschaftung zurück und konnten es sogar an ihre Nachkommen vererben. Aber der Erbe mußte dann zur Anerkennung seiner Unfreiheit das beste Pferd („Besthaupt") oder das beste Kleidungsstück („Bestgewand") abgeben. Ein freier Mann gab ihm seine Tochter nicht mehr zur Ehe; denn die Kinder „folgten der ärgeren Hand", d. h., sie erbten den niedrigsten Stand. Wer den Wehrdienst nicht mehr leisten durfte, der war auch vor Gericht „unmündig" und mußte sich durch seinen Herrn vertreten lassen, unter dessen Schutz („Mund") er stand.

Großgrundherrschaften in geistlicher oder weltlicher Hand waren in karolingischer Zeit sehr häufig. So hatte z. B. Kloster Fulda gemeinsam verwalteten Besitz in Altenkirchen (Oberlahnkreis), Neukirchen, Leun und den Wüstungen Hausen bei Altenkirchen und Merzhausen bei Kraftsolms. Auch der Ortsname „Silhofen", ursprünglich „Selehuben", deutet auf eine Grundherrschaft, die neben dem „Salhof", dem Herrenhof mit dem geräumigen Saal, noch viele Nebenhuben - „Selehuben" - umfaßte, die entweder vom Haupthof aus durch Leibeigene bewirtschaftet wurden oder an halbfreie Bauern ausgetan waren.

Aber auch die Bauern eines Dorfes bildeten eine enge Gemeinschaft. Die Neusiedler werden sippenweise ein ausreichendes Gebiet mit Ackerland, Wiese, Wald und Wasser in Besitz genommen und jeder Familie ihr Los zugeteilt haben. Ein Teil der Dorfflur blieb als „Allmende" Gemeindebesitz. Wurde das Land knapp - und das wird bald geschehen sein, weil man den Boden noch nicht gründlich zu bewirtschaften verstand -, so mußte eben im Wald gerodet werden.

Jedoch dürfen wir nicht vergessen, daß in jenen Zeiten ein freier Mann nur bleiben konnte, wer sich notfalls mit der Waffe zu wehren wußte. Und deshalb hat vielfach eine gute Verteidigungsmöglichkeit den Ausschlag gegeben für die Wahl des Siedlungsortes. Im ganzen ist überhaupt damit zu rechnen, daß die Besiedlung unseres Gebietes anfangs unter militärischer Leitung stand und die ersten Verwaltungs- und Gerichtseinteilungen sich nach der militärischen Einteilung in „Tausend- und Hundertschaften" richtete. So kommt es, daß die ältesten Gerichtsbezirke auf dem Lande „Cent" hießen nach der lateinischen Zahl Centum = 100. Ungefähr hundert Krieger bildeten eine Abteilung. Es kann auch sein, daß die „Marken", die in den Klosteraufzeichnungen genannt werden, durchaus nicht immer die üblichen Dorfgemarkungen darstellen, sondern Einteilungen und Markabsetzungen aus frühfränkischer Zeit sind, die noch militärische Aufgaben hatten.

Unter den Schenkungen findet sich als Besonderheit auch die eines Adelolt, der dem Kloster in der Wanendorfer Mark ein Drittel seiner Waldschmiede („mina ad faciendum ferrum") stiftet. Im Nachbargebiet des Möttbaches hören wir in dieser Zeit bereits von umfangreichen Eisenlieferungen an Kloster Fulda.

Auch Kirchen gehören zu den Schenkungen: eine in Blasbach (797?), zwei in Kleen (804/6), zwei in Nauborn (778, 806), eine am Solmsbach (Oberndorf 788) und eine in Werdorf (875). Davon ist eine durch Grabungen festgestellt worden.

Die „Basilika der Theutbirg"

Im Wetzbachtal oberhalb Nauborn, nicht weit von der Dickesmühle, hat der Nauborner Pfarrer K. Schieferstein im Jahre 1927 am Hang westlich der Straße die Grundmauern des zweifellos ältesten Bauwerkes unseres Kreises entdeckt. Die von W. Bader durchgeführte Grabung im Jahre 1932 zeigte deutlich den Grundriß: Einen annähernd quadratischen Altarraum von etwa 4,5 Meter Seitenlänge, daran anschließend den rechteckigen Kirchenraum 7,35 zu 4,75 Meter und in seiner Fortsetzung einen Vorraum (Atrium) von gleicher Größe. An den Vorraum lehnt sich ein kleiner Bau von 2 zu 4 Meter mit besonderem Eingang an. Da nun im Jahre 778 eine reiche Frau Theutbirg, die dem Kloster Lorsch auch sonst noch große Schenkungen gemacht hat, eine Basilika zu Nauborn stiftete und an anderer Stelle eine „Gottgeweihte" genannt wird, darf man vermuten, daß sie sich in diese Zelle an der Kirche zurückgezogen hat, um sich ganz frommer Beschaulichkeit zu widmen. Sie kann jedoch nicht selbst auch die Erbauerin der Kirche gewesen sein; denn diese ist nach ihrer Bauart weit älter und hat zu Theutbirgs Zeit schon lange bestanden. Rings um die Kirche fanden sich mehrere Gräber mit allereinfachster Ausstattung, die gleichfalls einer früheren Zeit angehören müssen. Vermutlich gehörten Kirche und Friedhof einem Gut, und nur Angehörige des Hofes sind dort bestattet. Dagegen könnte eine zweite Kirche zu Nauborn, die Maria geweiht war und von Engeltrud und Engelswint (806) an Lorsch gestiftet wurde, eine Vorgängerin der Dorfkirche gewesen sein. Fast alle Kirchen jener Zeit sind Privatbesitz, und ihr Eigentümer bestellte und besoldete den Priester, der dort sein Amt ausüben sollte. So kommt es, daß auch Kirchen verschenkt werden konnten. Dadurch erhielt dann etwa das Kloster Lorsch das Recht, die Priesterstelle zu besetzen, aber auch den Besitz und die Einkünfte der Kirche. Dazu gehörte vor allem der Zehnte. Wenn geerntet wurde, setzte man die Garben schon gleich so zusammen, daß der Zehnterheber die zehnte Garbe bequem abholen konnte, und andere Feldfrüchte wurden entsprechend in Haufen abgeteilt. Auch das Kleinvieh unterlag dem sogenannten „Blutzehnten", doch beschränkte man sich meist auf Schafe und Hühner.

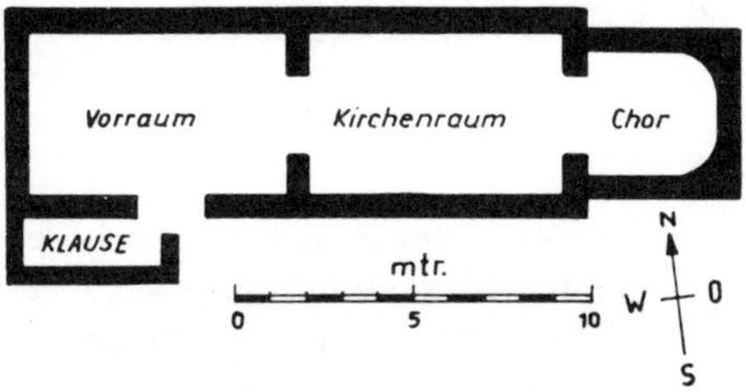

Theutbirg-Basilika bei Nauborn.

Von dem ganzen reichen Besitz in unserer Gegend haben die Klöster Lorsch und Fulda fast nichts behalten. Schon als sie um das Jahr 1200 die alten Schenkungen aufzeichnen ließen, war nicht mehr daran zu denken, sie jemals wiederzubekommen. Sie hatten aus der Ferne ihren Besitz nur durch Vögte verwalten lassen können und mußten in bösen rechtlosen Zeiten ohnmächtig erleben, wie die einstigen Vögte den Klosterbesitz als Eigengut an sich rissen. Im besten Falle erkannten sie noch die Äbte als Lehnsherren an und den Klosterbesitz als Lehnsgut, aber von irgendeiner Gegenleistung war keine Rede mehr.

Das „Alte Schloß" über der Salzbödefurt

Als der Fränkische Staat sich immer weiter ausdehnte, ließ sich der feste Zusammenhalt nur wahren, wenn für gute Verbindungswege gesorgt wurde. Ein Vorbild dafür bot den Franken das Römische Reich mit seinen vorzüglichen Fernstraßen. Wenn es auch nicht möglich war, Straßen mit festem Unterbau anzulegen, so mußten doch die kleinen Reiterheere der Franken, die unter den veränderten Verhältnissen in der Kriegführung den Ausschlag gaben, auf ihren Märschen immer wieder Rastorte vorfinden, wo Verpflegung aufgespeichert war und Mann wie Roß gesicherte Ruhe erwarten konnten. W. Görich hat nun festgestellt, daß von den Frankenkönigen etwa seit Karl Martell die Süd-Nord-Straße von der Rhein-Main-Gegend nach Westfalen hin planmäßig mit befestigten Rastorten ausgestattet worden ist. Von Mainz und Frankfurt aus suchte der Weg die gangbaren Höhen über den Taunus, führte über Laubus-Eschbach oder Usingen nach Wetzlar, überschritt dort die Lahn, zog auf die Hohensolmser Hochfläche und an Krumbach vorbei durch den Gleiberger Forst nach Nd.-Walgern, dann zum Lahnübergang bei Goßfelden und nach Wetter. Da die Raststätten jeweils einen Tagesmarsch von 25–30 Kilometer auseinanderliegen und Wetzlar und Wetter als solche anzusehen waren, mußte auf der Mitte zwischen diesen Orten noch ein Glied in der Kette gesucht werden.

Und es fand sich! Auf einer Bergzunge über der Salzbödefurt am Gronauer Hof („Schmelz") wurde die fränkische Burg durch Grabungen aufgedeckt. Es ist ein Bering aus Mauer und Graben in Schildform, der nach der gefährdeten ebenen Seite hin durch einen Vorhof und verstärkte Mauerbauten noch besonders verstärkt worden ist. Insgesamt etwa 200 Meter lang und an der weitesten Stelle etwa 80 Meter breit konnte die Feste ihre Aufgabe erfüllen. Sicherlich lag damals auch Ackerland und Weide noch in nächster Nähe und wurde von der ständigen Besatzung bewirtschaftet. Es fand sich auch ein Steinhaus mit einer Rundung wie eine Altarnische (Apsis) und den Grundmauern eines viereckigen Turmes. Hier mochte der König oder sonst ein vornehmer Herr Quartier nehmen. Die Anlage ist noch unter Karl dem Großen ausgebaut und erweitert worden und erst verfallen, als kein starker Königswille mehr solche Mittel verwandte, um die Einheit des Reiches zu wahren. Aber

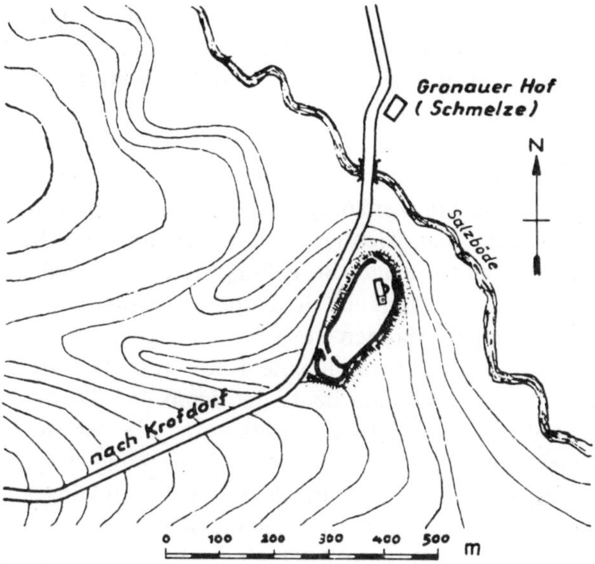

Straßenfeste „Altes Schloß" bei Salzböden - Lageskizze.

in der Zeit der langen Sachsenkriege muß diese Süd-Nord-Straße mit ihren Rastorten eine Hauptstütze gewesen sein gleichwie der „Hellweg", der in der West-Ost-Richtung von Duisburg aus nach Westfalen führt. Das „Alte Schloß" im besonderen hatte die Salzbödefurt zu sichern und wird seine Aufgabe erfüllt haben; es finden sich keine Spuren von gewaltsamer Eroberung. Wohl aber sind Teile der Mauern späterhin für andere Bauzwecke verwandt worden.

Wetzlar als fränkischer Brückenkopf

Wie schon gesagt, wird Wetzlar in den Klosteraufzeichnungen nicht erwähnt. Das dort vorkommende „Lare" im Lahngau ist Lohra a. d. Salzböde, nicht Wetzlar. Dessen Name kommt urkundlich erst 1142 in einer Schenkungsurkunde für Kloster Schiffenberg vor und zwar latinisiert als „Witflaria", dann weiterhin als „Wetflar" und „Wetzflar". So bleibt er auch bis ins 18. Jahrhundert. Denn der Wetzbach, der dem hiesigen „lar" seinen Namen gegeben hat, heißt anfänglich „Wettiffa, Wetfe, Wetzfe" und hat gleichfalls noch durch Jahrhunderte das -f- bewahrt, das aus der alten Bachnamenendung „-affa" herrührt. Der erste Bestandteil des Namens gilt als keltisch und soll „Gewässer" bedeuten. Auch Herleitungen von germanischen Wortstämmen wie „Widu = Wald" und „Wat = scharf, steil" sind versucht worden.

Trotz der verhältnismäßig späten Erwähnung fehlt es nicht an Zeugnissen anderer Art, die erkennen oder doch mit großer Wahrscheinlichkeit vermuten lassen, was sich auf dem Boden Wetzlars vor der Entstehung der Stadt abgespielt hat.

Eines allerdings ist festzuhalten: Eine Dorfsiedlung hat es auf dem Boden der späteren Stadt nicht gegeben! Das wird dadurch verhindert worden sein, daß die Frankenkönige, als sie unser Gebiet ihrem Reich eingegliedert haben, den wichtigen Lahnübergang und Knotenpunkt alter Straßen nicht zu beliebiger Besiedlung freigegeben haben. Sondern sie haben hier einen Brückenkopf als Krongut ausgeschieden und einem ihrer Führer mit seinen Mannen in sichere Hut gegeben. Und als dann später die Süd-Nord-Straße durch eine Kette von Rastorten gesichert wurde, mag auf dem Hügel, der heute den Dom und ältesten Stadtkern trägt, eine Straßenfeste errichtet worden sein, wie wir sie im „Alten Schloß" schon kennen gelernt haben. Die Umgebung des Domplatzes hieß im ausgehenden Mittelalter die „Burg", und man könnte bei einem Blick auf den Stadtplan meinen, es zeichne sich zwischen Entengasse-Gewandsgasse-Brotschirn bis zur Rückseite des Domes ein Rechteck ab, das den Bezirk der fränkischen Feste als Kernhof und Vorhof („curtis" und „curticula") umfaßt hätte.

Aber bis jetzt fehlt noch der Beweis durch Grabungsergebnisse. Nur im Dom selbst hat W. Görich die Grundmauern von Kirchen gefunden, von denen die älteste sicherlich in karolingische Zeit zurückreicht.

Es muß also zu der Zeit, als aus so vielen Orten im Umkreis Schenkungen an Lorsch und Fulda gemacht wurden, auch auf dem Boden Wetzlars schon eine Siedlung bestanden haben, aber kein Dorf, sondern ein Herrenhof, dessen Gebieter sich hier eine Eigenkirche bauen ließ so wie der Unbekannte in Nauborn, dessen Nachfahrin Theutbirg dem Kloster Lorsch die Basilika schenkte. Vielleicht steckt ein wahrer Kern in der Sage, daß die Wetzlarer Kirche auf der Stelle eines alten germanischen Heiligtums errichtet worden sei. Dann könnte man sich ausmalen, wie schon in sehr früher Zeit ein fränkischer Königshof in Wetzlar mit einer Kirche in doppelter Hinsicht zum Mittelpunkt für einen weiteren Umkreis geworden wäre, nämlich als Stützpunkt der staatlichen Macht und zugleich als Ausgangspunkt für die Christianisierung. Denn nicht nur gegenüber den Sachsen gingen Bekehrung und Eingliederung in das Frankenreich Hand in Hand. Wir brauchen nur daran zu denken, daß ein Bonifatius die Chatten noch als Heiden antraf, um uns vorzustellen, daß auch bei uns im Randgebiet der Chatten das Christentum nur sehr allmählich Eingang fand. In der Regel mußten doch wohl zunächst die führenden Männer und Frauen, die Häuptlinge und Sippenältesten, für die neue Lehre gewonnen werden. Aber wenn dann auch die Masse nachfolgte, so war bei vielen der Übertritt zunächst doch nur äußerlich, und es bedurfte noch langer Arbeit im Kleinen und am Einzelnen, bis eine wirkliche Bekehrung erreicht war. Wenn wir dann später hören, daß oft die Gerichtsvororte der Centen zugleich auch die Orte weitreichender Mutterkirchen sind, dann kann dieser Zustand in alte Zeiten zurückgehen, wo das Bekenntnis zum Christentum zugleich auch ein Bekenntnis zum Frankenreich bedeutet hatte.

Der Gutshof einer Straßenfeste hätte allein kaum ausgereicht, um die Vorräte anzusammeln, die ein durchziehendes Reiterheer brauchte; wenn er die ständige Besatzung ernähren konnte, war das schon viel. Und andrerseits erforderte eine solche Anlage zu wirksamer Verteidigung im Notfalle auch eine verhältnismäßig starke Besatzung. Es war darum Vorsorge getroffen, daß die Erträge von anderen Gutshöfen in weiterer Umgebung hier eingeliefert wurden und die waffenfähige Mannschaft aus einem bestimmten Umkreis sich hier sammelte. So hat gewiß ein „Salhof" - vielleicht an der Stelle der heutigen Hofstatt mit seinen „Salhuben" am unteren Wetzbachtal, deren Bezeichnung in dem Ortsnamen „Silhofen" fortlebt, gleichfalls zum Krongut gehört und wahrscheinlich noch viel mehr Streubesitz, den wir nur heute nicht mehr nachweisen können. W. Görich meint sogar, eine Befestigung auf dem von der Natur so gut geschützten Bergvorsprung, auf dem später das Kloster Altenberg errichtet wurde, habe ergänzend an der Sicherung des Lahnüberganges mitgewirkt.

Die Gründung des Wetzlarer Marienstiftes

Jedoch nicht eine fränkische Feste auf dem Boden Wetzlars und nicht die Gutshöfe des Krongutes wurden zum Keim für die künftige Entwicklung, sondern die Gründung des Marien- oder Liebfrauenstiftes. Die Nachrichten darüber sind zwar erst um 1500 durch die Bemühungen des Stiftsvikars und Erzpriesters Eckard Teufel wieder zum Vorschein gekommen, und es bleibt noch manches vieldeutig, aber es läßt sich doch das Wichtigste mit Gewißheit ermitteln.

Am 6. Oktober 897 hat Graf Gebhard aus dem mächtigen Geschlecht der Konradiner durch seinen Bruder, den Bischof Rudolf von Würzburg, mit Genehmigung des zuständigen Bischofs Ratbod von Trier in Wetzlar eine Salvatorkirche (Heiland-) weihen lassen. Das Krongut war also damals in der Hand der Konradiner, und Angehörige dieses Geschlechts haben zu Beginn des 10. Jahrhunderts im Anschluß an die vorhandene Kirche ein Kollegiatstift gegründet. Das heißt: sie stifteten so umfangreichen Landbesitz und andere nutzbare Rechte, daß von den Erträgnissen mehrere Geistliche leben konnten. Ohne sich Mönchsgelübden zu unterwerfen, führten diese anfänglich doch ein gemeinsames Leben wie in einem Kloster, und auch ihr Gottesdienst vereinte sie von früher Morgenstunde bis zum Abend siebenmal zum Lesen und Singen der Stundengebete (Horen). Für die Stifter aber war noch wesentlicher, daß dieses Stiftskollegium mit besonderer Sorgfalt alle die gottesdienstlichen Verrichtungen ausübte, die dem Seelenheil der Verstorbenen dienten. Es war in jener Zeit geradezu Ehrensache aller Vornehmen, solche Stiftskirchen und auch Klöster zu gründen und zu erhalten, die als Eigenkirchen der Familie auch besonders dem Seelenheil der Stifterfamilie ihre geistliche Hilfe darboten. Das Haus der Konradiner hat allein im Lahngebiet das Georgenstift in Limburg, das Walpurgisstift in Weilburg und das Marienstift in Wetzlar begründet, dazu als ältestes noch das in Kettenbach begonnene und dann nach Gemünden (Oberwesterwaldkreis) verlegte Marienstift.

Als Gründer des Wetzlarer Stiftes werden „Udo und Hermann, Herzöge vom Elsaß", genannt. Vermutlich sind damit die Söhne des obengenannten Grafen Gebhard gemeint, von denen Udo als weithingebietender Graf bekannt ist und Hermann durch seine Vermählung mit der Witwe des Schwabenherzogs sogar die Herzogswürde erlangt hat. Beide sind im Jahre 949 gestorben, und Hermann wurde im Kloster Reichenau bei Konstanz, Udo wahrscheinlich in Fulda beigesetzt. Aber die Wetzlarer Kirche muß Partikel der Gebeine ihrer Stifter erhalten haben, und als um 1230 der frühgotische Chor geweiht wurde, errichtete man vor dem Hochaltar ein „Grab der Patrone". Wohl bei dieser Gelegenheit sind Grabverse gedichtet worden, die das Verdienst der erlauchten Stifter und Patrone rühmen, aber als Baujahr der Kirche die widersprechende Zahl 790 nennen. Das ist sicher auf Irrtümer zurückzuführen, die entweder unterlaufen sind, als man eine Datumsangabe einer alten Urkunde falsch auflöste, oder aber man hat Ereignisse ganz verschiedener Zeiten irrtümlich zu einem Hergang zusammengefügt.

Am Tatsachenkern dieser Überlieferung aber ist nicht zu zweifeln: Konradiner haben zu Beginn des 10. Jahrhunderts durch große Schenkungen das Stift ins Leben gerufen, und zwar scheint auf diese Weise zunächst das gesamte Krongut in der engeren Umgebung Wetzlars dem Propst als dem obersten Leiter des Stiftes unterstellt worden zu sein. Denn vom König wurde der Stiftspropst ernannt. Er hatte dem König die Dienste zu leisten, wie sie von den weltlichen Großen auch verlangt wurden, also vor allem Heeresfolge mit einer angemessenen Zahl von Gewappneten, die er dadurch verpflichten mochte, daß er ihnen Teile des Stiftsgutes zu Lehen gab. Zu der Erstausstattung des Stiftes gehörte neben Wetzlar auch ein Bezirk am Lahnknie bei Cölbe und im Weinbaugebiet um Braubach und Osterspay neben mancherlei Streubesitz in der näheren Umgebung.

Erhalten ist auch die Grenzbeschreibung eines weiten Bezirks, in dem Udo dem Stift das Jagdrecht verliehen haben soll: Von der Lahn aus den Kleebach aufwärts, dann über den First (Köhlerberg) zum Solmsbach und abwärts bis zur Lahn; von da über den Heisterberg zur Dill und den Lempbach aufwärts über den „Ramsberg" (Hohensolms) zur Bieber und abwärts wieder zur Lahn. Ein solcher Wildbann läßt den einbezogenen Dörfern ungeschmälert das Recht, in ihrem Markwald Holz zu schlagen und das Vieh dort zur Eicheln- oder Bucheckernmast weiden zu lassen, und beansprucht nur die Jagdvorrechte, die sonst dem König gebührten. Man sieht also, wie das Stift dank der Konradinerschenkung auch hier ein Hoheitsrecht erhielt, das ihm eine Ausnahmestellung im Lande verlieh.

Geradeso wie den Klöstern Lorsch und Fulda viel ursprünglicher Besitz verloren gegangen ist, so hat auch das Wetzlarer Stift schwere Einbußen erlitten und hinnehmen müssen, daß der Bezirk, in dem es sein eigener Herr war und kein Fremder irgendeine Amtshandlung vollziehen durfte, seine sogenannte „Immunität" (auch „Muntat" und „Freiheit" genannt), auf einen engen Raum im späteren Stadtgebiet eingeschränkt wurde. Aber umgekehrt ist es Mittelpunkt geworden und geblieben für ein „Archipresbyterat", d. h. für einen geistlichen Verwaltungsbezirk, der noch viel weiter reichte als der „Wildbann" und der heutige Kreis Wetzlar.

3. Die kirchliche Gliederung

Archipresbyterat Wetzlar

Sobald erst einmal die kirchliche Gliederung fest ausgebaut war, gehörte unser Gebiet zum Erzbistum Trier und dessen rechtsrheinischem Archidiakonat Dietkirchen. Es spricht für eine frühe Bedeutung des Wetzlarer Stifts, daß es zum Mittelpunkt eines Unterbezirks, des Archipresbyterats Wetzlar, ausersehen wurde. In der Trierer Diözese führen die Leiter solcher Bezirke gewöhnlich den Titel Dekan, und nur im benachbarten Erzbistum Mainz heißen sie Archipresbyter (Erzpriester). Das hat die Frage aufgeworfen, ob nicht der Wetzlarer Bezirk vielleicht anfänglich zu Mainz gehört habe. Aber die Unstimmigkeit in der Bezeichnung als „Archipresbyterat" statt „Dekanat" erklärt sich einfach genug daraus, daß anfänglich immer ein Mitglied des Wetzlarer Stiftes mit dem Amte betraut war, aber der Leiter des Stiftes - wie überall üblich - bereits den Titel Dekan führte. Im Unterschied zu ihm bezeichnete man daher den Leiter des Landbezirkes als Archipresbyter oder Erzpriester.

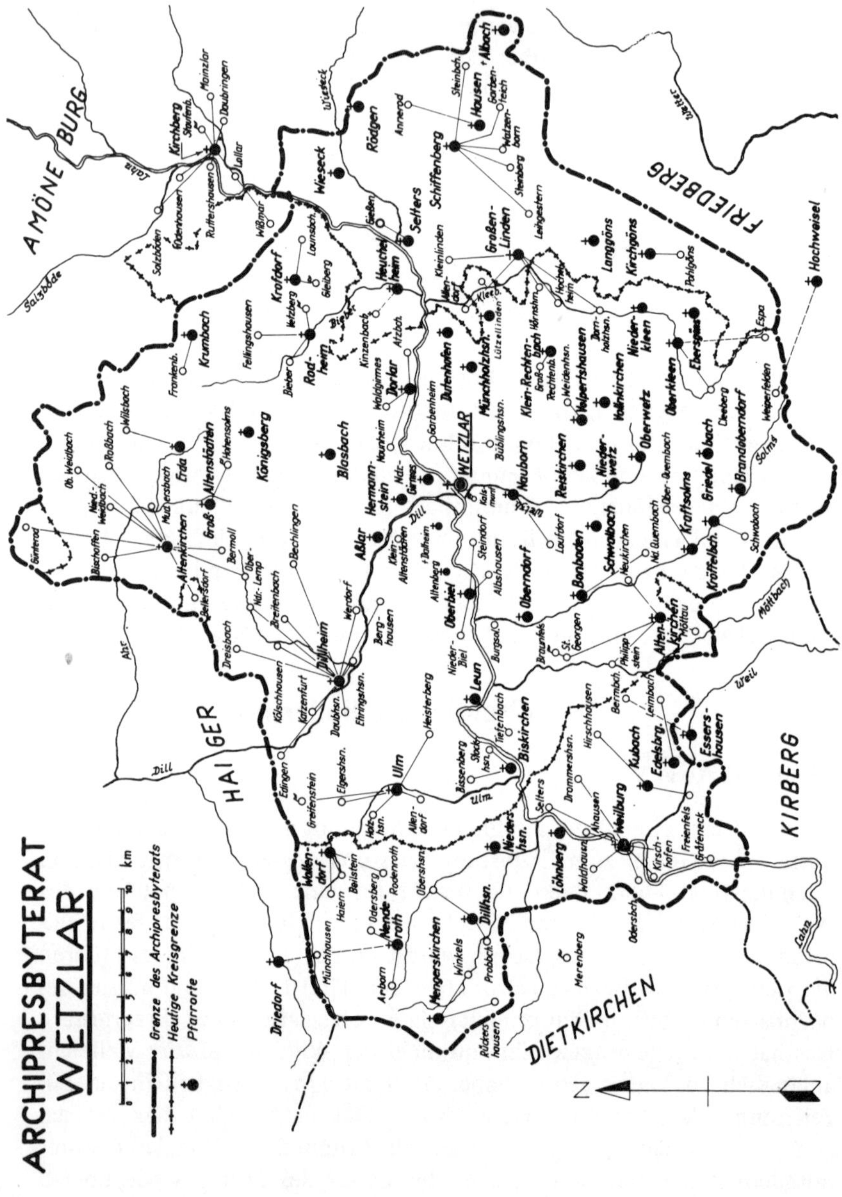
ARCHIPRESBYTERAT
WETZLAR
km
Grenze des Archipresbyterats
Heutige Kreisgrenze
Pfarrorte
N
AMÖNEBURG
FRIEDBERG
KIRBERG
DIETKIRCHEN
HAIGER
WETZLAR
Lahn
Dill
Ulm
Weil
Solms
Salzböde
Bieber
Wetter
Kirchberg
Wieseck
Rödgen
Hausen
Albach
Schiffenberg
Steinbach
Annerod
Garbenteich
Watzenborn
Steinberg
Leihgestern
Großen-Linden
Kleinlinden
Langgöns
Kirchgöns
Pohlgöns
Hochweisel
Selters
Heuchelheim
Krofdorf
Gleiberg
Launsbach
Wißmar
Ruttershausen
Salzböden
Lollar
Daubringen
Mainzlar
Krumbach
Rodheim
Fellingshausen
Vetzberg
Frankenb.
Kinzenbach
Atzbach
Dorlar
Dutenhofen
Münchholzhsn.
Lützellinden
Hörnsheim
Dornholzhsn.
Klein-Rechtenbach
Volpertshausen
Vollnkirchen
Niederkleen
Ebersgöns
Espa
Oberkleen
Oberwetz
Niederwetz
Reiskirchen
Naunheim
Waldgirmes
Garbenheim
Bübingshsn.
Nauborn
Laufdorf
Oberndorf
Bonbaden
Schwalbach
Neukirchen
Kraftsolms
Griedelbach
Brandoberndorf
Kröffelbach
Schwabach
Altenkirchen
Möttau
Philippstein
Braunfels
St. Georgen
Burgsol
Oberbiel
Niederbiel
Altenberg
Albshausen
Steindorf
Kalsmunt
Dalheim
Hermannstein
Niedergirmes
Aßlar
Blasbach
Königsberg
Großaltenstädten
Hohensolms
Erda
Wilsbach
Roßbach
Altenkirchen
Bechlingen
Bermoll
Oberlemp
Niederlemp
Breitenbach
Werdorf
Berghausen
Dillheim
Dreisbach
Katzenfurt
Kölschhausen
Daubhsn.
Ehringshsn.
Edingen
Greifenstein
Elgershsn.
Ulm
Heisterberg
Allendorf
Holzhsn.
Leun
Tiefenbach
Biskirchen
Bissenberg
Stockhsn.
Wallendorf
Beilstein
Rodenroth
Odersberg
Nenderoth
Haiern
Münchhausen
Driedorf
Arborn
Mengerskirchen
Winkels
Probbach
Dillhsn.
Obershsn.
Niedershsn.
Löhnberg
Waldhausen
Weilburg
Kirschhofen
Freienfels
Gräfeneck
Selters
Drommershsn.
Hirschhausen
Kubach
Edelsbrg.
Essershausen
Bermbach
Leimbach
Odersbach
Merenberg
Rückershausen

Er hatte die Aufsicht über die Pfarrer seines Bezirkes und mußte den Weisungen seiner Obrigkeit bei ihnen Geltung verschaffen. Die Landpfarrer schlossen sich zu einer Genossenschaft zusammen, zum Land- oder Ruralkapitel und trafen sich zu regelmäßigen Kapiteltagungen in Wetzlar, meist in der Walpurgiskapelle. Sie wählten aus ihrer Mitte den Archipresbyter, jedoch mußte er neben einer Pfarre auch eine Stiftspfründe als Kanonikus oder Vikar haben, damit der Zusammenhang mit dem Stift gewahrt blieb. Der Archipresbyter war auch verantwortlich für den Eingang der Taxen und Subsidien, d. h. der Abgaben, die von den Geistlichen an den Erzbischof zu entrichten waren. Da sich deren Höhe nach den Einkünften der Geistlichen bemaß, wirkten bei ihrer Festsetzung einige Mitglieder des Landkapitels als „Diffinitoren" mit.

Aus Hebelisten über solche Abgaben kennen wir den Umfang des Archipresbyterats Wetzlar genau und können ersehen, daß er den Umfang des heutigen Kreises weit überschritt (vgl. die Karte). Nur die alte Cent Kirchberg mit den heutigen Orten Wißmar, Odenhausen und Salzböden gehörte nicht zu Trier, sondern zum Mainzer Archipresbyterat Amöneburg. Alles spricht dafür, daß die Grenze, die hier durch den Nordosten des Kreises lief, eine alte Trennlinie zwischen Grafschaften des Oberlahngaues ist und unser Archipresbyterat Wetzlar sich ungefähr mit dem Umfang der „Grafschaft an der mittleren Lahn" deckt, von der wir noch hören werden. Als diese noch bestand, hat die Kirche wohl ihre Gliederung geschaffen und sich dabei an die politische Grenze gehalten. Und so zeigt denn die Grenze des Archipresbyterats noch mehrfach sehr deutlich die alte Weise der Grenzziehung. Sie folgt getreulich den Wasserscheiden, z. B. zwischen Salzböde und Ahr, zwischen Kleebach und Wetter, und im Westen bei Mengerskirchen umfaßt sie den Kaltenbach mit seinen Zuflüssen. Wo von diesem Brauch abgewichen ist, haben wohl politische Machthaber oder Immunitätsvorrechte Rücksicht verlangt.

Die Kirchspiele

Unsere Karte will auch den Umfang der einzelnen Pfarreien ersehen lassen, damit keine ermüdenden Aufzählungen notwendig werden. Nicht alle Orte hatten Kirchen, und nicht alle, die Kirchen haben, waren Pfarreien. Das kommt daher, daß anfänglich nur wenige Pfarrstellen begründet wurden, und zwar an den Eigenkirchen reicher Grundherren. Dabei wurde ihnen meist ein größerer Sprengel als Pfarrbezirk zugewiesen. Nachträglich wurden dann auch an anderen Orten des Kirchspiels Kapellen gestiftet, und diese erhielten sogar, wenn die Stiftung ausreichte, eigene Geistliche. Aber das alte Verhältnis von Mutter- und Tochterkirche wurde zäh aufrechterhalten, so daß den Verwaltern der Tochterkirchen meist nicht alle gottesdienstlichen Handlungen erlaubt waren. Mindestens die Taufen, häufig auch die Begräbnisse blieben dem Pastor der Mutterkirche vorbehalten. Mochten auch die Filialgemeinden größer werden als die Gemeinde des Mutterortes, mochten auch die Orte einer Großpfarrei im Laufe der Geschichte zu verschiedenen Landesherren kommen - so hielt es doch sehr schwer, die Erlaubnis zu einer Trennung des alten kirchlichen Abhängigkeitsverhältnisses zu erhalten.

Unsere Karte kennzeichnet die Hauptkirchen durch ein Kreuz und verbindet sie durch Striche mit den Tochterkirchen. Dabei ist im allgemeinen der Zustand kurz vor der Reformation zugrunde gelegt, und Wüstungen sind nicht berücksichtigt.

Die Patronate

Anfänglich hatten die Begründer der Eigenkirchen, die Kichenherren oder Patrone, ganz freie Hand darin, wem sie die Pfarrstelle verleihen wollten. Aber seit der Reform innerhalb der Kirche im 12. Jahrhundert blieb ihnen nur das Recht, einem ihnen genehmen Bewerber die Kircheneinkünfte zu verleihen und ihn dem Archidiakon zu präsentieren. Der ließ prüfen, ob der Bewerber in geistlicher Hinsicht alle Bedingungen erfüllte, und nach Verlauf einer gewissen Einspruchsfrist vollzog dann ein Geistlicher die Einsetzung (Investitur).

Da die Patronate größtenteils in Händen des Adels als der alten Grund- und Kirchenherren lagen, erhielten in älterer Zeit auch vorzugsweise Söhne adliger Familien die Pfarrstellen. Denn die weltlichen Lehen, auf die eine Familie rechnen konnte, reichten gewöhnlich nicht für alle Söhne aus, und so wurden die jüngeren Söhne Geistliche und mit Stellen versorgt, über die man den Patronat hatte.

Im Ausgang des Mittelalters hatten die Landesherren das Bestreben, die Pfarrpatronate („Kirchsatz" und „Collatur") möglichst in ihrer Hand zu vereinigen und durch Kauf oder Tausch von den andern Patronatsherren zu erwerben. Aber das ist ihnen keineswegs ganz gelungen.

So hatte im Kirchspiel Altenkirchen das Hochstift Speyer den Kirchsatz und hatte ihn an mehrere Rittergeschlechter weiterverlehnt, bis ihn die Grafen von Solms erwerben konnten. Auch von folgenden Pfarreien sind andere Patrone als die späteren Landesherren bekannt: Aßlar: v. Bicken; Biskirchen: Westerburg; Bonbaden: v. Rodenhausen und v. Schwalbach; Brandoberndorf; Isenburg-Büdingen; † Dalheim: Familien aus der Gemeinde, die nach Wetzlar verzogen sind, und durch Stiftungen anteilig das Kloster Altenberg, das dann allmählich bis 1449 alle Anteile erworben hat; Dorlar: v. Merenberg, dann Kloster Dorlar; Dutenhofen: die Gemeinde und anteilig mehrere Familien in Wetzlar, die wohl aus Dutenhofen stammen; Ebersgöns: v. Falkenstein, v. Eppstein; Garbenheim: v. Garbenheim, v. Rodenhausen, Stift Wetzlar; Griedelbach: v. Hochweisel; Kinzenbach: v. Kinzenbach, v. Göns, v. Rodenhausen; Kleinrechtenbach: Landgraf v. Hessen; Kraftsolms: v. Buseck als Lehen von Nassau; Kröffelbach: v. Schwobach; Krofdorf: von Hessen an Kl. Altenberg geschenkt; Launsbach: Kloster Altenberg; Leun: Kloster Fulda, dann v. Bicken; † Mühlenheim (Hermannstein): Familien aus Wetzlar, dann das Marburger Deutschordenshaus, zuletzt Schenck zu Schweinsberg! Münchholzhausen: v. Kransberg, v. Kinzenbach, v. Göns und v. Schwalbach als Solmser Lehen; Nauborn: Ganerben von Vetzberg (v. Wolfskehl, Kreich, v. Holzapfel); Niedergirmes: Stift Schiffenberg, dann der Deutschorden; Niederkleen: Milchling gen. Schutzbar, v. Kleen als Lehen von Eppstein, danach v. Frankenstein; Niederwetz: v. Schwalbach, dann Solms; Oberbiel: v. Kleen und v. Werdorf, dann Kloster Altenberg; Oberkleen: Ganerben v. Cleeberg; Oberwetz: v. Garbenheim und das Deutschordenshaus Marburg; Reiskirchen: v. Nürings, dann als Reichslehen Eppstein, Münzenberg, Falkenstein; Rodheim: von Runkel weiterverlehnt an v. Michelbach, Mohr v. Leun u. a.; Schwalbach: v. Schwalbach und v. Rodenhausen; Vollnkirchen: der Landgraf v. Hessen; Volpertshausen: von Nassau verlehnt an v. Buseck; Wetzlar: Stift und Stadt gemeinsam.

Die hier nicht genannten Pfarreien erscheinen urkundlich in der Hand des späteren Landesherren, aber das wird in den meisten Fällen nur daran liegen, daß wir den Erstbesitzer des Patronats aus Urkunden nicht erfahren können. So hat das Haus Solms den Patronat über: Blasbach (797 Lorsch!), Dillheim, Erda, Hohensolms, das erst 1455 von Großaltenstädten abgetrennt wurde, Krumbach, Oberndorf, Ulm. Die Grafen von Nassau über: Lützellinden, Odenhausen, Wißmar.

Der Zehnte und die geistliche Gerichtsbarkeit

Für die einstigen Eigenkirchen- und dann Patronatsherren ist also ihr Patronatsrecht gleichbedeutend mit der Verfügung über das Vermögen, mit dem eine Pfarrei ausgestattet ist; dazu gehörte seit alters die Verpflichtung der Pfarrangehörigen zur Lieferung des Zehnten. Aber gerade der Zehnte war in den wenigsten Fällen noch ein Bestandteil der Pfarrbesoldung, sondern ging wie ein sonstiges nutzbares Gut von Hand zu Hand. Die Zehnterhebung wurde gegen einen Pauschbetrag verpachtet und der Ertrag ganz oder in Bruchteilen vererbt, gestiftet, verpfändet, verkauft und also nutzbar gemacht. So kommt es, daß der Zehnte vielfach wieder in andrer Hand ist als das Patronatsrecht, und man kann also, wenn man den Zehntinhaber kennt, nicht ohne weiteres darin auch den Patronatsherren sehen, geschweige denn den Landesherren. So hatten z. B. die Grafen von Nassau in mehreren Orten der Grafschaft Solms den Zehnten, und zu ihrem großen Ärger mußten die Wetzlarer von ihren Feldern vor der Neustadt den Zehnten an den Grafen von Solms-Braunfels liefern, weil die Felder zur Pfarre Dalheim gehört hatten und der Graf im Besitz des Dalheimer Zehnten war.

Da die Geistlichen dem Gericht von Laien nicht unterworfen sein sollten, hatte die Kirche ein eigenes Gerichtswesen eingerichtet. Sie zog aber umgekehrt Laien vor ihr Gericht, insbesondere, wenn es sich um Verfehlungen gegen kirchliche Gebote, um Laster und Sünden handelte, für die sich vor weltlichem Gericht vielleicht kein Kläger gefunden hätte. Denn dort galt der Grundsatz: „Wo kein Kläger ist – ist auch kein

Richter." Die Kirche aber verlangte, daß jeder von sich aus anzeige, was ihm etwa zu Ohren gekommen war über Fluchen, Beschwören, Aberglaube, Ketzerei, liederliches Leben, Ehevergehen, Wucher und Unterschleif, Mißbrauch der Gewalt über Dienstboten, Bedrängnis von Witwen und Waisen u. dergl. Der Archidiakon ließ deshalb jährlich einmal „Sendgericht" abhalten (Send = synodus, Versammlung) in Bezirken, die oft viele Pfarreien umfaßten. Sieben vertrauenswürdige Männer, die Sendschöffen, fanden das Urteil, erhoben aber auch selbst Klage. In Wetzlar fand der Send in der Woche vor Weihnachten drei Tage lang statt. Da aber auch Streitigkeiten über Kirchengut und Pfarreinkünfte hier verhandelt wurden und mit dem Vorwurf des Ungehorsams gegen Kirchengebot sehr vieles zu treffen war, was sonst vor weltlichen Gerichten verhandelt wurde, ließ sich eine scharfe Grenze zwischen weltlicher und geistlicher Gerichtszuständigkeit schlecht ziehen. Das hat oft zu bitterem Streit zwischen den Obrigkeiten geführt.

Es ging dabei weniger um die Sendgerichte als um die höheren geistlichen Instanzen. Für unser Gebiet war das der bischöfliche Offizial (beamteter Richter) in Koblenz. Der war zu Zeiten allzu rasch geneigt, wenn seine Urteile nicht durchgeführt wurden, wegen Gehorsamsverweigerung die schwersten Kirchenstrafen zu verhängen: den Bann (Exkommunikation) über einzelne oder das Interdikt über ganze Städte und Dörfer. Den Betroffenen wurde der Kirchenbesuch verwehrt und jede priesterliche Seelsorge - von der Taufe an bis zum Begräbnis - verweigert, und damit waren sie aus der christlichen Gemeinschaft ausgeschlossen. Die Stadt Wetzlar hat im 14. und 15. Jahrhundert wegen ihrer Schuldenlast oft und jahrzehntelang im Kirchenbann gestanden, so daß schließlich der Papst selbst zur Milde mahnen mußte.

4. Die politische Gliederung

Die Mittellahn-Grafschaft

Karl der Große wollte sein riesiges Reich einheitlich nach seinem Willen regieren und so die nun einmal bestehenden völkischen und stammesmäßigen Unterschiede allmählich ausgleichen. Deshalb teilte er es in Verwaltungsbezirke ein und stellte an deren Spitze Grafen, die nichts anderes als die örtlichen Vertreter des Königs sein sollten. Tief wurzelte damals noch im Herzen des Volkes der Glaube, daß ein König „von Gottes Gnaden" besondere Gaben und Kräfte empfangen habe und daß er darum vor allen berufen sei, als oberster Richter göttliches Recht zu wahren. Und so übt denn auch ein Graf als Stellvertreter des

Königs vor allem das Richteramt aus. Nicht als ob er selbst die Rechtsfälle untersuchen und das Urteil finden müßte! Das ist Sache der Gerichtsschöffen, der zwölf Männer aus dem Volke, die das gute alte Recht wissen und dazu keine Bücher mit vielen Paragraphen brauchen. Aber der Graf mit der Vollmacht des Königs muß den Vorsitz führen, und schon seine Anwesenheit genügt, um dem Gericht eine geheimnisvolle Weihe und dadurch Macht und Geltung zu verschaffen.

Man erzählt sich, bei uns habe das oberste Gericht auf dem „Königsstuhl" bei Rodheim getagt, aber erweisen läßt sich das nicht.

Wir wissen nur, daß es in fränkischer Zeit einen Nieder- und Oberlahngau gab, daß aber alsbald auch der noch einmal geteilt worden war und unser Gebiet zu einer Grafschaft an der Mittellahn gehörte. Wir glauben, daß sich deren Umfang widerspiegelt in dem kirchlichen Bezirk des Archipresbyterats Wetzlar, weil die kirchliche Gliederung gewöhnlich auf politischen Grenzziehungen beruht.

In den Lorscher Aufzeichnungen wird zwar auch ein „Erdagau" genannt; aber wahrscheinlich ist das irrig, und selbst wenn die Bezeichnung in Gebrauch gewesen sein sollte, dann wird hier mit dem Worte „Gau" eine Landschaft, aber keine Grafschaft gemeint sein.

Die Nachrichten aus alter Zeit sind überaus spärlich, und nur gelegentlich hören wir einmal den Namen eines Grafen, wie etwa gegen Ende des 8. Jahrhunderts den des Grafen Heimo, dessen Vater der Stifter von Lorsch ist.

Die Konradiner

Nach dem Tode Karls des Großen wird vorübergehend das Bild etwas deutlicher, aber nun hat sich schon eine entscheidende Änderung vollzogen: unter der Herrschaft schwacher Könige sind die Grafen nicht mehr absetzbare Beamte, sondern die Grafschaften bleiben erblich in den Händen einzelner Familien. Gegen Ende des 9. Jahrhunderts vereinigt hierzulande das mächtige Adelsgeschlecht der Konradiner viele Grafschaften in seinen Händen, und gerade das, was Karl der Große vermeiden wollte, ist geschehen: es haben sich Herrschaftsbereiche innerhalb des Reiches gebildet, die dem König fast entglitten sind. Wie Herzöge herrschen die Konradiner im Frankenlande und mehren ihren Besitz noch ständig, indem sie bisher unbebautes Land roden lassen. Bei ihrer Machtfülle ist kaum noch zu unterscheiden, was Krongut oder Eigenbesitz ist. Als nun gar ein Glied dieses Hauses, König Konrad I., den Königsthron bestieg, war es fast allein seinem rechtlichen Sinn überlassen, Hausgut und Königsgut getrennt zu halten. Vielleicht hat er das wirklich getan. Denn wir wissen von ihm, daß er so selbstlos war, bei seinem Hinscheiden (918) nicht einen nahen Verwandten als Nachfolger zu empfehlen, sondern seinen mächtigsten Nebenbuhler, den Sachsenherzog Heinrich.

König Konrads Bruder Eberhard hat seines Bruders Vermächtnis treu erfüllt und bei der Königswahl seine Franken dem Sachsen zugeführt. Aber das Geschick hat es so gefügt, daß der gleiche Mann durch Untreue Unheil über sich und sein Haus heraufgeführt hat. Er beteiligte sich an Aufständen gegen Heinrichs Nachfolger, König Otto I. In diesen Kämpfen kam ein Sohn des Grafen Udo, des Wetzlarer Stiftsgründers, ums Leben, und von da an trennte glühender Haß die Zweige des Konradinerhauses. Als jedoch bei einer neuen Empörung Eberhard im Jahre 939 im Bunde mit Giselbert, dem Herzog von Lothringen, bei Andernach über den Rhein setzte und einen verheerenden Einfall in die Gebiete des rechten Rheinufers unternahm, ereilte ihn sein Geschick. Der Beutezug war gelungen, der Raub schon über den Rhein geführt, und nur noch eine kleine Schar rastete diesseits - da wurden sie überraschend von den Grafen Udo und Konrad Kurzbold angegriffen. Verzweifelt kämpfend fiel Eberhard, Giselbert aber ertrank bei der Flucht im Rhein. Damit war König Otto von gefährlichen Gegnern befreit. Er zog die Güter Eberhards ein, hütete sich aber, sie etwa auf die Sieger zu übertragen. Nicht noch einmal sollte sich allzuviel Macht in wenigen Händen vereinigen, und so wurde das heimgefallene Krongut anderweit vergeben, vornehmlich wohl an Geistliche. Nach Udos Tod im Jahre 949 sind in unserer Gegend keine Grafen aus dem Konradinerhause mehr bekannt.

Im einzelnen sind für unsere Gegend als Grafen bezeugt: Otto, ein Bruder Konrads 912 und Eberhard 928. Aber offenbar hatten auch andere Glieder des Hauses in unserem Gebiet Eigenbesitz. So tauscht Graf Konrad der Ältere 886 vom Kloster Lorsch dessen Besitz in „Gawardeshusen" (bei Garbenteich) ein gegen Güter in Nauborn, † Winterburg und Steindorf. 897 lassen seine Brüder Gebhard und Bischof Rudolf von Würzburg eine Wetzlarer Kirche weihen. Bischof Rudolf ist vielleicht auch der Stifter der Kirche zu Biskirchen und damit der Namensgeber des Dorfes „Bischofskirchen". 912 schenkt König Konrad der Kirche zu Weilburg einen Hof in Rechtenbach und tauscht vom Kloster Fulda gegen Güter in Thüringen für seine Mutter Glismuda auf Lebenszeit die Besitzungen des Klosters in Möttau, Altenkirchen, Neukirchen, Leun und † Mertinshausen ein. Und nicht zuletzt haben ja Gebhards Söhne Udo und Hermann dem Marienstift zu Wetzlar reichen Besitz und Rechte geschenkt. Wären alte Totenlisten des Stiftes erhalten, so würden wir sicherlich dort die Jahrgedächtnisse all der genannten Glieder des Konradinerhauses finden.

Die Luxemburger Grafen von Gleiberg

Nach den Konradinern hören wir im Bereich der alten Mittellahngrafschaft noch gelegentlich Grafennamen, so 975 Hildilin, 993 bis 1017 Gerlach und 1062 bis 1065 Werner, aber in dieser Zeit muß ihr alter Bestand schon merklich verkleinert worden und die Zersplitterung weiter fortgeschritten sein. Namentlich im Westteil hat das Hochstift Worms die Gegend von Weilburg bis ins Ulmtal erhalten, das Bistum Speyer hat umfangreiche Rechte an der Dill und um Altenkirchen, und wenn das nun auftretende Grafengeschlecht nach der Burg Gleiberg benannt wird, dann kann dennoch ihre Grafschaft Gleiberg nur noch ein Bruchteil der alten Grafschaft sein.

Ein Hermann von Gleiberg wird erstmals im Jahre 1075 rühmend erwähnt, als er dem König Heinrich IV. in der Schlacht an der Unstrut gegen die aufständischen Sachsen zum Siege verhalf. Er stammt aus dem Hause der Grafen von Luxemburg, und man darf annehmen, daß durch Erbschaft ein Teil des Konradinergutes an die Luxemburger gefallen ist und ein Seitenzweig des Geschlechtes Burg Gleiberg als Stützpunkt für die Erhaltung dieses Besitzes im Lahngebiet erwählte. Dennoch gäbe es ein falsches Bild, wenn wir es uns so vorstellten, als sei die Burg Gleiberg damals schon eine Art Residenz und der Verwaltungsmittelpunkt für eine Landesherrschaft gewesen. Nein, diese Luxemburger Herren und ihr Haus gehörten zum hohen Reichsadel und spielten in der großen Politik eine Rolle. Eine Luxemburgerin war Kaiserin Kunigunde, die Gemahlin Heinrichs II. (1002–1024). Luxemburger war auch Hermann von Salm, der Gegenkönig gegen Heinrich IV. († 1088). Solch vornehme Herren haben nicht ihr Genüge daran, auf einer Burg wie Gleiberg zu wohnen, ein paarmal im Jahr die Landgerichte zu bereisen und den Vorsitz zu führen und sich im übrigen um die Landwirtschaft auf ihren Höfen zu kümmern. Sie machen es vielmehr nicht anders als der König. Der reist mit seinem Gefolge von einem seiner Güter zum andern und verbraucht an Ort und Stelle, was seine Verwalter angesammelt haben. Auf andere Weise hätten sie den Nutzen aus ihrem verstreuten Besitz gar nicht abschöpfen können. Denn Abgaben in Geld waren wenig gebräuchlich, und die Fruchtgefälle ließen sich auf den schlechten und gefährdeten Straßen nicht gut über weite Entfernungen hin verfrachten. Aber auch ihre Tätigkeit zwang hohe Herren zu einem Leben auf Reisen. Sie hatten Lehen vom König und anderen Großen; da mußten sie ihren Verpflichtungen nachkommen und, um in Gunst zu bleiben, oft monatelang bei Hofe verweilen, wenn nicht gar Heerfahrten sie noch länger festhielten.

Wir wollen uns hier mit den ungeklärten Verwandtschaftsverhältnissen der Gleiberger Grafen und den ebenso schwierigen Fragen nach dem Umfang ihres Besitzes und ihrer Grafschaft nicht abmühen. Es muß uns genügen, zu wissen, daß der heimische Zweig schon gegen Ende des 12. Jahrhunderts ausgestorben ist. Auch ihr Herrschaftsbereich wurde aufgeteilt, und damit ist der letzte zusammenhängende Rest der Mittellahn-Grafschaft zersplittert.

Auf der Karte, die die Aufteilung unseres Gebietes um die Mitte des 14. Jahrhunderts zeigt, sehen wir in der Westhälfte überwiegend Besitz

Der Wetzlarer Raum

um 1350

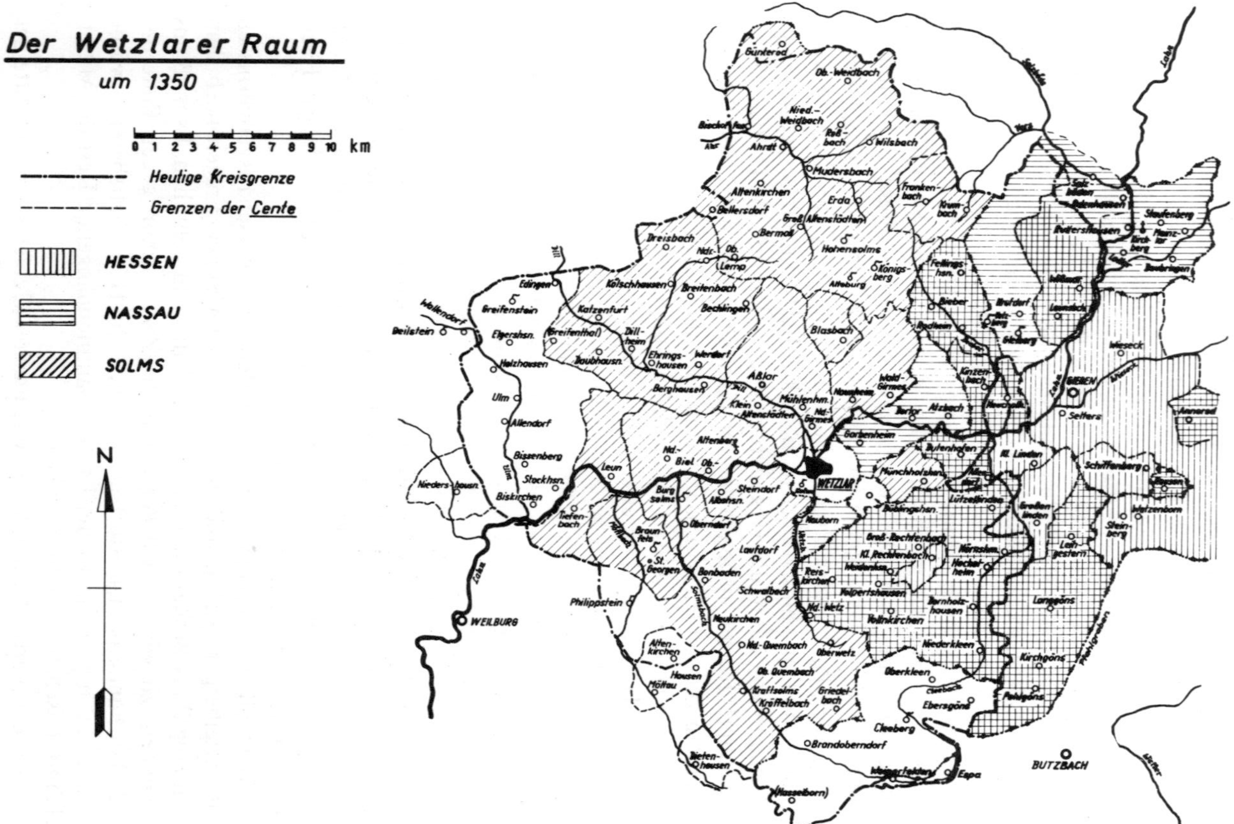

des Grafenhauses Solms, in der Osthälfte dagegen Hessen und Nassau als Landesherren, jedoch mit viel ungeteiltem Besitz unter gemeinsamer Verwaltung. Die Grenzlinie beginnt im Norden, da wo der Versbach in die Salzböde einmündet, und zieht über den Dünsberg und dann über den Königsstuhl zwischen Waldgirmes und Dorlar zur Lahn. Bis dahin ist das ganz die alte Weise einer Zeit, die noch keine Karten aus der Vogelschau kennt und daher als Richtpunkte entweder die Wasserscheiden oder weithin sichtbare Male wie die genannten Berge wählen muß. Aber dann folgt sie der Lahn, umgeht - vielleicht erst, nachdem Wetzlar entstanden ist - das Stadtgebiet und nimmt dann den Wetzbach so scharf als Grenze, daß alte Orte wie Nauborn und Niederwetz in Hälften rechts und links des Baches zerschnitten werden. Das ist ein so gewaltsames Verfahren, daß man annehmen möchte, irgendwelche Machthaber hätten hier um jeden Preis eine scharfe Teilung vornehmen wollen. Und dieser Eindruck wird noch dadurch verstärkt, daß zunächst nichts in Gemeinschaftsbesitz belassen wurde, wie man das sonst bei schiedlich-friedlichen Teilungen damals zu tun pflegte.

Wir können hier die Vermutungen über die Entstehung dieser Trennlinie nicht ausführlich erörtern; allgemein wird angenommen, daß sie etwa um 1100 schon da war, und es wird sich wohl um eine Auseinandersetzung unter den Erben des konradinischen Besitzes handeln. Das mögen Luxemburger gewesen sein, von denen ein Zweig die Herrschaft Gleiberg begründet hat, andere aber ihren Besitz im Lahngebiet nicht festhielten. Verfolgen wir zunächst das Schicksal der Osthälfte.

Die Nachfolger der Grafen von Gleiberg

Die Zersplitterung hat auch in der Osthälfte schon unter dem luxemburgischen Grafenhaus begonnen. Ein Zweig des Geschlechtes hat sich im damals versumpften Lahnbecken „zu den Gießen" eine Wasserburg gebaut und führt geradezu den Titel „Grafen von Gießen". Wohl gab es auf den Erhebungen nördlich und südlich der Wieseckmündung schon in karolingischer Zeit die Orte Selters (heute „Seltersberg") und Achstatt („Asterweg"), aber die Straße von Frankfurt durch die Wetterau nach Norden umging die nasse Niederung. So ist es gekommen, daß sich zwar im Anschluß an die Wasserburg allmählich eine stadtartige Siedlung einfand und die Wegeverhältnisse gebessert wurden, aber der Ort wurde nicht von Natur aus Gewerbe- und Handelsplatz wie Wetzlar, sondern der Stadtherr hat in Gießen vor allem Burg und Festung gesehen, die seinen politischen Plänen dienen sollten. Unter diesen Umständen war Gießen im Mittelalter nie eine „Konkurrenz" für Wetzlar, und wie verschiedenartig trotz engster Nachbarschaft die Entwicklung von Städten verlaufen kann, das zeigt gerade ein solcher Vergleich.

Etwa um dieselbe Zeit, in der Wetzlar 1180 das Privileg Friedrich Barbarossas erhielt, ist das Gleiberger Grafenhaus ausgestorben, und sein Besitz kam über die Erbtöchter an die Herren von Merenberg und die Pfalzgrafen von Tübingen.

Bei der Teilung erhielten die Pfalzgrafen zu Alleinbesitz Gießen, Wieseck, Großen- und Kleinlinden wie auch Kleinrechtenbach. Dazu kam dann noch vieles, was zunächst nicht getrennt wurde, sondern in gemeinschaftlicher Verwaltung blieb. Aber schon 1264/65 haben die Pfalzgrafen ihren Anteil an den Landgrafen von Hessen abgegeben. Damit wurde unsere Landschaft in politische Spannungen hineingezogen, die sie in der Folgezeit oft genug zu spüren bekam. Des Landgrafen Kernmacht lag in Niederhessen, aber dort hatte an mehreren Stellen, z. B. um Amöneburg und Fritzlar, schon früh auch der Erzbischof von Mainz Fuß gefaßt, und nun rangen in immer wiederholten Kriegen die beiden Fürsten um die Vormacht. Indem nun der Landgraf Gießen erwarb und die zugehörigen Teile der Herrschaft Gleiberg, gab ihm dieser Vorstoß nach Süden die Möglichkeit, schon hier die Wege zu sperren, die Mainz mit seinen niederhessischen Besitzungen verbanden, und zwar nicht nur durch Burg und Festung Gießen, sondern auch auf den wichtigsten Umgehungsstraßen. Denn Herrschaftsanteil hatte der Graf auch am sogenannten „Land an der Lahn", das aus den Centbezirken Heuchelheim und Krofdorf bestand, wie auch an Wißmar, das zu Cent und Kirchspiel Kirchberg gehörte. Und das große gemeinsame Gericht Hüttenberg wurde gleichfalls von wichtigen Straßen durchkreuzt, auf denen sich kein unliebsamer Gegner festsetzen konnte, seitdem der Landgraf im Mitbesitz war. Der Großcent Hüttenberg erweist sich durch ihre Umgrenzungsweise als alt; sie ist nichts anderes als das Gebiet des Kleebaches und seiner Zuflüsse. Ihre Ostgrenze bildet zum Teil der Pfahlgraben, aber auch er läuft auf der Wasserscheide zwischen Kleebach und Wetter. Die Gerichtsstätte lag anfangs auf dem Hüttenberg bei Niederkleen, der schon in vorchristlicher Zeit Bedeutung gehabt haben muß. Freilich in der Zeit, wo wir etwas klarer sehen, ist schon am Oberlauf des Kleebaches und der Solms ein anderes Gebilde abgetrennt, das Amt Cleeberg, und innerhalb des Hüttenberges sind aus alten Grundherrschaften und Vogteien Einsprengsel entstanden, die späterhin nicht zum Hüttenberg gerechnet werden, wie z. B. Vollnkirchen und Kleinrechtenbach. Aber das sind ja nur ein paar Beispiele für das, was wir überall beobachten können: sowenig das Deutsche Reich im Mittelalter ein Einheitsstaat ist, sowenig gibt es unter den Hunderten von Kleinländern größere Flächen, die nur einem Herren unterstehen. Überall ist die Gewalt eines Fürsten durchbrochen durch Sonderrechte von geistlichen und weltlichen Herren und Einrichtungen. Dieses Durcheinander und Übereinander getreulich auf einer Karte darzustellen, ist kaum möglich; wenn also hier dennoch eine Karte gewagt wird, so muß man sich vor Augen halten, daß sie eine grobe Vereinfachung darstellt, die dem Auge nur ein wenig Anhalt geben soll. Eigentlich aber wären dazu seitenlange Erläuterungen mit vielen „Wenn" und „Aber" notwendig.

Miterben der Pfalzgrafen von Tübingen und dann Mitteilhaber der Landgrafen waren die Herren von Merenberg. Dieses Adelsgeschlecht ist im Reichsdienst mächtig geworden und hat auf mancherlei Art viel Besitz im Lahngebiet erworben. Seine Burg Merenberg (nw. Weilburg) z. B. liegt auf einem Boden, wo die Grafen von Diez die hohe Gerichtsbarkeit hatten und die Grafen von Laurenburg-Nassau als Vögte des Hochstiftes Worms belehnt waren. Trotzdem ist es dem Geschlecht gelungen, sich aus den mannigfachsten Rechten und Besitztiteln eine Machtstellung aufzubauen, freilich immer sehr gefährdet und zu Rücksichten gezwungen, weil die Herrschaftsbereiche allzu verstreut lagen. Aus der Gleiberger Erbschaft erhielten sie den Gleiberger Wald, das Dorf Krofdorf, während die übrige Cent Krofdorf Gemeinbesitz blieb, ferner die Cent Dorlar mit Atzbach, Garbenheim und Nauborn rechts des Baches, und die Cent Kirchberg. Dazu kam dann der Gemeinbesitz am Land an der Lahn und am Hüttenberg. Wesentlich war, daß sie auch mit der Reichsvogtei über Wetzlar belehnt waren, und zwar wahrscheinlich schon seit Barbarossas Zeiten, wenn wir auch urkundlich erst eine Belehnung aus dem Jahre 1246 kennen.

Der letzte Merenberger mit dem Namen Hartrad, der in diesem Geschlecht immer wiederkehrt, starb 1328. Seine Tochter brachte das Gleiberger Erbe dem Grafen Johann von Nassau-Weilburg in die Ehe, und dadurch wurde Nassau neben Hessen bis ins 19. Jahrhundert zum Landesherren in der Osthälfte des späteren Kreises Wetzlar.

Der Gemeinbesitz bot aber so oft Anlaß zu Reibungen und behinderte eine durchgreifende Verwaltung derart, daß Nassau und Hessen schließlich in den Jahren 1585 und 1703 durch Teilungen den Gemeinbesitz aufhoben. Kleinere Änderungen waren schon vorausgegangen, doch mag statt ermüdender Beschreibungen ein Blick auf die Karte nur das Ergebnis zeigen.

Die Grafen von Solms

Die Westhälfte unseres heutigen Kreises haben die Grafen von Solms errungen. Ihr Ursprung konnte bisher durch keinerlei Vermutungen befriedigend aufgeklärt werden. In der Gründungsurkunde des Klosters

Schiffenberg erscheint im Jahre 1129 der Name eines Edelherrn Marquard von Solms, und nur aus seinem Namen kann man schließen, daß das Geschlecht damals seinen Sitz am Solmsbach hatte, wahrscheinlich in der Wasserburg Burgsolms, die im Anschluß an einen Wirtschaftshof entstanden sein mag. Aber es dauert fast noch ein volles Jahrhundert, bis 1223 ein Heinrich von Solms den Grafentitel führt und sein Haus eine politische Rolle zu spielen beginnt. Man braucht nicht zur Erklärung dieses Aufstieges anzunehmen, daß den Grafen ein Teil aus Gleiberger Besitz zugefallen sei, weil frühe verwandtschaftliche Beziehungen zu den Luxemburgern bestanden hätten. Vielmehr konnte ein tatkräftiges Geschlecht, auch wenn es nicht dem hohen Reichsadel angehörte, gerade in unserer Landschaft sich einen neuen eigenen Machtbereich schaffen, weil hier weder das Königstum einen starken Stützpunkt hatte noch in der Nachbarschaft damals ein starker Fürst den Aufstieg anderer hätte hindern können. Und wenn uns auch urkundliche Zeugnisse fehlen, so läßt sich aus dem späteren Bestand der Grafschaft Solms doch erschließen, daß sie sich aus den verschiedensten Bestandteilen zusammensetzt, die durch den Machtwillen der Grafen in jahrhundertelangem Ringen zu einem „Land Solms" zusammengeschmiedet worden sind. Der Eigenbesitz des Hauses mag anfangs nicht allzu groß und jedenfalls nicht größer gewesen sein als der anderer heimischer Adelsgeschlechter. Aber den Herren von Solms ist es gelungen, z. B. mit der Vogtei über den fuldischen Besitz von Dietenhausen bis Leun belehnt zu werden und die Lehnsabhängigkeit bis dahin verflüchtigen zu lassen, daß nur aus Höflichkeit bei einem Regierungswechsel der Lehnsbrief erneuert wurde. Von diesem einstigen Klostergut sind freilich Dietenhausen, Altenkirchen, Möttau und der Mönchshof Hausen (später † Grebenhausen) 1335 an den nassauischen Nachbarn wieder verloren gegangen. Andere Teile, wie das Quembacher Gericht („Schöffengrund") und Dalheim, waren wohl Reichslehen, aber erst aus zweiter oder dritter Hand. Münchholzhausen z. B. ist als Reichslehen im Jahre 1295 von Kranich von Kransberg angekauft worden, wurde aber wegen seiner abgesonderten Lage weiter verlehnt. Schon in den genannten Gebieten steckten Großgrundherrschaften, deren Vogtei erworben werden konnte, und von späteren Erwerbungen dieser Art wissen wir auch Näheres. Dagegen läßt sich nicht mehr ausmachen, wann und wie die Gerichtshoheit über die alten Centbezirke an das Haus Solms gekommen ist, mit denen der Grafentitel zusammenhängt. Da geht es um die Cent Oberbiel mit Niederbiel, Albshausen und Steindorf, aus der vielleicht Burgsolms und Oberndorf erst nachträglich ausgeschieden worden sind. Einen Kernbestand machen aber auch die Dillcenten und die große Ahrcent Altenkirchen aus. Die Cent Dillheim entspricht in ihrem Umfang dem Kirchspiel ebenso wie bei Altenkirchen. Werdorf gehörte zur Dillheimer Cent, doch waren die Höfe einer alten Großgrundherrschaft zu einem Vogteigericht zusammengefaßt. Ihren Mittelpunkt bildete ein Haupthof, an dem - ebenso wie in Burgsolms - ein von Wassergräben umgebenes festes Haus entstanden ist. An dessen Stelle ist dann im 17. Jahrhundert als solmsischer Witwensitz ein kleines Schloß errichtet worden. Eine zweite Dillcent wird nach einem alten Tagungsort, einem „Loh" (Wäldchen), das Loher Gericht genannt. Es umfaßte Aßlar, † Mühlenheim (Hermannstein) und Niedergirmes und galt als Obergericht, an das man von den andern Dillcenten aus Berufung einlegen konnte. Einzelheiten über diese Landgerichte erfahren wir freilich erst seit dem 15. Jahrhundert, weil sie erst dann beginnen, schriftliche Beurkundungen, z. B. über Grundstücksverkäufe, auszustellen. Um diese Zeit hat sich aber das Wesen dieser Landgerichte schon sehr vom alten Brauch abgewandt, und um der Gebühren willen waren die Schöffen auch bereit, gelegenere Tagungsorte zu benutzen. So wissen wir vom Loher Gericht, daß es bald vor der Kirche in Aßlar, bald am Siechhof bei Niedergirmes, ja sogar in nächster Nähe der Wetzlarer Vorstadt Langgasse getagt hat. Das gleiche gilt auch vom Dalheimer Gericht, das von den Grafen zum Obergericht für die solmsischen Gerichte westlich der Hohen Straße gemacht worden war; auch es tagte zuweilen an der Dillbrücke vor der Neustadt. Wir werden später noch hören, welche Rolle dieser Umstand in Prozessen zwischen Solms und Wetzlar spielen sollte. Als dritte „Dillcent" wird Blasbach genannt, aber meist erscheinen das Blasbacher und das Naunheimer Gericht, dem noch Waldgirmes zugehörte, vereinigt. Bei der Cent Altenkirchen können wir wieder die ursprüngliche Umgrenzung noch deutlich erkennen: es ist nichts anderes als der Oberlauf der Ahr mit seinen Zuflüssen. Kleine Abweichungen - wie z. B., daß Oberlemp der Altenkirchener Cent zugeteilt ist, obwohl es nach der Wasserscheide wie Niederlemp zur Dillheimer Cent gehörte - erklären sich durch politische Eingriffe. Der Unterlauf der Ahr gehört zur Mark Herborn; diese Trennlinie muß uralt sein. Erda hatte - wie oben von Werdorf gesagt - für bestimmte Höfe einer ehemaligen Großgrundherrschaft, die sich schon in den Lorscher Schenkungen abzeichnet, ein Vogteigericht, das aber - wie alle derartigen Niedergerichte - nur für die „Hausgenossen", d. h. die Inhaber von Vogteigütern zuständig war und mit der öffentlichen Rechtspflege nichts zu tun hatte. Frankenbach und Krumbach bildeten einen Bezirk für sich.

Selbstverständlich waren auch die ebengenannten Centgerichte noch lange durchsetzt von Gebietsteilen unter Sonderrechten, und im Bezirk um Königsberg und Hohensolms muß das Grafenhaus auch altes Eigengut besessen haben. Denn wenn auch Burgsolms wirklich die Stammheimat war, so ist es doch bei alten Familien geradezu Regel, daß sie noch vielerlei Streubesitz in Händen haben, zumal ja bei Ehen unter Standesgenossen die Frauen meistens Heiratsgut zubrachten.

Es kommt für unsere Zwecke nicht darauf an, die Einzelheiten der Entstehung des Solmser Landes alle nach Zeit und Gelegenheit genauer darzulegen; wichtig ist für uns nur, daß nicht die falsche Vorstellung bleibt, als sei die Grafschaft Solms von altersher ein fertiges Gebilde gewesen, ein naturgegebener Kleinstaat, dessen Geschichte nur darin bestünde, daß die Männer seines Fürstengeschlechts ihn gut oder schlecht regiert hätten. Nein - umgekehrt: sie haben das „Land" erst geschaffen, und das ging nur in hartem Ringen, mit viel Gewalttat und Unterdrückung bestehender Rechte, mit Glück und Unglück, unter Blut und Tränen. Es wäre eine geschichtliche Lüge, das irgend jemand zuliebe zu verschweigen und der harten Wahrheit nicht ins Auge zu blicken, daß die Mittel der Politik im Großen wie im Kleinen zu allen Zeiten vor moralischer Beurteilung nicht bestehen können.

Es gab in solchen Grafengeschlechtern nicht von Anfang an den späteren Brauch, daß nur der älteste Sohn die Herrschaft erbt, sondern sehr bald sehen wir das Haus Solms getrennt in drei Zweige. Der eine behielt Burgsolms als Stammsitz, ein zweiter erbaute sich um 1250 die Burg Braunfels und ein dritter vielleicht zur selben Zeit Burg Königsberg. Aber man war sich doch klar darüber, daß eine solche Trennung auch eine gefährliche Schwächung bedeutete, und deswegen wurde vereinbart, daß die Masse des Besitzes gemeinsam bleiben sollte. Selbst an den Burgen hatten außer dem Bewohner auch die andern Zweige Anteil, und es sollte keine Änderung im Besitz durch Verkauf, Tausch, Verpfändung oder sonst auf eine Art vorgenommen werden und Gültigkeit haben, wenn nicht alle Zweige ihre Einwilligung gegeben hätten. Tatsächlich ist diese Vereinbarung nicht eingehalten worden, und das ist bei der Wesensart tatfreudiger Menschen kein Wunder, denn sehr bald sahen sich die einzelnen Zweige infolge der getrennten Lage der Landesteile und ihrer verschiedenartigen politischen Verflechtung vor so verschiedene Aufgaben und Zwangslagen gestellt, daß kein gemeinsames Handeln mehr möglich schien. Denn im Grunde konnten solche kleinen Herren ja keine selbständige Politik treiben. Das Land war nicht reich genug, um ihre Ansprüche zu befriedigen, und der Alltagsbezirk zu klein für ihren Tatendrang. So mußten sie Lehen von größeren Fürsten nehmen und in deren Dienst ihren Vorteil suchen. Aber das zog sie und ihr Land auch in Verwicklungen, die besser vermieden worden wären. So kam es, daß der oben schon erwähnte ewige Streit zwischen den Erzbischöfen von Mainz und den Landgrafen von Hessen auch einen Spalt zwischen den Gliedern des Grafenhauses Solms aufriß. Die Burgsolmser und Braunfelser Grafen hielten zu Mainz, der Königsberger hatte die Hessen so nahe, daß er des Landgrafen Partei ergreifen mußte. Da unter diesen Umständen mit der Burg Königsberg nicht mehr sicher zu rechnen war, haben die anderen Solmser Grafen auf dem Altenberg (sw. Königsberg) zu Beginn des 14. Jahrhunderts eine Burg errichtet, die man Hohensolms nannte. Sie lag an der Kreuzung der von Herborn nach Gießen führenden alten Straße mit der, die von Wetzlar auf die Hochfläche heraufkommt und in die Marburger Gegend führt; die Burg war also zum Sperren der wichtigsten Wege hervorragend geeignet, und daß sie gegen Hessen gerichtet war, wurde sofort offenbar. 1323 wurde sie von den Solmser Grafen dem Erzbischof von Mainz für 500 Pfund Heller zu Lehen aufgetragen. Damit stand sie also dem Kirchenfürsten zur Verfügung, wie andrerseits Königsberg bereits dem Landgrafen offen stand. Die damaligen Kämpfe wurden am 10. August 1328 durch ein Gefecht am Linsenberg bei Hermannstein für den Landgrafen entschieden. Damals ist auch Alt-Hohensolms auf dem Altenberg zum ersten Male zerstört worden, aber so wenig nachhaltig, daß es alsbald wieder instandgesetzt werden konnte.

In dieser Fehde war Wetzlar mit dem Landgrafen verbündet gewesen und hatte damit die Grafen von Solms treffen wollen. Denn zwischen der Stadt und den Grafen bestanden nun einmal so unversöhnliche Gegensätze, daß alle Friedenschlüsse in Wirklichkeit doch nur einen Waffenstillstand bedeuteten, in dem der Kampf mit den Waffen abgelöst wurde durch einen Kampf mit anderen Mitteln. Die Grafen beherrschten die nächsten Wege nach Frankfurt, Mainz und Koblenz und zugleich schon vor den Toren der Langgasse die Zugänge zu den Straßen, die über die Hohensolmser Hochfläche führten. Solange die Grafen dort den freien Verkehr nicht behinderten, wäre ein friedliches Auskommen möglich gewesen. Aber umgekehrt empfanden die Grafen gerade das Vorrecht der Stadt auf zollfreie Durchfuhr als ein Hemmnis, das sie beim Ausbau ihrer Landesherrschaft unerträglich behinderte, und so setzten sie alles daran, mit Machtmitteln eine Entscheidung zu ihren Gunsten zu erzwingen. Das hat dann zu den selbstmörderischen Kämpfen geführt, die beide Parteien an den Rand des Abgrunds gedrängt haben (vgl. Kap. 12).

Vorerst aber war wenigstens eine Lebensader der Stadt dem Zugriff der Solmser noch entzogen: die Hohe Straße über die Wasserscheide nach Driedorf und weiterhin nach Köln und den Niederlanden. Denn das Ulmgebiet mit dem Greifenstein gehörte noch nicht zum Solmser Lande.

Die Herren von Greifenstein

Die Geschichte der Herren von Greifenstein zeigt das Gegenbeispiel zur Geschichte der Solmser Grafen, nämlich, wie der Versuch zum Ausbau einer Landesherrschaft nicht gelingt.

Das ganze Gebiet der Kalenberger Cent im Gebiet des Kaltenbaches und des Ulmbaches gehörte als Reichslehen dem Hochstift Worms. Dieses ließ seinen Besitz durch Vögte verwalten, und als Wormser Vögte sind auch die Herren von Beilstein hochgekommen. Da sie anscheinend auch mit Eigengütern gut ausgestattet waren, schien ihrem Aufstieg nichts im Wege zu stehen. Tatsächlich aber erlangten andere Wormser Vögte, die Grafen von Laurenburg-Nassau, das Übergewicht und verdrängten die Herren von Beilstein aus ihrem Stammsitz. Sie wichen aus und werden seit Anfang des 13. Jahrhunderts nach Burg Lichtenstein genannt, von der nur noch kärgliche Reste zeugen. Ein Zweig des Hauses aber setzte sich auf dem Greifenstein fest und führt nunmehr seinen Namen nach dieser Burg. Ob sie erst in den Jahrzehnten vor 1250 erbaut worden ist oder als Rest einer einstigen Reichsburg noch bestand, konnte bisher nicht geklärt werden. Jedenfalls beherrscht sie das Stück der Hohen Straße zwischen Wetzlar und Driedorf, so daß sie immer wieder begehrliche Augen auf sich gelenkt hat. So wurden die Herren von Greifenstein ständig durch die nassauischen Nachbarn bedrängt und mußten sich schließlich 1297 gegenüber König Adolf von Nassau verpflichten, die Burg von Nassau-Dillenburg zu Lehen zu nehmen. Um dieser Verpflichtung zu entgehen, schloß sich Kraft von Greifenstein dem Gegenkönig Adolfs, dem Habsburger Albrecht, an. Es war ein wenig zu früh; denn König Adolf fand willige Helfer genug, die bereit waren, im Reichsauftrag die Burg zu brechen, vor allem den Wetterauer Städtebund mit Frankfurt, Wetzlar, Friedberg und Gelnhausen. So wurde die Burg im Jahre 1298 zerstört. Kurz darauf aber fiel König Adolf in der Schlacht bei Göllheim, und nun versuchte Kraft von Greifenstein alles, um mit Hilfe König Albrechts wieder festen Fuß zu fassen. Er wurde im Jahre 1300 tatsächlich auch als „Reichsburgmann" mit der wieder zu erbauenden Burg belehnt und erhielt sogar Entschädigungssummen von den Reichsstädten, die sich - koste es, was es wolle - um der wichtigen Handelsstraße willen mit dem jeweiligen Burgherrn gut stellen wollten, falls der Bau nicht überhaupt zu verhindern war. Und gerade dies erreichten die fortgesetzten Bedrängungen durch Nassau und die Grafen von Solms, die ihren Anteil an einer möglichen Beute beanspruchten. Kraft von Greifenstein verkaufte nun den Burgberg an König Albrecht, um seinen Gegnern den Erwerb unmöglich zu machen, aber wieder brachte ihn ein unvorhersehbares Ereignis um den Erfolg.

Der König wurde ermordet, und nun rangen zwei Bewerber um die Krone: Albrechts Sohn Friedrich von Österreich und Ludwig der Bayer. Diesmal gelang es Nassau-Dillenburg, von dem Habsburger die stärksten Anrechte auf den Burgberg zu erwerben; denn im Thronstreit kargte keiner der beiden Könige mit Versprechungen, wenn er dadurch Helfer gewinnen konnte, und als Helfer bedeutete Nassau mehr als ein Herr von Greifenstein. Aber diesmal hatte Nassau fehlgegriffen, denn 1322 besiegte Ludwig der Bayer den Habsburger in der Schlacht bei Mühldorf. Er seinerseits verlieh nun den Burgberg an den Grafen Engelbert von Sayn, der mit einer Greifensteiner Erbtochter vermählt war. Aber der Widerstand der Herren von Greifenstein erlahmte. Stück um Stück ihrer Rechte gaben sie und ihre Erben auf. Immerhin blieb der Berg Greifenstein im ganzen fast ein Jahrhundert ohne Burgbau. Er war und blieb ein Zankapfel zwischen den Nachbarherren, bis Graf Johann Springinsleben von Solms im Jahre 1388 die Gunst der Augenblickslage wahrnahm und, ohne sich um die Ansprüche anderer zu kümmern, mit dem Neubau der Burg begann.

Das Land an der Ulm bildete die Cent Ulm, aber der Übergang an Solms ist nicht durch eine förmliche Übertragung der ganzen Cent vor sich gegangen, zumal schon unter den Herren von Greifenstein und Lichtenstein die Besitzrechte sehr zersplittert waren. Solms hat also nach und nach von dem Greifensteiner Land Besitz ergriffen, ohne daß man ein bestimmtes Jahr nennen und jede Einzelheit durch Urkunden belegen könnte. Zeitweise galt nur eine kleinere Cent Stockhausen als solmsisch. Erst im Jahre 1432 ist die Grenze gegenüber Nassau-Dillenburg festgelegt worden. Aber so sehr wurde das Greifensteiner Land als eine Einheit aufgefaßt, daß es bei Teilungen unter den Linien des Solmser Grafenhauses immer als ein unteilbares Ganzes galt. Seine Abgrenzung gegenüber den Dillcenten bildete großenteils die Hohe Straße, doch zählte an der Dill noch Edingen hinzu, obwohl es kirchlich anfangs an Dillheim gebunden war und unzweifelhaft ursprünglich auch zur Dillheimer Cent gehört hat. Der Ort muß dann aber unter die Hoheit der Greifensteiner gekommen sein, und diese spätere Bindung hat dann auf die Dauer nachgewirkt.

Andrerseits ist das heutige Niedershausen, im Mittelalter Nieder-Rollshausen genannt, an Solms gefallen und erst im Jahre 1492 als Heiratsgut einer Solmser Grafentochter an Nassau-Weilburg gekommen.

Die Herrschaft Cleeberg

Wie seltsam lange mitunter uralte Herrschaftsgebilde nachwirken, obwohl sie von Natur aus keine Einheit sind, zeigt das Amt Cleeberg. Willkürlich erscheint der Oberlauf von Solms- und Kleebach herausgeschnitten, merkwürdig ist Griedelbach ausgespart, aber auch Weiperfelden und Espa haben ursprünglich nicht dazu gehört. Vielleicht ist hier schon im 10. Jahrhundert ein Wildbann ausgegrenzt gewesen; denn der Wetzlarer Wildbann weicht bereits aus, indem seine Grenze bei Niederkleen den Kleebach verläßt und über den First (Köhlerberg) zum Solmsbach zieht, möglicherweise im Anschluß an ein Stück der „Hessenstraße".

Jedenfalls ist dieser Bezirk in die Hände eines Zweiges der Luxemburger gekommen und hat schon zu Beginn des 12. Jahrhunderts nicht den Grafen von Gleiberg gehört. Auf die verwickelten Erbverhältnisse in diesem anderen Zweig der Luxemburger wollen wir nicht näher eingehen. Was Cleeberg betrifft, so trat hier das Erbe ein niederösterreichisches Geschlecht, das der Grafen von Peilstein, an und begründete mit anderen Gebietsteilen zusammen eine Grafschaft Cleeberg-Mörlen. Langer Bestand war ihr nicht beschieden. Aber Cleeberg, Ebersgöns, Oberkleen und Brandoberndorf sind zusammengeblieben und als Gemeinschaftsbesitz auf verschlungenen Erbschaftswegen an die Häuser Isenburg-Büdingen, Limburg, Westerburg, Eppstein und Nassau, in Teilen auch an Falkenstein und Solms gelangt. Noch aus den Zeiten der Luxemburger hatten die jeweiligen Ganerben von Cleeberg auch einen Anteil am Hüttenberg. Aber schließlich wurden - wie dort - Nassau und Hessen die Hauptteilhaber.

Eine politische Rolle konnte das Amt Cleeberg naturgemäß nicht spielen, weil die widerstreitenden Bestrebungen der vielen Mitbesitzer keinen einheitlichen Machtwillen aufkommen ließen. So war die Burg Cleeberg denn auch nicht der Sitz eines einzelnen Herrn, sondern mit Burgmannen besetzt, die Lehnsleute der Ganerben waren und als deren Amtleute das Land verwalteten. Je nach den Machtverhältnissen hat wohl gelegentlich auch einmal einer der Teilhaber die Burg als Stützpunkt für seine Sonderzwecke gebraucht oder mißbraucht, aber das war nie von langer Dauer.

*

Um den Zusammenhang zu wahren, haben wir in einem Zuge das politische Schicksal unserer Landschaft verfolgt von der ursprünglichen Einheit als Mittellahn-Grafschaft an bis zur Aufsplitterung in vielerlei politische Gebilde. Dabei haben wir einstweilen nicht beachtet, was aus dem natürlichen Mittelpunkt, dem Raume um Wetzlar, geworden ist, und haben die genaue zeitliche Reihenfolge nicht einhalten können, so daß wir jetzt genötigt sind, uns noch einmal rückwärts zu wenden.

Dennoch wird diese Betrachtungsfolge insofern gerechtfertigt, als in der Tat eine Stadt für Deutschland als Siedlungsform und politisches

Gebilde etwas Neues ist, das erst nachträglich aufkam und sich seine Geltung erst im Widerstreit mit dem vorgefundenen Alten erringen mußte.

Mag der Keim Wetzlars noch so alt sein - als Stadt wächst es erst empor, nachdem die Landschaft in den Grundzügen schon politisch aufgeteilt ist.

5. Die Entstehung der Reichsstadt Wetzlar

Die Marktgründung

Zu mancherlei Gelegenheit kam beim Marienstift in Wetzlar viel Volks zusammen. Da wurden die großen Kirchenfeste prunkvoller und feierlicher begangen als in einer bescheidenen Dorfkirche und fanden darum mehr Zulauf. Da wurden an Tagen der Hauptheiligen und zum Kirchweihfest die kostbaren Reliquien gezeigt und Ablässe gespendet, und da hatten die Bauern der Stiftsgüter zu Bartholomaei (24. August) oder Martini (11. November) das schuldige Getreide oder sonstige Abgaben zu bringen. Solche Ansammlungen machten sich die reisenden Händler zunutze. Sie schlugen bei der Kirche ihre leichten Stände auf und boten ihre Waren feil, zumal sie es so einrichten konnten, daß sie beim Besuch von Märkten mit feststehenden Terminen auf den bekannten alten Wegen über Wetzlar reisten. Mit ihnen zog der übliche Troß von Gauklern, Schaustellern und sonstigen fahrenden Leuten, und das alles hatte soviel Anziehungskraft, daß solche Messen und sonstige Anlässe für die ganze Umgegend zu Trefftagen wurden, die man gerne wahrnahm, auch wenn man nicht gerade durch frommen Eifer oder ernsthafte Geschäfte getrieben wurde.

Der weitgereiste Stiftspropst wußte von anderen geistlichen und weltlichen Herren, welchen Nutzen es abwerfen konnte, wenn man diesen gelegentlichen Marktverkehr zu einer ständigen Einrichtung erhob. Man mußte nur Handwerkern und Händlern eine Baustelle anbieten gegen geringen Jahreszins, sie aber sonst mit jederlei Abhängigkeit und Frondienst verschonen. Wenn man dann vom König ein Privileg erlangen konnte, einen Bewilligungsbrief, durch den der Marktort unter Königsschutz gestellt wurde, dann konnte der Marktzoll auf alle feilgebotene Ware und der wachsende Verkehr überhaupt weit mehr einbringen, als die paar Morgen Land jetzt abwarfen, die man für die neue Siedlung preisgeben mußte.

So ist - vielleicht zu Beginn des 12. Jahrhunderts - rings um den heutigen Domplatz der Marktort Wetzlar entstanden, als etwas ganz Neues, nämlich als Siedlung von Menschen, die nicht Bauern waren, sondern von Handwerk und Handel lebten. Ganz ohne ein wenig Landwirtschaft und Viehhaltung ging es zunächst freilich nicht, bis sich diese Einengung auf eine begrenzte Arbeit durchsetzen konnte. Aber wenn sich erst einmal erwies, wieviel besser und preiswerter die Waren wurden, die der Fachmann herstellte, verglichen mit dem Hausmacherwerk, dann wurde es eben zur Selbstverständlichkeit, daß der eine sein Feld bebaute und für die Nahrung sorgte, während andere ihre Handwerkskunst ausübten und wieder andere als Händler den Austausch der Erzeugnisse besorgten. Und weil für jeden Stand die Bedürfnisse ganz verschieden sind, entstand oder vielmehr schufen sich Handwerker und Händler eine für sie geeignete Form der Siedlung: die Stadt. Da zeigte sich von vornherein, daß ein Marktort und seine Bewohner sicheren Schutz brauchen, wenn sie gedeihen sollen. Dafür zu sorgen, war zunächst eine Aufgabe des Propstes. Mauerumwehrt war sicher schon immer das alte klosterähnliche Stift mit seiner Kirche; nun mußte der Markt mit den Wohnstätten der Siedler gleichfalls zu einer Schutzburg gemacht werden. Der Propst hatte wohl auch schon immer ein paar reisige Vasallen in der Nähe des Stiftes mit Höfen ausgestattet. Aber sobald die Siedlung größer wurde und also auch der Bering weiter werden mußte, hätten die paar berufsmäßigen Krieger nicht zur Verteidigung ausgereicht. So mußten denn die Stadtbewohner beim Wachtdienst mithelfen, und weil jeder die Notwendigkeit einsah, nahm er die Pflicht zum „Wachen und Graben" auf sich, ja auch zum Graben, das heißt zur Arbeit beim Bau und Unterhalt der Befestigungswerke. So wurde aus dem Städter ein „Bürger". Diese Bezeichnung, die heute wie ein Sinnbild für einen friedfertigen, ja vielleicht sogar kampfscheuen Menschen klingt, bedeutete also ursprünglich den Menschen, der in einer Burg wohnt und sie auch zu verteidigen weiß, im Gegensatz zu den Leuten im „flachen", d. h. nicht bewehrten Lande. Und noch ein Drittes hat die Stadt als neue Siedlungsform erweckt: Ein starkes Gefühl der Zusammengehörigkeit auf Gedeih und Verderb und damit zugleich den Drang nach Selbständigkeit. Das hat bald dahin geführt, daß die Städter selbst am besten zu wissen glaubten, wie alles für das Gemeinwohl Notwendige einzurichten wäre. Sie wollten sich selbst verwalten und nicht nur dem Schultheißen des Propstes gehorchen wie die Knechte in den Stiftshöfen. Und sie wollten zwar das alte Recht gewahrt wissen, wie es im Namen des Königs von Schöffen gefunden wurde, aber die neuen Berufe, die veränderte Lebensweise, Handel und Verkehr mit Fremden warfen so viele Streitfragen auf, daß man schon Sachkenner sein mußte, wenn man da ein gerechtes Urteil fällen sollte. Und deshalb strebten die Städter nach einem eigenen Gericht nur für ihre Stadt und besetzt mit Urteilsfindern ihres Vertrauens. Erst wenn Markt, Befestigung, eigenes Gericht und Selbstverwaltung einem Ort zukamen, dann war er wirklich Stadt. Und diesen Zustand hat Wetzlar größtenteils schon erreicht, als es 1142 zum erstenmal genannt wird, wenn auch noch nicht mit der Bezeichnung als Stadt.

Leider hat man bisher noch nicht mit Sicherheit feststellen können, wo die erste Befestigung verlief. Es war vielleicht anfänglich nur Wall und Graben, und selbst wenn es ein Mauerbau gewesen wäre, so müßten Überreste heute tief unter der Oberfläche versteckt sein, weil die Jahrhunderte durch Verwitterung und Abschwemmung den Boden verändern und erst recht in einer Stadt durch Bauen und Wegebessern, aber auch durch Schmutz und Unrat oft meterdicke Schichten über dem anfänglichen Boden aufgehäuft werden. Dürfen wir dem Stadtplan trauen, dann müßte doch wohl ein erster Bering am Rand des Domhügels entlang gelaufen sein. Die Gegend nordwestlich des Doms ist durch einen natürlichen Steilabfall geschützt, der heutzutage durch Stützmauern gefestigt ist. Von Natur aus steil war auch einmal der Hang vom Domplatz zur Lahn hin, wo jetzt Weißadlergasse und Krämerstraße Terrassen eingeschnitten haben, aber die Treppchen zur Lahnstraße und zum Eselsberg hinunter den Abfall noch deutlich zeigen. Dieser Abhang schwenkt dann am Eisenmarkt in die West-Ost-Richtung ein, wo noch heute zwischen Gewandsgasse und Sandgasse ein starker Höhenunterschied besteht. Aber schon Liebfrauenberg und Gewandsgasse sind Einschnitte in den natürlichen Hang. Dessen oberer Rand lag höher, wie er auch höher lag als Weißadlergasse-Krämerstraße. In dieser Linie wird also vielleicht eine alter Befestigungszug verlaufen sein. Am schlechtesten von Natur aus geschützt ist dann die Ostseite, etwa vom Kornmarkt an in Richtung auf die Michaelskapelle. Hier leitet uns das Bild des Stadtplans nicht mehr sicher. Man könnte glauben, im Bogen der Lottestraße von der Schmiedgasse bis zur Goethestraße den Verlauf eines Befestigungsringes zu sehen, aber vermutlich griff er doch etwas weiter aus. Was man im Mittelalter „Burg" nannte, ist ein erheblich kleinerer Bezirk, der eigentlich nur den Domplatz und den Häuserblock an dessen Südseite umfaßte. Ein solch kleiner Bezirk könnte höchstens in den Anfangsjahren der Marktsiedlung ausgereicht haben. Aber es ist zu bedenken, daß die Stiftsherren sich schon nicht mehr in den Zwang zu gemeinsamem Leben fügten, sondern einzeln in Stiftshöfen lebten, die über den Domhügel verstreut lagen, zum Teil hinter dem Dom an der Kirchgasse, dann einige oberhalb der Michaelskapelle und an der Pfaffengasse, aber auch andere vor dem Dom und unten an der Domtreppe oder gar an Brotschirn und Gewandsgasse. Der eine oder andere mochte Boden für den Marktplatz und die Neusiedler abgegeben haben, aber wenn dann in gemeinsamer Anstrengung eine Befestigung angelegt wurde, wird doch das Stiftskapitel darauf gedrängt haben, daß wenigstens ein Teil der Stiftshöfe miteinbezogen wurde. Durch solche Höfe ist allerdings vielfach die Bildung von Gassen mit geraden Straßenfronten lange aufgehalten worden, und gerade im ältesten Stadtkern kann der heutige Stadtplan sehr trügen, weil er Fluchtlinien vortäuscht, wo im Mittelalter die Gehöfte ganz unregelmäßig in Gärten und Grasplätzen verstreut standen.

Wenn wir also den Umfang der ältesten Stadt noch nicht genau angeben können, so deutet doch alles darauf hin, daß der alte Bering sehr bald zu eng wurde, vor allem, weil die Stadt wie ein Magnet die Bevölkerung aus den Nachbarorten an sich zog. Zum Teil sind es jüngere Bauernsöhne, für die das väterliche Erbe zu knapp gewesen wäre und die doch Handfertigkeit genug besaßen, um sich einem lohnenden Handwerk zu widmen. Vor allem aber suchte man den Schutz der Mauern oder doch ihre Nähe: mancher einstige Bewohner von † Dalheim, † Mühlenheim, † Büblingshausen und † Wandorf konnte, wenn er in die Stadt zog, von seinem neuen Wohnort aus die alten Felder bestellen und fand durch Vorspann- und Fuhrdienste noch Nebenerwerb. Und noch etwas hatte besondere Anziehungskraft: in der Stadt konnte man vom Stift eine Wohnstätte in Erbleihe bekommen, ohne dadurch unfrei zu werden. Und wenn man Jahr und Tag in der Stadt gewohnt hat, ohne daß der frühere Grundherr die Rückkehr verlangte, dann war man frei und hatte alle die alten Lasten und Dienste abgestreift, die seit alters auf dem heimischen bäuerlichen Besitz geruht hatten. „Stadtluft macht frei!", das war ein neuer Rechtsgrundsatz, der in Deutschland gültig wurde, als seit dem 12. Jahrhundert allerorts Städte aufblühten.

So wuchs also der Marktort schnell über die ursprünglich vom Stiftspropst vorgesehene Fläche hinaus, und es entstand die Frage, ob andere Grundbesitzer, wie etwa die Nachkommen der Salhofbauern von Silhofen oder ortsansässige Vasallen des Stifts, für Neusiedler ihre Grundstücke gleichfalls zu günstigen Bedingungen abgeben würden.

Friedrichs I. Eingreifen

Der große Hohenstaufenkönig Friedrich I. (1152-1190), den die Italiener „Barbarossa" = „Rotbart" nannten, hatte aus bösen Erfahrungen gelernt, daß ein deutscher König über die Großen des Reiches nur Herr werden konnte, wenn er selbst unmittelbar über so viel Land und Leute gebot, daß er auf die Hilfe der Fürsten nicht angewiesen war. Deshalb hat er sich bemüht, all den alten Besitz der Krone wiederzugewinnen, dessen Reichszugehörigkeit schon halb vergessen war. So schuf er allmählich eine staufische Hausmacht und sicherte den Besitz, indem er an wichtigen Verkehrspunkten Reichsburgen gründete. Im Süden beginnend dehnte er seinen Machtbereich in die Rhein-Main-Gegend aus, dann entstanden in der Wetterau die Pfalz Gelnhausen und die Reichsburg Friedberg, an die sich allmählich städtische Siedlungen anlehnten, und so mußte auch die Gegend um Wetzlar wieder fester ans Reich gekettet werden.

Damals war gerade das Geschlecht der Gleiberger Grafen ausgestorben, und die Grafschaft wurde durch Teilungen zersplittert. Ehe da ein neues Machtgebilde entstehen konnte, griff der Kaiser zu und ließ auf dem Kalsmunt eine Reichsburg errichten. Mehrere Reichsdienstmannen (Ministeriale) erhielten Lehnsanteile an der Burg und hatten von da aus dem Willen des Königs Geltung zu verschaffen (Näheres s. unter Kap. 7). Zugleich aber nahm er den Marktort Wetzlar unter des Reiches Schutz und setzte einen Reichsvogt ein, der in seinem Namen den Vorsitz im Gericht führte. Das Recht, den Propst zu ernennen, hatten die Könige seit Gründung des Stiftes; nun griff Barbarossa auf uralte Kronrechte zurück und schränkte die Macht des Propstes auf seine eigentlichen Aufgaben ein; er konnte sich nicht - wie so viele andere geistliche Würdenträger - zum Landesherrn entwickeln. Denn des Landes Herr war der König selbst, und damit war Wetzlar des Reiches Stadt und ist es fernerhin geblieben bis zum Jahre 1803.

Die einzige Urkunde, aus der wir diese Vorgänge erschließen können, ist ein Privileg vom 1. April 1180, das irrigerweise häufig als „Verleihung des Stadtrechtes" angeführt wird. Es lautet in sinngemäßer Übersetzung:

Friedrich, dank göttlicher Milde Römischer Kaiser und immer Mehrer des Reiches: Kund sei allen Getreuen unseres Reiches, daß wir unseren Bürgern von Wetzlar (Weteflare) ihr altes Recht an ihren Hofstätten (areae) kraft kaiserlicher Macht in der Weise bestätigen, daß jeder von seiner Hofstatt dem Herrn, von dem er sie hat, jährlich 4 Pfennige bezahlen und sie ohne jede andere Belastung geruhig innehaben soll. Nach dem Tode des Inhabers sollen seine Söhne oder nächsten Erben oder wem er sonst sein Recht übertragen will, einmalig 12 Pfennige Handänderungsgebühr zahlen und dann wieder, wie oben verordnet, alljährlich 4 Pfennige. Wenn aber jemand bei Lebzeiten seine Hofstätte verkaufen will, dann soll der Käufer dasselbe Recht genießen wie ein Erbe.

Außerdem bestimmen wir kraft unserer Macht, daß unsere vorbenannten Leute beim Hin- und Herziehen mit ihren Waren dasselbe Recht genießen sollen wie unsere Leute von Frankfurt.

Damit aber diese unsre Bestimmung fest und unerschütterlich bleibt, haben wir diese Urkunde darüber ausstellen und durch Aufdruck unseres Siegels bekräftigen lassen.
Gegeben bei Gelnhausen im Jahre des Herrn 1180, Indiktion 13, am 1. April.

Da der Kaiser dieses Privileg über den Kopf des Propstes hinweg an „seine" Bürger richtet und von „seinen" (Kauf)leuten spricht, ergibt sich, daß er Wetzlar als „seine" Reichsstadt ansieht. Und die Bürger müssen schon recht selbständig gewesen sein, wenn sie eine Gesandtschaft an den Hof nach Gelnhausen schicken und ein solches Privileg erwirken konnten. Was ihnen der Kaiser als schon länger gültiges Besitzrecht bewilligt, läßt dem Inhaber völlig freie Verfügung ohne irgendeine Einschränkung seiner persönlichen Freiheit. Der Pfennig hat zwar damals einen weit höheren Wert als heute, aber trotzdem ist der Zins gering, und die zwölf Pfennige, die dem Grundherren jedesmal entrichtet werden mußten, wenn das Grundstück den Besitzer wechselte, sollten ja nur daran erinnern, daß es Erbleihegut war und kein ganz freies Eigen. Aber diese Handänderungsabgabe ist nicht so drückend und begründet keine Abhängigkeit wie „Besthaupt" und „Bestgewand". Das Privileg gibt also auf diese Weise kund, daß in Wetzlar nur ein neues städtisches Besitzrecht geduldet wird. Vermutlich hatten irgendwelche Grundherren versucht, als die Stadt so aufblühte und dringend neue Siedlerstellen verlangt wurden, mehr als das übliche herauszuschlagen.

Wenn den Kaufleuten dasselbe Recht wie denen zu Frankfurt bei ihren Reisen zugebilligt wird, so müssen wir dabei an den besonderen Königsschutz und Zollbefreiungen denken, aber auch daran, daß seßhafte Kaufleute damals für Deutschland noch ein neuer ungewöhnlicher Stand sind, den die Könige in besonderen Schutz nehmen - aber natürlich nicht ohne Gegengabe!

Münze von der Prägestätte auf dem Kalsmunt.

Da der Name der Reichsburg Kalsmunt erst 1226 urkundlich vorkommt, würden wir von ihrer Errichtung schon zu Barbarossas Zeiten nichts wissen, wenn nicht Münzen mit seinem Namen den Kalsmunt als Prägungsstätte angäben. Das zeigt die Absicht, den Markt in Wetzlar zu fördern, indem man ihn mit zuverlässiger Münze versah. Einige dieser „Denare" sind im Wetzlarer Museum zu sehen; ihr Anfangsbuchstabe -d- hat das lange gebräuchliche Abkürzungszeichen für Pfennig („Pfännchen") abgegeben: ₰. Man rechnete damals nach kölnischer Währung: die Mark zu 12 Schilling, den Schilling zu 12 Pfennigen, aber geprägt wurden nur die Pfennige. Daneben gab es „leichte Pfennige" vom halben Wert und eine Berechnung, nach der ein „Pfund" 20 Hellerschilling hat und dieser Schilling nur 4 kölnische Pfennige wert ist. Über den wirklichen Kaufwert kann man nur von Fall zu Fall urteilen; ein Vergleich mit heutigem Geld ist immer irreführend.

Eines der ersten Burglehen auf Kalsmunt hatte das Geschlecht der

Herren von Münzenberg, die das besondere Vertrauen Friedrichs I. genossen. Sie hatten auch in unserem Bereich das Münzrecht, und so mag es kommen, daß sie den Kalsmunt als Prägestätte anführen. Die Werkstatt war, jedenfalls später, in der Stadt, und als Prägestätte wird dann auch Wetzlar angegeben. Am Eisenmarkt trägt noch heute das stattliche Eckhaus zur Sandgasse den Namen „Alte Münz"; an dieser Stelle wird die Werkstatt wirklich gelegen haben. Das heutige Haus jedoch ist - wie seine Balkeninschrift ausweist - 1599 erbaut und später umgebaut worden.

Als erste Inhaber der Reichsvogtei, die ihrerseits einen Untervogt einsetzten, lernen wir erst später die Herren von Merenberg kennen; deren Erben werden kurz vor 1339 die Grafen von Nassau-Weilburg, und von diesen ist die Vogtei 1536 durch Tausch an die Landgrafen von Hessen und - nach der Erbteilung Hessens - von Hessen-Darmstadt gekommen.

Durch die Errichtung dieser Reichsvogtei und Reichsstadt Wetzlar war die Stadt mit ihrem Gebiet aus der ehemaligen Grafschaft vollends ausgeschieden, unterstand aber auch nicht dem Stiftspropst und hatte als einzigen Oberherrn den Kaiser gleichwie die Fürsten des Reiches. Als erst einmal Wetzlars Selbstverwaltung voll ausgebaut war, regierten Bürgermeister und Rat in ihrem Bereich genau so unabhängig wie ein Fürst in seinem Lande.

Andere Städte - wie an der Lahn z. B. Limburg, Weilburg, Gießen und Marburg - waren nicht Reichs-, sondern Landstädte, weil sie nicht unmittelbar dem Kaiser, sondern zunächst einem Landesherrn unterstanden, und der erteilte natürlich dem Rat seiner Städte seine Befehle und ließ ihm keine so unbeschränkte Freiheit wie der ferne Kaiser den Reichsstädten. Wenn es aber eine Reichsstadt gar so weit brachte, daß ihr auch die Reichsvogtei zufiel, sie also den Vertreter des Kaisers selbst einsetzen konnte, dann hatte sie den höchsten Grad an Freiheit erlangt und durfte sich mit Recht „freie" Reichsstadt nennen. Diesen Titel führte zwar seit dem 17. Jahrhundert auch Wetzlar, aber strenggenommen trifft er nicht zu, und am wenigsten vertrug er sich damals mit der rauhen Wirklichkeit, in der die Stadt alles andere als „frei" war und ständig zur hessischen Landstadt herabzusinken drohte.

Noch während der Hohenstaufenzeit hat sich das junge Gemeinwesen innerlich so festigen können, daß es die Bevormundung durch die ortsanwesenden grundherrlichen Beamten unwirksam machen konnte. Der Vogt als Vertreter des Königs und der Schultheiß als der des Stiftspropstes mußten sich mit der Rolle als Vorsitzende im Gericht begnügen. Dabei schied auch der Schultheiß noch aus, sobald es sich um Blutgerichtsbarkeit, also um Fälle handelte, in denen Leib- und Lebensstrafen verhängt wurden.

Die naturgegebenen Lenker und Vertreter der Bürgerschaft waren zunächst die 12 Schöffen aus ihrer Mitte, die das Gerichtskollegium bildeten. Aber das Gericht trat ja nur einige Male im Jahre für wenige Tage zusammen, während Verwaltungsgeschäfte ständig zu erledigen waren. So mußten also die Schöffen für solche Angelegenheiten öfter zusammenkommen; Gericht und Verwaltung waren nun getrennt. Schließlich wurde im Jahre 1260 als reine Verwaltungsbehörde der Rat eingerichtet. Es wurden noch 12 Ratsherren aus der Bürgerschaft hinzugezogen, und diese 12 Männer aus dem „jüngeren" Rat zusammen mit dem Kollegium der 12 Schöffen, das in diesem Falle als „älterer" Rat bezeichnet wurde, hielten allwöchentlich am Dienstag ihre Sitzungen ab, um über Wohl und Wehe der Stadt zu verhandeln. Wenn man die Stadt als Kleinstaat ansieht, so wäre die Ratssitzung also der Ministerrat, und wie dort jeder Minister seine Sonderaufgaben hat, so ernannte auch der Rat Deputierte für alle Sonderzwecke. Als ständige Leiter der Verwaltungsgeschäfte wurden alljährlich zu Michaelis zwei Bürgermeister gewählt, einer aus dem Kreis der Schöffen, der andere aus dem des Rates, so daß man auch hier von einem „älteren" und einem „jüngeren" Bürgermeister sprach, ohne damit das Lebensalter zu meinen.

Damit waren die Grundlagen der Stadtverfassung geschaffen. Die ferneren inneren Auseinandersetzungen und nie ruhenden Kämpfe gingen darum, daß andere Schichten der Bürgerschaft in diesen führenden Kreis der Schöffen und Ratsherren aufsteigen wollten oder doch durch Überwachungsausschüsse Einblick begehrten.

Alle Regierungsvollmacht des Rates stammte im Grunde daher, daß die Könige darauf verzichtet hatten, sie selbst oder durch eigene Vertreter auszuüben; ein Königsrecht nach dem andern ging also auf den Rat über. Manches wurde vom König ausdrücklich in Pergamenturkunden mit dem anhängenden schöngeprägten Wachssiegel bewilligt, aber vielfach sind in diesen Privilegien nicht eigentlich neue Rechte genannt, sondern es wird nur nachträglich gesetzlich gutgeheißen, was schon vorher zur Gewohnheit geworden war. So erhielten die Bürger etwa das Vorrecht, daß sie bei allen Rechtshändeln - auch mit Auswärtigen - nur vor dem Wetzlarer Schöffengericht Rede und Antwort stehen mußten, also nicht vor die Gerichte der Nachbarherren zu treten brauchten. Oder der König sicherte zu, daß im Umkreis von 3-4 Meilen um Wetzlar keine Zollstätte und keine Burg neu errichtet werden dürfe, ja er gewährte - wie schon Friedrich Barbarossa - Befreiung von gewissen Zöllen und Wegegeldern bei Reisen auf den Reichsstraßen. Umgekehrt erhielt die Stadt etwa das Recht, selbst Zoll und Wegegeld von Besuchern und Durchreisenden zu erheben, und der König verlangte zwar von seiner Stadt eine Reichssteuer und für Sonderzwecke auch außerordentliche Zahlungen, aber er nannte nur eine Pauschsumme und überließ es dem Rat, wie er das Verlangte durch Besteuerung der einzelnen Bürger aufbringen wollte.

So wurde also die Stadt Schritt um Schritt selbständiger und in ihrem Wesen ein Kleinstaat im Staate. Das erfüllte die Bürger mit Stolz und Selbstbewußtsein und war ein kräftiger Antrieb - aber es brachte auch Sorgen!

Wetzlars politische Lage

Man muß bedenken, daß die Geschichte unserer Stadt und der Landschaft ringsum erst recht beginnt oder doch erst genauer bekannt wird seit einer Zeit, in der die glanzvollen Jahrhunderte deutscher Kaiserherrlichkeit vorüber sind. Man dürfte übertreibend sagen: unsere Heimatgeschichte kann erst da beginnen zu erzählen, wirklich in der Heimat Geschehenes zu berichten und aufzuweisen, wo die Geschichtsbücher anfangen, nur noch sehr summarisch vom Ende der Hohenstaufen zu Maximilian I. und zur Reformation hinzueilen.

Gerade in diesen Jahrhunderten - von etwa 1250 bis 1500 - spielt sich das ab, was wir auf den folgenden Blättern aus der mittelalterlichen Geschichte unserer Heimat zu sagen wissen. Das Bild der Großen Geschichte, wie sie in den Geschichtsbüchern steht, erhält für diese Zeit seine politische Färbung durch den Abstieg der Kaisermacht und den Aufstieg der Einzelgewalten, und da auf diese Weise das Reich zusehends kraftloser wird, verweilen wir nicht gerne bei diesem Anblick. Unsere Heimatgeschichte dagegen läßt uns die Dinge aus der Nähe und in Einzelheiten sehen und nötigt uns, auch das Abstoßende in seiner nackten Wirklichkeit hinzunehmen, entschädigt uns freilich auch dadurch, daß wir einmal die bloßen Worte „Aufstieg der Einzelgewalten" als greifbares Geschehen vor uns haben.

Zu ihrem Gedeihen brauchen gewerbstätige Bürger vor allem Frieden und Sicherheit. Sie spüren empfindlich, wenn Kleinkriege und Fehden die Straßen unsicher machen, wenn Erzeugung oder Absatz stocken. Sie streben zwar auch nach Selbstverwaltung und möchten von königlichen Vögten nicht gegängelt werden, aber sie sähen doch gerne, wenn eine starke Königsgewalt unerbittlich das gute alte Recht wahren, Willkür und Gewalt in die Schranken weisen würde. Bürger sind also durch ihren Handel und Wandel auch für Vorgänge in weiterer Entfernung feinfühlig. Sie können es sich nicht - um ihres eigenen Wohles willen - erlauben, nur auf das Nächste zu achten und, was sie nicht unmittelbar trifft, auf sich beruhen zu lassen. Sie müssen sich also um die Vorgänge im Reiche kümmern, müssen bei Königswahlen für den eintreten, der ihnen als der rechte erscheint, und können der Reichspolitik nicht fernbleiben.

Da eine einzelne Stadt dafür zu schwach wäre, blieb den Städten nichts anderes übrig, als sich zusammenzuschließen und so ein größeres Gewicht in die Waagschale zu werfen. Im Jahre 1254 entstand der erste große „Rheinische Städtebund", und auch Wetzlar schloß sich ihm an. Wirksamer noch wurde die Zusammenarbeit mit dem engeren Kreise der Reichsstädte Frankfurt, Friedberg und Gelnhausen. Als „Wetterauer Städtebund" gab er sich in immer wieder erneuerten Verträgen feste Satzungen. Sein Hauptziel war, den Landfrieden und damit den ungestörten Handelsverkehr sicherzustellen. Streitigkeiten sollten nicht in bewaffneter Fehde sondern durch Schiedsgerichte ausgetragen werden. Aber wenn es nicht anders ging, dann waren auch die Städte zu gewaltsamem Eingreifen gerüstet. Sie verpflichteten sich für bestimmte Fälle zu gegenseitiger Hilfe und setzten im voraus die Höhe des Aufgebotes fest, das jede Stadt stellen mußte.

In einem solchen Bündnis des Jahres 1273 versprechen die Beteiligten der Stadt Wetzlar, daß sie ihr alle helfen wollen zu verhindern, daß im Umkreis einer Meile von der Stadt eine Befestigung angelegt werde. Damit wird eine Hauptsorge Wetzlars schon früh gekennzeichnet: es ist die Gefahr, daß Nachbarherren durch Burgenbauten die Straßen sperren und die Stadt ringsum einschnüren könnten.

Denn das Gebiet der Stadt ist von Anfang an klein. Ihre Wurzel war ja kein Dorf, das zum Leben eine entsprechend große Gemarkung braucht. Solange Gewerbe und Handel blühten, war Landwirtschaft für den Städter nur eine Nebenbeschäftigung, und die Versorgung mit Lebensmitteln machte keine Schwierigkeiten. Was nicht auf eigenen Äckern wuchs, bezog man vom Lande, und für die Viehhut waren erweiterte Weideflächen durch Abmachungen mit den Nachbardörfern gesichert. Häufiger Marktverkehr mit dem Lande war geradezu erwünscht, denn er gewöhnte die Landbevölkerung an den Besuch der Stadt und belebte den Absatz städtischer Erzeugnisse.

Aber es durfte nicht dahin kommen, daß Nachbarherren durch irgendwelche Maßnahmen diesen Austausch von Stadt und Land störten. Und vor allem durften die Fernstraßen nicht durch Zollbelastungen oder Raubritterunwesen in Verruf geraten. Vorerst waren die Kräfte der Nachbarherren noch sehr zersplittert; erst ganz allmählich begannen sie im eigenen Lande Herr zu werden. Die Reichsstadt hatte den Vorsprung, daß ihr die wichtigsten landesherrlichen Rechte eher verbrieft worden waren als den kleinen Herren ringsum. Wetzlar hatte „Vor"rechte in des Wortes eigenster Bedeutung.

Dennoch mußte man auf der Hut sein. Wenn die Nachbarherren eine geordnete Landesherrschaft ausbauten und durch wirtschaftliche Maßnahmen - wie Gründung eigener Märkte, Ein- und Ausfuhrverbote, hohe Zölle und dergl. - den Lebensraum der Stadt einschnürten - dann siechte die Stadt unaufhaltsam dahin. Aber solch gefährdende Maßnahmen der Landesherren bedurften königlicher Bewilligung. Es kam also alles darauf an, wie lange die Stadt für ihre Vorrechte auf den Schutz der Könige rechnen konnte, wie lange die dem Drängen der Fürsten und Herren widerstehen würden oder - im Notfalle - wie lange die Stadt aus eigener Kraft durch Selbsthilfe ihre Lebensgrundlagen sichern konnte.

Denn diese natürlichen Grundlagen waren nun einmal schwach. Die Stadt hatte keinen größeren Machtbereich, keine unentbehrlichen Rohstoffe, die man von ihr hätte beziehen müssen, keinen schiffbaren Fluß, der ihr die Besucher unausweichlich zugeführt hätte, und die Gunst der Lage an üblichen Fernwegen galt nur solange, wie der fremde Kaufmann hoffen durfte, in Wetzlar guten Absatz und begehrte Erzeugnisse zu finden. Andernfalls gab es für den Verkehr zwischen Köln und Frankfurt auch nähere Wege, die nicht über Wetzlar führten, und für jede Wegerichtung, die sonst noch Wetzlar kreuzte, waren leicht Umgehungswege zu finden.

Bürgerfleiß und Regsamkeit konnten vieles zum Gedeihen beitragen, aber unlöslich war das Geschick der Stadt und jedes einzelnen Bürgers an das Schicksal des Reiches gebunden. Das ist es, was unsere Heimatgeschichte besonders eindringlich zu erkennen gibt.

*

Die äußere Geschichte der Stadt ist im 13. Jahrhundert noch arm an Ereignissen, die besondere Erwähnung verdienten.

Einmal jedoch wurde der Name der Stadt in Verbindung gebracht mit einem aufsehenerregenden Geschehen: dem Auftreten und Ende eines falschen Kaisers. Was die geschichtlichen Quellen darüber berichten, ist sehr widerspruchsvoll und ließe die verschiedensten Verknüpfungen und Deutungen zu. Statt die Möglichkeiten mit ihrem Für und Wider alle zu erörtern, mußte eine einzige gewählt werden, die Wahrscheinlichkeit für sich hat. Aber auch so kommt man ohne Ergänzungen nicht aus. Deshalb erschien es in diesem Falle erlaubt und ratsam, den Stoff in eine geschichtliche Erzählung umzuformen.

6. Der falsche Kaiser Tile Kolup

Erstes Auftreten in Köln

Im Jahre 1284 erlebten die Kölner auf dem Altmarkt ein seltsames Schauspiel: Da hatten die Stadtknechte einen schon betagten Mann ergriffen; der sollte - zuerst nur in vertrautem Kreise, dann aber ganz öffentlich - erklärt haben, er sei der totgeglaubte Kaiser Friedrich II. von Hohenstaufen. Und auch jetzt, wo ihn die Knechte hart anpackten und hinwegzerrten, rief er mit Ernst und Würde: „Ich bin euer Kaiser Friedrich!" Indes die feilbietenden Krämer und Hökerinnen unwillig den Narren zu schmähen begannen, der ihren Handel störte, scharten sich Käufer und Gaffer um ihn und seine Bedränger. Der Auflauf war dem Anführer der Knechte nicht unlieb. Mochten doch nur recht viele mit eigenen Augen sehen, wie es um diesen Betrüger bestellt war, der nun schon seit Wochen in den Gassen Unruhe stiftete! Und so rief er: „Wohlan, da du ein König bist, so mußt du auch in Pracht und Herrlichkeit erscheinen! Wir wollen dich auf den Thron setzen und krönen!" Rasch war die Leiter eines Wagens abgenommen und aufrecht angelehnt. Kräftige Hände hoben und schoben den Alten auf die oberste Sprosse, man drückte ihm einen struppigen Besen in die eine Hand, in die andere eine Kohlrübe, und nachdem er so mit Szepter und Reichsapfel ausstaffiert war, drückte ihm einer der Büttel in die grauen Haare eine Krone, die er aus Stücken eines Spankörbleins hergerichtet und mit Hühnerfedern und Glasscherben gezackt und geziert hatte. Sogleich fing die Menge an, unter Gelächter und Spottreden mit höhnischen Verbeugungen und schimpflichen Gebärden bei diesem Krönungsspiel mitzutun. Dann zog man die Leiter unter ihm weg, warf ihn in eine Jauchepfütze und überließ es den Gassenbuben, dem falschen Kaiser das Geleit zu geben bis zum Tor, durch das ihn die Knechte hinausstießen.

In Neuß

Als der Ärmste die ungastliche Stadt weit genug hinter sich sah, rastete er am Wegesrande. Dort fand ihn der Verwalter eines Meierhofes und bot ihm Obdach. Alsbald wußte er seinem Herrn, einem der Großen des Landes, seltsame Dinge von dem Fremden zu berichten. Er nehme sich jetzt nach guter Pflege und in angemessenem Gewand gar stattlich aus. Ritterlichen Brauches und höfischer Sitte sei er wohl kundig und wisse vielerlei Geheimes aus des geliebten Kaisers Friedrich Leben und Tun zu erzählen. Ein alter Waffenknecht, der einstmals unter des Reiches

Banner gedient hatte und nun auf dem Hofe sein Gnadenbrot verzehrte, hatte auf den ersten Blick in dem Fremden den Kaiser selbst erkannt. Und wenn noch ein Zweifel gewesen wäre, so sei er gänzlich getilgt, nachdem die beiden in traulichem Gespräch Erinnerungen an die gemeinsame Fahrt ins Heilige Land ausgetauscht und in Sonderheit eines unglücklichen Kampftages gedacht hätten, wo des Kaisers Sohn, der schöne Enzio, in Gefangenschaft geraten sei. Er, der Verwalter, habe darauf den Fremden ernsthaft befragt und ihm vorgehalten, der Kaiser sei doch - wie jeder wisse - anno 1250 im äußersten Süden Italiens gestorben und zu Palermo in einem Marmorsarkophag beigesetzt. Aber da habe der Fremde ihm Verschwiegenheit geboten und gestanden: Ja, er sei dennoch leibhaftig der Kaiser. Müde der Welt und im Banne des Papstes habe er damals mit wenigen Vertrauten Tod und Bestattung nur vortäuschen lassen und sei unerkannt auf weite Pilgerfahrt gegangen. Als er des Reiches Not in der kaiserlosen, der schrecklichen Zeit mitansehen mußte, da habe es ihn oft gelüstet, das Szepter wiederum zu ergreifen, und noch vor kurzem zu Köln sei er noch einmal der Versuchung erlegen. Aber nunmehr verlange ihn nur nach Ruhe und Frieden. Sein Patenkind, der jetzige Herr König Rudolf von Habsburg, werde schon die rechten Wege finden.

Als des Verwalters Herr diese Nachricht empfing, lächelte er insgeheim über dieses Gewebe aus Wahn oder Gaukelei. Aber zugleich war sein Entschluß gefaßt, diesen wiedererstandenen Kaiser Friedrich nach seinem Willen zu lenken. Er beriet sich mit seinen Freunden, die alle mit Erzbischof Siegfried von Köln verfeindet waren, weil der streitbare Kirchenfürst seine weltliche Herrschaft mächtig auszudehnen versuchte, und sie kamen überein, die Gelegenheit zu nutzen.

Vom einsamen Meierhof wurde der Fremde in die Stadt Neuß geleitet, und - mochte er sich auch anfangs sträuben - dort empfing man ihn als König! Das Volk jubelte ihm zu, denn die Erinnerung an den Glanz der Hohenstaufenzeit war wach geblieben nicht weniger als der Abscheu vor dem Elend, das nachher gefolgt war. Schon immer war ein Raunen durchs Land gegangen, der geliebte Kaiser werde in höchster Not wieder erscheinen; manche hatten erzählt, er halte sich im Kyffhäuser verborgen. Alle glaubten zu wissen, daß ein Kaiser, den der Papst als „Ketzerkönig" gebannt hatte, über geheime Kräfte verfügen mußte, die das Unmögliche möglich und das Unwahrscheinliche wirklich machen konnten.

Nun hielt er also den Winter über Hof zu Neuß. Ein ganzer Hofstaat umgab ihn, ohne daß er zu sagen gewußt hätte, wie es geschah. Da war ein Marschall, der dem Haushalt vorstand; und er brauchte nicht zu sparen, denn der Kämmerer verfügte über volle Säckel. Da war - nicht zuletzt - ein Kanzler, der ihn in allen Regierungsgeschäften beriet und geschickt die Feder führte. Der schrieb im Namen des Kaisers an Fürsten und Herren im Lande, der erteilte Vorrechte und Privilegien an die Getreuen und entsandte drohende Mahnungen an solche, über die das Volk Klage führte. Der hatte auch das echte Siegel Friedrichs II., mit dem er die Pergamente gültig machte. Und der „Kaiser" selbst empfing würdig fremde Gesandte und alte Kriegsgefährten, hatte ein besonders geneigtes Ohr für die Bittgesuche der Armen und Bedrängten, und keiner verließ unbeschenkt den milden Herrn. So mehrte sich der Zulauf von nah und fern; die Bürger von Neuß aber ließen sich das gerne gefallen, weil auf diese Weise so mancher Heller in ihre Taschen floß, und die Anwesenheit des Kaisers stärkte ihren Trotz gegen ihren Herrn, den Erzbischof Siegfried von Köln.

Der aber ließ sich nicht täuschen; er spürte allerort, daß im Hintergrunde seine Gegner die Fäden dieser Kaiserpuppe am Hofe zu Neuß lenkten, und war besonders ergrimmt, als eines Tages die Frau Äbtissin zu Essen ein Privilegium des wiedergekehrten Kaisers vorwies, in dem ihr das Recht zu freier Vogtwahl bestätigt wurde, während der Erzbischof gerade auf dieses Recht Anspruch erhob. Also versuchte er, dem Gaukelspiel - wie er es nannte - mit Gewalt ein Ende zu machen, und mahnte seine Stadt Neuß bei ihrer Gehorsamspflicht, ihm den Betrüger, der sich in ihren Mauern breitmache, auszuliefern. Die Neußer waren harthörig und beriefen sich darauf, daß man zuerst dem Kaiser gehorchen müsse. Der Erzbischof dagegen ließ erwidern: Wenn jenes Gespenst wirklich der Kaiser Friedrich II. ist, so lebt er im ungelösten schweren Banne des Papstes, und kein Christenmensch darf mit ihm Umgang haben oder ihm gar gehorchen. Die Antwort aus Neuß lautete: Daß ein Papst den Kaiser gebannt habe, das sei nun schon ein Menschenalter her und der Fluch durch bußfertige Pilgerfahrt gelöst - so viel man höre; im übrigen aber möge sich der Erzbischof doch an den Kaiser selber wenden.

Daraufhin sagte Siegfried der Stadt die Fehde an; zuvor aber reiste er zu einem Reichstage nach Nürnberg, um vor König Rudolf von Habsburg Klage zu führen und ihn anzuspornen, daß er diesem Gegenkönigtum ein Ende mache.

König Rudolfs Streit mit den Städten

Natürlich war es dem rechtmäßigen König Rudolf von Habsburg längst zu Ohren gekommen, daß da unten am Niederrhein ein falscher Kaiser sein Unwesen treibe. Aber er lachte darüber; denn das war nicht der erste falsche Friedrich, und seine Vorgänger hatten jedesmal - auch ohne des Königs Zutun - ein rasches Ende genommen. Zudem aber gönnte er dem Kölner aus vollem Herzen alles Unheil; denn der war unter allen

Fürsten des Reiches von Anfang an sein gefährlichster Gegner, und er hatte mit ihm schon einmal die Klingen gekreuzt, weil er sich das Reichsschloß Kaiserswerth angeeignet hatte. Aber der Kölner war allzu mächtig, und so hatte man Frieden geschlossen und zeigte nach außen hin nur freundliche Mienen. So hörte denn auch König Rudolf zu Nürnberg des besorgten Siegfried Klage mit geneigtem Ohr und gab ihm Vollmacht, die ungehorsame Stadt Neuß vor sein Hofgericht zu laden und mit dem Betrüger zu verfahren, wie es ihm recht dünke.

Denn König Rudolf hatte zur Zeit - es war im Frühjahr 1285 - andere Sorgen. Er hatte sich bisher mit des Reiches Städten gut gehalten, weil er das Bargeld brauchte, das die Städte am leichtesten von allen Ständen, leichter jedenfalls als Fürsten, Ritter und Bauern, aufbringen konnten. Nun hatte der König im Vorjahr den Städten eine neue Steuer auferlegt, den „dreißigsten Pfennig", das heißt, jeder Bürger sollte von seinem Vermögen etwa dreieindrittel Prozent abgeben. Darüber wurde viel gemurrt, und viele Städte widersetzten sich dieser Steuerzahlung. Es gab böse Anzeichen für kommenden, noch härteren Widerstand. So hatten z. B. die Wetterauer Reichsstädte Frankfurt, Wetzlar und Friedberg im Fabruar 1285 ihren Bund erneuert, und im Mai brach gar im Elsaß ein offener Aufstand aus. Blitzschnell griff der König ein, brachte ein Heer zusammen und stand schon am 14. Juni vor der aufsässigen Stadt Kolmar. Fünf Tage später war der Widerstand gebrochen, und ein Waffenstillstand bot Weile zu Verhandlungen. Die Kunde vom scharfen und erfolgreichen Eingreifen des Königs muß sich schnell verbreitet haben, und deshalb lenkten auch die anderen Städte alsbald zu friedlichem Austrag ein. Am spätesten wohl Wetzlar, das ja auch am weitesten vom Elsaß entfernt war. Die Vermittlung zwischen Stadt und König hatten Graf Eberhard von Katzenelnbogen und Herr Gerlach von Breuberg übernommen, und sie zusammen mit den Städten Worms, Mainz und Speyer bestätigten am 22. Juni 1285 einen Vertrag, daß Wetzlar die bisher verweigerte Steuer bezahlen wolle und der König hinwiederum der Stadt alle Rechte, Gnadenbezeugungen und Freiheiten unverletzlich erhalten werde. Aber die Unterhändler brachten zugleich die erstaunliche Nachricht, daß der falsche Kaiser sich von Neuß nach Wetzlar gewandt habe und in toller Vermessenheit den König zu einem Tag nach Frankfurt vorlade. König Rudolf gab allsogleich Befehl, bis Mainz weiterzuziehen.

Der falsche Kaiser in Wetzlar

Was hatte „Friedrich den Andern" bewogen, seine getreue Stadt Neuß zu verlassen? - Gerade dies, daß die vermeinte Treue ins Wanken geriet! Als Erzbischof Siegfried nach der Heimkehr von seiner Unterredung mit

König Rudolf zu Nürnberg mit gewaffneter Macht vor Neuß erschien, schloß zwar die Stadt vor ihm die Tore, verweigerte ihm den Einlaß und lieferte den Verlangten nicht aus. Aber gerichtlichen Austrag konnte die Stadt nicht versagen, und so vereinbarte man einen Schiedstag auf den fünfundvierzigsten Tag danach, wie das Brauch war.

Niemand konnte sich verhehlen, daß damit der erste Schritt zu einer Aussöhnung zwischen Stadt und Erzbischof getan war. Was aber würde dann aus dem Manne werden, der hier als Kaiser Hof hielt? Von wirklicher kaiserlicher Macht war keine Spur zu sehen; in seiner Umgebung fand sich kein Mensch von Rang und klangvollem Namen, und schon begannen auch die Mittel spärlicher zu fließen. Für die Großen des Landes, die ihn ohne sein Wissen lenkten, hatte er ausgedient. Der Bund gegen Erzbischof Siegfried war geschlossen, aber noch nicht zum Zuschlagen gerüstet.

Und so traf es sich denn sehr gelegen, daß man Kunde erhielt von dem Zwist der Städte mit König Rudolf, denn nun war es ein leichtes, dem ganz in seinem Kaiserwahn Befangenen den Gedanken einzugeben, jetzt sei es Zeit, daß er in Deutschlands Mitte ziehe und König Rudolf in die Schranken fordre. In der Tat machte er sich auf den Weg nach Frankfurt und schlug die uralte Heerstraße ein, die über den Westerwald nach Driedorf und von dort als „Hohe Straße" auf der Wasserscheide zwischen Dill und Lahn nach Wetzlar führt.

Groß war die Erregung, aber sehr unterschiedlich, wie Herz und Hirn es hinnahmen, als dort bekannt wurde, welch seltsamer Gast zu erwarten war. Zu ungewohnter Stunde rief die Ratsglocke alle Schöffen und Ratsherren zur Beratung. Da erschienen die zwölf Schöffen aus den alten Geschlechtern, die seit jeher die Geschicke der Stadt gelenkt hatten, und die zwölf Ratsherren, unter denen einige dies Geschlechterregiment mit Mißtrauen überwachten und jederzeit zu Widerspruch geneigt waren. So stießen denn auch jetzt die Meinungen hart aufeinander. Die einen nannten den Glauben an einen wiedererstandenen Friedrich schonungslos Verblendung und vermaßen sich, den Betrüger schnell zu entlarven. Sie hatten den Kaiser selbst vor fünfzig Jahren in Wetzlar einreiten sehen, als er von Marburg kam, wo er das Grab der hl. Elisabeth besucht hatte. Andere meinten, es sei jetzt nicht not, nach Echtheit oder Trug zu fragen, sondern danach, wie man vor König Rudolf bestehen wolle, wenn man einen Gegenkönig in die Stadt einlasse. Ihnen wurde erwidert, es könne nichts schaden, wenn der geldgierige Habsburger einen Widersacher erlebe. Das sei schon richtig, hieß es, aber wer wisse denn, wie es um die Macht dieses Kaisers bestellt sei? Nur wenige, aber die um so lauter, zeigten Glauben und Vertrauen. Das sei der echte wiedergekehrte Kaiser, er werde alle Not wenden, werde die macht- und besitzhungrigen Kirchenherren in Schranken halten und vor allem dem kleinen Manne zum Platz an der Sonne helfen.

Nach langem Hin- und Widerreden kam man überein, dem nahenden „Kaiser" zwar den Einlaß nicht zu wehren, ihn aber auch nicht sogleich in allen Ehren zu empfangen, sondern abzuwarten, bis sich erwiese, ob er mit seinem Anspruch auf den Thron auch die Macht und Fähigkeit mitbringe, wahrhaft die Herrschaft auszuüben.

Es dauerte nicht lange, da zog er durch die Neustadt über die Brücke ein und nahm Herberge im Hause eines Ratsherrn, der sich diensteifrig dazu erbot. Was man zu sehen bekam, war dies: Ein würdiger alter Mann in vornehmem Gewand, ein wenig müde vom langen Ritt, in sich gekehrt und karg mit Worten, aber in den Augen etwas, als träumte er einen schönen Traum. In seinem Gefolge wenige gutgekleidete Männer, die argwöhnisch Umschau hielten und, als sie guten Willen sahen, ihre Wünsche wie Befehle vorbrachten und den Gastgeber in Atem hielten. Dazu unter dem Befehl eines uralten Haudegens, der selbst wohl keinen Streich mehr führen konnte, ein paar gewaffnete Geleitsknechte ohne rechte Zucht und Haltung. Darüber hinaus aber folgte dem Hofstaat ein Schwarm von allerlei Volk, das die Torhüter niemals ohne strenges Sichten eingelassen hätten, wäre nicht der Befehl des Rates gewesen. Einige mochten Bittsteller sein, die sich dem Zuge unterwegs angeschlossen hatten und ihres Bescheides noch warteten, die meisten aber schienen Nichtstuer und Schmarotzer, fahrendes Volk und Gaukler, allzumal Leute, wie sie sich überall dann zusammenfinden, wo Jahrmarkt oder Kirchweih oder sonst ein ungewöhnliches Ereignis Aussicht auf leichten Erwerb, redlich oder unredlich, zu bieten verspricht.

Den meisten Ratsherren war nach wenigen Tagen klar, daß von solchem „Kaiser" nichts zu erwarten war. Sie konnten nicht hindern, daß er in ihrer Stadt neuen Zulauf fand und auch vom Lande viel Volks herbeiströmte, teils nur um der Augenweide willen, teils aber auch in ehrlicher Sehnsucht nach dem rechten Kaiser ihrer Wünsche. Aber wer die krummen Wege der Politik kannte, der mußte bald durchschauen, daß hier ein Narr oder ein Betrüger von anderen am Seil geführt wurde. Und als nun gar die Kunde kam, daß die meisten Städte ihren Widerstand gegen den „dreißigsten Pfennig" aufgegeben hatten, darunter auch die Bundesstädte Frankfurt und Friedberg, da gab es nur noch die eine Aufgabe, gleichfalls bei Zeiten einzulenken, sich aber auch in den Augen des Königs nicht neu zu belasten, indem man diesem falschen Kaiser Vorschub leistete. So kam denn mit Hilfe des Landvogts in der Wetterau, Herrn Gerlachs von Breuberg, jener Vertrag mit König Rudolf zustande, der den Zwist in der Steuerfrage ohne Schaden bereinigte. Was aber sollte mit dem falschen Kaiser geschehen? In geheimer Beratung – denn man war noch nicht aller Ratsherren gewiß - kamen die Erfahrensten überein, man wolle den Fremden in seiner Herberge unauffällig, aber sicher bewachen lassen und alles tun, um dem Volke die Augen zu öffnen, damit sich niemand den Zorn des rechten Königs zuziehe.

Alsbald erklärte der Erste Bürgermeister dem falschen Kaiser in wohlgesetzten Worten, es zieme der Stadt, ihrem hohen Gaste eine Ehrenwache zu stellen aus Bürgersöhnen der edelsten Geschlechter; und wenngleich der Kanzler solche Höflichkeit ablehnen wollte, nahm doch der „Kaiser" in Huld das Anerbieten an, um wohlgesinnte Untertanen nicht zu kränken.

Noch ehe die Bürgerwache aufzog, entfernten sich - angeblich in wichtigen Geschäften - der Kanzler, der Kämmerer und der Hofmarschall. Nur der alte Haudegen harrte bei seinem Kaiser und Kriegsgefährten aus, während die mitgebrachten Gesellen der Leibwache sich entbehrlich vorkamen und in den Schenken der Stadt ihr Vergnügen suchten.

Sich selbst überlassen und ohne den lenkenden Rat des Kanzlers, gab sich der Kaiser nun ungehemmt seinem Herrscherwahn hin und verkündete, er werde Rudolf von Habsburg nach Frankfurt vor seinen Richterstuhl laden. Wenn der den echten Hohenstaufen mit eigenen Augen sehe, dann müsse er vom Throne steigen und ihn dem überlassen, dem er von Recht her gebühre.

König Rudolf in Mainz

Unterdes war König Rudolf in Mainz angelangt und traf dort Siegfried von Köln an. Der Erzbischof hatte vergebens versucht, des falschen Kaisers habhaft zu werden, nachdem der die sicheren Mauern von Neuß verlassen hatte. Durch falsche Nachrichten irregeführt, hatte ihn Siegfried in Westfalen gesucht und zu spät erfahren, daß er sich nach Wetzlar gewandt hatte. Für einen Gewaltstreich gegen die feste Stadt war des Erzbischofs Begleiterschar zu schwach; so hatte er sich zur Umkehr bequemen müssen und war dem König nach Mainz entgegengereist. Hier tat er alles, um des Königs Zorn zu schüren und ihn zu scharfem Strafgericht anzutreiben gegen diesen abgefeimten Betrüger, gegen das widerspenstige Neuß, das ihm den Gehorsam versagte, und nun vollends gegen dies vermessene Wetzlar, das es wagte, sogar dem König selbst zu trotzen.

Rudolf blieb in gelassener Ruhe; er wußte ja, daß Wetzlar sich bereit erklärt hatte, die bisher verweigerte Steuer zu zahlen. Den falschen Kaiser konnte er nicht ernst nehmen; aber als Siegfried im Zorneseifer erklärte, wenn dem König der Gauklerkaiser des Beachtens nicht wert sei, so wolle er selbst gegen Wetzlar ziehen und mit Feuer und Schwert Ordnung schaffen – da sprach Rudolf: „Meine Ehre weiß ich selbst zu wahren. Was Ihr mit Eurer Stadt Neuß beginnt, kümmert mich nicht, solange Ihr gerecht verfahrt. Ich aber werde die Henne nicht schlachten, die mir goldne Eier legt. Wohlan! wir brechen übermorgen auf und sehen mit eigenen Augen, wie mein Herr Gegenkaiser Hof hält!"

Das Ende des Tile Kolup in Wetzlar

In Wetzlar nahmen die Sorgen der Ratsherren kein Ende. Der Vogt der Stadt, Herr Hartrad von Merenberg, der damals im Gefolge des Kölner Erzbischofs mitritt, hatte den Bürgern heimliche Warnung zukommen lassen, sie müßten sich des Schlimmsten versehen, falls Siegfried vom König Vollmacht erhielte, das Strafgericht am falschen Kaiser zu vollziehen. Daß jemand im Handstreich die Stadt bezwingen könnte, war nicht zu fürchten; aber es wäre schon schlimm genug gewesen, wenn ein Gegner sich etwa droben auf der Reichsburg Kalsmunt festgesetzt und von da aus alle Zufahrt unsicher gemacht hätte. Davor also mußte man sich sichern. Die Burgmannen zögerten denn auch keinen Augenblick, mit den Bürgern einen Vertrag zu schließen, daß sie keinen Feind der Stadt in die Burg einlassen wollten, solange der Streit mit dem König währe.

Aber kaum war hier Vorsorge getroffen, da kam von den Freunden aus Mainz die Kunde, der König selbst treffe Zurüstungen, um gegen Wetzlar

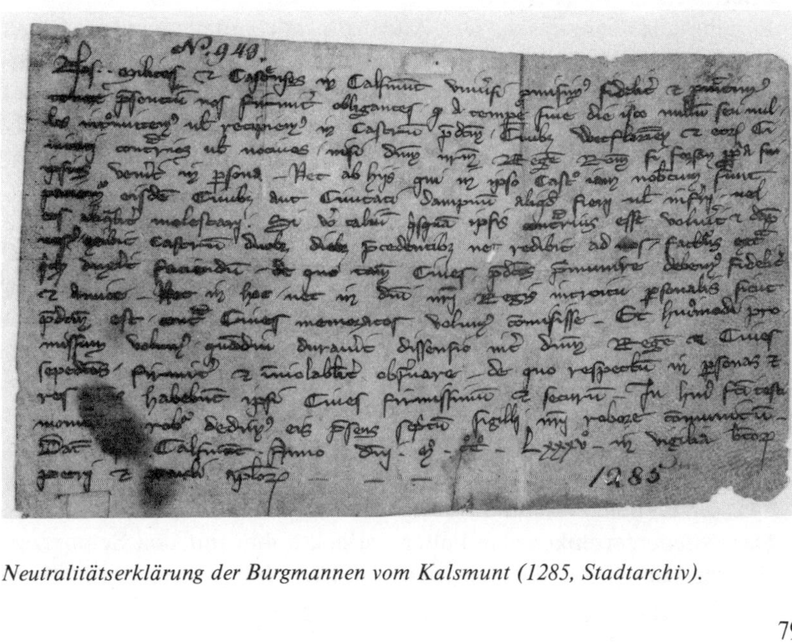

Neutralitätserklärung der Burgmannen vom Kalsmunt (1285, Stadtarchiv).

zu ziehen. Was war des Königs Absicht? Strafe wegen der Steuerverweigerung war nicht mehr zu fürchten; dafür bürgte der geschlossene Vertrag. Also kam er wegen des alten Mannes, der „Friedrich den Andern" spielte? –

Das schien bei einem so nüchtern klaren Rechner, wie es König Rudolf war, kaum glaublich. Aber wer weiß, wer da das Feuer schürte! Kurz entschlossen gab der Rat den Befehl, den falschen Kaiser scharf zu bewachen und nicht mehr aus dem Hause zu lassen, im übrigen aber alle Vorkehrungen zu einem festlichen Empfang des Königs zu treffen. Des ungeachtet aber wurden die Bürger zu den Waffen gerufen, gemustert und gesichtet, und der Rat ließ durch die zuverlässigsten Männer Mauern, Tore und Türme besetzen.

Und wirklich, am 5. Juli des Jahres 1285 am heißen Nachmittag kündete Hornruf von der Brühlsbacher Warte und zugleich vom Kalsmuntturm an, daß auf der Mainzer Straße von Laufdorf her der König heran nahe. Auf der Morgenweide nahe der Reichsburg schlug er sein Lager auf. Dort auch empfing er die Bürgermeister, die ihm die Schlüssel der Stadt darboten und ihn einluden, mit den Vornehmsten seines Gefolges in der Stadt bequemere Herberge zu nehmen. Das lehnte der König – nicht ungnädig, aber mit undurchsichtiger Miene – ab, bevor nicht das Gericht am morgigen Tage die Unschuld der Stadt erwiesen habe. Er verlangte die Auslieferung des falschen Kaisers und entsandte auf Begehr der Bürger seinen Marschall Herrn von Pappenheim, um sich des Betrügers zu vergewissern.

Es ging alles sehr rasch. Der Alte hatte mit aufleuchtenden Augen den vornehmen Herrn begrüßen wollen, der auf ihn zuschritt, hatte entrüstet nach seinem Geleit gerufen, als die Knechte ihm die Arme auf den Rücken bogen und ihn fesselten, war aber dann kopfschüttelnd gefolgt durch die Reihen der gaffenden Menge, die ihren Unwillen nicht verhehlte, und dann den steilen Weg zum Kalsmunt hinauf in die Burg, wo er ins Turmverließ hinabgelassen wurde. Sein alter Kriegsgefährte hatte getobt, wurde schnell überwältigt und gleichfalls gefangengesetzt.

Indes König Rudolf der Ruhe pflegte, führte der Hofrichter noch in der Nacht bei Fackelschein die Untersuchung. Er erhielt nur die eine Antwort: „Ich bin Kaiser Friedrich der Hohenstaufe." Man wollte schon von ihm ablassen und all sein Tun als Wahn und Teufelswerk erklären, man wollte einen Priester rufen, der mit starkem Bann die bösen Geister austriebe – da verlangte Erzbischof Siegfried, daß man die Folter anwende, damit man erführe, wer er denn eigentlich sei, wer ihn beraten habe, und auf wessen Geheiß er handle.

Das Gliederzerrenken der Folter entlockte ihm mit den Schmerzen auch den Hilfeschrei der Kindheit: „Mutter, hilf deinem Tile! Helft

Tile Kolup!!"

Mehr als dieser plattdeutsche Name, der heute „Dietrich Holzschuh" lauten würde, war aus ihm nicht herauszupressen, und auch sein alter Kriegsgefährte gab unter greulichen Flüchen und unflätigen Beschimpfungen nichts Besseres kund, als was man schon wußte.

So war das Urteil andern Tages rasch gefunden: Dieser Betrüger hat mit teuflischer Hilfe und schwarzer Kunst die Gestalt eines längst Verstorbenen angenommen, hat viele andere Menschen gesunden Sinnes verführt, so daß sie in Ungehorsam gegen die Kirche und das Reich verfallen sind. Darum verdient er die Strafe der Zauberer, Ketzer und Gotteslästerer - den Tod in den Flammen.

Zugleich aber ward befunden, daß die Stadt Wetzlar kein Vorwurf treffe, in Sonderheit die Schöffen hätten klug und in weiser Voraussicht gehandelt.

Dagegen konnte König Rudolf nicht verhindern, daß Siegfried von Köln über die Bürger von Neuß einen harten Spruch des Hofgerichtes

erwirkte: sie sollten die gleiche Strafe erleiden wie der Betrüger, den sie begünstigt hätten.

Am andern Tage, dem 7. Juli, brachte der Sünderkarren in aller Frühe den Ärmsten zur Richtstätte, begleitet von einer großen Menge Volkes, die mit Neugier und Grauen erwartete, daß noch Seltsames geschehen werde. Denn man erzählte sich, der Alte habe verkündet: „Was auch immer sie mit mir machen - morgen werde ich in Frankfurt auf den König warten!" Jetzt freilich ließ er sich kraft- und willenlos an den Pfahl fesseln, der mitten in einem hohen Scheiterhaufen errichtet war. Ein Franziskanerpater spendete ihm den letzten Trost; dann zündete der Henker an drei Enden das dürre Reisig an - im Namen des Vaters, des Sohnes und des Heiligen Geistes. - Ein Aufschrei des Entsetzens und des Mitleids stieg gen Himmel; und da kein sondrer Befehl dem entgegenstand, stopfte der Henker grüne Zweige in die Glut, damit erstickender Qualm dem Alten die Sinne nehme, ehe die beißenden Flammen ihn verzehrten.

König Rudolf war nicht zugegen. Um die Mittagsstunde nach dem Hochamt empfing er in der Stiftskirche die Huldigung der Stadt; dann brach er auf nach Friedberg, und als er beim Ausritt auf der Höhe über der Stadt den Blick noch einmal rückwärts wandte, glomm drüben am Hang nur noch ein Aschenhaufen, und ein paar Knechte mußten den Wundergläubigen wehren, die sich ein Säcklein mit Asche zu füllen suchten.

Erzbischof Siegfried von Köln war in der Gegenrichtung heimwärts gezogen. Drei Jahre später erlag er in der Schlacht bei Worringen dem Bund seiner Widersacher und mußte in harter Gefangenschaft für seine Herrschsucht büßen.

Nicht ganz vierhundert Jahre später berichtet der Stadtschreiber Johann Philipp Chelius in seiner Chronik, Tile Kolup sei in einem Tal unweit der Stadt verbrannt worden, „dannenhero solcher Thal biss noch auff den heutigen Tag der Kaysers Grund genennet wird".

Und wiederum hundert Jahre später haben die damaligen Besitzer des Kaisersgrundes, der Prokurator des Reichskammergerichts Hofrat Johann Philipp Gottfried von Gülich und seine Ehefrau Maria Anna Rüding zwei Steintafeln dort setzen lassen, um das Gedächtnis des denkwürdigen Ereignisses festzuhalten.

Aber es ist kaum anzunehmen, daß die Hinrichtung Tile Kolups an anderer als an der damals üblichen Richtstätte vollzogen worden ist, und das war „am alten Galgen" oberhalb des Vogelsangs, wo man die Stelle noch heute sehen kann. Der „Kaisersgrund" aber heißt sehr wahrscheinlich nach seinen Besitzern im späten Mittelalter, nämlich nach einer Schöffen- und Ratsherrnfamilie Keyser.

7. Ritter und Burgen

Die heimische Ritterschaft

Wenn wir mit unseren Vorstellungen aus Sagen und Geschichten von stolzen Rittern auf prächtigen Burgen, vom Lanzenbrechen im festlichen Turnier, von Minnedienst und Minnesang auch in unserer Heimatgeschichte zu hören erwarten - dann werden wir schmerzlich enttäuscht. Denn unsere heimatlichen Geschichtsquellen fließen für die Blütezeit des Rittertums allzu spärlich und lassen uns erst aus den Zeiten des Verfalls und der Entartung ritterlichen Wesens einiges erfahren. Und was an Burgruinen noch steht oder an echtem, altem Bestand etwa in einem wiederhergestellten Bau wie Braunfels noch enthalten ist, das widerstreitet mitunter auch dem hold verklärten Bild, das uns romantische Dichter und Maler vorgezaubert haben. Aber versuchen wir es doch einmal, ob nicht auch die getreue Wirklichkeit ihre Reize hat.

Der Ritterstand setzt sich in vielfältiger Abstufung aus Altadligen, Freigeborenen und ursprünglich Unfreien zusammen. Im fränkischen Reich hatten viele freie Leute den Wehrdienst nicht mehr leisten können. Bei den weiten Entfernungen des Großreiches wurden die Heerfahrten immer länger, und da nur Berittene voll brauchbar waren, auch immer kostspieliger. Nur reiche Bauern hätten monatelang mit Knecht und Pferden von zu Hause abwesend sein können, ohne daß mittlerweile die Landarbeit hätte ruhen müssen. Da gaben viele die volle Freiheit eines wehrhaften Mannes auf und wurden mächtigeren weltlichen oder geistlichen Herren hörig. Schon Karl der Große mußte nach einem Ausweg suchen, damit das Aufgebot nicht allzu klein wurde. Er verpflichtete die Grundherren, jeweils anstelle einer bestimmten Zahl von nicht mehr Wehrfähigen einen Reiter voll auszurüsten und zum Heer zu senden. Aus diesen und anderen Gründen erwuchs ein Stand von berufsmäßigen Kriegern, von Dienstmannen oder Ministerialen, die von ihren Herren zu ihrem Lebensunterhalt ein Dienstlehen erhielten, das etwa aus einem Hof und Abgaben von denjenigen Bauern bestand, die vom Wehrdienst befreit waren. Weil nun aber diese Ministerialen im Kriege genau wie Adlige und Freie die Waffen führten, verwischten sich allmählich die Unterschiede, und es entstand neben dem alten Nährstand der Bauern ein neuer Wehrstand der Ritter. Auch innerhalb dieses Standes gab es noch mancherlei Abstufungen, bei denen es u. a. eine Rolle spielte, ob man ein Lehen unmittelbar vom Reich oder einem hohen Fürsten hatte oder nur von einem Herrn, der selbst wieder Lehnsmann eines anderen war. Im allgemeinen galt die Ritterbürtigkeit dann für erwiesen, wenn bereits Eltern und Großeltern aus ritterlichen Familien stammten, aber schon früh kam es vor, daß ein Mann wegen seiner Verdienste in den

Ritterstand erhoben und dieser sogar für seine Nachkommen erblich gemacht wurde. Auch innerhalb einer ritterbürtigen Familie führen nicht alle den Ehrentitel „Ritter", sondern heißen „Edelknecht", „Wäppner" und seit dem 15. Jahrhundert meist „Junker". Das Wort lautet zwar ursprünglich „Jungherr", aber über das Alter besagt es späterhin nichts mehr.

Auch aus unserer Heimat stammten eine ganze Reihe niederadliger Geschlechter, wie wir aus ihren Familiennamen entnehmen können. Da gab es Herren von Ahrdt (Gaul von A.), Allendorf, Atzbach, Biel, Blasbach, † Dalheim, Garbenheim, Girmes, Griedelbach, Heuchelheim, Hochelheim, Hörnsheim, Kinzenbach, Kleen, Kröffelbach, Launsbach, Lemp, Leun, Linden, Lützellinden, (Grayd von L.), Mudersbach, † Mühlenheim, Naunheim, Rodheim, Salzböden, Schwalbach, † Schwobach (Swappach), Solms (ein anderes Geschlecht als das der Grafen von Solms), Tiefenbach, Waldgirmes, Werdorf, Wetzlar und Wißmar.

Die Überzahl dieser Namen lebte nicht lange fort, zum Teil, weil das Geschlecht früh ausstarb, zum Teil, weil es einen anderen Namen angenommen hat. Denn das Wörtchen „von" ist ursprünglich keineswegs ein Vorrecht oder Kennzeichen für Adel, sondern wird in den Urkunden als einfache Herkunftsbezeichnung unzähligemal auch bei Bürgern und Bauern verwandt. Ehe es feste Familiennamen gab, mußte ja irgend eine unterscheidende Bezeichnung zu den Taufnamen hinzutreten, und da war es ganz natürlich, den Ort zu nennen, „von" dem eine Familie stammte. Leider ist das vielfach in ortsgeschichtlichen Veröffentlichungen mißverstanden worden und hat zu irrigen Angaben über angebliche Adelsfamilien geführt. Umgekehrt gibt oder gab es in unserem Kreise eine ganze Reihe von Niederadligen, deren Familienname kein „von" aufweist, so z. B. Blumelin, Brandan, Halber, Hurus, Kalb, Kolbe, Kolbendensel, Krug, Lesche, Schutspeer genannt Milchling (Schutzbar), Rode, Rübsam, Schabe, Setzepfand, Wolfskehl, Zöllner u. a.

Offensichtlich hatten die wenigsten von ihnen eine eigene Burg. Es war schon viel, wenn ihr Stammsitz zu einem „festen Haus" gemacht war, wenn es gar einen Turm gab, wie bei den Herrn von Garbenheim, oder wenigstens einen Steinbau statt der üblichen Fachwerkhäuser. Auch ihr Grundbesitz war bei uns zulande meist nicht allzu groß. Sie mußten, um leben zu können, bei größeren Herren Dienste nehmen, etwa als Burgmannen oder als Vögte und Schultheißen in der Verwaltung und in Gerichten. Als dann im Laufe der wirtschaftlichen Entwicklung ihre Einkünfte aus landwirtschaftlichen Erzeugnissen im Wert sanken, die Kosten für Waffen und Ausrüstung aber stiegen, und als zudem die Gelegenheit zu beutereicher Kriegsführung seltener wurde, da sind manche zu „Raubrittern" herabgesunken.

Vom Fehdewesen

Wenn solche „Raubritter" wie Wegelagerer den Kaufmannszügen auflauerten oder Bauern die Scheuer ausräumten und das Vieh wegtrieben, dazu noch ihre Gefangenen peinigten und im dunklen Verließ schmachten ließen, um ein recht hohes Lösegeld zu erpressen, dann geschah das doch nur in seltenen Ausnahmefällen ohne einen Schein von „Recht". Denn seit vorchristlichen Zeiten galt noch immer als erlaubt und rechtmäßig, sich selbst sein Recht zu verschaffen, namentlich, wenn die öffentlichen Gerichte versagten. Dies Recht auf Selbsthilfe nannte man „Fehderecht", und namentlich unter wehrhaften Männern galt es fast als schimpfliche Schwäche, Gerichte anzurufen, wo man sich selbst hätte helfen können. Allerdings mußten bestimmte Formen gewahrt werden. Der Gegner, von dem man etwas zu fordern hatte, mußte die verlangte Genugtuung abgelehnt haben. Alsdann durfte man ihm „Fehde ansagen" oder „aufsagen", aber drei Tage vor Beginn der Feindseligkeiten. Nur dann galt die Ehre als gewahrt, und nur dann war Fehde kein gemeiner Raubüberfall. Beide Parteien waren meist nicht sehr darauf erpicht, sich in blutigem Kampf zu messen, sondern sie versuchten nur, einander so viel wie möglich zu schaden und möglichst Gefangene zu machen oder Beute heimzutragen, um den Gegner zur Nachgiebigkeit und zur Sühneverhandlung zu zwingen. Dann wurde ein Waffenstillstand vereinbart, Schiedsrichter von beiden Parteien und ein Unparteiischer tagten zusammen und fällten ein Urteil. Wurde es angenommen, dann schwor man „Urfehde" und gab damit die feierliche Versicherung, daß alles Geschehene vergeben und vergessen sei und keiner in irgendwelcher Weise nachträglich noch einmal das eine oder andere vor Gericht ziehen wolle. Mitunter mußten Bürgen aus der unterlegenen Partei mit Knechten und Pferden in einer Herberge an einem unbeteiligten Ort auf ihre Kosten so lange „Einlager halten", bis die ausgemachte Sühne erfüllt, der Schadenersatz bezahlt und die Gefangenen freigegeben waren. Zur Verschärfung mußten die Einlager Haltenden sich zuweilen verpflichten, nur von Wasser und Brot zu leben. Das Schlimmste am Fehdewesen war, daß meist Unbeteiligte am schwersten geschädigt wurden. Man plünderte etwa ein Dorf aus, weil der Gegner von den Bauern Abgaben bezog, oder man nahm einem nichtsahnenden Kaufmann auf der Landstraße seine Waren weg und setzte ihn selbst gefangen, weil seiner Heimatstadt Fehde angesagt war. Zu manchen Zeiten häuften sich in Wetzlar die Fehdebriefe derart an, daß kaum noch ein Überblick zu gewinnen war, gegen wen und wo man sich vor Überfällen wahren mußte. Im Jahre 1410 schrieb der neuernannte Propst Otto von Milz - und der Bischof von Würzburg bestätigte es - er könne unmöglich nach Wetzlar

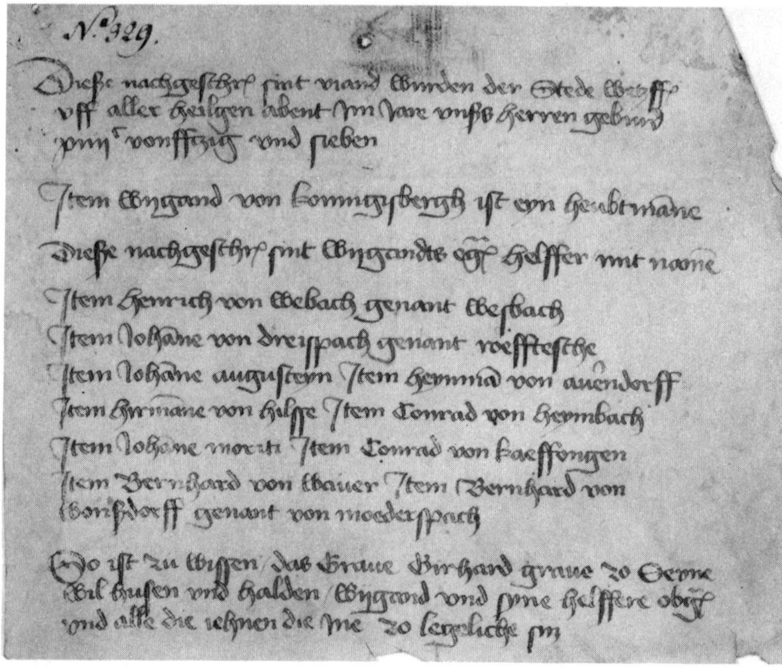

Fehdeansage an die Stadt Wetzlar (1457, Stadtarchiv).

reisen, weil seinem Stift, an dem er bis dahin Dechant war, allzu viele Fehdebriefe zugegangen seien.

Selbst wenn also die Fehden einen gerechten Anlaß gehabt hätten und alles ehrbar dabei zugegangen wäre, mußten doch unerträgliche Zustände entstehen. Aber das Schlimmste war, daß manche Ritter geradezu ein Gewerbe daraus machten, für andere Fehde zu führen, daß sie unter nichtigen Vorwänden oder nach unerfüllbaren Forderungen Fehde ansagten und der Schaden, den sie anrichteten, in gar keinem Verhältnis zur strittigen Sache stand. So haben denn auch seit frühester Zeit Kaiser und Päpste sich bemüht, das Fehdewesen wenigstens einzuschränken. Es wurde z. B. ein „Gottesfrieden" für mehrere Tage der Woche verkündet, an denen alle Fehden ruhen sollten, oder die Kaiser geboten Landfrieden und drohten, jeden als Verbrecher zu bestrafen, der sein Recht nicht am Gericht suche, sondern zur Selbsthilfe schreite. Und ebenso schlossen sich Städte und Fürsten zusammen, um wenigstens in ihren Gebieten den Landfrieden aufrecht zu erhalten. Aber das alles hat nur dann geholfen, wenn die Macht da war, die Friedensbrecher zu strafen und ihre Burgen zu brechen. „Fehde" und „Krieg" sind aber so schlecht zu unterscheiden, und die großen Herren begingen selbst so viel Unrecht, daß mancher Rittersmann ohne Gewissensbisse glauben konnte:

> Rauben und reiten sind keine Schand –
> es tun's ja auch die Besten im Land.

Und so hat man den Fürsten eine Verschleierung nackter Gewalttat und Erpressung abgesehen, indem auch ein kleiner Herr anfing, im Bereich seiner Macht von Durchreisenden Abgaben zu fordern, die er „Zoll" nannte, oder ihnen gegen Bezahlung sein „Geleit" aufzudrängen, damit sie sicher reisen könnten. Schuld an allem war im Grunde, daß es keine starke Kaisermacht mehr gab und die Unordnung im Gerichtswesen kein Vertrauen zu gerechtem Urteil aufkommen ließ. So wurde denn auch das Übel weniger durch den „Allgemeinen Landfrieden" des Kaisers Maximilian von 1495 ausgerottet, der die Fehde überhaupt verbot, als dadurch, daß allmählich größere Länder entstanden, deren Fürsten Macht genug hatten, scharf durchzugreifen.

Heimische Burgen

In unserem Kreis gab es eigentlich keine Ritterburg, die nur einer einzelnen Familie zum Wohnsitz gedient hätte. Die Solmser Burgen Burgsolms, Braunfels, Alt- und Neuhohensolms, Königsberg und schließlich auch Greifenstein sind mehr „Landes"burg als Rittersitz, wenn sie auch zum Teil später Residenzschlösser der Einzelzweige des Hauses Solms geworden sind. Ähnlich steht es mit Gleiberg. Hermannstein ist hessische, Niederkleen war hessen-nassauische Landesburg. Vetzberg gibt sich durch seinen alten Namen „Vogtsberg" gleichfalls als solche zu erkennen und beherbergte eine Ganerbenschaft aus mehreren Familien. Der Kalsmunt war Reichsburg.

Fast alle diese Burgen dienten der Überwachung von Straßen – in gutem und bösem Sinne. Und nur weil heutzutage die Straßen und Eisenbahnen in den Tälern laufen, wird der Anschein erweckt, als lägen die Burgen in weltferner Einsamkeit und als hätte man beim Aussuchen des Bauorts nur auf gute Befestigungsmöglichkeiten gesehen. Nein, bei der Wahl des Ortes wird für gewöhnlich ein Ritter lieber die Nähe seiner Güter suchen und eine schlechtere Wehrlage in Kauf nehmen. So gibt es ja überall auch im Berglande dennoch Talburgen, die sich durch Wassergräben nicht weniger gut schützen können. Aber Landesherren und solche, die es werden wollen, müssen weiter denken und Punkte wählen, die Wege beherrschen und bei kriegerischen Verwicklungen wichtig sind. Nur selten bietet dann die Natur so ideale Burgkegel wie Gleiberg und Vetzberg. Meistens müssen Mängel der Lage durch Befestigungsbauten ausgeglichen werden.

Braunfels und Greifenstein

Es ist hier nicht möglich, alle Burgen und festen Häuser des Kreises einzeln zu besprechen; auch die genaueste Beschreibung könnte keine Besichtigung ersetzen. Hat man das ernste Streben, sich wirklich den ältesten mittelalterlichen Zustand klarzumachen, so ist das mitunter recht schwer. Braunfels beispielsweise ist immer wieder erweitert und umgebaut worden, um die Burg den Wirkungen neuer Waffen anzupassen. Die älteste Anlage des 13. Jahrhunderts bestand aus dem Friedrichsturm, dem Rittersaal, dem sog. Alten Stock, einer Schildmauer

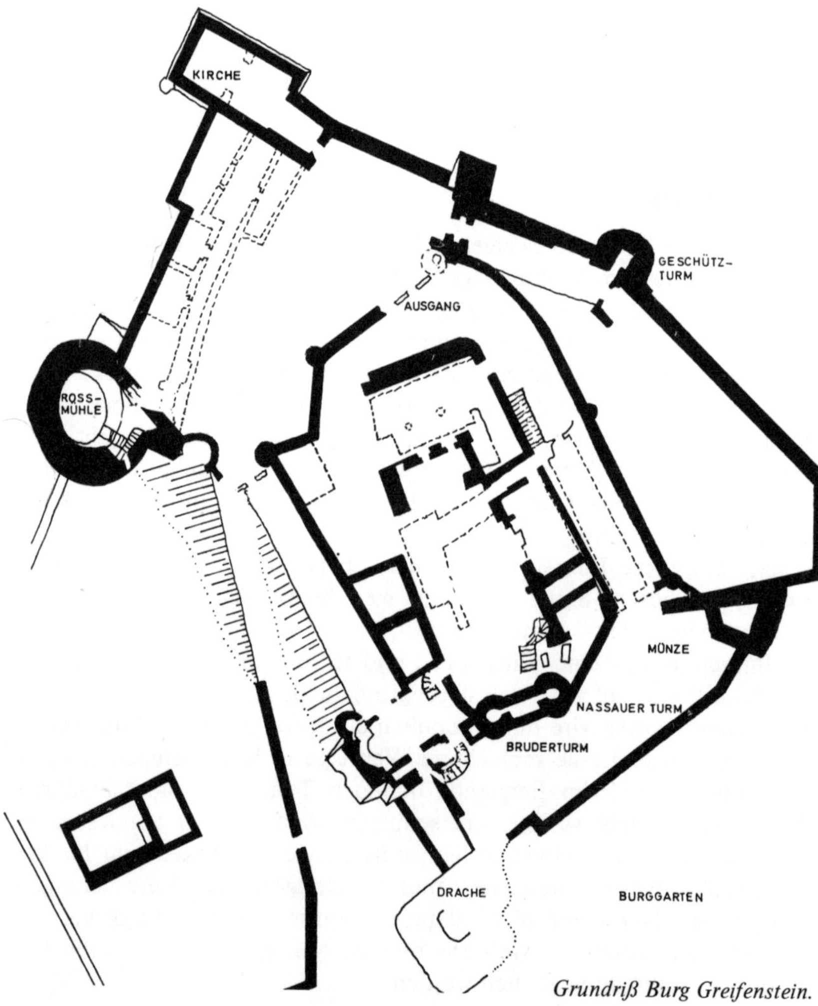

Grundriß Burg Greifenstein.

zwischen Rittersaal und Altem Stock sowie einem Torbau. Schildmauer und Torturm sind verschwunden, die übrigen Bauteile der Kernburg sind noch vorhanden, jedoch in den Fassaden stark verändert. Später sollte die Burg eben auch „Schloß" sein, bequemer Wohnsitz und Residenz mit anspruchsvoller Hofhaltung. Zuletzt wurde Schloß Braunfels in den achtziger Jahren des vorigen Jahrhunderts noch einmal beinahe neu aufgebaut mit all den Phantasiezutaten, die man damals für mittelalterlich hielt. Dadurch wird der mittelalterliche Kern kaum noch als alt erkennbar.

Der Greifenstein wurde 1388 wieder errichtet und läßt auch den Umfang der mittelalterlichen Burg noch gut erkennen, aber 1602 wurde er bei einer Teilung im Solmser Grafenhause Residenz, und der kriegsbaukundige Graf Wilhelm I. machte sich eine Freude daraus, die Burg in eine für damalige Begriffe uneinnehmbare Festung umzubauen. So haben also auch hier bei den heute sichtbaren Resten mehrere Jahrhunderte mitgewirkt, und wer das alles für eine einheitliche Anlage hielte, bekäme ein ganz falsches Bild.

Seit einigen Jahren wird der Greifenstein dank einer Bürgerinitiative („Greifenstein-Verein") unter großen Mühen und erheblichem Kostenaufwand fachkundig konserviert und restauriert, nachdem die gewaltige Ruine jahrzehntelang dem endgültigen Verfall preisgegeben zu sein schien.

Gleiberg und Cleeberg

Beim Gleiberg ist die Unterscheidung der verschiedenen Bauabschnitte leichter. Vom allerältesten viereckigen Turm ist freilich nichts zu sehen, seine Fundamente stecken westlich vom runden Turm im Boden. Dieser runde Bergfried ist - wie in jeder derartigen Burg - das Kernstück der Verteidigung. Er hat unten bei 4 Meter dicken Mauern einen Durchmesser von 12 Meter und verjüngt sich in 14,20 Meter Höhe auf einen Durchmesser von 11,25 Meter, während zugleich die Mauerstärke auf 3 bis 2 Meter zurückgeht. Heute hat man zu ebener Erde einen Eingang geschaffen; ursprünglich war der Bergfried - wie alle seinesgleichen - erst in großer Höhe (14,25 Meter) nur mit Hilfe einer Leiter oder einer leicht abbrechbaren Brücke vom nächsten Gebäude her zugänglich. Das unterste Geschoß, ohne jeden Fensterschlitz, war das Verließ, auch „Stock" genannt, weil die Gefangenen in einer als Stock bezeichneten Schließvorrichtung gefesselt wurden. Sie konnten nur durch eine Luke in der Decke an einem Seil, auf einem Knebel sitzend, herabgelassen werden und harrten auf modrigem Stroh bei spärlicher Kost auf die Freiheit, ganz auf die Menschlichkeit des Wärters angewiesen.

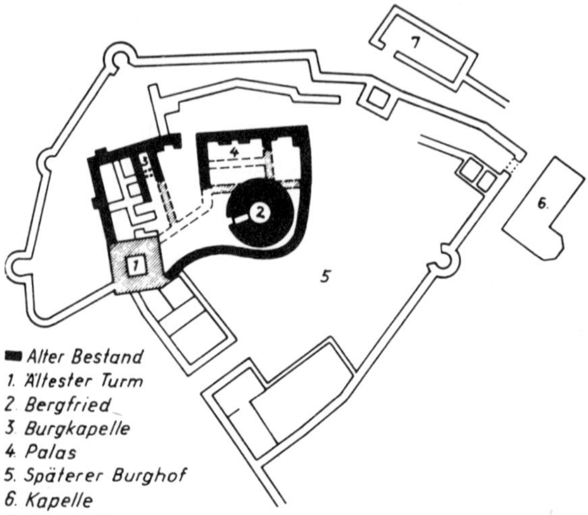

Burg Gleiberg - Grundriß.

Der galt schon als besonders mild, wenn er zuweilen durch die Luke Luft und einen schwachen Lichtschein hereinließ oder den Abortkübel gelegentlich leerte. Früher erzählte man sich, ein Schacht, gleich hinter dem Eingang, führe ins Verließ und habe als Falle gedient. Wenn wirklich ein Eindringling so weit gekommen sei, hätten die in einer Mauernische gedeckt stehenden Verteidiger ihn in den Schacht hinabgestoßen. Auch der Raum, den man durch den Eingang betrat, ist nur durch zwei schmale Schlitze unter der Decke kaum beleuchtet und gelüftet und hat keinen Kamin. Darüber folgten noch zwei Geschosse, von denen aber nur das oberste ein nach Norden gerichtetes Fenster hat. Um die oberste Plattform lief in 31,50 Meter Höhe eine zinnenbewehrte Brüstung. Die Aufstiegöffnung war von einem Dach überdeckt. Nur Leitern führten von einem Stockwerk zum andern. Dem Turm fehlte also jegliche Wohnbequemlichkeit; er bot nur Zuflucht in äußerster Not. Aber er war mit den Gewaltmitteln jener Zeiten nicht einzunehmen. Man konnte nur versuchen, die Besatzung auszuhungern oder auszuräuchern. Aber die eisenbewehrte Eingangstür und die wenigen Lichtöffnungen ließen kaum Brandpfeile ein. Wenn andrerseits die Verteidiger erst einmal in den Turm gedrängt waren, blieb ihnen nur noch die Möglichkeit, von der obersten Plattform aus durch Schießen und Steinwerfen den Feinden das Leben schwer zu machen. Aus dem Turm wieder auszufallen und die Eindringlinge zu vertreiben, war schwer möglich, da man den Burghof nur über eine Leiter erreichen konnte, und das war leicht zu verhindern. Rettung gab es also nur, wenn Entsatz von außen kam und die Gegner vertrieb. Unersetzlich aber war der Turm wegen seines Ausblicks. Die weiteste Umgebung war zu beobachten, und das gab hinreichend Zeit, zu satteln und im rechten Augenblick an Ort und Stelle einzutreffen.

Ein hoher Mauermantel schloß die Burg nach der gefahrbringenden Bergfläche (dem heutigen Burghof) hin ab, und dahinter, zum Teil auch durch den Turm gedeckt, lagen die Wohngebäude, Kapelle, Küche und Stallung. Ihre Außenmauern bildeten stückweise einen Teil der Ringmauer und waren dort fensterlos. Das Hauptgebäude, der „Palas", enthielt einen festlichen Saal, ohne den ja schon seit germanischer Zeit kein Hof eines vornehmen Mannes zu denken war. Wir wissen nicht, wie lange und oft die Gleiberger Grafen und dann die Merenberger selbst auf der Burg gewohnt haben; jedenfalls aber waren eine ganze Reihe von Burgmannslehen an Herren vom Adel aus der Umgebung ausgetan, die dann die Burghut selbst oder durch Knechte halten mußten. Dafür reichte die Burg bald nicht mehr aus. Der Ring wurde erweitert, und um den Burghof entstanden bis ins 16. Jahrhundert hinein weitere Bauten. Es sind diejenigen, die heute wieder benutzbar gemacht worden sind. Denn was an der Burg nicht schon vor Alter zerfallen war, das ist in Flammen aufgegangen, als sie im „Hessenkrieg" 1646 bombardiert und in Brand geschossen wurde.

Burg Gleiberg.

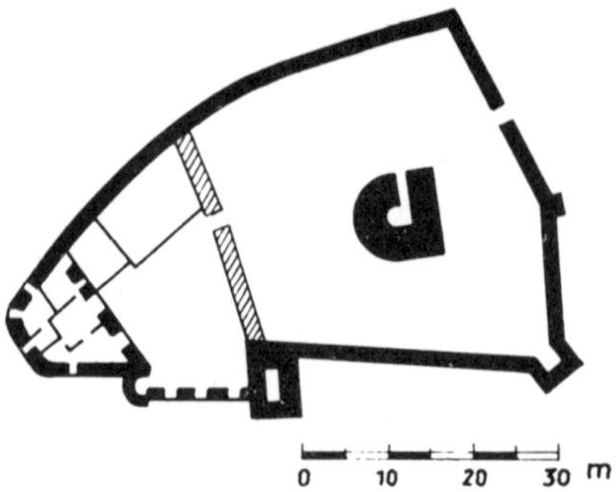

Burg Cleeberg – Skizze.

Auch auf Burg Cleeberg schließen die Außenmauern der Wohngebäude den Burgring wie ursprünglich auf Gleiberg. Der Bergfried steht auf der Angriffsseite für sich allein, anfangs unterstützt durch eine hohe Schildmauer. Das Tor wurde einst durch einen jetzt verschwundenen Turm flankiert. Bemerkenswert ist, daß auch das „Tal" Cleeberg, also das Dorf, durch eine Mauer mit Türmen und Toren umwehrt war. Die Burg mag einmal Grafensitz gewesen sein, da sich Glieder des Hauses Peilstein-Mörlen nach ihr „Grafen von Cleeberg" nennen. Aber als sie dann in Gemeinschaftsbesitz vieler Ganerben kam, diente sie nur noch deren Burgmannen und Amtleuten als Wohnung.

Hermannstein

Hermannstein fällt durch eine seltene Bauweise auf. Landgraf Hermann der Gelehrte von Hessen hat die Burg auf Solmser Gebiet in den siebziger Jahren des 14. Jahrhunderts über dem damals ausgehenden Dorf † Mühlenheim errichten lassen, weil die Gefahr drohte, daß sich Graf Johann Springinsleben von Solms zum Herren von Wetzlar machen würde. Thile von Frankenberg, der Baumeister an der Turmfront des Wetzlarer Domes, hat auch am Bau von Hermannstein mitgewirkt.

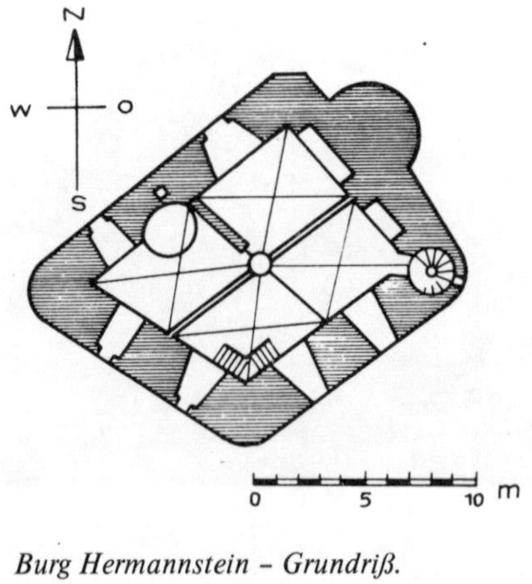

Burg Hermannstein – Grundriß.

Die Burg bestand anfangs lediglich aus einem geräumigen Wohnturm, der als etwas verschobenes Viereck auf einem nach drei Seiten schroff abfallenden Felsen Platz fand. Seine an sich schon durchschnittlich 2,5 Meter dicken Mauern sind nach der Bergseite hin noch durch eine Vorlage verstärkt, die von außen wie ein Halbturm aussieht, tatsächlich aber nur massives Mauerwerk ist. Der Turm enthält zwei hohe, mit Kreuzgewölben überdeckte Räume, deren jeder durch eine Holzbalkenlage in zwei Stockwerke geteilt war. Das oberste Gewölbe bildet die Wehrplatte, jedoch liegt der Wehrgang noch 3,20 Meter höher. Der Treppenturm steht, nach außen nicht erkennbar, in der Ostecke. Über dem Eingang auf der Südostseite springt ein Gußerker vor, eine sogenannte „Pechnase", von der aus die Angreifer und ihr Rammgerät mit siedendem Pech begossen werden konnten. Zwei Kamine, deren Schornsteine den Wehrgang überragen, boten die Möglichkeit zur Einrichtung einer Küche und heizbarer Räume. So ist also diese Turmanlage - im Gegensatz zu einem Bergfried - Wohnbau und Wehrbau zugleich; er konnte eine hinreichend starke Besatzung aufnehmen. Erst im 15. Jahrhundert wurden unterhalb der Feste noch Wohngebäude und ein Wirtschaftshof errichtet.

Burg Hermannstein.

Nach dem Friedensschluß mit Solms verlor der Hermannstein für die Landgrafen an Wert. Anfangs hielten sie dort noch Amtleute, dann verpfändeten sie den Besitz und gaben die Burg schließlich 1481 an die Herren Schenck zu Schweinsberg. Nach langen Auseinandersetzungen mit den Grafen von Solms wurde das Verhältnis so geregelt, daß die Schencken den Besitz halb von den Landgrafen, halb von Solms zu Lehen nahmen, Solms selbst aber als von Hessen belehnt galt. Durch die Teilung von 1629 fiel Hermannstein an Hessen, Niedergirmes aber blieb solmsisch, und so ist es zu der seltsamen Grenzführung gekommen, die unsere Karte zeigt und die bis 1932 die Kreise Wetzlar und Biedenkopf getrennt hat.

Die Reichsburg Kalsmunt

Von der Reichsburg Kalsmunt muß etwas ausführlicher gesprochen werden, weil sich allzuviele irrige Vorstellungen an sie knüpfen. Sie ist von Friedrich Barbarossa errichtet worden als Glied in einer Kette von Reichsburgen, die der Krone ihren Besitz sichern und als Stützpunkte im Kriegsfalle dienen sollten. Die eigenartige, vom Landesüblichen abweichende Bauart des Turmes zeigt, daß ihn ein anspruchsvoller Baumeister vom Hofe entworfen hat, der auf weiten Fahrten viel gesehen und Erfahrungen gesammelt hatte.

Seit Urzeiten tritt hier an der äußersten Spitze des Bergrückens zwischen Einhäuser- und Wetzbach ein Basaltschlot zutage, der von einem vulkanischen Ausbruch herrührt und mit seinem harten Gestein der Verwitterung und Verflachung widerstanden hat. So konnte dort zunächst auch kein Baumwuchs aufkommen. Es war ein „kahler Berg". Denn das wird der rätselhafte Name bedeuten, der vermutlich noch aus der Keltenzeit stammt. Er ist weder römisch noch deutsch, und wenn er auch - wie K. Glöckner meint - dasselbe bedeuten sollte wie der häufige französische Ortsname „Chaumont" (Kahlenberg), so wird ihm doch schwerlich von Barbarossa ein französischer Name zuteil geworden sein, mochte auch französisches Vorbild damals auf das Rittertum und die ritterliche Dichtung noch so stark eingewirkt haben. Im Volk hat man jedenfalls den Namen „Calsmund", wie er urkundlich zuerst auftritt, nicht verstanden, hat ihn auch nicht in Verbindung gebracht mit dem altdeutschen Wort „-munt", das in „Vormund" noch fortlebt und „Schutz" bedeutet. Sondern seit dem 15. Jahrhundert spricht und schreibt man „Calsmit, Kahlschmidt" und machte daraus sogar „Kaltschmidt", so daß man glauben könnte, es stecke darin noch eine Erinnerung an die alte Münzstätte und an die prägenden Schmiede. Sprachlich ganz unmöglich sind Herleitungen von „Carolusmons" (Chelius), weil Karl der Große die Burg habe erbauen lassen, oder „celsus mons" = „der erhabene Berg" (C. Metz).

Aber die vom Landesüblichen abweichende Bauweise des Turmes hat eben immer wieder dazu gereizt, ihn nicht für mittelalterlich, sondern für römisch zu halten. Dabei entspricht der Turm im Stil durchaus anderen Hohenstaufenbauten; man muß sich nur darüber klar werden, daß eine Reichsburg keine Burg ist, wie sie kleine Herren mit heimischen Bauleuten aus den nächstbesten Steinbrüchen errichten, sondern daß der Kaiserbau auch schon beim bloßen Anblick etwas von Hoheit und Würde des Kaiserturms ausstrahlen soll. Und das tat sicherlich unser Kalsmuntturm - ehe er Ruine war wie jetzt.

Er ist hart an den Steilabfall des Gipfels so über Eck gesetzt, daß nach der Angriffsseite hin die Verteidiger auf der Plattform mit der Südost- und Südwestseite zum Schuß kommen. Der mächtige quadratische Klotz von 11,80 Meter Seitenlänge war bis zum Wehrgang etwa 18 Meter hoch, hat also schon immer so wuchtig und gedrungen gewirkt wie heute. Seine 3 Meter dicken Mauern ruhen über dem gewachsenen Fels auf einer Schicht von unbehauenen Blöcken und bestehen im Innern aus Gußmauerwerk, das schichtweise eingefüllt wurde, nachdem die

Außenwände sorgfältig aufgebaut waren. Diese bestehen aus heimischen Schalsteinquadern. Jeder Block der Außenwand ist etwa 30 Zentimeter hoch; sein Außenrand war 6 Zentimeter breit glattgeschlagen, während der Rest unbehauen blieb. So entstehen sogenannte Bossen oder Buckelquadern. Sie sind ohne Mörtel aneinandergefügt und waren lediglich durch bleivergossene Eisenklammern zusammengehalten. Drei Quaderhöhen bilden einen Sockel, dann springt ein halbrunder Wulst kräftig vor (36 Zentimeter) und schuf für das Auge den Eindruck wohlgegründeter Festigkeit. Die Quadern der Innenwand sind dagegen glatt und weisen noch einige alte Steinmetzzeichen auf.

Aber von den Feinheiten alter Steinmetzkunst ist heute fast nichts mehr zu sehen. Auf der Wetterseite im Südwesten fehlen die Quadern heute fast ganz, im Nordwesten zum großen Teil, und bei den letzten Wiederherstellungsarbeiten sind auch auf den anderen Seiten die bröcklig gewordenen Buckel meist entfernt worden. Wo an der Südwestseite das Gußmauerwerk nackt zutage tritt, sieht man rechts etwas über Sockelhöhe ein quadergroßes Loch. Das ist der Hohlraum, den vermoderte Balken hinterlassen haben, die ursprünglich ringsum in das Gußmauerwerk eingelagert waren. Ein uralter technischer Brauch schon aus vorrömischer Zeit, den der Baumeister hier noch angewandt hat. Man versprach sich davon größere Festigkeit, vor allem in der ersten Zeit nach dem Bau, bis das Altern die rechte Härte brächte. Hätte ein Angreifer den Mauerbrecher angesetzt, so würden seine Stöße gerade in der üblichen Höhe an den eingelagerten Balken zähen Widerstand gefunden haben.

Im Turminnern ist an den Löchern für die Bodenbalken die einstige Stockwerkeinteilung noch deutlich zu erkennen. Das unterste Geschoß war völlig lichtlos und nur durch eine Luke in der Decke zugänglich; es konnte als Vorratsraum, bei Bedarf auch als Verließ dienen. Der darüberliegende, gleichfalls etwa 3,50 Meter hohe Raum hat eine Lichtscharte, aber dann erst folgt ein etwas höherer wohnlicher Raum. Zu ihm führt an der Nordwestseite - also der dem Feinde abgekehrten Seite - der ursprüngliche Eingang. Er liegt 9 Meter über dem Burghof und war - wie üblich - anfangs nur durch eine Leiter erreichbar. Als dann aber in der Nordwestecke Wohnbauten errichtet wurden, hat man im Nachbargebäude des Turmes eine Wendeltreppe hochgeführt und dann eine Holzbrücke zum Turm hinüber errichtet, deren Balkenlöcher außen am Turm noch zu sehen sind. Der rundbogige Eingang hatte ursprünglich eine sorgfältig gezierte Einfassung. An der Nordostseite dieses Hauptraumes führt ein schmaler Gang durch die Mauer zu einer vorgekragten Abortanlage, die von einem Steinmantel umgeben war. Die Scharte an der Südostseite gibt nur Licht; für eine Schießscharte wäre sie viel zu eng und böte auch kein Schußfeld. Alle Öffnungen, auch Tür und Abortzugang, liegen mit ihrer Schwelle höher als der Fußboden, damit die Insassen etwas geschützt sind, wenn unglücklicherweise Geschosse oder Splitter der Verrammlung hereinfliegen sollten. Was den Hauptraum erst wirklich bewohnbar machte, war eine Kaminanlage. Zwei ehemals kunstvoll gestaltete Seitenpfosten der Feuerstätte enden in Höhe des umlaufenden Sockels und trugen die Konsolen, auf denen der Steinmantel des Rauchabzuges ruhte. Der Kamin war nur schwach in die Mauer eingetieft und endete daher auf der obersten Plattform so, daß er die freie Bewegung auf dem Wehrgang nicht hinderte.

Über dem Wohnraum folgte noch ein Raum ohne Lichtscharte. Er war vermutlich eingewölbt und ließ nur eine Ausstiegluke zur Plattform frei. Ringsum lief dort eine Brüstung mit Schießscharten. Vielleicht hat der Turm in der Mitte über dem Gewölbe einen steinernen Helm oder gar noch eine Wachthütte gehabt, vielleicht hat auch ein übergreifendes Dach noch den Wehrgang einbezogen. Leider läßt sich darüber Gewißheit nicht gewinnen, da wir kein Bild aus der Zeit vor dem Verfall der Burg besitzen. Wir würden auch aus den heutigen kärglichen Resten keine rechte Vorstellung von der übrigen Burganlage gewinnen können, wenn nicht ein Plan aus dem Jahre 1609 erhalten wäre, der 1910 durch Grabungen ergänzt werden konnte (vgl. Skizze).

Selbstverständlich bot der Turm mit Innenräumen von 5 zu 5 Meter Größe keine ständige Wohnmöglichkeit, allenfalls nur eine Wachstube, und war im übrigen - wie jeder Bergfried - nur als letzte Zuflucht und Auslug mit weiter Fernsicht gedacht. Als Reichsburg war der Kalsmunt ursprünglich nicht Sitz nur einer Ritterfamilie, sondern mehrere Reichsdienstmannen hatten Burglehen erhalten und waren zur Burghut verpflichtet. Nicht alle haben sich auf der Burg niedergelassen, und manche begnügten sich in friedlichen Zeiten damit, nur einen Knecht oder einen waffenfähigen Verwandten zu entsenden. Aber es ging wie mit allen Lehen: sie wurden erblich, und das Lehnsgut wurde als Besitz betrachtet. So nannten sich die Burgmannen schließlich „Ganerben" der Burg, also Erben eines Gemeinschaftsbesitzes, haben aber dennoch den Raum der Burg unter sich geteilt, wohl um Streitigkeiten zu verhüten. Nur von einer Familie allerdings wissen wir, daß sie ständig auf der Burg wohnte und sich auch nach ihr benannte. Es ist ein Zweig derer von Linden, die sich dann „von Kalsmunt" nennen. Ihnen gehörten die Wohngebäude, Keller und Stallungen an der Nordwestecke. Dort am Steilabfall schließen die Außenmauern der Gebäude den Burgring, und er ist so geschickt im Winkel geführt und durch Ecktürmchen verstärkt,

---

Bild rechte Seite: Schloß Braunfels.

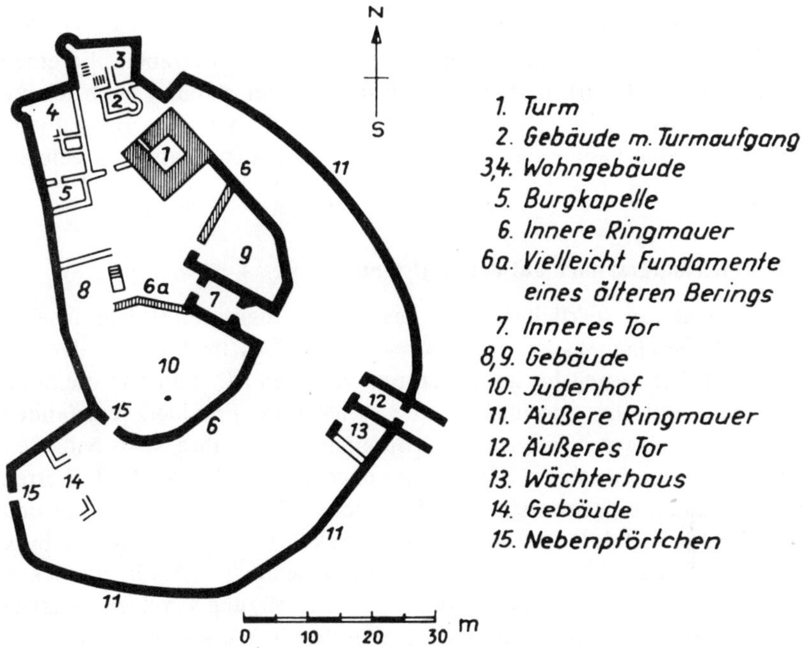

Reichsburg Kalsmunt - Skizze.

daß ein Angreifer sehr wirksam von den Flanken her beschossen werden konnte. An diese Baulichkeiten lehnt sich eine Kapelle an, die 1269 erstmals erwähnt wird. Sie war der Wetzlarer Stadtpfarre inkorporiert, und der Burgkaplan durfte daher nicht alle priesterlichen Amtshandlungen vornehmen.

An der Ostecke des Turmes beginnt die Ringmauer des innersten Burgbezirks und umfaßt nur die kleine Fläche der höchsten Erhebung. Von dem Tor stehen heute noch Reste. Vielleicht war der Ring ursprünglich noch enger und schloß sich schon an die Innenpforte des Tores statt - wie späterhin - an die Außenpforte an. In diesem inneren Burgring standen an mindestens zwei Stellen Wohn- oder Wirtschaftsgebäude, die anderen Burgmannen gehörten.

Die gefährdetste Seite der Burg nach Süd und Südosten hin, wo der Höhenunterschied gegenüber dem Kalsmuntrücken nur etwa 20 Meter beträgt, war noch durch eine Zwingermauer verstärkt. Sie beginnt an den Gebäuden der Nordecke und verläuft einige Meter tiefer. Ihr Tor mit einem angebauten Wächterhaus lag in gleicher Richtung wie das Innen-

---

Bild linke Seite: Burgruine Greifenstein.

tor. Ein Burggraben zog vor dieser äußersten Mauer her. Wir hören aber auch noch von einer Hege, wohl mit Wallhecke und Graben, die einen noch weiteren Bezirk umfaßte. Auch im Zwinger standen noch leichte Gebäude, und in der Nähe muß auch das Gehöft der Herren von Crüftel gelegen haben, das 1385 (1395) als „bei" dem Kalsmunt gelegen bezeichnet wird.

Die Reichsburgmannen auf dem Kalsmunt

Die heutigen spärlichen Reste lassen von dieser einstmals ansehnlichen Burganlage kaum noch etwas ahnen. Das liegt daran, daß die Burg früh bedeutungslos geworden und verfallen ist. Während die Stadt Friedberg erst im Anschluß an die Reichsburg Friedberg entstanden ist und die Bürger ständig mit den Burgmannen um ihre Selbständigkeit ringen mußten, bis sich die Burg dann doch praktisch zum Landesherren über die Stadt aufschwang, hat sich zwischen Reichsburg Kalsmunt und Reichsstadt Wetzlar die Entwicklung umgekehrt vollzogen. Als die Burg entstand, hatte sich der Marktort Wetzlar schon zur Stadt entwickelt und konnte sich bereits durch eine eigene Befestigung schützen. Solange die Reichsburgmannen auf Kalsmunt wirklich Werkzeuge des kaiserlichen Willens waren, mochten sie für die Stadt eine wertvolle Unterstützung bedeuten. Auf die inneren Verhältnisse, auf Verwaltung und Gericht, haben sie keinen Einfluß ausgeübt. Und die Stadt hat so schnell Selbständigkeit und Macht errungen, daß auch späterhin ein Versuch der Burgmannen, sich in die Dinge der Stadt einzumischen, aussichtslos gewesen wäre. Als beim Auftreten Tile Kolups eine Reichsburg sich zweifellos ohne Zögern gegen den falschen Kaiser hätte wenden müssen, da schließt die Burg Kalsmunt statt dessen - einen Neutralitätsvertrag. Das Bild ist also ganz anders, als es sich leider in der Wetzlarer Volksmeinung festgesetzt hat: auf Kalsmunt hat kein grausamer Vogt nach Geßlers Art seine Zuchtrute über die arme Stadt geschwungen. Es ist fraglich, ob überhaupt die Merenberger als erste Inhaber der Reichsvogtei auch von Anfang an ein Burglehen auf Kalsmunt hatten. Urkundlich kennen wir erst eine solche Belehnung aus dem Jahre 1292 an Gottfried von Merenberg. Aber lange vorher schon hatten die Merenberger mit dem Untervogtamt auch Ritter belehnt, die Burgmannen auf Kalsmunt waren. Wir wollen die sehr verwickelte und noch nicht lückenlos aufgeklärte Geschichte der Burglehen hier nicht ausführlich darstellen. Sollte eine Reichsburg ihren Zweck erfüllen, dann durfte sie nicht - wie so viele Lehen - nach kurzer Zeit von einem Landesherren für eigensüchtige Absichten mißbraucht werden können. Deshalb wurden von vornherein mehrere Burglehen geschaffen, die kein Übergewicht nur eines Burgmannen aufkommen ließen. Auf Kalsmunt hat sich auch nie ein Burggraf zum Führer der Burgmannschaft aufgeschwungen und dann eigene Politik getrieben wie in Friedberg. Diese bei Gründung der Burg geschaffenen Lehen waren mit mancherlei Grundbesitz auf dem Kalsmuntberg und in der näheren Umgebung ausgestattet. Dazu gehörte wohl auch gleich anfangs das „Dalheimer Holz", ein Waldbezirk vom Einhäuserbach am Berghang nach Steindorf zu (später „Weinberg" genannt), ferner die Tränkfurt über die Lahn an der „Eisernen Hand" und eine Reihe von Abgaben aus bäuerlichem Besitz. Nachweisbar unmittelbare Reichsburglehen hatten die Herren von Münzenberg und als ihre Erben die Falkensteiner, die hinzu noch Pfandschaftsrechte vom Reich erworben haben; ferner die Herren von Garbenheim, deren Erben nach ihrem Aussterben um 1400 die von Rodenhausen wurden, und schließlich die Herren von Linden-Kalsmunt, deren Erbe in der zweiten Hälfte des 14. Jahrhunderts an die von Buseck fiel.

Wenn nun in den Urkunden bei der Aufzählung von Burgmannen andere und weit mehr als drei Namen genannt werden, so ist zu bedenken, daß mitunter gleichzeitig allein drei Glieder des Hauses von Garbenheim und zwei bis drei der Familie von Kalsmunt vorkommen, daß aber Münzenberg-Falkenstein nie selbst die Burghut versah, sondern sich durch Lehnsmannen wie die Herren von Crüftel, Halber von Cleeberg u. a. vertreten ließ. Es ist natürlich möglich, daß es alsbald mehr als drei Reichslehen gab, vielleicht für die früh genannten Milchling und Lesche, aber urkundlich kennen wir neue Belehnungen erst wieder aus der Zeit Rudolfs von Habsburg, der ja in manchem wieder an die Politik Friedrich Barbarossas anknüpfte und namentlich auf die Reichsburgen wieder Wert legte. Er gab Reichsburglehen an die Herren von Runkel (1277), Nassau (1286), Limburg (1287) und Merenberg (1292). Aber es ist eine neue Art von Lehen. Sie sind nicht auf Grundbesitz gegründet, sondern enthalten Anweisungen auf Geldeinkünfte, und zwar Beträge von zehn bis dreißig Mark aus den Steuern der Juden zu Frankfurt, Limburg und Wetzlar. Die neu aufgenommenen Burgmannen wurden verpflichtet, die Burg von den Einkünften in baulichem Stand zu erhalten. Man darf annehmen, daß ein Teil der Burganlage zur Zeit Rudolfs von Habsburg erst entstanden ist. Aber von den neuen, hier genannten Burgleheninhabern hat keiner jemals selbst Burghut gehalten, sondern sie haben ihren Anteil weiterverlehnt und zwar überwiegend an die alten, bereits auf oder bei der Burg ansässigen Burgmannen. Und nur diese kommen in Urkunden als Burgmannen vor und siegeln zuweilen mit dem gemeinsamen Siegel, das einen Wolf mit drohend aufgerissenem Rachen zeigt.

Nachweisbar sind also im ganzen sieben Burgmannslehen, und sie haben den Weg aller Lehen genommen: sie wurden vererbt und dabei teilweise zusammengelegt, teils aber auch zersplittert, und sie wurden verpfändet oder verkauft. Es gab bald keine Könige mehr, die versucht hätten, mit Hilfe von Reichsburgen ihrem Willen Geltung zu verschaffen, und die Eifersucht der Burgleheninhaber sorgte dafür, daß auch keiner von ihnen die Burg für eigensüchtige Zwecke mißbrauchte. Die Reichsstadt aber hat ihre Befestigung gerade gegenüber dem Kalsmunt so ausgebaut, daß offensichtlich wird, wie wenig sie etwa Schutz von der Reichsburg erwartete und wie sehr sie auf der Hut war, falls sich dort jemand festsetzen würde. Diese Befürchtung wurde berechtigt, als die Grafen von Solms zwei Fünftel des Erbes der Falkensteiner errangen. Schon vor dem Tode des letzten Herren von Falkenstein fanden sie Einlaß auf der Burg, aber sofort waren die Grafen von Nassau-Weilburg zur Stelle und verhinderten Übergriffe. Im Teilungsvertrag der fünf Falkensteinischen Erben von 1420 wurde vereinbart, die Rechte auf Kalsmunt durch Gilbert von Buseck wahrnehmen zu lassen, der als Erbe der Herren von Kalsmunt in den Gebäuden an der Nordecke der Burg wohnte. Immer wieder versuchten die Grafen von Solms, aus ihrem Erbe von zwei Fünftel des Falkensteiner Anteils mehr Rechte herzuleiten, als darin enthalten waren, aber das veranlaßte nur die Grafen von Nassau, durch Kauf alle sonst noch gültigen Besitzansprüche an sich zu bringen. 1463 erwarben sie das Reichslehen der Buseck und überließen ihnen nur noch zu Lehen den Teil der Innenburg südlich der Kapelle. Bei dieser Gelegenheit erfahren wir zum erstenmal etwas über die Baulichkeiten auf Kalsmunt und können daraus entnehmen, daß man eine Hofmauer zwischen dem Turm und der Kapelle errichtet hatte, die das Anwesen der Herren von Kalsmunt-Buseck abgrenzte. Infolgedessen entstand der irrige Glaube, das sei ein alter Zustand und diese Hofmauer sei die Wehrmauer der innersten Burg. In Wirklichkeit wäre eine solche Trennung in der Zeit, als die Burg noch als Befestigung Bedeutung hatte, nie geduldet worden, weil bei einer derartigen Abtrennung von Eigenbesitz auch sofort die Verlockung gekommen wäre, nur an die Wahrung dieses Besitzes Kraft und Mittel zu wenden, die übrigen aber im Stich zu lassen. Als aber dann tatsächlich nur die Herren von Kalsmunt-Buseck ständig auf der Burg blieben, ging die Erhaltung aller Anlagen natürlich über ihre Kräfte; sie haben sich eingeschränkt und zu ihrer Sicherung noch diese Hofmauer eingeschaltet.

Nassau erwarb ferner noch im Jahre 1463 einen kleinen Anteil von Walter von Reifenberg, danach drei Fünftel aus der Falkensteinischen Erbschaft und schließlich noch im Jahre 1477 „ein Viertel von einem dritten Teile" aus der Hand des Johann Vogt von Treysa. Schon 1464 hatte Graf Philipp von Nassau die Stadt Wetzlar für die Hälfte der Burg als Mitbesitzerin angenommen und vereinbart, daß man gemeinsam auf der Burg Turmhüter und Wächter halten und sie instandhalten wolle. Tatsächlich haben auch noch bis kurz nach 1500 nassauische Amtleute auf der Burg gewohnt. Inzwischen hatte Nassau noch die letzten zwei Fünftel von Solms erworben, und auf Umwegen kam Wetzlar in den Besitz des ehemaligen Lehens der Herren von Garbenheim. Das hatten deren Erben, die Herren von Rodenhausen, 1479 dem Stift verkauft, und von diesem erwarb das Wetzlarer Spital u. a. im Jahre 1493 auch den Burgsitz. Seit diesen Erwerbungen wurde jedesmal bei einem Thronwechsel ein Vertreter der Reichsstadt vom neuen Kaiser mit dem Burgsitz auf Kalsmunt belehnt.

Selbstverständlich war unter diesen Umständen der Kalsmunt als Burg längst wertlos. Was bei all diesen Verträgen als „Burgsitz" verhandelt wird, ist nur ein Name für einen Anteil am Land- und Waldbesitz und sonstigen Einkünften. Schon im 15. Jahrhundert hatte man von den früheren Zuständen keine klare Vorstellung mehr, hat in Prozessen auch wohl manches absichtlich verdunkelt. Die Stadt Wetzlar betont zwar die Reichszugehörigkeit des Kalsmunts immer wieder, aber nicht um des Reiches willen, sondern um sich selbst als gleichfalls „Tochter des Reiches" in den Besitz der Burggüter zu bringen. Die Burganlage selbst ließ man ohne Bedenken verfallen.

Als 1536 Landgraf Philipp der Großmütige von Hessen die gesamten Rechte über Wetzlar und Kalsmunt durch Tausch von Nassau erwarb, mahnte er die Stadt, sie möge dem Verfall der Burg Einhalt tun. Tatsächlich hat auch noch vorübergehend ein hessischer Vogt auf der Burg Wohnung genommen, aber der Verfall schritt unaufhaltsam voran und wurde noch gefördert, indem Befugte und Unbefugte Holzteile und Steine wegschleppten. Das hat zu einer Klage Hessens geführt und 1609 zu einer Vermessung und Bestandsaufnahme, der wir den ältesten Grundriß verdanken. Damals sind schon die Mauern des äußeren Berings „bis auf den Grund verfallen", kein Gebäude hat mehr ein Dach, alle Holzteile sind verschwunden, und angeblich sind auch Steine wagenweise gebrochen und in die Stadt geführt worden.

Das also war das unrühmliche Ende der Reichsburg. Die Bürger haben ihr nicht nachgetrauert, und nur die hessischen Landgrafen, die gerne aus der Reichsstadt eine hessische Landstadt gemacht hätten, haben noch einmal ernsthaft erwogen, auf dem Kalsmunt ein zeitgemäßes Fort zu errichten (1740/42), aber der Plan ist an den Kosten gescheitert.

Nur der Turm hat alle Zeiten überdauert. 1836 ließ der erste Wetzlarer Geschichtsverein den ebenerdigen Eingang brechen, den Schutt aus dem untersten Geschoß entfernen und eine Treppe zur Plattform anlegen. Nun bietet der Turm wieder, wie seit jeher, die herrliche Rundsicht über Stadt und Land.

8. Die Wetzlarer Stadtbefestigung

Die Ringmauer

Schon 1180, als Friedrich Barbarossas Privileg die Grundbesitzverhältnisse klärte, war die Stadt über den Domhügel hinausgewachsen, und die Bürger mußten daran denken, einen neuen, weiteren Bering anzulegen. Vielleicht haben sie zunächst nur den hochgelegenen Teil einbezogen, indem sie unterhalb des Kornmarkts von der ersten Umfassung abzweigten und zunächst dem Rand des Höhenzuges - etwa entlang der Engelsgasse - nach Süden folgten, entsprechend also dem Knick der Sandgasse, die selbst unterhalb des Hanges liegt. Denn auf der Ostseite der Stadt - nach der Spilburg hin - bietet nun einmal die Natur keinen Schutz, und so wäre es verständlich, wenn man gerade dort mit dem neuen Mauerbau begonnen hätte. Daß gerade das Obertor 1267 als erstes erwähnt wird (Silhöfertor 1271, Widelnbachertor 1284, Hausertor 1304), soll nicht als Beweis für diese Annahme angeführt werden; denn diese Erwähnungsjahre sind reiner Zufall und liegen alle später als das Erbauungsjahr.

Jedenfalls war aber der Schutz der Unterstadt nach dem Wetzbach und der Lahn zu ebenso dringlich, weil so wichtige Handwerke wie Wollenweber, Färber, Gerber und Brauer auf die Nähe fließenden Wassers angewiesen waren. So wird also schon in der ersten Hälfte des 13. Jahrhunderts der Verlauf der endgültigen Stadtmauer festgelegt und ihr Bau größtenteils auch vollendet worden sein. Ein erstaunliches Werk, wenn man sich vorstellt, was opferbereiter Bürgersinn da leisten mußte! Die Wetzlarer Ringmauer war etwa 1,7 Kilometer lang, durchschnittlich 1,50 bis 2 Meter dick und hatte eine Höhe bis zu 10 Meter. Hätte nicht der heimische Boden das Gestein geliefert und in nächster Nähe auch den Kalk für den Mörtel, hätte nicht die Bürgerschaft selbst Hand angelegt und Fuhren geleistet, so wären die Kosten kaum erschwinglich gewesen, und man hätte sich mit Wall, Graben und Pfahlwerk behelfen müssen. Andrerseits war ohne Schutz kein Gedeihen möglich. Wenn das auch alle einsahen, so spielte - wie bei allem Bauen - außer der Notwendigkeit und Zweckmäßigkeit auch etwas Stolz und Geltungsbedürfnis mit: der Bau soll auf andere Eindruck machen und Zeuge sein für den Wohlstand und die Leistungskraft der Erbauer. Und gerade bei Befestigungen war es ja sehr erwünscht, wenn dem Angreifer schon angesichts der mächtigen Mauern und Türme Lust und Mut zum Angriff vergingen.

Wir wollen es daher den alten Wetzlarern nicht als Großmannssucht auslegen, wenn sie den Ring um die Altstadt etwas weiter gefaßt haben,

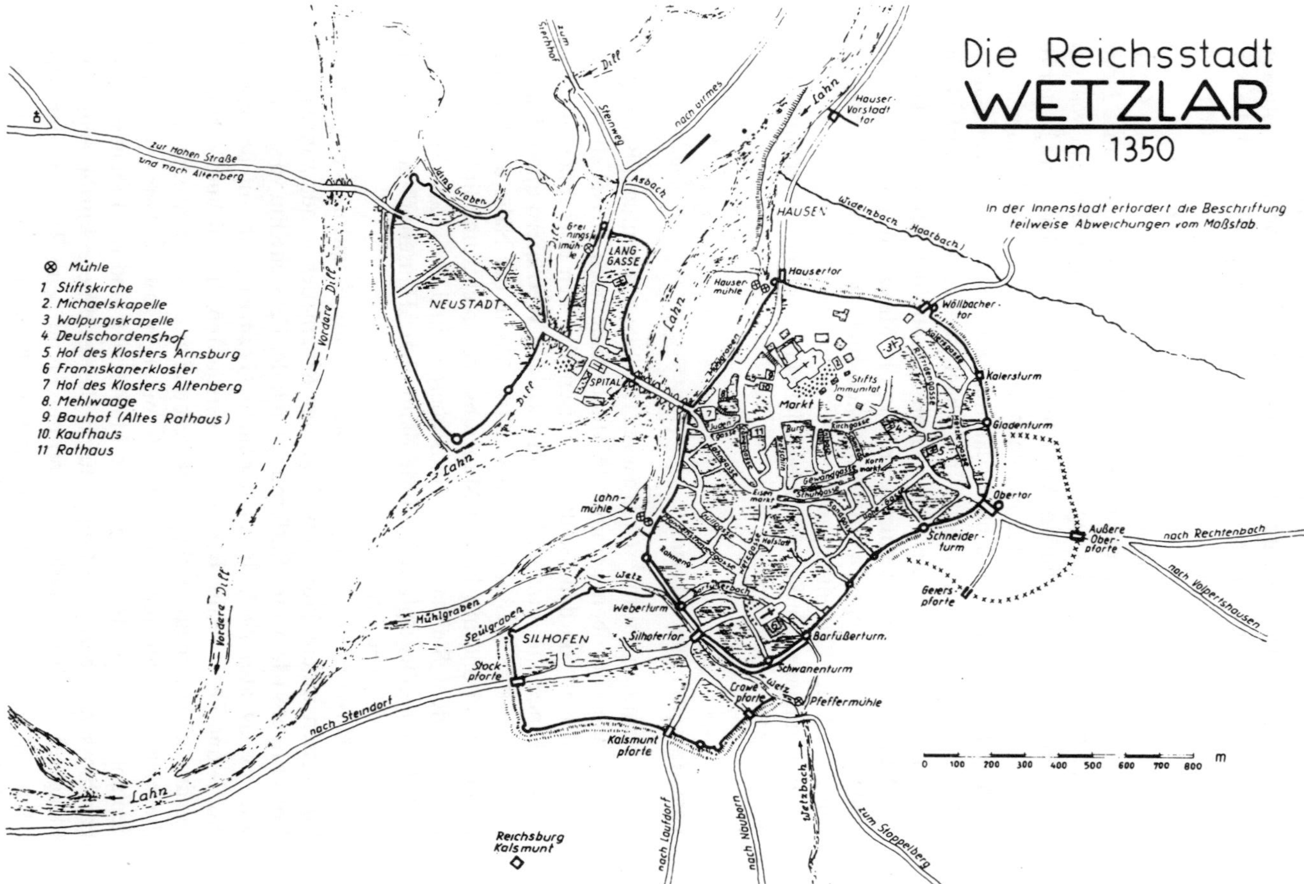
Die Reichsstadt
WETZLAR
um 1350
In der Innenstadt erfordert die Beschriftung teilweise Abweichungen vom Maßstab.
⊗ Mühle
1 Stiftskirche
2 Michaelskapelle
3 Walpurgiskapelle
4 Deutschordenshof
5 Hof des Klosters Arnsburg
6 Franziskanerkloster
7 Hof des Klosters Altenberg
8 Mehlwaage
9 Bauhof (Altes Rathaus)
10 Kaufhaus
11 Rathaus
zur Hohen Straße und nach Altenberg
zum Stechhof
Steinweg
Dill
nach Dirmes
Asbach
Lahn
Hauser Vorstadt tor
HAUSEN
Wideinbach
Haarbach
Jding Graben
Greiningsmühle
LANG GASSE
NEUSTADT
SPITAL
Hausermühle
Hausertor
Wöllbacher tor
Kalersturm
Gladenturm
Obertor
Äußere Oberpforte
nach Rechtenbach
nach Volpertshausen
Schneiderturm
Gelerspforte
Stifts Immunität
Markt
Kornmarkt
Gewandgasse
Eisenmarkt
Schuhgasse
Lahnmühle
Rahmeng
Wetz
Weberturm
Silhofertor
Barfüßerturn.
Schwanenturm
Crawe pforte
Pfeffermühle
Mühlgraben
Seulgraben
SILHOFEN
Stockpforte
Kalsmunt pforte
Vordere Dill
nach Steindorf
Reichsburg Kalsmunt
nach Laufdorf
nach Naunborn
Wetzbach
zum Stoppelberg
0 100 200 300 400 500 600 700 800 m

als nachher in dichter Besiedlung ausgefüllt wurde. Es konnte niemand alles genau voraussehen, und tatsächlich wurden ja vor der Stadtmauer noch Erweiterungen notwendig, tatsächlich entstanden ja noch die Vorstädte der Langgasse und Neustadt zwischen der Lahn und den zwei Dillarmen, ferner die ehemals volkreiche Vorstadt Silhofen zu Füßen des Kalsmunts und sogar noch kleinere Wohnviertel vor dem Ober-, Hauser- und Widelnbachertor. In der Altstadt selbst ist der ganze Nordteil nur dünn bebaut; das lag daran, daß das Gelände Stiftsgut war und nach geistlicher Regel nur in Ausnahmefällen veräußert werden durfte. Und wenn im Südostviertel zwischen Obertor und Franziskanerkloster noch viel Platz für Gärten blieb, dann erklärt sich das zum Teil daraus, daß dies Viertel nicht geschäftsgünstig liegt, aber auch für Gewerbe keine besonderen Vorteile bietet; andererseits waren auch geschützte Gärten von Nutzen. Und nicht zuletzt muß ja die Mauerführung auf das Gelände Rücksicht nehmen und kann sich nicht nur dem Bedürfnis im Augenblick der Bauzeit anpassen.

Ein Rundgang um die mittelalterliche Mauer soll uns noch mit Einzelheiten vertraut machen.

Vom Hausertor zum Obertor

Wir beginnen am inneren Hausertor, das am heutigen Bebel-Platz lag, wo die von oben kommende Stadtmauer noch zu sehen ist. Den Namen hat es von dem Stadtteil Hausen, der sich teils innerhalb, teils vor der Ringmauer hinzog. Bekannter ist den Wetzlarern unter dem Namen „Hausertor" das äußere Vorstadttor, das in der Nähe der Eisernen Brücke stand und mit kurzen Maueransätzen rechts und links die Enge zwischen dem Steilhang des Hauserberges und der Lahn sperrte. Es hieß früher „Ziegelpforte", wurde dann aber „Hausertor" genannt und ist erst 1935 abgebrochen worden.

Das Hausertor der Altstadt war – wie fast alle Haupttore – ein Doppeltor, dessen innere Pforte im Zuge der Ringmauer stand, während ein Vortor in etwa 15 Meter Entfernung nach der Feldseite hin vorgeschoben war; es lag also noch vor den beiden Gräben, die auf der ganzen Nord- und Ostseite die Befestigung verstärkten. Innen- und Vortor waren durch Mauern mit Wehrgängen verbunden. So entstand eine Schleuse, die sich für mancherlei Zwecke als nützlich erwies. War ein Ausfall geplant, so sammelte sich hier die Mannschaft und das Innentor wurde geschlossen, wenn der Trupp durch das geöffnete Vortor gegen die Belagerer anstürmte. Drängte dann der Feind beim Rückzug der Ausfallmannschaft scharf nach, so konnte es ihm gelingen, mit den Städtern in die Schleuse einzudringen. Aber den Einbruch in die Stadt verwehrte

Äußeres Hausertor (früher Ziegelpforte).

immer noch das Innentor, und die Verteidiger auf den Schleusenmauern konnten den Eingedrungenen in dem engen Kessel so zusetzen, daß sie froh sein mußten, wenn sie sich retten konnten, ehe das Vortor gleichfalls geschlossen war. Aber auch in friedlichen Zeiten erleichterte ein Doppeltor den Zöllnern ihre Arbeit, wenn der Andrang stark war und mehrere Frachtwagen abgefertigt werden mußten; in der engen Schleuse gab es keine Möglichkeit, etwas vor gestrenger Prüfung zu verheimlichen. Im Laufe der Zeit hat die Stadt erlaubt, daß kleine Häuser „zwischen den Pforten", d. h. zwischen Innen- und Vortor angebaut wurden, weil für gewöhnlich schon die vorgeschobenen Tore der Vorstädte ausreichten und im schlimmsten Falle leichte Fachwerkbauten rasch beseitigt werden konnten, wenn die Not es zu besserer Verteidigung verlangte. Nach der Hausermühle zu deckte der Hausermühlenturm die Flanke. Ein besonderes kleines Pförtchen führte zur Mühle, die also – wie alle Mühlen – außerhalb der Ringmauer lag. Damit wurde zugleich auf einfache Weise erreicht, daß sich niemand der Entrichtung der Mahlsteuer entziehen konnte, weil die Stadt nur durch einen überwachten Einlaß wieder erreichbar war.

Vom Hausertor zog sich die Ringmauer mit den Doppelgräben hinauf zum Widelnbacher- oder Wöllbachertor. Das stand da, wo die Wöllbachertorstraße von der Goethestraße abzweigt. Den Namen hat es vom „Widelnbach", dem Weidenbach, der dann Haarbach genannt wurde, weil man dort das „Haar", gemeint ist der Flachs, gewässert und durch Gärung von den anhaftenden harten Hülsenresten befreit hat. Handelsverkehr ging wohl weniger durch dieses Tor, aber es führte zur Feldflur und namentlich zu den besten Weinlagen am Hauserberg, Vogelsang und Rasselkopf; auch der Widelnbacher Quell, der heutige Goethebrunnen, wurde schon im Mittelalter benutzt. Das Wöllbachertor war gleichfalls ein Doppeltor und wurde an der Ostseite des Vortors von einem Turm flankiert. Das widerspricht eigentlich der gewöhnlichen Lage solcher Türme; denn sie sollten ermöglichen, daß man den Feind von rechts treffen kann, weil er links den Schild trug. Aber am Wöllbachertor muß wohl die Geländeform den Anlaß gegeben haben, hier auch die Ringmauer, die weiterhin zum Obertor führt, nicht am Innentor, sondern am Turm des Vortors ansetzen zu lassen. Sie zog dann ungefähr an der Stadtseite der heutigen Großen Promenade weiter und war nun durch Türme besonders verstärkt. Da stand am Knick der heutigen Kalergasse der Kalersturm, so benannt nach einem Metzger Heinrich Kaler (um 1280). Welche Umstände dahin geführt haben, daß dessen Name auf diese Weise verewigt worden ist, wissen wir nicht; wohl aber gibt es in Wetzlar, wie an anderen Orten viele Beispiele dafür, daß Türme und Tore - mitunter nur eine begrenzte Zeit lang - nach Personen benannt werden, die sonst in der Stadtgeschichte keine besondere Rolle spielen. Der Kalersturm wird auch als „Viereckiger Turm" erwähnt und 1599 erstmals als „Pestilenzturm". Vielleicht hat man dort ansteckungsverdächtige Personen vorübergehend vom Verkehr mit anderen abgesperrt. Die viereckige Form galt bei Mauertürmen bald als veraltet, da an runden Türmen die Geschosse leichter abgleiten. Vielleicht heißt deshalb der nächste Turm, der in der Gegend des „Brunnengäßchens" stand und rund war, der Gladenturm, d. h. der glatte Turm. Das „n" in dem Namen kommt, wie so häufig bei derartigen Namen, vom Wemfall her, dessen Endung sich festsetzt, weil solche Bezeichnungen überwiegend mit Verhältniswörtern wie „am, bei, zu" mit dem Wemfall gebraucht werden. Die Straße und die Anlagen der Großen Promenade überdecken heute die Gräben und Wälle, die einstmals an dieser besonders gefährdeten Strecke die Annäherung erschwert haben.

Vom Obertor zum Lahnmühlenturm

Das Obertor war wieder ein besonders stark ausgebautes Doppeltor, wie man auf der Stadtansicht von Merian aus dem Jahre 1646 deut-

---

Merian-Stich von 1646 (ausführliche Beschreibung im Heimatkalender 1951).

Wetzlar.

lich erkennen kann. Neben der Torschleuse stand der Obertorturm. Von hier aus, dem höchsten Punkt der mittelalterlichen Stadt, hatte man den besten Überblick; deshalb war dieser Turm auch ständig mit einer Wache besetzt, die bei Feuersgefahr durch Hornrufe Alarm gab. Erst als der Domturm hoch genug, aber noch im Bau war (1475), ist die Brandwache dorthin verlegt worden. Zugleich enthielt dieser Turm in seinem fensterlosen Untergeschoß das Verließ für Gefangene, die nicht Bürger waren. Wurden dagegen Bürger verhaftet, so hatten sie das Vorrecht, im Obergeschoß eines Torturms, also über der Durchfahrt, verwahrt zu werden, bis ihnen ihr Recht zuteil ward; Gefangenschaft als eine auf Jahr und Tag zugemessene Strafe kannte man im Mittelalter nicht und brauchte deshalb keine vielräumigen Gefängnisse.

Das Stück der Ringmauer vom Obertor bis zum Säuturm ist heute noch am besten erhalten und sichtbar. Von der Turmstraße aus erkennen wir, daß die Mauer aus Ersparnisgründen kein durchgehendes Fundament hat, sondern auf einzelnen Erdpfeilern ruht, über die Flachbogen gespannt sind; erst diese tragen die Mauer. Selbstverständlich war ehemals von außen so hoch Erde angeschüttet, daß man diese Bogen nicht sehen konnte. An der Mauer selbst sind nur die Außenflächen sorgfältig geschichtet; dann wurde der Raum dazwischen mit Steinen und Mörtel ausgegossen. Auch durch dieses Verfahren wurde der Bau verbilligt. Sehen wir uns das gleiche Mauerstück innen von der Butzbachergasse aus an, dann treten die spitzbogigen Träger des Wehrganges hervor. Denn oben an der Mauer läuft ein Wehrgang für die Verteidiger fast ohne Unterbrechung um die ganze Stadtmauer. Er war ehemals durch Holzwerk noch etwas verbreitert und hatte nach der Stadtseite hin ein Geländer, war auch größtenteils überdacht. Die Brustwehr dieses Wehrganges hat nach der Feldseite hin zahlreiche Schießscharten. Auf den Wehrgang konnte man nur über die Aufgänge in den Türmen und an den Toren gelangen. Selbst wenn Feinde die Mauer erstiegen hatten, waren sie damit noch nicht in der Stadt. Sie mußten entweder den Zugang zu den vorgesehenen Abstiegen erkämpfen oder versuchen, ihre Sturmleitern nun auf der Straßenseite zum Hinuntersteigen zu benutzen, aber währenddessen waren sie da oben auf dem Wehrgang schutzlos den Geschossen preisgegeben. So zerlegen also die Mauertürme die Ringmauer in einzelne Verteidigungsabschnitte, weil sie die Zugänge zum Wehrgang enthalten. Die Schießscharten der Türme sind oft auf den Wehrgang gerichtet, und auch in dem Teil, der nach der Feldseite hin vorspringt, sind sie so angebracht, daß man den Angreifer von der Seite her beschießen kann, solange er durch Wall und Graben aufgehalten wird oder sich müht, den schweren Mauerbrecher heranzuschaffen oder die Sturmleitern anzusetzen. Der Säuturm hieß Schneiderturm, ehe er in Verfallszeiten Schweine beherbergen mußte. Er ist als einziger von den vielen Mauertürmen erhalten geblieben und 1910 mit dem angrenzenden Stück Stadtmauer samt Wehrgang nach altem Muster erneuert worden. Leider haben Bomben diese lehrreiche Musteranlage wieder vernichtet. Ein Tor gab es allerdings ursprünglich hier nicht, höchstens ein nachträglich gebrochenes Pförtchen. Der heutige große Durchbruch mit der Turmstraße ist erst 1910 entstanden. Die Türme waren - wie hier - in der Regel nach der Stadtseite hin offen; diese Ersparnis hat die Verteidigung ja nicht beeinträchtigt.

Zum Schutz der besonders gefährdeten Ostseite war hier schon im frühen 14. Jahrhundert eine weitere Befestigungslinie aus Mauer, Wall und Graben vorgeschoben worden, in deren Bezirk auch einige Wohnbauten und die Flur „Spilburg" lagen. Der Name Spilburg ist erst in neuerer Zeit auf das Kasernengelände übertragen worden. Als Außentore dieser „Vorstadt" vor dem Obertor werden genannt: die „gebrannte Pforte". die Galgen- und die Geyerspforte. Aber schon um die Mitte des 15. Jahrhunderts waren diese Anlagen verfallen und geschleift, weil die verarmte Stadt nur noch das Notwendigste instand halten konnte.

Auf der weiteren Strecke der Stadtmauer vom Säuturm abwärts folgten in fast gleichem Abstand weitere Mauertürme. Der Stadtplan hält die Erinnerung an sie zum Teil noch fest in den schmalen Gassen, die einstmals zu solchen Türmen hinführten. Erhalten ist davon nur noch das viereckige Untergeschoß eines Turmes hinter der linken Ecke des Ludwig-Erk-Platzes. Nicht weit davon schützte der dicke Barfüßturm die Stelle, wo der Wetzbach unter der Mauer hindurch in die Stadt einfloß. Er zog in einem Kanal unter dem Chor der Franziskaner- oder Barfüßerkirche her, floß dann offen als „Barfüßerbach" über den heutigen Schillerplatz und die nach ihm benannte Gasse, um dann wieder unter der Mauer her den Weg zur Lahn zu suchen. Am heutigen Friedrich-Ebert-Platz war der Wetzbach durch ein Wehr gestaut und trieb die dort liegende Pfeffermühle. Der Mühlgraben, heute das Hauptbett des Baches, zog sich vor der Stadtmauer her und diente so als Stadtgraben.

Wo die heutige Nauborner Straße, die frühere Schwanengasse, den Mauerring schneidet, stand der Schwanenturm. Dann folgte das Silhöfertor, wiederum ein starkes Doppeltor, das zwischen seinen Pforten die Brücke über den Wetzbach barg. Weiterhin deckte der Weberturm den Ausfluß des Barfüßerbaches aus der Stadtmauer und der Lahnmühlenturm die Mühle. Auf der ganzen Strecke von hier bis zum Barfüßerturm hat man nachträglich in einer Entfernung von 5,5 bis 6,5 Meter vor der Ringmauer eine zweite niedrigere Mauer errichtet, die zum Teil hart an den Wetzbach herantritt. In dem Raum

Silhöfertor (Städt. Museum).

zwischen den beiden Mauern, dem Zwinger, überließ man in der Nähe des Weberturmes den Juden einen Winkel als Friedhof.

Die Vorstadt Silhofen und die Lahnfront

Vor dieser ganzen Mauerstrecke lag die Vorstadt Silhofen, die in der Blütezeit Wetzlars dichter besiedelt war als heute. Auch sie hatte nochmals eine Vorstadtmauer, nicht so stark (0,80 bis 1,30 Meter) und weniger hoch (etwa 5 Meter) als die Stadtmauer. Drei Tore führten nach außen; die Stockpforte stand über der Straße nach Steindorf bei dem Haus Ernst-Leitz-Straße Nr. 43 und hatte ihren Namen vom „Stockborn", einer Quelle, die entweder aus einem ausgehöhlten Baumstamm oder „Stock" hervortrat, oder nach einem in der Nähe stehenden Heiligenstock benannt ist. Die Kalsmuntpforte über dem Weg nach Laufdorf und zum Kalsmunt ist als einziges Wetzlarer Tor noch teilweise erhalten und zeigt die Bauweise, wie wir uns ähnlich alle Vorstadtpforten vorzustellen haben. Nur wo Wächterwohnungen bestanden, war die Stadtseite durch Fachwerk geschlossen, und ein Kamin schuf einen heizbaren Raum. Der Treppenaufgang führt gewöhnlich neben dem Turm zum Wehrgang und von dort aus zu einer Seitentür. Die Kalsmuntpforte heißt zeitweise auch „Dreysepforte" nach einem Wächter namens Dreyse (1428–57). Dagegen beruht die Bezeichnung als „Schogpforte" auf einem Irrtum. Ulmenstein, der erste Geschichtsschreiber der Stadt, hatte in einer schlechten Kopie einer Spitalsurkunde von 1364 das Wort „stogporte" (Stockpforte) falsch gelesen, und durch ihn kam nun für über ein Jahrhundert eine „Schogpforte" in die ortsgeschichtlichen Schriften. Das dritte Silhöfer Vorstadttor, die „Crawepforte", lag über der heutigen Schützenstraße da, wo die Solmser Straße abzweigt, und hat ihren Namen nach einem Schöffen Konrad Crawe (1288–1314); sie wird auch nach der in der Nähe liegenden Mühle häufig „Pfeffermühlenpforte" genannt. Der Verlauf der Silhöfer Vorstadtmauer ist durch C. Metz bis zu den Anschlüssen an den Wetzbach festgestellt worden. Erhalten ist noch hinter dem Parkplatz der Leitz-Werke das Fundament eines Rundtürmchens, auf dem sich der Kammerrichter Graf Fr. A. v. Virmont († 1745) ein Gartenhaus errichten ließ. Der Graben vor der Vorstadtmauer nach dem Kalsmunt zu war stellenweise in den Felsen eingehauen, während nach der Lahn zu vom Wetzbach ein nasser Graben

Kalsmuntpforte.

Gartenhaus auf den Fundamenten eines Vorstadtturmes.

abgezweigt wurde. Diesen „Spülgraben" benutzten späterhin die Färber für ihre Gewerbe.

Vom Lahnmühlen- bis zum Hausermühlenturm folgte die Ringmauer dem Lauf der Lahn und war durch den gestauten Mühlgraben gut unterstützt. Das Lahnmühlenpförtchen, das Mittelpförtchen am Ausgang der Güllgasse und das Tränkpförtchen zur Lahnstraße hin waren Durchlässe, die für den Alltagsverkehr unentbehrlich waren. Am ersten wurde das Mahlgeld erhoben, das zweite führte über Stege zu den Lahninseln und das dritte, noch heute bestehende - wie sein Name sagt - zur Tränke. Die Lahnbrücke war durch zwei Tortürme auf den letzten Pfeilern beiderseits geschützt; in einem von ihnen war gegen Ende der reichsstädtischen Zeit das Bürgergefängnis.

Ein Blick auf die Karte ist notwendig, um die Lage der Vorstädte jenseits der Lahn richtig zu beurteilen. Denn viele Wasserläufe, die ehemals den Hauptschutz dieser Vorstädte ausmachten, sind verändert oder nicht mehr vorhanden, namentlich seit dem Bau des Karl-Kellner-Rings und der neuen Lahnbrücke (1936/38).

Die Vorstädte Langgasse und Neustadt

Anfangs führten die beiden Vorstadtteile den Namen Neustadt gemeinsam, dann wurde für den Teil zwischen Lahn und „Enger Dill" die Bezeichnung Langgasse gebräuchlich. Da sie fast ganz von fließendem Wasser umgeben war, brauchte sie nur im Nordabschnitt eine Mauer, und dort stand auch das Langgässer Tor und seitlich davon ein Bergfried genannter Turm, wohl zum Schutze der Greiningsmühle. Vor der Mauer war noch einmal ein Zwinger angelegt, und ein Verbindungsgraben zwischen Lahn und Dill, der „Aisbach", machte die Langgasse vollends zur „Insel".

Eine steinerne Brücke verband die Langgasse mit der Neustadt. Sie war anfangs wohl nur durch Wall, Graben und Plankenzaun geschützt, aber schließlich hat sie doch eine Mauer in der üblichen Stärke

---

Bild rechte Seite: Die Brühlsbacher Warte, eine der beiden Wetzlarer Warten aus dem Mittelalter.

Neustädter Tor (Städt. Museum).

der Vorstadtmauern (etwa 1,30 Meter) erhalten, dazu auch mehrere Türme. Das Neustädter Tor stand in einiger Entfernung von der Dillbrücke und bekam ein gut ausgebautes Vorwerk über Wall und Graben hinweg. Der Graben führte wohl meistens Wasser, denn er stand mit dem Idinggraben in Verbindung, der in starken Windungen von der Vorderen Dill zur Engen Dill zog.

Beide Vorstädte, Langgasse wie Neustadt, hatten zuweilen schwer unter Hochwasser zu leiden, wobei 1552 und 1643 auch ganze Mauerstrecken mit Türmen zerstört wurden.

Dies ganze Befestigungswerk instandzuhalten, war der Stadt nach ihrem wirtschaftlichen Zusammenbruch nicht mehr möglich. Silhofen verödete ganz, und Merians Stich zeigt uns, wie schließlich nur noch die Vorstadtpforten, zwecklos geworden, vereinsamt in der Flur stehen.

Bild linke Seite: Oben: Der Säuturm, letzter noch erhaltener Turm der Stadtmauer. Unten: Turmruine der ehemaligen Reichsburg Kalsmunt.

Als seit etwa 1400 die Feuerwaffen mehr und mehr in Gebrauch kamen, konnte sich die Stadt zur Abwehr zwar noch einige „Bossen" (Büchsen) und Feldschlangen (kleinere Geschütze) beschaffen, aber sie war nicht imstande, ihre Befestigungsanlagen den Wirkungen der neuen Waffe entsprechend umzugestalten. Man hat vor den Toren noch „Bollwerke" errichtet, d. h. durch Pfahlwerk verstärkte Erdaufschüttungen, man hat wohl auch angefangen, den Zwinger an der Wetz mit Erde aufzufüllen, aber die weitere Entwicklung zeigte ja, daß die Reichweite der Kanonen immer größer wurde, und damit mußte man sich darein fügen, daß die Stadt nun einmal bei der Nähe der sie überragenden Höhen nicht in eine Festung umzuwandeln war, die einem ernsthaften Angriff hätte widerstehen können. Trotzdem ist alles getan worden, wenigstens die Ringmauer zu erhalten, und ehe das Reichskammergericht 1693 nach Wetzlar verlegt wurde, mußte die Stadt sich ausdrücklich noch einmal zur Ausbesserung der Mauern verpflichten. Denn noch immer boten sie gnügend Schutz gegen Angreifer ohne schweres Geschütz und gegen Handstreiche, sofern nur der Wachdienst aufmerksam gehandhabt wurde und eine waffenfähige Mannschaft bereit stand. Noch ein zweiter Grund hat den Rat doch immer wieder bewogen, trotz aller Geldnot die Mittel aufzubringen, um den Mauerring geschlossen zu halten: er war nämlich eine wirksame Sperre, die man zur Erhebung vieler Zölle und Abgaben nicht entbehren konnte. So mochten im Laufe der Zeit schließlich die Dächer von Wehrgang, Toren und Türmen verfallen, mochten Wälle und Gräben eingeebnet werden - es genügte, wenn wenigstens die Mauer noch dazu taugte, grobe Abgabenentziehung zu verhindern und den Fremdenverkehr zu überwachen. Solchen Zwecken hat die gute alte Mauer noch bis tief ins 19. Jahrhundert dienen müssen, selbst als man schon die meisten Tore und Türme wegen Einsturzgefahr oder als Verkehrshindernis niedergelegt hatte. Schon seit dem 16. Jahrhundert waren bei den Toren kleine Häuser für die Abgabenerheber errichtet worden; die letzten derartigen „Octroihäuschen" stehen noch heute am Obertor.

Die Landwehr oder Hege

Zum Schutze der Feldflur und als deutliches Kennzeichen der Hoheitsgrenze zog sich um die alte Gemarkung in etwa 15 Kilometer Länge die Landwehr oder Hege (vgl. Skizze). Ihre Bauweise ist verschieden: auf dem Lahnberg sind es Doppelgräben mit Wall, andernorts ist es nur ein bis zu 10 Meter breiter Graben; auch naturgegebene Einschnitte und Wasserläufe - wie der Einhäuser Bach (von Magdalenenhausen her), Stücke der Lahn und Dill und sogar der eingetiefte Hohlweg der alten „Heerstraße" im Dillfeld - sind mit einbezogen. Wo es

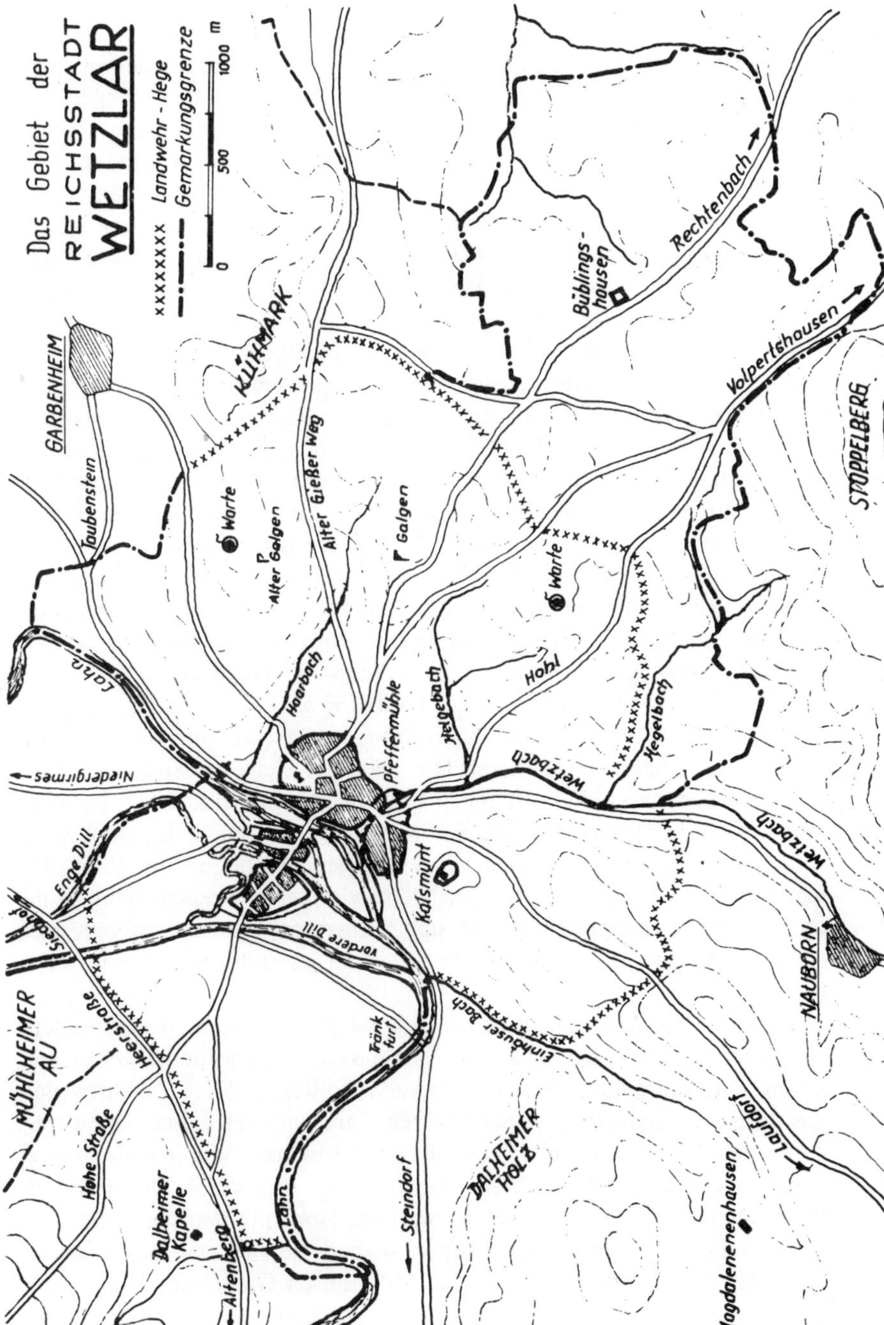
Das Gebiet der
REICHSSTADT
WETZLAR
Landwehr - Hege
Gemarkungsgrenze
0
500
1000 m
GARBENHEIM
Taubenstein
KUHMARK
Büblingshausen
Rechtenbach
Volpertshausen
STOPPELBERG
Warte
Alter Galgen
Alter Gießer Weg
Galgen
Warte
Hohl
Haarbach
Lahn
Niedergirmes
Pfeffermühle
Helgebach
Hegelbach
Wetzbach
Wetzbach
Enge Dill
Siechhof
Vordere Dill
Kalsmunt
NAUBORN
MÜHLHEIMER AU
Heerstraße
Hohe Straße
Tränkfurt
Einhäuser Bach
Lahn
Steindorf
DALHEIMER HOLZ
Laufdorf
Dalheimer Kapelle
Altenberg
Magdalenenhausen

irgend ging, mußten undurchdringliche Hecken die Anlage verstärken. Am ältesten ist zweifellos der Abschnitt auf dem Lahnberg, der an einer steilen Schlucht oberhalb von Garbenheim beginnt und im Bogen zur Franzenburg an der Straße nach Butzbach führt. Zu Ulmensteins Zeiten erzählte man sich, dieser Teil stamme noch von Karl dem Großen, und C. Metz war überzeugt, daß er von den Römern herrühre. Unstreitig ist die Linienführung hier andersartig als weiterhin, wo sie ohne Rücksicht auf Gunst oder Ungunst des Geländes nur bestrebt ist, das Bürgereigentum von den Nachbarn abzugrenzen. Von der Franzenburg zieht sie zum Kaisersgrund hinunter, wendet sich auf der gegenüberliegenden Höhe nach Süden und folgt teilweise dem Hegelbach, der seinen Namen von der Hege hat. Dann wird der Wetzbach überschritten, in einer natürlichen Rinne geht es hinauf zum Kalsmuntrücken und im Küchengrund hinab zum Einhäuserbach. Dieser bildet dann bis zu seiner Mündung in die Lahn die Grenze, die auch weiterhin der Lahn folgt und ursprünglich bei der Mündung des Dalheimer Baches nach Norden abbog. Durch Vertrag von 1672 ist sie zum Ausgleich für Verluste durch Änderungen des Lahnlaufes etwas nach Westen vorgeschoben worden. Sie trifft dann die alte Heerstraße, die von Oberbiel herkommend auf Dillfurten in Richtung des Siechhofes bei Niedergirmes hinzielt, und folgt ihr bis zur Vorderen Dill. Als „Schildgraben" verband die Hege beide Dillarme, wandte sich mit der Engen Dill zur Lahn, die sie bei der heutigen Eisernen Brücke erreichte und zog nun lahnaufwärts bis zum Taubenstein an der Straße nach Garbenheim. Die Teile der Hege vor Silhofen, Neustadt und Langgasse sind erst gegen Ende des 14. Jahrhunderts begonnen und im 15. Jahrhundert ausgebaut worden gegen den heftigen Widerspruch der Grafen von Solms, die Hoheitsrechte bis an die Vorstadtmauern heran beanspruchten. Nach langwierigen Prozessen beim Hof- und Reichskammergericht haben sich Solms und Wetzlar erst 1609 auf eine Grenze geeinigt, die ungefähr dem hier geschilderten Verlauf entspricht.

Es war natürlich unmöglich, die Landwehr gegen einen ernsthaften Angreifer zu verteidigen; dafür war sie viel zu ausgedehnt. Aber sie zwang alle, die keinen Verdacht erregen wollten, auf die Zufahrtwege, die durch Schlagbäume gesperrt waren. Ihre wichtigste Ergänzung bildeten die Garbenheimer- und Brühlsbacher Warte; denn von dort aus konnte jede Annäherung beobachtet und durch Hornruf und Winkzeichen der Stadt mitgeteilt werden. Hornrufe warnten auch die auf den Feldern arbeitenden Bürger, so daß sie sich und das Vieh in Sicherheit bringen konnten. Wie C. Metz durch Grabungen festgestellt hat, gingen den heutigen Türmen Holz- und Steinbauten voraus, die er als römisch nachweisen wollte. Er hielt auch das Steinrund am ältesten

Galgen oberhalb des Vogelsangs nicht für den üblichen Unterbau eines dreibeinigen Galgens, sondern für Reste einer ehemaligen Warte. Auch wenn man an den römischen Ursprung dieser Anlage nicht glaubt, so ist doch durchaus wahrscheinlich, daß solche Feldwarten schon früh errichtet worden sind, noch ehe man an die Anlage einer Landwehr dachte. Auch die Warten sind von Wall und Graben umgeben und konnten zur Not außer den beiden Wächtern, mit denen sie ständig besetzt waren, noch ein paar Fliehende aufnehmen, die sich nicht mehr in die Stadt hatten retten können. Die Eingänge der Warten lagen so hoch, daß sie nur durch eine Leiter zu erreichen waren, und eine Zeitlang konnten sich die Wächter schon eines Angriffes erwehren. Ihr Dienst war sehr anstrengend und gefahrvoll, und während wir Torwächter der Stadt oft viele Jahrzehnte an gleicher Stelle tätig sehen, mußten die Wächter der Warten häufiger gewechselt werden. Im Jahre 1391 hat während einer Fehde Graf Eberhard von Katzenelnbogen die Brühlsbacher Warte zerstören lassen. Der Stumpf der alten Warte neben dem alsbald neu errichteten Bau ist noch im Gelände erkennbar. Seit der Mitte des 16. Jahrhunderts konnte die Stadt aus Geldnot keine ständige Bewachung mehr auf den Warten halten, und sie verfielen. Während die Brühlsbacher Warte 1912 als Aussichtsturm ungefähr in der alten Form wiederhergestellt worden ist, wurde die Garbenheimer Warte 1901 zu einem „Bismarckturm" umgewandelt.

Schon in einem Vertrag zwischen Stadt und Stift von 1412 wird die Stadtgemarkung so umgrenzt, wie es der geschilderte Verlauf der Landwehr zeigt. Auch in dem Gebiet zwischen Vorstadtmauern und Hege, in der sogenannten „Pflege", standen einzelne Gehöfte, die „Gadem" genannt werden. Vom Bliden-Gadem, d. h. dem Hof der Familie Blide am Hegelbach, heißt es, er sei „als ein burglicher Bau begriffen", und ähnlich müssen wir uns andere Höfe in der Pflege umwehrt denken. Im 15. Jahrhundert hat das Stadtgebiet dadurch einen wertvollen Zuwachs erhalten, daß die Gemarkung des ausgegangenen Dorfes Büblingshausen vom Spital angekauft wurde. Sie stand unter Lehnshoheit des Stiftspropstes ebenso wie ursprünglich auch ein weiterer Landstrich vor dem Hegelbach nach dem Stoppelberg zu, der an Wetzlarer Bürger ausgetan war. So kommt es, daß die heutige Grenze hier erheblich weiter gezogen ist als die alte Landwehr. Aber volle Hoheitsgewalt hatte die Stadt hier nicht; sie mußte sie mit dem Nachbarland Nassau-Weilburg teilen (1661).

Vom Wehrwesen der Stadt

Ringmauer und Landwehr allein hätten keinen Schutz geboten, wäre es die Bürgerschaft nicht von Anbeginn der Stadt an gewohnt gewesen, daß sie Wehrdienst leisten mußte. Die militärische Gliederung richtete sich nach den vorhandenen bürgerlichen Gemeinschaften. Wer Zunftmitglied war, trat mit den Zunftgenossen am vereinbarten Sammelplatz an, die nichtzünftigen Bürger der „Gemeinde" waren gassenweise in Rotten eingeteilt. Jeder Gliederung war ein Mauerabschnitt von Turm zu Turm zugewiesen. So erklären sich Namen wie „Schneider"- und „Weber"-Turm. Die Einwohner der Vorstädte Silhofen, Langgasse und Neustadt bildeten selbständige Wehrverbände. Regelmäßig fanden Musterungen und Übungen statt. Je nach der Vermögenslage mußte jeder für eine Rüstung sorgen, mindestens aber doch für einen Harnisch als Brustschutz, für Lederkoller, Helm oder Sturmhaube. Auch Handwaffen wie Schwert und Spieß stellte jeder selbst; doch hielt die Stadt für Bedürftige auch Armbrüste und späterhin Feuerbüchsen in eigenem Bestand und ließ sie durch den städtischen Armbruster und den Büchsenmeister in Ordnung halten. Als Zeughaus diente das Untergeschoß des Rathauses, das auch B l i d e n h a u s genannt wurde nach den schweren Bliden oder Schleudermaschinen, die vor den Feuerwaffen als Geschütze dienten.

Ursprünglich war die Dienstpflicht der Bürger unbeschränkt; sie mußten auch, wenn das im Reichsdienst verlangt wurde, an auswärtigen Unternehmungen teilnehmen. Aber in ihrer Blütezeit hat die Stadt in solchen Fällen doch lieber Ritter und Söldner angeworben und das Bürgeraufgebot nur zur Verteidigung der Stadt und bei Fehden in nächster Nähe verwandt. Der W a c h - und A r b e i t s d i e n s t dagegen duldete keine Schonung. Wer da säumig war, fiel in Strafe, und selbst Witwen und alte Männer mußten sich von solchen Verpflichtungen loskaufen, wenn sie nicht selbst Stellvertreter schicken konnten. Aber immer wieder mußte gemahnt werden, daß man keine Kinder und gebrechliche Greise zum Wachdienst stellen dürfe. Zu Jahresbeginn übergaben die Bürgermeister den Zunft- und Rottenmeistern in Form von „Wachtbriefen" die Dienstrollen, und ein Stadtknecht hatte als „Beseher" die Durchführung zu überwachen. Versäumnisse, Trunkenheit auf Wache und mangelhafte Bewaffnung wurden mit Geldstrafen geahndet. Des Nachts wurden die Hauptstraßen durch quergespannte Ketten gesperrt, und die „Scharwache" streifte durch die Gassen. Wer zu nachtschlafender Zeit ohne Licht angetroffen wurde, galt als verdächtig und wurde abgeführt. Ausrufer boten zum Arbeitsdienst auf, wenn die Gräben gefegt und geräumt, die Planken neu mit Dorngesträuch umflochten, Wehre und Furten mit Steinen ausgebessert werden mußten. Aus dem Stadtsäckel gab es nachher einen Trunk und ein Stück Brot, jedoch wurde für langandauernde Arbeit auch Lohn bezahlt, wie z. B. im Jahre 1540, als die Neustädter zu einem Mauerbau 235 Wagen voll Steine brechen und anfahren mußten.

Etwa um 1400 ging die Stadt dazu über, statt fremde Ritter und Söldner zwanzig Schützen aus der Bürgerschaft ständig im Dienst zu halten. Es waren junge Leute, die sich zu dem geringen Schützenlohn noch durch mancherlei sonstige Arbeit und Dienstverrichtungen ihr Brot verdienen mußten, aber Freude am Waffenhandwerk hatten und sich gerne in Übung hielten. Uniformen gab es noch nicht, aber die Stadt lieferte ihnen alljährlich eine „Kugel", d. h. eine Art Kapuze mit Schulterkragen in wechselnden Farben. Bei allen festlichen Anlässen bildeten die Schützen das Ehrengeleit, aber sie wurden auch im Ernstfall bei Fehden eingesetzt und sogar an befreundete Nachbarfürsten ausgeliehen. Namentlich als die Feuerwaffen aufkamen, reichte das allgemeine Bürgeraufgebot mit überwiegend ungeübten und - wenig willigen Leuten nicht aus, und der Rat sah es daher gerne, wenn sich zu der kleinen Zahl der besoldeten Schützen andere freiwillig hinzufanden, die unternehmungslustig und waffenfreudig sich gerne in Übung hielten und im Ernstfalle den Kern für eine brauchbare Truppe bilden konnten. Andernorts haben sich diese Schützen zu Bruderschaften unter dem Schutzpatron St. Sebastian oder zu Schützengilden zusammengeschlossen. In Wetzlar scheint das nicht geschehen zu sein, wenn auch um 1600 der Ausdruck „Schützengesellschaft" vorkommt. Vielleicht lag das daran, daß der Rat von sich aus die Schützen - trotz aller Geldnot - auf jede Weise förderte. Er ließ einen „Schießberg", also einen Schützenstand, vor der Kalsmuntpforte am „Schützengarten" anlegen, gab Zuschüsse zum Besuch auswärtiger Preisschießen und setzte selbst Preise aus, leistete Zahlungen an die allmählich getrennten Abteilungen der Büchsen- und Armbrustschützen und bewirtete sie auf Stadtkosten. So blieb das Schützenwesen unter Aufsicht des Rates, während Schützenbruderschaften und -gilden meist eine unerwünschte Selbständigkeit erstrebten.

Nach dem dreißigjährigen Krieg hat das mittelalterliche Bürgeraufgebot unter dem Namen B ü r g e r w e h r die üblichen militärischen Formen angenommen. Die Freude an Uniform und Soldatenspiel und nicht weniger die Titelsucht konnte sich hier so recht austoben - und auch dies mochte dazu beitragen, daß in Wetzlar das Schützenwesen in den Hintergrund trat. Nun wurde es gang und gäbe, daß die Würdenträger der Bürgerwehr und ihre Frauen auch im bürgerlichen Leben als Herr Stadtfähndrich und Frau Lieutenant begrüßt und in amtlichen Urkunden aufgeführt wurden. Zum Glück blieb der Bürgerwehr eine ernsthafte Probe auf ihre Wehrtüchtigkeit erspart. Denn wenn auch das Reich nach wie vor von seiner Reichsstadt die Heeresfolge verlangte, so ließ sich das mit Geldzahlungen abgelten. Nach der Reichsreform von 1495 war das Reich in Landfriedenskreise eingeteilt worden, und Wetzlar war in seinem Kreis, dem Oberrheinischen, zunächst auf drei Mann zu Roß und fünfzehn zu Fuß veranschlagt worden. Aber diese Grundzahl, das „Simplum", wurde meist verdreifacht, und nach mancherlei Herabsetzungen wäre auf Wetzlar ein Simplum von acht Mann entfallen. Dem Reichskammergericht zuliebe hat die Stadt aber ein „Kreiskontingent" von etwa fünfzig Mann unter Waffen gehalten, schlecht bezahlte und schlecht ausgerüstete Söldner, die ihre Hauptwache am Kornmarkt hatten, aber einzeln in Bürgerquartieren untergebracht waren. Da jedoch - wenn auch widerrechtlich - seit 1702 auch Hessen-Darmstadt eine Besatzung in Wetzlar hielt, hätten Bürgerwehr, Kreissoldaten und Hessen um die Ehre des Vorkampfes streiten können - wenn ein Anlaß dazu gewesen wäre. Statt dessen gab es zwischen diesen drei Gruppen ständig Hader und Eifersucht, die gelegentlich zu Prügeleien ausarteten. So war schließlich auch das Wehrwesen der Reichsstadt ein Abbild der Zersplitterung und Ohnmacht des alten Deutschen Reiches.

9. Ein Gang durch das mittelalterliche Wetzlar

An der Kalsmuntpforte

Freundliche Zauberkünste haben uns um sechshundert Jahre zurückversetzt und uns dennoch die vergleichende Erinnerung an unsere Tage belassen.

So schreiten wir auf dem Laufdorfer Weg den Kalsmuntberg hinunter, und da liegt sie vor uns, die alte Reichsstadt! Zwischen den vielen braungrünen Strohdächern schimmert nur hier und da einmal eine Schieferfläche, aber all das kleine Gewirr beugt sich vor der Steinmasse der Stiftskirche (Dom). Gerade unter uns liegt die Vorstadt Silhofen. Ihre Gassen sind ganz eingebettet in Baum- und Gartengrün, und auch da drüben, wo die Stadtmauer in anmutigem Bogen vom Wetzbachtal zum Obertor hinaufsteigt, füllen die Gassen noch nicht den wehrhaften Ring.

Aber dort vor dem Obertor, oben auf der Höhe des Steinbühls, kein schöner, aber ein mahnender Anblick: da steht der dreibeinige G a l g e n, und an einem Querbalken hängt noch das elende Bündel des letzten armen Gauchs, zu dessen Strafe es gehört, daß ihm kein Begräbnis zuteil wird.

Während wir weiter hinabsteigen, stoßen wir links am Wege auf andere Zeichen der Justiz: zwei „F r e i s t e i n e" - einer für Männer, einer für Frauen. - Wer bei frevelhaftem Tun ertappt und verfolgt wird, aber noch einen Freistein berühren kann, der findet hier Asyl. Die Stadtknechte dürfen ihn nicht ergreifen; denn er steht unter dem Schutz der Burgmannen vom Kalsmunt. Die werden ihn zwar dem Arm der Gerechtigkeit nicht entziehen, aber vorläufig ist er sicher vor der ersten Wut der Verfolger, und wenn er dann später vor seine Richter treten muß, wird der Zorn verrauscht sein, und man wird kühlen Blutes Schuld und Sühne ermessen können.

An der Kalsmuntpforte zur Vorstadt stauen sich Karren und Wagen, Reiter, Viehtreiber und allerlei Wanderer. Die meisten dürfen sogleich nach einem prüfenden Blick des Wächters passieren; ein Waldschmied aber, der seinen Eberspieß als Wanderstab benutzt, muß erfahren, was ihm in seiner Waldeinsamkeit bisher unbekannt war: will er den Spieß verkaufen, so darf er das nur auf dem Markt und muß Abgabe zahlen, andernfalls muß er ihn hier am Tor in Verwahrung geben; denn in der Stadt darf keiner eine Waffe tragen, dem es nicht nach Stand oder Beruf gebührt.

Was die Bauersleute da in Bündeln und Körben zum Markte schleppen, wird nicht hier am Tor versteuert, aber alle Wagen und Karren zahlen hier Wege- und Durchfuhrgeld. Sie lösen ein kleines Blechzeichen, auf dem der Betrag eingeprägt ist, bei dem Erheber. Der wirft das Geld in den Schlitz einer geschlossenen Büchse, das Zeichen aber dient den Fuhrleuten als Ausweis, wird erst bei der Ausfahrt wieder abgegeben und gleichfalls in eine wohlverschlossene Büchse geworfen. In Abständen von sechs Wochen werden Geld- und Zeichenbüchsen zum Rathaus gebracht, und da wird man durch Vergleich feststellen, ob die Rechnung aufgeht.

Eigentlich hatte die Stadt das vom Kaiser verliehene Privileg, daß sie von jedem Wagen eine Steinfuhr für Bau und Unterhalt der Stadtbefestigung verlangen durfte. Aber wer wird denn - außer in höchster Not - so töricht sein, fremde Kaufleute durch derartige Zumutungen vom Besuch der Stadt und ihrer Märkte abzuschrecken! Nein, laßt die Fremden nur erst einmal herein - ihren Beitrag zum Stadtbesten werden sie schon auf andere Weise leisten.

Wir hören, wie die Kaufleute ihrem Fuhrmann Anweisung geben, zum Kaufhaus an der Baugasse zu fahren und dort die schweren Ballen und Fässer abzuladen. Den Weg braucht niemand den Fuhrleuten zu weisen; die stammen fast alle aus Orten der Nachbarschaft und fahren immer wieder die gleiche Strecke. Unsere hier sind zum Beispiel aus Grävenwiesbach; sie werden in der Stadt rasten und sich umtun, ob sie Rückfracht in der Richtung auf ihre Heimat zu bekommen. Und den Kaufleuten, die vielleicht nach Köln weiterreisen wollen, wird es nicht schwerfallen, auf den bekannten Ausspannplätzen in den Vorstädten etwa Fuhrleute aus der Gegend von Driedorf zu finden.

In Silhofen

In Silhofen liegen zwar noch ein paar große Höfe nach Bauernart, aber die meisten Grundbesitzer haben ihre Grundstücke in kleine Parzellen aufgeteilt, und in niedrigen Behausungen - bis zu vieren senkrecht geteilt unter einem Dach - wohnen hier gewerbefleißige Leute. Mancher, der jetzt in der Stadt ein stattliches Haus mit Hof und Hintergebäuden sein eigen nennt, hat hier draußen klein angefangen und die Grundlagen zu seinem Wohlstand geschaffen. Da surren die Spinn- und Spulräder, da klappern und stampfen die Webstühle, da rühren die Färber in ihrem Sud und machen den Spülgraben zu einer trüben Flut, die noch in der Lahn eine Weile ihre Wolken treiben läßt. Denn hier in Silhofen und in einem Teil der Unterstadt herrscht das Hauptgewerbe der Stadt, die Wollenweberei. Bis aus der Schafwolle Tuch wird, ist so vielerlei zu verrichten, daß sich viele in die Arbeit teilen. Der Wollkäufer bringt den Rohstoff heran, Wollschläger, Wäscher und Kämmer bereiten die Wolle zum Spinnen vor. Das Garn wird dann gespult und auf den Webstuhl aufgebracht. Wieviel Fäden die Kette haben und wie breit also das Tuch sein muß, das hat die Zunft festgesetzt ebenso wie seine Länge. Der Weber muß den Tag gut nutzen, denn Arbeit bei Licht ist verboten; da könnten zu viele Fehler unterlaufen. So rechnet man im Sommer mit sieben, im Winter mit acht bis neun Tagen für ein Tuch. Aber solch lockeres Gewebe könnte niemand tragen. Das Tuch geht nun zur Walkmühle und wird hier mit einem Zusatz von Walkerde, einer Tonart, die in der „Wascherdegrube" vor der Neustadt gewonnen wurde, so lange durchgeknetet, bis die feinen Härchen sich zu einer festen Decke verfilzen. Gewaschen wird es auf die starken Rahmengestelle gespannt, von denen die „Rahmengasse" in der Nähe der Lahn- und Walkmühle ihren Namen hat. Solche Rahmen stehen aber noch vielerorts in den Höfen, und damit Licht und Luft freien Zugang haben, dürfen in ihrer Nähe keine hohen Bauten errichtet werden. Zuletzt wird das geradegereckte Tuch mit Kardendisteln wieder aufgerauht und auf Wunsch vom Scherer fein geschoren. Der häufige Familienname Scherer braucht also nicht den Haarscherer zu bedeuten, sondern kann auch einen Facharbeiter des Wollenweberhandwerks meinen, dessen eigenartige Schere auch das Siegel der Wetzlarer Weberzunft zeigt.

Auf unserem Weg in die Stadt sind wir in Silhofen einer „Bäckergasse" und dann einer „Pfannenschmiedegasse" (heute: Pfannenstielsgasse) begegnet. Wohnen da etwa lauter Bäcker und Pfannenschmiede? Nein! Wir dürfen uns durch solche Straßennamen nicht täuschen lassen. Wo Handwerker bestimmte Geräte und Einrichtungen gemeinsam benutzen, können sie sich auch in Gassen zusammenfinden müssen. Aber in

Wetzlar ergibt sich deutlich, daß solche Gassen mit Handwerksnamen mitunter nach einer einzelnen Familie benannt sind, die dann freilich für Söhne und Schwiegersöhne auch noch mehr Häuser in der Nähe des Stammhauses erworben haben mag. Aber nach ein paar Jahrzehnten wird der alte Name vergessen, und neue tauchen auf und wieder unter. So gab es eine Zeitlang im Zuge der heutigen Pariser Gasse eine Metzler(Metzger)gasse, aber stückweise heißt sie auch Rifridengasse, nach einem Bäcker namens Rifrid, und im 16. Jahrhundert hören Gassennamen in dieser Gegend überhaupt auf, und sie heißt „bei der alten Kalkgrube", bis dann erst im 18. Jahrhundert witzige Herren des Reichskammergerichts den Namen „Pariser Gasse" aufgebracht haben sollen.

Am Franziskanerkloster

Wir aber stehen gerade vor dem Franziskanerkloster (am heutigen Schillerplatz) und sehen noch, wie einer der Stadthirten, auf seinem Horn tutend, die Viehhalter dadurch mahnt, ihm die „Sterken", die Jungtiere, zuzutreiben, mit denen er vor die Stockpforte auf die Sterkenweide (heute: Starkeweide) ziehen will. Über den heutigen Schillerplatz fließt der Wetzbach, der dort drüben unter dem Chor der Klosterkirche herauskommt. Der Bettelorden der Franziskaner oder Minoriten, der „Minnerbrüder" oder „Barfüßer", wie sie der Volksmund nannte, nahm es mit dem Gebot der Armut besonders streng und verpflichtete seine Brüder, sich den Unterhalt zu erbetteln. Deshalb können die Bettelorden nur in Städten bestehen, nicht wie die Klöster anderer Orden in tiefer Einsamkeit. Erst in den achtziger Jahren des 13. Jahrhunderts ermöglichten Stiftungen den Bau des Klosters hier am Stadtrand auf städtischem Boden. Nun wurde auch die große Kirche errichtet, deren Langhaus heute vor lauter Um- und Einbauten gar nicht mehr als Kirche erkennbar ist, während der Choranbau als „Untere Stadtkirche" noch benutzt wird. Hinter der Kirche lag der Kreuzgang und was an Wohnbaulichkeiten erforderlich war, auch ein Brauhaus der Mönche. Der Orden war von den Päpsten mit besonderen Vorrechten ausgestattet: seine Priester durften z. B. auch dann weiter wirken, wenn die Stadt unter Bann lag und der Stadtpfarrer die Seelsorge verweigern mußte. Das Volk sah in den anspruchslosen Mönchen seine besonderen Freunde, und die meisten Zünfte unterhielten in der Franziskanerkirche einen Altar, an dem für die Zunftangehörigen Messen gelesen wurden. Sie erwarben die Zugehörigkeit zur Gebetsbrüderschaft des Ordens, und dann durfte der Stadtpfarrer nichts dagegen einwenden, wenn sie sich auch auf dem Klosterfriedhof vor der Kirche bestatten ließen. Der Klostervorsteher mit dem Titel Guardian zog zur Erledigung weltlicher Geschäfte als

Kirche des ehemaligen Franziskanerklosters (jetzige Untere Stadtkirche).

„Procurator" gerne einen Mann aus dem Wollenweberhandwerk hinzu, das in besonders innigem Verhältnis zum Kloster stand.

Schon immer hatte es in der Stadt unverheiratete oder verwitwete Frauen gegeben, die als „Beginen" ein zurückgezogenes Leben in Frömmigkeit und guten Werken führten. Dann aber wurde es Brauch, daß mehrere Beginen eine Hausgemeinschaft bildeten und sich der sogenannten „Dritten Regel des Franziskanerordens" unterwarfen. Eines dieser „Gotteshäuser" oder „Klausen", wie man sie in Wetzlar nennt, lag gegenüber dem Friedhof der Barfüßer, ein anderes mit „grauen" Schwestern in der Hohengasse, der heutigen Jäcksburg. Später gab es auch noch „weiße" Schwestern und - wenn der Name der Blaunonnengasse nicht trügt - auch „blaue". Mitunter gaben Eltern ihre Tochter schon als Kind in die Obhut solcher Schwestern und mußten - wie alle, die Aufnahme begehrten - eine Aussteuer an Kleidung und Bettzeug einbringen wie auch eine ewige Geldrente zum Unterhalt. Erst nach einer Probezeit brauchte der Entscheid zu fallen, ob sich die Eingetretene zur Innehaltung der Regeln verpflichten wollte, und selbst dann war - im Gegensatz zum Nonnengelübde - der Austritt aus dem Schwesternhaus noch möglich.

Straßen und Häuser

Wir wandern die „Wetzgasse" (heute Silhöferstraße) hinauf. Hier lehnt sich Haus an Haus, alles Fachwerkbauten mit dem Giebel nach der Straße gekehrt, die oberen Geschosse jeweils etwas vorkragend. Ein Blick in Nebengassen zeigt uns jedoch, daß dort von einer geraden Straßenflucht keine Rede ist. Da folgt auf ein paar in Reih und Glied stehende, schmalbrüstige Häuser auf einmal eine kleine Insel eines Gehöftes, das von Mauern, Zäunen oder Hecken umgeben ist, und um solche Höfe windet sich - ja, darf man das Straße oder Gasse nennen? - ein „Weg": ausgefahren, schmutzig, jedermanns Abfallgrube und von niemand betreut, solange er nicht ganz ungangbar wird. Gepflasterte Straßen gab es wohl einige vor den Toren, „Steingassen" z. B. vor dem Obertor zum Steinbühl hinauf, vor der Silhöfer Pforte auf Steindorf zu und vor der Langgasse (heute Sophienstraße); auch der steile Niedergang von der Hausergasse zur Lahnstraße heißt so, aber vielleicht mehr wegen seiner Steinstufen. S t r a ß e n im heutigen Sinne, wohl gar mit Bürgersteigen und Ablaufrinnen zu beiden Seiten, sind erst im 19. Jahrhundert angelegt worden. Nicht also, als ob die Güllgasse eine Ausnahme gebildet hätte, weil sie nach dem alten Wort „gole = Unrat" und entsprechend dem englischen Wort „gully = Abwässerrinne" benannt ist! Hier war wohl eine natürliche Bodensenke, durch die das Wasser vom Brunnen auf der Hofstatt abfloß und alles, was bei Regenwetter die steilen Gassen herunterkam. Den Ablauf benutzten aber auch Brauer und Lohgerber, von denen einige in diesem Viertel wohnten. Wenn gerade an einem Platz der Name „Hofstatt" haften geblieben ist, kann das wohl so gedeutet werden, daß hier einstmals ein besonderes Gehöft stand. Sicherlich nicht etwa eine Stätte königlicher Hofhaltung, aber doch vielleicht der Haupthof, zu dem die „Selhuben" gehörten, von denen Silhofen den Namen trägt. Man hat früher den „Saalhof" in dem Haus gleichen Namens am Kornmarkt gesucht, aber dort stammt die Benennung erst aus dem Ende des 18. Jahrhunderts, als der Schöffe Johannes Hinckel ein Haus mit einem Saal bauen ließ. Solche H ä u s e r n a m e n treffen wir auf unserem Weg durch die Stadt überall an; denn da die wenigsten lesen konnten, ergab es die besten Kennzeichen, wenn man am Hause ein sinnfälliges Abbild anbrachte. Da stand in der Wetzgasse der „Schwan", am Eisenmarkt der „Rote Löwe" und der „Reye" (Reigen), und da gab es noch die Häuser „zum Aaren" und „zum Langenpferd", „Lichtenstein", „Stern", „Nassau", „Bockenheimer", „Landeck", „Jungfrau" und „Crawe" (Krähe); in der Krämerstraße folgten „Fraßkeller", „Croneberg", „Battenberger", „Güldenstern" und „Hohe Laube". Von all denen ist kein Haus mehr erhalten, aber die Sitte der Häusernamen war noch lange lebendig, und so findet man auch heute noch an manchen Häusern aus dem 17. und 18. Jahrhundert die alten Kennzeichen.

Der Eisenmarkt

Der Name des Eisenmarkts läßt uns fragen, ob wohl wirklich auf diesem engen Platz Eisen feilgeboten worden ist. Gewiß, der Platz ist eng, zumal an seiner oberen Seite noch ein Laufbrunnen stand, aber sein Name kann noch aus einer Zeit stammen, in der er vor einem Tor der älteren Befestigung des Marktortes lag und kaum umbaut war. Jedenfalls deutet er auf eine Handelsware hin, die Wetzlars Eigenart als Mittelpunkt eines Landes mit Eisenerzeugung ausmacht. Aber die Nachrichten über diesen Gewerbezweig sind äußerst spärlich. Im Jahre 1277 setzt Frankfurt Zollerleichterungen fest, wenn Wetzlarer mit Wagen voll Eisen dorthin kommen. Also haben Wetzlarer Kaufleute tatsächlich mit Roheisen gehandelt, nachdem sie es von den eigentlichen Erzeugern außerhalb der Stadt zusammengekauft haben; denn die Eisengewinnung im Stadtgebiet auf dem Lahnberg und hinter dem Kalsmunt kann nicht den Hauptanteil ausgemacht haben. Man wird die schwere Fracht nicht mehr als nötig herumgefahren haben, und deshalb ist anzunehmen, daß die Waldschmiede ihre festen Abnehmer unter den Eisenhändlern hatten und nicht etwa aufs Geratewohl ihr Erzeugnis auf den Eisenmarkt nach Wetzlar brachten. In diesem Falle wäre allerdings ein weiter Platz für viele Fuhrwerke erforderlich gewesen. Wenn sich aber auf dem Eisenmarkt nur der Handel zwischen einheimischen Eisenhändlern und auswärtigen Käufern vollzog, dann reichte der Platz wohl aus, zumal ja Musterstücke genügten und nicht die ganze Ware ausgebreitet werden mußte. Wahrscheinlich war überhaupt der Umschlag, der sich auf diese Weise vollzog, nicht allzu groß; eher erfolgte die Lieferung doch wohl gleich vom Erzeuger aus, wenn auch durch Vermittlung des Händlers. Merkwürdigerweise scheint auch der Handel mit Schmiedewaren nicht so stark gewesen zu sein, wie man das in einem Eisengebiet erwarten sollte. Die Schmiedezunft war zwar alt, stand aber an Einfluß und Ansehen durchaus nicht im Vordergrund. Aber dieser Eindruck kann insofern trügen, als wahrscheinlich in der Frühzeit der Stadt Eisenerzeugung und -verarbeitung viel bedeutender waren, zu der Zeit hingegen, in die uns die Quellen deutlichere Einsicht bieten, das Land bereits in diesem Gewerbezweig der Stadt den Vorrang abgelaufen hatte. Denn Nachbarherren, wie die Grafen von Solms, in deren Gebiet die meisten Waldschmieden lagen, taten natürlich, was sie konnten, um ein Gewerbe zu fördern, das ihnen Abgaben einbrachte. Und demgegenüber will es nicht allzuviel besagen, wenn gegen Ende des 16. Jahrhunderts auch in Wetzlar am Wetzbach bei der Pfeffermühle eine Schmelzhütte errichtet und Ofenplatten gegossen wurden.

Vom Eisenmarkt aus betreten wir nun - wie die Gassennamen uns lehren - das Handelsviertel: geradeaus die Krämerstraße, den Liebfrauenberg aufwärts treffen wir Brotschirn und Gewandsgasse, dazu noch die Schuhgasse oder den Schuhschirn und heutzutage nicht mehr bekannte Bezeichnungen wie Samstagsschirn und Leinwandschirn. Und etwas weiter zum Domplatz hin setzt sich das fort mit Fleischschirn, Fischmarkt, Buttermarkt und früheren Bezeichnungen wie Käse- und Gänsemarkt.

„Schirne" sind Verkaufsstände aus Holz, wie sie heute noch auf Märkten aufgeschlagen werden. Zum Teil aber hatten auch die Häuser in dieser Stadtgegend im Untergeschoß Laubengänge mit Verkaufstischen, und selbst „Läden" sind nicht unbekannt, aber in der Form, daß aus Fenstern und Türen Laden herausgeklappt wurden, auf denen man Waren auslegen konnte. Jedoch ein großer Teil dieser Verkaufsstände gehörte nicht den Verkäufern, sondern wurde vom Stift, von der Stadt und einigen alteingesessenen Familien verpachtet. Im übrigen ist „Fenster" in städtischen Listen über die Abgabe an „Fenstergeld" geradezu die Bezeichnung für das, was man heute „Laden" nennt, und im Bericht über die schlimme Januarflut des Jahres 1552 heißt es, daß in der Langgasse das Wasser „uber die doeren (Türen) und zu denen fensteren daruff man feyle pflegt zu haben (feilhaben)", gegangen ist.

Zunftleben

Man hat im Mittelalter lange die Gewerbetätigkeit streng als „Dienst an der Gemeinschaft" aufgefaßt, und die Handwerksverbände heißen geradezu „Ämter". Deshalb sind den Bäckern, Metzgern und sonstigen Händlern mit Nahrungsmitteln und Waren des täglichen Bedarfs bestimmte Plätze und Gassen für ihre Verkaufsstände angewiesen, wo sie ihre Ware zu festgesetzten Zeiten feilzuhalten haben. Die Zünfte waren soweit selbständig, daß sie selbst die Güte der Ware überwachten und angemessene Preise festsetzten. Sie schrieben auch vor, wie lange die Lehrzeit der Lehrlinge und die Wanderschaft der Gesellen dauern mußte. Sie verlangten ein Meisterstück, ehe der Gesell selbständiger Meister werden konnte. Sie beschränkten auch die Zahl der Meister und der Lehrlinge und Gesellen, die sie halten durften, damit jeder seine „gerechte Nahrung" fand. Keiner durfte zum Schaden der anderen Zunftgenossen seinen Betrieb übermäßig erweitern oder Kunden in unlauterem Wettbewerb wegfangen. Umgekehrt half einer dem andern in

Krankheitsfällen, und Meisterwitwen durften den Betrieb weiterführen. Die Zunft sorgte für ein feierliches Begräbnis, gab anschließend das Totenmahl und ließ an ihrem Altar die Totenmessen und Jahrgedächtnisse halten. Sie war also eine Lebensgemeinschaft, die keineswegs nur auf möglichst hohen Verdienst und wirtschaftliche Vorteile aus war. Aber diese Einstellung auf das Wohl der Gemeinschaft dauerte nur so lange, wie eine strenge Stadtregierung die Oberaufsicht führte, und wir werden noch hören, daß dieser schöne Zustand, wo die wirtschaftliche Ellenbogenfreiheit sich selbst durch die Rücksicht auf die Mitmenschen Schranken setzte, doch ihr Ende fand.

In der Gewandsgasse wohnten auch mehrere „Gewandschneider". Das sind Tuchhändler, die einheimische und fremde Stoffe im Schnitt und ellenweise verkaufen durften. Sie sind also reine Händler und achteten streng darauf, daß Wollenweber und Schneider nicht ebenfalls Schnitthandel trieben. Durch kaiserliche Privilegien waren in fast allen Städten die Gewandschneider in ihren Vorrechten geschützt. Der Wollenweber durfte nur das von ihm erzeugte Tuch im ganzen Stück verkaufen, und der Schneider fertigte nur Kleidungsstücke an aus dem Stoff, den ihm die Kunden brachten. Wohlhabende Gewandschneider kommen mit einem offenen Stand vor der Tür nicht aus. Wir müssen schon bei ihnen eintreten in ihr „Gewölbe", den eingewölbten Raum im Untergeschoß ihres Hauses, wo sie uns ihre große Auswahl an in- und ausländischen Stoffen, an Seide und Brokat aus Italien und Südfrankreich, an Tuchen aus London, Flandern, Brabant und einer Reihe berühmter deutscher Tuchmacherstädte vorführen werden. Denn die Menschen des Mittelalters sind große Modenarren. Auch die Männer tragen gerne bunte Stoffe, Hosenbeine und Ärmel in verschiedenen Farben, Kleidungsstücke aus mehreren Stofflagen, die so geschlitzt sind, daß bei jeder Bewegung eine andere Farbe von innen hervorlugt. Vor allem aber wechselt der Schnitt alle paar Jahre, und ein feiner Mann muß die Moden mitmachen - von den Frauen ganz zu schweigen. Zuweilen hat die Verschwendungssucht so üble Folgen, daß der gestrenge Rat Kleiderordnungen erlassen muß, eigentlich weniger, um den Kleiderprunk überhaupt zu beschränken, als um zu verhüten, daß „geringe" Leute es den „besseren" nachtun und die gottgewollten Standesunterschiede verwischt werden. Immerhin war in Wetzlar die Zahl der Gewandschneider zu klein, als daß sie eine eigene Kaufmannsgilde hätten bilden können.

Aus wechselnden Moden zieht auch ein Teil der Schuhmacher Verdienst. Manche freilich stellen nur die noch vielbenutzten Holzschuhe her, die man bei Kälte, Feuchtigkeit und im Hausgebrauch gar nicht entbehren konnte. Andere fertigen den einfachen „Bundschuh", der nur eine feste Sohle mit niedriger Kappe hat, aber lange Riemen, die kreuzweise um das Bein geschlungen werden und bis über die Wade hin die Wickeltücher festhalten. Wieder andere sind nur „Lepper" (Lappenaufsetzer) oder „Büßer" (Ausbesserer), also Flickschuster, aber die Meister im Fach bewähren sich ebenso in Stulpenstiefeln wie in modischen Schnabelschuhen, deren spitzige Schnäbel wohl gar zierlich rückwärts über die Reihen gebogen sind und ein tönendes Schellchen tragen.

Am Kornmarkt

So sind wir zum Kornmarkt gelangt und sehen am Laufbrunnen den Kannengießer in Tätigkeit. Er fertigt sonst die beliebten Zinngeräte, Becher, Teller, Platten und Kannen, aber er ist zugleich auch städtischer Bornmeister und hat seine Last mit der Wasserleitung. Seit 1341 sind Quellen vor der Oberstadt gefaßt worden, und man hat in Röhren aus Erlenholz das Wasser zu den Laufbrunnen der Stadt am Kornmarkt, Domplatz und Eisenmarkt geleitet. Aber da gibt es nun ständig auszubessern. Hier ist am unteren Ende des Kornmarktes eine große Kalkgrube ausgehoben worden, und der Kannengießer soll eine Zuleitung vom Brunnen zur Grube legen. Dreißig Karren Kalk sind in Rodheim gekauft, zur Stadt geführt und dort gebrannt worden. Jetzt werden sie in der Grube gelöscht und lagern da für künftigen Gebrauch; denn der Kalk soll lange Zeit haben, sich zu zersetzen und zu klären. Ein Zimmermann hat schon den Auftrag, die Grube zu überdecken, um Unheil zu verhüten. Ähnliche Kalkgruben gab es noch am oberen Rand des Domplatzes und zwischen der Kleinen und Großen Pariser Gasse.

Der Kornmarkt heißt auch häufig Kornrain, wird aber schon 1253 bei seiner ersten Erwähnung Markt genannt, wahrscheinlich doch wohl, weil hier der Getreidehandel seinen Stand hatte und der Platz ja auch hinreichend Raum für Fuhrwerke bot. Gerade sehen wir dort einen Ritter in schwarzem Mantel mit weißem Kreuz vor einem Hause absteigen. Es ist ein Johanniter aus der Ordenskommende Niederweisel, die hier am Kornmarkt ein Haus als Herberge und zum Sammeln der Einkünfte aus umliegenden Ordensgütern besitzt.

Ordensniederlassungen

Den gleichen Zwecken dient der große Hof des Klosters Arnsburg bei Lich, der mit mancherlei Wirtschaftsgebäuden und sogar einer Katharinenkapelle oberhalb des Kornmarktes ein ganzes Geviert einnimmt (heute Theodor-Heuß-Schule). Und wenn wir jetzt herumschwenken und durch die Pfaffengasse abwärts gehen, dann haben wir linker

Hand den Hof des Deutschritter-Ordens, heute weltbekannt durch das Lottehaus. Dem Deutschordenshaus in Marburg flossen besonders viele Stiftungen zu, weil in seiner Kirche die Hl. Elisabeth ruhte und ihre Reliquien im Rufe heilender Wunderkraft standen. Deshalb wurde um 1287 die in Wetzlar bei der Hausermühle schon bestehende kleinere Niederlassung an die jetzige Stelle verlegt und einem Komtur unterstellt. Der Ordenshof erhielt auch eine Elisabethkapelle; seine Scheunen und Keller sammelten die Einkünfte aus der Umgebung und zwei Mühlen, die vom Propst gepachtete Hausermühle und die Leutmühle in der Nähe des Siechhofes, dienten dem Orden. So stark wurde zeitweise der Wetzlarer Ordenshof von durchreisenden Ordensbrüdern in Anspruch genommen, daß der Deutschmeister Wolfram von Nellenburg im Jahre 1332 verfügen mußte, die Gäste müßten die Verpflegungskosten für sich, ihre Knechte und Pferde selbst tragen, da die Einkünfte des Wetzlarer Hauses hierfür nicht ausreichten. Als im Jahre 1323 das Augustiner-Chorherren-Kloster Schiffenberg aufgehoben und sein Besitz auf den Deutschorden übertragen wurde, erhielt das Wetzlarer Haus auch noch in der Langgasse allerlei früheres Klostergut und die Cyriakuskapelle, deren Name in der „Ciliaxweide" noch fortlebt.

Der ganze weitausgedehnte Besitz in Deutschland wurde vom Orden nutzbar gemacht für sein Ordensland Preußen und die Kämpfe mit den slawischen und baltischen Nachbarn. Auch einige Söhne Wetzlarer Patriziergeschlechter traten in den Ritterorden ein, trugen den weißen Mantel mit schwarzem Kreuz und hielten, wenn der Ruf an sie kam, ihre Wacht im fernen Ostlande.

Beim Deutschordenshof stehen wir am Rande des Stiftsgebietes, von dem an Bürger kein Grund und Boden mehr abgegeben wurde. Da lagen in Gärten und hinter Zäunen einige der Stiftscurien, der Höfe von Stiftsherren und Vikaren, besonders stattlich die Dechanei, die um 1400 der Dekan Nikolaus von der Krahen aus Grünberg erbaut und mancher seiner Nachfolger umgestaltet und erweitert hat.

Im Zuge der heutigen Lottestraße ging ein Weg zur Walpurgiskapelle, die an der Ecke der heutigen Goethestraße etwa gegenüber der Landeszentralbank lag. Sie wird 1252 erstmals erwähnt, als eine neue Kaplanstelle gestiftet wurde, aber der Bau selbst bestand damals schon. Die Kapelle muß ziemlich geräumig gewesen sein, enthielt noch mehrere Altäre und wird der Pfarrgemeinde oft und lange aushelfen müssen, wenn im Langhaus des Domes wegen der langwierigen Bauarbeiten kein Gottesdienst möglich oder der Raum doch sehr beschränkt war.

Gegenüber dem Deutschordenshaus lag auch eine Herberge der Dominikaner, des Bettelordens gleich wie die Franziskaner, der sich hauptsächlich der Seelsorge durch Predigen widmete. Deshalb hieß dieser

Teil der heutigen Lottestraße „Predigergasse". Noch ein dritter Mönchsorden, der Besitzlosigkeit vorschrieb, die Karmeliter, besaß in Gegend der Kleinen Pariser Gasse ein Haus. Zu Klöstern konnten diese kleinen Niederlassungen nicht heranwachsen, weil die Franziskaner bereits das Feld beherrschten.

Am Buttermarkt

Wenden wir uns nunmehr vom Deutschherrenhaus dem Buttermarkt zu, so kommen wir durch ein Stück der Schmiedgasse, das im Mittelalter noch „Kirchgasse" hieß. Links zweigt davon die Entengasse ab. Im Mittelalter kannte man für sie und die Blaunonnengasse nur die Namen der alten und neuen „Entebach". Ein „Bach" in dieser Höhe des Abhanges erscheint auffällig. Vielleicht verlief hier einmal der Graben der „Burg", und daß der sich mit Wasser gefüllt haben könnte, ist durchaus möglich. Denn noch heute ist feststellbar, daß in dieser Gegend Keller leicht feucht werden, weil da eine wasserundurchlässige Bodenschicht das Grundwasser hoch hält. Alsbald am Eingang steht hier zwischen Enten- und Blaunonnengasse das „Gotische Haus", einer der wenigen bürgerlichen Steinbauten aus dem Mittelalter, allerdings 1908 gründlich erneuert. Leider fehlen alle urkundlichen Zeugnisse, die uns über seine Zweckbestimmung Gewißheit geben könnten. Vielleicht war es ein „Gewölbe", vielleicht auch das Haus des Landkapitels, dagegen wohl kaum ein Beginenhaus; denn es weicht von der üblichen Art gewöhnlicher Wohnhäuser allzu sehr ab, und sämtliche in Wetzlar bekannten Beginenhäuser waren ursprünglich Wohnhäuser, die nur durch Stiftung ihrem neuen Zweck übergeben wurden. Steinerne Bürgerhäuser in Wetzlar sind so selten, daß sie eben deswegen gelegentlich in Urkunden erwähnt werden, um die Lage anderer Gebäude zu bestimmen. So gab es noch eines bei der Hausermühle, ein anderes in der Wetzgasse und ein drittes „in der Burg". Das war das Haus am Buttermarkt, das zuletzt „zum Dom" genannt und 1949 zu allgemeinem Bedauern abgebrochen wurde. Es ist um 1350 entstanden und war bis ins 17. Jahrhundert stets im Besitz von Schöffenfamilien. Daß dort der Stiftspropst gewohnt habe, wie Ulmenstein berichtet, ist also höchst unwahrscheinlich, zumal er in der fraglichen Zeit immer nur einmal vorübergehend in Wetzlar weilte. Aber wie auffällig ein steinernes Haus noch war, geht daraus hervor, daß um 1500 ein dort wohnender Schöffe Thonges Schuler auch „Thonges in dem steinhuse" und „Steinheuser" genannt wurde.

Die „Burg" war ein Bezirk, der diesen Häuserblock zwischen Blaunonnengasse und Brotschirn umfaßte, dazu auch den Domplatz, aber nicht etwa ein burgähnliches Gebäude. In und an der „Burg" wohnten die vornehmsten Schöffengeschlechter. Da hat Herr Konrad Reye noch 1279 vom Stift einen Stiftshof gegen Landgüter eingetauscht, unmittelbar am Friedhof, der auf der Südseite der Kirche lag und weiter in den Platz hineinreichte als heute die Kircheneinfriedigung.

Wo heute die Goethestraße zum Wöllbachertor hinführt, war damals keine Straße, vielmehr standen auch am Friedhof entlang noch Häuser, und der Marktplatz war wirklich eng. Wir erfahren gelegentlich, daß in den Wochen der großen Jahrmärkte - in der Woche vor Pfingsten und nach St. Gallus (16. Oktober) - selbst auf dem Friedhof und im alten Kreuzgang des Stifts auf der Terrasse hinter der Kirche fremde Händler ihre Stände aufschlagen durften. Für die Wochenmärkte freilich reichte der Platz aus, weil ja die meisten Handwerker in den oben schon genannten Gassen ihre festen Verkaufsstände hatten.

Unten steht auf dem Markt eine Linde, und gerade eben sammelt sich dort das Volk um einen A u s r u f e r , der hoch zu Roß und angetan mit einem roten Mantel ein paar neue Ratserlasse kundzugeben hat:

„Zum ersten: Allermänniglich soll wissen, daß uns Herr Heidenreich von Dernbach Fehde angesagt hat mit vielen Knechten und Mitreitern; daher soll niemand ohne Wehr vor die Pforten gehn.
Zum zweiten: Man soll die Schweine vor den Hirten treiben, wenn er des Morgens durch die Gassen geht.
Zum dritten: Wer seinen Hund lieb hat, der soll ihn morgen im Hause oder an der Kette halten; die andern, so noch in den Gassen streunen, wird der Henker schlagen.
Zum vierten: Bürgermeister, Schöffen, Rat und Gemeinde mit allen Handwerken sind übereinkommen, daß sie hinfort bei allen Umgängen (Prozessionen) nach Ehre und Gebühr die Reihe wollen halten, wie folgt: Bürgermeister, Schöffen, Rat, Schultheiß, Gemeinde, Wollenweber, Schuhmacher, Bäcker, Brauer, Schmiede, Metzler, Schneider. Und soll sich niemand unterstehn, daß er einem andern den Vortritt nehmen wollte.
Zum fünften und letzten: Die Mägde sollen nicht über den Brunnen waschen und sollen den Eimer nicht an den Zapf henken.”

Der Ausrufer reitet weiter, die Zuhörer zerstreuen sich ohne sonderliche Erregung. Das sind alles keine großen Neuigkeiten, sondern zum Teil Anordnungen, die immer wiederkehren und nur in Erinnerung gebracht werden. Daß man ständig mit irgendwelchen Herren in Fehde lebt, das ist man gewöhnt. Die werden sich schon nicht über die Hege trauen, und wer wird sich denn die Last antun, seine Wehr mit aufs Feld zu schleppen! Wenn zu den Waffen gerufen wird, läuft man noch eben schnell nach Hause, holt sein Zeug und wird höchstens ein bißchen später am Musterplatz sein; bange machen gilt nicht! Über die Reihenfolge beim Umgang gibt es schon eher Auseinandersetzungen. Da hat doch der Volpert, dieser schlaue Schuster, mit seinem Mundwerk durchgesetzt, daß jetzt die Schuster vor den Bäckern gehen. Nun, wenn die Brauer ihre Zunftlade endgültig schließen, muß man ja doch eine neue Ordnung setzen. Und das kann nicht mehr lange dauern. Nach auswärts haben die Brauer nicht mehr viel Absatz, und in der Stadt trinkt man lieber Wein oder braut sich den Haustrunk selbst. Dann sollte eben die Stadt ein Brauhaus betreiben und das Gezaue (Gerät) notfalls tageweise an Bürger vermieten! Ja, und was die Hunde angeht, die werden ja zur Landplage! Der Henker sollte nur die streunenden Katzen auch schlagen - wenn er sie kriegt.

Im Kaufhaus

Wir gehen zur Nordwestecke des Platzes, um uns anzuschauen, was im Kaufhaus vor sich geht, das an der linken Ecke der Baugasse steht (an Stelle des Alten Rathauses). Dort müssen die fremden Kaufleute alle Waren für den Großhandel abladen, wiegen lassen und versteuern. Aber auch die einheimischen Wollenweber bringen die fertigen Stücke hierher; sie werden von den Zunftmeistern genauestens geprüft, und der Zangenmeister drückt ein Bleisiegel daran zum Zeichen, daß für Güte und vorgeschriebene Größe dieses Stückes die Wetzlarer Wollenweberzunft Gewähr bietet. Der Waagenmeister muß fein aufpassen, daß ihm kein Irrtum unterläuft. Für viele Waren sind ganz verschiedene Einheitsgewichte handelsüblich: die Wolle geht nach „Kluden£ (etwa 21 Pfd.), das Eisen nach „Schirbeln" oder „Waagen". Und wenn man auch Blei, Kupfer, Messing, Zinn oder Speck, Tran, Stockfische und Käse nach „Zentnern" handelt, so ist dennoch Zentner nicht gleich Zentner, wie ja auch die üblichen Hohlmaße für Getreide je nach der Frucht verschieden sind. An der Wand festgekettet ist die Wetzlarer Normalelle; sie hat 2 Schuh oder 24 Zoll (1 Zoll = 2,4 cm; 1 Schuh = 28,8 cm). Wenn man hinzunimmt, daß auch noch eine Menge von verschiedenen Münzen und Verrechnungssystemen in Gebrauch waren, dann kann man erst so recht ermessen, welche Erleichterung unser Dezimalsystem mit sich gebracht hat. Manche Waren wurden in Gebinden gehandelt, so Häute nach „Dechern" und der blaue Farbstoff Waid nach „Gesetzen", andere wieder wie Heringe in Fässern und Tonnen. Da die Fasten streng gehalten wurden, war der Verbrauch an Fischen sehr groß, und obwohl die Gewässer noch fischreicher waren als heute und allerorts Fischweiher angelegt wurden, bezog man große Mengen an gepökelten, getrockneten und geräucherten Seefischen. Auch die Abgaben im Kaufhaus wurden in der Weise erhoben, daß der Verkäufer „Zeichen" löste und Geld wie Zeichen in verschiedenen Büchsen ihren Weg zum Rathaus nahmen.

Der Kirchenbauhof

Wir verlassen - ein wenig benommen von der Vielfalt der Düfte im Kaufhaus - die Halle und stehen nun gerade vor der Westfront der

Kirche. Die Türme sind noch im Bau, und wir sehen von hier aus deutlich, daß man die gotische große Kirche um die alte romanische herumbaut. Von ihr steht noch das alte rundbogige Portal und der Nordturm, wegen seines Alters auch „Heidenturm" und wegen seiner Wendeltreppe auch „Wendelstein" genannt. Dort bewahrt der Rat in eisenbeschlagenen Kisten seine Urkunden auf, und ein Stadtwächter bewacht den Eingang. Der alte romanische Südturm ist abgebrochen, und nun ist man daran, den gotischen Turm nach den Plänen des Meisters Thile von Frankenberg aufzurichten. Aber es geht sehr, sehr langsam vorwärts; denn die Mittel sind knapp. Die Bauverwaltung liegt in Händen von zwei Stiftsherren und zwei Schöffen. Sie wählen als ständigen Verwalter einen „Baumeister". Nach seiner Wohnung, dem Bauhof, wo die Einkünfte aufgespeichert und eingekellert werden, hat die „Baugasse" ihren Namen. Aber dieser Baumeister ist keineswegs ein Architekt, Maurer- oder Steinmetzmeister! Mit der Bautätigkeit hat er gar nichts zu tun, sondern sorgt nur dafür, daß die Einkünfte des Bauhofs richtig eingehen, gelagert und zweckmäßig verwandt werden. Sie stammen zum Teil aus Stiftungen, für die den Stiftern Jahrgedächtnisse am Pfarraltar zugesagt wurden, zum Teil sind es die täglich bei der Messe von den Gläubigen gespendeten Opferpfennige oder Sachgaben, in die sich Pfarrer und Bauhof zu teilen haben. Das Stift selbst trägt also aus seinem Vermögen nichts mehr zum Bau bei. Wenn Handel und Wandel stocken, die Bevölkerung verarmt und die Spenden geringer werden, dann werden auch die Einkünfte des Bauhofes unsicher und versiegen schließlich ganz. So ist auch der Kirchenbau nur stockend durchgeführt worden, manches wurde prächtig und großzügig begonnen, aber bescheidener und sparsam durchgeführt, und so ist ja auch von der zweitürmig gedachten Westfront nur der Südturm hochgeführt worden, hat statt der steinernen Spitze nur eine aus Holz, und als diese 1561 abbrannte, die heutige Haube erhalten.

Indes wir noch den Werkleuten zuschauen, schreitet eine Anzahl würdiger Männer zu der Terrasse hinter dem Dom. Es sind die 12 Schöffen des hohen Gerichts, die zur alten Gerichtsstätte im Kreuzgang gehen. Die gewölbte Halle des Kreuzganges, der seinen Namen daher hat, daß an seinen Wänden die Stationen auf dem Wege Christi zum Kreuz dargestellt sind, zog sich im Viereck um die Terrasse. Da wo er sich an die Kirche anfügt, hat er bei den fortschreitenden Bauarbeiten mehrfach geändert werden müssen. Noch heute sieht man dort die Ansätze von Bogen eines älteren Kreuzganges und wenige größere eines späteren. Hier an dieser Stelle fand bei erträglichem Wetter nach uralter Sitte das Gericht im Freien statt, gewöhnlich nur sechsmal im Jahre je drei Tage lang. Ursprünglich hat es am Eingang der alten romanischen

Kirche getagt, dann an der eben genannten Stelle, später unter dem Turm bei den Glockenseilen, und bei gar zu schlechtem Wetter - und schließlich immer - im Rathaus. Man sieht an den eben genannten Stellen seitlich an den Pfeilern und am Gewänd noch Wetzspuren und Vertiefungen, als ob sie mit stumpfen oder scharfen Spitzen eingebohrt wären. Gewöhnlich wird das so erklärt, daß Krieger ihre Waffen besonders hätten weihen wollen, indem sie zum Schleifen Steine an der Kirche benutzten. Das mag wohl auch geschehen sein, aber es ist sicher kein Zufall, daß sich solche Wetzspuren häufig an solchen Stellen von Kirchen finden, wo das Gericht tagte oder herkömmlich gerne Eheberedungen oder Schiedstagungen und dergl. stattfanden. Da werden denn solche Wetz- oder Schleifbewegungen zu Rechtsbräuchen gehört haben. Eidesleistungen „bei meinem Schwerte" oder „bei der Spitze meines Schwertes" sind ja bekannt.

Während ursprünglich in dem vom Kreuzgang umgebenen Raum nur Stiftsangehörige bestattet wurden, diente er später auch der Bürgerschaft als „Neuer Friedhof".

Das Rathaus

In dieser Ecke des Marktplatzes am Eingang der Baugasse stand auch das älteste Rathaus. Bald nach 1350 erwarb jedoch die Stadt Gelände und Baulichkeiten am Fischmarkt und richtete dort ein neues Rathaus ein. Es ist das Haus mit dem Reichsadler, heute auch „Alte Kammer" genannt, weil es die Stadt 1693 an das Reichskammergericht abgegeben hat. Das neue Rathaus ist vielfach umgebaut worden und hatte nach der Krämerstraße zu eine offene Laube mit fünf Fenstern und einen Eingang; denn es stand nach dieser Seite noch frei. Die Seite nach dem Fischmarkt zu enthielt noch im 17. Jahrhundert im Erdgeschoß Fleischschirne, von denen sich übrigens noch mehrere in der gleichen Häuserflucht anreihten. Vielleicht findet man es seltsam, daß die ehemals so wohlhabende Stadt kein stolzes und eindrucksvolles Rathaus neu gebaut hat, wie es doch die meisten Städte taten. Aber auch das reiche Frankfurt hat sich mit umgebauten alten Häusern beholfen, von denen eines, der „Römer", dann dem ganzen Rathaus den Namen gegeben hat, und im übrigen brauchte man ja noch nicht die Vielzahl von „Büros", sondern ein paar Räume, in denen - unter Ausschluß der Öffentlichkeit - „beraten" werden konnte, dazu noch einen Sitzungsraum für das Schöffengericht, wenn es nicht im Freien tagen konnte. Auch der größte Raum war kein prunkvoller Rathaussaal, aber er genügte doch wohl auch für festliche Tage. Ein großer Kachelofen mit Knäufen und bemalten Blechwimpeln spendete Wärme, um die mächtige Tischtafel standen Bänke, und in Wandschränken fanden die nötigsten Akten und vor allem das Tischgerät Platz. Denn keinerlei Geschäft ging ohne Umtrunk ab, und aus mancherlei Anlaß ergaben sich gemeinsame Schmäuse, die vom Stadtkoch bereitet wurden. Das Geräteverzeichnis für den Stubenknecht (1564) nennt u. a. 5 Messingleuchter, 6 Viertelflaschen, 4 Halbviertel- und 2 Maßflaschen, eine ganze Reihe von Kannen und „Handfässern", 1 „kupfernen Kessel, da einer Gläser und Krüge in schwenkt", 12 große Zinnschüsseln, 9 Senfschüsseln, 3 Salzkannen, 26 Teller, und an Küchengerät: Rost, Brateisen, 2 Spieße, Messingkessel, Eisenpfannen und dergleichen. Die 48 silbernen Becher des Rats hatten die Bürgermeister selbst in Verwahrung. An „großen Tagen" wurde der Bestand wohl durch Privateigentum ergänzt, aber wir müssen doch hier wie in vielen anderen Dingen feststellen, daß es in Wetzlar - verglichen mit anderen Städten - sehr bescheiden herging und daß die Blüte der Stadt allzufrüh unterbrochen wurde, ehe noch das Bild eines behäbigen oder gar üppigen Bürgertums entstehen konnte, wie es andere Städte aus dem Mittelalter hinterlassen haben.

Die Judengasse

Bis an das Rathaus reichte ehemals die „Judengasse", die am „Judenberg" hinab zur Lahnbrücke führte, gewissermaßen als Fortsetzung der heutigen Schwarzadlergasse. Anfangs durften Juden nur in der ihnen angewiesenen Gasse wohnen, und dort hatten sie nahe der Lahnstraße auch ihre Synagoge. Sie lebten von der Geldleihe gegen Pfänder, und da diese vielfach nicht ausgelöst wurden, vom Wanderhandel mit den mannigfaltigen Pfandstücken. Sie standen unter Königsschutz und zahlten als „Kammerknechte" eine Reichssteuer. Dafür hatten sie das Privileg, Geld gegen hohe Zinsen (normal 33 Prozent) ausleihen zu dürfen. Den Christen war das durch kirchliche Gesetze verboten; da aber immer wieder Bargeld benötigt wurde auch von denen, die an sich reiche Einkünfte an Naturalien hatten, und weil die Kaufleute mitunter für kurze Frist größere Summen brauchten, die ohne weiteres allmählich mit Gewinn wieder einkamen, mußten Möglichkeiten zur Geldleihe geboten werden. So wurden die Juden geradezu auf das Geldgeschäft gedrängt und zogen allzu oft den Haß der Verschuldeten auf sich. Das führte immer wieder zu Judenverfolgungen, am schlimmsten im Jahre 1349, als die Pest, „der schwarze Tod", Europa heimsuchte und man die Juden beschuldigte, die Brunnen vergiftet zu haben. Da sind auch in Wetzlar - mit Einwilligung des Grafen von Nassau, der als Vogt im Namen des Königs hätte Einspruch erheben müssen - die Juden verbrannt oder vertrieben worden. Aber zwei Jahrzehnte später erhalten sie wieder Zulaß, sogar mit der ausdrücklichen Zusage, daß sie für die Stadtschulden nicht haften wie sonst jeder Bürger. Sie sind auch später (1598) noch einmal vertrieben worden; dann wurde ihre Zahl auf zwölf Familien beschränkt. Aber als das Reichskammergericht einzog, wurden die Beschränkungen kaum gehandhabt, und die Juden genossen in Wetzlar weit größere Freiheiten als in Frankfurt.

Mehlwaage und Badestuben

Wir benutzen eine Abkürzung (heute Eselstreppchen) zur Lahnbrücke und stoßen unten vor der städtischen Mehlwaage auf ein Getriebe von Menschen mit Handkarren und säckebeladenen Eseln. Sie lassen hier das

Ehemalige städtische Mehlwaage.

Getreide, ehe sie es zur Mühle schaffen, wiegen und lösen ein „Mahlzeichen"; nur wenn sie das vorweisen können, darf der Müller sie bedienen, und nur dann werden sie mit dem Mehl wieder durch die Stadtmauer eingelassen. Sie können dann das Mehl nochmals in der Mehlwaage nachwiegen lassen, um zu überprüfen, ob der Müller auch nicht mehr als den ihm zustehenden Mahlschatz zurückbehalten hat.

Aber was mag dort in dem Hause hart an der Stadtmauer nach der Lahn zu vor sich gehen? Da muß eine lustige Gesellschaft ihr Spiel treiben; denn man hört helles Gekreisch und Gelächter. Kein Wunder! Hier ist eine der vier Badestuben, die älteste und angesehenste der Gebrüder Reye. Vor einer Stunde noch ist ein Badeknecht durch die Gassen gegangen, hat das Birkenreisigbüschel geschwungen, mit dem man den schwitzenden Gästen die Haut beklopft, und hat gerufen: „Das Bad ist bereit!" Und da hat der Schneidermeister Gilbert, der seinen Zunftgenossen sowieso eine Einladung schuldig war, weil sie ihn zum Kerzenmeister gewählt haben, kurzentschlossen durch den Lehrbuben seine Gäste ins Bad einladen lassen. Nun sitzen sie in den großen Bottichen einander gegenüber, die etwas schmerzliche Prozedur ist vorüber, wenn man mit scharfer Lauge der Kleintierwelt in den Haaren zuleibe rückt, und nach einer kleinen Schlacht mit nassen Lappen werden Bretter über die Bottiche gelegt, und der Badewirt läßt einen herzhaften „Immeß" (Mahlzeit) auftischen. Ein paar Quart Wein dürfen nicht fehlen, und nachher kommen gar noch der Pfeifer und der Fiedler, so daß man recht nach Herzenslust einen Tag im Bade verbringen kann. Wer sonst noch baden will, kann Bellersdorfers Badestube am Ende der Güllgasse an der Stadtmauer oder in Silhofen die des Hermann von Probbach besuchen, aber es gibt auch noch eine draußen auf dem Sande in der Neustadt.

Gerade gegenüber der Badestube liegt der große Hof des Nonnenklosters Altenberg, von dem aus ein Verwalter den reichen Besitz in der Stadt überwacht. Er verkauft auch – und hat sie auf seinem „Laden" ausgebreitet – die wundervollen Altenberger Honigkuchen, die weithin berühmt und viel begehrt sind. Die Wetzlarer Bäcker sehen den Verkauf nicht gerade gern, zumal die Geistlichkeit steuerfrei ist, solange nur der nichtverbrauchte Überschuß aus regelrechten Einkünften verkauft wird, nicht etwa Ware, die erst für den Verkauf von anderen erworben wurde. Und das muß man ja dem Kloster glauben, daß bei ihm an Honig und Honigkuchenzutaten mehr eingeht, als die Nonnen bei heißem Bemühen selbst verzehren könnten.

So sind wir an die steinerne Lahnbrücke gelangt, ein Meisterwerk des 13. Jahrhunderts, von dem sich die Wetzlarer erzählten, der Brückenbaumeister habe ausdrücklich erklärt, die Tortürme an beiden Enden dürften nie entfernt werden, sonst müsse die Brücke einstürzen. Zum Glück ist die Prophezeiung nicht eingetroffen; freilich hat man auch schon im 15. Jahrhundert die Pfeiler durch Eisbrecher verstärkt und die Brücke immer sorgsam instand gehalten, denn sie ist es ja im Grunde, die auch in den schlechtesten Zeiten doch stets Verkehr in die Stadt geleitet hat.

Das Hospital zum Heiligen Geist und der Siechhof

Jenseits der Brücke betreten wir die Vorstadt Langgasse, und dort liegt gleich links am Haarplatz (Flachsplatz) das Städtische Hospital zum Heiligen Geist. Es ist im frühen 13. Jahrhundert dort am fließenden Wasser begründet worden, weil man dem Wasser heilende und verjüngende Kraft zutraute, und seinen Namen hat es erhalten - wie so viele Heilig-Geist-Spitäler - nach einer ähnlichen Stiftung des Papstes Innozenz III. in Rom. Anfänglich war es als Herberge für durchreisende Pilger und Obdach für arme Kranke gedacht, dann wurde es allmählich zu einem Heim für Alte und Gebrechliche. Ein Krankenhaus mit Arzt und Pflegern, wie wir es uns heute vorstellen, ist es nie gewesen, wohl aber wurden aus Mitteln des Spitals auch gesunde Arme und Bettler versorgt. Denn das Spital war durch Stiftungen ins Leben gerufen, wurde durch Stiftungen erhalten und war schließlich mit einem Besitz von etwa

Hospitalhof mit Pfründnerheim und Hospitalkirche.

1500 Morgen und reichen Zins- und Kornrenteneinkünften der reichste Eigentümer in Wetzlar und Umgebung - abgesehen vom Stift, dem Deutschorden und einigen Klöstern wie Altenberg und Arnsburg. Aber die Absicht bei all diesen Stiftungen war immer die gleiche: mit solch guten Werken sorgte man für sein Seelenheil, und die selbstverständliche Gegenleistung der Spitalinsassen und der beschenkten Bettler besteht im Gebet für die Spender. Demgemäß erinnert manche Gepflogenheit des Spitals an die Art klösterlicher Gemeinschaften. Die Spitalinsassen hießen z. B. „Brüder" und „Schwestern" und waren zu gemeinschaftlichem Gebet und Gottesdienst verpflichtet. An der Spitalskapelle amtierte ein eigener Kaplan, der vom Rat eingesetzt wurde; zwei Werktagsmessen hatte er montags und freitags zu halten, vor allem aber montags die Jahrzeiten (Anniversare) und Seelenmessen der Stifter, Brüder und Schwestern zu begehen, mit Weihwasser die Gräber auf dem Spitalskirchhof zu besprengen und eine Andacht am Beinhaus zu halten. Ein Beinhaus oder „Kerner" - wie es auch die Michaelskapelle am Dom enthielt - nahm die Gebeine auf, die beim Anlegen neuer Gräber auf dem Friedhof gefunden wurden. Da die Friedhöfe zu klein waren und immer wieder neu belegt werden mußten, gab es keinen anderen Ausweg. Die Fürsorge für das Seelenheil war es, die dem Spital immer wieder neue Stiftungen eintrug. Überdies aber galt im Volksglauben für Kranke die Fürbitte von gleichfalls Kranken und Gebrechlichen als besonders wirksam, und so versäumte es kaum ein Kranker in der Stadt, dem Spital eine Spende in Geld oder Lebensmitteln zu schicken mit der Bitte, ihn in das Gebet einzuschließen.

Die Vermögensverwaltung lag in Händen von zwei Beauftragten des Rates, der „Spitalpfleger", die bei allen Besitzfragen wie Kauf, Tausch und Verkauf von Grundstücken verantwortlich waren. Die praktische Leitung hatte dagegen der Spitalmeister, der von den Pflegern berufen und vertraglich verpflichtet wurde. Um zu verhindern, daß der Spitalmeister sich bereicherte, mußte er sein ganzes Hab und Gut einbringen, und es wurde von vornherein festgesetzt, welcher Teil seines Besitzes ihm wieder auszuliefern war, falls er den Dienst aufgeben mußte. In der Regel wurde ihm auf Lebenszeit Versorgung im Spital zugesagt, wenn er sich zur Ruhe setzen wollte. Der Spitalmeister bewirtschaftete die Spitalsgüter und hatte Vollmacht über alle bewegliche Habe des Spitals. Jährlich einmal vor Martini hatte er Rechenschaft abzulegen. Seine Frau, die „Meistersen", führte die Aufsicht über die Küche, das Vieh und das weibliche Gesinde. Sie sollte mit den Schwestern spinnen aus Werg, Flachs und dergleichen und Kleidung, Brot- und Handtücher, Säcke und Bettgewand herstellen. Meister und Meisterin müssen mit Brüdern und Schwestern an einem Tische essen. Niemand darf eigenes

Feuer halten außer in den beiden Küchen und der gemeinsamen Stube. Nur für ganz Schwache und solche, mit denen ein gemeinsames Leben nicht mehr möglich ist, wird auf der „Jecksburg" ein eigenes Gemach gehalten und notfalls gewärmt.

Der Spitalkellner verwahrt Brot, Wein, Bier und Fleisch, hilft dem Meister bei der Bewirtschaftung und zieht im Winter die Zinse und Pachtgelder auf dem Lande ein, während ein weiterer Helfer den Glöcknerdienst versieht und die Gelder in der Stadt einzuziehen hat. Ein Bäckerknecht versorgt die Spitalsmühle und backt für den täglichen Bedarf.

Brüder und Schwestern mußten beim Eintritt in das Spital ihren Besitz einbringen; waren sie vermögend, so mußten sie die Erben zuvor abfinden und durften sich selbst ein Taschengeld, das sogenannte „Trankgeld", vorbehalten. Bei schweren Verfehlungen konnten sie ohne Entschädigung ausgestoßen werden. Durch die Verpflichtung zu gemeinsamem Tisch für Meisterehepaar und Insassen war für gute Verpflegung gesorgt. Aber aus Sonderstiftungen gab es zu Zeiten auch Kleider, Schuhe und Leckerbissen, ja sogar ein bares „Trankgeld". Andere Stiftungen galten nur den Bettlägerigen und vor allem den Bettlern an den Türen, die gleichfalls am Gründonnerstag einen grauen Mantel und Schuhe erhielten.

Das Spital war also im Mittelalter doch weit mehr als ein „Altersheim"; es konnte einen Teil der Aufgaben übernehmen, die heute etwa ein Fürsorgeamt hat. Aber sein Reichtum bildete leider ständig eine Verlockung für den Rat, die Mittel des Spitals auch für andere städtische Zwecke zu benutzen. So hat das Spital z. B. allmählich alle Mühlen in der Stadt, außer der Hausermühle, die unter Lehnshoheit des Stiftspropstes stand, aufgekauft und dadurch der Stadtregierung die Überwachung des Mehlhandels erleichtert. Beim Spital nahm die Stadt Anleihen auf, und Fuhrwerke des Spitalshofes leisteten die Fuhren für städtische Bauten. Im Jahre 1493 erwarb das Spital vom Stift ein großes Propsteilehen, ehemals der Herren von Garbenheim, dann der Herren von Rodenhausen, das aus dem Hofgut Büblingshausen und einem Anteil an der Reichsburg Kalsmunt bestand. Gewiß eine gute Kapitalanlage zum Vorteil der landarmen Bürgerschaft, aber bald wurde geklagt, der Rat verfüge über die Spitaleinkünfte, als handle es sich um städtisches Gut.

Als sich dann mit der Reformation auch die Glaubensvorstellungen wandelten, sind dem Spital nur noch selten Stiftungen zugeflossen. Erhalten blieb noch ein Altersheim, in das man sich gegen festgesetzte Summen einkaufen konnte, für eine höhere zum besser verpflegten „Brudertisch", für eine geringere zum „Schwesterntisch", doch bedeuten die Bezeichnungen nur einen Unterschied im Verpflegungssatz, nicht eine Trennung nach Männern und Frauen. Im Gegenteil, ein Neubau wurde so in Zimmer und Kammern aufgeteilt, daß Eheleute selbständigen Haushalt führen konnten. Alle Insassen erhielten ihre Bezüge in Naturallieferungen und konnten selbst damit wirtschaften, wenn sie das Empfangene nicht zur Gemeinschaftsküche geben wollten.

Von alten Bauten ist heute fast nichts mehr erhalten. Die jetzige Hospitalkirche ist 1755 bis 1764 aus dem Ertrag von Sammlungen neu erbaut worden, aber natürlich nicht für die paar Hospitalinsassen.

Durch das Tor der Vorstadt Langgasse zieht eine Straße zum Siechhof. Das war das Heim der „guten Leute”, wie man schonend die armen Aussätzigen oder Leprakranken nannte, die dort wegen der Ansteckungsgefahr abgeschlossen für sich lebten. Ihre Katharinenkapelle durfte Ablässe gewähren und bot damit einen Anreiz zu Stiftungen. Im übrigen wurde der Siechhof von einem Leprosenmeister verwaltet und hatte eigenes Vermögen, aber er galt doch als Nebeneinrichtung des Hospitals. Wer Verdacht erregte, daß ihn die Krankheit befallen haben könnte, wurde vom Stadtphysikus untersucht und von ihm in das Gutleuthaus eingewiesen. Auch aus dem weiteren Umkreis kennen wir Gesuche um Aufnahme. Dann hieß es Abschied nehmen vom freien Umgang mit gesunden Menschen. Mit einer Klapper mußten die Leprosen ihr Nahen ankündigen, wenn sie einen Bettelgang durch die Stadt unternehmen durften. Mitleidige stellten ihnen dann Gaben an den Weg, aber scheu wichen alle in die Häuser, wenn der Zug der Unglücklichen vorüberkam. Und draußen am Siechhof gab es für sie zwar viel zu sehen, weil der Hauptverkehr nach Herborn, ins Hinterland oder nach Marburg vorbeikam, aber das konnte ja doch nur den Schmerz über das eigene Leid und Gebundensein immer neu aufwühlen.

Die Vorstädte Langgasse und Neustadt

Von der Langgasse führte eine steinerne Brücke über den alten Dillarm, der bei der Anlage des Karl-Kellner-Ringes verschwunden ist, in die Neustadt. Überaus breit ist ihre Hauptstraße, denn hier - wie auch in der Langgasse - waren die „Parkplätze des Mittelalters”, hier fanden die Fuhrleute der Warenzüge Ausspann und Rast, und gerade die Bewohner dieser beiden Vorstädte trieben hauptsächlich Landwirtschaft und weniger Gewerbe. Da ihnen die Mauern ihres engeren Bezirks zur Verteidigung angewiesen waren und die Abwehr gegen Eisgang und Hochwasser ihnen immer wieder besondere Aufgaben stellte, bildeten die „Langgässer” und „Neustädter” schon gegen Ende des 15. Jahrhunderts zunftartige Verbände, die sich „Gemeinden” nannten, wie auch der Verband aller Bürger der Altstadt, die nicht einer Zunft angehörten, „Gemeinde” hieß. Sie wählten als ihre Vertreter zwei „Baumeister”, eine Bezeichnung, die noch durchblicken läßt, daß die gemeinsamen Bauaufgaben den engen Zusammenschluß besonders gefördert haben. Die Zunftvorsteher nannte man „Kerzenmeister", weil die Zünfte zugleich auch religiöse Bruderschaften waren, die an ihren Altären ewige Kerzen brennen ließen und für das Seelenheil ihrer Mitglieder sorgten. Bei den „Gemeinden" war das nicht anders; auch sie begingen gemeinsam Begräbnis und Totendienst ihrer Mitglieder und halfen einander in allen Nöten. Wie die Zünfte den Gewerbebetrieb überwachten, so haben die Vorstadtgemeinden der Langgasse und Neustadt den Flurzwang ausgeübt, die Benutzung der Gemeinweide geregelt und alle Vergehen gegen die selbstgesetzte Ordnung mit Geldbußen belegt. Als sich erst einmal ein gewisses gemeinsames Vermögen angesammelt hatte an Grundbesitz und Bargeld, haben auch die Vorstadtgemeinden „sich geschlossen", d. h. nicht jeder Einwohner der Vorstädte trat ohne weiteres in den Genuß der Vorteile, die die „Gemeinden" zu bieten hatten, sondern neu Hinzukommende - ob es nun Gemeindesöhne oder Fremde waren - mußten sich durch eine abgestufte Summe in die „Gemeinde" einkaufen, vorausgesetzt, daß die festgesetzte Zahl der Mitglieder nicht überschritten wurde; andernfalls mußte ein Bewerber abwarten, bis durch den Tod eines Mitglieds eine Stelle frei wurde. Diese Entwicklung hat sich zum Teil erst in der nachmittelalterlichen Zeit vollzogen und nicht ohne Widerspruch der Stadtgemeinde und der Zünfte, die den Vorstadtgemeinden vorwarfen, ein Teil ihres Besitzes sei widerrechtlich der Allmende entnommen. Aber bis zum Jahre 1935 haben die Vorstadtgemeinden zusammengehalten und ihre alten Bräuche ausgeübt. Bezeichnend ist besonders, daß die Gemeinden beim Grenzgang am Montag nach Palmsonntag an bestimmten Punkten halt machten und mit dem Ruf: „Aijedum!" (Eigentum) ihr umstrittenes Besitzrecht zu wahren suchten.

Wir verlassen die Stadt durch das Neustadttor und überschreiten auf einer steinernen Brücke die Vordere Dill. Ihr Bett lag den größten Teil des Jahres fast trocken, da ihr Wasser schon draußen vor der Stadt durch ein Wehr abgedämmt war und durch den anderen Dillarm, die „Enge Dill", der Greiningsmühle an der Langgasse zugeführt wurde. Aber bei Hochwasser wird auch die Vordere Dill zum reißenden Strom, und gerade hier bei der Brücke sehen wir als Hinterlassenschaft aus Hochwasserzeiten den „Hutepfuhl", ein Wasserloch, das den Neustädtern als Tränke und Schwemme dient. Den Namen hat ihm ein Bürger Guntram Hut (um 1350) gegeben, der auch weiter vorwärts an der Gabelung, wo sich die Hohe Straße und der Weg nach Altenberg und Oberbiel trennen, eine Kapelle gestiftet hat. Gerade nimmt dort ein Kaufmann von den Seinen Abschied, da kommt eiligen Schrittes von Altenberg her einer der Stadtboten. Man erkennt ihn an der trommelartigen Briefbüchse mit dem Stadtwappen, dem schwarzen Adler im roten Feld. „Was bringst du Neues, Henne?" fragt ihn unser Kaufmann. Aber Henne verweist auf das Siegel, das den Verschluß seiner Botenbüchse wahrt. Doch aus übervollem Herzen kann er dem Frager, den er als Ratsmann der Stadt gut kennt, nicht jede Auskunft verweigern, und so seufzt er sorgenvoll: „Nichts Gutes, Herr Conrad Eckle! Immer das alte Lied: den dritten Tag schon sitzen die Schiedsleute zusammen in des Priors Stube zu Altenberg, aber die Solmsischen wollen nicht nachgeben. Sehet zu, daß Ihr noch ungeschoren bis Driedorf kommt! In ein paar Tagen geht der Stillstand zu Ende - und die Fehde hebt wieder an. O Jammer, daß wir keinen Kaiser haben, der Friede und Recht zu wahren weiß!"

Aus des einfachen Mannes Mund haben wir vernommen, wo er des Übels Wurzel sucht: die starke Hand fehlt, die der Eigensucht der vielen kleinen Machthaber im Reiche Einhalt geböte. Wir werden alsbald sehen, durch welche Verkettung vielfacher Umstände das Bild der mittelalterlichen Reichsstadt Wetzlar, wie wir es eben noch kennengelernt haben, jäh und grauenvoll gewandelt worden ist.

10. Stürmische Jahrzehnte

Wetzlar in höchster Blüte

Um die Mitte des 14. Jahrhunderts hat Wetzlar seinen höchsten Wohlstand und eine achtunggebietende Stellung unter den Städten des Reiches erreicht. Etwa 6000 Einwohner zählte die Stadt; und das war viel für eine Zeit, in der Frankfurt auf etwa 10 000 geschätzt wird. Mehr als schätzen kann man nicht, weil keine Einwohnerlisten erhalten sind. Aber einen gewissen Anhalt gibt es doch, wenn man die Reichssteuern vergleicht: da werden von Frankfurt rund 618 Mark verlangt und von Wetzlar 400, also nur ein Drittel weniger. Auch läßt eine Zusammenstellung aller in zeitgenössischen Quellen erwähnten Häuser erkennen, daß die mittelalterliche Stadt um 1350 nicht weniger Baufläche bedeckte als die Stadt um 1850. Allerdings liegen Jahrhunderte dazwischen, in denen Wetzlar mit der Einwohnerzahl auf etwa 2000 gesunken und die bebaute Fläche eng zusammengeschrumpft war.

Was Kaiser und Könige im Laufe der Jahrhunderte ihrer Reichsstadt an Privilegien erteilt und bestätigt haben, ist zusammengenommen nur ein anderer Ausdruck dafür, daß die Stadt in ihrem Bereich alle einstmals der Krone vorbehaltenen Hoheitsrechte frei ausüben darf. Der

Rat ist Landesherr - vielleicht schon uneingeschränkter als mancher Fürst mit vielen Titeln, der innerhalb seines Landes noch alle möglichen Sonderrechte von anderen gelten lassen und mit den Landständen paktieren muß. Im Unterschied zu den Fürstentümern hat die Stadt in ihrer Mauer und Hege klare und eindeutige Grenzen, kann an den paar Pforten Handel und Verkehr leicht überwachen und hat in ihren kleinen Verhältnissen mit wenig Aufwand ausreichende Verwaltungseinrichtungen geschaffen.

Als besonderer Gönner Wetzlars erwies sich König Ludwig der Bayer (1314-1347) Von ihm stammt die Bewilligung eines zweiten Jahrmarktes und des Kaufhauses mit der Waage. Er hat auch der Stadt ein fast uneingeschränktes Besteuerungsrecht verliehen, so daß sie ihren Geldbedarf nach eigenem Ermessen decken, dabei aber mit Zöllen und Wegegeld, Markt- und Handelsabgaben gerade auch Nichtbürger kräftig heranziehen konnte. Besonders wertvoll war, daß sich die Bürger nur von dem Schöffengericht in der Stadt zu verantworten hatten und keiner Ladung vor auswärtige Gerichte, ja - mit bestimmten Ausnahmen - selbst nicht vor das Hofgericht des Kaisers zu folgen brauchten. Als Vorbild bei der Ausgestaltung des Stadtrechts und als Oberhof, an dem sich die Schöffen in schwierigen Fällen ein Urteil holen konnten, galt Frankfurt. Aber ebenso wurde Wetzlar zum Vorbild für andere Orte, denen Wetzlarer Recht verliehen wurde, wie etwa auf dem Westerwald: Driedorf, Liebenscheid, Westerburg, Weltersburg, Hachenburg und Altenkirchen - also alles Orte im Bereich der „Hohen Straße" nach Köln oder Siegen.

Ludwigs des Bayern Gegner und Nachfolger, Karl IV., wußte gleichfalls den Wert der Städte für das Reich zu schätzen, und mit seiner Gunst erntete Wetzlar auch weitere Privilegien, ja - wie es 1352 zusammenfassend und etwas übertreibend heißt - die gleichen Rechte wie Frankfurt. Im Staatsgrundgesetz der „Goldenen Bulle" von 1356 erhält Wetzlar das Ehrenrecht, dem Kurfürsten-Erzbischof von Köln auf dem Wege zur Wahl nach Frankfurt und zurück das Geleit zu geben. Ein Zeichen wiederum dafür, daß damals der Weg über Wetzlar als übliche Verbindung zwischen Köln und Frankfurt galt.

Freilich - Wert hatten alle Privilegien nur, solange die Möglichkeit bestand, ihnen notfalls mit Gewalt Geltung zu verschaffen. Was nutzte es, daß die Kaiser verboten, im Umkreis von vier oder drei Meilen um Wetzlar Burgen oder neue Zollstätten zu errichten, wenn es der Stadt überlassen blieb, ob sie das Verbot auch durchsetzen konnte! Die Herrscher selbst haben sich unbedenklich über eigene Zusagen oder solche ihrer Vorgänger hinweggesetzt, haben - entgegen wiederholten feierlichen Zusagen - die Stadt verpfändet und nie wieder eingelöst, haben auch den Nachbarn im Bannkreis der Stadt Zölle und Märkte gewährt

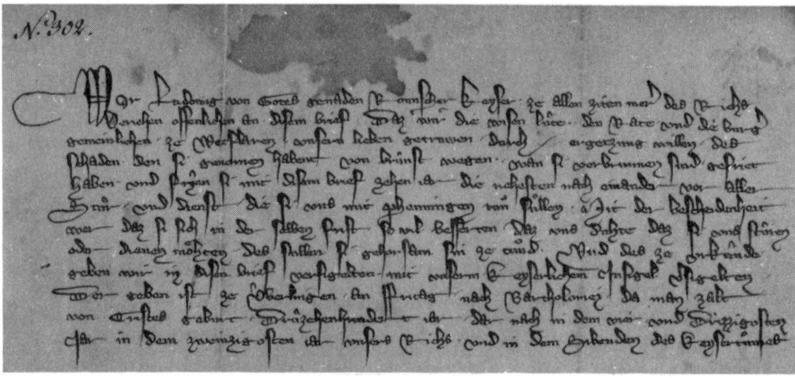

Kaiser Ludwig der Bayer verspricht der vom Brand heimgesuchten Stadt auf zehn Jahre Steuererlaß (1334, Stadtarchiv).

und herzlich wenig getan, um die Rechte „ihrer lieben und getreuen Stadt" zu wahren.

Und so entschied unbarmherzig die nackte Gewalt über verbrieftes Recht. Wie heute Nationen, Staatengruppen und Kontinente miteinander ringen, so bekämpften sich damals auf engstem Raum Städte, Fürsten und geistliche wie weltliche Herren. Keine kaiserlichen Mahnbriefe, nicht Acht und Bann, kein allgemeiner oder besonderer Landfrieden hat diese Selbstzerfleischung hindern können, und Ruhe trat erst ein, als einige wenige größere Machtgebilde die vielzuvielen kleinen verschlungen hatten.

Wohl hat am Laurentiustage (10. August) des Jahres 1334 ein schwerer Brand die Stadt heimgesucht, so daß ihr der Kaiser auf zehn Jahre Steuererlaß versprach, wohl wird im Jahre 1349 der „schwarze Tod", die Pestseuche, unter der ganz Deutschland litt, auch in Wetzlar schwere Opfer verlangt haben, aber nicht solche unausweichlichen Katastrophen haben die Blüte der Stadt jäh geknickt, sondern die ewigen Fehden mit ihren wirtschaftlichen Folgen.

Fehden und immer wieder Fehden . . .

Im Rahmen des Krieges zwischen Hessen und Mainz hatten im Jahre 1328 die Grafen von Solms-Braunfels und Burgsolms mit der Reichsstadt die Waffen gekreuzt. Alt-Hohensolms war damals zerstört worden, aber es wurde alsbald wieder aufgerichtet, und das Verhältnis der Gegner blieb gespannt. Der Greifenstein lag noch in Trümmern, die Straße an Burgsolms und Braunfels vorbei konnte man notfalls vermeiden, aber Hohensolms beherrschte die Verbindung mit der Leipziger Straße und die Wege nach Norden. Den führenden Männern in Wetzlar prägte sich die Vorstellung ein, als gebe es nur eine Lösung, wenn sich die Stadt auf lange Sicht offene Handelswege und damit die Grundlage ihres Wohlstandes sichern wollte: nämlich das Aufkommen einer solmsischen Landesherrschaft im Keim zu ersticken. Daß Hessen und Nassau nicht untätig zusehen und ihren Anteil an der Beute beanspruchen würden, war klar. Aber mit ihnen war man stets zu tragbaren Vereinbarungen gekommen. Umgekehrt war den Grafen die Reichsstadt immer und überall im Wege. Sie hatten ihr Zollfreiheit auf den Durchgangsstraßen und Abgabenfreiheit für die altbürgerlichen Güter in der Grafschaft zugestehen müssen. Die Grafen konnten nicht hindern, daß immer wieder Untertanen ihren Wohnsitz in der Stadt nahmen und ihnen damit deren Dienste und Abgaben verloren gingen. Was bedeutete es viel, wenn Wegziehende als „Abzugspfennig" den 10. Teil ihrer Habe zurücklassen mußten! Geistliche Anstalten wie das Stift, dazu das Städtische Hospital und wohlhabende Bürger legten ihr Bargeld gerne in Fruchtrenten an und erkauften von den Bauern gegen einmalige Zahlungen ewige Lieferungen an Getreide. Kam es zu Streitigkeiten über Pachten und Renten, dann machten die Städter ihr Vorrecht geltend und wollten nur das Schöffengericht in der Stadt, aber nicht die Landgerichte der Grafen als zuständig gelten lassen. Die Grafen versuchten, diese hinderlichen Vorrechte der Stadt zu umgehen oder einfach zu mißachten. Aber dann führte die Stadt Klage beim Landfriedensbund, und - es hielt für die Grafen dann schwer, einem gemeinsamen Strafunternehmen noch rechtzeitig durch Versprechungen und Sühneleistung zuvorzukommen. Also lebten auch die tatkräftigen Männer des heißblütigen Geschlechts in der Vorstellung, es gebe nur eine Lösung: man mußte die Stadt solange schwächen, bis sich einmal Gelegenheit bot, etwa das Vogtamt über die Stadt zu erringen oder ein Pfandrecht oder irgendeine Form von Recht, die in Wirklichkeit Herrschaft bedeutete. Daß auch dies Hessen und Nassau nicht gleichgültig mitansehen würden - am wenigsten Nassau-Weilburg, das soeben von den Merenbergern die Reichsvogtei über Wetzlar ererbt hatte -, das konnten auch die Grafen von Solms voraussehen, aber lange Voraussicht und geduldige diplomatische Mühen, bis reife Früchte zu ernten waren, das gab es im Mittelalter nur höchst selten, und in unserem Vaterlande am allerwenigsten. Da übermannt allzuoft eine leidenschaftliche Aufwallung die vernunftgebotene Vorsicht, und um nächstliegender Vorteile willen wird ein in der Ferne winkender Dauererfolg leichtsinnig aufs Spiel gesetzt.

Wir können also heutzutage zwar die tieferen Ursachen für die „Erbfeindschaft" zwischen Solms und Wetzlar nennen und als Kampfziel die Herrschaft über die Handelswege bezeichnen oder noch weitergreifend das Streben der Grafen, in ihrem Lande eine ebenso geschlossene und durch keinerlei Sonderrechte durchbrochene Landesherrschaft aufzubauen, wie es der Stadt in ihrem Bereich - dank kaiserlicher Privilegien - vor ihnen schon gelungen ist -, aber mit der Erkenntnis solcher Grundzüge haben wir noch lange nicht den Schlüssel in der Hand, mit dem wir das Verständnis für jedes Einzelereignis in diesem wirren Geschehen erschließen könnten.

Denn beide Parteien suchen und finden Verbündete, aber sie müssen dabei - mitunter mehrmals in einem Jahre - die Parteistellung wechseln. Und die Fehden zwischen Solms und Wetzlar sind - um der Verbündeten willen - unlöslich verflochten in Fehden und Sonderbestrebungen der kleinen und großen Mitkämpfer. Will man das Warum und Wie dieser Bündnisse und Verträge genauer darstellen, dann gibt das ein Bild mit zahllosen Personen, deren Namen und Absichten aufzuführen wären; aber ehe man noch die Gesamtgruppierung beschrieben und erklärt hätte, wäre schon dieser und jener in plötzlichem Entschluß zur Gegenpartei übergetreten, die einen wären aus dem Spiel ausgeschieden, andere neu hinzugetreten - kurzum: die Schilderung solcher Kleingeschichte heimatlicher Fehden erfordert mehr Raum, als unsere Darstellung verfügbar hat, und auch mehr Geduld und Wißbegier, als wir von unseren Lesern erwarten. Wir müssen uns daher mit einer stark vereinfachten Wiedergabe der Hauptereignisse begnügen.

Dem Wittelsbacher Ludwig dem Bayern war schon ein Jahr vor seinem Tode ein Gegenkönig erstanden in dem Luxemburger Karl IV. (1347 bis 1378). Für diesen hat sich Wetzlar sogleich entschieden und auch an ihm festgehalten, als die Wetterauer Bundesstädte dem Gegenkönig Günther von Schwarzburg zufielen und es eine Zeitlang schien, als werde sich Karl nicht durchsetzen. Aber Günther von Schwarzburg starb schon 1349, und nun war für Wetzlar die Zeit gekommen, wo es die Gunst des neuen Herrn gegen seine Gegner ausnutzen konnte. Schon in seiner ersten Privilegienbestätigung sagte Karl IV. der Stadt seinen Schutz gegen die Grafen von Solms zu, und zwei Monate später gebietet er seinem Landvogt in der Wetterau, Herrn Ulrich v. Hanau, mit 200 Gewappneten unter des Reiches Banner und auf dessen Kosten mit den Städtern gegen Hohensolms zu ziehen und nicht eher abzurücken, „daz selbe hus daz sey dann gentzlich gedilgt, gesleift und zerstoret". Nie wieder dürfe auf derselben Burgstätte - dem Altenberg an der Straße von Blasbach nach dem späteren Hohensolms - eine neue Feste angelegt werden. Wenig später gewann die Stadt gar noch die Hilfe des Erzbischofs Balduin von Trier, und damit gerieten die Grafen Bernhard I. von Braunfels und Johann I. von Burgsolms in schwerste Bedrängnis. Denn nur diese beiden Linien des Solmser Grafenhauses behaupteten noch ihre Selbständigkeit. Graf Philipp von Solms-Königsberg geriet mehr und mehr in Abhängigkeit von Hessen, hatte sich auch mit Wetzlar verbündet und ihm seine Burg Königsberg und das feste Haus zu Werdorf für Kriegszwecke geöffnet, wenn er auch nicht mit den Waffen am Kampf gegen seine Vettern teilnehmen wollte.

So gelang es denn der Übermacht alsbald im Herbst 1349, die Burg Alt-Hohensolms einzunehmen, und der Landvogt erhielt sie in Verwahr, bis Sühneverhandlungen mit den besiegten Grafen über ihr ferneres Schicksal entscheiden würden. Graf Bernhard war inzwischen gestorben. Die Klageschrift der Stadt, die den Schiedsrichtern vorgelegt wurde, mag übertreiben, aber selbst wenn wir das berücksichtigen, bleibt noch ein böses Sündenregister. Neben Bedrängungen von Wetzlarer Bürgern auf Solmser Gebiet und Schädigungen ihres dortigen Eigentums wird immer wieder Straßenraub aufgeführt: „Ouch clagin wir, daz er unser burgere uz Brunenfels uf des richs straze liez rauben... und nackind uzziehen... unde daz sie da geslagen darzu sere wurden und mit dornen jemerlich geritzet wurden in syner geinwurtikeid." Die Gegenwart des Grafen bei den Mißhandlungen wird besonders betont, weil er sich in solchen Fällen üblicherweise damit zu entschuldigen versuchte, es handele sich nur um Übergriffe von Untergebenen, die zu den Schandtaten keine Anweisung erhalten hätten. Und so nennt denn auch die Klageschrift in anderen Fällen nur die Täter, wie des Grafen Marschalk und Diener aus Hohensolms, die Wetzlarer Bürger bei Nacht brandschatzten und ihnen Pferde, Kühe und anderes Vieh wegtrieben, oder den Hohensolmer Burgmann Hartmann Benefencius, der auf offener Reichsstraße ehrbare Kaufleute beraubte, die zur Frankfurter Messe wollten, und andere, die von Braunfels aus Schutzbefohlenen der Stadt wie dem Kloster Arnsburg, Kloster Altenberg und dem Deutschherrenorden Pferde und Karren mit Salmen und Belchen wegnahmen. Aber auch die Grafen persönlich waren mit aufgerecktem Banner dabei, als ihre Freunde eines Abends vor der Stadt den Bürgern Vieh wegtrieben, und sie haben bei Nacht und Nebel und schlafender Zeit zweimal Feuer in die Stadt und Vorstadt geschossen, haben Mühlen vor der Stadt gebrandschatzt, und manches derlei geschah ohne rechte Fehdeansage. So beläuft sich denn die Schadenersatzforderung der Stadt auf viele Tausende Pfund Heller. Auf einem Rittertag zu Friedberg wurde das alles vorgebracht, aber der Friede kam nicht zustande, und so ließen die Verbündeten verabredungsgemäß die Burg Alt-Hohensolms zerstören.

Schon den Waffenstillstand hatten die Grafen dem Eingreifen des Grafen Gerlach von Nassau-Weilburg zu verdanken, der freilich nicht uneigennützig einem härteren Strafgericht in den Arm fiel. Er hatte schon 1335 die Grafen von Braunfels genötigt, ihm Altenkirchen, Möttau,

Dietenhausen und den Mönchshof Hausen abzutreten, und hatte auch ein Öffnungsrecht auf Braunfels erlangt, so daß er diese Burg bei Bedarf für seine Zwecke benutzen durfte. Aber diesmal schien es ihm wohl vorteilhafter, die Solmser nicht ganz zu Boden werfen zu lassen, weil sie vielleicht einmal gegen Hessen wertvoll werden konnten. Und da die Helfer der Stadt wohl nur mit halbem Herzen bei der Sache waren, weil für sie kein unmittelbarer Gewinn zu erwarten war, konnten die Solmser - so unglaublich es auch klingt - in kurzer Zeit eine neue Burg an der Stelle des heutigen Hohensolms errichten. Das aber war eine so unmittelbare Bedrohung für Königsberg, daß es den Landgrafen von Hessen auf den Plan rief. Er verbündete sich im November 1350 mit Wetzlar, um dieses neue Haus auf dem Ramsberg zu brechen. Denn inzwischen hatte Graf Philipp die Burg Königsberg an Hessen verkauft, und da mit ihm die Linie Solms-Königsberg ausstarb, stand für die Landgrafen in naher Aussicht, daß sie den ganzen Anteil dieser Linie am solmsischen Besitz würden erringen können. So ging denn die Fehde mit Erbitterung weiter. Die Belagerung von Hohensolms hatte wohl keinen Erfolg, aber unterdes geschah alles, um den Gegner zu schädigen, wo es nur irgend ging, und das hieß damals, den Bauern alles wegnehmen, was irgend Wert hatte, um bei einem Friedensschluß wertvolle Pfänder in der Hand zu haben. Nahte die feindliche Schar einem Dorfe, dann dienten Kirchhof und Kirche als letzte Zuflucht. Unseren alten Dorfkirchen sieht man ja meist heute noch an, daß sie einstmals mit ihren festen Türmen, brandsicheren Gewölben und wenigen hochgelegenen, schmalen Fensterscharten als Wehrbauten gedient haben. Freilich, das volle kirchliche Asylrecht hätte nur gegolten, wenn kein Widerstand mit Waffen geleistet worden wäre. Aber mochte auch der herbeigeeilte Priester mahnen, keine Waffen zu zeigen, bis er die Feinde zur Achtung vor dem Kirchfrieden gemahnt hätte - wer konnte untätig mitansehen, wie man in die Gehöfte drang, plündernd den Hausrat wegschleppte, die Frucht auflud und das Vieh wegtrieb! Da griff eben auch der Bauer zu Kolben und Spieß und setzte Gewalt gegen Gewalt. Eine Zeitlang konnten Kirchhof und Kirche eine Belagerung aushalten, aber dann flogen die Brandpfeile ins Gebälk, und ohne Schaden ging es auch im günstigsten Falle nicht ab. Die Kirchenstrafe folgte auf dem Fuße: Wetzlar verfiel dem Kirchenbann wegen Kirchenbrand und Schaden an Kirchengut in Aßlar, Bechlingen, Berghausen, Dillheim, Erda, Kölschhausen, Waldgirmes und Werdorf. Aber die Absolution ließ nicht lange auf sich warten, da Erzbischof Balduin selbst auf Seiten der Stadt gestanden hatte.

Im September 1351 kamen endlich Friedensschlüsse zustande. Die Grafen mußten Bürger von Wetzlar werden und damit die Zuständigkeit des Wetzlarer Schöffengerichts bei Streitfällen anerkennen.

Sie mußten aber der Stadt auch ihre Burgen Braunfels und Hohensolms öffnen, und wenn ihnen umgekehrt gestattet wurde, sich gegen ihre Feinde auch aus Wetzlar zu behelfen, so waren dem durch ihre Unterstellung unter Bürgerrecht doch enge Grenzen gesetzt. Noch beengender war der Vertrag mit Hessen. Sie mußten den Landgrafen als Ganerben in ihre Grafschaft aufnehmen, ihm ihre Schlösser öffnen und Hohensolms als hessisches Lehen empfangen. Hätten die Grafen diese Bedingungen streng eingehalten, so wären sie in ihrer politischen Betätigung gelähmt gewesen und von selbständiger Landesherrschaft weiter denn je entfernt. Graf Johann I. von Burgsolms hat diese Fesseln nicht lange überlebt; er ist 1354 gestorben.

Die Fehde hatte beide Teile wirtschaftlich schwer geschädigt, und - wie immer - machten sich andere ihre Schwächung zunutze. Die Geldnot und das Bestreben, wieder Handlungsfreiheit durch Anlehnung an Stärkere zu gewinnen, veranlaßten die Solmser Grafen zu verhängnisvollen Verpfändungen. Graf Dietrich von Burgsolms verpfändete 1358 dem hessischen Landgrafen für 2010 Gulden Schloß und Tal (Dorf) Hohensolms mit den Dörfern der Cente Altenkirchen und Naunheim, also seinen Anteil an der Osthälfte der Gesamtgrafschaft. Im Gegensatz hierzu suchte Graf Heinrich VI. von Braunfels Anlehnung an Nassau und verpfändete im folgenden Jahre 1359 dem Grafen Johann von Nassau-Weilburg für 2500 Pfund Heller seinen Anteil an Schloß Braunfels und die Centen Dillheim, Lohe und Blasbach. Hessen wie Nassau hofften natürlich, daß aus den Pfandschaften einmal unbeschränkter Besitz werden könnte.

Wetzlar verfolgte aufmerksam diese Entwicklung, war aber noch zu sehr geschwächt, als daß es selbst durch Darlehen in diesen Krieg mit der klingenden Münze hätte eingreifen können. Das Verhältnis zu den alten Bundesstädten war etwas kühl, seit diese ihren Bund ohne Wetzlar erneuert hatten. Aber den Landfriedensbündnissen gehörte die Stadt natürlich an, und Karl IV. verlangte, daß ihm der Dank für seine Hilfe in der Solmser Fehde durch kräftige Unterstützung bei den Landfriedensunternehmungen abgegolten wurde. So hörten die Kosten für Heerfahrten nicht auf, und unversehens wurde die Stadt wieder in gefährliche Verwicklungen hineingerissen. Als Hessen versuchte, sich auf dem Greifenstein festzusetzen, konnte es noch durch die Drohung mit dem Eingreifen des Landfriedensbundes zurückgeschreckt werden, und Wetzlar wurde wenigstens nicht zum Bruch mit dem natürlichen Verbündeten getrieben. Aber dann brach ein Erbstreit um die Grafschaft Wittgenstein aus. Der Kaiser stellte sich auf die Seite eines der Erbanwärter, des Grafen Salentin von Sayn, eines Schwiegersohnes des verstorbenen Grafen von Wittgenstein, aber zwei andere Schwiegersöhne,

Graf Dietrich von Burgsolms und Graf Poppo von Eberstein, beharrten auf ihren Ansprüchen und begannen mit Feindseligkeiten. Daraufhin verlangte der Kaiser das Eingreifen des Landfriedensbundes, und als nächstgelegene Stadt sollte Wetzlar das Seine tun. Wahrscheinlich nahmen die Städter die Fehde zu leicht. Beim Zug gegen Laasphe erlitten die Wetzlarer am 9. August 1360 eine schwere Niederlage. Viele Bürger, darunter auch der Schultheiß Ludwig Hahn, fanden den Tod oder gerieten in Gefangenschaft und mußten ausgelöst werden. Das nötigte die Stadt zu einem ungünstigen Friedensschluß; sie mußte auch, als dann der Kaiser sich gleichfalls mit den Gegnern aussöhnte, für ihn eine Entschädigung an die Grafen in Höhe von 8200 Gulden vorlegen. Der Kaiser belobte zwar die Stadt für ihre treue Hilfe und wies ihr zum Ersatz für den erlittenen Schaden und die vorgestreckte Summe zwei alte Turnosen vom Rheinzoll in Oppenheim solange an, bis sie insgesamt 16000 Gulden eingenommen hätte, aber damit war die Niederlage nicht verschmerzt und der Wunsch, mit dem Solmser Nachbarn endgültig abzurechnen, nur noch brennender geworden.

Schon war die Stadt mit hohen Anleiheschulden belastet, und der innere Frieden war bereits gefährdet durch das Aufbegehren der Zünfte, die Anteil am Stadtregiment verlangten und durch gleichartige Vorgänge in Frankfurt in ihrem Drängen bestärkt wurden. Dennoch waren die Umstände zu verlockend, und das Ende der Solmser Grafschaften schien in greifbare Nähe gerückt. Am 1. April 1361 verpfändete Hessen der Stadt die Burgen Königsberg und Werdorf für 6000 Gulden und versprach mitzuhelfen, daß der Unsicherheit auf den Straßen ein Ende gemacht würde. Wenig später vereinbarten insgeheim Hessen und Nassau geradezu eine Teilung der Solmser Grafschaft. Nassau überließ an Hessen seine Pfandrechte in den Dillcenten, so daß die Hohe Straße in Zukunft die Einflußbereiche der beiden Länder trennen sollte. Auf Befehl des Kaisers schloß die Stadt am 22. Juni 1361 noch ein besonderes Schutz- und Trutzbündnis mit dem Grafen Johann von Nassau-Weilburg, dem sie als Inhaber der Vogtei an sich schon nahe stand.

Der Ring um Graf Dietrich v. Solms war geschlossen, und ein geringfügiger Anlaß genügte, daß ihm der Landfriedensbund den Kampf ansagte. Diesmal taten auch die Wetterauer Städte mit und schickten das pflichtige Aufgebot. Die Einnahme von Burgsolms gelang allerdings nicht, wohl aber wurde Hohensolms erstürmt und zerstört. Graf Dietrich geriet mit zweien seiner Burgmannen, Hartmann Hurus und Heinrich Krug von Leun, in Gefangenschaft und wurde zwei Jahre lang in Wetzlar festgehalten. Erst im Jahre 1363 kam es zu einem Friedensschluß. Er bestätigte im wesentlichen den Vertrag von 1351, gab der Stadt aber ein Vorkaufsrecht auf Braunfels und sprach ihr eine Entschädigung von 2200 Mark Silber zu, die eigentlich schon Johann I., der Vater Dietrichs, hätte erlegen müssen.

Die Stadt konnte hoffen, am Ziel zu sein. Sie erwarb und verstärkte durch Vereinbarungen mit Hessen noch Pfandrechte auf Hohensolms, Königsberg und Werdorf, und damit waren alle Solmser Burgen - außer Burgsolms - unschädlich gemacht. Aber ein böses Verhängnis wollte es, daß nun, wo die Wege nach Norden offen waren, von 1364 bis 1366 eine hartnäckig geführte Fehde des Kaisers und des Landfriedensbundes mit den Herren von Falkenstein die Straßen im Taunus und in der Wetterau unsicher machte, so daß wiederum der Handelsverkehr stark behindert wurde. Andererseits führte der gemeinsame Kampf die Wetterauer Reichsstädte wieder enger zusammen, und 1364 vereinigten sich wieder Frankfurt, Friedberg, Gelnhausen und Wetzlar zu ihrem alten Bündnis.

So hatte es den Anschein, als würden ein paar Friedensjahre genügen, um die Kriegsschäden wieder wettzumachen, und wenn es nur darauf angekommen wäre, neue und erhöhte Zölle und Abgaben zu erheben, dann taten Karl IV. und sein Sohn Wenzel das Ihre, indem sie der Stadt die weitestgehenden Privilegien hierzu erteilten, darunter auch die übelberüchtigte Berechtigung, von jeden Wagen oder Karren, der beladen zur Stadt kam, die „Steinfuhr" zu verlangen, d. h. ihn vor der Weiterfahrt eine Steinladung für die Stadtbefestigung fahren zu lassen. In Wirklichkeit waren aber derlei Belästigungen und allzu hohe Abgaben keine brauchbaren Mittel, um Verkehr und Umsatz und damit die Einnahmen zu erhöhen. Der Stadtregierung blieb also nach wie vor die Sorge, wie sie die hohen Aufwendungen für politische Zwecke, alle diese Pfanddarlehen und Rüstungskosten, in Einklang bringen sollte mit ihrer Leistungskraft.

Schöffen, Ratsherren und Zünftler

Wenn wir heutzutage mit Mühe das verworrene politische Spiel jener Zeiten zu durchschauen versuchen, wenn wir nur allein ins Auge fassen, wie wichtig es war, ob sich die Stadt bei einem Thronstreit für den Richtigen entschied, dann müssen wir fragen: Wer waren denn in der Reichsstadt die Männer, die Weitblick genug hatten, in sturmbewegter Zeit die richtigen Entscheidungen zu treffen?

Die Antwort lautet: Es sind Männer aus den alten Schöffengeschlechtern und Ratsherrenfamilien, die nun schon seit Jahrhunderten die Ämter in Gericht und Rat innehaben und neben ihren häuslichen Geschäften auch innere Verwaltung und Außenpolitik ihrer Heimatstadt leiten. Zwar wurde in wichtigen Angelegenheiten die Bürgerschaft am Sonntag nach der Pfarrmesse auf dem Friedhof zusammengerufen und konnte da ihre Meinung zur Geltung bringen, zwar beginnen die feierlichen Beurkundungen der Stadt mit der Formel: „Wir Bürgermeister, Schöffen, Rat und ganze Gemeinde . . .“ – aber in Wirklichkeit ist es doch nur ein ganz enger Kreis weniger Familien, die als „schöffenbar“ oder doch „ratsfähig“ galten. Wer dazu gehörte – dafür gab es in alter Zeit kein geschriebenes Gesetz.

Seit unvordenklichen Zeiten genossen einige wenige Geschlechter den Ruf, daß aus ihnen echte Rechtsfinder hervorgingen. Aus ihrem Kreis war einmal das Schöffenkollegium in der heiligen Zwölfzahl bestellt worden. Trat eine Lücke ein, so ergänzte es sich selbst durch Männer seiner Wahl. Und das waren nach altem Brauch und unter allgemeiner Billigung immer wieder Söhne der gleichen Familien, die nun einmal „schöffenbar“, d. h. zu Schöffen geboren waren. Weisheit und Gerechtigkeitssinn allein genügten nicht zum Schöffenamt, genau so wenig wie – nach der gültigen Meinung – alle Tugenden eines Königs bei einem gewöhnlichen Sterblichen die Herkunft aus erlauchtem Geschlecht und das Gottesgnadentum hätten ersetzen können. Diese geheimnisvollen Vorstellungen wirkten selbst noch in einer Stadt, die ihrem Wesen nach doch etwas Neues war. In einer Siedlung von Kaufleuten und Handwerkern mit nüchternem Sinn wäre vielleicht zu erwarten, daß Zweckmäßigkeitserwägungen die Achtung vor altem Brauch schon früh übermannt hätten. Aber solche Erwartungen führen zu Fehlschlüssen. In Wetzlar können wir, nachdem schon vorher einzelne Namen von Schöffen aufgetaucht sind, etwa von 1228 an fast lückenlose Schöffenlisten aufstellen und also genau verfolgen, wie sich das Schöffenkollegium zusammensetzt. Das Bild ist ganz eindeutig: sie stammen aus einigen wenigen Familien, die natürlich untereinander eng versippt sind. Dabei müßte noch viel schärfer beachtet werden, daß die Familiennamen noch nicht fest sind, daß also mitunter einunddieselbe Person unter verschiedenen Namen auftritt, wie etwa ein Gerlach Zimmermann auch als Gerlach Madersele (1305–1323) oder z. B. Glieder der Familie von Hörnsheim als Snauhart, Snabel, Fink, Rode und Stump oder solche der Familie von Nauborn in einem Zweig als Mauche, in andern nach den Vornamen von Vorfahren als Markle und Ernesti. Die Familie Dichter geht mit dem Namen über zu Beyer, die von Münchhausen zu Selig und eine andere mit dem Stammvater Gerbert läßt sich jeweils durch Hinzunahme des Vaternamens kennzeichnen, so daß also der Sohn Gerberts als Richolf Gerberti auftritt, dessen Sohn als Heinrich Richolfi, ein anderer Zweig als Heinemann Gerberti und demgemäß in der folgenden Generation als Johann Heinemanni. So könnte also die Zahl der verschiedenen vorkommenden Namen eine höhere Zahl von Schöffenfamilien vortäuschen, als es tatsächlich sind, nämlich etwa sechs bis acht. Diese Schöffengeschlechter verfahren mit der Besetzung der 12 Schöffenstühle ganz nach Gutdünken. Wenn sie gerade keine geeigneten Anwärter aus ihren Reihen zur Verfügung haben, lassen sie ruhig mehrere Schöffenstühle jahrelang unbesetzt, bis die Zahl zu niedrig wird und eine Ergänzung nicht länger aufzuschieben ist. Sind keine eigenen männlichen Nachkommen da oder erscheinen sie nicht geeignet, dann zieht man auch Schwiegersöhne heran. So kam doch immer wieder frisches Blut in den geschlossenen Kreis. Man nahm auch gelegentlich neu Hinzugewanderte aus anderen Städten oder Nachbardörfern auf, wenn sie nur gleichfalls aus Schöffengeschlechtern stammten. Denn auch in den dörflichen Landgerichten ist das Schöffenamt in wenigen Familien sozusagen „erblich". Trotzdem wurde keineswegs jeder Schöffensohn auch wieder Schöffe, und zwar nicht nur, weil etwa alle Schöffenstühle besetzt gewesen wären, sondern weil offenbar nach Eignung und Fähigkeiten gesichtet wurde, andererseits aber auch nicht jeder bereit war, die Verantwortung, die Mühen und - die Kosten des Amtes zu übernehmen. Denn es gab dafür keine feste Besoldung, sondern nur einen geringen Anteil an den Gerichtsbußen, Pfennigbeträge für die Teilnahme an den Ratssitzungen, Zehrgeld für amtliche Reisen und - dies allerdings sehr häufig - freien Trunk und mitunter auch Schmaus bei zahllosen Gelegenheiten. Fast jedes Amtsgeschäft, jeder Vertrag, jede Arbeitsverdingung und jede Besichtigung geleisteter Arbeiten wurde durch einen Trunk bekräftigt, und Freud wie Leid führten die Ratsherren wie eine große Familie zu gemeinsamer Tafel zusammen. Aber jeder neugewählte Ratsherr mußte seinen Genossen ein Gastmahl, den „Immeß" (immissio, Imbiß), geben, und dessen Kosten wie auch der Aufwand für standesgemäßes Auftreten und nicht zum wenigsten der ständige Zeitverlust für Arbeiten im Dienste der Stadt machten es nur Wohlhabenden möglich, eine solche Würde anzunehmen.

Wirtschaftliche Unabhängigkeit - wenn nicht Reichtum - war also selbstverständliche Voraussetzung bei den alten Schöffengeschlechtern. Einige sind durch ihre Beinamen als Kaufleute oder Münzer gekennzeichnet, von der Überzahl wissen wir nichts Genaues über ihren Beruf, weil sie gewöhnlich nach den Herkunftsorten ihrer Familie benannt werden, also z. B. „von Bracht, +Dalheim, Driedorf, Gelnhausen, +Gotzelshausen, Grünberg, Holzheim, Hörnsheim, Katzenfurt, +Mühlenheim, Münchhausen, Nauborn, Oberndorf, +Pomberg und Weilburg". Wir wissen, welch großen Besitz an Gütern und Häusern und welche Einkünfte an Geldzinsen und Fruchtrenten sie hatten. Sie konnten allein schon davon leben, aber sicherlich haben sie sich auch mit Geld oder persönlich an Handelsgeschäften beteiligt und so den Gewinn gemehrt. Ein Teil dieser Familien mag von Anfang an auf dem Boden der späteren Stadt Grundbesitz gehabt haben; es waren also vielleicht Nachkommen von Salhofbauern. Andere werden als Lehnsleute des Stifts hochgekommen sein, wieder andere sind nachträglich zugewandert, aber alle sind verschmolzen zu einer fest umrissenen Standesschicht, die man wohl auch nach römischem Muster „Patrizier" nennt. In Sitten und Lebensgewohnheiten ähneln sie dem Niederadel. Die Mitgift verschafft ihren Töchtern zuweilen auch Ehen mit adligen Herren, und ihre Söhne finden Aufnahme in den Ritterorden der Deutschherren und Johanniter wie die Töchter etwa im adligen Kloster Altenberg. Aber wenn sie auch genau so gewappnet und beritten zu Felde ziehen, so sind sie doch Bürger und nicht Adlige, und ihr Sinnen und Trachten geht auf das Wohl ihrer Stadt. Sie sind auf Reisen weit herumgekommen, haben Verwandte und Freunde in allen benachbarten Städten, in Mönchsorden und an Stiftskirchen und verfügen dadurch über Nachrichtenquellen und Beziehungen, die ihnen alles zutragen, was für politische Entschlüsse und Maßnahmen erforderlich war. So erklärt es sich unschwer, daß auch aus dem Bürgertum Männer hervorgingen, die gewissermaßen vom Vaterhause her politischen Blick mitbrachten und die schwere Kunst des Regierens auszuüben lernten - nicht viel anders als Fürstensöhne, die bei Hofe groß wurden.

Man könnte meinen, daß den Schöffen ihre Vormacht in der politischen Führung genommen worden wäre, als im Jahre 1260 der Rat errichtet wurde und sie im Gesamtrat hinfort nur die Hälfte der Sitze einnahmen. Sicherlich war diese Verwaltungsbehörde damals durch eine Empörung erzwungen worden, weil man Beteiligung der Bürgerschaft an der Stadtregierung und Trennung von Gericht und Verwaltung begehrte. Aber die Wortführer dieses Drängens waren nicht etwa Angehörige der ärmeren Volksschichten, sondern umgekehrt gerade Männer, die es in Handwerk oder Handel selbst zu Besitz gebracht hatten und durch Wissen und Erfahrung zu dem, was die Schöffen zu leisten hatten, genau so fähig gewesen wären. Gerade eben, weil kein weiter Abstand nach Vermögen und Leistungsfähigkeit sie trennte, sollte ihnen auch die tätige Mitarbeit am Gemeinwohl nicht versagt werden, nur weil sie nicht „schöffenbar" waren! Die Schöffen blieben ihr Leben lang im Amt, außer wenn Krankheit, Alter oder Verarmung sie zu freiwilligem Rücktritt veranlaßten. Ein Schöffenstuhl wurde also nur selten frei. Aber Ratsherren wurden alljährlich am ersten Dienstag nach Michaelis neu gewählt, und wenn auch Wiederwahl möglich war, so bot sich doch viel häufiger eine Aussicht auf einen Sitz im Rate als auf der Schöffenbank. So kommt es, daß auch Männer aus schöffenbaren Familien sich zunächst einmal um einen Ratssitz bemühen und sich neben den Schöffengeschlechtern eine zweite sozial gehobene Schicht bildet, die mit Vorzug als „ratsfähig" gilt. Von hier aus war der Aufstieg in den engeren Kreis der Schöffengeschlechter nicht schwer. Da Namen der Ratsherren in Urkunden nur selten erwähnt werden, ist der Einblick in diese Kreise nicht so leicht, aber es wird kein Zufall sein, daß vorerst noch wenige von den Handwerkern zu Ratssitzen kommen und die Überzahl der Ratsherren doch auch wieder aus Schöffengeschlecht oder Schöffenverwandtschaft stammt.

Über das anfängliche Verfahren bei der Ratsherrenwahl sind wir nicht genau unterrichtet. Für die Bürgerschaft insgesamt gab es jedoch zunächst noch keine Wahl mit Stimmenzählung, wie wir das heutzutage kennen.

Erst 1357 werden in Wetzlar zum erstenmal die Zünfte - oder „Handwerke", wie sie überwiegend genannt werden - urkundlich erwähnt, und zwar gleich als politische Gliederung mit dem ausgesprochenen Ziel, daß sie eine bestimmte Zahl von Ratssitzen beanspruchen. Es sind damals die Gewandmacher (Weber), Schuhmacher, Fleischhauer, Brauer und Bäcker. Ein paar Jahre später schließen sich ihnen Schneider und Schmiede an, und bei dieser heiligen Sieben-Zahl ist es dann für über ein Jahrhundert geblieben. Dagegen war die gesamte übrige Bürgerschaft - gleichgültig, ob Handwerker oder nicht - soweit sie nicht diesen sieben Zünften angehörte, in einem Verband zusammengeschlossen, der „Gemeinde" hieß, aber demnach nicht dasselbe war wie die Gesamtgemeinde. Von dieser „Gemeinde" haben sich dann im 15. Jahrhundert zwei Sonderverbände, die „Langgässer und Neustädter Gemeinde" abgespalten, auch diese also nicht gleichbedeutend mit allen Einwohnern der beiden Vorstädte.

Wir wollen hier nicht den langen Entwicklungsgang genauer verfolgen, den diese Zünfte und die Gemeinde hinter sich haben, bis sie auf einmal mit politischen Forderungen hervortreten. Die Zünfte waren von vornherein nicht - wie heute etwa die Innungen - Berufsverbände, die nur ihre wirtschaftlichen Zwecke verfolgen, nein: schon der Titel „Kerzenmeister" für ihre Vorsteher erinnert daran, daß sie zugleich religiöse Bruderschaften waren, und gerade in den letzten fehdereichen Zeiten hatten sie auch als militärische Gliederungen die Zunftgenossen um ihre Fähnlein geschart.

Demgegenüber war die „Gemeinde" keineswegs so einheitlich zusammengesetzt. Denn sie umfaßte ja alle Berufsgruppen - außer denen der sieben Zünfte -, sie war auch so groß, daß sie für den Wehrdienst in mehrere Rotten nach den verschiedenen Stadtvierteln aufgeteilt werden mußte, und so konnte der Zusammenhalt nicht so eng sein wie bei den Zünften. Er wurde aber vollends gesprengt, als sich immer deutlicher eine Bewegung gegen die Vorherrschaft der Schöffengeschlechter bemerkbar machte. Denn Schöffensöhne und Schöffenverwandte gehörten ja gleichfalls zur Gemeinde, und wenn auch vielleicht gerade aus ihren Reihen einige der Hauptwortführer stammten - wie bei allen Ständekämpfen die gefährlichsten Rebellen aus dem bekämpften Stande hervorgegangen sind –, so standen doch wohl die meisten Mitglieder der „Gemeinde" unter dem Einfluß der führenden Schicht und ließen sich im Rat auch durch Angehörige der alten Geschlechter vertreten.

Als nun bei den ewigen Fehden Handel und Wandel stockten, als die Einkünfte geringer und die Abgaben höher wurden, als der häufige Kriegsdienst die Zeit zu nützlicher Arbeit verkürzte, da wurden alle in das politische Getriebe hineingezogen, und bei allen regte sich das Verlangen, genaueren Einblick zu erhaschen in das Wie und Warum der Dinge. Aber gerade in solchen Zeiten muß so vieles geheim beraten und geheimgehalten werden, will man den Gegnern nicht alle Schwächen oder starken Trümpfe unzeitig verraten. Und in diesem unglückseligen Widerspiel von Geheimnistuerei auf der einen und Wißbegier auf der anderen Seite finden nun Gerüchtemacher ein offenes Feld. Die Schöffen müßten keine Menschen mit allen ihren Schwächen gewesen sein, hätten sie nicht auch tatsächlich Anlaß zu berechtigtem Tadel gegeben. Es war ein Unding, daß alle Gewalt in den Händen von wenigen versippten Familien lag. Wer sollte Zutrauen zur Unparteilichkeit der Richter haben, sobald man es mit einem Schöffenverwandten zu tun hatte! Rief man über den Rat hinaus das Schöffengericht an, so saß dort doch wieder nur die eine Hälfte der Ratsherren unter dem Namen der Schöffen. Und wie war es mit den Steuern? Der Stadtsäckel füllte sich hauptsächlich aus dem „Ungelt", das heißt aus den Abgaben, die von Verbrauchsgütern erhoben wurden. Der Arme zahlte sein Mahlgeld wie der Reiche, aber es bedeutete für ihn einen viel größeren Anteil an seiner Habe, und wer viele Münder zu sättigen hatte, zahlte ungleich mehr als der Ledige. Man kannte auch eine Grund- und Vermögenssteuer, die sogenannte „Schatzung". Sie betrug etwa ein Viertel vom Tausend, konnte aber bei Bedarf mehrmals im Jahr erhoben werden und hätte vorwiegend die Besitzenden getroffen. Aber anscheinend hat man nur ungern zu diesem Besteuerungsmittel gegriffen.

Anlaß zu Klagen mag also genug dagewesen sein – aber urkundlich ist davon nichts überliefert. Und die weitere Entwicklung hat offenbart, daß Vetternwirtschaft und eigensüchtige Ausnutzung der Macht unausrottbare Übel geblieben sind, gleichgültig, welche Schicht das Heft in Händen hatte. Man wollte im Grunde an den Verfassungsformen kaum etwas ändern – nur wollte eine andere Bevölkerungsschicht nach oben kommen, wollte mindestens die Alleinherrschaft der Schöffengeschlechter brechen und sich möglichst an ihre Stelle setzen. Und das sind – noch einmal sei es betont – nicht etwa Arme und Besitzlose, sondern hauptsächlich zu Wohlstand gekommene Handwerker und Kaufleute, die keinen Unterschied zwischen sich und den derzeit Herrschenden mehr anerkennen wollten. Als Vorbild hatten sie dabei vor Augen, was in anderen Städten, wie in Köln und Frankfurt, vor sich ging. Nur, daß in Wetzlar die Not und Bedrängnis von außen viel schärfer zu spüren war und ein größerer Teil des Volkes glauben konnte, es werde sich alles bessern, wenn nur andere Männer ans Ruder kämen.

Nun hatten es im Jahre 1357 einige von den Zünften erreicht, daß ihnen von den zwölf Ratssitzen fünf zugesichert wurden, während die übrigen sieben Sitze der „Gemeinde" zufallen sollten. Schmiede und Schneider traten damals mit politischen Forderungen noch nicht hervor. Nicht als ob sie sich in ihren Ansichten über Nutz und Frommen der Zunft von den anderen Handwerkern unterschieden hätten! In dieser abweichenden Haltung zeigte sich nur deutlich, daß im einzelnen alles von den Menschen abhing, die gerade zu Einfluß über die anderen kamen. Die Schmiede zum Beispiel haben sich ein paar Jahre später, 1361, ihre Zunftartikel vom damaligen Propst Rule von Friedberg, dem Geheimschreiber Karls IV., bestätigen lassen und dabei betont, sie hätten diese Satzungen seit alters vom Propst empfangen. Darin steckt also die Behauptung, der Stadtrat habe ihnen nichts dreinzureden. Und während alle übrigen Zünfte immer für ihre Satzungen die Genehmigung der Stadtregierung einholen mußten, haben es die Schmiede jahrhundertelang fertiggebracht, den Propst als Protektor zu behalten.

Hatten die Zünfte sich Ratssitze gesichert, so blieb ihnen der Zugang zur Schöffenbank doch immer noch verwehrt, denn das Schöffenkollegium ergänzte sich selbst durch Zuwahl. Aber als nun im Jahre 1364 die Zünfte von Frankfurt auch einige Sitze der Schöffenbank errangen, hielten auch in Wetzlar die Neuerer ihre Zeit für gekommen.

Aber so wie in Frankfurt der Kaiser selbst durchgriff und die alte Verfassung wiederherstellte, so hat auch im November 1367 Graf Johann von Nassau-Merenberg als Inhaber der Reichsvogtei in den Bürgerzwist eingegriffen und noch einmal eine Sühne herbeigeführt. Dabei wurde verbrieft:

„Wäre auch Sache, daß einige Gesetze, Gebote oder Verbote in der Stadt zu Wetzlar wären, die wider das Reich, wider das Gericht oder wider Schöffen und Rat wären, die sollen absein und vorbaß nicht mehr geschehen."

Mehr als ein vorübergehender Stillstand wurde jedoch auf diese Weise nicht erzielt, denn - ganz anders als in Frankfurt - wurde in Wetzlar die wirtschaftliche Not immer bedrohlicher, und die Schuldenlast der Stadt traf jeden einzelnen aufs empfindlichste. Darum drängten die Neuerer auf Einblick in die Finanzgeschäfte - und der Rat gab nach. Im Jahre 1370 sehen wir drei Rentmeister aus Zünften und Gemeinde im Amt. Sie konnten sich nun ungehindert überzeugen, wie weit Mißwirtschaft der Schöffen und ungerechte Lastenverteilung an der Not der Stadt schuld waren.

Wenn sie einen Überblick über die Schuldenlast der Stadt gewannen, dann war das Bild sicher erschreckend. Aber daß sie dann keinen anderen Rat wußten und in kühner Verachtung aller eingegangenen Verpflichtungen die Zahlung der Schuldzinsen kurzerhand einstellten, das hat die Stadt in den Abgrund gestürzt.

Die Verschuldung der Stadt

Seit 1351 hatte die Stadt den gefährlichen Weg beschritten, einen Teil ihrer Ausgaben durch Anleihen zu decken. Sie bevorzugte dabei den Verkauf von Leibrenten (Leibzuchtbriefe). In diesem Falle erhielt sie vom Käufer eine einmalige Zahlung in Beträgen zwischen zwölf und hundert Gulden und gewährte dafür eine lebenslängliche Rente in Höhe von etwa zehn bis vierzehn Prozent der Kaufsumme. Der Hauptbrief wurde also auf eine bestimmte Person ausgestellt, etwa den Gläubiger selbst, seine Frau oder Kinder, seltener auch andere Verwandte. Mit dem Tode dieser Person war die Stadt aller Verpflichtungen ledig, sie behielt die Kaufsumme und brauchte keine Leibrenten mehr zu zahlen. Das war der Vorteil gegenüber gewöhnlichen Anleihen, bei denen die Schuldsumme irgendwann einmal zurückgezahlt werden mußte. Aber die Leibzuchtbriefe enthielten Sicherungen für den Gläubiger, die sich furchtbar gegen die Stadt auswirken sollten. Die Leibrente war zu bestimmten Fristen, meist auf zwei im Jahre aufgeteilt, an einem vom Gläubiger bestimmten Ort in einer vereinbarten Geldsorte zu zahlen. Blieb die Stadt im Verzug, wurde also die Rente „versessen" - wie man damals sagte -, so wurde sofort eine Strafsumme in Höhe der Rente fällig, und der Gläubiger hatte das Recht, den fälligen Betrag, also Rente und Strafe, auf Kosten der Stadt bei Juden oder Kawerzen (Geldwechsler, nach der Stadt Cahors benannt) aufzunehmen. Das bedeutete mindestens dreiunddreißig Prozent Unkosten. Es war dem Gläubiger aber auch überlassen, sich dadurch bezahlt zu machen, daß er Güter oder Waren beliebiger Wetzlarer Bürger „kümmerte", das heißt beschlagnahmen ließ oder die Bürger selbst in Schuldhaft nahm. Denn für die Stadtschuld haftete jeder Bürger auch einzeln, und ausdrücklich erklärte die Stadt in dem ausgestellten Leibzuchtbrief, daß keinerlei eigenes Privileg und keine fremde Marktfreiheit den Gläubiger hindern solle, sein Recht wahrzunehmen. Im voraus verzichtete sie auf jede Vergeltung für den Schaden, der ihr aus berechtigten Maßnahmen der Gläubiger erwachsen würde.

Bild rechte Seite: Das „Gotische Haus" (Mitte) zwischen Enten- und Blaunonnen-Gasse, das einzige noch erhaltene bürgerliche Steingebäude aus dem Mittelalter.

WZ-T 889

HOSEN ECK
HOSEN ECK
DANGEL
DANGEL

Es ist erstaunlich und ein deutlicher Beweis für die einstige Blüte und das Ansehen der Stadt, wenn man feststellt, welchen Kredit sie genoß und wie mühelos sie auf diese Weise erschreckend hohe Beträge aufnehmen konnte. Ein Register der fälligen Renten, etwa aus dem Jahre 1370, nennt alle die Personen, auf deren Leben Renten gekauft worden waren. Da finden sich viele bekannte Schöffenfamilien aus Aachen, Köln, Friedberg, Frankfurt, Mainz, Worms und Speyer, darunter z. B. auch Vorfahren Johann Gutenbergs, daneben aber auch andere Familien, die, vielleicht auf die Empfehlung erfahrener Kaufleute hin, ihr Geld in Leibrenten angelegt haben. Nach diesem Verzeichnis und sonstigen Nachrichten hätte die Stadt jährlich etwa achttausend Gulden nur für Leibrenten aufzubringen gehabt. Man braucht sich jedoch nur in die Schwierigkeiten des Zinsendienstes hineinzuversetzen, um vorauszusehen, daß er unmöglich reibungslos zu bewältigen war. Zu jedem Termin, am rechten Ort, in vereinbarter Münze die Rente abzuliefern, das war schon wegen der dauernden Unsicherheit der Straßen unmöglich, selbst wenn die Buchführung weniger sorglos und das Geld zur Zahlung vorhanden gewesen wäre. In Wirklichkeit hatte man aber alsbald weder Überblick noch Geld. Und doch muß der Kredit und die Vertrauenswürdigkeit der Stadt noch eine ganze Weile vorgehalten haben, und wahrscheinlich haben viele Gläubiger zunächst nicht gleich von ihren Rechten in voller Schärfe Gebrauch gemacht. Aber als erst einmal die Zahlungsschwierigkeiten bekannt wurden, da brach das Unheil unabwendbar mit voller Wucht über die Stadt herein. Nun wurde es kaum noch möglich, fremde Märkte zu besuchen, weil dort die Pfandboten der Gläubiger lauerten und die Ware „kümmern" ließen. Und nun zeigte sich nachträglich als böse Schlinge auch die in den Leibzuchtbriefen vorgesehene Übertragbarkeit der Forderungen. Denn um einen schärferen Druck auf die Stadt auszuüben, übergab man die Briefe an Geistliche und setzte damit die geistlichen Gerichte in Bewegung, die mit Bann und Interdikt drohten, oder man gab sie den fehdelustigen Herren der Umgebung, die damit für Raub und Wegelagerei einen willkommenen Vorwand erhielten.

Gerade in den Jahren, in denen die politischen Gegner, wie die Grafen von Solms, mit größter Kraftanstrengung endlich niedergerungen waren, hatte sich Wetzlar mit seinen Gläubigern neue Verfolger zugezogen, die es nicht zu Atem kommen ließen. Und gerade jetzt, da eine feste Staatsführung sparsam und geduldig die drängendsten Verpflichtungen

---

Bild linke Seite: Oben: Kornmarkt mit ehemaligem Gasthof „Zum Römischen Kaiser" (Mitte) und dem Haus, in dem Goethe wohnte (rechts).
Unten: Der Eisenmarkt mit dem Haus „Zur alten Münz" (erbaut 1599).

hätte abtragen und das erschütterte Vertrauen wiedergewinnen müssen –, gerade jetzt lähmten Unfriede und innerer Zwist alles zielbewußte Handeln.

Im Jahre 1370 war es schon so weit gekommen, daß der Kaiser die Wetterauer Bundesstädte anwies, auf Wetzlar einzuwirken, damit den Kölner Bürgern ihre Leibrenten bezahlt würden.

Aufruhr in der Stadt und Vertreibung der Schöffen

Vielleicht haben Eingriffe von außen die innere Zwietracht nur noch geschürt. Gemeinde und Zünfte hatten bereits erreicht, daß die Rentmeister Männer aus ihren Reihen waren. Sie haben kurzerhand die Zahlung der Leibrentenschulden eingestellt, vielleicht hauptsächlich deswegen, weil sie es nicht wagten, das einzige Mittel anzuwenden, das hätte helfen können, nämlich erhöhte Steuern einzutreiben. Man kann sich auch gut vorstellen, daß die Schöffen und ihr Kreis nichts taten, um bei den Gläubigern Aufschub und Mäßigung zu erlangen, nachdem einmal die Zunftleute ihnen die Finanzverwaltung entwunden hatten. Bürgerzwist verblendet ja beide Parteien so sehr, daß sie eigenen Schaden in Kauf nehmen, wenn nur der Gegner recht getroffen wird. Da die alten Geschlechter an ihrem Grundbesitz und ihren Bodenrenten einen Rückhalt hatten, wurden sie durch das Stocken von Handel und Wandel nicht so unmittelbar getroffen wie die Kaufleute und Handwerker und konnten glauben, es länger aushalten zu können.

Umgekehrt hatten die Neuerungsbegierigen mitansehen müssen, wie in Frankfurt der Zünftestand zusammengebrochen war, weil sich der Kaiser eindeutig auf die Seite der alten Geschlechter gestellt hatte. Von dort her war also nichts Gutes zu erwarten. Das wurde ganz deutlich in einem zweiten Mahnschreiben des Kaisers vom 14. September 1371:

Er hat vernommen, in welche Verderbnis die Stadt durch ihre Schulden und die innere Zwietracht geraten ist, und befürchtet, sie werde ganz verderben, wenn das länger währen sollte. Deshalb hat er den Erzbischof Johann von Mainz beauftragt, „mit dem Recht oder mit der Minne", d. h. durch gerichtliches Urteil oder gütliche Einigung, den Streit zu schlichten. Der Erzbischof hat aber auch die Vollmacht, nach dem Gutachten der Wetterauer Bundesstädte den Rat neu einzusetzen, so wie es in diesen Städten Brauch ist.

(Das hieß aber: die Vormacht der Schöffen wird wiederhergestellt, und der errungene Einfluß von Zünften und Gemeinde geht verloren!) Sodann setzt der Kaiser einen Schuldentilgungsausschuß ein aus Vertretern des Erzbischofs und der Bundesstädte. Der soll Schulden und Vermögen der Stadt feststellen und von den Gläubigern einen Zahlungsaufschub und freies Geleit erwirken, damit Wetzlar die fremden Märkte wieder besuchen kann.

Der Kaiser gebietet unbedingten Gehorsam gegenüber den Anordnungen des Erzbischofs und droht den Verlust seiner Gnade und aller verliehenen Freiheiten an, wenn sich die Stadt nicht füge.

Jedoch ein Pergament – selbst aus Kaisers Hand – und drohende

Worte – selbst aus des Kaisers Mund – bedeuteten damals noch keine Verwirklichung. So vergeht noch ein ganzer Winter und das Frühjahr 1372, bis der Kaiser ins Reich kommt und während eines Aufenthaltes in Mainz zu Ende Mai die streitenden Parteien vor sich bescheidet. Er fällt einen Schiedsspruch, läßt ihn durch beide Parteien beschwören und bedroht Zuwiderhandelnde mit dem Verlust von Leben und Habe.

Aber es gab unter den Zünftlern Männer, die bereit waren, ihr Leben aufs Spiel zu setzen, weil sie glaubten, wenn sie erst die Macht errungen hätten, würden sie schon Mittel finden, sie auch zu wahren. So trafen sie alle Vorbereitungen für einen gewaltsamen Umsturz. Sie billigten noch einen Ratsbeschluß, nach dem eine Schatzung erhoben werden sollte. Aber als die Steuersammler ihren Gang von Haus zu Haus antraten, gab gerade dies nach heimlicher Verabredung das Zeichen zum Aufruhr. Die Sammler werden niedergeworfen, die Glocken läuten Sturm, und bewaffnete Haufen ziehen vor die Häuser der Schöffen. Mochten auch Besonnene noch verhandeln und die Schöffen nur zum Rücktritt auffordern – die anderen lassen dem angestauten Grimm seinen Lauf. Sie dringen in die Schöffenhöfe ein und hausen dort nach Herzenslust. Sie erbrechen die Truhen mit kostbarem Gerät, mit Geld und Schmuck und den Urkunden, die von Zins und Renten sprechen. Die verhaßten Schuldbriefe werden zerfetzt, die prunkenden Kleider der Schöffenfrauen zerrissen. Sie vernichten in blinder Zerstörungswut alles, was diese hoffärtigen Geschlechter ihnen voraus haben: Glasfenster, wo sie selbst zu Hause die Luken nur mit Holzläden und Lumpen schließen; Kachelöfen, wo ihnen zu Hause der Rauch vom offenen Herdfeuer die Augen beizt, und all den feinen Firlefanz, mit dem die Üppigen ihr behagliches Dasein verschönen.

Aus dem Taumel ihres wüsten Tuns erwacht, merken sie, daß nicht alle Zunftgenossen mittun. Diese Duckmäuser und Angsthasen haben sich im Barfüßerkloster versammelt, wo die meisten Zünfte ihre Zusammenkünfte zu halten pflegten. Also auf zu diesen Abtrünnigen! Sie werden gezwungen, sich eidlich zum Mittun zu verpflichten, und wer das nicht gleich will, der wird gebunden und in Haft gehalten, bis er sich durch eine Bußezahlung loskauft.

Großes Stadtsiegel von 1374.

So wurden die Schöffen aus ihrem Amte vertrieben, und die meisten verließen die Stadt. Ihre Klagen veranlaßten zwar den Kaiser, durch Beauftragte eine Untersuchung der Vorfälle einzuleiten, aber die Aufständischen wehrten jede Einmischung ab.

Der Sternerkrieg

Was ihnen in ihrem Trotz so den Nacken steifte, war wohl die Aussicht auf den Schutz des Landgrafen von Hessen. Hermann dem Gelehrten hatte gerade der Ritterbund der Sterner Fehde angesagt, die ihren Namen hatten von dem Wappenstern ihres Anführers, des Grafen von Ziegenhain, den die Ritter in Gold, die Knappen in Silber als Abzeichen trugen. Sie waren im Bunde mit vielen Fürsten, darunter auch dem Grafen von Nassau-Dillenburg. Deshalb war es dem hessischen Landgrafen besonders wertvoll, daß er am 23. Februar 1373 die Zünftler in Wetzlar für ein Bündnis gewinnen konnte und ihm auf diese Weise die Stadt als fester Stützpunkt zur Verfügung stand.

Und noch ein anderer griff bei dieser Gelegenheit wieder mit in das politische Spiel ein: Graf Johann von Burgsolms mit dem Beinamen „Springinsleben". Dieser einstige erbitterte Feind der Stadt wurde als Verbündeter des Landgrafen nun auch ihr Bundesgenosse - wahrlich eine launische Wendung! Es sollte nicht die letzte Überraschung sein. -

Noch im gleichen Jahre 1373 kam es vor dem Obertor bei Wetzlar zu einem entscheidenden Treffen. Die Sterner erlitten eine vernichtende Niederlage, und einige ihrer führenden Herren gerieten in die Hände der Landgrafenpartei. Die Verbündeten hatten ausdrücklich vereinbart, daß Gefangene nicht ohne das Einverständnis aller entlassen werden dürften. Graf Johann von Solms aber hielt sich nicht an diese Abmachung. Ihm kam es nicht gelegen, daß der Landgraf mit einem Schlage so vieler gefährlicher Gegner ledig werden sollte, und wahrscheinlich wurde ihm von den Gefangenen ein so hohes Lösegeld geboten, daß er das Wagnis auf sich nahm, gerade die wertvollsten Geiseln freizulassen und den Zorn des Landgrafen zu mißachten. Der hatte nämlich allen, die ihm den Lehnseid geschworen hatten und dennoch im Sternerbund gegen ihn kämpften, angedroht, er werde sie als Verbrecher hinrichten lassen.

Tatsächlich wurde nach dem siegreichen Gefecht auch ein solches Strafgericht vollzogen, angeblich auch auf Befehl des Solmsers, aber das konnte den Vertragsbruch nicht wettmachen, den er mit der Freilassung der anderen Gefangenen begangen hatte. Der Landgraf erklärte ihm den Krieg und mit ihm Graf Otto von Braunfels, sein eigener Vetter.

Wieder mußte nun die Stadt als Stützpunkt herhalten, diesmal gegen den alten Solmser Feind. Immerhin konnten sich die Aufrührer gegen alle Anfeindungen der vertriebenen Schöffen sicher fühlen und auch die Mahnungen des Kaisers in den Wind schlagen, solange das Bündnis mit dem mächtigen Landgrafen von Hessen bestand. Nur wer geglaubt hatte, die Schöffen seien daran schuld gewesen, daß die Stadt immer wieder in Fehden verwickelt wurde, der mußte nun erleben, daß unter dem Regiment der Zünftler die Stadt vollends zum Spielball anderer Mächte und Krieg zum Dauerzustand wurde.

Die Zunftherrschaft

Einstweilen aber richteten sich die neuen Machthaber in der Stadt nach Gefallen ein und verteilten Schöffen- und Ratsherrensitze an ihre Anhänger. Die Stadtsiegel hatten die alten Schöffen wohl verborgen, aber bis sie wiederbeschafft waren, halfen sich die neuen Herren einfach damit, daß sie Siegel der Vertriebenen oder die Siegel der Zünfte an die Urkunden hängten. Da erkennt jeder an den Sinnbildern, dem Ochsen der Metzger, der Schere der Schneider, dem Wecken der Bäcker, den Malzschaufeln der Brauer, den Tuchschermessern der Wollenweber und an Hammer und Schmiedezange, welche Zunft gemeint ist. Einige haben überdies auf ihren Siegeln das Stadtwappen angebracht, den Adler mit dem Kreuz in Halshöhe, das wir hier zum erstenmal kennenlernen.

Die Bezahlung der Leibrentenschulden ruhte ganz. Einheimische Gläubiger zwang man zu teilweisem Verzicht, und weitere Mittel brachten Zwangsanleihen auf, die den Wohlhabenden abgefordert wurden.

Eine Klageschrift der vertriebenen Schöffen nennt als Führer des Aufstandes den Metzger Henne Tuvel (Johannes Teufel), den Brauer Heinz Meltzir (Mälzer), den Bäcker Heinz von Dorlar, den Schneider Heinz Bußer, den Schuster Konz Schelderwald und einen Markle (Marquard) Fink, der Mitglied der Gemeinde gewesen sein könnte. Diese nicht einmal vollständig erhaltene Klageschrift, dazu ein knapper Bericht der Limburger Chronik, die aber die Vertreibung der Schöffen zu früh (1367) ansetzt, und noch ein paar Namen von Zünftlern, die als Schöffen siegeln - das ist alles, was wir über einen so wichtigen Abschnitt der Stadtgeschichte an Quellennachrichten zur Verfügung haben. Über das, was die Menschen zu ihrem Tun veranlaßt hat, über ihre Beweggründe oder über Pläne und Ziele - davon steht auch da nichts geschrieben, und es bleibt uns überlassen, uns den Zusammenhang auszudenken. Aber man möchte irre werden an dem Glauben, daß man sich in die Denkweise anderer Menschen versetzen könnte, wenn man nun hört, auf welche abenteuerliche Weise das Zunftregiment sein Ende fand.

Sturz der Zunftherrschaft – Graf Johann von Solms als Herr der Stadt

Die vertriebenen Schöffen ließen nicht nach mit ihren Bemühungen, irgendwo Hilfe zu finden. Am nächsten dazu berufen wäre ja ihr königlicher Vogt, der Graf von Nassau, gewesen. Aber der war 1371 gestorben, und seine Witwe, Gräfin Johanna, hatte alle Mühe, gegen die andringenden Widersacher das Herrschaftserbe für ihren unmündigen Sohn Philipp zu retten. Von ihr war also für die Schöffen keine tatkräftige Hilfe zu erwarten. Überdies suchten sich die Zünfte mit der Gräfin auf guten Fuß zu stellen und trafen am 14. Februar 1375 mit ihr eine Zahlungsvereinbarung über rückständige Steuerzahlungen.

Da Nassau und Hessen durch andere Sorgen in Anspruch genommen waren, blieb Graf Johann von Solms ziemlich unbehelligt. Er hielt die rechte Zeit für gekommen, sich in den Bürgerzwist einzumischen und dabei den eigenen Vorteil zu finden. Es gelang ihm, sich den Auftrag zu verschaffen, daß er in des Kaisers Namen die schon so lange schwebende Angelegenheit der vertriebenen Schöffen regeln solle.

Tatsächlich ließ ihn die Stadt am 8. Juli 1375 mit fünfzig Rittern und Knechten ein. Kaum hatte sich der Rat versammelt, um seine Botschaft zu vernehmen, da umstellten die Mannen des Grafen das Haus und machten die Zünftler zu Gefangenen. Der Graf aber trat mit den alten Schöffen, die er in die Stadt gebracht hatte, unter dem Banner des Reiches offen auf den Platz, wo sich unterdes wohl an die fünfhundert Männer gewaffnet zusammengeschart hatten, um ihren Ratsherren beizustehen. Der Graf lieferte ein Meisterstück an Trugreden, indem er bald mit der Ungnade des Kaisers drohte, bald den friedsamen Zustand einer Aussöhnung verlockend vor Augen führte. Er kargte nicht mit Versprechungen, daß alles Vergangene vergeben und vergessen sein solle, und nun, wo sich auch die in Sicherheit wiegten, die ein allgemeines Strafgericht befürchtet hatten, wirkte um so verführerischer das Bild der „guten, alten" Zeit, das der Graf wieder heraufbeschwor. Jener Zeit, wo echte schöffenbare Männer Recht sprachen und mit einer seit Geschlechtern ererbten Erfahrung die Stadtgeschichte leiteten. Nein – nicht alle sollten zurückkehren, nicht die hoffärtigen Volksverächter, die sich dagegen sperrten, daß auch Zünfte und Gemeinde ihre Männer in den Rat entsandten. Aber auch nicht alle dürften straflos ausgehen, nicht diese Volksverführer, die zu Untaten gehetzt und sich selbst bereichert hatten. Die anderen alle aber sollten sich zur Versöhnung die Hand reichen und ihre Stadt einer besseren, glücklichen Zukunft zuführen. Lassen wir die Limburger Chronik erzählen, wie es ausging:

„Der Graf beredete sie also, daß sie die Waffen austaten und wurden einträchtig mit ihm und mit dem alten Rate. Und legten den neuen Rat in die Türme und nahmen ihnen ihr Gut und schlugen ihrer dreien die Köpfe ab und warfen einige von ihnen ins Wasser. Also ging der vorgenannte Graf von Solms um mit süßen und trügerischen Reden, daß er die Stadt Wetzlar zu seinem Sinne brachte, so daß sie wohl betrogen wurden, wie man ein Gleichnis in der Schule den Kindern vorliest, wo die Verse lauten: Fistula dulce canit, volucrem dum decipit auceps. Das heißt also: Des Voglers Pfeife gar süße sang, da er tät den Vogelfang."

Enthauptet wurden Johannes Kodinger, Johannes Teufel und Volpert der Schuster, ertränkt Beyer und Heckenstump.

Und nun kam alles, wie vorauszusehen war: der Graf dachte nicht daran, die Stadt wieder zu verlassen, sondern gebärdete sich als Schutzvogt, der in des Kaisers Namen Recht sprach, nutzte aber die Stadt für seine Zwecke aus. Er verbündete sich im Oktober 1376 mit dem Grafen Johann von Nassau-Dillenburg, um den sich eine „Rittergesellschaft von der alten Minne" scharte, und befehdete nunmehr kräftig den Landgrafen von Hessen.

Dieser tat das Seine, um den Wert der Stadt Wetzlar als Stützpunkt herabzumindern. Er ließ über den letzten Hofstätten des wüstwerdenden Dorfes Mühlenheim die Burg H e r m a n n s t e i n errichten und beherrschte damit noch wirksamer, als es einst Hohensolms getan hatte, die wichtigen Zugangsstraßen in diesem Dreieck zwischen Dill und Lahn. Umgekehrt mochte der Solmser schon damals hoffen, daß ihm der Bund mit Nassau-Dillenburg den Weg ebnen würde, um endlich den Greifenstein wieder ausbauen zu können und das Ulmgebiet fest in die Hand zu bekommen. Beides zusammen bedeutete für Wetzlar eine Einschnürung, die für die Zukunft das Schlimmste befürchten ließ.

Aber noch gab es Schöffen, die ihre Heimkehr nicht einem Johann Springinsleben zu verdanken haben wollten, und da auch der Landgraf von Hessen nach seiner Aussöhnung mit dem Erzbischof Adolf von Mainz freiere Hand hatte, gelang es allmählich doch, Kräfte gegen den Solmser in Bewegung zu setzen. Am 28. Juni 1376 gebot Kaiser Karl IV. dem Grafen von Solms, die Gräfin Johanna nicht an der ihr angestammten Vogtei über Wetzlar zu hindern. Einen Monat später verhängte das Hofgericht die Acht über die Stadt Wetzlar solange, bis sie in den Gehorsam des Reiches zurückkehre. Aber da Graf Johann etwas einlenkte und im Sommer 1377 mit Hessen zu einem Waffenstillstand kam, konnte er sich länger halten, als zu erwarten und den Bürgern lieb war. Denn es hätte kein besseres Mittel geben können, um den Bürgerzwist vergessen zu machen und die verfeindeten Parteien wieder anzunähern als diese verhaßte Herrschaft des Solmsers. Endlich im Sommer 1378 teilte Karl IV. den Wetterauer Städten mit, daß er die Gewalt des Grafen Johann von Solms widerrufe und die Stadt Wetzlar dem Pfalzgrafen Ruprecht als Landvogt in der Wetterau übertragen habe, und noch einmal am 27. Oktober widerrief der Kaiser das Amt, das Kaiser und Reich dem Grafen übertragen hatten, weil er es freventlich mißbrauche und sich der Stadt gegen den Landgrafen von Hessen bediene. Und nun erst sammelte der Unterlandvogt Graf Wilhelm von Katzenelnbogen ein Aufgebot aus den Mitgliedern des Wetterauer Landfriedens und zog gegen die Stadt. Die Bürger selbst aber scharten sich zusammen und trieben den Solmser mit seinem Anhang aus der Stadt, so daß dem Unterlandvogt nur die Aufgabe blieb, den errungenen Erfolg auch zu sichern. Am Barbaratage (4. Dezember) 1378 hatte die Erlösungsstunde geschlagen, und schon am 21. und 23. Januar 1379 brachte der Unterlandvogt einen Sühnevertrag zwischen der Stadt und dem Landgrafen von Hessen zustande, zugleich aber auch einen Vertrag mit einigen Bürgern, die nach dem Zusammenbruch der Zunftherrschaft ausgewiesen und deren Güter beschlagnahmt worden waren. Die eine Hälfte der vom Grafen Johann von Solms verpfändeten oder verkauften Güter erhielten sie unentgeltlich zurück, von der anderen Hälfte durften sie ein Halbteil von den jetzigen Besitzern auslösen. So war endlich ein Schlußstrich unter den Bürgerzwist gesetzt, und nun kehrten auch die letzten der noch lebenden alten Schöffen in ihr Amt zurück.

Der Vertrag mit dem Landgrafen von Hessen enthielt zugleich auch ein Bündnis gegen Johann von Solms. Erst im Sommer 1379 kam es mit ihm zum Waffenstillstand, und im Dezember schloß auch der Landgraf mit ihm Frieden. Der Hermannstein blieb als hessische Burg auf Solmser Gebiet bestehen, und es klingt wie Hohn, daß es Solms erlaubt sein sollte, gleichfalls dort eine Burg zu errichten, deren Burgmannen dann aber auch dem Landgrafen hätten Gehorsam schwören müssen.

Graf Johann Springinsleben wäre also auf sein kleines Gebiet um Burgsolms eingeengt geblieben, hätte er nicht mit zäher Beharrlichkeit seine Absichten auf den Greifenstein doch noch verwirklichen können. Nach mehrfachem Parteiwechsel fand er einen ebenso abenteuerlustigen Teilhaber in dem Grafen Ruprecht von Nassau-Sonnenberg, und beide bauten - ohne Genehmigung vom Reich und ohne Verständigung mit den Nachbarn - zunächst die beiden Türme, die noch heute das Bild der Ruine bestimmen.

Wetzlar im Rheinisch-Schwäbischen Städtebund

Wenn wir an so vielen Beispielen aus unserem engen Heimatraum sehen konnten, wie wenig Gehör kaiserliche Gebote fanden, dann verstehen wir, warum schließlich niemand mehr auf Gesetz und Recht vertraute und sich nur noch auf Selbsthilfe verließ. Da der einzelne zu schwach war, suchte er sein Heil in Bündnissen mit Standesgenossen.

Vergeblich versuchten Karl IV. und sein Sohn Wenzel, Fürsten, Ritter und Städte zu gemeinsamen Landfriedenseinungen zusammenzuschließen. Allzuoft schon hatte sich gezeigt, daß Fürsten und Ritter sich gegen die Städte als lohnendste Beuteziele leicht zusammenfanden und daß den Städten nur mit einem Sonderbündnis gedient war.

So kam es 1376 in Schwaben, Franken und Bayern zum Schwäbischen Städtebund, dem 33 Städte angehörten. Als nun das große Frankfurt erleben mußte, daß 1380 ein starkes Heer des „Löwenbundes" vor seinen Mauern lag und die Stadt zwang, 26 ritterliche Wegelagerer, die in offener Fehde gefangen worden waren, ohne Lösegeld wieder freizugeben, da überwanden auch die rheinischen Städte alle Bedenken. Am 30. März 1381 schlossen Mainz, Straßburg, Worms, Speyer und die Reichsstädte Frankfurt, Hagenau und Weißenburg den Rheinischen Städtebund und vereinigten sich wenige Monate später mit dem Schwäbischen. Es war nicht leicht, Satzungen zu finden, die allen genehm waren. Allzu verschieden waren im einzelnen die Ziele und Nöte der weit auseinander liegenden Bundesgenossen. Nicht jeder war bereit, Opfer zu bringen für eine Sache, deren Vorteil für ihn selbst nicht offen und greifbar nahe zu ersehen war. Aber es gab eben damals noch in allen Städten umsichtige Männer, die ihren Mitbürgern den Blick für die drohenden Gefahren zu öffnen wußten.

Es gehörte ja unstreitig auch eine gewisse Großzügigkeit dazu, wenn sich der Rheinisch-Schwäbische Bund entschloß, am 24. September 1382 auch Wetzlar in den Bund aufzunehmen; ein großzügiger Entschluß, weil Wetzlar als zahlungsunfähig dastand und in den anderen Bundesstädten viele Gläubiger vergeblich auf Zahlung ihrer Leibrenten warteten.

Es mußte also sogleich eine Schuldenregelung vorgenommen werden, damit sich Wetzlarer Bürger wieder in den anderen Städten zeigen durften, ohne Haft oder Beschlagnahme ihrer Habe befürchten zu müssen. Der Vertrag kam am 12. November 1382 zustande. Die Stadt Wetzlar, vertreten durch Bürgermeister, Schöffen, Rat und Bürger insgemein, Insassen, Beisassen, reich und arm in Stadt und Vorstädten und die sieben Handwerke, bekannte, den Bürgern von Mainz, Worms, Frankfurt, Friedberg und dem Kloster Arnsburg insgesamt 78 848,5 Gulden 8 Schillinge schuldig zu sein. Auf einem großen Pergamentbogen ist aufgeführt, was jeder einzelne Gläubiger an versessenen Renten und ihm erwachsenen Unkosten zu fordern hatte, und so kommt die riesige Summe zustande. Dabei ist zu beachten, daß die mindestens ebenso hohen Forderungen der Gläubiger aus Köln und Aachen hier nicht in Betracht stehen. Wetzlar verpflichtete sich, zum Abtragen der Schuld jährlich die Hälfte seiner Einkünfte aus Renten und Gefällen, also aus indirekten Steuern, zu verwenden. Deshalb ist eine Rentordnung beigefügt, aus der man die Steuersätze auf Frucht, Vieh, Fische, Getränke und die wichtigsten Handelswaren ersehen kann. Die Stadt mußte den Gläubigern eine Zwangsverwaltung zugestehen. Ein Beauftragter der Gläubiger hatte einen der Schlüssel zur Rentkiste, und gewöhnlich dreimal im Jahr kam ein Ausschuß aus den Gläubigerstädten nach Wetzlar, in dessen Anwesenheit der Kassenbestand aufgenommen wurde. Man entnahm zunächst regelmäßig im Jahr etwa siebenhundert Gulden, so daß es über hundert Jahre gedauert haben würde, bis die Schuld abgetragen gewesen wäre, aber es war vorgesehen, daß die Tilgungssummen erhöht würden, wenn sich der Zustand der Stadt - nach dem Gutachten der Bundesstädte - gebessert haben sollte. Den Gläubigerstädten blieb es auch überlassen, die Zahlungen anteilig an die Inhaber der Hauptbriefe zu verteilen. Die Schuld war also umgewandelt in eine gewöhnliche Geldschuld und nicht mehr von der Lebensdauer der Personen abhängig, für die einst die Leibrente erworben worden war.

Für diese schmerzliche Überwachung der Finanzverwaltung tauschte die Stadt aber die wertvolle Zusage freien Geleits in den Gläubigerstädten ein, und das war ja die wichtigste Voraussetzung dafür, daß ihr Fernhandel überhaupt wieder in Gang kommen konnte - wenigstens nach der Wetterau und zum Mittel- und Oberrhein hin. Für den Niederrhein war man auf schwierige Einzelvereinbarungen mit den drängenden Gläubigern angewiesen.

Die Zerstörung von Burgsolms

Sehr bald sollte die Stadt in die Lage kommen, den Städtebund um Hilfe zu mahnen. Denn Graf Johann Springinsleben glaubte weder, daß der Städtebund lange zusammenhalten, geschweige denn, daß er im Ernstfalle die Kosten aufwenden würde, um seiner nördlichsten Bundesstadt Wetzlar zu helfen. So verbündete er sich denn im Juni 1384 mit dem Pfalzgrafen Ruprecht, einem der schärfsten Gegner des Städtebundes, und bald darauf führte sein rücksichtsloses Verhalten zum Streit.

Er und sein Braunfelser Vetter Otto hatten zusammen mit einem hessischen Amtmann und Wetzlar einige Straßenräuber gefangengenommen. Aber entgegen den Abmachungen brachten die Solmser die Gefangenen und deren Raubgut auf ihre Burgen Braunfels und Burgsolms. In der Fehde, die sich darum entspann, wurde zwar der Wetzlarer Söldnerhauptmann Rudolf von Hochweisel gefangengenommen, aber Graf Otto fiel dann selbst in die Hände der Wetzlarer. Und nun mußte er sich verpflichten, daß innerhalb eines Monats die gefangenen Straßenräuber und das, was sie den Wetzlarern abgenommen hatten, ausgeliefert würden, dazu auch der Wetzlarer Stadthauptmann. Wenn Graf Otto diese Verpflichtung nicht erfüllte, sollte er Einlager in Wetzlar halten und dort von Wasser und Brot leben, bis die Forderungen erfüllt wären. Aber dazu wäre die Bereitwilligkeit seines Vetters Johann nötig gewesen, und der benutzte im Gegenteil die Verlegenheit Ottos, um Braunfels in Besitz zu nehmen, angeblich, um die Burg vor einem Zugriff Nassaus zu schützen; es kam ihm nicht in den Sinn, die Gefangenen und das Raubgut herauszugeben - vermutlich handelte es sich ja auch um Standesgenossen und Spießgesellen, deren Dankbarkeit gelegentlich wieder einmal Früchte tragen konnte.

Nun wandte sich Wetzlar mit bitteren Klagen an den Bund. Dem kam dies zunächst sehr ungelegen, weil gerade wichtige Verhandlungen mit König Wenzel und einem Fürstenbund im Gange waren, aber nachdem am 26. Juli 1384 die sogenannte „Heidelberger Stallung" in dieser Sache zustande gekommen war, zeigte sich der Bund bereit, an diesem Grafen Johannes von Solms ein Exempel zu statuieren, indem man seine Stammfeste Burgsolms zu zerstören gedachte. Man machte gar nicht den Versuch, etwa benachbarte Fürsten zum Eingreifen zu veranlassen, wozu sie bei offenem Landfriedensbruch verpflichtet gewesen wären, sondern nahm die Sache als eine Kraftprobe der Städte allein. Nur weil das Ansehen des Städtebundes auf dem Spiel zu stehen schien, durften die Wetzlarer staunend und freudig erleben, wie sich im Oktober in ihrer Stadt allmählich das Aufgebot der Städte sammelte.

Da kamen, von ihren Pfeifern begleitet, die Straßburger mit Schmieden, die mit dem Belagerungsgerät umzugehen verstanden, die Friedberger schleppten ihr Geschütz heran, Frankfurt entsandte mit seinem Aufgebot einen kundigen Baumeister, und der Mainzer Geschützmeister meinte nach einer Erkundung, länger als vierzehn Tage werde das Spiel nicht dauern. Alsbald waren alle Fähnlein eingetroffen, sogar aus dem fernen Nürnberg, und nicht ungern sahen die Wetzlarer Bürger, wie sich die rauhen Gäste endlich ans Werk machten.

Die Burg war nicht sonderlich groß, lag im Talgrund am Solmsbach und war durch abgezweigte Gräben allseits geschützt. Aber alsbald kam anhaltendes Regenwetter der kleinen Besatzung zu Hilfe und verwandelte die Umgebung weithin in Morast, so daß die Belagerer Mühe hatten, ihre Mannschaft einigermaßen erträglich unterzubringen. Aber der Ring um die Burg wurde fest geschlossen, und man begann, Knüppeldämme an die Mauern heranzuführen und die Gräben auszufüllen, um die Belagerungsmaschinen zur Wirkung zu bringen. Bei Nacht wurden möglichst weit vorne starke Pfähle eingerammt und Flaschenzüge daran befestigt, so daß man außer Schußweite durch Ziehen an den Seilen die schweren Gerüste heranrollen konnte. Da waren die „Ebenhoche", das heißt hohe Türme, die bis zur Mauerkrone reichten und in ihrem gedeckten Innern Leitern trugen, auf denen die Sturmmannschaften hochsteigen und über eine Fallbrücke auf die Mauer gelangen konnten. Um gedeckt bis an die Gräben herankommen und die Reisigbündel (Faschinen) zum Ausfüllen heranschaffen zu können, bediente man sich der „Katze", einer rollbaren schweren Schirmhütte, die an der Stirnseite eine aufklappbare Schutzwand hatte, unter der man die Faschinen vorschob und versenkte. War erst der Damm weit genug vorgetrieben, dann wurde in einer Katze ein schwerer Balken mit Eisenkopf an Ketten aufgehängt. Den setzte man in Schwung und brach damit auf die Dauer auch die stärksten Mauern. Damit aber die Belagerten vom Wehrgang aus diese Annäherungsarbeiten nicht ungestört hindern konnten, mußten sich Armbrustschützen hinter beweglichen Schutzschilden, sogenannten „Tartschen", rings um die Feste vorwagen und die Verteidiger ständig unter Beschuß halten.

Graf Johann selbst hatte sich natürlich nicht miteinschließen lassen, aber seine Burgmannen wehrten sich nach besten Kräften. Sie unternahmen - begünstigt durch das Unwetter - Ausfälle, konnten einmal am hellen Tage den Mainzern und Frankfurtern ein paar Tartschen wegnehmen, und am 16. November brachen gar unversehens sechzehn Mann vor, warfen eine Katze um und steckten sie in Brand. Mit Mühe konnten die hinzueilenden Straßburger sie löschen.

Wir wissen das alles aus Berichten von Straßburgern, die ihren Rat über die Vorgänge auf dem Laufenden hielten. Ja, als anfangs bei den grundlosen Wegen die Fuhren mit dem schweren Rüstzeug für die Belagerungsgeräte kaum herangebracht werden konnten und zudem der persönliche Einblick in die Armut der vielgeplagten Stadt Wetzlar es höchst unwahrscheinlich machte, daß diese Stadt jemals den Kostenanteil würde aufbringen können, der ihr nach den Satzungen des Bundes zu Lasten ging, da verlangten die entfernter gelegenen Bundesstädte, man solle das Unternehmen als aussichtslos aufgeben. Aber nun setzte Frankfurt alles daran und rief dem Bund ins Bewußtsein, daß seine Ehre und sein Ansehen auf dem Spiel standen und der Übermut von Fürsten und Herren ins Unerträgliche wachsen müßte, wenn die Städte diesmal nicht ihren Willen durchsetzten. So wurde also die Belagerung fortgeführt, und bald sah die Besatzung ein, daß ihr Leben keinen Pfifferling mehr wert war, wenn sie es zum äußersten, zur gewaltsamen Erstürmung kommen ließe. So ergab sich denn die Burg am 25. November 1384. Sie wurde nach Kräften zerstört und ist nie wieder aufgebaut worden. Freilich sind die letzten Reste erst in unseren Tagen beseitigt worden.

Nachträglich hat man sich dann erzählt, Gräfin Lisa habe vom Feldhauptmann der Städte die Zusage erlangt, sie dürfe die Burg verlassen mit allem, was sie und ihr Hund tragen könnten. Da habe sie ihren Gemahl auf dem Rücken hinausgetragen, und gefolgt sei ihr

Hund, mit Kostbarkeiten beladen. Trotz dieser Überlistung habe der Hauptmann zu seinem Wort gestanden, und so sei Graf Johann gerettet worden.
Sicherlich ist das keine echte Volkssage, sondern eine Wiederholung der Geschichte von den Weibern zu Weinsberg (noch bereichert durch den mithelfenden Hund), die ein belesener Mann in Umlauf gesetzt haben wird.

Tatsächlich war mit der Einnahme von Burgsolms kein entscheidender Erfolg errungen. Graf Johann baute statt der verlorenen Stammburg den Greifenstein um so besser aus, und das bedeutete für Wetzlar eine viel schwerere und nachhaltigere Schädigung, als wenn Burgsolms, das ja keine wichtige Straße sperrte, unversehrt erhalten geblieben wäre. Am 28. März 1385 wurde zwar ein Waffenstillstand geschlossen, und ein Jahr später trat der Solmser sogar dem Städtebund bei; es kam auch 1386 zu einem Friedensschluß, aber dennoch war das keine haltbare Lösung, weil im Herzensgrunde keine der beiden Parteien auf die Vernichtung des Gegners als Endziel verzichtet hatte. Es nutzte gar nichts, daß auch die Nachbarfürsten noch einmal gegen den Ausbau von Burg Greifenstein Einspruch erhoben und König Wenzel am 1. Mai 1389 geradezu den Wetterauer Städten und dem Landvogt befahl, den Grafen an dem eigenmächtigen Bau zu hindern - alle waren damals durch näherliegende Sorgen zu sehr in Anspruch genommen.

Denn der Entscheidungskampf zwischen Fürsten und Städten war in vollem Gange, und der Sieg neigte sich den Fürsten zu. Am 24. August 1388 wurde der Schwäbische Bund bei Döffingen von Graf Eberhard dem Greiner von Württemberg geschlagen, am 6. November erlitten die rheinischen Städte das gleiche Schicksal durch den Pfalzgrafen Ruprecht bei Großbockenheim zwischen Worms und Alzey, und wenn auch die Kraft der Städte durch diese Schläge durchaus nicht ganz gebrochen war, so erlahmte doch allmählich ihr Widerstand. Und als nun gar am 14. Mai 1389 auch Frankfurt in einer Fehde mit den Herren von Kronberg eine schmähliche Niederlage erlitt, da war die Auflösung des Bundes nicht mehr aufzuhalten. Die Städte mußten sich zu hohen Entschädigungszahlungen verstehen und künftig ihr Heil in den Landfriedenseinungen suchen, zu denen Fürsten, Herren und Städte bezirksweise zusammengeschlossen wurden.

In unserer engeren Heimat trat dennoch keine Ruhe ein. Graf Johann Springinsleben mit seinem gleichnamigen Sohne fand sich mit dem Grafen Diether von Katzenelnbogen zusammen, und aus nichtigen Anlässen kam es alsbald wieder zur offenen Fehde. Die Stadt lag im Streit mit einem ihrer Schöffen namens Gottfried Hahn, und dieser war Burgmann des Grafen von Katzenelnbogen geworden, um sich fremde Hilfe zu sichern. Wetzlar nahm ihn gefangen und wies das Verlangen des Grafen von Katzenelnbogen, ihn freizulassen, zurück. Daraufhin machte der Graf im Verein mit Graf Johann v. Solms mehrmals Einfälle in das

Stadtgebiet. Am Kalsmuntberg fuhr er 1391 eine der neumodischen Donnerbüchsen auf, und zum erstenmal erlebte die Stadt eine Beschießung durch Pulvergeschütz. Noch schlimmer hausten die Gegner ein andermal. Sie zerstörten den Galgen und die Brühlsbacher Warte und verwüsteten die Weinberge. Drei Männer, die ihnen in die Hände gefallen waren, wurden erhängt, zwei andere gefangen fortgeführt, und trotzdem verlangte Graf Johann dringlich beim Landfriedensbund, man solle Wetzlar aufsagen, da es gütlichen Austrag schwebender Rechtsfälle vor den zuständigen Gerichten verweigere. Das mehrfach verbriefte Recht der Stadt, daß ihre Bürger sich nur vor dem Wetzlarer Schöffengericht zu verantworten hatten, wurde eben von den Grafen als schlimmste Beeinträchtigung ihrer eigenen Landeshoheit angesehen, und wenn man den städtischen Galgen niederriß, so sollte das offen kundtun, wie gering man von der städtischen Gerichtsbarkeit dachte. Endlich, im Juni 1392, kam es durch Vermittlung des Deutschordenskomturs Gernand von Schwalbach zu einem Frieden zwischen der Stadt und den Grafen.

Im Jahre 1389 war Graf Philipp von Nassau-Weilburg-Saarbrücken mündig geworden, und als rechtmäßiger Inhaber der Reichsvogtei über Wetzlar konnte ihm dessen Schicksal nicht gleichgültig sein. 1391 war auch das Bündnis mit dem Landgrafen von Hessen wieder auf sechs Jahre erneuert worden. Und so gab es für die Stadt wieder Möglichkeiten, jetzt wo kein Städtebund mehr eine Stütze bot, dann eben bei Nachbarfürsten eine Anlehnung zu suchen. Aber gerade über solche Fragen kam es noch einmal zu schweren inneren Unruhen.

Henne Haberkorn

Die Zunftkämpfe hatten - oberflächlich gesehen - mit der Wiederherstellung der alten Geschlechterherrschaft geendet. Aber dieser Ausgang war allzusehr durch gewaltsames Eingreifen von außen, durch Graf Johanns Überrumpelung und unter dem Druck kaiserlicher Gebote herbeigeführt worden, und die inneren Spannungen waren nicht ausgeglichen. Mit den alten Machthabern war nicht auch die „gute alte" Zeit wiedergekommen; im Gegenteil: die andauernden Fehden hatten die Not nur verstärkt, und das bot den besten Nährboden für Unzufriedenheit, Mißgunst und Neuerungssucht. Den Schöffengeschlechtern blieb gar nichts anderes übrig, als durch Nachgiebigkeit gewaltsame Ausbrüche zu verhüten. Es kam noch hinzu, daß einige der ältesten Geschlechter ausstarben und andere verarmten. Denn auch die Erträgnisse aus Grundbesitz gingen stark zurück, ausgeliehenes Geld blieb unverzinst oder uneintreibbar, und so waren manche Männer aus schöffenbaren Familien nicht mehr geneigt, kostspielige und zeitraubende Stadtämter zu übernehmen, die zudem noch Haß und Befeindung eintrugen.

Auf diese Weise hat sich im letzten Drittel des 14. Jahrhunderts eine völlige Umschichtung vollzogen: andere Familien, zunehmend auch aus dem Handwerkerstande, rücken an die Stelle der älteren Geschlechter, und es bildet sich schließlich ein Handwerkerpatriziat. Es neigt nicht weniger zu Vetternwirtschaft und Hochmut, ist allzu nachsichtig gegenüber den engeren Berufsgenossen und wird von den anderen mit genau der gleichen Scheelsucht mißtrauisch überwacht, wie ihre Vorfahren das einstens gegenüber den Schöffengeschlechtern geübt haben.

Dieser Übergang hat sich ganz allmählich vollzogen, und es waren nicht etwa besonders heftige Unruhen, die den Anlaß gaben, in einem Bürgervertrag vom 1. März 1390 die geltende Stadtverfassung nach langer Zeit wieder einmal schriftlich festzulegen.

Der „ältere Rat" besteht wie bisher aus den 12 Schöffen, der „jüngere Rat" aus 8 Vertretern der Gemeinde und je 2 Vertretern der 7 Zünfte, zusammen also 22 Ratsherren. Wird zwischen den beiden Ratshälften keine Übereinstimmung erzielt, dann geben Gemeinde und Zünfte den Ausschlag. Von den 2 Rentmeistern muß jeweils einer Mitglied der Gemeinde, der andere Zunftmann sein. Überdies aber wird ein Überwachungsausschuß eingesetzt: die „Neuner", die sich aus 2 Männern der Gemeinde und 7 Zunftleuten zusammensetzen.

So war also auf dem Pergament alles demokratisch geordnet und sollte „vortmee eweclich" gehalten werden - aber schon drei Jahre später, am 27. September 1393, wurde mit dem Landgrafen Hermann von Hessen eine neue Verfassung vereinbart, die innen- wie außenpolitisch schwerwiegende Änderungen enthält:

Zwar sollen die Schöffen ihre Zahl nach wie vor durch Zuwahl selbst ergänzen, aber mit der vieldeutigen Einschränkung, daß dies „nach Rat und mit Willen des Rates" geschehen müsse. Das kommt darauf hinaus, daß der jüngere Rat bei der Schöffenwahl mitwirkt. Aber derlei Änderungen wären harmlos gegenüber den Vollmachten, die dem hessischen Landgrafen eingeräumt werden. Er soll nämlich die Entscheidung geben, wenn die beiden Ratshälften nicht übereinkommen, und hätte also Gelegenheit, sich in innere Streitigkeiten einzumischen und tatsächlich auf diese Weise den Rat nach seinem Willen zu lenken. Noch deutlicher wird die Absicht durch die Bestimmung, daß die Stadt kein Bündnis schließen darf ohne Einwilligung des Landgrafen. Die Stadt soll immer bei Hessen bleiben, für den Landgrafen offenstehen und ihm das Bürgerrecht gewähren. Das heißt also: Wetzlar soll auf eine selbständige Außenpolitik verzichten.

Besonders sorgfältige Bestimmungen sollen Stadt und Bürger an diesen Vertrag binden. Alle müssen auf ihn schwören. Wer derzeit nicht anwesend ist, soll nachträglich darauf vereidigt werden, und alljährlich zu Michaelis soll der Schwur durch Schöffen, Rat und Gemeinde und Handwerke erneuert werden. Im voraus muß die Stadt versprechen, daß sie niemals irgendein Recht, geistlich oder weltlich, irgendein Privilegium, das jetzt besteht oder künftig erworben wird, oder sonst irgendein Mittel gebrauchen wolle, um diesen Vertrag im ganzen oder einzelne seiner Artikel anzufechten. Wer den Vertrag bricht, soll unwiderruflich des Majestätsverbrechens schuldig gesprochen und demgemäß bestraft werden. Der Landgraf, die Stadt und die 7 Handwerke bekräftigen durch ihre angehängten Siegel die Abmachungen.

Es ist also kaum verhüllt, daß die Reichsstadt zur hessischen Landstadt werden soll. Aber die übermäßigen Sicherungsbestimmungen verraten schon, daß man mit Widerstand rechnete, und jeder unbefangene Leser wird das Gefühl nicht los, daß es beim Abschluß dieses Vertrages nicht mit rechten Dingen zugegangen sein könne.

In der Tat: dieser Vertrag ist das Werk Henne Haberkorns und seiner Anhänger; sie haben ihn der Stadt aufgezwungen und damit blutige Wirren heraufbeschworen.

Wer war dieser Henne Haberkorn? Die Limburger Chronik vermeldet nur knapp die äußeren Ereignisse, ohne uns Einblick in den tieferen Zusammenhang zu gewähren, aber heute gelingt es doch, dem Bild dieser eigenartigen Persönlichkeit etwas festere Umrisse zu geben.

Johann von Weidbach, genannt Henne Haberkorn, war der Sohn eines wohlhabenden Tuchhändlers, der es kurz vor dem Zunftaufstand zum jüngeren Bürgermeister und sogar zum Schöffen gebracht hatte. Henne selbst ist nicht Schöffe geworden, gehörte aber wohl dem Rate an, da er mehrmals Urkunden besiegelt hat. Er war verheiratet mit Adelheid Reye, einer Schöffentochter aus einem der ältesten Geschlechter. Auch seine Schwester Phie (Sophie) war einem Gießener Schöffensohn in die Ehe gefolgt.

Wäre es dem seltsamen Manne nur um Ehre, Macht und Ansehen zu tun gewesen, dann hätten ihm alle Wege offengestanden. Er aber hat sich der herkömmlichen Denkweise entwunden und aus der politischen Entwicklung, wie er sie mit ansah, seine eigenen Schlüsse gezogen. Er hielt es für aussichtslos, daß Wetzlar seine Reichsfreiheit bewahren könnte. Der Ausgang der Kämpfe zwischen Städtebünden und Fürsten gab ihm die Lehre, daß sich seine Vaterstadt rechtzeitig unter den Schutz eines Landesfürsten stellen müßte, und zwar freiwillig. Eine Wahl gab es ernsthaft nur zwischen Nassau und Hessen. Zur Zeit aber kam nur Hessen in Betracht; denn Nassau hatte trotz Vogtei und Schutzauftrag bisher nie helfen können.

Wer aber von den Bürgern der Stadt konnte sich - wie Henne Haberkorn - so freimachen von aller Überlieferung, von der Treue zum Reich, dem Mißtrauen gegen die Fürsten und dem Stolz auf die reichsstädtische Unabhängigkeit? Wahrscheinlich nur wenige, und die nicht alle aus lauteren Gründen. Die Mehrzahl mußte in solchen Plänen Hochverrat sehen.

Deshalb ging Henne Haberkorn heimlich zu Werke - und wurde dabei wirklich zum Hochverräter. Ohne sein Endziel - den Anschluß an Hessen - zu offenbaren, gewann er Unzufriedene unter den Zünftlern und schürte zum Umsturz. Er lockte mit der Aussicht, man werde das Übergewicht der schöffenbaren und ratsverwandten Geschlechter endlich beseitigen und für jedermann den Weg zur Schöffen- und Ratbank eröffnen. Der Landgraf wurde wohl nur als Helfer im inneren Streit bezeichnet,

---

Bild rechte Seite: Ehemaliges Rathaus am Fischmarkt, später Reichskammergerichts-Gebäude (sog. „Alte Kammer") mit doppelköpfigem Reichsadler.

und dafür Glauben zu finden war nicht schwer, weil er schon öfter in hessischen Landstädten die Partei der Zünfte gegen den herrschenden Rat ergriffen hatte.

Es wird harte Auseinandersetzungen gegeben haben, bis der Vertrag vom 27. September 1393 besiegelt war. Vielleicht hat der Landgraf mit einem Aufgebot die Widerstrebenden in Schach halten müssen. Jedenfalls konnten die Begleitumstände und die auffälligen Sicherungsbestimmungen des Vertrags jedem die Augen dafür öffnen, daß nicht die Bestimmungen zugunsten von Zünften und Gemeinden das Hauptanliegen waren, sondern dem hessischen Landgrafen das fernere Schicksal der Stadt in die Hand gegeben wurde.

Das alles hat die Schöffen zu heftigster Gegenwehr aufgestachelt. Sie setzten sich sofort mit Räten des Königs Wenzel in Verbindung, die gerade zu Verhandlungen in Frankfurt und Mainz weilten, und konnten unschwer erreichen, daß von Reiches wegen der Vertrag mit Hessen für erzwungen erklärt und den Schöffen der Auftrag zuteil wurde, die Abmachungen als wider König und Reich gerichtet zu widerrufen. Ohne dem Landgrafen einen Vorwurf zu machen, wurde es so hingestellt, als habe ihn Henne Haberkorn mit seinen Anhängern über den tatsächlichen Willen der Bürgerschaft getäuscht, und er wurde aufgefordert, seine Ausfertigung des Vertrages zurückzugeben und ihn als nichtig anzuerkennen.

All das geschah hinter Henne Haberkorns Rücken. Erst durch den Landgrafen erfuhr er von diesen Gegenmaßnahmen, und von ihm wurde er veranlaßt, seine Anhänger davon zu unterrichten und seine Sache durchzufechten.

Aber noch ehe die gesamte Bürgerschaft in einer so wichtigen Sache - wie das üblich war - zu einer Bürgerversammlung einberufen wurde, taten Schöffen und Rat alles, um die Handwerke wieder für sich zu gewinnen und von Henne Haberkorn abwendig zu machen. Geholfen hat ihnen dabei sicher nicht nur der Hinweis auf den Willen des Königs. Es war nicht allzu schwer, gegen den Landgrafen Mißtrauen zu wecken und den Zünftlern die Gewähr zu bieten, daß ihr Mitbestimmungsrecht in Kraft bleiben und ihren Vertretern das Aufrücken in die Schöffenbank ermöglicht werden sollte, auch ohne daß der Landgraf dazu nötig wäre. Vor allem aber werden Verdächtigungen gegen Henne Haberkorn ein williges Ohr gefunden haben. Warum sollte dieser Mann ein Freund der Zünfte sein, der doch selbst nicht aus ihren Reihen stammte! Seine Schwester lebte in Gießen, er selbst war mit dem Landgrafen und seinen Amtsleuten vertraut. Ob er nicht gekauft war, um wider Ehre und Recht,

---

Bild linke Seite: Reichsstädtischer Brunnen und Fachwerkhäuser am Kornmarkt (links Haus „Zur Sonne" bzw. „Zum Reichsapfel").

wider Kaiser und Reich die Freiheit der Stadt an Hessen zu verhandeln?

So kam der Sonntag, der 18. Januar 1394, an dem nach dem Hochamt die Bürgerschaft auf dem Kirchhof zu Rate gehen sollte. Henne Haberkorn schritt mit der kleingewordenen Schar seiner engsten Vertrauten von der Burg herab zum Ring der Versammelten und wollte Klage erheben, weil Verräter, die eben noch den Vertrag mit dem Landgrafen besiegelt und auf jeden Einspruch verzichtet hatten, nunmehr dennoch die Hilfe dieses Königs Wenzel angerufen hätten, von dem jedermann wußte, daß bereits die Mehrzahl der Fürsten entschlossen war, ihn abzusetzen. Aber auch die Gesichter der Zünftler, auf die er glaubte vertrauen zu können, zeigten ihm, daß er tauben Ohren zusprach. Und als er zur Gewalt aufforderte und die Verhaftung derer verlangte, die nach dem Vertrag des Majestätsverbrechens schuldig waren, da erhob sich Tumult. Bereitgestellte Stadtknechte griffen ein, und nach kurzem Kampfe wurde Henne Haberkorn mit sechs seiner Anhänger auf dem Kirchhof erschlagen. Seinen Bruder, den Stiftsvikar Eberhard, rettete sein priesterliches Kleid nur vor dem Tode, nicht vor Mißhandlungen. Es war gut, daß Hennes Frau Adelheid - vielleicht in trüber Vorahnung - in Gießen Zuflucht gesucht hatte.

Wenige Tage später sühnten sich Schöffen und Rat mit Gemeinde und Handwerken und verbrieften sich ihre Rechte. Der Landgraf jedoch war nicht zu bewegen, den Vertrag als nichtig anzuerkennen, und mit seiner Hilfe erhob Adelheid Haberkorn Klage gegen die Stadt und ließ als Pfand Güter Wetzlarer Bürger im Hüttenberg beschlagnahmen.

Es verging noch lange Zeit, bis König Wenzel endlich den Mut fand, den Vertrag mit Hessen zu widerrufen. Es geschah erst am 19. Juli 1395. Die Stadt wurde von jedem Vorwurf freigesprochen; denn sie habe sich in Treue zum Reich nur der Gewalt erwehrt, die ihr Henne Haberkorn mit seinen Gesellen habe antun wollen. Bald danach wurde des Königs „oberster heimlicher Diener", Propst Franz von Nordheim, und dessen Gehilfe Peter Drachenfeld mit den eingezogenen Gütern Henne Haberkorns belohnt. Der Name „Haberkorngüter" haftete noch lange an diesen Grundstücken.

Der Name des Landgrafen und seine Mitschuld wird in keinem amtlichen Schriftstück erwähnt. Das gebot die Rücksicht auf den mächtigen Landesfürsten. Hermann II. hat sich damit begnügt, seine schützende Hand über Henne Haberkorns Familie und die flüchtigen Anhänger zu halten. So kam Adelheid Haberkorn wieder in den Besitz ihres väterlichen Erbgutes; sie lebte noch 1432 in Kassel.

Der ungültig erklärte Vertrag wurde nicht zurückgegeben. Infolgedessen wurde es möglich, daß sich im 17. und 18. Jahrhundert die Landgrafen bei ihren Auseinandersetzungen mit Wetzlar immer wieder auf diesen Vertrag von 1393 beriefen. Aber auch Bürger selbst haben sich damals bei inneren Zwistigkeiten, wenn es gerade paßte, auf Artikel dieses Vertrages berufen, vermutlich ohne zu ahnen, wie gerne ihre Vorfahren jede Erinnerung an dieses Schriftstück getilgt gesehen hätten.

11. Politische und wirtschaftliche Zustände im ausgehenden Mittelalter

Wetzlars Niedergang

Die Folge jener stürmischen Jahrzehnte, die wir soeben geschildert haben, war für Wetzlar ein grausamer Niedergang. Von einem lebhaften Handels- und Gewerbeplatz mit weitreichendem Wirtschaftsraum stieg es ab zu einem armen Städtchen, das - von allen Seiten eingeengt - kein gesichertes Absatzgebiet mehr hatte, so daß auch Kaufleute und Handwerker gezwungen waren, sich mit Acker- und Weinbau einen Rückhalt zu sichern. Die Einwohnerzahl ging stark zurück, nicht nur durch Seuchen - wie man das oberflächlich gerne zu begründen pflegt -, sondern vor allem, weil die verschlechterten Lebensbedingungen zur Abwanderung zwangen.

Not und Bedrängnis wandeln auch das äußere Bild der Stadt. Vielfach reichen die Mittel nicht mehr aus, um die Häuser instandzuhalten. Viele verfallen, ganze Stadtteile veröden. Schon gegen Ende des 14. Jahrhunderts führen Stiftsregister leere Hofstätten an, wo früher Häuser standen, und das Stift muß sich zu Zinsherabsetzungen bereitfinden. Um die Mitte des 15. Jahrhunderts werden die Vorstädte Silhofen, Hausen und vor dem Obertor allmählich menschenleer, und alle Bauten verfallen. Die Stadt bestürmt das Reich um Minderung (Moderation) ihrer Abgaben, und mehrmals kommen Moderationskommissionen, um sich von der Berechtigung ihrer Klagen zu überzeugen. Im Jahre 1518 beruft sich die Stadt darauf, Kaiser Maximilian habe ja selbst den erbärmlichen Verfall gesehen, als er im Herbst 1505 drei Tage in der Stadt geweilt habe. Aber in den folgenden Jahrzehnten geht es weiterhin reißend bergab. Das Bild, das Kommissionsberichte von 1549, 1567 und 1577 entwerfen, ist grauenhaft, - auch wenn man Übertreibungen auf das rechte Maß zurückführt. Die Vorstädte links der Lahn sind nun ganz verödet; nur noch Reste ihrer Befestigung stehen zwecklos zwischen Gärten und Feldern. Nicht viel besser sieht es in der Stadt selbst aus:

„Dann vast in allen Gassen der Statt, ausgenommen oben vmb den Kornmarkh, den gemeinen Markh vnd neben dem Rathaus hinab bey dem Eisenmarkh dem Barfusser Closter zu bis an die Sehlhoffer Stattpforten mehr leerer Plätz, verfallener Gebeuwe, ohnbewohnter vnd verschlossener Heusser, dann der bewohnten vnd erbauwten."

Nur die Vorstädte Neustadt und Langgasse konnten sich einigermaßen halten; denn deren Bewohner haben sich nie von der Landwirtschaft ganz abgekehrt, und dadurch gewannen sie jetzt in Notzeiten ein solches Gewicht, daß die „Neustädter und Langgässer Gemeinden" als Sondergliederungen der Bürgerschaft neben den Zünften und der „Gemeinde" der Altstadt auftraten.

Im übrigen ruhte der Bürgerstreit nun für etwa 200 Jahre. Zünfte und Gemeinden verteilten unter sich die Sitze im Rat. Das Schöffenkollegium ergänzte sich zwar noch selbst durch Zuwahl, aber es wurde allmählich zur Regel, den ältesten Ratsherrn in die Schöffenbank aufrücken zu lassen. Stillschweigende Voraussetzung für alle diese Stadtämter war und blieb ein gewisser Wohlstand, und so stammen auch weiterhin, nachdem das Vorrecht der alten schöffenbaren Familien beseitigt war, die Schöffen und Ratsherren doch wieder nur aus einem kleinen Kreis eng miteinander versippter Familien. Sie sind alle Krämer oder Handwerker. Nur noch selten kommt es vor, daß ein Schöffe - wie einst die Alten - vorwiegend von Zinsen und Renten lebt. Seit dem 15. Jahrhundert mehren sich die Fälle, in denen Söhne dieser Familien studieren, aber nur ausnahmsweise finden sie in der verarmten Heimatstadt Verwendung.

Noch können viele Ratsherren kaum lesen und schreiben, aber ihrem Ansehen tut das wenig Abbruch - wie ja auch heute kein Mann in leitender Stellung an Achtung einbüßt, falls er die Schreibmaschine nicht bedienen kann oder doch nicht so wie eine Sekretärin. Die Stadt brauchte also Schreiber und wählte dazu studierte Leute. Diese Stadtschreiber hatten oft besseren Einblick in die Stadtgeschäfte als ein Ratsherr und konnten bei geschicktem Verhalten die tatsächlichen Leiter des Stadtwesens werden. Als die Gerichtsangelegenheiten ohne fachmännische Hilfe nicht mehr zu bewältigen waren, hielt die Stadt zwei gelehrte Berater, einen Ersten Syndikus oder Consulenten, hauptsächlich für das Gericht, und den Consyndikus oder Stadtschreiber für die Verwaltungsgeschäfte.

Schutz- und Pfandschaftsrechte der Grafen von Nassau

Auch „außenpolitisch" wurde es im 15. Jahrhundert ruhiger. Die Grafen von Nassau-Weilburg wandten als Vogteiinhaber der Stadt weit mehr Aufmerksamkeit zu als früher und nahmen ihr manche Sorge ab. Man kann ihnen nicht vorwerfen, daß sie darauf ausgegangen seien, Wetzlar zur nassauischen Landstadt zu machen. Aber sie vereinigten schließlich in ihrer Hand so viele Rechte, daß sich die Stadt nach ihren Wünschen richten mußte. Im Jahre 1414 übertrug König Sigismund dem

Grafen Philipp I. v. Nassau in aller Form das Schutz- und Schirmrecht über die Stadt an des Reiches statt. Dieser Auftrag ist dann 1429, 1438 und 1441 auch für den Nachfolger Philipp II. erneuert worden und enthielt den Befehl an die Stadt, den Grafen gehorsam zu sein, so daß also praktisch - wie bei einer Landstadt - nunmehr zwischen Stadt und König ein Landesfürst eingeschaltet war. Dieses Schutzrecht wurde noch verstärkt und geradezu unlöslich dadurch, daß die Könige - allen feierlichen Versprechungen zum Trotz - die Stadt in Pfandschaft gaben. Eine frühere Verpfändung von 1320 durch Friedrich den Schönen von Habsburg war wohl nicht wirksam geworden, weil Ludwig der Bayer im Thronstreit Sieger blieb. Aber 1347 hatte schon Karl IV. dem Grafen von Nassau für 4000 Pfund Heller die Reichssteuer Wetzlars verpfändet. 1410 verlieh König Jost von Mähren dem Grafen Philipp I. zu den 4000 Pfund weitere 4000 Gulden und verpfändete ihm dafür die ganze Stadt, also nicht nur die Reichssteuer. König Sigismund erhöhte im Jahre 1414 die Summe um 3000 Gulden, 1418 nochmals um 3000 Gulden und 1422 abermals um 4000 Gulden. Zwar behielt sich das Reich die Wiedereinlösung vor, aber das waren leere Worte. Tatsächlich hatte die Stadt von da an ihre Reichssteuer von 400 Mark oder 600 Gulden an Nassau zu entrichten. An wen diese Zahlung ging, hätte ihr gleichgültig sein können, wenn nicht die immer schlimmer werdende Verarmung berechtigten Anlaß gegeben hätte, um eine Minderung der festen Reichssteuer einzukommen, da deren Höhe doch einstmals einer Finanzkraft angepaßt worden war, die nicht mehr bestand. Nun aber, da die Grafen von Nassau diese 600 Gulden als Verzinsung ihrer Pfandsumme ansahen, widersetzten sie sich unerbittlich einer Herabsetzung und vergönnten der armen Stadt nur, daß sie den Betrag in jährlich zwei bis drei Raten abzahlen durfte. Mit Vogtei, Schutzrecht und Pfandschaft hatte nunmehr Nassau tatsächlich alle wesentlichen Reichsrechte in seiner Hand, und die von den Fürsten eingesetzten Untervögte hatten Möglichkeiten genug, die Stadt nach dem Willen des Fürsten zu lenken. Es waren adlige Herren, die in Weilburg oder auf Gleiberg residierten und in Wetzlar durch Stellvertreter ihre Obliegenheit als Vorsitzer im Schöffengericht wahrnehmen ließen. Zur Ehre der Grafen und der Untervögte sei gesagt, daß sie nach Möglichkeit und Kräften der Stadt in allen ihren Nöten beistanden und ihre Rechte nicht mißbraucht haben.

Nachwirkungen des Stadtbankrotts

Diese Nöte ergaben sich zum Teil aus den Nachwirkungen des Stadtbankrotts. Die Zahlungsvereinbarung mit den Gläubigern aus den einstigen Bundesstädten des Rheinischen Bundes und mit Kloster

Arnsburg war nach dem Vertrag von 1382 eingehalten worden bis zum Jahre 1400. Dann stellte die Stadt ihre Zahlungen erneut ein. Wieder erlahmte der Fernhandel, weil jeder einzelne Wetzlarer gepfändet werden konnte, immer häufiger wurden die Schulden beim geistlichen Gericht eingeklagt und daraufhin der Bann über die Stadt verhängt. Vergeblich gebot Papst Innocenz VII. dem Erzbischof von Mainz am 16. Juni 1405, er solle Wetzlar, das zum Bezahlen seiner Schulden unfähig sei, von der Excommunication lösen und einen Vergleich mit den Gläubigern herbeiführen. Die Stadt sei durch Fehden, Seuchen und allerlei Verluste heruntergekommen. Es handle sich nicht um Privatschulden, und dennoch müsse jeder einzelne darunter leiden. Mehr als ein kurzer Aufschub war damit nicht gewonnen. Namentlich Kölner und Aachener Gläubiger drängten heftig, und nur wenige schlossen neue Vereinbarungen, indem sie auf einen Teil ihrer Ansprüche verzichteten und den Rest in kleinen Raten abzahlen ließen. Andere erwirkten im Jahre 1418 beim Hofgericht die Acht und in den folgenden Jahren die Aberacht. So wurden Bann und Acht schließlich so gewohnt, daß sie ihren Schrecken verloren. Das befreundete Frankfurt ließ sich ungern seinen Messeverkehr durch so grobe Mittel stören und nahm selbst die Drohung auf sich, der Acht gleichfalls zu verfallen, weil es den geächteten Wetzlarern Geleit gegeben habe. Um so willkommener waren benachbarten Rittern Aufträge von Gläubigern, ihre Forderungen auf dem Fehdewege einzutreiben, und auch die Grafen von Solms ließen sich solche Gelegenheiten nicht entgehen.

So zogen sich die Auseinandersetzungen mit den Gläubigern - es waren nun schon Söhne und Enkel und noch entferntere Verwandte der einstigen Leibrentenkäufer - bis in das letzte Drittel des 15. Jahrhunderts hin, und es mochte bei manchen Wetzlarern eine ehrliche Beteuerung sein, wenn sie unter mitleidheischenden Klagen versicherten, sie wüßten nicht, wie sie zu diesen Schulden gekommen seien.

Wohl die hartnäckigsten waren Erben der Familie Beißel aus Aachen, die noch in den Jahren 1479 bis 1482 mit Hilfe der Feme und des Hofgerichts ihre Forderungen verfochten.

Die Feme

Seit dem zweiten Viertel des 15. Jahrhunderts machte auch Wetzlar Bekanntschaft mit dem „heimlichen Gericht" der Feme, und oft genug mußte es sich verantworten vor den Freigrafen der Femestühle zum Hohlenahorn bei Züschen, zu Freienhagen in Waldeck, zu Brakel bei Dortmund, zu Volkmarsen und auf dem Ginsberg bei Siegen.

In jener Zeit völliger Rechtsverwirrung waren einige dieser westfälischen Gerichte durch scharfes Zugreifen, gerechte, unbestechliche Urteile und vor allem durch unnachsichtlichen Vollzug der verhängten Strafen zu hohem Ansehen gekommen. Im Unterschied zu den anderen weltlichen Gerichten verlangten sie von ihren Freischöffen, daß sie selbst Klage erhoben, wenn ihnen Unrecht bekannt wurde. Sie warteten also nicht, ob sich ein Kläger fand, sondern, - wie heutzutage der Staatsanwalt im Namen des Gesetzes -, so sollte jeder ehrliche Mann im Namen der Gerechtigkeit das Unrecht verfolgen. Und während andere Gerichte nur einige Male im Jahre von sich aus zusammentraten, fanden sich die Freischöffen bei Bedarf zu jeder Zeit zusammen zu „heimlichem" Gericht.

Überall im ganzen Lande konnten ehrliche Männer in die geheimen Bräuche und das Verfahren der Feme eingeweiht werden. Sie waren dann „Wissende" und damit zur Klage berechtigt und verpflichtet, sie mußten aber auch bereit sein, das gefällte Urteil unter allen Umständen zu vollziehen. Auf diesem Schleier des Geheimnisvollen, mit dem sich die Feme umgab, beruhte zum Teil ihr Ansehen. Wer konnte wissen, ob nicht ein harmlos scheinender Nachbar zu den „Wissenden" gehörte, scharf auf alle Vorgänge achtete und plötzlich einen sich sicher glaubenden Missetäter vor den Femestuhl zog!

Freilich wurde auch viel in die Feme hineingeheimnist, was es gar nicht gab; so etwa vermummte Richter in finsterem Gewölbe bei Kerzenschein mit Richtschwert, Totenkopf und Galgenstrick auf dem Tisch. Nein, die Freigerichte tagten an allbekannten Orten im Freien, und sie mußten ihre Wirksamkeit sehr bald einschränken, um nicht mit der Zuständigkeit anderer Gerichtsherren - wie des Königs, der Landesfürsten und der Städte - zusammenzustoßen.

Die Freistühle haben selbst verlangt, daß sie erst angerufen würden, wenn dem Kläger beim zuständigen Gericht das Recht verweigert worden war, und zwar nur bei schweren Fällen. Sie haben selbst Klagen wegen Geldschulden nicht für zulässig erklärt. Aber - auch die Feme entging nicht dem Verfall, und zu der Zeit, in der wir Wetzlar in Femeverfahren verwickelt sehen, war die Blüte der Feme schon vorbei. Wohl erregte sie noch Angst und Schrecken, aber weniger wegen ihres strengen Gerichts als wegen ihrer Mißbräuche. Denn viele Freigrafen benutzten ihr Amt zu mehr oder weniger versteckter Erpressung von Gerichtsgebühren und Versäumnisstrafen, und schon war es so weit, daß die Freistühle sich gegenseitig verfemten und Berufung von einem Stuhl zum anderen zuließen.

Eine schwache Stadt wie Wetzlar mußte freilich länger gute Miene zum bösen Spiel machen als etwa die Kurfürsten, die kurzerhand in ihren Ländern jeden vor Gericht zogen, der die Feme anrief oder ihr Beistand leistete. Und so sehen wir, wie jahrzehntelang immer einige der Wetzlarer Ratsherren oder gar Schöffen „Wissende" werden, um die anhängigen Sachen selbst an den Freistühlen vertreten zu können, oder wie man sich manche Abmachungen durch Freischöffen noch besonders beurkunden und bekräftigen ließ. Aber es kam immerhin vor, daß im Jahre 1438 der Erbe eines Leibrentenriefes vom Jahre 1367 ein Femeurteil erwirkte, in dem alle Mannspersonen zu Wetzlar über vierzehn Jahre zu einer Buße von je 36 Schillingen verurteilt wurden. Auf diese Drohung hin hat sich die Stadt mit dem Kläger auf Abschlagszahlungen geeinigt, und der Freigraf nahm daraufhin sein Urteil zurück. Im übrigen hat die Stadt nach Kräften versucht, ihre Gerichtszuständigkeit zu wahren, und ist mit Strafen gegen Bürger vorgegangen, die Rechtshilfe bei Femegerichten suchten, anstatt das heimische Schöffengericht anzurufen. Mit dem 15. Jahrhundert endete in Wetzlar auch die Wirksamkeit der Feme.

Das Entstehen von Wüstungen

Das offene Land hatte unter den ewigen Fehden gleichfalls furchtbar gelitten. Viele Siedlungen sind wüst geworden, weil die Bewohner an Zahl zu gering wurden und darum in stärker bevölkerten Nachbarorten Zuflucht suchten, wo man sich mit vereinten Kräften doch besser schützen konnte. Vielleicht haben auch Seuchen gewütet, und manchmal war der Boden zu schlecht, die Siedlung also von vornherein nicht gut gewählt. Die Gründe für das Entstehen von Wüstungen sind also sicher im einzelnen recht verschieden gewesen, aber die Überzahl stammt nicht - wie man sich gerne erzählt - erst aus dem Dreißigjährigen Krieg, sondern ist schon um 1400 und teilweise noch früher ausgegangen. Meist haben die Weggezogenen von Nachbarorten aus ihr Land weiterbewirtschaftet. Mitunter ist auch ein einzelner Hof bestehen geblieben, und wo Ländereien einstmals zu einer Großgrundherrschaft gehört hatten, da hat sich dieser alte Zusammenhang insofern erhalten, als die Inhaber solcher Güter etwa zweimal im Jahre zu einem Vogteigericht zusammentraten und dort Besitzveränderungen bestätigten oder Bußen für Feldvergehen aller Art verhängten. Sie nannten sich „Hausgenossen".

Im folgenden sind die Wüstungen im Kreise Wetzlar aufgezählt, wenn auch ihre Lage nicht immer genau bestimmt werden kann. Auch als Einzelhöfe weiterlebende ehemalige Dorfschaften sind hier genannt, verschiedene Namensformen jedoch nur, wenn die urkundliche und die sonst gängige Form stärker voneinander abweichen:

Adelnhausen (Atzenhausen südl. Königsberg?); Allendorf an der Dill, gegenüber Ehringshausen; Ansbach, im Amt Hohensolms; Bardorf (Barcdorf), Groß- und Klein-, gegenüber Ehringshausen; Bensburg, südlich Frankenbach; Berghausen, bei Wißmar; Biel - Mittelbiel; Bobenberg (Bubenberg, Dobenberg) westlich Greifenstein; Brunkelnhausen (Brögelshausen) bei Steindorf; Brüningsberg, unterhalb Bechlingen; Büblingshausen, nach 1918 wieder besiedelt als Stadtteil von Wetzlar; Burschied, bei Wißmar; Daberg (Doberg), südwestl. Allendorf a. d. Ulm; Dalheim, bei Wetzlar (schon Anfang des 14. Jahrhunderts unbewohnt); Dernbach, oberhalb Altenberg; Dürrenberghausen bei Dillheim; Dudelnbach, bei Dillheim; Ehringshausen, bei Königsberg; Elgershausen, jetzt Heilanstalt; Entenpfuhl und Entenrod, bei Hohensolms; Etsbach, Amt Hohensolms; Fromelderode (Frommerode), bei Bischoffen; Gehringshausen, zwischen Stoppelberg und Reiskirchen; Gilbertshausen, n. Frankenbach; Girmes, Ober-; Gommersfeld (Hommersfeld), bei Griedelbach; Gotzelshausen, bei Hof Haina; Gösselshausen, im Amt Hohensolms; Gottfriedshausen, nw. Oberkleen; Haina, bei Kröffelbach; Heilgenbach, nw. Bissenberg; Heisterberg, jetzt Hof; Huchelnhausen (Ichelnhausen), bei Ehringshausen; Hobhausen, bei Biskirchen; Hohenberghausen, bei Berghausen; Hohenrod, bei Groß-Altenstädten; Holzhausen, bei Königsberg; Holzhausen am Koppen, bei Kölschhausen; Holzhausen, Nieder- und Ober-, bei Dornholzhausen; Homberg, jetzt Hof, bei Braunfels; Hölzerbach (Hulzscherbach), bei Bermoll; Hunsbach (Hundsbach) bei Biskirchen; Husteden (noch Haustädter Mühle), bei Waldgirmes; Immenhausen, zwischen Griedelbach und Oberwetz; Lahnmött, beim Bahnhof Braunfels; Larebach, bei Heisterberg; Lautershausen, bei Waldgirmes; Lindelbach, oberhalb Tiefenbach; Meilbach; Mertinshausen (Merzhausen), am Solmsbach bei Kraftsolms; Mitteldorf, am Ulmbach; Morlebach (Morbach), Ober- und Nieder-, bei Niederweidbach; Mudersbach, bei

Berghausen; Mühlenheim, schon beim Bau von Hermannstein um 1375 wüst; Niederhausen, südlich Allendorf a. d. Ulm; Nuwendorf (Neudorf), sw. Odenhausen; Pomberg, nw. Cleeberg; Rabenscheid, bei Tiefenbach; Rechtenbach, Mittel-; Reinboldshausen, bei Oberbiel; Schwabach (Schwobach), bei Kröffelbach; Sindernbach, nördlich Braunfels; Sterkershausen, bei Rodheim; Umbach (Humbach), bei Naunheim; Wandorf, schon um 1300 wüst, vielleicht in der Gemarkung Steindorf; Wertshausen (Werdolfshausen), zwischen Oberwetz und Vollnkirchen; Wikersdorf, bei Erda.

Bellersdorf wird 1432 als wüst erwähnt, hat 1618 wieder einen Hof und wird 1699 neu angesetzt; auch Bieber war ausgegangen und soll im 18. Jahrhundert neu angesetzt worden sein. Leider fehlt es noch allzusehr an genauen Feststellungen über die Wüstungen, so daß die hier gemachten Angaben nur als vorläufig und nachprüfungsbedürftig gelten können.

Die Falkensteiner Erbschaft

Im Hause Solms trat 1415 dadurch eine wesentliche Änderung ein, daß mit Graf Johann, dem Sohne des 1402 gestorbenen Johann Springinsleben, die Burgsolmser Linie ausstarb. Erben wurden die Grafen Bernhard und Johann von der Braunfelser Linie. Sie haben das Land zunächst gemeinsam verwaltet, aber als ihnen dann 1418 die reiche Falkensteiner Erbschaft in der Wetterau zufiel, haben sie in wiederholten Teilungen nicht nur die Neuerwerbungen, sondern schließlich auch ihr Stammland aufgeteilt. Auf Einzelheiten wollen wir hier nicht eingehen und nur das Endergebnis überblicken, wie es durch Verträge vom 16. November 1432 und 22. März 1436 festgelegt wurde. Graf Bernhard II. (1409–1459) führte die Linie Solms-Braunfels fort und erhielt vom Stammland alles außer dem Amt Hohensolms; in der Wetterau fielen ihm Hungen und Wölfersheim mit vielen Dörfern zu. Graf Johann dagegen erhielt vom solmsischen Stammland nur Hohensolms mit den Dörfern Naunheim, Waldgirmes, Blasbach, Oberlemp, Bermoll, Bellersdorf, Groß-Altenstädten, Altenkirchen, Ahrdt, Mudersbach, Erda, Bischoffen, Günterod, Ober- und Niederweidbach, Roßbach, Wilsbach und Frankenbach. Als Residenz aber wählte er Lich und wurde damit zum Begründer einer Linie Solms-Lich, zu deren Besitz u. a. auch Laubach gehörte. Dieser Stamm hat sich dann späterhin vielfach verzweigt; ein Hauptast blieb der von Hohensolms-Lich, ein anderer wurde Solms-Laubach, und von diesem gingen dann Seitenzweige wie Solms-Rödelheim, -Sonnenwalde, -Baruth und -Wildenfels aus.

Es ist jedoch zu beachten, daß vorerst noch die Landgrafen von Hessen Mitbesitzer im Bezirk Hohensolms und in den Dillcenten waren und hessische Amtleute neben den solmsischen den Vorsitz in den Landgerichten ausübten. Burg Königsberg war ganz hessisch und gewöhnlich der Amtssitz der hessischen Amtleute. Erst im Jahre 1468 hat Hessen die Dillcenten an Solms-Braunfels zu Lehen gegeben und die Mitverwaltung aufgehoben. Dagegen blieb der Gemeinbesitz im Amt Hohensolms bis 1629 bestehen. Damals haben Solms und Hessen geteilt, so daß nunmehr Hermannstein, Naunheim, Waldgirmes, Königsberg, Frankenbach und die Orte nördlich der Ahr hessisch wurden und es bis 1866 blieben. Krumbach war durch Verpfändungen dem Hause Solms schon früher entfremdet worden und ist schon vor den genannten Orten hessisch geworden.

Grenzstreitigkeiten zwischen Wetzlar und Solms

Aus der Falkensteiner Erbschaft ließen die Grafen von Solms ungeteilt ihren Anteil an den Städten und Burgen Münzenberg, Pfeddersheim, Kransberg, Stornfels und Kalsmunt. Daß es ihnen nicht gelang, aus ihren Teilrechten an Kalsmunt eine beherrschende Machtstellung zu machen, ist oben bereits erzählt worden. Aber auch sonst erwiesen sich die großen Befürchtungen als übertrieben, mit denen man in Wetzlar beobachtete, was wohl von den Nachbargrafen zu erwarten wäre, wenn sie dank der reichen Erbschaft über größere Mittel verfügten. Noch ehe der Erbfall eintrat, hat die Stadt in aller Eile die Befestigungsanlagen vor Silhofen verstärkt und entlang ihrer Hoheitsgrenze gegenüber Solms ihre Landwehr mit Wall und Graben ausgebaut. Die Grafen suchten das mit allen Mitteln zu verhindern und störten sogar die Arbeiten durch Geschützfeuer, angeblich weil die Anlagen auf Kalsmuntgebiet übergriffen. So war der offene Kriegsausbruch oft bedenklich nahe. Aber durch Vermittlung der Grafen von Nassau und Schiedssprüche des Königs Ruprecht wurde das Schlimmste verhütet. Schließlich erkaufte sich die Stadt den Frieden dadurch, daß sie alljährlich zum Johannistag dem Grafen von Braunfels hundert Gulden „Schutzgeld" zahlte. Aber als sie 1450 mitteilen mußte, sie sei wegen Armut und Not nicht mehr zu dieser Zahlung imstande, begannen sofort wieder die Bedrängungen, weil Graf Bernhard nunmehr behauptete, diese Zahlungen seien ein Entgelt dafür, daß er die Anlage der Landwehr geduldet habe, und mit dem Wegfall der Zahlung falle auch seine Genehmigung weg. Ein Mandat König Friedrichs III. von 1451 nahm jedoch eindeutig Stellung für die Stadt und verbot dem Grafen seine Übergriffe und die Errichtung einer vom Reich nicht bewilligten Zollstätte zu Braunfels. Mehr als eine kurze Atempause wurde dadurch nicht erreicht.

Graf Otto II., der 1459 zur Regierung kam, nahm den Streit sofort wieder auf. Er behauptete und wollte das durch ein „Weistum", d. h. eine bindende Erklärung, des Dalheimer Gerichts beweisen, daß seit alters die Gerichtsgrenze dieses Gerichtes, das als oberstes Gericht für die anderen Landgerichte westlich der Hohen Straße zu gelten habe, an den Wetzlarer Vorstadtmauern entlanglaufe, und zwar vom Tor der Neustadt bis zur Pfeffermühle an der Wetz. Dann hätte also das ganze Stadtgebiet vor den Vorstädten bis zur Landwehr unter solmsischer Gerichts- und Landeshoheit gestanden (vgl. Karte des Stadtgebietes).

Es kam zu einem langwierigen Prozeß (1461–1472), der am Hofgericht in Wiener-Neustadt ausgefochten wurde. In dessen Verlauf brachte Solms noch ein Weistum des Loher Gerichtes vor, das die Solmser Landesgrenze bis ans Tor der Langgasse vorschieben wollte. Für besonders beweiskräftig wurde der Hinweis darauf gehalten, daß das Dalheimer Gericht zuweilen an der Dillbrücke und das Loher Gericht am Heiligenhaus unweit des Langgässer Tores getagt habe, also auf einem Grund und Boden, den jetzt Wetzlar beanspruche. Demgegenüber hat dann die Stadt betont, daß aller Grund und Boden bis zur Landwehr Eigentum Wetzlarer Bürger sei und die Landwehr auch die Hoheitsgrenze darstelle. Diese Weistümer könnten gar nichts beweisen. Sie stammten gar nicht aus dem Wissen der Schöffen, sondern seien ihnen von solmsischen Amtleuten eingeflüstert.

Die Sache ist weder in diesem Prozeß entschieden worden noch in den späteren, die von 1518 bis 1525 und 1598 bis 1609 am Reichskammergericht geführt wurden. Jedesmal haben die Parteien eingesehen, daß sie unnötig Geld für juristische Spitzfindigkeiten ausgaben, und sich schließlich schiedlich geeinigt.

Gerade darin kündigt sich eine neue Zeit an, daß alle nach klar abgegrenzter Landeshoheit streben. Dabei tritt dann ein Mißverhältnis zutage zwischen dem überlieferten Recht und den Erfordernissen der anders gewordenen Wirklichkeit. Aber man greift nicht mehr so leicht zum Gewaltmittel des Krieges. Wirtschaftlicher Druck und kostspielige Prozesse sollen jetzt den Gegner mürbe machen, und wenn die Grafen von Solms der Stadt Wetzlar besonders zusetzen, so tun sie damit doch nichts anderes als alle anderen, die Landesherren geworden sind. Sie erregen nur deshalb zuweilen mehr Aufsehen und ziehen sich mitunter drohende Mandate des Hof- oder Kammergerichts zu, weil sie mit ihren Ansprüchen etwas spät kamen und deshalb auf schon allzu sehr gefestigte Rechte ihrer Nachbarn stießen.

Immerhin haben sie schrittweise erreicht, daß überalterte und nicht mehr zeitgemäße Vorrechte und Abmachungen – oder, wie die Grafen es nannten: „verlegene Briefe" – geändert wurden. So setzte z. B. ein Schiedsvertrag von 1402 das Bürgerrecht der Grafen für Wetzlar und das Öffnungsrecht der Stadt für Braunfels außer Kraft. Und ein umfangreicher Schiedsspruch von 1473 schränkte Wetzlars Zollfreiheit und Gerichtszuständigkeit gegenüber der Grafschaft Solms ein. Freilich traute man dem Frieden so wenig, daß der größte Teil des Vertrages sich mit genauen Einzelheiten über Zusammensetzung, Tagungsort und Verfahrensweise für künftige Schiedsgerichte befaßte.

Eine endgültige Grenzfestsetzung zwischen Solms und Wetzlar ist erst am 11. November 1609 zustandegekommen. Schon 1435 waren die Grafen mit Nassau-Beilstein einig geworden, 1436 und 1467 folgten Grenzregelungen mit Nassau-Dillenburg.

Wetzlar hatte mancherlei Reibungen mit den Grafen von Nassau-Weilburg, weil die Stadt vor ihrer Landwehr Besitzrechte an dem Walde Kühmark, dem Hospitalgut Büblingshausen und mancherlei Bürgergut am Stoppelberg geltend zu machen hatte und auch das Hoheitsrecht über diesen Bezirk erringen wollte. Das ist ihr nicht gelungen. Nach dem endgültigen Vertrag von 1596 blieb den Grafen von Nassau in dem strittigen Gebiet die hohe Gerichtsbarkeit, während die volle Landeshoheit der Stadt an der Landwehr endete.

Festigung der Landesherrschaft

Es läßt sich in unserem Heimatraum deutlich verfolgen, wie der festere Ausbau der Landesherrschaften und die Kleinstaaterei unheilvoll in das Wirtschaftsgefüge eingegriffen und zunächst einmal mehr Erwerbsquellen zugeschüttet haben, als die Landesherren dann nachträglich durch ihre Bemühungen um das wirtschaftliche Wohl ihrer Untertanen wieder gut machen konnten. So haben schließlich alle Fernstraßen das solmsische Gebiet geradezu gemieden, seitdem dort neue Zollstätten errichtet worden waren. Die Hohe Straße nach Driedorf am Greifenstein vorbei und die Straße von Herborn über die Hohensolmser Hochfläche sind verödet. Der Fernweg von Herborn in Richtung auf Marburg führt jetzt weiter nördlich, wo die hessische Mitverwaltung stärker wirksam wird, und von Wetzlar nach Marburg zieht man jetzt lieber durch das nassauische Gericht Dorlar und weiterhin am Gleiberg vorbei. Der Messeweg nach Frankfurt, der an Laufdorf, Schwalbach und Kraftsolms vorbei über Grävenwiesbach gegangen war, wird um 1520 wegen neuer Zollbelastung aufgegeben. Nun wird der Weg über Rechtenbach-Niederkleen-Butzbach zur Regel.

Es war natürlich übertrieben, wenn Wetzlar in beweglichen Klagen jammerte, „die Verrückung der gemeinen Landstraßen" sei die Hauptursache seines Verderbens; denn wenn die Stadt dem Fernhandel noch Verlockendes zu bieten gehabt hätte, würde man alle Hindernisse überwunden und den Weg über Wetzlar gesucht haben. Solche Klagen verwechseln Ursache und Wirkung.

Viel schwerwiegender war es, daß die Nachbarherren in ihren Ländern eigene Märkte einrichteten oder gar Maßnahmen durchführten, die über Wetzlar geradezu eine Handelssperre verhängten. Denn wenn der Wirtschaftsbereich so eng wird, daß das städtische Handwerk nur noch für den Bedarf des engen Stadtgebietes arbeitet, dann widerspricht das der ursprünglichen Rolle einer Stadt im Wirtschaftsspiel: sie sollte bevorzugt in der großen Arbeitsteilung der Platz sein, wo Fachleute gewerbliche Ware erzeugen und die Kaufleute ihren Austauschtreffpunkt haben. Vergeblich hat Wetzlar um sein Marktvorrecht gerungen und seinetwegen Prozesse geführt. Im Jahre 1469 erhielt Graf Otto von Braunfels vom Kaiser für sein Dorf Leun ein Marktprivileg, und am 11. Juni 1664 wurde der Ort sogar zur Stadt erhoben. Wenn auch mit der Bezeichnung als Stadt noch kein echtes Städtetum verliehen werden kann, so hatte Leun mit seinem eigenständigen Ackerbau und genügend großer Gemarkung doch als Ackerbaustädtchen eine bessere Grundlage als Wetzlar. Vielbesuchte Wollmärkte kamen aber auch in Hohensolms und Gleiberg auf und wurden von den Wetzlarer Wollenwebern als Beeinträchtigung empfunden, weil ihnen der unmittelbare Einkauf von Wolle erschwert und die Ware durch Zwischenhandel verteuert wurde. Ländliche Jahrmärkte wurden aber auch an anderen Orten von den Landesfürsten ohne Reichsgenehmigung eingerichtet, wenn sie auch nicht - wie Hohensolms und Gleiberg - durch besondere Freiheitsbriefe stadtähnliche Vorrechte erhielten.

Das städtische Vorbild wirkte auch dahin, daß durch die Landesherren alle ländlichen Handwerker zu Zünften zusammengeschlossen wurden. Auch hier deckt der gleiche Name nicht ganz die gleiche Sache. Denn bei der geringen Zahl der auf dem Lande an einem Ort zusammenlebenden Zunftmitglieder konnten die ländlichen Zünfte nicht die allumfassenden Lebensgemeinschaften sein, wie sie es in den besten Zeiten in der Stadt gewesen waren. Sie hatten vielmehr nur wirtschaftliche Aufgaben und sollten den Landesherren die Überwachung und Lenkung der gewerblichen Tätigkeit erleichtern. Gerade um solche Zweige der Wirtschaft kümmern sich die Landesherren seit dem ausgehenden Mittelalter besonders, während vorher ihr Augenmerk überwiegend der Landwirtschaft und den Naturaleinkünften gegolten hatte.

Eisengewinnung

Auf der Suche nach neuen Steuerquellen mußte sich der Blick auch auf die Bodenschätze richten. Selbstverständlich beanspruchen die Landesherren auch das Bergwerksregal und nehmen es wahr, auch schon ehe ihnen durch ausdrückliche königliche Privilegien das Recht auf alle unterirdischen Schätze zugesprochen wurde. So kommt es, daß wir seit dem 15. Jahrhundert wieder mehr von der heimischen Eisengewinnung hören.

Unsere Wälder bergen noch an sehr vielen Stellen die Spuren, wie einstmals die Waldschmiede das Eisen gewonnen haben. Man findet da die Reste ihrer kleinen „Rennfeuer" oder Schmelzöfen, daneben die oft umfangreichen Schlackenhalden und Spuren der Kohlenmeiler, in denen die zur Verhüttung notwendigen Holzkohlen gebrannt wurden. Der große Holzbedarf war ja der Grund dafür, daß man anfangs die Eisenhütten fast nur im Walde anlegte. Aber in unserer Heimat konnte es sich so günstig treffen, daß auch der Eisenstein in nächster Nähe zutage trat und leicht gewonnen werden konnte. Anfangs nutzte man den natürlichen Luftstrom an Berghängen aus, um den nötigen Zug für die Schmelzöfen zu erhalten; dann ging man dazu über, sich durch einfache handgetriebene Blasebälge von den Launen des Windes unabhängig zu machen. Was da erschmolzen wurde, war ein noch sehr von Schlacken durchsetzter Schmelzkuchen, den man „Luppe" nannte. Er mußte zerschlagen und noch öfter durchgeschmiedet werden, bis man die fertigen Eisenstangen oder „Schienen" in den Handel bringen konnte. Sehr bald lernte man, zum Antrieb der Blasebälge und der Schmiedehämmer die Wasserkraft auszunutzen. Das nötigte dann freilich dazu, die Hütten nun an Wasserläufe und ins Tal zu verlegen. Außerdem waren zu solchen Hütten schon größere Mittel erforderlich. Und so sind die „Waldschmieden" im eigentlichen Wortsinne allmählich seltener geworden. Es hat Zeiten gegeben, in denen die Eisengewinnung in einfachsten Waldschmieden geradezu ein Nebenerwerb der Bauern war, weil sich Feldarbeit und Arbeit für die Schmiede so auf das Jahr verteilen ließen, daß nichts versäumt und dazu noch das Zugvieh mit Fuhren gleichmäßiger beschäftigt wurde.

Jetzt, im 15. Jahrhundert, brachten die Landesherren Bergbau und Verhüttung mindestens unter ihre Aufsicht und Besteuerung, möglichst aber in ihre eigene Hand. Es war ihr Recht zu verhindern, daß die Wälder durch übermäßigen Holzeinschlag verwüstet wurden, und sie hatten seit alters das Recht am Wasserbau, so daß kein Mühlrad lief ohne Genehmigung. So kommt es, daß wir seit dem 15. Jahrhundert wieder mehr von der Eisengwinnung hören, weil jetzt landesherrliche Betriebe und Verwilligungen der Landesherren bekannt werden, während in den Jahrhunderten vorher nur ganz zufällig einmal in Urkunden von den privaten Kleinbetrieben der Waldschmiede die Rede ist. Wenn in Wetzlar der Name Waldschmidt als Familienname zunächst vereinzelt um 1300 und dann, seit dem 17. Jahrhundert, immer zahlreicher vorkommt, dann bezeichnet der Name nicht mehr den Beruf der ansässigen Bürger dieses Namens, sondern ist nur noch eine Erinnerung an den Beruf der Ahnen, die vom Lande her in die Stadt eingewandert sind. Mancherlei Gewerbe haben die Waldschmidts in der Stadt ausgeübt, aber kaum einer von ihnen war noch Schmied, geschweige denn Waldschmied, d. h. Eisenerzeuger.

Auf dem Gebiet von Wetzlar und hart an dessen Grenze wird zwar auf dem Lahnberg nach Garbenheim zu noch im 14. Jahrhundert der „Isenberg", eine „alde zeche" und eine „isengrube" erwähnt, und am „Rodenberg" hinter dem Kalsmunt, der zu den Kalsmuntlehen gehörte, ist noch im 17. Jahrhundert geschürft worden, aber eine Schmelzhütte bei der Pfeffermühle ist erst für das Ende des 16. Jahrhunderts bezeugt.

Damals waren mittlerweile die Schmelzöfen soweit verbessert worden, daß sie neben der „Luppe" auch flüssiges Eisen erbrachten, das man zum Gießen verwenden konnte. Und das hat dann zeitweilig eine neue Industrie hervorgerufen, den Guß von Ofenplatten mit mancherlei bildlichen Darstellungen. Diese Platten verwandte man anfangs als Rückwand hinter dem offenen Herd, so daß der Nachbarraum mitgeheizt werden konnte. Späterhin baute man aus ihnen ganze Öfen, die freilich die gewaltigen Kachelöfen nicht verdrängen konnten.

Im Solmser Lande werden als früheste gräfliche Waldschmieden erwähnt die zu Allendorf an der Ulm, bei Bonbaden, auf der Eisach am Ulmbach, in der Haselhecke bei Niederquembach, zu Kraftsolms und Lahnmitte beim jetzigen Bahnhof Braunfels. Dazu kamen dann die Hütten zu Aßlar, Biskirchen, Bissenberg, Leun, Oberndorf, Ulm und Werdorf. Das alles sind Anlagen im Gebiet der Grafen von Solms-Braunfels.

Wetzlarer Ofenplatte.

Aber es gab auch im Amt Kleeberg eine Hütte zu Brandoberndorf, im Gebiet der Grafen von Hohensolms-Lich eine Waldschmiede bei Altenkirchen, und im 17. Jahrhundert haben noch die Landgrafen von Hessen bei Königsberg eine Anlage geplant, zu der sie Eisenstein aus der Grube auf dem Rodenberg hinführen lassen wollten. Aber alle diese Angaben sind insofern unvollständig, als es neben den landesherrlichen Hütten noch lange kleine Privatunternehmen gab, die sich nur bei genauester Durchsicht der Akten ermitteln lassen - wenn sie Abgaben entrichten mußten.

Ländliche Abgaben und Steuern

Auch ein Zeichen für den Beginn einer neuen Zeit, in der schließlich alles sorgfältig in Registern aufgezeichnet und von der Landesregierung verwaltet wird, ist es, daß nun Güterverzeichnisse angelegt werden, so wie sie Klöster und Gutsverwaltungen schon längst in Gebrauch hatten. Durch einen glücklichen Zufall ist ein solches Verzeichnis im Jahre 1679 dem Schloßbrand in Braunfels entgangen, der sonst so viele wertvolle und unersetzliche Zeugnisse aus älterer Zeit vernichtet hat. Es ist das „Rote Buch", so genannt nach seinem rotgefärbten Pergamentumschlag. Entgegen strengem Verbot hatte der Archivverwalter das Werk mit nach Hause genommen - und es so unbeabsichtigt gerettet. Ein gräflicher Schreiber hat dort getreulich aufgezeichnet, was Graf Bernhard von Solms-Braunfels nach der ersten Teilung mit seinem Bruder Johann und kurz vor der zweiten Teilung im Jahre 1432 in den ihm zustehenden Dörfern und Wüstungen an Eigentum und Einkünften besaß. Weil die Teilung bei Anlage des Buches noch nicht vollständig durchgeführt war, fehlen genaue Angaben über das Ulmgebiet mit Greifenstein wie auch über die meisten Dörfer an der Dill und Lemp, die dann 1432 auch noch an Braunfels gefallen sind, und selbstverständlich fehlt auch der ganze Teil des Hohensolmser und Königsberger Landes, der dem Grafen Johann zu Lich zugefallen war. Spätere Nachträge haben diese Lücken nicht ausgefüllt, aber dennoch ist uns das Rote Buch als Geschichtsquelle äußerst wertvoll. Es beschreibt für einzelne Orte große Teile der Feldflur mit den Eignern oder Landsiedeln genau. Zugleich zeigt es deutlich, vor welch schwierigen Aufgaben ein Landesherr damals stand, wenn er darauf ausging, dieses Wirrnis von eigenen und fremden Rechten einheitlicher zu machen, wie undurchsichtig aber auch für den Bauern allmählich geworden sein muß, aus welchem Grunde diese oder jene Abgaben oder Dienste von ihm verlangt wurden. So konnten Äcker und ganze Gewanne, wenn nicht überhaupt die Dorfflur, in alter Zeit zu einer Großgrundherrschaft gehört haben, und demzufolge mußten diese Landstücke bestimmte grundherrliche Abgaben aufbringen. Es war dann unwesentlich, wer diese Landstücke bewirtschaftete und wer jetzt Grundherr war. Das konnte der Landesherr selbst sein oder ein Adliger, vielleicht aber auch ein Wetzlarer Patrizier oder eine geistliche Einrichtung. Ganz unabhängig davon lastete die Abgabe auf Grund und Boden und war von dem jeweiligen Inhaber aufzubringen. Aber seit alter Zeit gab es auch Abgaben an den Landesherrn, d. h. also an den König oder die von ihm eingesetzten Grafen. Wenn man die grundherrlichen Abgaben gewissermaßen als Entgelt für die Benutzung des Bodens ansehen will, so gelten die landesherrlichen Abgaben oder Steuern als Gegengabe für den gewährten Schutz und als Beitrag zu den Kosten der Verwaltung. Und schließlich konnte ein Bauer auch selbst noch seinen Boden dadurch für immer belastet haben, daß er etwa für eine ewige Rente von einem Malter Korn beim Pfarrer oder an einem Stift oder Kloster zum Seelenheil eines Verstorbenen ein Jahrgedächtnis erworben hatte. In gleicher Weise wurden von den Bauern auch für ewig oder mit der Möglichkeit des Rückkaufs solche Fruchtrenten verkauft, um in den Besitz einer einmaligen Bargeldzahlung zu kommen. Zusammengenommen könnten also nach unserer Aufzählung schon vier verschiedene Abgaben von einem Bauerngut aufzubringen sein: Grundzins, Landessteuer, gestiftete und verkaufte Fruchtrente. Aber in Wirklichkeit gibt es unter diesen Arten von Abgaben, Steuern und Belastungen wieder so zahlreiche Sonderheiten, daß wir uns hier mit einem Überblick begnügen müssen. Das „Rote Buch" weist verhältnismäßig wenig Grundbesitz als Eigentum des Grafen auf. Diese Güter - heute würden wir sie Domänen nennen - sind zu verschiedenen Bedingungen erblich oder auf befristete Zeit an Bauern ausgetan und erbringen dem Grafen gewisse Einkünfte an Frucht oder sonstigen Naturalien. Naturalabgaben sind überhaupt noch die Regel, doch war schon früh die Umwandlung in Geld möglich. An alte grundherrliche Abhängigkeit erinnern vielfach die Hühner- und Wachszinse, die keinen großen Wert darstellen, aber die Oberherrlichkeit eines Grundherren anerkennen. Dagegen ist die Meste „Zinthafer" ursprünglich eine Gebühr für den Gerichtsschutz; sie war z. B. in den Orten des Quembacher Gerichts (Schöffengrund) von jeder Hofstätte zu entrichten. An die Grafenvorrechte erinnert auch die Pflicht, den Grafen und sein Gefolge zu beherbergen und zu verpflegen. Diese Lasten wurden abgegolten durch „Grafenhafer", „Grafenfutter" und „Atzung". Landessteuer im engeren Sinne ist die „Bede", eine ursprünglich „erbetene" Steuer, die als Mai- und Herbstbede zweimal im Jahr von jedem selbständigen Bauernhof erhoben wurde. Von dieser Bede waren Adlige befreit.

Frondienste und Abhängigkeitsverhältnisse

Zu den Abgaben und Steuern traten nun noch Verpflichtungen zu gewissen Diensten, wie Landbestellungs- oder Erntehilfe, Spann- und Fuhrdienste für Bauten und Wegebesserung, Dienste als Boten oder Treiber. Man hat sich gewöhnt, das alles als Frondienst (fro = Herr, vgl. Fronleichnam!) zu bezeichnen und sich darunter eine schrecklich drükkende Last vorzustellen. In Wirklichkeit wären auch da Verpflichtungen aus grundherrlicher Abhängigkeit von dem Arbeitsdienst zum Staatswohl zu unterscheiden, und man darf nicht vergessen, daß einstmals Leistungen, die man heute in Form von Geldzahlungen abtragen würde, noch als Spann- und Handdienste erfüllt wurden. Sicherlich sind Frondienste mißbraucht worden, aber jede Verallgemeinerung wird zum Unrecht gegenüber den Machthabern, die vernünftig genug waren, um einzusehen, daß sie sich durch Mißbrauch selbst schädigten. Den Dienst verweigern konnte zwar niemand, wohl aber den Herrn durch schlechte und träge Arbeit schädigen. War also der Landesherr ein wirklicher Landesvater, dann konnte aus Frondienst keine Schinderei von Sklaven werden. Daß trotz der Einsicht in die Notwendigkeit von Bürgerlasten geklagt und geschimpft wird, ist allzu natürlich. Aber ehe wir die aus früheren Zeiten stammenden Klagen und Jammerschilderungen wörtlich nehmen oder gar verallgemeinern, müssen wir uns entsinnen, daß sich naturgemäß das Außergewöhnliche und Nichtalltägliche leichter einprägt und deshalb länger und gar übersteigert auf die Nachwelt überliefert wird als der durchschnittliche Zustand. So wäre es denn auch viel leichter und bequemer, die Lage der Bauern im „dunklen" Mittelalter - je nach Einstellung - schwarz oder rosig zu schildern, während es sehr viele Mühe macht und noch sehr viel Einzelforschung nötig ist, um das buntscheckige Bild der Wirklichkeit zu treffen.

Diese Vorsicht ist besonders angebracht, wenn nach „Freiheit" oder „Unfreiheit" des Bauernstandes gefragt wird. Es gab seit alter Zeit unfreie oder „eigene" Leute, und da sie ihren Stand auf die Nachkommen vererbten und aus Ehen zwischen Freien und Unfreien nur Unfreie hervorgehen konnten, hat sich die Zahl der Eigenleute nicht vermindert. Sie gehörten zu bestimmten Gütern, auf denen sie arbeiteten, und wenn das Gut an einen anderen Besitzer fiel, dann wechselten auch sie den Herrn. Man nannte sie „Gotteslehen", und da ihr Herr für ihren Unterhalt aufkommen, ihnen Schutz gewähren und sie vor Gericht vertreten mußte, fühlten sich die meisten Herren wohl auch verantwortlich für dies „ihnen von Gott verliehene" Eigentum in Gestalt von Menschen. Eigene Leute durften nicht ohne besondere Erlaubnis ihres Herrn den Aufenthaltsort wechseln oder heiraten, weil ja dem Herrn dann ihre

Dienste verloren gehen konnten. Aber die Landesherren versuchten doch, durch Abmachungen untereinander zu erreichen, daß die in ihrem Lande wohnenden Eigenleute möglichst in ihren Besitz kamen, indem man durch Austausch oder Abfindungen einen Ausgleich herbeiführte. Das „Rote Buch", dessen Schreiber sehr darauf bedacht ist, daß sein Herr alle Vorteile wahrnimmt und vor Schaden behütet wird, warnt noch besonders in den Dill- und Lemporten, wo die Landgrafen von Hessen Mitbesitzrechte hatten, vor Ehen zwischen landgräflichen Frauen und solmsischen Männern. Wo dagegen die gräflichen Brüder Gemeinbesitz haben, da dürfen Eigenleute „untereinander ohne Consens mannen und weyben".

Volle Freizügigkeit hatte allerdings niemand mehr, je mehr sich die Landesherrlichkeit festigte. Das galt für Stadt wie Land. Wer wegzog, mußte etwa zehn Prozent seiner beweglichen Habe als „Abzugsgeld" zurücklassen, und diese Abgabe wurde nur in solchen Fällen verringert, wo dies durch Verträge ausdrücklich gegenseitig zugestanden wurde. Wer ein Amt innegehabt hatte, mußte nachweisen, daß er mit seinem früheren Herrn abgerechnet hatte. Ohne Zuzug vom Lande hätten Städte gar nicht aufkommen und wachsen können, aber im 15. Jahrhundert entstanden um den Abzug aus einem Herrschaftsgebiet in das andere besonders häufig Fehden oder Prozesse, weil versucht wurde, unter allerlei Vorwänden noch die schon zum Umzug beladenen Wagen anzuhalten oder die Eigentümer zu zwingen, einen Teil ihrer Habe zurückzulassen. Gerade in Wetzlar sind mehrere solcher Fälle bekannt, in denen die Obrigkeit verhindern wollte, daß Bürger der verarmten Stadt den Rücken kehrten.

Es wäre ein vergebliches Bemühen, wollte man alle die verschiedenen Grade der Hörigkeit oder Abhängigkeit vom Leibeigenen an bis zum freien Manne ausführlich darlegen. Vielfach hafteten besondere Verpflichtungen nur an bestimmten Äckern oder Wiesen, und ein Mann, der sonst freies Eigen hatte, konnte für andere Teile des von ihm bewirtschafteten Landes zu Abgaben und Diensten eines Hörigen verpflichtet sein. Merkwürdigerweise galten alle Einwohner von Münchholzhausen als Eigenleute. Wahrscheinlich war das Dorf aus einer Großgrundherrschaft eines Klosters („Mönch"holzhausen) erwachsen, und die grundherrlichen Verhältnisse haben sich besonders hartnäckig erhalten. So entrichteten alle Einwohner die kennzeichnenden Hühnerzinse, und beim Tod des Hofeigners mußte eine Todfallabgabe entrichtet werden, anfänglich das „Besthaupt", also das beste Stück Vieh, später eine Geldzahlung. Ähnlich lagen die Verhältnisse in Espa, das bis in die Neuzeit in ritterschaftlichem Besitz (von Cleen, von Heusenstamm-Frankenstein) verblieben war. Aber drückender als in anderen Dörfern war die Lage keineswegs. In anderen Orten haben die Grafen auf das Besthaupt verzichtet, und so finden sich auf engem Raum derartig unterschiedliche Verhältnisse, daß nur ganz eingehende örtliche Forschungen das Gültige in einer Dorfchronik festlegen könnten. Nur das kann allgemein festgestellt werden: die Entwicklung vom Mittelalter bis zum 19. Jahrhundert hat die Abhängigkeit der Bauern nicht etwa gelockert. Ganz im Gegenteil! Solange die Abgaben und Dienste noch den verschiedensten Herren zu leisten waren, z. B. fernen Klöstern oder nicht am Orte wohnenden Adligen, gab es doch immer Möglichkeiten, sie nur unvollkommen und mit eigenmächtigen Abstrichen zu erfüllen. Ja, es war geradezu bäuerliche Gewohnheit, um Verpflichtungen zu feilschen, mochten sie noch so klar festgelegt sein. Aber seitdem die Landesherren mit allen Mitteln darauf ausgingen und es allmählich auch erreichten, fremde Sonderrechte in ihrem Lande in die eigene Hand zu bringen, also Grundherr und Landesherr zugleich zu werden, seitdem gab es keine Lockerungen mehr. Namentlich als erst einmal ein Beamtentum herangezogen worden war, das auch ohne eigenen Vorteil genau dem Buchstaben nach verfuhr, da wurde das Sichdrücken und Ausweichen immer schwieriger. Wir werden noch hören, wie in den Zeiten des fürstlichen Absolutismus zwar die ganz unwürdige Leibeigenschaft verschwindet - aber auch die volle Freiheit.

Ausdehnung der landesherrlichen Rechte

Im Jahre 1445 ließ sich Graf Bernhard von den Schöffen des Quembacher Gerichts ein Weistum sprechen, in dem als Recht verkündet wird, daß alle Wässer, Weiden, Wälder, alles Holz, das der Hippe entwachsen ist, und alles Gemeindeland dem Grafen gehört, soweit nicht andere in gesetzter Frist daran ihr Eigentum nachweisen können. In dieser seltsamen Form läßt also der Graf feststellen, daß er Obereigentümer in diesem Gerichtsbezirk ist. Wer Wasser, Weide, Wald oder Allmende benutzt auf Grund erwiesenen Anrechts, der gilt als vom Grafen belehnt - und hat also Gebühren dafür zu entrichten. So müssen die dörflichen Waldmarkgenossen dem Grafen als Obermärker einen Anteil gönnen, für das Weiden werden Weidehämmel und andere Naturalabgaben geleistet, und wer irgendeinen Wasserlauf nutzt, braucht die Genehmigung des Landesherren. Strenge bestand er darauf, daß das Eigentum aussterbender Familien - gewissermaßen als heimgefallenes Lehen - nicht etwa der Dorfgemeinde, sondern ihm zugute kam, und dementsprechend waren seine Ansprüche, wenn Dörfer ausgingen und wüst wurden. So ist der landesherrliche Eigenbesitz ständig vergrößert worden - es sei denn, daß verschwenderische Herren für ihre Hofhaltung mehr ausgaben, als ihre Einkünfte erlaubten, und infolgedessen zu Verkäufen und Verpfändungen genötigt wurden.

Man darf aber nicht unbeachtet lassen, daß vom Reich auch Ansprüche an die Landesherren gestellt wurden. Durch die Bede wurden die Reichssteuern nicht gedeckt; meist waren die außerordentlichen Forderungen erheblicher als die laufenden. So etwa für Reichskriege, gegen die Hussiten, gegen Burgund und besonders wider die Türken; dann wurden die nötigen Summen in der Regel durch Sondersteuern von den Untertanen aufgebracht.

Auch die Wehrpflicht war für die Landbevölkerung noch nicht ganz aufgehoben. Jeder war zur „Folge" verpflichtet, mußte, wenn der Landesherr das Aufgebot erließ, sich selbst bewaffnen und Kriegsdienst leisten. Aber der Kampfwert dieses Aufgebots war so gering, daß die Herren ihr „Volk" oder den „Ausschuß" zwar für Arbeiten beim Burgenbau oder bei Belagerungen heranzogen, wohl auch gelegentlich die Grenze besetzen ließen, um Zollforderungen durchzudrücken, aber für Kampfzwecke nur besonders verpflichtete Knechte heranzogen. Wohl aber mußten die Dörfer an Stelle der „Folge" Pferde, Fuhrwerke, Schlachtvieh und Futter stellen. Dagegen wurde immer wieder verboten, sich von Auswärtigen anwerben zu lassen, und angedroht, daß dann die Habe des Ungetreuen eingezogen würde.

Überblicken wir das Erbe des Mittelalters, so wie es auf die Neuzeit übergegangen ist, im ganzen, dann ergibt sich etwa folgendes Bild: aus der einstigen „Grafschaft an der mittleren Lahn" ist eine Vielheit von Landesherrschaften geworden. Die alte Einheit ist zerrissen, und immer spürbarer werden die neuen Grenzen, die als Ergebnis der Machtkämpfe Land und Bevölkerung aufspalten. Fehde und Kleinkrieg werden zwar allmählich seltener, aber statt dessen tobt sich eine wahre Prozeßwut aus. Wirtschaftlich hat Wetzlar nach hoher Blüte einen furchtbaren Zusammenbruch erlitten, aus dem Kreise wirklicher Handelsstädte ist es ausgeschieden, und damit sind – zum Schaden der ganzen Landschaft – auch die alten Fernstraßen verödet. Die ländliche Wirtschaft verharrt in altertümlicher Betriebsweise; Abgaben, Steuern, Belastungen und Dienste sind unverändert, werden aber als drückender empfunden, weil durch den Ausbau der Landesherrschaft und die Verfeinerung der Verwaltung alle Verpflichtungen unausweichlicher geworden sind. Der Ritterstand hat alle Bedeutung verloren. Soweit die alten Familien nicht ausgestorben sind, müssen sie im Fürstendienst als Amtleute oder militärische Befehlshaber eine neue Grundlage suchen.

12. Geistliche Niederlassungen und religiöses Leben im ausgehenden Mittelalter

Christlicher Glaube, kirchliche Lehre und Organisation bestimmen alle Zweige des mittelalterlichen Lebens so sehr, daß unsere Darstellung unvollständig wäre, wenn wir nicht wenigstens auf das etwas näher eingehen würden, was noch sichtbar in unsere Zeit hineinragt wie Kirchenbau und Klöster. Zugleich aber gilt es, duldsames Verständnis zu wecken auch für Erscheinungen des religiösen Lebens, die nach der Glaubensspaltung dem Großteil unserer heimatlichen Bevölkerung fremd geworden sind.

Das Marienstift in Wetzlar

Von der Gründung des Marien- oder Liebfrauenstiftes und von seiner Bedeutung für die Entstehung des Marktortes Wetzlar haben wir schon gehört.

Neuere Ausgrabungen haben gezeigt, daß an gleicher Stelle schon seit karolingischer Zeit eine verhältnismäßig stattliche Kirche erbaut worden war, die schon früh nach der Chorseite hin mehrfach erweitert worden ist. Unzweifelhaft bestand aber am Rastort und Konradinergut Wetzlar noch keine große Pfarrgemeinde, die eine so große Kirche gebraucht hätte. Diese Erwägung mag uns die Einsicht erleichtern, daß unsere heutige Vorstellung von Zweckmäßigkeit und die nüchterne Frage nach dem „Bedarf" leicht in die Irre führen. Auch so große Kirchen wie die von Kloster Arnsburg oder Arnstein lagen in völliger Einsamkeit, und es gab an Ort und Stelle keine große Pfarrgemeinde, die eine große Kirche erfordert hätte.

So müssen wir uns mit der vielleicht ungewohnten Vorstellung vertraut machen, daß an einem Stift ein Kollegium vieler Geistlicher besteht, die aber keine Pfarrer sind, die nicht predigen, Sakramente spenden oder Seelsorge an einer Gemeinde ausüben, die also überhaupt nicht auf das Vorhandensein einer Pfarrgemeinde angewiesen sind. Die Einrichtung muß eben mit einem so großen Vermögen ausgestattet sein, daß der Unterhalt für alle ihre Glieder gesichert ist – daher der Name „Stift". Obwohl die Stiftsherren also nicht die Aufgaben eines Pfarrers zu erfüllen haben und auch nicht – wie manche Mönchsorden – durch Feldarbeit oder Betteln ihren Unterhalt selbst erringen müssen, sind sie in den Augen ihrer Mitmenschen keineswegs Nichtstuer! Sie verrichten tagtäglich mehrmals von der Morgenfrühe bis in die Abendstunden ihr gottesdienstliches Amt, indem sie nach dem Text des Breviers die für das ganze Jahr vorgesehenen Horen oder Stundengebete gemeinsam –

oder aufgelöst in Einzelstimme und Wechselchöre - sprechen, lesen und singen, so wie das alle geistlichen Vereinigungen zu tun verpflichtet sind. Das ist nicht ihr Privatgebet, sondern ein „Amt" (officium divinum), das sie für alle ausüben. Dafür sind ihnen die Laiengläubigen dankbar und nehmen darüber hinaus die Hilfe solcher Gebetsverbrüderungen besonders gerne in Anspruch zu Fürbitten für ihr eigenes und ihrer Angehörigen Seelenheil.

Mochte also nach der Gründung des Stiftes auch der Ort Wetzlar jahrhundertelang nur wenige Bewohner haben - mit der Daseinsberechtigung und -möglichkeit des Marienstiftes hat das nichts zu tun. Aber vor und neben dem Stift wird es auch eine Pfarre für die Besatzung des Rastortes, für die Salhofleute und die Hausgenossen der Stiftshöfe gegeben haben. Es wäre sehr unwahrscheinlich, wenn ein so mächtiges Geschlecht wie die Konradiner nicht dafür gesorgt haben sollte, daß an ihrer Eigenkirche ein selbständiger Pfarrer amtierte. Aber als das Stift entstand, wurde ihm der Patronat über die Pfarre Wetzlar verliehen, d. h. es durfte den Pfarrer ernennen und konnte das Amt z. B. einem der Stiftsherren übertragen, sofern er Priester war.

Als dann die Stadt Wetzlar entstand, als die Bürgerschaft immer selbständiger wurde und sich der Vormundschaft ihres früheren Grundherrn, des Stiftspropstes, immer mehr entzog, da hat sie schließlich das Stift gezwungen, die Stadt als Mitpatronin über die Pfarre Wetzlar anzunehmen. Urkunden spiegeln den Hergang noch deutlich wider: 1221 hatte sich das Stift sein Patronatsrecht noch durch den Erzbischof von Trier bestätigen lassen, aber bereits 1231 wurde durch Schiedsspruch festgestellt, daß fernerhin drei Stiftsherren und drei Schöffen gemeinsam den Pfarrer zu wählen haben. Nur wenn sie sich binnen dreißig Tagen nach Erledigung der Stelle nicht über einen neuen Pfarrer einig geworden sind, fällt das Recht zur Wahl an den Erzbischof. Dies Conpatronat von Stift und Stadt hat sogar die Reformation überdauert und bis zum Ende von Stift und Reichsstadt gegolten. Die Pfarre war auch insofern vom Stift getrennt, als sie ihr eigenes Vermögen bekam, aus dem Pfarrer und seine Gehilfen ihren Unterhalt bezogen. Allerdings unterstand der Pfarrer dem Gebot des Stiftsdekans und sollte, soweit seine Amtspflichten das zuließen, auch am Chorgebet der Stiftsherren teilnehmen. Aber es ist ganz natürlich, daß die Gemeinde zu ihrem Pfarrer in einem engeren Vertrauensverhältnis stand als zum Stiftskapitel, und daß bei Streitigkeiten zwischen Stadt und Stift der Pfarrer meist auf der Seite seiner Pfarrkinder zu finden ist. Er vertrat mit ihnen die Erfordernisse der lebendigen Gegenwart, während sich das Stift mit dem Selbständigwerden der Stadt schlecht abfinden konnte und nur zögernd wirkliche oder vermeintliche alte Vorrechte aufgab.

Stiftspropst und Stiftskapitel

Bei anderer Entwicklung hätte es so kommen können, daß sich aus dem Stiftsgebiet eine geistliche Landesherrschaft gebildet hätte, da es ja seit ältester Zeit Immunitätsrechte hatte und aus der Grafengewalt herausgenommen war. Der Propst als höchster Vorgesetzter (praepositus) des Stiftes wurde vom König mit seinem Amt belehnt, da ja das Stift auf Krongut gegründet war. Um die Besetzung solcher Stellen ist im „Investiturstreit" lange zwischen Kaisern und Päpsten gerungen worden, bis es zu dem Ausgleich kam, wie wir ihn auch bei der Wetzlarer Propstei finden: der König präsentierte den von ihm bestimmten Bewerber dem Erzbischof von Trier, und dieser setzte ihn kirchlich ein. In alter Zeit war ein Propst - als Inhaber von Krongut - auch zu Hofdienst und Heeresfolge verpflichtet. Der erste urkundlich bekannte Wetzlarer Propst Artmund begegnet uns 1167 auf einem Zug Friedrich Barbarossas in Italien, wo er dem Gefolge des streitbaren Erzbischofs Christian von Mainz angehört. Um dem König die nötige Zahl von Reisigen zuführen zu können, gab der Propst Stiftsgüter an Ritter zu Lehen, wie z. B. Büblingshausen an die Herren von Garbenheim. Klare Verhältnisse wurden dadurch geschaffen, daß schon früh von dem Gesamtvermögen des Stifts ein beträchtlicher Teil als Propsteigut ausgeschieden wurde. Es stand unter der Verwaltung von Beauftragten des Propstes, besonders des Propstei-Schultheißen. Wenn dieser Schultheiß noch bis ans Ende der Reichsstadt Wetzlar neben dem Reichsvogt den Mitvorsitz im Wetzlarer Schöffengericht hatte, dann lebt darin die einstige Gerichtshoheit des Propstes fort. Aber da nun einmal Friedrich Barbarossa die Königsrechte wieder hatte aufleben lassen und mit der Reichsvogtei auch die Stadt Wetzlar als Reichsstadt aufwuchs, konnte die Propstei Wetzlar nicht mehr zu einem selbständigen landesherrlichen Gebilde werden. Im Gegenteil: das Propstamt verlor alle Bedeutung. Was an ritterlichen Lehen ausgetan war, brachte kaum noch Nutzen; denn die Dienste von einstmals wurden nicht mehr verlangt, und es war nur noch eine Formsache, wenn bei einem Wechsel im Propstamt die die alten Lehen erneuert wurden. So hatten z. B. die Erben der Herren von Garbenheim, die von Rodenhausen, ihre Rechte auf Büblingshausen an das Stift abgetreten; dieses hatte sie dem Hospital verkauft, und seitdem wurde von jedem neuen Propst der vom Stadtrat ernannte Spitalpfleger mit Büblingshausen belehnt. Die Könige aber verliehen Amt und Einkünfte der Wetzlarer Propstei meistens einem ihrer geistlichen Kanzleibeamten. So waren z. B. Pröpste von Wetzlar:

Magister Arnold von Holland (1255-1264), Protonotar des Zwischenkönigs Richard von Cornwallis; Rule von Friedberg (1349-1367), Geheimschreiber Karls IV.; Richard von Kalkreuth (1375-1381), Hofkaplan Karls IV.; Peter von Heldburg

(1412–1444), Beamter König Sigismunds; Georg Schönberg von Preßburg (1469–1482), Protonotar Friedrichs III.; Balthasar Merklin von Waldkirch (1517/18 und 1525–1528) und Tilmann Kreich (1528–1551), beide Hofräte Karls V.

Nur noch eine Versorgungsstelle war also aus dem Propstamt geworden, und selbst dazu reichte es nicht aus, so daß wir die Pröpste stets noch im Besitz vieler anderer Pfründen sehen. Sie haben sich daher auch nur vorübergehend und selten in Wetzlar aufgehalten, wenn auch zum Propsteigut eine Curie, d. h. Haus und Hof, oberhalb der Michaelskapelle gehörte.

Seit 1671 verwalteten die Erzbischöfe von Trier das Propstamt selbst, und 1701 wurde mit Genehmigung Kaiser Leopolds das Propsteigut in den Besitz der Kurfürsten und Erzbischöfe von Trier übergeführt.

Der andere Teil des Stiftsvermögens, das sogenannte „Kapitelgut", war aufgeteilt in Pfründen für 15 Stiftsherren, die auch Kanoniker genannt werden, wahrscheinlich, weil ihr Dienst durch einen Kanon, eine Regel, festgelegt war. Im Unterschied zu Mönchen durften aber die Stiftsherren eigenes Vermögen haben; sie führten kein gemeinsames Leben mehr innerhalb eines Klosters, sondern wohnten in Curien oder Stiftswohnungen im Umkreis der Kirche. Zu den Gebetstunden fanden sie sich im Vorraum zusammen und betraten dann in geordnetem Zug den Chor, um ihre Sitze im Gestühl einzunehmen, das in zwei Stufen an den Längsseiten des Chors aufgestellt war. Jeden Freitag fand in der Sakristei eine geschäftliche Sitzung statt, das sogenannte „Kapitel". Hier wurden u. a. auch die Würdenträger gewählt. Seitdem der Propst kaum noch in Erscheinung trat, war der Dekan der höchste Vorgesetzte und Leiter der Stiftskollegiums geworden. Von seiner Persönlichkeit, seinem Ernst und seiner Würde hingen Gedeih und Verderb des Stiftes ab. An zweiter Stelle unter den Würdenträgern stand der Scholasticus oder Schulmeister. Er leitete die Schule, in der die künftigen Geistlichen vom Kindesalter an herangezogen wurden. Dabei unterstützte ihn ein „Kindermeister" für die Kleinen, die Lesen, Schreiben und die Anfangsgründe des Lateins lernen mußten, während der Scholaster sich mehr den älteren Schülern und ihrem theologischen Studium widmete. Der Kantor oder Sänger hatte die Leitung der Liturgie und der Kustos schließlich, der nicht vom Kapitel, sondern vom Propst gewählt wurde, beaufsichtigte den Kirchenschatz an Reliquien, Gerät und Gewändern, unterstützt vom Sakristan, dem Küster im heutigen Sinne. Diese vier Würdenträger sind in der Zahl der 15 Kanonikate einbegriffen, und ihre Stellen wurden auch beibehalten, als im Jahre 1435 wegen der Minderung des Stiftsvermögens die Zahl der Kanonikate auf zehn verringert wurde. Nach der Reformation ging die Zahl auf vier zurück, und schließlich wurden auch nur noch die Titel des Dekans und Scholasters geführt.

Das Stiftskapitel ergänzte sich selbst durch Zuwahl. Dabei hatte ein Canonicus das Vorschlagsrecht, das nach dem Dienstalter reihum ging. In gewissen Fällen konnten allerdings auch Kaiser und Papst Bewerber um freie Stellen benennen. Der Kaiser durfte nach seinem Recht der „ersten Bitte" den Bewerber für die erste nach seinem Regierungsantritt freiwerdende Stelle vorschlagen, und die Päpste haben sich schließlich das Recht gesichert, alle in den ungeraden Monaten, also Januar, März usw. freiwerdenden Stellen zu besetzen.

Statutenmäßig wurde nur eheliche Geburt und Unbescholtenheit als Voraussetzung gefordert, tatsächlich aber hat das Stiftskapitel bis gegen Ende des 14. Jahrhunderts nur Bewerber aus dem Niederadel und dem Patriziat der Städte aufgenommen; erst in der Folgezeit deuten Namen wie Becker, Kannengießer und ähnliche auf Herkunft aus Handwerkerkreisen.

Es war nicht immer innere Berufung und Neigung, was Bewerber ins Stift führte. Meist gaben Familienbeziehungen und der Wille der Eltern den Ausschlag. Man wollte einen Geistlichen in der Familie wissen oder auch nur jüngere Söhne, für die weltliche Lehen nicht in Aussicht standen, durch geistliche Pfründen versorgt sehen. Der Anwärter besuchte zunächst - auf die Zusicherung hin, daß er bei Freiwerden einer Stelle berücksichtigt würde - die Stiftsschule und konnte schon in jungen Jahren zum Canonicus gewählt werden. Aber ehe er in den Genuß der Pfründe kam, mußte er eine Wartezeit von vier „Carenz"- oder „Exspectanz"-Jahren durchmachen. So lange wurden die Einkünfte des freigewordenen Kanonikats für andere Zwecke verwandt. Der Bewerber konnte die Zeit dazu benutzen, um an auswärtigen Hohen Schulen zu studieren, und mußte mindestens die niederste geistliche Weihe, die eines Subdiakons, erlangen. Die Priesterweihe war nicht erforderlich, und wir wissen noch im 16. Jahrhundert von Fällen, in denen der Erzbischof selbst Würdenträger des Stifts drängen mußte, sie möchten die Priesterweihe erwerben. Nach Ablauf der Carenzjahre hatte der Anwärter mancherlei Gebühren, im ganzen etwa 40 bis 50 Gulden, zu zahlen und das Kollegium festlich zu bewirten, dann wurde er aufgenommen. Nun konnte er für etwa 60 Gulden auch die Curie seines Vorgängers erwerben, aber noch immer trat er nicht in alle Rechte ein. Denn damit der junge Canonicus seine Obliegenheiten genau kennenlernte, mußte er nun ein volles Jahr strikte Residenz halten und durfte von keinerlei Dienst fernbleiben. Jede Pflichtversäumnis wurde dadurch geahndet, daß das ganze Jahr wiederholt werden mußte, ohne daß die schon abgeleistete Zeit angerechnet wurde. Erst nach vollendeter strikter Residenz trat der Canonicus in alle seine Rechte ein und hatte nun auch Sitz und Stimme im Kapitel.

Aber gar zu leicht ermüdete der Eifer, und allzusehr war es Brauch, möglichst viele Pfründen an den verschiedensten Orten zu erwerben. Das gab Gelegenheit, bald hier, bald dort zu leben und überall den Dienst nur eben so weit zu erfüllen, daß die Stelle nicht verlorenging. Die Einrichtung eines Stiftes trug den Keim zu Nachlässigkeit und Mißbrauch von vornherein in sich und wurde allzuleicht nur noch eine Pfründenquelle. Es fehlte die Aufsicht und Zucht wie in einem Kloster, und andererseits gab der eintönige Dienst zu wenig geistige Anregung und stellte nicht die Aufgaben, wie sie etwa ein Pfarrer zu erfüllen hatte. Trotzdem hat es sicherlich Männer genug gegeben, die ihr Amt untadelig versehen haben, aber auch innerhalb der Kirche sank das Ansehen der Stiftsherren mehr und mehr.

Die Einkünfte der Stiftsgeistlichen

Um den Eifer der Diensttuenden zu belohnen und einen Anreiz zu geben, wurden bestimmte Einkünfte nur an diejenigen verteilt, die „praesent = anwesend" waren. Namentlich Stiftungen zum Totengedächtnis wurden unter dem Namen „Präsenz" als gesonderter Vermögensteil verwaltet, zumal vielfach in den Stiftungsurkunden vorgeschrieben war, was an diejenigen zu verteilen sei, die an den gewünschten gottesdienstlichen Verrichtungen teilnahmen. Die Stiftsstatuten legten genau fest, bis zu welchem Textteil der Liturgie die Stiftsmitglieder anwesend sein mußten, damit die Teilnahme voll angerechnet werden konnte. Bei Verspätungen oder vorzeitigem Verlassen wurden Abstriche gemacht.

Es ist verständlich, wenn die ortsanwesenden Stiftsherren vor allem dafür sorgen wollten, daß den Diensteifrigen die Einkünfte zufielen. Deshalb ist der Bestand an Kapitelgut, aus dem die gleichbleibenden 15 Pfründen aufzubringen waren, nicht mehr erhöht worden; denn die Einkünfte aus seiner Pfründe fielen dem Inhaber zu, auch wenn er nicht am Orte lebte und ohne Rücksicht darauf, ob er lässig oder eifrig war. Wohl aber wurden all die vielen Stiftungen von Jahrgedächtnissen, die jahraus, jahrein hinzukamen, dem Vermögensteil der „Präsenz" zugewiesen, so daß das Präsenzvermögen schließlich größer war als alle anderen Vermögensteile des Stiftes. Die rechnerische Verwaltung lag gewöhnlich in der Hand eines Vikars; den Eingang der Einkünfte an Geld und Naturalien überwachte ein Laie als „Präsenzmeister". Er hatte auch dafür zu sorgen, daß die Frucht richtig gelagert wurde, daß in Speicher und Keller vorrätig war, was man zur Verteilung benötigte, daß andererseits Überschüsse rechtzeitig verkauft wurden.

Auf die Präsenzverteilung hatten noch viele andere Anspruch, die gleichfalls am Chordienst teilnahmen, aber nicht zum kleinen Kreis der Kapitelherren zählten. Das waren vor allem die „Chorgenossen" (socii) und Vikare. Weil die Stiftsherren in bestimmten Fällen Stellvertreter stellen mußten, wenn sie selbst den Dienst nicht versehen konnten oder wollten, hielt man am Stift immer einige Chorgenossen, die zum Priester geweiht sein mußten und ständig für Vertretungen verfügbar waren. Aber allmählich stifteten die Gläubigen immer mehr Altäre, die den Heiligen geweiht und an den Wänden oder Pfeilern der Kirche aufgestellt wurden, und zugleich auch die Mittel zum Unterhalt von Priestern, die an diesen Altären Messe lesen sollten. So ergab sich die Möglichkeit, den Chorgenossen als ständigen Vikaren und Altaristen bestimmter Altäre einen festen Unterhalt zu gewähren. Nicht genug damit; aus frommem Eifer und zugleich im Streben, für Geistliche aus der Familie eine Versorgung zu schaffen, wurden immer wieder neue Mittel bereitgestellt, und da für immer wieder neue Altäre kein Platz war, wurden am einen oder anderen Altar zwei Stellen geschaffen: die eines Frühmeßners (primissarius) und die des Zweitmeßners (secundarius), so genannt, weil sie vor oder nach der Pfarrmesse ihre Messe zu lesen hatten. So gab es um 1400 in der Stiftskirche, der Michaels- und Walpurgiskapelle insgesamt 31 Altäre mit 50 dotierten Vikariaten. Alle diese Vikare waren zum Chordienst verpflichtet. Wenn wir noch einige Chorgenossen ohne dotierte Stellen und die Schüler mitrechnen, die regelmäßig an einigen Chorgebeten teilzunehmen hatten, so würden das also bei vollzähliger Teilnahme etwa 80 Personen sein.

Aber mit vollzähliger Teilnahme kann deshalb nicht gerechnet werden, weil ein großer Teil der Kapitelherren und der Vikare noch andere Dienstverrichtungen mit anderen Pfründen zu übernehmen pflegte. So wurden immer einige der Landpfarreien von Stiftsherren oder Vikaren versehen. Wenn es ihnen - der Präsenzgebühren wegen - vorteilhaft erschien, wohnten sie in der Stadt, zumal auch zu den Altären stiftungsgemäß vielfach eigene Wohnungen der Altaristen gehörten. Diese vielbeklagte Pfründenhäufung mochte manchem hohen Herrn mit Recht den Vorwurf der Habgier eintragen, aber in den Verhältnissen unserer engeren Heimat war es meist so, daß die Einkünfte der Einzelstellen zum Unterhalt nicht mehr ausreichten, weil der Ertrag, so wie er bei der Stiftung der Stelle gedacht war, nicht mehr einkam. Daran waren nicht nur die Schädigungen durch die ewigen Fehden schuld und der allgemeine wirtschaftliche Niedergang, sondern überhaupt die Erscheinung, daß Naturaleinkünfte und Geldzinse im Laufe der Zeit an Wert verloren. Das hatte schon den Ritterstand verarmen lassen und das Raubritterwesen begünstigt, das machte sich auch bei den gleichgearteten Einkünften eines Stiftes empfindlich bemerkbar.

Wenn wir Register des Stiftes über seine Einkünfte durchblättern, dann staunen wir zunächst darüber, aus welch einer großen Zahl von Häusern und Grundstücken in der Stadt Geldzinse an das Stift zu entrichten waren. Wir können auch feststellen, daß dem Stift Fruchtrenten aus fast allen Orten des heutigen Kreises und darüber hinaus aus dem hessisch gewordenen Teil des Hüttenbergs und der näheren Wetterau zukamen. Und wenn es auch im einzelnen kleine Geldbeträge und geringe Mengen an Korn, Hafer oder Weizen, Erbsen, Öl und dergl. neben ein paar hundert Hühnern und Gänsen sind, so scheint der Gesamtertrag doch beachtlich. Aber zugleich finden wir in solchen Registern auch schon seit Ende des 14. Jahrhunderts häufig Vermerke etwa der Art, daß ein Haus, von dem Zinse fallen sollten, „vergangen" ist und die jetzige Hofstätte nur einen verminderten Zins erbringt, oder daß die Landsiedel von Stiftsgütern nur eine verringerte Rente an Frucht entrichten. Und wenn wir uns schließlich den Gesamtertrag auf 15 Kanonikate und 50 Vikariate verteilt denken, dann wird uns verständlich, weshalb die Stiftsmitglieder darauf bedacht waren, sich noch weitere Pfründen zu sichern.

Im Jahre 1435 mußte daher auf Anordnung des Erzbischofs eine einschneidende Verringerung der Stellen vorgenommen werden, nachdem schon 1432 eine päpstliche Bulle festgehalten hatte, daß die Kanonikerpfründen nur noch etwa 4 Mark, die Vikariate zwischen 3 und 2 Mark jährlich erbrächten. Daher wurden von den 15 Kanonikaten 5 gestrichen und von den 50 Vikariaten wurden einige aufgelöst, andere zusammengelegt, so daß noch 22 übrigblieben.

Zufällig kennen wir ungefähr aus der gleichen Zeit eine Lohnordnung, die im Jahre 1424 von Fürsten und Herren der weiteren Landschaft vereinbart wurde, und können danach durch Vergleich feststellen, daß z. B. ein Ackerknecht an Barlohn etwa die Einkünfte eines Vikars hatte, aber dazu noch die freie Kost und 5 bis 6 Ellen Leinentuch. Bauhandwerker standen sich noch erheblich besser, sofern sie das Jahr hindurch einigermaßen gleichmäßig beschäftigt waren.

Es soll jedoch nicht übersehen werden, daß die Angaben über die Einkünfte der Geistlichkeit weit auseinander gehen, weil in den amtlichen Aufstellungen zwar der Durchschnittsertrag einer Pfründe und die Durchschnittsverteilung an Präsenzgebühren nach den buchmäßigen Unterlagen wahrheitsgemäß angegeben sein mögen, aber gar nicht sicher erfaßbar sind natürlich die Zuwendungen von den Gläubigen. Daß sie von den Geistlichen selbst als beträchtlicher Anteil angesehen wurden, ergibt sich schon aus ihrem Bestreben, mit irgendwelchen Obliegenheiten betraut zu werden oder Stellen zu erlangen, die überhaupt Verkehr mit den Gläubigen brachten.

Stift und Stadt

Der Streit um Mein und Dein trübte auch oft das Verhältnis zwischen Stift und Stadt. Die Geistlichkeit beanspruchte Steuerfreiheit. Bei den vielen Stiftungen kam es aber häufig vor, daß z. B. Grundstücke in geistliche Hand kommen sollten, die zur Reichssteuer der Stadt veranlagt waren. Bis der Grundsatz anerkannt wurde, daß in solchen Fällen das Stift mit dem Grundstück auch seine Steuerbelastung übernehmen müsse, hat der Rat zu scharfen Verordnungen greifen müssen. Zeitweise wurde der Verkauf von steuerpflichtigen Grundstücken an Geistliche überhaupt verboten, und gestiftete Güter sollten die Geistlichen binnen Jahr und Tag wieder an Bürger verkaufen und die Stiftung auf andere Art anlegen. Aber auch von Zöllen und den Verbrauchsabgaben, die man „Ungelt" nannte, wollte die Geistlichkeit befreit sein. Da ein großer Teil der Stiftseinkünfte an Frucht und Wein zollfrei durch die Stadttore einpassierte, aber in guten Jahren nicht von den Stiftsherren selbst verbraucht werden konnte, wurden Korn und Wein in den Handel gebracht. Es war für die Stadt schwer nachzuprüfen, ob da nicht etwa die Dienerschaft der Stiftsherren Dinge einführte und verkaufte, die gar nicht zu den Pfründeneinkünften gehörten. Die städtischen Kaufleute aber beschwerten sich über eine Konkurrenz, die keine Steuern zu bezahlen brauchte. So erhielten die Geistlichen auch vom Rat freie Mahlzeichen, d. h. Ausweismarken, ohne die kein Müller mahlen durfte. Die Bürger mußten solche Mahlzeichen kaufen und zahlten damit eine Verbrauchssteuer. Sie warfen dem Stift vor, es fordere mehr freie Mahlzeichen an, als nach der wirklich vorhandenen Kopfzahl von Stiftsmitgliedern berechtigt sei; das steuerfrei erschlichene Mehl würde dann weiterverkauft.

Alle solche Streitfragen sind schließlich im Jahre 1412 durch einen umfangreichen Vertrag zwischen Stift und Stadt geregelt worden, aber das Mißtrauen wurde doch nie ganz beseitigt. Denn ein engerer Bezirk um die Kirche und alle Curien der Stiftsherren und Vikare genossen Immunität, d. h. kein städtischer Beamter durfte sie in Amtseigenschaft betreten, und wenn etwa ein Gerichtsbote mit einer Bestellung in einen Stiftshof kam, mußte er sein Würdezeichen, den Amtsstab, vor dem Tor abstellen. Eine Haussuchung in einem Stiftshof, Verfolgung eines Flüchtigen bis in den Bezirk, wo er kirchliches Asylrecht genoß – das wären schwere Übergriffe gegen die Stiftsfreiheit gewesen! Aber gerade als Folge solcher Vorrechte konnte sich im Volk die Meinung festsetzen, hinter den verwehrten Toren gehe allerlei Unrecht vor sich und die Sonderstellung der Geistlichen werde für weltliche Vorteile mißbraucht.

Es kam noch hinzu, daß es in der Tat – namentlich im 15. Jahrhundert – mit Würde und Sittsamkeit der Stiftsgeistlichen nicht zum besten stand. Gerade Dekane waren mehrmals in üble Skandalgeschichten verwickelt, aber die Gläubigen waren gewohnt, sich den Glauben an die Heiligkeit der Amtshandlungen nicht durch Unwürdigkeit der Amtsperson trüben zu lassen. Und was dem Stift neben der Pfarre doch auch in religiöser Hinsicht seine Bedeutung erhielt, das war die Fülle von Gnadenschätzen, nach denen die Menschen des ausgehenden Mittelalters mit besonderer Inbrunst begehrten. Da boten die zahlreichen Nebenaltäre Gelegenheit zur Heiligenverehrung, und an deren Festen wie auch am Kirchweihtag wurden die zahllosen Reliquien ausgestellt und gezeigt, über die das Stift verfügte. Unter den Hunderten von Partikeln waren solche vom Manna aus der Wüste, vom Stabe Moses, vom Kamelhaargewand Johannis des Täufers, Gewandteile und Milch der Muttergottes, von der Wiege und den Windeln Christi und zahllose andere von Heiligen. Dazu kamen dann noch viele Ablaßvergünstigungen, durch die der Aufenthalt im Fegefeuer verkürzt werden sollte. Man konnte sie erwerben durch Verrichtung bestimmter Gebete, durch Teilnahme an Prozessionen und liturgischen Handlungen des Totendienstes und durch Opfer für kirchliche Zwecke. Es waren an hohen Festen z. B. 10 Jahre 5050 Tage für läßliche und 80 Tage für schwere Sünden, dazu noch 26 Fastnachlässe. Spenden zum Kirchenbau wurden vergolten durch 4 Jahre 2000 Tage Ablaß und 26 Fastnachlässe, und jeder der vielen Altäre bot den Verehrern ihrer Heiligen je 40 Tage Ablaß und einen Fastennachlaß.

Ein Verzeichnis dieser Gnadenschätze aus der Zeit um 1500 stammt von der Hand eines Mannes, der als einziger und erster unter den vielen Stiftsherren um die Aufhellung der Geschichte seines Stiftes bemüht war. Es ist Eckart Teufel (Tufel, 1463–1526), Vikar und Kämmerer des Stiftes, Pfarrer zu Aßlar und Erzpriester des Archipresbyterates Wetzlar, der auch als Notar tätig war und viele Zeugnisse seiner Rührigkeit und seines Fleißes hinterlassen hat. Er fand in alten Büchern Gedächtnisverse über die Stiftsgründer und eine Grenzbeschreibung der Bannforststiftung und hat sie im Totenbuch der Präsenz eingetragen. Als sich Kaiser Maximilian 1505 drei Tage in Wetzlar aufhielt, glaubte er in den Stiftsgründern, jenen „Herzögen aus dem Elsaß", Vorfahren seines Geschlechtes sehen zu dürfen und veranlaßte weitere Nachforschungen, aber auch Eckart Teufel konnte nicht mehr als das Erwähnte beibringen. Ganz zu Unrecht haben ihn Wetzlarer Geschichtsforscher der Fälschung verdächtigt, statt die Verdienste dieses Mannes um die Erhaltung der spärlichen Überlieferung vorurteilslos zu würdigen.

Der Dombau

Mag auch aus der Frühgeschichte des Stiftes vieles dunkel bleiben, mögen auch seine Mängel und Fehler seiner Mitglieder Schatten auf sein Gedächtnis werfen, so ragt doch als kostbares Vermächtnis in unsere Zeit das steinerne Denkmal seiner Kirche. Wir nennen sie heute D o m , obwohl diese Bezeichnung strenggenommen nur den Hauptkirchen an Bischofssitzen zukommt. Der Bau verdient solche Auszeichnung durch seine künstlerische Bedeutung, und zugleich wird durch die neutrale Benennung die Unterscheidung überflüssig, ob man richtiger Stifts- oder Stadtkirche sagen müsse.

Schon seit den frühesten Zeiten des Stiftes war es üblich, einen Teil des Stiftsvermögens und der Einkünfte für Bau und Ausstattung der Kirche abzuzweigen und als „Bauhof" (fabrica ecclesie) gesondert zu verwalten. Wie die Bürgerschaft das Mitpatronat über die Pfarre erzwungen hat, so hat sie auch schon 1231 und endgültig 1292 erreicht, daß die Hälfte aller Einkünfte aus den Spenden der Gläubigen bei der Messe für Bau und Ausstattung der Kirche verwandt werden sollte, während die andere Hälfte dem Pfarrer zufloß. Die Verwaltung des Bauhofes unterstand nunmehr zwei Stiftsherren zusammen mit zwei Schöffen, die als ständigen Verwalter einen Baumeister ernannten. Es erschien als recht und billig, wenn die Pfarrgemeinde auch Mitbestimmungsrechte über die Verwendung der Mittel erhielt, die im wesentlichen aus ihren Spenden aufkamen. Dem stand nicht entgegen, wenn das Stift unter Obhut des Kustos für seine Sonderzwecke noch einen Vermögensteil allein verwaltete, der nur zur Ausstattung und Beleuchtung („Geleucht") des Chores diente und gleichfalls durch Stiftungen mit dieser ausdrücklichen Bestimmung noch vermehrt wurde.

Die Kirche wurde also von Anfang an auch von der Pfarrgemeinde benutzt. Eine gesonderte Markt- oder Stadtkirche hat es in Wetzlar nicht gegeben, und das erforderte schon immer Vereinbarungen zwischen Stift und Pfarrer, damit der Chordienst durch die Pfarrmesse und sonstige Obliegenheiten der Pfarrerseelsorge nicht gestört wurde.

Beim Anwachsen der Pfarrgemeinde durch das Aufblühen des Marktortes und dann der Stadt Wetzlar mag man eine Zeitlang durch Erweiterung des Chorteiles dem größer gewordenen Raumbedürfnis Genüge getan haben. Und ein Zeichen dafür, daß überhaupt größere Mittel verfügbar wurden, ist der Bau eines zweitürmigen romanischen Westwerkes im Anschluß an eine alte dreischiffige Basilika. Von diesem Westwerk stehen heute noch der nördliche sogenannte „Heidenturm" und das rundbogige Portal. Sie stammen etwa aus dem letzten Viertel des 12. Jahrhunderts und zeigen alle Merkmale des romanischen Stiles: den Rundbogen, der auch vielfach in Friesen aneinandergereiht wiederkehrt, die schweren Formen der Zierteile an den Säulen und der Umrandung des Portals. Mit seinen grauen Basaltmauern hebt sich dieser alte Kern deutlich ab von der gotischen Kirche, die um ihn herum gebaut worden ist, aber auch sie keineswegs in einem Zuge und nach einem einheitlichen Plan, sondern mit vielen Stockungen jeweils in den gerade beliebten Stilformen.

Zunächst hat das Stiftskapitel für sich selbst gesorgt, indem es - etwa seit dem zweiten Viertel des 13. Jahrhunderts - im Osten einen geräumigen Choranbau errichten ließ. Er ist leider 1945 durch Bombenwurf zerstört worden, wurde aber in der alten Form wieder aufgebaut. Einstmals schuf der Meister - mit als erster in Deutschland - hier ein Werk in dem neuen gotischen Stil, der es wagt, die Wände aufzulösen durch große, hohe Fenster, und dann die schwere Last der steinernen Gewölbe auffängt in Pfeilern und Streben. Unser frühgotischer Chor setzt mit einem quadratischen Bau an, den niedrigere Kapellenanbauten begleiten. Erst am fünfseitigen Chorabschluß kommt der neue Stil voller zur Geltung. Während das Maßwerk in den Fenstern des Chorquadrats noch flach und unbeholfen wirkt, zeigen die hohen Fenster des Chorabschlusses zierliche Profile und ein fünfblättriges Kleeblattmuster.

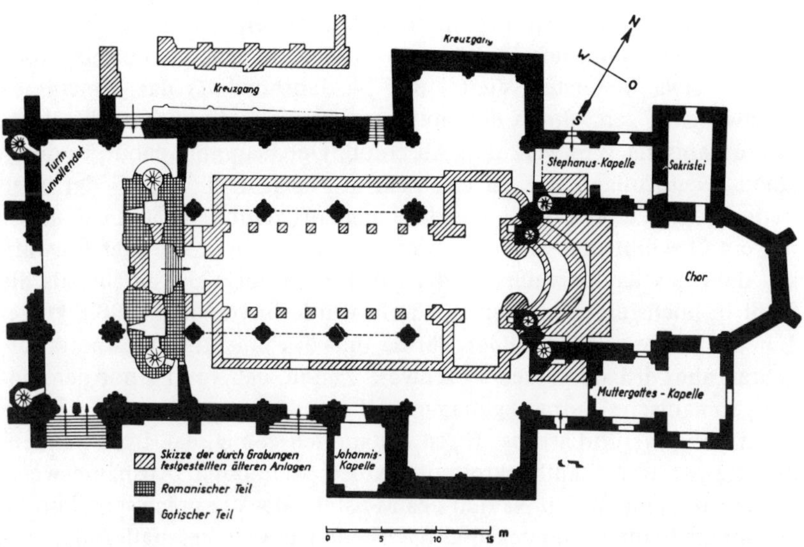

Grundriß des Wetzlarer Domes.

Etwa um 1255 wurde mit dem Bau des Kirchenschiffes, des Langhauses, begonnen und zwar so, daß die alte romanische Basilika rings umfaßt und jeweils nur soweit abgerissen wurde, wie der Neubau es erforderte oder bereits als Ersatz dienen konnte. Es sollte ein dreischiffiger Hallenbau werden, dessen Seitenschiffe also die gleiche Höhe wie das Mittelschiff haben. Die Querschiffe bilden nur kurze Kreuzarme von je einem Gewölbejoch. Zunächst wurde der Südteil vollendet, davon das südliche Querhaus mit deutlichen Anklängen an den Limburger Dom. Auch das Südportal mit seinem Figurenschmuck zeigt noch altertümliche Formen. Auf die Gruppe an der Mittelkonsole prägte man später den Vers:

Zu Wetzlar an dem Dom
hockt der Teufel auf der Nonn!

Tatsächlich handelt es sich jedoch nicht um eine Nonne, sondern einen Mann mit einem spitzen Hut, der einen Juden oder einen Ketzer darstellen soll.

Zu hochgotischen Formen in aller Vollendung nach kölnischem Vorbild geht dann das nördliche Querhaus über. Der gesamte Sockel der Nordseite stand schon längst, und noch heute erkennt man an den Resten, daß hier ein Kreuzgang angebaut war. Aber beim Aufbau reichten nur für das Querhaus die Mittel zu der kunstvollen Steinmetzarbeit, die für das Maßwerk der riesigen Fenster, den Zierat der Spitzbogen und der Fialen auf den Strebepfeilern aufzuwenden war. Demgegenüber geht die Nordwand des Langhauses zu viel einfacheren Formen über. So war etwa im ersten Viertel des 14. Jahrhunderts das romanische Kirchenschiff ganz durch den gotischen Bau ersetzt, aber noch bildete das romanische Westwerk den Abschluß. Der Plan ging dahin, es durch einen zweitürmigen Bau zu ersetzen, der nach dem Wegfall der alten Teile in der Weise Anschluß an das Langhaus gefunden hätte, daß dieses um ein Gewölbejoch verlängert worden wäre - ein großartiger Entwurf, aus dem das Kraftbewußtsein der Jahrzehnte vor 1350 spricht, als die Stadt in höchstem Gedeihen stand. So wurde in verhältnismäßig kurzer Zeit das Untergeschoß beider Türme und das prächtige Westportal errichtet, aber alsbald kamen so schwere Zeiten, daß vorerst nur der südliche romanische Turm abgetragen und nur der entsprechende gotische Turm höher geführt wurde. Es ist erstaunlich genug, daß trotz Fehden, Bürgerzwist und Stadtbankrott die Arbeit weiterging. Ausnahmsweise kennen wir einmal den Namen des Meisters, der die prächtigen Portale mit ihrem Figurenschmuck und das Blendmaßwerk geschaffen hat, mit dem die gewaltigen Strebepfeiler des Turmes übersponnen sind: es ist Thile von Frankenberg, der von 1360–1374 in Wetzlar gewirkt hat.

Aber danach begann der Bau zu stocken. Nordturm und Mittelbau der Westfront blieben unvollendet liegen und damit der dahinter stehende romanische Bauteil erhalten. Die Anschlußwand zwischen Turm und Langhaus gibt durch leere Fenster den Blick auf die romanischen Reste frei. Mühsam gedieh der nun alleinstehende Turm im Jahre 1490 bis zur Brüstung. Weitere Mittel sollten durch im Lande umherziehende Sammler aufgebracht werden. Aber an einen steinernen Turmhelm war nicht mehr zu denken. Man errichtete zunächst ein schiefergedecktes, spitzes Zeltdach. Doch im Jahre 1561 vernichtete es ein Blitzschlag. Mit aller Tatkraft schuf man noch im gleichen Jahre Ersatz durch die vielgieblige Haube, die eine zweigeschossige Türmerwohnung bedeckt, in der noch bis zum Jahre 1910 der städtische Türmer mit seiner Familie Dienst tat.

Bemerkenswert an der Innenausstattung des Domes sind außer der gotischen Pieta in der Muttergottes-Kapelle, der spätgotischen Madonna im Chor und dem Marienlüster im Langhaus einige gotische und Renaissance-Grabplatten sowie die teilweise prächtigen Marmorepitaphien von Angehörigen der Reichskammergerichtsfamilien.

Wir können im Rahmen dieser Darstellung die fast zweihundertfünfzigjährige Baugeschichte des Domes nur in großen Zügen schildern und auf seine künstlerischen Reize und Werte im Äußeren und Inneren nicht näher eingehen, aber auch dieser Überblick wird erkennen lassen, wie sehr der Dom eine steinerne Chronik der Stadt ist. Nun steht er nach gründlicher Wiederherstellung in den Jahren 1904–1911 da: buntscheckig im Gestein, vielgestaltig in den Stilformen, je nach der Blickrichtung eine wuchtige Masse oder ein unzusammenhängendes Geschachtel - in Einzelheiten immer reizvoll, bei weiterem Umblick immer ein wenig unbefriedigend, weil höheres Wollen gehemmt und bis zum Landläufigen abgeschwächt erscheint. Erst der Innenraum läßt alles Unvollendete und Sichwiderstreitende vergessen. Er hat denn auch - über kleinen Hader, enge Rechthaberei und tiefere Glaubensspaltung hinaus - immer wieder das Gegensätzliche zusammengeführt und unter das Höhere gebeugt: im Mittelalter Pfarre und Stift, danach bis auf unsere Tage evangelische und katholische Pfarrgemeinde.

Kloster Altenberg

Über die Gründung des Klosters Altenberg berichtet eine Legende folgendes:

Einst stritten Oberbiel und Dalheim heftig um die Weide auf dem „alten Berg". Der Priester Gottfried, den man „clamator", den Rufer oder Herold, nannte und der auch die steinernen Brücken zu Limburg und Wetzlar erbaut hatte, fällte einen Schiedsspruch, der die beiden Dörfer versöhnte. Zum Dank überließen sie ihm den Altenberg zum Bau einer Einsiedelei. Da erlebte er drei wundersame Hinweise. Das erstemal entschwand ihm ein Säcklein mit

Reliquien des hl. Nikolaus, und erst nach heißem Gebet und Gelübde kam es ihm wieder vor Augen. Da erkannte er, daß auf diesem Berge Gott gelobt sein wollte. Ein andermal trug er ein Säcklein mit Reliquien von dreien der 11 000 Jungfrauen bei sich und legte es nieder, um zu beten. Als er es wieder aufheben wollte, widerstand es allen Anstrengungen. Und erst als er in erneutem Gebet Gott um Kündung seines Willens gebeten hatte, konnte er es mit Leichtigkeit aufheben. Noch war er um eine Deutung des Zeichens verlegen, da fiel sein Blick auf einen Bienenstock mit emsig fliegenden Bienen. Da war ihm klar, daß hier ein Kloster errichtet werden sollte. Und als ihm nun gar ein drittes Mal viele weißgekleidete Jungfrauen mit Blumenkränzen im Haar erschienen, da war er sicher, daß es ein Nonnenkloster werden müsse.
Er wandte sich an Abt Engelbert vom Prämonstratenserkloster Rommersdorf bei Sayn, und der entsandte im Jahre 1180 6 geistliche Jungfrauen aus Wülfersdorf zum Altenberg an der Lahn. Unter der ersten Meisterin Laodomia kam das Klösterlein nicht zum Gedeih, und die Nonnen wollten schon wieder abziehen, da erschien ihnen der hl. Nikolaus und sprach ihnen Mut zu. Und wirklich: neue Jungfern brachten reichere Mitgift, in der Nikolauskapelle geschahen wundersame Heilungen, und aus den Opfer- und Dankspenden erwuchs das Kloster zu Größe und Bestand.

Während man sich die Gründung im Kloster so wundersam erzählte, wollte man im Grafenhause Solms wissen, auf dem Altenberg habe ehemals eine Burg gestanden, die auch Dalheim geheißen habe; an deren Stelle sei das Kloster gegründet worden. Urkundlich jedoch wird das Kloster erstmals in einem Schutzbrief Kaiser Heinrichs VI. vom 26. Juli 1192 genannt. Der Kaiser beruft sich darauf, daß schon sein Vater, Friedrich I., das Kloster der Vogtei des Reiches unterstellt habe. Gemeint ist damit die Tatsache, daß Friedrich Barbarossa viele Ordensgründungen der Prämonstratenser unter Reichsschutz genommen hat, um den Einfluß der Krone sicherzustellen. Damit war das Kloster als reichsunmittelbar aus der Grafschaft ausgeschieden. In königlichem Auftrag haben denn auch die Reichsburg Kalsmunt, die Reichsstadt Wetzlar, die Grafen von Nassau, die Landgrafen von Hessen und andere immer wieder die Versuche der Grafen von Solms abwehren müssen, die Kirchenvogtei an sich zu nehmen und alle landesherrlichen Rechte über das Kloster und seinen Besitz zu erringen.

In kirchlicher Hinsicht blieb es stets dem Mutterkloster Rommersdorf unterstellt, dessen Abt als höchster Vorgesetzter dem Kloster einen Prior als männliche Aufsicht zuordnete. Dieser Prior, zuweilen auch noch weitere Priester und einige Konversen, d. h. Männer, die sich in den Dienst des Klosters stellten, ohne ganz Mönche zu werden, wohnten außerhalb des Frauenklosters an der alten Nikolauskapelle, die am heutigen Pächterhaus stand. Vielleicht war ursprünglich an ein Doppelkloster gedacht, aber zur Blüte ist nur das Nonnenkloster gediehen. Schon gleich die zweite Meisterin Christina aus dem Geschlecht der Ritter von Biel half mit ihrem Erbteil, die Lebensmöglichkeit der jungen Gründung zu sichern, und als sie 1248 starb, zählte der Konvent bereits 24 Schwestern, darunter auch Gertrudis, die Tochter der hl. Elisabeth, der Landgräfin von Hessen. Nach der Legende hatte Elisabeth auf Betreiben ihres Beichtvaters, des Ketzerrichters Konrad von Marburg, ihr 1227 geborenes Töchterlein im Alter von eineinhalb Jahren nach Altenberg gebracht und dort aufziehen lassen. Schon mit einundzwanzig Jahren wurde Gertrudis zur Meisterin erwählt, und von nun an brauchte das Kloster um seine Zukunft nicht bange zu sein. Der Konvent nahm nur Töchter des Adels und später auch des städtischen Patriziates auf. Jede Neueintretende brachte mindestens ihr volles Erbteil ein, aber zudem flossen dem Kloster zahllose Jahrzeitstiftungen zu, und so konnte schon seit der Mitte des 13. Jahrhunderts die gotische Kirche errichtet und der Ausbau des Klosters vollendet werden.

Auch im heutigen Zustand kann Altenberg noch ein Bild von der Anlage und dem Wesen eines Klosters vermitteln, und ohne eine Besichtigung ersetzen zu wollen, soll uns die folgende Beschreibung mit Hilfe der Skizze einen allgemeinen Überblick geben.

Wer ins Kloster ging, entsagte der Welt und lebte fortan in einem „claustrum", d. h. in einem abgeschlossenen Raum. Deshalb sind die Gebäude ohne Unterbrechung rings um den quadratischen Kreuzgarten angeordnet. Erst nachträglich ist diesem ältesten Teil ein Vorhof angegliedert worden, der aber auch wieder von dem großen Wirtschaftshof abgetrennt ist und nur durch die Pförtnerei betreten werden konnte.

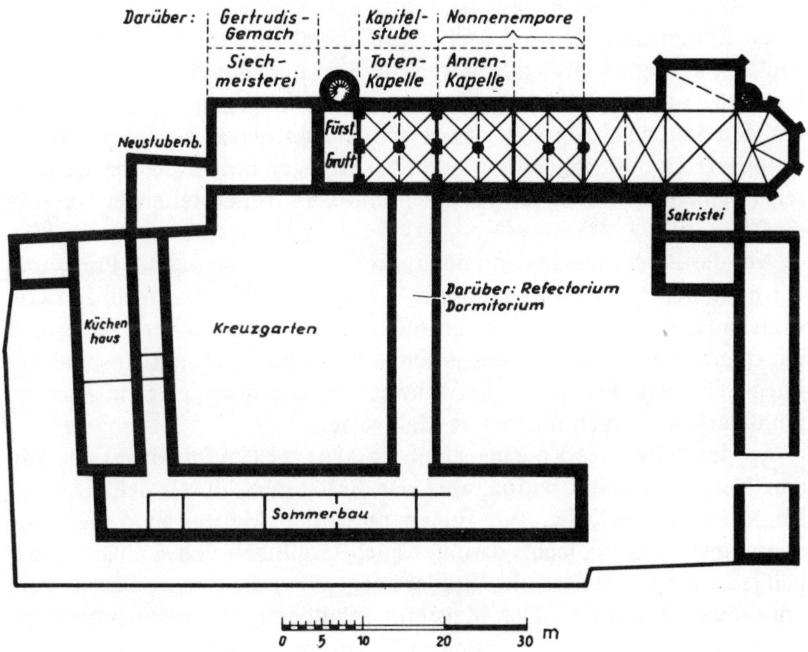

Grundrißskizze des Klosters Altenberg.

In der Kirche steht der Altar - wie üblich - im östlichen Chorabschluß, aber der Platz der Nonnen war nicht zu ebener Erde, sondern auf der Empore über den vier letzten Jochen des Langhauses. Unter der Empore, in der Annenkapelle, hatten der Prior und die Kapläne ihre Sitze, und hier konnten auch Laien dem Gottesdienst beiwohnen. Auf der Nonnenempore dagegen stand mit 54 Sitzen das Gestühl der Nonnen. Sie gelangten dahin aus der Kapitelstube, die den Sitzungen des Konvents diente. Unter der Kapitelstube lag die Totenkapelle mit einem Ausgang zum Friedhof. An die Kapitelstube grenzt ein schmaler, langgestreckter Bau an, der unten das „Refectorium", den Speisesaal, und oben das „Dormitorium", den Schlafsaal der Nonnen, aufnimmt. Ihr Gottesdienst bestand - wie beim Wetzlarer Stift - hauptsächlich aus den feierlich ausgestalteten Stundengebeten (Horen). Soweit diese in die Nacht oder die frühen Morgenstunden fielen, konnten die Nonnen vom Dormitorium aus durch die Kapitelstube zu ihrem Gestühl gelangen, ohne durchs Freie zu müssen. An die Westseite der Kapitelstube schloß die „Siechmeisterei" an, d. h. die Krankenstube für die Nonnen. Dann folgte der „Neustubenbau", ein später errichtetes Wohngebäude für Gäste, und der langgestreckte Bau, der auf der Westseite den Kreuzgang abschließt, enthielt die Küche, die heizbare Konventsstube, die Winterstube der Frau Meisterin, eine Badestube, ferner das Archiv (Briefhäuschen) und - den Kerker. Die Südfront nach dem Lahntal zu schließt der „Sommerbau" ab, der einen großen Saal und die Sommerstube der Meisterin enthielt, alle nicht heizbar und daher nur im Sommer zu benutzen. Rings um den Innenhof zog sich der gewölbte Kreuzgang. Das also war der enge Bereich des „claustrums", den bei strenger Beachtung der Ordensregel keine der Insassinnen verlassen und kein Außenstehender betreten durfte.

Auf der Berghöhe lag dann noch - außer der Wohnung des Priors und der männlichen Klosterzugehörigen - der große Wirtschaftshof mit Gesindehaus, Scheuern, Ställen, Schmiede, Webstube, Kelter-, Brau- und Backhaus. Und zu Füßen des Altenbergs diente noch ein Hospital der Pflege von Kranken und Altersschwachen. Die dort gelegene Klostermühle arbeitete auch für fremde Mahlgäste.

An der Spitze des Kovents stand die Meisterin (magistra), die von den Nonnen gewählt wurde, aber der Bestätigung durch den Abt von Rommersdorf bedurfte. Wir finden unter den Meisterinnen viele aus vornehmstem Geschlecht, darunter auch Gräfinnen von Solms. Sie haben jedoch ihren regierenden Brüdern gegenüber die Rechte des Klosters unnachgiebig gewahrt. Der Meisterin schuldeten alle bedingungslosen Gehorsam; von ihrer Gesinnung und Haltung hingen Geist und Zucht des ganzen Konventes ab. Ihr zur Seite standen Priorin und Subpriorin, die für die Durchführung der Ordensregel und aller besonderen Anweisungen verantwortlich waren, namentlich aber auch für Haushalt und Rechnungsführung des Klosters. Dagegen hatte eine Custorin mit Unterstützung durch weitere Helferinnen für alles zu sorgen, was zum Gottesdienst nötig war, von Instandhaltung und Ausstattung der Kirche an bis zur letzten Kerze. Nennen wir noch Küchen-, Keller-, Speicher-, Siechen- und Rentmeisterin, sowie Sängerin und Organistin, dann geht aus ihrer Bezeichnung schon ihre Aufgabe hervor.

Die künftigen Nonnen wurden häufig schon im Kindesalter ins Kloster gegeben. Man vertraute sie einer älteren Nonne als „Base" zu besonderer Obhut an, und sie lernten bei der Schulmeisterin auch soviel Latein, wie für die Liturgie erforderlich war. Hatten sie sich nach mehreren Jahren des Noviziats zum Ablegen der Gelübde entschlossen, so siedelten sie in den Neustubenbau über und erhielten dort die letzte Vorbereitung bis zum Tag der feierlichen Einkleidung. In hochzeitlichem Gewand als „Bräute Christi" betraten sie die Kirche, dann erhielten sie das Ordensgewand und waren nunmehr der Welt abgestorben und den klösterlichen Regeln unterworfen. Doch lebten im Kloster auch immer eine Anzahl von Laienschwestern, die sich den Gelübden nicht unterwarfen, aber für mancherlei Dienstleistungen Unterhalt genossen.

Das gemeinsame Leben und der große Klosterhaushalt boten für fast alle so viele Sonderaufgaben, daß keine quälende Eintönigkeit aufkam, besonders nicht, als die einstmals so strengen Regeln immer mehr gelockert und nachsichtig gehandhabt wurden. Als Klausur galt schließlich die Mauer, die in weitem Umkreis Kloster, Wirtschaftshof und parkartigen Garten umschloß. Und in den letzten Jahrhunderten war aus dem Kloster eher ein vornehmes Damenstift geworden, in das wohlhabende Familien ihre unversorgten Töchter einkauften.

Diese Entwicklung wurde ermöglicht durch den Reichtum des Klosters an Grundbesitz und Rechten. Es waren um das Jahr 1500 etwa 3000 bis 3500 Morgen Land, von denen das Kloster Einkünfte bezog. Nur etwa ein Drittel lag im heutigen Kreise Wetzlar verstreut, der Hauptteil in der Wetterau. Es ist größtenteils ursprünglich ritterlicher Besitz, der durch die adligen Nonnen dem Kloster eingebracht oder durch Stiftung und Kauf hinzuerworben wurde. Nur in Ausnahmefällen durfte nach Kirchenvorschrift der einmal in geistliche, „tote" Hand gelangte Besitz wieder veräußert werden, und es gab Kriegsnot, Brand, Mißwachs, Seuchen und „verderbliche Zeiten", die den Kovent zu Veräußerungen zwangen. Aber als das Land ringsum der evangelischen Lehre zufiel, wurden auch Neuaufnahmen von Nonnen seltener, und so konnte der kleiner gewordene Konvent trotz einer erheblichen Verringerung des Besitzes immer noch bequem bestehen.

Zu dem Grundbesitz, von dem das Kloster nur einen kleinen Teil selbst bewirtschaften ließ, kamen große Einkünfte an Häuserzinsen in Städten wie Wetzlar, Marburg, Friedberg, Herborn u. a., dazu dann noch zahlreiche Fruchtrenten, die auf Höfen des Klosters in verschiedenen Orten gesammelt und verwertet wurden. So diente auch das Altenberger Haus in Wetzlar am Eselsberg lediglich der Verwaltung und Sammlung von Einkünften. Aber das Kloster verfügte auch über sonstige nutzbare Werte. Es war z. B. Kirchenpatron über die Pfarren zu † Dalheim, Krofdorf, Launsbach und Oberbiel. In den Patronat über Dalheim hatte sich das Kloster anfangs mit einigen Adligen und Wetzlarer Familien teilen müssen, die aus dem ausgegangenen Dorf stammten. Aber bis 1449 hatten die Meisterinnen alle Patronatsanteile erworben. Sie ließen die verfallene Kapelle wiederherstellen, begründeten selbst neue Altäre, für die sie Ablaß erwirkten, und so gelang es, die Dalheimer Kapelle zu einem vielbesuchten Wallfahrtsort zu entwickeln. Aber auch das Kloster selbst lockte durch den Besitz an Reliquien der hl. Elisabeth, z. B. Teile ihres Armes in einem kostbaren Behälter und ihr Hemd, dem die Wunderkraft zugesprochen wurde, daß es Frauen die schwere Stunde erleichtere. Und da auch Gertrudis 1348 selig gesprochen wurde, bildeten ihr Grab vor dem Hochaltar und ein an hohen Festtagen gezeigtes Kopfreliquiar Anziehungspunkte für die Gläubigen.

Die Reibungen mit den weltlichen Gewalten ergaben sich aus den gleichen Gründen, wie wir sie beim Stift gehört haben. Über die Steuer einigte sich das Kloster mit den Städten durch kluge Abmachungen, indem es einige ihm zufallende Zinse abtrat und dafür Steuerfreiheit für den übrigen Stadtbesitz eintauschte. Und so war das Verhältnis zwischen Altenberg und Wetzlar durch all die Jahrhunderte ungetrübt. Mit den Wetzlarer Wollenwebergesellen hatte das Kloster vereinbart, daß sie bei Feuersnot eilends dem Kloster zu Hilfe kamen. Immer wieder bezog die Stadt aus dem Klosterwald Baumstämme für Bauten, lieh sich wohl auch gelegentlich Gespanne für Fuhren aus, und mehrmals fanden in Pestzeiten Wetzlarer Familien monatelang Zuflucht bei der Dalheimer Kapelle oder im Klosterhof. Umgekehrt entsandte die Stadt in drangvollen Zeiten eine Schutzwache oder sorgte für sichere Bewahrung der in den Klosterhof nach Wetzlar geflüchteten Kostbarkeiten.

Eigenartig war das Verhältnis zum Hause Solms. Mehrere Grafen wählten die Klosterkirche zu ihrer Grabstätte und wandten dem Kloster Stiftungen zu. Aber nebenher ging unablässig das Bestreben der Grafen, die Sonderrechte Altenbergs zu beseitigen und ihrer Landeshoheit volle Geltung zu verschaffen. Auf einem Umwege kamen sie Schritt um Schritt dem Ziele näher. Die Kirchenvogtei blieb ihnen unerreichbar, aber ein 1432 erlangtes und eigentlich zeitlich befristetes „Schirmrecht" mußte immer wieder den Vorwand für Eingriffe abgeben. So errangen sie die hohe Gerichtsbarkeit an Stelle des Reichsvogts, erhoben die Reichssteuer von den in ihrer Grafschaft gelegenen Klostergütern, die Landessteuer von den Leuten des Klosters und übten die Forstaufsicht in den Klosterwäldern, wenn auch das Kloster weiterhin eigene Förster hielt.

Aber immer noch bewahrte das Kloster wesentliche Reste seiner Reichsunmittelbarkeit, obwohl auch Kurtrier, das schließlich neben Hessen die Reichsvogtei innehatte, seine Stellung mißbrauchte, um vom Kloster erhöhte kirchliche Abgaben zu erpressen.

Erst auf Grund des Reichsdeputationshauptschlusses wurde das Kloster Altenberg 1803 aufgelöst, und der noch immer reiche Besitz fiel dem Fürstenhaus Solms-Braunfels zu.

Andere geistliche Niederlassungen, Wallfahrtsorte und Bruderschaften

Im Kreise Wetzlar bestand neben Altenberg noch ein zweites Prämonstratenserinnenkloster in Dorlar. Es wurde von der Gesamtfamilie derer von Merenberg seit 1297 mit Besitz ausgestattet, darunter als Grundstock die Pfarre Dorlar mit den Filialorten Atzbach, Naunheim und Waldgirmes. Die Kirche zu Dorlar wurde also zugleich Klosterkirche und erhielt einen Choranbau für den Gottesdienst der Nonnen. Von den sonstigen Baulichkeiten sind nur noch Spuren bekannt. Auch dieses Kloster unterstand dem Abt von Rommersdorf, aber obwohl der Konvent bei der Aufnahme nicht adlige Geburt zur Bedingung machte, blieb die Zahl der Nonnen klein. Da die Vermögensverhältnisse immer ungünstiger wurden, versuchte man es 1437 mit der Umwandlung in ein Männerkloster. Aber auch in dieser Form war dem Kloster kein Gedeihen beschieden, und so beugte in der Reformationszeit der Abt von Rommersdorf dem völligen Verlust des Klostervermögens vor, indem er den Besitz an die Herren von Buseck verkaufte.

Sonstige klösterliche Niederlassungen kamen im Bezirk des heutigen Kreises Wetzlar nicht auf. Das verhinderte schon das Ansehen so alter Gründungen wie Schiffenberg (Augustiner-Chorherren, seit 1323 Deutschorden) und Arnsburg (Cistercienserabtei), denen sehr viele Stiftungen zuflossen. Was die Stadt Wetzlar an geistlichen Niederlassungen barg, ist in Kapitel 7 schon erwähnt, und so bleibt uns nur noch von einigen Wallfahrtsorten zu berichten. Neben Dalheim, von dem wir schon gehört haben, errang die einsame Kapelle von Elgershausen seit der Mitte des 15. Jahrhunderts einen Ruf als Ziel von Prozessionen, und Graf Otto von Solms kam dem Bedürfnis nach und dotierte dort im Jahre 1479 eine Kaplanstelle. Bedeutsam wurde auch Nieder-Weidbach, das damals noch zur Grafschaft Hohensolms-Lich gehörte. Berühmt geworden ist das vom Solmser Grafenhaus gestiftete Altarbild des Malers Hans Döring gen. Ritter. Graf Bernhard von Solms benutzte die ihm zeitweise anvertraute Verwaltung des Wetzlarer Propstamtes dazu, dem Maler das Schultheißenamt in Wetzlar und damit eine feste Versorgung zu schaffen (1533).

Dies Aufkommen von Wallfahrtsorten ging einher mit der Gründung zahlreicher Bruderschaften. Es ist kennzeichnend für das ausgehende Mittelalter, daß die Laien immer wieder neue Gelegenheiten verlangten zu äußerer Bekundung ihrer Frömmigkeit. Die immer quälende Seelenangst suchte Linderung, aber weniger durch Glaubensversenkung und Vertrauen auf göttliche Gnade als durch äußere Betäubung. Daher auf der einen Seite der Hang zu groben Genüssen und lärmenden Festen, auf der anderen zu überschwänglichen Bußübungen, Dauergebeten und Wallfahrten. Alleinsein war unerträglich, von gemeinschaftlichem Bemühen erhoffte man mehr Erfolg. Zu den alten religiösen Gemeinschaften, die vielfach ja zugleich wirtschaftliche oder gesellige Zwecke verfolgten, traten immer neue hinzu unter dem Namen von Bruderschaften. Sie benannten sich nach dem Schutzheiligen, dem man an seinem Altar besondere Verehrung entgegenbrachte. So gab es St.-Georg-Bruderschaften in St. Georgen und Greifenstein, St. Sebastian in Braunfels, St. Anna, Jakob, Jodocus (Jost), Michael, Trinitatis und Marien am Stift in Wetzlar. Aber das sind bei weitem noch nicht alle; denn auch den Heiligenaltären im Franziskanerkloster und im Hospital zu Wetzlar, in der Dalheimer Kapelle und sicher auch an vielen Pfarrkirchen im Lande schlossen sich Bruderschaften an. Besonderer Art waren die Rosenkranz-Bruderschaften, die seit etwa 1475 aufblühten und deren Mitglieder sich verpflichteten, die Gebetsfolge des Rosenkranzes in bestimmter Anzahl abzuleisten. Damit war dann ein Ablaß verbunden. Die Erwirkung von Ablässen war ja überhaupt eine Hauptsorge aller Bruderschaften. Sie übernahmen gewissermaßen solidarisch die Sorge für das Seelenheil und führten geradezu Buch darüber, welchen Schatz an frommen Verdiensten sie aufgespeichert und zu vergeben hatten. Eigenartig waren auch die Wanderprozessionen, bei denen ein Standbild des hl. Antonius von Ort zu Ort geleitet wurde. In bestimmten Kirchen hielt die Prozession Station und gab Gelegenheit zur Verehrung des Heiligen, um dann wieder weiterzuziehen. Im Jahre 1456 vermachte Ritter Gerlach von Breitenbach mit seiner Ehefrau Lise - er war Amtmann zu Königsberg - dem Wetzlarer Stift erhebliche Einkünfte und schrieb vor, welche liturgischen Handlungen die Stiftsherren vorzunehmen hatten, wenn „Botschaft und Heiltum des lieben St. Anthonii geyn Wetzflar pfleget zu kommen, das ist ungefähr alle Jahre des Samstags und Sonntags nach Allerheiligen".

Man unternahm aber auch Wallfahrten zu weit entfernt gelegenen Orten, etwa nach St. Jago in Spanien, Einsiedeln in der Schweiz, zu den Windeln Christi in Aachen, zum hl. Rock nach Trier oder zum heiligen Blut nach Wilsnack in der Altmark. In den Rentmeisterabrechnungen von Wetzlar sind die Kosten verzeichnet für Botengeleit und Weinspenden an die Pilger zu diesen Orten. Als gar Ritter Heidenrich von Dernbach im Jahre 1443 aus dem Heiligen Land vom Besuch des Katharinenklosters im Sinai zurückkehrte, wurde auch er durch einen Ehrentrunk gelabt; denn wer Wallfahrern hilfreich war, durfte auch für sich einen Anteil an ihrem erworbenen Verdienst erhoffen. So hat 1487 ein beim Diebstahl ertappter Eckart Sinderbach bei seiner Begnadigung gelobt, er wolle nach St. Jago pilgern „für alle" und „seine Fußtrappen mit ihnen teilen". Ob er sein Versprechen gehalten hat, ist unbekannt, aber er wurde später doch wieder auf Wetzlarer Gebiet betroffen, das er zu meiden versprochen hatte, und nunmehr hingerichtet.

Wer sich das Verständnis für die Denk-, Fühl- und Lebensweise unserer Vorfahren, für ihre Hinterlassenschaft an Bauten und Kunstwerken, für mancherlei Sitten, Bräuche und Benennungen nicht mutwillig versperren will, der muß sich bereitfinden, auch ihre Glaubensäußerungen so ernst zu nehmen, wie sie ihnen waren. Denn ihre gesamte Welt bis in scheinbar so materielle Dinge wie Zins und Steuer ist von Glaubensvorstellungen geprägt. Wenn wir hier nur das in Auswahl schildern, was aus unserer Landschaft überliefert ist, dann kann ein solch örtlich begrenzter Ausschnitt nicht alle Möglichkeiten zeigen. Aber wir dürfen dabei nicht obendrein noch unsere Vorliebe oder Mißbilligung mitsprechen lassen - sonst wird das Bild vollends verfälscht.

Wir wollen also nur feststellen, daß auch hierzulande um 1500 Heiligen- und Reliquienverehrung, Ablaßwesen und äußere Frömmigkeitsbekundungen einen Höhepunkt erreicht hatten. Wir sehen auch Mißstände wie Pfründenhäufung, materielle Gesinnung, Nachlässigkeit und Sittenlosigkeit bei manchen Geistlichen, dazu die wirtschaftliche Not der niederen Geistlichkeit, auf der doch die ganze Last der Seelsorge ruhte. Aber was wir nicht sehen, weil es sich in Akten und Urkunden nicht äußert, das ist die im Herzensgrunde lauernde, nicht zu besänftigende Seelenangst. Es ist ferner der erwachende Mut zu selbständiger Meinungsbildung und damit zur Kritik am alten Gefüge von Staat und Kirche, Recht und Wirtschaft, und es ist im ganzen das Bild einer mit Unruhe und Spannung aufs äußerste geladenen Zeit, die vor einer Wende steht.

13. Die Reformation in Stadt und Land

Der Ruf nach Reformen

Schon lange hatte man nach einer Erneuerung der Kirche aus eigenem Willen heraus verlangt, aber die Konzile von Konstanz (1414-1418) und Basel (1431-1449) hatten nicht gründlich helfen können. Und als dann der deutsche Kaiser Friedrich III. mit dem Papst in einem Konkordat (Vertrag) die zwischen Staat und Kirche strittigen Fragen ordnete, da war fast nichts von den Wünschen der Deutschen erfüllt, während Frankreich, Spanien und England schon längst nationale Eigenrechte errungen hatten.

Nicht weniger dringlich als der Ruf nach einer Reform der Kirche war der nach einer Reform des Reiches. Da waren 1495 mit Verkündung des ewigen Landfriedens, Einrichtung des Reichskammergerichts, Reichsheersteuer und Fürstenrat verheißungsvolle Anfänge gemacht worden, aber sie blieben allzu sehr vom guten Willen abhängig, weil die Macht zur Durchführung fehlte.

Zu alledem traten nun noch schwere soziale und wirtschaftliche Mißstände. Zum Teil waren sie hervorgerufen durch den zunehmenden Gebrauch des Geldes und die Vermehrung der umlaufenden Münze, durch Mißbrauch der Geldmacht und Entwertung der Naturaleinkünfte. Das rücksichtslose Streben großer und kleiner Herren, ihre Landesherrschaft auszubauen, bedrängte Ritter so sehr wie Bauern, und mehrfach war es schon aus einer Vielfalt von Bedrängnissen heraus zu Bauernaufständen und Tumulten in den Städten gekommen.

Ganz allgemein aber war zu verspüren, wie jeder Einzelne sich nicht mehr so willig unter die bisher allgemein gültige Ordnung des Denkens, Meinens und Glaubens fügte, sondern nach geistiger Freiheit und Selbstentscheidung verlangte (Individualismus gegen Universalismus). Namentlich die wiedererwachte Begeisterung für die Welt der alten Griechen und Römer (Renaissance) und das Studium ihrer Philosophen und Schriftsteller erweckte im Gelehrtenkreise der „Humanisten" ein neues Vorbild von wahrhaftem Menschentum.

Wie stark aber das gesamte kirchliche, politische, soziale und wirtschaftliche Gefüge vom religiösen Glauben durchdrungen und bestimmt war, das offenbarte sich erst so recht, als Luther an den Grundlagen dieses Glaubens zu rütteln begann. Als er 1517 seine Thesen gegen den Ablaßmißbrauch anschlug, ahnte er noch nicht, welchen Sturm er entfesselte. Schritt um Schritt hat er erst selbst erfahren müssen, was es bedeutete, auf die Evangelien zurückgehen und Menschenzutat von Gottes Wort scheiden zu wollen. Immer wieder erschreckte ihn die Erkenntnis, daß eine innere religiöse Erneuerung sofort auch das Verlangen nach äußeren Neuerungen auf allen Lebensgebieten weckte. Und bitter war besonders das Erlebnis, wie für manche die Berufung auf das Evangelium nur als Vorwand diente, um Pflichten und Lasten abzuschütteln und sehr irdische Zwecke zu verfolgen. Um der Willkür Maß und Ziel zu setzen, mußten nun doch wieder bündige Lehrsätze aufgestellt und Kirchenordnungen erlassen werden. Und schließlich kamen Alt- wie Neugläubige dahin überein, daß es ohne den Arm der weltlichen Gewalt nicht ging, und so einigte man sich auf den furchtbaren Grundsatz, daß der Landesherr über das Bekenntnis zu bestimmen und die Kirchenordnung zu erlassen habe („cuius regio - eius religio"). Wer von den Untertanen sich dem nicht fügen wollte, mußte dann eben andernorts seine Zuflucht suchen.

Wenn wir nun aus zeitgenössischen Nachrichten ermitteln wollen, wie sich in unserer Heimat die Reformation vollzogen hat, dann müssen wir mit Bedauern feststellen, daß wir fast nur von äußeren Ereignissen und vollzogenen Tatsachen erfahren. Was in den Herzen vorging, können wir allenfalls ahnen. Und da nun einmal religiöse und weltliche Dinge unlösbar verstrickt sind, könnte der Beweggrund für einen äußeren Vorgang dennoch religiöse Wurzeln haben, ebenso wie eine scheinbar religiöse Forderung auf wirtschaftliche Vorteile hinzielen könnte. Das müssen wir sehr in Acht haben, ehe wir vorschnelle Urteile fällen.

Die Reformation in Wetzlar

In Wetzlar kam es im Jahre 1525 zu einer Bewegung, die offensichtlich den Einfluß von Forderungen zeigt, wie sie damals allerorts erhoben wurden. Darüber berichtet der Wetzlarer Untervogt Bruno von Köln, der selbst Wetzlarer Bürger, ehemals Ratsherr, jüngerer Bürgermeister und dann Schultheiß gewesen war, an den Grafen Philipp von Nassau-Weilburg:

Zünfte und Gemeinde haben dem Rat folgende Forderungen gestellt: 1. Sie wollen einen Pfarrer haben, der ihnen das Evangelium predigt; den soll der Rat anstellen und notfalls absetzen, wenn er sich nicht rechtschaffen hielte, doch soll seine Besoldung aus Stiftsmitteln aufgebessert werden. 2. Nur verbriefte und besiegelte Gülten und Zinse sollen Geltung haben, aber auch „ewige" Zinse und Renten sollen ablösbar gemacht werden (während das Kirchenrecht bisher nur in Ausnahmefällen dergleichen zuließ). 3. Der Weinzehnte und der kleine Zehnte von Gartengewächsen soll abgeschafft werden; nur der Fruchtzehnte soll wie vor alters bleiben. 4. Die Stiftsherren sollen Lasten wie Wachen, Graben, Ungelt von Brot und Wein wie andere Bürger tragen. 5. Die Mägde, mit denen die Geistlichen zusammenleben, sollen geziemende Kleidung tragen, in der Kirche hinten stehen und dem Scharfrichter wöchentlich 4 Schilling zur Besoldung zahlen. 6. Einige Stiftspersonen, die sich ungebührlich gegen die Bürger benommen haben, sollen bestraft werden. (Der Rat hat das zwar abgelehnt, doch sind eingegangene Bußen bereits vertrunken worden). 7. Die Juden sollen keine höheren Zinsen nehmen dürfen als vom Gulden wöchentlich einen halben Pfennig.
Rat und Stift hätten alle Artikel bewilligt, außer 2. und 3., wegen der man in anderen Städten wie Frankfurt, Worms und Speyer Erkundigung einziehen wolle.

Das alles sind Forderungen, wie sie damals allerorten erhoben wurden, und offensichtlich hielten es Rat und Stift für geraten, dem Drängen der Bürgerschaft wenigstens in einigen Punkten nachzukommen. Der Rat hat auch beim Stift, im Franziskanerkloster und in den Beginenhäusern Bestandsaufnahmen (Inventarisationen) durchführen lassen, um zu verhüten, daß etwas von den Kostbarkeiten verschleppt würde, falls diese Einrichtungen - der neuen Lehre folgend - sich auflösen sollten.

Dagegen hat der Erzbischof scharfen Einspruch eingelegt, aber der Rat wehrte sich kräftig gegen Verleumdung und Mißdeutung und betonte, daß der gesamte Kirchenschatz nach der Bestandsaufnahme wieder in Verwahr des Stifts sei und ein Ratsgebot unter schwerer Strafandrohung den Bürgern die Entrichtung der pflichtigen Gülten und Zinsen auferlege. Wohl aber hätten bisher alle Eingaben und Klagen an den Erzbischof über das ungebührliche und sittenlose Leben der Geistlichen kein Gehör gefunden.

Tatsächlich hat der Rat auch in den folgenden Jahrzehnten das Heft in der Hand behalten und keinen gewaltsamen Umsturz geduldet. Wohl wird er nicht eingeschritten sein, wenn sich Prediger der neuen Lehre in der Stadt einfanden, aber zunächst ist weder der derzeitige Pfarrer Johannes Brauer entsetzt worden, noch ist ein Versuch bekannt, dem Stift sein Recht auf Beteiligung an der Pfarrwahl zu bestreiten.

Gemäßigtes Vorgehen war der Stadt schon allein deshalb geraten, weil das Stift unter Reichsschutz stand und ihm Karl V. noch am 22. Mai 1522 seinen Schutzbrief erneuert und als Schutzherrn den Kurfürsten und Erzbischof von Trier sowie den Grafen von Nassau-Weilburg gegeben hatte. Dazu bemühte sich damals die Stadt - im Hinblick auf ihre schwere wirtschaftliche Not - sehr um eine Erniedrigung ihrer Reichssteuer und durfte es nicht mit dem Stiftspropst verderben, der Einfluß in der kaiserlichen Kanzlei hatte. Prozesse mit den Grafen von Solms-Braunfels und ein weiterer mit dem Grafen von Nassau, in dessen Verlauf der Untervogt Bruno von Köln an der Amtsausübung gehindert wurde, dazu eine Seuche, die in den Jahren 1529 bis 1531 über 800 Menschen hinwegraffte - das alles mag dazu beigetragen haben, daß in Wetzlar kein entscheidender Schritt zur Einführung der Reformation getan wurde, obwohl die mächtigsten Nachbarfürsten, wie Landgraf Philipp von Hessen und Graf Philipp von Nassau, bereits einschneidende Maßnahmen trafen. Selbst als am 29. Januar 1536 durch einen Tauschvertrag alle Rechte Nassaus auf Wetzlar und Kalsmunt an Hessen übergingen, vermied es die Stadt noch, sich des Kaisers Gunst ganz zu verscherzen, weil sogleich bemerkbar wurde, daß Hessen darauf ausgehen würde, aus Vogtei-, Schutz- und Pfandrecht über Wetzlar möglichst volle Landesherrschaft zu machen. Tatsächlich zögerte ja auch

Karl V. mit der Anerkennung des Tauschvertrages bis zum Jahre 1541.

Aber alsbald danach, im Juli 1541 führte die Stadt noch einmal beim Erzbischof von Trier Klage gegen die Stiftsgeistlichkeit. Zweimal, im August 1541 und im März 1542, hat der Erzbischof Mahnschreiben an das Stift gerichtet, die Mißstände abzustellen und eine sittliche Erneuerung ernsthaft zu beginnen - auch dies vergebens. Im April 1542 inventarisierte der Rat erneut das Franziskanerkloster und nahm im September die Kirchengeräte im Wendelstein in Verwahr, um sie zu veräußern, beides im Einverständnis mit den noch anwesenden acht Ordensbrüdern. Und am 8. März 1543 wurde auch im Stift die Inventarisierung noch einmal durchgeführt.

Der Stadtchronist Chelius nennt das Jahr 1542 als dasjenige, in dem die Augsburgische Konfession in Wetzlar angenommen und „in dero Stadt-, Pfarr- und Mutter-Kirch introduciert und eingeführt" worden sei. Aber das ist nicht so aufzufassen, als hätte Wetzlar damals zum erstenmal evangelische Predigten gehört, noch wäre die Vorstellung richtig, als sei die Reformation damit abgeschlossen gewesen. Vielmehr wird in dem genannten Jahre wohl nur - mit oder ohne Willen des Stifts - der Rat kundgetan haben, daß die Stadtpfarre nur mit einem evangelischen Prediger zu besetzen sei und ihre Einkünfte seiner Besoldung zu dienen hätten.

Tatsächlich erscheint denn auch Wetzlar auf den Reichstagen von 1544 und 1548 unter den protestantischen Städten, allerdings nur durch den Frankfurter Gesandten vertreten.

Leider wissen wir über die Persönlichkeit des als erster evangelischer Pfarrer genannten Anthoni allzu wenig. Wir können uns nur denken, daß dem stürmischen Anfang der ersten Jahre eine Zeit langsamen Reifens, aber auch der Rückschläge gefolgt sein muß. Karl V. hatte 1547 den Schmalkaldener Bund der evangelischen Fürsten niedergeworfen und hielt den Landgrafen Philipp von Hessen in harter Gefangenschaft. Auf dem Reichstag zu Augsburg wurde 1548 das „Interim" verkündet, d. h. eine Glaubensregelung, die zwar den Evangelischen Laienkelch und Priesterehe zugestand, aber sonst am Alten festhielt, bis ein allgemeines Konzil entschieden haben würde. Aber was da „inzwischen" (lat. „interim") gelten sollte, das war für Evangelische unerträglich. Ein evangelischer Pfarrer konnte nicht kirchliche Bräuche, die er bisher scharf bekämpft hatte, nun auf einmal wieder selbst üben. Wer bis dahin immer noch an der Hoffnung festgehalten hatte, ein allgemeines Konzil werde eine Lösung finden, durch die eine unheilvolle Glaubensspaltung vermieden werden könnte, der mußte nunmehr schon ahnen, wie schlecht die Aussichten zu einer Einigung geworden waren.

Aber nun zogen die Trierer Kommissare durchs Land und verlangten

Anerkennung des Interims. Und wer von den Pfarrern den Gehorsam verweigerte, der konnte seiner Stelle entsetzt werden. Auch in Wetzlar wird es einen Rückschlag gegeben haben. Aber schon das Jahr 1552 brachte einen Umschwung, als Moritz von Sachsen von Karl V. abfiel und im Passauer Vertrag für die Augsburgische Konfession einstweilen freie Religionsübung erzwang.

Sofort hat auch Wetzlar den einmal eingeschlagenen Weg weiterverfolgt. Durch Verhandlungen wurde erreicht, daß vom Stift auch ein Teil der Einkünfte abgetreten wurde, die bisher zum Unterhalt der Stiftsschule gedient hatten. Denn höchstes Ziel der Reformatoren war ja, daß jeder selbst seine Glaubensgewißheit aus der Kenntnis der Evangelien schöpfen sollte, und dazu gehörte wenigstens Fertigkeit im Lesen. Und selbst wenn das Ziel eigener Urteilsbildung zu weit gegriffen war, so waren Schulen doch unentbehrlich, um die Jugend von vornherein mit der neuen Lehre vertraut zu machen. In Wetzlar hatte es - außer der Stiftsschule - auch eine deutsche und eine lateinische Stadtschule gegeben. Sie wird bei der großen allgemeinen Armut wenig besucht und schlecht ausgestattet gewesen sein. Nun plante man, das Vermögen der eingehenden oder doch zusammenschrumpfenden geistlichen Anstalten für Schulzwecke nutzbar zu machen. Mit dem Stift kam es 1553 zu einer vorläufigen Regelung; dann löste sich 1555 der Franziskanerkonvent vollends auf, die letzten Ordensbrüder wurden mit Renten abgefunden, in den Klostergebäuden aber Schulräume und Lehrerwohnungen eingerichtet.

Die Folgen der Reformation in Wetzlar

Als dann noch im gleichen Jahre 1555 der Augsburger Religionsfriede dem Landesherrn die Bestimmung der Konfession überließ, war also Wetzlar bereits evangelisch, und der Stadtrat nahm nun die Rechte eines „Konsistoriums" als oberste geistliche Verwaltungsbehörde an sich. In zähen, unermüdlichen Verhandlungen mit dem Erzbischof von Trier, der als „Ordinarius" dem Stift seine frühere Selbständigkeit sehr einschränkte und die Gültigkeit von Verträgen ohne seine Zustimmung von vornherein ablehnte, suchte die Stadt zu einer klaren Rechtslage mit dem Stift zu kommen. Als Vermittler wirkte dabei die hessische Regierung mit, die sich darauf berief, daß sie in alle früher nassauischen Rechte eingetreten sei, also auch in das Schutzrecht über das Stift. Aber die Verhandlungen zogen sich endlos hin. Gewalttätigkeiten und Übergriffe von hitzigen Eiferern brachten unliebsame Stockungen und Ablenkungen, und so ist es nie zu einer klaren Abgrenzung der Rechte gekommen wie einstmals im Jahre 1292. Immerhin hatte die Stadt ausgehandelt, daß ihr vom Stift neben den Pfarreinkünften noch weitere Pfründen- und Präsenzanteile überlassen wurden, die zum Unterhalt der Schule dienen sollten. Sodann wurde der Stadtpfarre die Walpurgiskapelle und deren Kaplanspfründe inkorporiert und damit die Besoldung für einen zweiten Pfarrer sichergestellt, der vorerst noch meist „Kaplan" genannt wurde. Aber das Stift behielt das Mitpatronat über die Pfarre und die Mitverwaltung im Bauhof. Und so kam es zu dem merkwürdigen Zustand, daß bis zum Ende von Stift und Reichsstadt (1803) der Stiftsdekan (aber nicht etwa der katholische Pfarrer!) den evangelischen Hauptpfarrer feierlich in der Kirche in sein Amt einsetzte. Demnach galten also die evangelischen Pfarrer als die Nachfolger der mittelalterlichen katholischen Stadtpfarrer und die evangelische Gemeinde als die Nachfolgerin der alten Pfarrgemeinde. Das Stift mußte ihr also - genau wie bisher - das Kirchenschiff zur Benutzung überlassen. Wiederum mußten Zeiten für den Gottesdienst vereinbart werden, damit auch das Stift ungestört seinen Chordienst abhalten konnte. Aber da nunmehr der Glaubensspalt Pfarrgemeinde und Stift trennten, entstand aus dieser gemeinsamen Kirchenbenutzung immer wieder Streit. Das Stift bewahrte sich die Johanneskapelle, obwohl sie dem Kirchenschiff angefügt und nur von dort aus erreichbar ist; die evangelische Gemeinde wollte nicht dulden, daß vom Stift noch irgendwelche gottesdienstlichen Handlungen im Kirchenschiff vorgenommen würden, und verlangte auch, daß dort alles entfernt würde, was an Bräuche erinnerte, die den Evangelischen anstößig waren. Noch bestand die Sitte, daß Pfarrer und vornehme Familien Anspruch auf ein Begräbnis in der Kirche erhoben. Dazu war dann jedesmal die Erlaubnis des Stifts erforderlich, weil es Herr über Grund und Boden war. Zweifellos wäre eine klarere Abgrenzung der beiderseitigen Rechte möglich gewesen, aber das Stift wollte sich alle Möglichkeiten offen halten und widersetzte sich einer Besitzaufteilung.

Beinahe noch merkwürdiger ist es, daß das Stift nicht mehr oder nicht wieder den Patronat über die langsam neu entstehende katholische Kirchengemeinde erhielt. Als Pfarrer waren Priester tätig, die der Erzbischof von Fall zu Fall bestimmte, und das waren durchaus nicht immer Stiftsangehörige. Während das Stift im ganzen Mittelalter immer eifersüchtig seine Unabhängigkeit gegenüber der erzbischöflichen Verwaltung verteidigt hatte, mußte es jetzt, wo es im ringsum evangelisch gewordenen Lande allein stand, dort Anlehnung suchen. Mit schärfsten Maßnahmen suchten die Erzbischöfe Ordnung zu schaffen. Zwei Dekane, Kaspar Frank (1553-1571) und Paulus Boch (1582-1586), wurden verhaftet und ihres Amtes entsetzt; P. Boch ist im Kerker zu Ehrenbreitstein gestorben. So blieb das Stift erhalten und verfiel noch nicht der Auflösung wie die meisten Stiftskirchen und Klöster in den Nachbarländern. Die Zahl der Kanonikate wurde auf vier herabgesetzt, ein fünftes reichte zum Unterhalt nicht ganz aus. Auch die Vikariate wurden sehr vermindert und zum Teil mit Kanonikaten vereinigt. Noch immer verblieb dem Stift ein großer Besitz an Gütern, Natural- und Geldeinkünften; es hatte neben dem Propst auch Anteil am Zehnten im Stadtgebiet und außer dem Conpatronat über die Stadtpfarre auch das Patronatsrecht in Garbenheim. Wenn es auch seine einstige religiöse Bedeutung - selbst unter den Katholiken - eingebüßt hatte, so waren ihm wirtschaftlich doch noch immer viele Menschen in Stadt und Land verpflichtet. Auch seine Sonderrechte mit eigener Gerichtsbarkeit und Steuerbefreiung blieben ihm größtenteils erhalten.

Im Zuge der Reformation sind also in Wetzlar eingegangen: das Franziskanerkloster, die Häuser der grauen und weißen Schwestern und einige kleinere Klosterhöfe, die aber sowieso nur als Herbergen gedient hatten und nicht ständig besetzt waren. Die Kapelle des Siechhofs wurde noch in größeren Abständen von einem der evangelischen Pfarrer versehen, dagegen ging die Hospitalkaplanei ein, die Kapelle aber wurde weiter benutzt. Das Kloster Arnsburg behielt seinen Hof und Besitz ebenso wie Kloster Altenberg und der Deutschorden.

Neben den ersten Pfarrer Anthoni, von dem aber 1562 behauptet wurde, er habe sich „nicht gleichhaftig zur Augsburgischen Confession gehalten", trat 1560 ein zweiter Pfarrer, und 1698 wurde eine dritte Pfarrstelle errichtet. Nur für den ersten Pfarrer galt der Conpatronat des Stiftes, den zweiten ernannte der Stadtrat, den dritten wählte die Gemeinde.

Alle bekannten sich zum Luthertum, und nur für dieses hatte ja auch der Religionsfrieden von 1555 gegolten. Aber im Jahre 1586 baten sechzig Familien wallonischer Flüchtlinge um Aufnahme, die sich zur reformierten Lehre Calvins bekannten und vorerst in Wesel Zuflucht gefunden hatten. Ihre Muttersprache war französisch. Da um diese Zeit nach erneuten schweren Seuchen die Bevölkerungszahl sehr gesunken war und fast mehr leere und verfallene Gebäude an den öden Gassen standen als bewohnte, konnte die Stadt nur froh sein über einen Zuwachs. Zudem waren diese Glaubensflüchtlinge aus den spanischen Niederlanden (Belgien) als gewerbefleißig und nicht ganz mittellos bekannt. Aber inzwischen war die Kluft zwischen den Anhängern Luthers und denen Calvins fast tiefer geworden als die zwischen Neu- und Altgläubigen. Deshalb knüpfte der Rat die Aufnahme an die Bedingung, daß der Gottesdienst nur in französischer Sprache gehalten werden durfte, damit die „Irrlehre" sich nicht in der Stadt ausbreitete. Als Kirche wurde den Reformierten der Chor der Franziskanerklosterkirche eingeräumt. Den Aufbau einer neuen Lebensgrundlage erleichterte ihnen eine vorläufige Steuerbefreiung und Lieferung von Bauholz.

So waren also am Ende des Reformationszeitalters alle drei Konfessionen in Wetzlar vertreten, und zwar so, daß von den schätzungsweise 3000 Einwohnern etwa 2600 Lutheraner, 350 Reformierte und 50 Katholiken waren.

Die Reformation in den ländlichen Gebieten um Wetzlar

Auf dem Land rings um Wetzlar ist die neue Lehre vielfach früher durchgedrungen als in der Stadt. Die Unsitte der Pfründenhäufung hatte hier zu besonders schweren Mißständen geführt. Die Inhaber großer, wohldotierter Pfarrbezirke versahen meist ihre Stelle nicht selbst, sondern ließen sich durch Vikare vertreten, denen sie natürlich einen Teil ihrer Einkünfte zukommen lassen mußten. Bei meist schlechter Besoldung mußten aber auch die Vikare auf mehrere Pfründen bedacht sein und konnten sich der Seelsorge nicht so widmen, wie es erwünscht gewesen wäre. Da aber die Einkünfte meist aus Naturalien bestanden und zum Pfarrgut Felder und Wiesen gehörten, mußten die Landpfarrer wohl oder übel selbst Landwirtschaft treiben. Das machte sie einesteils vertraut mit den Sorgen und Nöten ihrer Gemeinde, verstrickte sie aber auch in Arbeiten und Denkweisen, die sich mit ihren geistlichen Aufgaben und Forderungen nicht immer vertrugen. So entwickelte sich – von den höchsten Kirchenämtern an bis hinab zum letzten Kaplan – ein unwürdiges Schachern und Feilschen um Pfründen, ein ewiges Streiten und Prozessieren um die Einkünfte, während die eigentliche Seelsorge oft nur als nebensächliche, geschäftsmäßig gehandhabte Obliegenheit erschien. Zu Predigt und Lehramt waren viele der armen Altaristen bei ihrer mangelhaften Ausbildung gar nicht in der Lage; sie konnten daher auch irrigen Auffassungen keinen Einhalt tun.

Ob also die neue Lehre stürmisch eindrang oder gehemmt wurde, das hing nur davon ab, wie die Landesherren sich zu ihr stellten. Da Landgraf Philipp von Hessen ihr eifrigster Förderer wurde und auch Graf Philipp III. von Nassau-Weilburg sich ihr bald erschloß, sind die von ihnen beherrschten Gebietsteile früh und ohne Widerstand bereit gewesen, den lutherischen Predigern zu lauschen und für ständig Pfarrer zu fordern, die ihnen das Evangelium verkündeten, wenn die derzeitigen Stelleninhaber sich nicht selbst dazu bekehrten. Das gilt also besonders für den Hüttenberg und das Land an der Lahn. Man darf sich freilich den Übergang zur neuen Lehre nicht als einen Neubeginn von einem Tag auf den anderen vorstellen. Die innere Wandlung brauchte ihre Zeit, und neue Formen für das religiöse Gemeinschaftsleben mußten erst gefunden werden. Noch gab es keine bindenden Zusammenstellungen der Lehre, noch behielt man alte Bräuche bei und suchte ihnen vertiefte Bedeutung zu geben, noch wurden z. B. alle Marien- und Apostelfeiertage weiter begangen, und die Liturgie behielt vieles Alte bei. Aber in den Mittelpunkt traten die Predigt und die Lehre. Mit Ernst und Strenge wurde gefordert, daß es nicht beim Lippenbekenntnis blieb, sondern auch das ganze Alltagsleben unter christlicher Zucht stehe. Für ältere Leute war das Umlernen und die Abkehr von langgewohnten Bräuchen besonders schwer, und so gewann besondere Bedeutung die Schule, in der das junge Volk im neuen Glauben großwerden sollte. Aber zu alledem fehlte es zunächst an Pfarrern und Lehrern und den Mitteln zu ihrer Heranbildung und ihrem Unterhalt. Hessen wie Nassau haben daher Stiftskirchen und Klöster aufgelöst und ihr Vermögen für Kirchen-, Schul- und wohltätige Zwecke verwandt. Aber noch jahrhundertelang blieben Pfarrer- und Lehrerstellen sehr verschieden dotiert, vielfach ganz unzureichend und dazu noch großenteils in Gestalt von Naturaleinkünften mit all den Mißständen, die oben angedeutet wurden.

So kann es nicht wundernehmen, wenn die Kirchenvisitationen mitunter recht unerfreuliche Zustände aufdeckten und auch hier eine Kluft zwischen Sein und Sollen offen blieb.

Auch in der Grafschaft Solms-Braunfels stellte der Landesherr der Reformation keine ernstlichen Hindernisse in den Weg. Der Wetterauer Grafenverein, dem er angehörte, hat schon früh beschlossen, „das Wort Gottes frei zu lassen". Aber Zwistigkeiten mit dem Landgrafen von Hessen bewogen den Grafen Bernhard von Solms-Braunfels, sich politisch dem Kaiser anzuschließen und katholisch zu bleiben. Im Lande aber wurde lutherisch gepredigt, und die neue Lehre fand ohne Widerstand Eingang. Johannes Zaunschliffer von Braunfels, einst Schloßkaplan des Grafen, dann Pfarrer zu Dillheim, nahm im Herbst 1529 an dem berühmten Religionsgespräch zwischen Luther und Zwingli in Marburg teil. Der Sohn des regierenden Grafen, Erbgraf Philipp, begünstigte die neue Lehre auf jede Weise und schloß sich auch dem Schmalkaldischen Bunde an. 1547 kam er zur Regierung, verfiel aber nach dem Siege Karls V. über den Schmalkaldischen Bund der Reichsacht. Sein Vetter, Graf Reinhard von Solms-Lich, der ein treuer Anhänger des Kaisers und katholisch geblieben war, erreichte zwar durch seine Fürsprache die Begnadigung des Grafen Philipp, aber der mußte sich nun notgedrungen zur Einführung des „Interims" bereitfinden. Die Pfarrer von Bonbaden, Burgsolms, Dillheim, Kraftsolms, Leun, Nauborn, Oberbiel, Oberwetz und Ulm blieben jedoch ablehnend, und es gelang dem Grafen, ihre Vertreibung zu verhindern. Auch hier brachte der Passauer Vertrag von

1552 Befreiung vom Druck der trierischen Kommissare, und Solms-Braunfels war dem Luthertum gewonnen.

Es sollte nicht dabei bleiben. Graf Philipp überließ im Jahre 1568 seinem Sohne Konrad die Regierung, und dieser neigte zum Calvinismus. Anregungen dazu hatte er schon während seines Studiums in Straßburg und dann bei einem Aufenthalt am Hofe des Kurfürsten von der Pfalz empfangen. Er heiratete dann eine Tochter des Dillenburger Grafenhauses und wurde so der Schwager Wilhelms von Oranien, des Befreiers der Niederlande. Dieser Verwandtenkreis vertrat entschieden die Lehre Calvins, und das bestärkte den Grafen Konrad in seinem Entschluß, zum reformierten Bekenntnis überzutreten. Das Land mußte seinem Fürsten beim Wechsel des Bekenntnisses folgen. Der Heidelberger Professor Caspar Olevian, der damals in Berleburg lebte, und Dr. Friedrich Wiedebram vom Dillenburger Hof machten Geistliche und Gemeinden mit der anderen Form der protestantischen Lehre bekannt, Graf Konrad stiftete an der reformierten Hochschule zu Neustadt a. d. Hardt vier Freistellen für Solmser Landeskinder, um tüchtige Pfarrer heranziehen zu lassen, und so konnte er es nach dem Tode seines Vaters wagen, am 6. Dezember 1582 eine von Olevian verfaßte reformierte Kirchendisziplin-Ordnung zu erlassen.

Nun wurde in den Kirchen alles beseitigt, was noch an die alte Zeit erinnerte. Bilder, Statuen und Kruzifixe, Kerzen und prunkvolle Geräte mußten verschwinden. Alles, was über Auge, Ohr und andere Sinne auf das Gemüt wirken konnte, galt als Ablenkung vom Wesentlichen, und so wurden aus buntschimmernden, geheimnisvollen Kirchen weißgetünchte Predigthallen. An die Stelle des Hochaltars traten einfache Kommuniontische, statt der wechselnden, kostbaren Gewänder trug der Pfarrer nur noch den schwarzen Talar.

Im Verein mit den Kirchenältesten konnte ein eifriger Pfarrer das gesamte Gemeindeleben in strenge Kirchenzucht nehmen und fand dabei eine Stütze bei den landesherrlichen Beamten. Wenigstens jedes Kirchspiel sollte seine Schule haben, freilich noch weit entfernt von dem, was wir heute darunter verstehen. Sie stand eng im Dienste der religiösen Erziehung und sollte nur das Lesen lehren, Kirchenlieder und den Katechismus auswendig lernen lassen. Und wenn noch vieles daran fehlte, selbst enggesteckte Ziele zu erreichen, dann lag das nicht nur daran, daß die Kosten schwer aufzubringen waren und weite Wege den Besuch erschwerten, sondern auch am Widerstand der Eltern, die auf die Arbeitskraft der Kinder nicht verzichten wollten. Um so eindringlicher suchten die Pfarrer den Eltern die Pflicht zu häuslicher Erziehung einzuschärfen, und in vielen Familien wurden in der Tat tägliche Bibellesungen Brauch, die auch der Kinderlehre dienen sollten.

In der Grafschaft Solms-Lich-Hohensolms war der Weg für die Reformation nicht so leicht gebahnt. Im Amte Hohensolms war zwar Hessen Mitbesitzer, aber Graf Reinhard war ein entschiedener Anhänger Karls V., und als Landgraf Philipp 1547 dessen Gefangener wurde, hat sich Graf Reinhard sehr bemüht, das hessische Mitbesitzrecht am Amte Hohensolms aufheben zu lassen. Er geriet jedoch beim Umschwung des Jahres 1552 durch Überfall selbst in hessische Gefangenschaft und mußte auf alles Errungene wieder verzichten. Immerhin war bis dahin das Vordringen der Reformation in seiner Grafschaft gehemmt. Aber unter hessischem Einfluß wurde das Versäumte rasch nachgeholt, und ein Vertrag zwischen Hessen und Solms vom Jahre 1571 zeigt mit seiner Regelung der geistlichen Angelegenheiten, daß das ganze Land lutherisch geworden war und eine Kirchenverwaltung nach hessischem Muster hatte.

Jedoch der calvinische Einfluß von Nassau-Dillenburg her, der schon in Solms-Braunfels zum Bekenntniswechsel geführt hatte, machte sich nun auch hier bemerkbar. Im Jahre 1623 trat auch Graf Philipp Reinhard zum Calvinismus über und richtete in dem ihm allein gehörenden Hohensolms eine reformierte Pfarre ein. An allen anderen Orten hat sich jedoch der Einfluß Hessens durchgesetzt, und das Land blieb also lutherisch. Wie sehr den hessischen Landgrafen das am Herzen lag, zeigte sich 1629. In diesem Jahre wurde der Gemeinbesitz aufgeteilt, so wie es unser Kärtchen zeigt. Aber zum Schutze des Luthertums behielt sich der Landgraf die Oberhoheit in geistlichen Angelegenheiten auch noch für den an Solms abgetretenen Teil vor.

Die Reformation und die Teilungen von früherem Gemeinschaftsbesitz haben gegenüber der mittelalterlichen Kirchenorganisation, wie sie unser Kärtchen des Archipresbyterats Wetzlar darstellt, zu folgenden Änderungen geführt:

Die reformierte Kirche der Grafschaft Solms-Braunfels unterstand zwei Inspektionen (Superintendenturen) zu Braunfels und Greifenstein. Braunfels-St. Georgen wurde als selbständige Pfarrei von Altenkirchen getrennt. Schwalbach kam mit Neukirchen zu Bonbaden, Kraftsolms zu Kröffelbach, Griedelbach zu Oberwetz. Ober- und Niederquembach wurden zu einer neuen Pfarrei vereinigt, nachdem O.-Quembach eine Zeitlang zu Oberwetz, N.-Quembach zu Bonbaden und Kröffelbach gehört hatte. Greifenstein wurde von Ulm gelöst und erhielt neben Elgershausen noch Edingen (1619). Dillheim behielt nur Katzenfurt und Ehringshausen, dagegen wurden selbständige Pfarreien: Kölschhausen (1600) mit Bechlingen, Breitenbach, Dreisbach und Niederlemp, 1688 auch Werdorf mit Berghausen. Niedergirmes kam zu Aßlar, und Daubhausen wurde nach der Aufnahme von Hugenotten 1685 Pfarrei mit dem neugegründeten Filialdorf Greifenthal.

Im Amte Solms-Hohensolms gab es nur eine solmsische Pfarrei, die reformierte in Hohensolms. Die lutherischen Pfarreien unterstanden dem hessischen Konvent Königsberg. Großaltenstädten wurde der Pfarrei Königsberg zugeteilt.

Der übrige Teil des heutigen Kreises gehörte, soweit er bei den Teilungen des Gemeinbesitzes hessisch wurde, zur Superintendentur Gießen, der nassauische zur Superintendentur Weilburg. Hier gab es folgende Änderungen: Allendorf gehörte 1598–1627 zu Dutenhofen. Die Pfarrei Vollnkirchen ging ein und wurde Volpertshausen zugeteilt. Hochelheim und Dornholzhausen wurden zu einer neuen Pfarrei vereinigt, Hörnsheim kam zu Lützellinden. Zum Kirchspiel Dorlar gehörte nur noch Atzbach, da Waldgirmes mit Naunheim abgetrennt und dem hessischen Konvent Königsberg unterstellt wurden. Launsbach kam zu Wißmar. Das solmsische Münchholzhausen war lutherisch geblieben, doch konnte die Pfarrei nicht erhalten werden, und der Ort wurde von Nachbarorten aus versehen, zuletzt von Dutenhofen.

So war also vom einstigen Archipresbyterat Wetzlar in unserem Kreise nichts übrig geblieben als das Wetzlarer Marienstift und das Kloster Altenberg. Ihre Patronatsrechte hatten beide behalten. So wie dem Marienstift in Wetzlar und Garbenheim blieb dem Kloster Altenberg die Wahl und Anstellung des evangelischen Pfarrers in Oberbiel, eine Zeitlang auch noch in Krofdorf und Launsbach, bis es die dortigen Patronatsrechte veräußerte.

Aber wenn nun auch das ganze Land evangelisch geworden war, so standen sich Luthertum und Calvinismus doch so schroff gegenüber, daß z. B. Heiraten unter Bekennern dieser Konfessionen nur unter größten Schwierigkeiten zustandekommen konnten. Und so ist die vielbeklagte Aufspaltung unseres Volkes und Vaterlandes nicht nur eine Folge der Kleinstaaterei und des Strebens der Fürsten nach geschlossenen Landesherrschaften. Denn wer seinen Zoll bezahlte und den Passierschein löste, der konnte Staatsgrenzen leicht überwinden, – viel schlimmer war es, wenn unduldsamer Glaubenseifer, Standesdünkel und übersteigerte Vorliebe für den eigenen engsten Lebenskreis in den Herzen und Hirnen unsichtbare, aber um so fühlbarere Schranken errichteten. Und dafür liefert leider unsere Heimat bei geschichtlicher Rückschau allzuviele Beispiele.

14. Der Dreißigjährige Krieg

Zeitgenössische Berichte

„Was den höchstverderblichen deutschen Krieg und dabey erlittenes Elend und Jammer, Feuer- und Wassers-Noth, Hunger und Kummer, Theurung, Pestilentz, Last und Prast, Angst und Noth ... belangt, so ist notorium, Land- und Reichskündig, daß diese Stadt Wetzflar ... fast allen Wettern der Trübsalen unterworfen gewesen ... auch das Ansehen gehabt, alß wann sie gantz und gar zu Grund und trümmern gehen und nimmermehr zu gedeylichem Wolstand und Auffnehmen wiederum gelangen würde."

Mit diesen Worten faßt der Wetzlarer Chronist Joh. Philipp Chelius zusammen, was er selbst erlebt hat. Im Jahre 1637 war er als Consyndikus und Stadtschreiber nach Wetzlar berufen worden. Ein Kriegserlebnis war es, das ihn zum Geschichtsschreiber gemacht hat: ein bei ihm einquartierter schwedischer General Douglas hatte von ihm Auskunft begehrt über die Geschichte der Reichsstadt und ihres Domes, aber Chelius hatte bekennen müssen, daß er wenig davon wisse. Es gab bis dahin noch keine Stadtchronik, in der man hätte nachblättern können. Die Frage des Fremden hat ihn beschämt, und so hat er denn „in hiesigem Archivo und sonsten fleißige Nachsuchung getan" und schrieb in ruhigeren Tagen seine „Kurtze Beschreibung der Stadt Wetzflar", die 1664 erstmals gedruckt wurde.

Merkwürdig - ungefähr zur selben Zeit begann im benachbarten Kloster Altenberg der Prior Petrus Dietrich mit dem Schreiben seiner vielen „Jahrbücher". Auch er wurde im Kriege zum eifrigen Geschichtsforscher und Chronisten, der uns ungemein frische und lebendige Schilderungen hinterlassen hat. Und in mancher Pfarrstube rings im Lande wiederholt sich damals das gleiche: man hat auf einmal das Bedürfnis, in den Pfarregistern nicht nur Taufe, Trauung und Todesfall nüchtern zu verzeichnen, sondern schildert auch Not und Jammer des Zeitgeschehens in bewegten Worten.

Es fehlt uns also nicht an zeitgenössischen Stimmen, die aus eigenem Erleben sprechen, und noch viele spätere Geschichtschreiber sahen ein Lieblingsthema in den Drangsalen des großen Krieges. Wir Heutigen jedoch finden in diesem Gemälde voll Blut und Rauch, Untat und Leid kaum etwas, was wir nicht ebenso schmerzlich, wenn auch in anderen Formen, am eigenen Leibe erlebt hätten, und es gelüstet uns wenig, den eigenen Sorgenpacken noch mit dem Jammer der Vorfahren zu beschweren. Überdies hat nüchterne Kritik inzwischen gelernt, Übertreibungen und allzu bequeme Verallgemeinerungen auf ihre begrenzte Gültigkeit einzuschränken, und man ist nicht mehr so leicht bereit, im Dreißigjährigen Krieg den Allesverderber und Alleserklärer für jeglichen Schaden an Gut und Seele des deutschen Volkes zu sehen. Deswegen können wir heute seine Darstellung kürzer fassen, als es früher üblich war.

In den letzten Jahrzehnten vor seinem Ausbruch waren Stadt und Land gerade wieder im Aufstieg begriffen. In Wetzlar ist wieder viel gebaut worden; einige der schönsten Fachwerkbauten - wie die „Alte Münz'" am Eisenmarkt und das Haus „Zur Sonne" (Reichsapfel) am Kornmarkt - sind damals entstanden. Auch die Eisengießerei war in Wetzlar, Aßlar, Oberndorf und Kraftsolms zu neuem Leben erwacht, und künstlerische Ofenplatten nach Mustern Philipp Soldans und Peter Sorges fanden guten Absatz.

Jedermann wußte zwar, daß sich die politischen Mächte in der katholischen Liga und der protestantischen Union bewaffnet gegenüberstanden, aber man befürchtete dennoch keinen weit um sich greifenden Krieg. Selbst als 1618 im fernen Böhmen die Wirren begannen und die böhmischen Stände statt eines Habsburgers den protestantischen Kurfürsten von der Pfalz zum König erhoben, da ahnte kaum jemand, daß deshalb das Reich in einen dreißigjährigen Krieg gezogen würde. Und dennoch bestand ein loser Zusammenhang zwischen jenen fernen Ereignissen und unserer Heimat: Graf Johann Albrecht von Solms-Braunfels war Großhofmeister des pfälzischen „Winterkönigs". Vergeblich hatte er eindringlich von der Annahme der böhmischen Krone abgeraten. Jetzt mußte er miterleben, wie die Königsherrlichkeit nur einen Winter überdauerte. In seines Herren Sturz hineingerissen, hielt er ihm dennoch die Treue und folgte ihm nach Holland ins Exil. Dort ist er 1623 gestorben, geächtet und der Herrschaft über sein Land verlustig erklärt. Alle Versuche, die Verzeihung des Kaisers und wenigstens für die Söhne des Grafen die Wiedereinsetzung in ihre Herrschaft zu erlangen, waren erfolglos.

Besatzung, Not und Krieg

Drei Jahre nach Kriegsausbruch, im Jahre 1621, begann für unsere Heimat die Leidenszeit. Denn nun besetzten Truppen des spanischen Generals Spinola zur Sicherung gegen Unternehmungen der protestantischen Union die Wetterau und die Lahngegend. Dem Lande Solms-Braunfels wurde eine hohe Kontribution auferlegt, das Schloß wurde ausgeplündert und alles Kriegsbrauchbare an Waffen und Munition weggeschleppt. Die Reichsstadt Wetzlar kam im ersten Besatzungsjahr noch leidlich davon, weil der Kommandant auf Manneszucht hielt. Jedoch von 1622 an wurden die Lasten immer drückender. Auch Truppen des Liga-Generals Tilly waren eingerückt, die Belegung wurde immer enger, und namentlich die zuchtlosen Mannschaften der Werbe- und Fouragierkommandos, die sich mit Weib und Kind einnisteten, konnten in Muße das Land aussaugen, da keine feindliche Gegenwehr sie hinderte. Die Kapitäne Tiras in Braunfels, Rietesel und von Bronckhorst in Wetzlar machten sich besonders verhaßt. Ungestört unternahmen sie von den festen Stützpunkten aus ihre Raubzüge in die weitere Umgebung.

Die Not wuchs, als der Krieg seit dem Eingreifen des Dänenkönigs Christian neu auflebte. In dessen Diensten stand als Feldhauptmann Graf Philipp Reinhard d. Ä. von Solms-Hohensolms, war jedoch zunächst nur auf dem niedersächsischen Kriegsschauplatz tätig. Als der Kaiser nunmehr ein eigenes Heer unter Wallenstein aufstellen ließ, durchzogen auch dessen Werber und Beitreibungskommandos unsere Gegend. Nun waren die alten Fernstraßen wieder belebt, aber nicht von Kaufmannszügen, sondern von Heerhaufen, die ohne Rücksicht auf Freund oder Feind womöglich noch schlimmer hausten als die ständig Einquartierten. Da vorerst Ligatruppen und Kaiserliche das Feld behaupteten, begannen im Jahre 1626 Versuche, dem katholischen Glauben wieder Eingang oder gar den Vorrang zu verschaffen. In der Grafschaft Braunfels setzten die Spanier evangelische Pfarrer ab und katholische dafür ein. Wetzlar mußte den Franziskanern ihr Kloster wiedergeben. So verlor die Stadt ihre Schule, Pfarrer- und Lehrerwohnungen und die reformierte Gemeinde ihr Gotteshaus. 1629 erließ der Kaiser das Restitutionsedikt, demzufolge alle seit 1552 eingezogenen Kirchengüter zurückgegeben werden sollten. Die Wetzlarer Stiftsherren fanden in dem Edikt also keine Handhabe, weil sie die wesentlichen Zugeständnisse an die Protestanten schon vor 1552 gemacht hatten, zwangen aber - mit Hilfe der spanischen Besatzung - die evangelische Gemeinde, das Kirchenschiff zu räumen und mit der Walpurgiskapelle vorlieb zu nehmen.

Im gleichen Jahre 1629 kam es in unserer Heimat zu den ersten kriegerischen Zusammenstößen. Damals hauste in Wetzlar eine zuchtlose Reiterkompagnie des spanischen Heeres, die täglich ihre Plünderungszüge ins Land hinaus unternahm. Sie duldete nicht, daß die Bürgerschaft Wachen und Posten versah, wie es der reichsfreien Stadt zugekommen wäre, handhabte selbst aber den Wachtdienst allzu lässig. Das sollte sich rächen. Als am 31. Juli 1629 in den frühen Morgenstunden eine Schar der spanischen Reiter lärmend von einem nächtlichen Raubzug zurückkehrte und durch das Lahnbrückentor eingelassen wurde, drangen mit ihr fünfzig Mann niederländischer Fußtruppen ein, die sich unbemerkt unter dem Brückenbogen verborgen hatten. Innerhalb einer Viertelstunde - die Bürger fanden kaum Zeit, in die Kleider zu schlüpfen - ließen die Niederländer weitere dreihundert Mann - Truppen der Soester Garnison unter dem Obersten Gent - in die Stadt ein, die sich draußen in den Gärten versteckt gehalten hatten, und überwältigten die Spanier. Die Sieger verlangten, die Stadt solle dem Prinzen von Oranien huldigen und dürfe nie wieder Spanier aufnehmen. Der Rat wies jedoch darauf hin, daß die Stadt dem Kaiser zur Treue verpflichtet sei, und konnte es erreichen, daß sich die „Befreier" mit einer ausgiebigen Speisung an Stelle der verlangten Kontribution zufrieden gaben. Nur vom Stift erpreßten sie zweihundert Reichstaler. Nachmittags rückten die Niederländer schon wieder ab und ließen sogar die Gefangenen laufen, nachdem sie ihnen ihre Habe und etwa sechzig Pferde abgenommen hatten. Sie versuchten, auch Braunfels zu überrumpeln, aber dort war man auf der Hut, und so zog sich der kühne Streiftrupp in Richtung Siegen zurück. Die Wut der Spanier tobte sich an der Stadt aus. Sie behaupteten, die Bürgerschaft habe den Feinden Vorschub geleistet, und drohten die Stadt ganz zugrunde zu richten. Mühsam gelang es mit Hilfe des Landgrafen von Hessen, dessen Schutzherrschaft nun einmal zur Geltung kam, das Schlimmste zu verhüten. Bei alledem hätten auch die Niederländer noch einmal zurückkehren und ihre Drohung wahrmachen können, sie würden die Stadt niederbrennen, wenn sie noch einmal Spanier in ihren Mauern aufnähme. Tatsächlich haben sie am 12. Oktober des gleichen Jahres Kloster Altenberg überfallen und ausgeplündert.

Dann kam mit dem Eingreifen des Schwedenkönigs Gustav Adolf eine Wendung im Kriegsgeschick. Wie schwoll die Hoffnung, als sich im November 1631 das Schwedenheer näherte! Und in der Tat wurde Wetzlar von den Spaniern kampflos geräumt. Nun konnten die Evangelischen aufatmen, während der Stiftsdechant für einige Zeit gefangen nach Friedberg abgeführt wurde. Graf Philipp Reinhard von Solms-Hohensolms, der jetzt im Schwedenheer diente, begann sofort von Wetzlar aus mit den Vorbereitungen zur Belagerung von Braunfels. Am 28./29. Februar 1632 kam es zu einem Gefecht bei der Leuner Brücke, und am 17. März kapitulierte nach heftiger Beschießung der spanische Kommandant Antonio de Rio gegen freien Abzug.

Noch im gleichen Jahr fiel Gustav Adolf in der Schlacht bei Lützen. Der Glaubensstreit zwischen Katholiken und Protestanten hatte einst den Krieg entfacht, aber mehr und mehr fanden und trennten sich die Parteien nicht mehr nach Glaubenslehren, sondern nach eigensüchtigen politischen Plänen. Kreuz und quer liefen die Fäden der hohen Politik zwischen Österreich, Spanien, Frankreich und Schweden, und den Einschlag des Gewebes bildeten die Sonderbestrebungen der deutschen Kleinfürsten. Mitten im Kriege katzbalgte sich Graf Wilhelm von Solms-Greifenstein mit dem Landgrafen von Hessen um die Erträgnisse des Deutschordenshofes in Wetzlar, brachte Hessen den Anteil des geächteten Braunfelser Grafen an Butzbach in seine Hand, stritt man um die Wetzlarer Stiftspropstei, und wohllöbliche Ratsherren der Reichsstadt sicherten sich zum Nachteil der Bürgerschaft Sondervorteile bei der Besteuerung. Wir berichten zwar von spanischen, niederländischen, schwedischen und französischen Truppen, aber das bezeichnet nur die Auftraggeber, in deren Sold keineswegs nur Menschen aus den genannten Nationen stehen. Kaiserliche Truppen sind eher Kroaten, Slovenen, Tschechen und Italiener als Deutsche, und umgekehrt dienen vielfach Deutsche unter spanischer, schwedischer oder französischer Fahne. Die eigentlichen Herren, von denen jeder seine eigene Politik des Raffens trieb, waren die Heerführer und die Soldaten bis hinunter zum letzten Troßknecht. Was bedeutete ihnen Glaubensbekenntnis, Vaterland, Recht oder Unrecht! Sie dienten dem, der sie bezahlte, und im Grunde nur sich selbst. Sie erpreßten, stahlen und plünderten, sie folterten und mordeten, - bei Freund oder Feind, wie es sich traf. Dagegen halfen keine Schutzbriefe von hohen Potentaten, die man an die Tore heften ließ, und keine Schutzwachen, die vielleicht ein leutseliger Herr Oberst bereitwillig stellte und die dann selbst am meisten einheimsten. Das Kloster Altenberg z. B.

wurde mehrmals von beiden Parteien heimgesucht ohne Unterschied der Konfession. Prior Petrus Dietrich mußte eines Tages mit den letzten Nonnen nach Wetzlar flüchten, die siebenundsechzigjährige Meisterin unter dem Gespött der Soldateska am Arme geleitend und bepackt mit einem Bündel von Habseligkeiten, das er im allgemeinen Wirrwarr den Plünderern seinerseits entwendet hatte.

Ein Ende mit Schrecken

Das Hin und Her der Parteien nach der Nördlinger Schlacht (1634) steigerte die Not unserer Heimat aufs höchste. Zu Raub, Brand und Mord gesellten sich Hungersnot und Seuchen. Wer irgend konnte, flüchtete in feste Plätze wie Greifenstein, Cleeberg, Hohensolms und Gleiberg. Monatelang bargen sich ganze Dorfgemeinschaften mit Vieh und Habe in Wäldern und versteckten Schluchten. An Feldbestellung war dann nicht zu denken. Aber es gab in den drei Jahrzehnten auch Jahre, in denen unter einer länger gleichbleibenden Besatzung das Leben wieder fast friedensmäßig wurde. Unternehmungslustige suchten und fanden dann Verdienst mit Fuhren und Lieferungen für die Armee, und sehr bald versuchten es Findige auch mit dem Tabakanbau, seitdem durch Spanier aus den amerikanischen Kolonien der Genuß des „Tabaktrinkens" bekannt geworden war und zahllose Anhänger gewann. Aber mancher verlor auch die Lust an friedlichem Erwerb, da er die Früchte seiner Arbeit allzu oft anderen überlassen mußte; dann wurde er lieber selbst Soldat - gleichgültig, für welche Sache er die Haut zu Markte tragen sollte.

Unter den wenigen kriegerischen Ereignissen in unserer Heimat erregte im Jahre 1635 der Sturm auf Braunfels weithin Aufsehen; er wird auch von Grimmelshausen in seinem Roman „Simplizius Simplizissimus" erwähnt. Das Schloß war von Kaiserlichen besetzt. In aller Stille traf Ludwig Heinrich, Graf von Nassau-Dillenburg, die Vorbereitungen zum Angriff. Bei eisiger Januarkälte gelang es ihm, mit dreihundert Mann während der Nacht unbemerkt bis an die Stadtmauer von Braunfels heranzukommen und in noch dunkler Morgenfrühe die Sturmleitern anzusetzen. Ursprünglich wollte er zunächst die starke Toranlage zwischen Stadt und Burg erstürmen und so die Besatzung trennen. Aber es gab unvorhergesehenen Aufenthalt und unerwarteten Widerstand, so daß der Graf seinen Plan ändern mußte. Kurzentschlossen ließ er die Sturmleitern nunmehr an der Schloßmauer anlegen und drang selbst als einer der ersten in den Schloßvorhof ein. Die Angriffe an verschiedenen Stellen täuschten die Besatzung über die wirkliche Stärke der Angreifer; entmutigt bot sie die Übergabe an. So kam der Sieger zu einem fast verlustlosen Erfolg; denn nur sein Reitknecht, der ihm auf der Sturmleiter unmittelbar gefolgt war, erhielt einen tödlichen Schuß. Die Braunfelser hatten jedoch wenig Anlaß, sich über ihre Befreiung zu freuen, denn die dillenburgische Besatzung hauste nicht viel anders als zuvor die kaiserliche. Graf Konrad Ludwig von Braunfels konnte nun endlich die Herrschaft über sein angestammtes Erbe antreten, aber er starb noch im gleichen Jahre an der Pest, die damals die ganze Umgebung heimsuchte. Stadt und Feste Braunfels haben noch mehrmals im ferneren Verlauf des Krieges die Besatzung gewechselt, jeweils ohne lange Belagerung und bemerkenswerte Kämpfe.

Die letzten Kriegsjahre sollten noch einmal alle Furien entfesseln. Namentlich 1643 wurde für Wetzlar ein Schreckensjahr, weil auch die Elemente Wasser und Feuer Verderben brachten. Im Januar überschwemmte Hochwasser die Stadtteile an Lahn und Dill, riß die steinerne Brücke vor der Neustadt und Teile der Stadtmauer ein und vernichtete die kargen Vorräte in den Kellern. Im September brach bei heimlichem Flachsdörren in einer Scheuer am Eselsberg Feuer aus, das bei starkem Wind in wenigen Stunden die bergseits gelegenen Häuser der Lahnstraße in Asche legte. Erstaunlich zu hören ist, daß zu Beginn des Jahres 1644 drei Bürger ins Reich hinaus gesandt wurden, um für die Wasser- und Brandgeschädigten „im Ober- und Niederlande" zu kollektieren. Man glaubte also damit rechnen zu dürfen, daß es noch immer Landstriche gab, die vom Kriege weniger gelitten hatten. Eine solche Insel im Meer des Jammers war ja bei uns z. B. der Greifenstein. Die Feste war schon vor dem Kriege durch den Grafen Wilhelm I. von Solms-Greifenstein, der sich einen Ruf als Festungsbaumeister erworben hat, nach den neuesten Bedürfnissen zu einem starken Bollwerk ausgebaut worden und hat in der Notzeit immer als sicherer Zufluchtsort dienen können. Kein Feind hat sie mit Kriegsgewalt bezwungen, nur gegen die Pest im Jahre 1635, der auch der Graf mit einigen Familienmitgliedern zum Opfer fiel, erwiesen sich ihre Wälle als machtlos. Burg Gleiberg dagegen wurde noch gegen Kriegsende vom Geschick ereilt. Erbstreitigkeiten hatten die hessischen Fürstenhäuser in Kassel und Darmstadt entzweit, beide suchten und fanden Anschluß bei den Großmächten, und so wurde unsere Heimat zum Schauplatz des „Hessenkrieges". Zweimal ließ der Kasseler Generalmajor Geiße den Versuch machen, die Burg Gleiberg im Sturm zu nehmen; beide Male wurden die Angreifer mit blutigen Köpfen zurückgewiesen. Daraufhin begann die förmliche Belagerung und Beschießung. Am 9. Juni 1646 sah sich der tapfere Kommandant Hofman aus Marburg genötigt, aus Mangel an Verpflegung und Verteidigungsmitteln die brennende Burg auf Gnade und Ungnade zu übergeben. Vor dem gewährten Abzug bat er noch, das uralte Haus der Grafen von Nassau löschen zu dürfen, aber das wurde ihm verwehrt, und die Sieger legten dazu noch Brand an die bisher vom Feuer noch nicht ergriffenen Gebäude. So wurde der mittelalterliche Teil der Burg zur Ruine; nur die Wirtschaftsgebäude am Burghof wurden zu Verwaltungszwecken wieder notdürftig instand gesetzt, bis später der Amtssitz der nassauischen Verwaltung nach Atzbach verlegt und auch dieser Burgteil seinem Schicksal überlassen wurde.

Im Hessenkrieg haben aber auch die Dörfer in weiterem Umkreise schwer gelitten, und gerade in den letzten Kriegsjahren kam es in unserer Heimat noch zu Truppenansammlungen und Durchzügen, die im ausgesogenen Lande grausame Nachlese hielten.

Endlich, im Oktober 1648, läuteten die Friedensglocken und machten den Überlebenden Mut, auf Schutt und Trümmern, verrotteten und überwucherten Feldern mit kargen Mitteln ein neues Dasein aufzubauen.

15. Fürst und Untertan

Folgen des 30-jährigen Krieges

Die Folgen des Großen Krieges wären durch Zahlenangaben über die Verluste an Menschen und den Schaden an Hab und Gut durchaus nicht vollständig gekennzeichnet, - wenn es überhaupt genügend Unterlagen gäbe, um dergleichen statistisch zu erfassen. Man darf annehmen, daß die Bevölkerungszahl auf dem Lande sich ebenso um etwa die Hälfte verringert hat wie in Wetzlar, wo sie von ungefähr 3000 Einwohnern auf etwa 1500 absank. Daß trotzdem kaum ein Dorf völlig ausging und die vielen bekannten Wüstungen im Kreise Wetzlar schon aus der Zeit um

1400 stammen, wurde bereits dargelegt. So hart es klingt, muß man es dennoch sagen: unter den obwaltenden Umständen war es eine Erleichterung, daß weniger Menschen ernährt werden mußten. Und wo ausnahmsweise einmal ein genauerer Einblick möglich ist, da kann man nur feststellen, daß der Wiederaufbau verhältnismäßig rasch gelang.

Aber in anderer Hinsicht sind die Folgen nachhaltiger gewesen: der Zwang unter den Willen des Landesherrn wurde immer unentrinnbarer, der Spielraum für persönliche Freiheit immer enger. Diese Entwicklung war zwar schon lange vor dem Großen Kriege angebahnt, hat aber unter seinem Einfluß schnellere Fortschritte gemacht. Denn es ist eine der schlimmsten Kriegsfolgen, daß der ständige Druck von Willkür und Gewalt, die Angst um Leib und Leben und die zehrende Sorge um den letzten Bissen vielen Menschen alle Würde und Selbstachtung nahm. Sie wurden einerseits bereit zur Unterwürfigkeit und Kriecherei und verlernten andererseits das Maßhalten, wenn Leistung oder Schicksalsgunst ihnen selbst ein Übergewicht über andere gab. Diese im Kriege aufgezwungene Notwendigkeit und Bereitschaft, sich fremdem Machtwillen zu fügen, machte es den Fürsten leicht, alle Mitbestimmungsrechte anderer abzustreifen und sich zum „absoluten" (wörtlich: „losgelösten") Herren zu machen. In anderen Ländern gelang dies dem König, der dann das Ganze zu einem Einheitsstaat zusammenfaßte - in Deutschland war die Ohnmacht des Kaisers durch den Westfälischen Frieden besiegelt worden; statt dessen waren die ungezählten Kleinfürsten für „souverain" erklärt worden, und dadurch wurde der Druck in den vielen kleinen Herrschaftsbezirken weit spürbarer, als er es in einem großen Lande mit weiten Entfernungen gewesen wäre. Vom Adel war nicht viel Widerstand zu erwarten; er war vielfach verarmt und mußte nach Stellen am Fürstenhof streben. Da der Landesherr über das Bekenntnis bestimmte und überdies als Patronatsherr in vielen Pfarreien den Ausschlag bei der Wahl des Pfarrers gab, wollte auch im Bereich der Kirche niemand das Wohlwollen des Fürsten verscherzen. Der Bund zwischen Thron und Altar führte allzu leicht zu einem Mißbrauch der Mahnung zum Gehorsam gegenüber der Obrigkeit, so daß auch dieser Umstand dazu beitrug, die Untertanen gefügig zu machen. Nach der Denk- und Regierungsweise des Absolutismus ist nun der Wille des Fürsten allein maßgebend, Mitbestimmung und Selbstverwaltung steht Untertanen nicht zu, Land und Leute gelten als Besitz des Fürsten.

Wir wollen nicht verkennen, daß bei zielbewußter Leitung durch einen Willen die Schäden des Krieges schon deswegen erfolgreicher beseitigt werden konnten, weil alle zum Wiederaufbau beitragen mußten und nicht die besonders schwer getroffenen Gemeinden von den günstiger davongekommenen eigensüchtig im Stich gelassen werden konnten. Es hat auch unter den heimischen Fürsten eine ganze Reihe tüchtiger Landesväter gegeben, die sich nicht vom Eigennutz leiten ließen und als „erste Diener ihres Volkes" ihr Bestes getan haben. Aber ob die Vorzüge straffer, zentraler Regierung auch wirklich zur Geltung kamen, das hing eben ganz von der Persönlichkeit des Fürsten ab und besonders davon, wie weit er sich dem schlechten Beispiel mancher Standesgenossen zu entziehen wußte. Oft wurden die Kräfte und Mittel eines kleinen Ländchens maßlos überspannt, weil der Landesherr es in prunkvoller Hofhaltung, kostspieligen Bauten und Soldatenspielerei den Großen gleichtun wollte.

Die Residenzen im Solmser Land

Diese Gefahr lag besonders nahe im Solmser Land. Denn durch Erbteilung hatte im Jahre 1602 die Braunfelser Linie zwei Grafschaften, Braunfels und Greifenstein, entstehen lassen, die erst 1693 wieder vereinigt wurden. Auch von der Licher Linie wurde 1606 eine selbständige Grafschaft Hohensolms abgetrennt, die bis 1718 bestand. Drei Residenzen also in engem Bezirk. Die kleinen Ländchen konnten selbst bei stärkster Belastung mit Abgaben unmöglich aufbringen, was eine gräfliche Hofhaltung verschlang, wenn sie „standesgemäß" und „à la mode" sein sollte. Nur der Erstgeborene konnte regierender Herr werden, aber auch die jüngeren Brüder mußten mit einem Hofmeister und entsprechender Dienerschaft eine Universität besuchen und eine Reise in fremde Länder, möglichst nach Paris, der vermeintlichen Hohen Schule für feine Lebensart, unternehmen. Die Kosten für solche Reisen, wie auch die Heiratsaussteuer für die jungen Gräfinnen, hatte das Land durch eine Sondersteuer aufzubringen. Nicht nur die jüngeren Söhne, auch die regierenden Grafen suchten an fremden Höfen und in fremden Heeren Dienste, besonders gerne bei den verwandten Oraniern in Holland, aber auch in Brandenburg, Kurpfalz oder Frankreich. Eine ganze Reihe von ihnen hat auf fernen Schlachtfeldern das Leben gelassen, so auch der berühmteste von allen: Heinrich Trajectinus („der Utrechter", 1638–93). Er kämpfte in seiner Jugend gegen die Türken, dann in holländischen Diensten gegen Frankreich, half dem Prinzen Wilhelm III. von Oranien, den englischen Königsthron zu erringen und zu bewahren, und starb 1693 den Kriegertod in der Schlacht bei Neerwinden.

Aber nur ausnahmsweise brachten Dienste und Ehrenstellen an fremden Höfen so hohe Einkünfte ein, daß davon allein der kostspielige Hofhalt hätte bestritten werden können, wie ihn die Grafen draußen in

---

Bild rechte Seite: Der Wetzlarer Dom mit romanischem Heidenturm (links), gotischem Südturm und unvollendetem Westportal.

der großen Welt kennengelernt hatten und auf den sie zu Hause nicht verzichten mochten. Alle die Hofbeamten und Diener, vom Zeremonienmeister bis zum letzten Hofbratenwender oder Lakaien, waren nicht hoch besoldet und zum Teil Leibeigene, aber sie wollten untergebracht, beköstigt und standesgemäß gekleidet sein. Ein Dienerschwarm hob den Glanz des Hauses, wenn man Feste feierte und Gäste empfing. Dazu gehörte dann auch der Marstall voll edler Pferde, die Remise mit prunkvollen Kutschen und - nicht zuletzt - eine Meute erlesener Jagdhunde. So gab es Anlaß genug, der Baulust nachzugeben, das Vorhandene zu vergrößern und zu verschönern. Die Grafen zu Braunfels hatten das Unglück, daß 1679 ihr Schloß abbrannte, gerade nachdem Heinrich Trajectin schon vieles für den Ausbau getan hatte. Auf Greifenstein dagegen galt der Bauehrgeiz nicht allein den Wohnbauten, sondern vor allem dem Ziel, beispielhaft alle Errungenschaften verfeinerter Festungsbaukunst vorzuführen, ohne Rücksicht darauf, ob sie militärisch notwendig und vor allem mit erträglichen Kosten auf die Dauer instand zu halten waren. Nur eines fehlt unter den Bauten der Solmser Grafenhäuser, was sonst zum Bilde der Hofhaltung jener Zeiten gehört: außer dem Residenzschloß noch ein Kranz von Lust-, Land- oder Jagdschlößchen mit französischen Namen wie Bellevue, Eremitage oder Sanssouci. Wie bescheiden nimmt sich demgegenüber das kleine Schlößchen in Werdorf aus, das gegen Ende des 17. Jahrhunderts als Witwensitz erbaut und dann unvermählten Töchtern des Grafenhauses als Stiftung gewidmet wurde, oder das schlichte Hofgut Magdalenenhausen, das seinen Namen von Magdalena Sophia, der Gemahlin des Grafen Wilhelm Moritz von Solms-Braunfels, trägt. Das Jagdschlößchen Dianaburg ist erst 1842/43 nach dem Vorbild eines Prager Brückenturmes erbaut worden.

Verwaltung und Gerichtswesen

Im übrigen Teil des heutigen Kreises Wetzlar hatte kein Landesherr seine Residenz; Fürst und Untertan kamen hier ein wenig in persönliche Berührung, und das äußerte sich in einer etwas selbstbewußteren und freieren Haltung der Bevölkerung. Schon daß im „Land an der Lahn" und im Hüttenberg Hessen-Darmstadt und Nassau-Weilburg gemeinschaftlich regierten und im Amt Cleeberg mindestens vier Gan-

Bild linke Seite: Oben: Das romanische Heidenportal am Dom.

Unten: Das ehemalige Praemonstratenserinnenkloster Altenberg bei Wetzlar (heute Diakonissen-Mutterhaus).

erben - schon dieses Mit- und Gegeneinanderregieren konnten sich die Bauern zunutze machen; andererseits blieb auch manches Notwendige ungetan, weil eine kräftige Lenkung fehlte. Aber Gemeinschaftsbesitz ging so sehr gegen den Grundsatz des Alleinherrschenwollens, daß schließlich 1585 und 1703 Teilungsverträge zustande kamen.

Im Jahre 1585 erhielten:

Nassau	Hessen
Wißmar, Launsbach, Kinzenbach; Niederwetz rechts des Baches, Reiskirchen, Volpertshausen, Weidenhausen.	Heuchelheim, Rodheim, Fellingshausen; Gericht Lollar und Großen-Linden.

Im Jahre 1703 erhielt Nassau die übrigen heute dem Kreise Wetzlar angehörenden Orte des Hüttenbergs, dazu Vollnkirchen und das vordem allein hessische Klein-Rechtenbach. Im Amt Cleeberg wurden 1589 die von Stolberg-Wernigerode (Erben von Eppstein) aus der Ganerbschaft ausgeschlossen, und die vier anderen Ganerben: Isenburg-Büdingen, Nassau, Westerburg und Solms teilten sich das Stolberger Drittel im Verhältnis 3:1:1:1, so daß insgesamt nun Isenburg die Hälfte und die anderen je ein Sechstel innehatten. 1642 kam die isenburgische Hälfte und 1648 das solmsische Sechstel an Hessen-Darmstadt, und 1716 kaufte Nassau das westerburgische Sechstel. Auch als nunmehr Hessen-Darmstadt zwei Drittel und Nassau-Weilburg ein Drittel der Ganerbschaft hatten, bedeutete das nur ihren Anteil an den Gesamteinkünften, denn zu einer Gebietsteilung ist es nicht gekommen. Weiperfelden gehörte zu dem ehemals münzenbergischen, dann hessischen Amt Butzbach, Espa war ritterschaftlicher Besitz der Herren von Kleen, dann von Heusenstamm-Frankenstein, wurde von diesen 1783 an Hessen-Homburg verkauft und kam 1803 an Nassau-Usingen.

Daß 1629 der Gemeinschaftsbesitz von Solms-Hohensolms und Hessen geteilt wurde, ist früher bereits erwähnt worden.

In den Grundzügen ist die Verwaltungsordnung in allen Ländchen und Landesteilen die gleiche, und auch die Regierungsabsichten und -maßnahmen stimmen so sehr überein, daß wir sie gemeinsam darstellen können. Wenn wir von allen Landesherren als von „Fürsten" sprechen, dann ist das auch insofern berechtigt, als die Grafen von Nassau-Weilburg 1737, die Grafen von Solms-Braunfels 1742 und die von Solms-Hohensolms-Lich 1792 in den Fürstenstand erhoben wurden. Im „Kabinett", d. h. dem Kreis der engsten Mitarbeiter und höchsten Beamten des Landes, liefen alle Fäden zusammen. Das Land war in Ämter eingeteilt, an deren Spitze jeweils ein Amtmann stand, unterstützt von dem Rentmeister und dem Keller für die Verwaltung der Geld- und Sacheinkünfte. Braunfels, Greifenstein und Hohensolms bildeten je ein Amt. Der hessische Anteil am heutigen Kreise Wetzlar war als Amt Königsberg dem Oberamt Gießen unterstellt, doch gehörte Krumbach zum Amte Blankenstein. Ein schmaler Landstrich zwischen Gleiberg und Kinzenbach verband diesen hessischen Teil mit Gießen, trennte damit aber das nassauische Gebiet in zwei Teile, so daß besondere Vereinbarungen über einen zollfreien „Korridor" getroffen werden mußten. Nassau hatte ursprünglich zwei Ämter: Gleiberg und Hüttenberg mit dem Amtssitz in Niederkleen; sie wurden jedoch 1734 zu dem Amt Atzbach zusammengefaßt.

Der Wetzlarer Raum

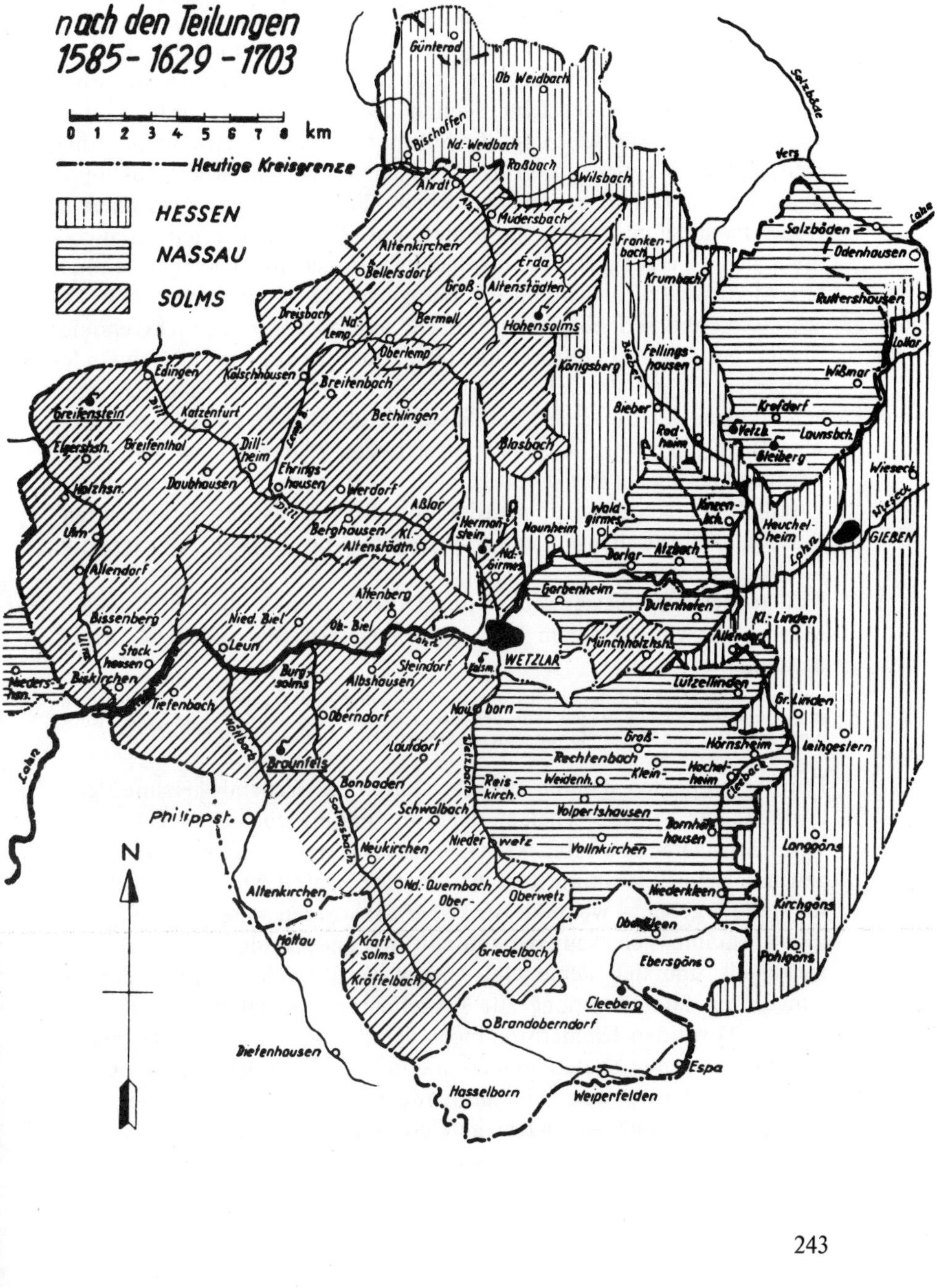

Die Amtleute waren bis um 1600 überwiegend Adlige, dann aber meist Bürgerliche mit juristischer Vorbildung. Denn im Gerichtswesen brachte die Neuzeit eine entscheidende Wendung. Die Zeiten waren dahin, in denen bäuerliche Schöffen nach ungeschriebenem Gewohnheitsrecht in mündlicher Verhandlung das Recht fanden. Im Jahre 1571 erschien ein von dem Frankfurter Syndikus Johann Fichard ausgearbeitetes Gesetzbuch unter dem Namen „Solmser Gerichtsordnung und Landrecht". Es fand weit über die Solmser Grenzen hinaus Verbreitung, weil es nach Möglichkeit an das bestehende deutsche Recht anknüpfte und nicht einfach das römische Recht übernahm, das inzwischen in Deutschland zum Vorbild geworden war. Nun konnte jedoch nichts mehr den Übergang der Rechtsprechung an gelehrte Fachleute aufhalten. Mehr und mehr wurden die Befugnisse der alten Centgerichte beschnitten, und schließlich durften sie nur noch Grundstücksveränderungen bestätigen, Feldfrevel mit Geldbußen bestrafen und Gemeindediener vereidigen. Im Jahre 1791 wurden sie in Solms-Braunfels ganz aufgehoben. An die Stelle der Schöffenkollegien traten Einzelrichter; schriftlich gingen die Auseinandersetzungen zwischen den Advokaten hin und her, bis der Paragraph gefunden war, nach dem der Richter das Urteil fällte. Gerichtssitze wurden für die solmsischen Grafschaften: Braunfels, Ehringshausen und Hohensolms, für Nassau: Atzbach und für Hessen: Gießen.

Vertreter der Staatsgewalt in den Dörfern wurden die Schultheißen, Männer aus eingesessenen Bauerngeschlechtern. Sie sollten bei Amtshandlungen

> „einen Hirschfänger mit neuem, schwarzem Leibriemen, einen beknopften feinen Handstock und Handschuhe tragen, um sich dadurch sowohl als durch einen guten Rock, niedlichen Hut und Halsbinde von anderen Untertanen zu unterscheiden".

Dem Schultheißen standen ein paar Dorfeingesessene als „Heimburger" zur Seite, die beim Abschätzen der Ernte und Erheben der Abgaben als Vertrauensleute mitwirkten. Genaue Instruktionen nahmen den Gemeinden alle Selbstverwaltung und hätten eine zentral geregelte Staatsmaschinerie ergeben – wenn sie strikt befolgt worden wären. Der Landesvater bemühte sich, seinen unmündigen Landeskindern „Raison" beizubringen, und ließ keine Gelegenheit vorübergehen, durch Verordnungen mit Strafandrohung alle Einzelheiten des täglichen Lebens zu regeln. Da wurden Kleiderordnungen verkündigt, die jedem klar machten, was für seinen Stand ziemlich und noch nicht als Hoffart anzusehen sei. Wieviel Gäste man bei Familienfeiern einladen, wieviel gegessen und getrunken und wie lange gefeiert werden durfte – dafür gab es Vorschriften, und Spinnstuben wie Kirmesbräuche standen unter einengenden Verboten.

Das geschah nicht etwa nur als Erziehung zu Sparsamkeit und Tugend, sondern diente dem Wohl des Staatsbeutels, den fleißige und haushälterische Untertanen prall zu halten hatten. Entsprechend der herrschenden Wirtschaftslehre des Merkantilismus suchten die Landesherren das Wirtschaftsleben so zu regeln, daß die Ausfuhr den Wert der Einfuhr überstieg. Also mußte durch strenge Absperrung und Zollerhebung unliebsame Einfuhr verhindert, andererseits durch Förderung der Gewerbetätigkeit möglichst aller Bedarf im Lande gedeckt werden. Ausfuhrüberschüsse konnten nur Eisenhütten, Hammerwerke und sonstige gewerbliche Betriebe bringen. Sie wurden deshalb besonders gefördert. Namentlich die Hütte in Aßlar erhielt zwei leistungsfähige Holzkohlenhochöfen, und die angeschlossene Gießerei entwickelte sich schon vor dem Großen Kriege zu einer bedeutenden Geschütz- und Kugelfabrik. Sie lieferte Kanonen aller Größen und Voll- und Hohlkugeln (die Vorläufer der Granaten) an Holland, Kurpfalz und die Nachbarfürsten und kam auch nach dem Kriege wieder in Gang. Daneben stellte sie - ebenso wie manch andere kleinere Hütte im Solmser Lande - auch Ofenplatten, große Bade- und Braukessel sowie „Groppen" und Bräter für den Haushalt her. Ihren Ruf begründete der tüchtige Geschützgießer Johann Hüttenhenn (1590-1635) aus Siegen. Immer wieder waren die Fürsten bestrebt, von auswärts Fachleute heranzuziehen. So richteten Schmiede aus Nürnberg in Aßlar und Ehringshausen Drahtziehereien ein; Stahlschmiede aus der Steiermark wurden mit ihren Familien nach Oberndorf umgesiedelt, um dort Stahlwaren wie Sensen und Sicheln herzustellen. Es war denn auch weniger Glaubenseifer als wirtschaftliche Berechnung, was den Grafen Wilhelm Moritz veranlaßte, im Jahre 1685 hugenottische Glaubensflüchtlinge aus Frankreich in Daubhausen und dem neugegründeten Greifenthal anzusiedeln. Sie stammten aus der Dauphiné und der Champagne, waren zunächst nach Belgien gezogen und hatten sich von dort aus um Aufnahme an den Grafen gewandt. Sie waren Strumpf- und Bandwirker, Leineweber und Hutmacher, besaßen etwas Vermögen und hatten Beziehungen zum Seidenhandel; von Landwirtschaft verstanden sie wenig. Der Graf siedelte kurzerhand seine Untertanen in Daubhausen um und bot den Franzosen dort eine neue Heimat. Der Freiheitsbrief vom Jahre 1722, der ihnen gewisse Erleichterungen und Vorrechte bot, betont ausdrücklich, sie sollten „Frantzosen seyn und bleyben" und ihre Sprache sauber und rein erhalten, damit die Landeskinder sie von ihnen lernen könnten! Also auch darin war an praktische Vorteile gedacht. Wenn sich auch manche französischen Familiennamen erhalten haben, so sind die Nachkommen der etwa 200 bis 250 Eingewanderten nicht nur eingedeutscht worden, sondern sind auch zur Landwirtschaft übergegangen, soweit sie nicht anderswo eine bessere Grundlage für ihr Gewerbe gesucht haben. Auch Graf Walrad von Nassau-Usingen hatte in der Neustadt seiner Residenz zur gleichen Zeit Glaubensflüchtlinge aufgenommen, versuchte aber einen Teil aufs Land zu verpflanzen und wies ihnen als Siedlungsort im Jahre 1689 Hasselborn an. Die wirtschaftlichen Bedingungen waren jedoch so schlecht, daß bis zum Jahre 1716 fast alle Hofstellen von den Flüchtlingen wieder verlassen waren und öffentlich ausgeboten werden mußten. Aber als ackerbautreibendes Dorf war der Siedlung nun einmal kein Gedeihen möglich, und erst seit ein paar Jahrzehnten hat sie als Luftkurort Freunde und regelmäßige Besucher gewonnen.

Sollte durch Förderung der Gewerbetätigkeit möglichst ein Ausfuhrüberschuß erzielt werden, dann mußte unliebsame Einfuhr unterbleiben. Damit für ausländischen Tabak kein Geld aus dem Lande ginge, sollte jeder Raucher zwei Ruten des Brachlandes mit Tabak bestellen. Dabei war das „Tabaktrinken" anfangs nur im freien Felde, keinesfalls unter den Augen höhergestellter Respektspersonen und im Hause nur unter dem Rauchfang gestattet. In Hessen sollten 1775 die öffentlichen Kaffeehäuser geschlossen werden, und den gewöhnlichen Untertanen wurde der Kaffeegenuß bei Strafe des Wegebaues oder anderer gemeinnütziger Arbeiten verboten. Nur die höheren Stände durften - gegen einen Zusatzzoll - dem Genusse frönen, auf besonderen Dispensantrag bei einem hohen Consistorio auch die Pfarrer und die ihnen unterstehenden Schulmeister. Was irgend zu erfassen war, wurde mit Verbrauchsabgaben belegt. Für Wein, Bier und Branntwein nahmen die Landesherren das Alleinvertriebsrecht (Monopol) in Anspruch, doch wurden die Wirte verpflichtet, eine bestimmte Menge dieser Getränke zu beziehen. Das Getreide durfte im allgemeinen nur in denjenigen Mühlen gemahlen werden, die den einzelnen Ortschaften zugewiesen waren (Mühlenbann). In irgendeiner Form, als Mühlenpacht oder Mahlsteuer, kam das dem herrschaftlichen Säckel zugute. Bei Viehverkäufen galt das Näherrecht, d. h. Ausfuhr wurde erst gestattet, nachdem der Bedarf des Hofes und der Inländischen gedeckt war. Kurzum, in den engen heimischen Verhältnissen wirkte sich der Merkantilismus so aus, daß der Landesherr als einziger Großunternehmer den Nutzen aus der Beschränkung der wirtschaftlichen Freiheit zog.

Bäuerliche Verhältnisse

Die bäuerliche Wirtschaftsweise blieb bis gegen Ende des 18. Jahrhunderts die althergebrachte Dreifelderwirtschaft: die Ackerflur war in drei Felder eingeteilt, die abwechselnd mit Winter- und Sommerfrucht bestellt wurden und im dritten Jahre brach lagen. Darin trat im letzten Drittel des 18. Jahrhunderts eine Änderung ein, weil für den aufkommenden Kartoffel- und Futteranbau auch dem bisher Ruhe gegönnten Brachfeld Leistungen zugemutet wurden, ohne daß durch ausreichende Düngung ein Ausgleich geschaffen wurde. Die Viehhaltung war erheblich stärker als heute, zumal landesherrliche Verordnungen einen gewissen Bestand erzwangen. Wegen der Spanndienste mußte auf 15–18 Morgen ein Pferd gehalten werden; es galt als ein Zeichen ganz außerordentlicher Not, daß seit dem Dreißigjährigen Kriege auch Ochsen und Kühe zum Ziehen verwendet werden mußten. Auch die Anzahl der Schafe, die jeder Ort zu halten hatte, war vorgeschrieben. Denn die Herrschaft bezog von den Schafherden einen Weidezins in Form von Hammeln – Hammelfleisch wurde viel mehr gegessen als heute –, und überdies war ja die Tuchindustrie von der Wollerzeugung abhängig. Aber als dann die Obrigkeit darauf drang, die Brache abzuschaffen, Futterpflanzen anzubauen und zur Stallfütterung überzugehen, mußte sie wegen der verminderten Weidemöglichkeiten durch Verordnungen die Viehhaltung einschränken. Indem man Brachfeldfrüchte vom Zehnten befreite, wollte man einen Anreiz zur Erfüllung der Regierungswünsche geben. Der Obstbau lag noch ziemlich im argen. Erst im 17. Jahrhundert wurde der Zwetschenbaum eingeführt, aber er bürgerte sich so ein, daß er dem Solmser Lande den Spottnamen „Quetscheländche" eingetragen haben soll.

Die vom Mittelalter her überkommenen Steuern, Dienste und Abgaben bestanden weiter und wurden noch erfinderisch vermehrt. Die Verarmung durch Kriegsnöte und die Zersplitterung der Bauerngüter durch das unglückselige Erbrecht führten dahin, daß nur ein paar Wohlhabendere von der Möglichkeit Gebrauch machen konnten, Naturallieferungen und Dienste in Geldzahlungen umzuwandeln. Die Überzahl mußte froh sein, wenn sie ihre Verpflichtungen mit den Händen abarbeiten konnte, zumal bei Dienstleistungen gewöhnlich Verpflegung gewährt wurde. Seit es eine bürokratische Verwaltung und zu unbedingtem Gehorsam erzogene Beamte gab, seitdem in Registern jede Forderung genau verzeichnet stand, die der Landesherr von Dingen oder Menschen als Grundherr oder Staatsoberhaupt verlangen konnte, seitdem auch im Gericht der geschriebene Paragraph entschied und nicht mehr ein Schöffenkollegium von Landsleuten, die der gleiche Schuh drückte – seitdem waren die alten Abhängigkeitsverhältnisse unausweichlich und zu einer doppelt schweren Last geworden. Es gab auch kaum eine Abwehr dagegen, daß die Landesherrschaft ihre bäuerlichen Untertanen – ohne viele Abstufungen – als einheitliche abhängige Standesschicht zu behandeln wünschte. Ziemlich willkürlich wurden Abzugspfennig und Entlassungsgelder erhöht, und die Freizügigkeit wurde damit noch stärker eingeschränkt. Wenn die Hand- und Spanndienste nicht ausnahmsweise einmal seit altersher genau festgelegt waren, dann wurden sie maßlos übersteigert. Im Greifensteinschen lehnten sich die Bauern nicht ganz ohne Erfolg gegen die willkürliche Vermehrung der Dienste auf, und auch im Hüttenberg kam es aus viel geringeren Ursachen zu Dienstverweigerungen und Prozessen gegen den Landesherrn. Da war 1734 verlangt worden, neue Gebäude sollten zur Verminderung der Brandgefahr nicht mehr aus Holz, sondern nur aus Steinen errichtet werden. Bau- wie Brennholz erhielt der Bauer jedoch aus dem Gemeindewald. Warum also die kostspielige Steinbauweise? Jahrzehntelang zogen sich die Prozesse hin, bis sich die Regierung mit der Forderung begnügte, die Gebäude müßten einen Steinsockel haben und dürften nicht mit Stroh gedeckt sein.

Zu einer drückenden Last konnte auch die Jagdleidenschaft der hohen Herren werden. Da wurden nicht nur allzuviele Dienste als Treiber verlangt, es geschah auch zu wenig, um Wildschaden zu vermeiden. Auch die Holzabfuhr und die damals noch unentbehrliche Eichel- und Bucheckernmast wurde dem Wilde zuliebe oft genug behindert. Luchse und Wölfe allerdings, die noch im 17. Jahrhundert zuweilen großen Schaden anrichteten, wurden ausgerottet, und umgatterte Tiergärten sollten allen entgegengesetzten Wünschen gerecht werden. Der Tiergarten bei Braunfels wurde 1701 erweitert, ein weiterer bei Magdalenenhausen 1717 und ein Fasanengarten bei Kölschhausen 1715 errichtet. Im Amte Königsberg unterhielt der Landgraf von Hessen noch zahlreiche Vogelherde zum Drosselfang. Eine sehr fürsorglich klingende Verordnung verlangte von jedermann die Ablieferung einer bestimmten Anzahl von Spatzenköpfen. Aus dieser Niederjagd erwuchs jedoch eine lästige Abgabe, wenn das Ablieferungssoll nicht erfüllt wurde.

Schulwesen

Das S c h u l w e s e n machte nur langsam Fortschritte. Eine nassauische Schulordnung von 1737 verlangte Unterricht von der Woche nach Michaelis an bis in die „Mayenzeit", dazu noch für die Konfirmanden und die für Haus- und Feldarbeit noch unbrauchbaren Kinder weiterhin täglich zwei Stunden bis Pfingsten. Vom beendeten 6. Lebensjahr an sollten die Kinder die Schule besuchen. Es sollte erreicht werden, daß sie Druck und Schrift lesen lernten, im Schreiben sollten sie ihren Namen „und anderes" fertigbringen und im Rechnen die Zahlen aussprechen können. Das war gewiß nur die Mindestforderung. Aber es fehlten meist die bescheidensten Voraussetzungen für einen geordneten Schulbetrieb

Außer den Pfarrorten hatten noch längst nicht alle Kirchspielorte eigene Schulen und dann meist kein Schulgebäude. In des Lehrers Stube mußte man sich behelfen. Unterrichteten in den Pfarrorten auch vielfach junge Theologen, die auf eine Pfarrstelle warteten, so gab es für die Mehrzahl der Lehrer doch keine vorgeschriebene Ausbildung. Und durchweg war die Bezahlung so kläglich, daß viele noch auf handwerklichen oder sonstigen Nebenerwerb bedacht sein mußten, auch wenn sie noch als Glöckner, Organist oder Gemeindeschreiber kleine Bezüge hatten. Entwürdigend konnte es werden, wenn der Lehrer die ihm zustehenden Sach- und Geldeinkünfte von den halsstarrigen Eltern selbst einziehen und in der Behandlung der Kinder auf die Gunst der Eltern Rücksicht nehmen mußte. Der Pfarrer war zu regelmäßigem Visitieren verpflichtet; auch dies konnte zum Ausgangspunkt erbitterter Zänkereien und Dorfparteiungen werden.

In der Pfarrerbesoldung führte Fürst Karl August von Nassau-Weilburg im Jahre 1742 eine Neuerung ein. Er vereinigte das Pfarrgut der unter seinem Patronat stehenden Pfarreien im Amte Atzbach mit dem Vermögen des ehemaligen St.-Walpurgis-Stiftes in Weilburg und ließ den Pfarrern aus diesem Fonds gleiches Gehalt und gleiche Naturallieferungen zukommen. Der Unterschied zwischen gut und schlecht dotierten Pfarrern und die Eigenbewirtschaftung hörten also auf. Zweifellos ein Fortschritt, wenn er auch von den wenigen, nun schlechter gestellten Pfarrern verurteilt wurde. Aus dem St.-Walpurgis-Fonds besoldet wurden die Pfarrer von Dutenhofen, Hochelheim, Kleinrechtenbach, Lützellinden, Odenhausen, Reiskirchen, Volpertshausen und Wißmar. Als 1816 das Amt Atzbach von Nassau an Preußen abgetreten wurde, hat man den zugehörigen Teil des Stiftsfonds unter dem Namen „Geistliches Stift Atzbach" weiterbestehen lassen. Die Verwendung des Namens „Stift" und die Bezeichnung „Stiftspfarren" haben zu irrigen Vorstellungen geführt; deshalb sei betont: die genannten Pfarren haben nie unter dem Patronat des alten St.-Walpurgis-Stiftes gestanden, und in Atzbach hat es nie ein altes Stift gegeben.

Hexenprozesse

Im Kampf gegen den Aberglauben wurden die Grenzen zwischen rechtem und irrigem Glauben vielfach anders gezogen als heute. Gegen das Wetterläuten zum Vertreiben von Gewittern, gegen Wahrsagen, Besprechen und Bannen schritt man ein, aber der Teufel und seine Diener, die Hexen und Zauberer, waren leibhaftige, anerkannte Persönlichkeiten. So brachte das 17. Jahrhundert eine Hochflut des Hexenwahns und der Hexenverfolgungen. Richter, Zeugen und – Angeklagte waren ehrlich davon überzeugt, daß in Walpurgis-, Johannis- und Michaelisnächten der Gottseibeiuns in schwarzer, von Böcken gezogener Kutsche zum Tanzplatz auf der Kölschhäuser Koppe gezogen kam, um sich dort mit den auf Besen und Böcken anreitenden Hexen und Zauberern zu vergnügen. Die Folter erpreßte das Geständnis von frevelhaftem Umgang mit dem Teufel, Behexung des Viehs, Herbeischwören von Krankheit und Unwetter und bösem Unsegen, der die Frucht auf den Feldern vernichtete. Im Jahre 1643 zog das Greifensteiner Hofgericht mehrere Personen gefänglich ein, die der Hexerei verdächtigt waren. Ihre erfolterten Geständnisse führten zu weiteren Verhaftungen, und schließlich richtete sich die Anklage auch gegen die zweite Frau des Hofpredigers, die in erster Ehe mit einem Sekretär des Grafen verheiratet gewesen war. Zunächst wies sie alle Verdächtigungen entrüstet zurück. Da wandte Meister Johannes, der Scharfrichter, sein Werkzeug an, und unter den Qualen der Strecke und der Beinschrauben gestand Anna Emmelius alle Geheimnisse des teuflischen Hofstaates, in dem sie selbst Großhofmeisterin und des Teufels Buhlin gewesen war. Eine Kuh wollte sie zu Tode gehext, der Gräfin einen bösen Trank gegeben, ihren eigenen Sohn und den Junggrafen vergiftet haben. Das Urteil lautete: sie solle zuvörderst mit glühenden Zangen gepetzt, hernach lebendig mit Feuer verbrannt werden. Der Graf wollte um seines Hofpredigers willen ein Letztes versuchen und ließ die Akten an die juristische Fakultät der Universität Mainz senden. Doch auch deren Gutachten erklärte die Ärmste für schuldig, und der Graf konnte nur noch die Todesart in Enthauptung umwandeln.

Erst im 18. Jahrhundert erzwang die geistige Strömung spürbare Wirkungen auch im Alltagsleben, die man als Aufklärung bezeichnet und die sich zum Ziel setzte, alles Überlieferte und ungeprüft durch die Jahrhunderte hin als unantastbar Angesehene vor den Richterstuhl der kühlen Vernunft zu ziehen. Da erwachte auch im Staatswesen zuweilen ein Reformeifer, der keineswegs von kühler Vernunft gezügelt war. Ihm huldigte z. B. Fürst Wilhelm Christian Carl von Solms-Braunfels (1783 bis 1837). Er setzte sich besonders für landwirtschaftliche Verbesserungen ein, verfügte eine starke Verminderung des Wildes überhaupt und die Ausrottung des Schwarzwildes, um den Klagen wegen Wildschadens abzuhelfen. Im Justizwesen führte er Vereinfachungen des Geschäftsganges durch und schränkte die Notwendigkeit, Advokaten zu Hilfe zu nehmen, auf Ausnahmefälle ein. Ja, er bereitete sogar ein Gesetz zur Aufhebung der Leibeigenschaft und Ablösung der bäuerlichen Lasten vor, wurde aber durch die von seinen Oheimen erzwungene Mitherrschaft allzu sehr gehemmt. Gerade er mußte noch erleben, wie die napoleonische Zeit der absoluten Fürstenvollmacht ein Ende bereitete.

16. Wetzlar im 17. und 18. Jahrhundert

Von den Schäden und Nachwirkungen des Großen Krieges hat sich Wetzlar verhältnismäßig rasch erholt. Die Einwohnerzahl der Vorkriegszeit war nach etwa vierzig Jahren wieder erreicht, Handel und Gewerbe lebten auf, und die große Schuldenlast konnte dank „deß Magistrats sonderbarer providentz und Sorgfalt, auch vermittelst des vielen gepflantzeten Tabacs" etwas verringert werden. Auch der Altenberger Prior singt dem Tabakanbau ein Loblied und erklärt: „In dem äußersten Verderben vndt Kriegh hatt vns der Tuback bei Ehren, Glaub vndt Continuation (Bestand) erhalten; das gantze Jahr durch wurde vns auff vnßern Tuback geborget."

Aber die Voraussetzungen für die hohe wirtschaftliche Blüte, wie sie die Stadt im Mittelalter erreicht hatte, waren unwiederbringlich dahin. Der klaffende Widerspruch zwischen Schein und Sein, zwischen großspuriger Reichsstadtherrlichkeit und der tatsächlichen Bedrängnis eines Ackerbaustädtchens ohne gesichertes Absatzgebiet, aber auch ohne genügend große Ackerflur - dieses Zwitterwesen ist nun einmal kennzeichnend für die letzten Jahrhunderte der Reichsstadt Wetzlar, die sich gerade jetzt „freie" Reichsstadt nannte, wo sie es am wenigsten war. Und doch spiegelt sich hier im kleinen nur das große Vorbild ab:

„Und das römische Reich - daß Gott erbarm
- sollte jetzt heißen römisch Arm!"

Dieser Wortwitz des Kapuziners in „Wallensteins Lager" trifft tatsächlich den Kern. Das Deutsche Reich ist - verglichen mit den Nachbarländern - ausgeblutet und bitter arm. Ob der ewige innere Hader Folge oder Ursache dieser Not ist - darüber mag man streiten, aber daß sich die Spannung zwischen Schein und Sein, zwischen Anspruch nach außen und innerer Berechtigung in ständigem Hader entlädt - dafür gibt die Geschichte Wetzlars - und aller vergleichbarer Reichsstädte jener Zeit! - ein unerfreuliches Beispiel.

Innerer Zwist

Nach der Stadtverfassung stand theoretisch jedem Bürger der Aufstieg in den Kreis der Regierenden offen. Aber noch immer war ein neugewählter Ratsherr verpflichtet, entweder zu mehreren Mahlzeiten einzuladen oder statt dessen jedem Amtsgenossen einen Geldbetrag zu entrichten. Man schätzte die Unkosten auf 500 bis 1000 Gulden, ging aber doch von dem alten Brauch nicht ab, weil ein Ratsherr vermögend genug sein sollte, damit er in seinen Entscheidungen unabhängig bliebe. Selbst als man ein jährliches Honorar von 50 Gulden festsetzte und in den Schmausereien auf Stadtkosten sparsamer wurde, konnte nur der das arbeitsreiche Amt ausfüllen, dem seine Vermögensumstände die Opfer an Zeit und Mühe erlaubten. Denn es gab tatsächlich viel zu tun, weil ja der Rat einer Reichsstadt eine Landesregierung mit all ihren Zweigen darstellte, mit Außenpolitik, Heerwesen, Wirtschaftsregelung, Kirchenregiment und namentlich drei Instanzen der Gerichtsbarkeit. Man konnte sich auch nicht entschließen, wichtige ständige Aufgaben etwa besoldeten Beamten anzuvertrauen. Statt dessen bestimmte der Rat aus seinen Reihen jährlich wechselnd Deputierte für die Sonderaufgaben und nahm es in Kauf, daß es um deren Fähigkeit und Sachkenntnis häufig schlecht bestellt war. Im Mittelalter war die Verwaltungstechnik der Städte ein Vorbild für die Landesregierungen gewesen – jetzt hätte eine Stadt sich besser eine Staatskanzlei zum Muster genommen.

Aber nicht solche Mißstände waren es, die den Unwillen der Bürgerschaft immer wieder bis zur offenen Empörung aufstachelten. Es war noch nicht einmal der Wunsch, andere als den üblichen kleinen Kreis von Familien in der Regierung zu sehen. Im Gegenteil: der Rat mußte geradezu versprechen, er wolle bei der Zuwahl auf „alte, feine Geschlechter" sehen.

Das sind jetzt nicht mehr die alten Patriziergeschlechter des Mittelalters, sondern überwiegend Handwerkerfamilien. Da alljährlich die Würden des 1. und 2. Bürgermeisters dem jeweils Dienstältesten unter den Schöffen und den Ratsherren übertragen wurden, so daß fast jeder – wenn er nicht gerade aus triftigen Gründen ablehnte – einmal, meistens sogar vielemal Bürgermeister wurde, gibt die Bürgermeisterliste ein ziemlich getreues Bild davon, welche Familien am häufigsten genannt werden und also am längsten Sitze im Rat gehabt haben. Die folgende Aufstellung über das 17. und 18. Jahrhundert nennt nur die Familiennamen, die sechsmal und öfter vorkommen, ohne zu unterscheiden, auf wie viele Personen oder Generationen sich die Erwähnungen verteilen, weil es ja hier nur wichtig ist, dadurch zu kennzeichnen, daß die Familie längere Zeit Einfluß im Rat hatte. In Klammern ist die Zahl der Amtsjahre als Bürgermeister beigefügt.
Beilstein (8), Bepler (14), Büßer (24), Debus (6), Goeth (11), Hert (6), Kraft (9), Kupferschmidt (7), Luy (6), Münch (7), Nickel (9), Pausch (7), Ritter (6), Schuler (15), Schurge (11), Seeberger (6), Verdrieß (10), Waldschmidt (18), Winkler (7).
Diese kleine Auslese von Familien stellt also fast die Hälfte der in 200 Jahren theoretisch benötigten 400 Bürgermeister.

Die Beschwerden der Bürger enthalten immer wieder die Klage, sie würden wie Leibeigene behandelt, man verweigere ihnen den Einblick in die Regierungsgeschäfte, Hoffart und Hochmut der Regierenden seien unerträglich. Also auch hier Absolutismus! Aber die Verbitterung in der Bürgerschaft ist deshalb leidenschaftlicher, weil nicht ein hochgeborener Fürst von Gottes Gnaden über ihnen thront, sondern Gevatter Schuster und Handschuhmacher, den sie eben aus ihrer Mitte zum Ratsherrn erkoren haben, vergißt allsogleich seine Herkunft und läßt sie die Macht spüren, die ihm sein Amt verleiht. Es bestand eben gefühlsmäßig kein Abstand zwischen Regierenden und Regierten. Autorität wäre nur durch höhere Fähigkeiten und Leistungen zu begründen gewesen, – aber dergleichen anzuerkennen, fiel schwer. Zunächst einmal glaubten die meisten, es besser zu wissen und besser zu können als der stolze Rat. So hat man den Versuch gemacht, in die Verfassung Sicherungen und Überwachungseinrichtungen aller Art einzubauen. Da gab es den Bürgerausschuß der „Neuner", deren Zahl auf „Elfer" und

„Zwölfer" vermehrt wurde, und zur Überwachung der Steuerabrechnungen noch die „bürgerschaftlichen Deputierten", deren Zahl von 4 auf 24 anstieg. Schwerfälliger wurde dadurch zwar die Verwaltung, aber nicht völlig gefeit vor Übelständen.

Zweimal kam es zu tätlichem Aufruhr, bei dem die Anführer das Rathaus besetzten und die Stadtschlüssel an sich nahmen, zweimal wurde der Reichshofrat angerufen, und kaiserliche Kommissare mußten nach langen Untersuchungen Frieden stiften. So entstanden als Verfassungsurkunden die Kommissionsvergleiche von 1614 und 1712, die jeweils für etwa ein Jahrhundert Gültigkeit erlangten. Aber in der Zwischenzeit reißen die Beschwerden nicht ab, und man ist schnell bei der Hand, es zum Prozeß kommen zu lassen. Zwölfer und bürgerschaftliche Deputierte besoldeten ständig einen eigenen juristischen Syndikus. Wenn man sich in die vielen Streitschriften und Prozeßakten dieses ewigen Zwistes zwischen Rat und Bürgerschaft vertieft, die ganze Regale im Stadtarchiv füllen, dann fällt es heute schwer, über Recht oder Unrecht ein sicheres Urteil zu gewinnen. Da werden gegen den Rat die schwersten Beschuldigungen - wie Unterschlagung, Bestechlichkeit, selbstsüchtige Amtshandhabung und parteiische Rechtsprechung - erhoben, daneben finden sich aber auch Klatsch und kleinliche Nörgelei, die unbedeutende Vorkommnisse zu staatserschütternden Aktionen aufbauschen. Tatsächlich ist der Rat - wie es in den kleinen Verhältnissen kaum anders sein kann - vielfach untereinander versippt oder durch gleichen Beruf verbunden, so daß z. B. 1729 unter den 12 Schöffen 4 Bäcker waren, unter den 8 Ratsherren weitere 2 Bäcker, und daß 19 von den 20 Regierenden miteinander versippt und verschwägert waren. Offensichtlich ist auch, daß sich der Rat kaltblütig über die schriftlich festgelegten Verfassungsgrundsätze und in Prozessen ihm abgenötigten Versprechungen hinwegsetzte und sich nach bewährter Verschleppungspolitik ungerührt immer wieder mahnen ließ, ohne in wesentlichen Dingen nachzugeben. Die Finanzverwaltung war und blieb undurchsichtig, offenbar unredliche Handlungen von Ratsmitgliedern wurden gedeckt oder doch vertuscht. Sehr übel stand es auch um die Handhabung der Gerichtsbarkeit. In unterster Instanz wirkte einer der beiden Bürgermeister zusammen mit dem Ratsconsulenten (dem Fachjuristen) als Schiedsrichter; schwierigere Entscheidungen wurden dem Gesamtrat vorgelegt, für gewöhnlich zu den Dienstagssitzungen, gegen besondere Bezahlung aber auch an einem „gekauften" Ratstag. Die oberste Instanz stellte das Schöffengericht dar. Da dort aber der hessische Untervogt den Vorsitz und der Propsteischultheiß in Zivilsachen den Mitvorsitz hatte, legte der Rat Wert darauf, möglichst vieles schon im Ratsgericht zu erledigen. Wenn besonders Auswärtige oft über unerträglich schleppenden Rechtsgang oder gar Rechtsverweigerung klagten und Einheimische über Parteilichkeit zugunsten der Regierenden und ihrer Freunde, so lagen solche Mißstände nahe. Der Appell vom Ratsgericht an das Schöffengericht war schon deswegen wenig aussichtsreich, weil in beiden Instanzen zum Teil dieselben Richter urteilten. Es war so, wie ein Untervogt es einmal drastisch ausdrückte: die Schöffen brauchten nur von der Ratsbank auf die Schöffenbank zu rutschen, um eine höhere Instanz darzustellen.

Selbst wenn ein Urteil gefällt war, blieb es oft der Willkür überlassen, wie und ob es vollzogen wurde. Sollte etwa bei „Freunden" gepfändet werden, dann galt schon ein wertloses Stück als ausreichend, während man anderen das Lebensnotwendige wegholte. Mancherlei Rücksichtnahmen lähmten das unparteiische Durchgreifen, und lieber überließ man einen Verbrecher den Soldatenwerbern, ehe man dem Vogt die Befugnis gegönnt hätte, an der Hinrichtung teilzunehmen.

Das Zunftwesen

Das gesamte Wirtschaftsleben wurde nach der gültigen Lehre des Merkantilsystems beaufsichtigt und gelenkt. War der Zuzug gewisser Gewerbetreibender erwünscht, dann erließ man ihnen das Bürgergeld, lieferte Bauholz und gab ihnen sogar ein Darlehen. Zu anderen Zeiten verhängte man geradezu eine Sperre. So wurde z. B. 1755 die Aufnahme von verheirateten oder auch nur verlobten Neubürgern verboten. Ledige mußten ein Vermögen von dreihundert Gulden nachweisen und sich verpflichten, eine Bürgerin zu heiraten, ja sogar die Auserwählte vor der Aufnahme mit Namen nennen. Die Zünfte dienten dem Rat als Helfer bei der Überwachung des Gewerbelebens. Ihre Zahl wurde so vermehrt, daß fast alle Handwerker ihrem Zwang unterworfen waren. Zu den alten Hauptzünften - Wollenweber, Bäcker, Metzger, Schmiede, Schneider, Schuster und Leinenweber - traten die Zünfte der Holz- und Steinarbeiter, Sockenstricker, Knopfmacher, Perückenmacher, Buchbinder, ferner die Gilde der Krämer sowie das Collegium der Barbiere und Chirurgen. Andere hier nicht aufgezählte Handwerke hielten sich zu einer der vom Rat genehmigten Zünfte, so daß z. B. Glaser, Sattler und Uhrmacher der Schmiedezunft angehörten. Mitunter wurde heftig darum gestritten, welche von den später entstandenen Zünften außer den alten Hauptzünften Anspruch auf einen Vertreter unter den Zwölfern erheben durfte. Noch immer lebte die alte Auffassung fort, daß ein Handwerk nicht nur zum eigenen Nutzen ausgeübt werden solle, sondern den Bedarf der Mitbürger - im Dienste der Allgemeinheit - zu decken habe. Deshalb konnte der Rat auf die Zünfte mit Recht einwirken, aber seitdem er sich selbst überwiegend nur noch aus Handwerkern zusammensetzte, fehlte die strenge Aufsicht von einst, und Begünstigungen kamen vor, die mit dem Gemeinwohl nicht verträglich waren. Sehr erbost war man auf alle, die als „Störer" oder „Stümper" versuchten, außerhalb der Zunft ihr Handwerk auszuüben oder in das Tätigkeitsgebiet einer anderen Zunft überzugreifen. Denn das Alleinherstellungsrecht (Monopol) war die stärkste Waffe der Zünfte. Durch die Zunftartikel war der Werdegang und das Verhalten eines Handwerkers genau vorgeschrieben. Drei Jahre dauerte die Lehrzeit und kostete zehn Gulden. Dann hielten Beauftragte der Zunft, die Sechsmänner, eine Prüfung ab und „sprachen" den Lehrling „los". Aber ehe der Anfänger als Geselle anerkannt wurde, mußte er zwei bis drei Jahre auf Wanderschaft gehen, um sich durch die Erfahrungen in der Fremde fortzubilden. Für den Gesellen galten wieder besondere Artikel. Wollte er in Arbeit treten, so ließ er sich bei der Zunftlade eintragen und mußte nun bei dem Meister eintreten, dem er zugewiesen war. Jeder Meister sollte die nötigen Arbeitskräfte bekommen; deshalb übernahm die Zunft die Verteilung und verbot es fremden Wanderburschen, auf eigene Faust um Arbeit anzusprechen. Für das Verhalten in der Werkstatt, beim Ausgang, bei ernster oder fröhlicher Tagung auf der Zunftstube - für alles und jedes vom Willkomm bis zum Abschied gab es durch alten Brauch geheiligte Regeln und Formen. Wer dagegen verstieß, wurde „gebußt", aber die eingegangenen Bußen wurden gemeinsam vertrunken. Schwerer waren die Strafen bei Arbeitsversäumnis; das konnte einen ganzen Wochenlohn kosten. Wer die vorher abgemachte Dienstzeit eigenmächtig kürzte und gar die Stelle zu Zeiten verließ, in denen es erfahrungsgemäß am meisten Arbeit gab, der erhielt kein Zeugnis und durfte sich am Ort nicht mehr sehen lassen. Ohne Gesellenbrief war aber schlecht anzukommen; man lief Gefahr, als Vagabund ins Stockhaus gesteckt oder den Werbern ausgeliefert zu werden. Wollte der Geselle seßhaft werden, dann mußte er zusehen, wo er Meister und Bürger werden konnte. Die meisten Zünfte waren „geschlossen" und nahmen nur eine beschränkte Zahl von Meistern an. Zugunsten der alteingesessenen Familien wurde nur eine geringe Aufnahmegebühr von den Meistersöhnen verlangt, begünstigt wurde auch, wer eines Meisters Witwe oder Tochter heiratete. Wollte man aber einen Fremden fernhalten, dann forderte man hohe Gebühren für eine Meisterprüfung oder verlangte die Anfertigung eines unerschwinglich teuren und dazu unverkäuflichen Meisterstücks. Wenn aber die Zunft ihr Monopol mißbrauchte und nicht selbst auf gute und preiswerte Ware achtete, dann setzte der Rat ihre Artikel außer Kraft und sorgte für Zuzug von auswärts, der den Einheimischen Konkurrenz machte. Für gewöhnlich waren dem Wettbewerb sehr enge Grenzen gezogen. Kein Meister durfte Kunden „freien" oder Reklame machen wie die verachteten „Marktschreier". Verbesserungen und höhere Leistungen erregten leicht die Mißgunst der anderen, und bei aller Achtung vor Gediegenheit und Ehrbarkeit des zünftigen Handwerks darf man nicht verschweigen, daß es mitunter allzu starr am Alten und Veralteten festhielt und den Unternehmungsgeist in Fesseln schlug.

Wenn auch der Rat noch vieles der Selbstverwaltung der Zünfte überließ, so hätte er sie doch gerne zu willfährigen Werkzeugen gemacht, die ihre Mitglieder in Gehorsam gegenüber der Obrigkeit zu halten gehabt hätten. Aber das ist nie gelungen. Zwar verabscheute ein arbeitsamer Meister das Politisieren und Ränkeschmieden, lehnte wohl auch ein Amt im Stadtdienst ab, weil er es mit seiner Berufsarbeit nicht vereinbaren konnte, aber gerade er achtete auch auf tüchtige und saubere Arbeit der Stadtverwaltung. So waren zwar die Wortführer im Bürgerstreit mitunter nicht von der biederen, bedächtigen Art, wie sie ihre eigenen Genossen als vorbildlich schätzten, aber man leistete ihnen doch Gefolgschaft, wenn es gegen die absolutistischen Gelüste des Rates ging, und namentlich gegen dessen gelehrte Mithelfer, den Consulenten und Consyndicus. Die galten in der Bürgerschaft als die bösen Geister, von denen der Magistrat zu Hoffart und Mißachtung verführt würde.

Die Regierenden hatten jedoch mit Gesetzgebung, Gericht und Vollzugsgewalt alle Macht in Händen und waren zugleich eine Auslese der Vermögenden! Wenn also ein Handwerksmann den Kampf mit der Obrigkeit aufnahm, dann erforderte das viel Freiheitssinn und Überzeugungstreue. Den festen Rückhalt suchte und fand er in seiner Zunft. Sie war für ihn - nach der Familie - der nächste Lebenskreis, an dem er mit Leib und Seele hing, und er durfte sich darauf verlassen: diese Genossenschaft vergalt ihm seine Treue durch Hilfe und Fürsorge über das Grab hinaus.

Wetzlars Kampf um die Reichsfreiheit

Unzweifelhaft haben die inneren Streitigkeiten dem wirtschaftlichen Gedeihen der Stadt schweren Abbruch getan; man braucht nur daran zu denken, daß allein für den Vergleich von 1614 die Prozeßkosten 15000 Gulden betrugen; das war damals das Dreifache des jährlichen Ertrags an indirekter Steuer. Aber noch verderblicher wirkte die Zwietracht, weil sie den Landgrafen von Hessen-Darmstadt die Handhabe bot, sich in die Angelegenheiten der Stadt einzumischen. Sie beriefen sich dann auf ihre Pflicht als Schutzherren und boten das seltsame Beispiel, wie ein absoluter Fürst den städtischen Rebellen gegen den Absolutismus

---

Bild rechte Seite: Lottehaus.

LOTTEHAUS U.
STADT. MUSEUM

des Rates zu helfen vorgab. Da wagte der Rat das bittere Wort, die Stadt habe vor keinem mehr Schutz nötig als vor ihrem Schutzherrn. - In diesem Vorwurf steckt die Wahrheit, daß Hessen aus seinen oft erwähnten Rechten über Wetzlar volle Landeshoheit und aus der Reichsstadt damit eine hessische Landstadt machen wollte. Im Mittelalter hätte man in offener Fehde eine Entscheidung gesucht - jetzt, im 17. und 18. Jahrhundert, führen Juristen den Federkrieg und verteilt man bei den Reichsständen gedruckte Schriften und Gegenschriften, aber - zweimal, 1613 und 1763, dringen doch noch hessische Truppen gewaltsam in die Stadt und machen ihr fühlbar deutlich, wie ohnmächtig sie wäre, wenn es zum letzten Mittel der Politik käme. In der Hand der Landgrafen waren Reichsvogtei, Pfandschaft und Schutzrecht über Wetzlar vereinigt. Die hessischen Juristen folgerten daraus: Alle wesentlichen Rechte der Landeshoheit sind also vom Reich an die Landgrafen übertragen. Mit ähnlichen Rechten hatten die Herren von Hanau die einstige Reichsstadt Gelnhausen ihrem Lande einverleibt. Dem gegenüber berief sich Wetzlar darauf, die Vogtei gebe Hessen nur das Recht, einen Untervogt als Vorsitzenden im Schöffengericht zu ernennen, die Verpfändung widerspreche an sich alten Privilegien, nach denen die Stadt nicht verpfändet werden dürfe, bedeute aber auch kein volles Besitzrecht, weil die Lösbarkeit des Pfandes ausbedungen und das Pfand nicht verfallen sei, und auch das Schutzrecht könne jederzeit widerrufen werden. Vor allem aber habe die Stadt nach wie vor Sitz und Stimme auf dem Reichstag zu Regensburg und im Oberrheinischen Kreis, werde wie jeder unmittelbare Reichsstand zu den Reichsabgaben herangezogen und huldige bei jedem Thronwechsel dem Kaiser als ihrem einzigen Herrn.

Altes verbrieftes Recht stand also wieder einmal im Widerspruch zur Entwicklung der rauhen Wirklichkeit. Und da auch das höchste Reichsgericht nicht neues Recht setzen konnte, lief der endlose Federkrieg der Juristen nur auf spitzfindige Ausdeutungen hinaus, die keine verbindliche Kraft erlangen konnten. Ein Verzicht des Kaisers war nicht zu erwarten, einem Machtwort des Kaisers gegen den Landgrafen fehlte - die Macht; so blieb also alles in der Schwebe. Wir dürfen nicht nach heutiger Denkweise danach fragen, was dabei für das Reich oder Hessen oder die Stadt an greifbaren Werten und Vorteilen auf dem Spiele stand! Was die Prozesse, die Streitschriften und die Ausgaben für Demonstrationen aller Art an Kosten verschlungen haben, das ging weit über jeden möglichen Gewinn hinaus. Bei nüchterner Betrachtung mag es uns heute lächerlich erscheinen, daß man etwa darum stritt, ob der Vogt die Schöffen oder die Schöffen den Vogt zur Gerichtssitzung einzuladen hatten, deren Ter-

Bild linke Seite: Treppenaufgang im Palais Papius.

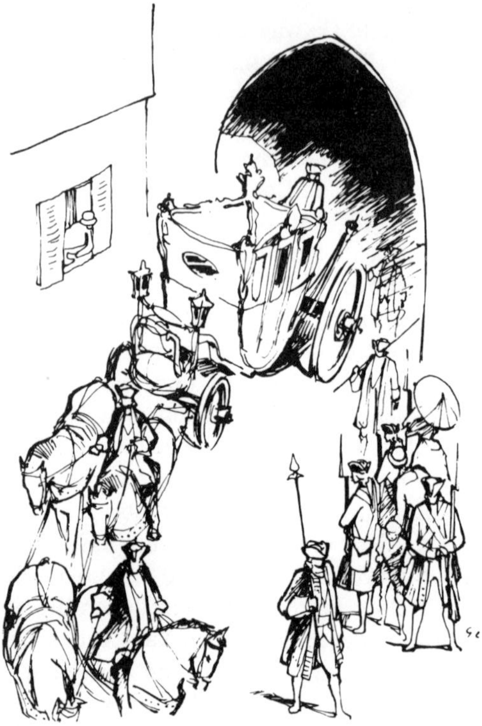

min sowieso bekannt war. Wir können kaum begreifen, warum sich Bürgerwehr und hessische Soldaten blutig prügelten oder eine Art Wettrennen veranstalteten, um die ersten zu sein, die einem durch die Stadt ziehenden Leichenkondukt einer fremden Fürstlichkeit das Ehrengeleit geben durften. Alle diese gering erscheinenden Förmlichkeiten und viel umstrittenen zeremonialen Gebräuche galten als Ausdruck für ein bestehendes Rechtsverhältnis. Gab man dem Gegner durch achtloses Gewährenlassen die Möglichkeit, daß er behaupten konnte, er habe unangefochten zum Gericht geboten oder Geleit gegeben, dann wurde von den Juristen daraus ein „Praecedenzfall" gemacht und aus dem geübten Brauch auf ein bestehendes Recht geschlossen. So kam es, daß selbst der einfache Mann auf Förmlichkeiten zu achten und sie auszudeuten verstand. Jede Begrüßung, Titulatur und Redewendung, Art und Schmuck in Frisur und Kleidung, die Zahl der Pferde vor dem Wagen, die Livree der Diener, Wappen und Fahnen, Dauer des Glockengeläutes und Krach der Böllerschüsse - das alles war nicht nur ein Schmaus für Auge und Ohr, sondern enthielt symbolisch Rechtsbedeutung und wurde zu einer Wissenschaft der Zeremonien, die keiner ungestraft hätte verachten dürfen.

Kaiserhuldigungen und „Schutzerneuerungen"

Aus diesen Gründen ließ es die Stadt sich angelegen sein, aus der Kaiserhuldigung eine Schaustellung ihrer Reichsunmittelbarkeit zu machen. In alten Zeiten hatten Kaiser und Könige beim Umritt durchs Reich noch selbst den Treueid entgegengenommen, und viele von ihnen hatte die Stadt in ihren Mauern gesehen, so Heinrich VII. 1228, Friedrich II. 1236, Wilhelm v. Holland 1255, Rudolf von Habsburg 1285, Adolf v. Nassau 1294, Albrecht v. Österreich 1301, Sigismund 1414 und zuletzt noch den leutseligen Maximilian I. 1505. Andere hatten die Huldigung durch Stellvertreter entgegennehmen lassen, und das war in den letzten Jahrhunderten die Regel. Nicht weniger als 11000 Gulden – damals das Steueraufkommen eines ganzen Jahres – hat es sich die Stadt kosten lassen, als 1766 Graf Franz v. Spaur, kaiserlicher Kommissar für Joseph II., unter Glockengeläut und Geschützdonner von der Neustadt her seinen Einzug hielt.

Eigens war eine bürgerliche Garde zu Pferde gebildet worden, die in blauer Uniform mit gelber Weste und silberbetreßtem Hut den langen Wagenzug begleitete, während die Bürgerwehr Spalier stand. Wohlgesetzte Reden mit Übergabe des Schlüssels schon an den Stadttoren, dann Vereidigung des Magistrats im Rathaus, der Bürgerschaft auf dem freien Platze davor, Festtafel im Rathaus mit neunundfünfzig Gedecken, besonders beachtenswert ein Meisterwerk der Bäckerei, das den Einzug und den Huldigungs-Actus darstellte, Tafelmusik und Türkenmusik der Bürgersöhne, dann Maskenball bis fünf Uhr früh – das war ein Fest! Ganz ohne Reibung ging es natürlich nicht: der hessische Hauptmann versuchte sich vor den Festzug zu drängen, um das Geleitsrecht zu produzieren, und wollte die städtische Ehrenschildwacht durch darmstädtische Soldaten wegrempeln lassen. Und der Herr Oberpfarrer wollte während der feierlichen Vereidigung des Magistrats protestieren, weil er bei dieser Gruppe mitvereidigt werden wollte. Statt dessen hatte ihn der Magistrat – als sein vorgesetztes Konsistorium – einer zweitrangigen Gruppe aus Stadtarzt, Rektor, Kantor und dergleichen zugewiesen, die aber immer noch vor gemeiner Bürgerschaft rangierte. In beiden Fällen nahm der Herr Kommissarius die Partei des Rates und verwies den Störenfrieden ihre Unziemlichkeiten.

Etwas peinlicher und nicht gerade ein Freudenfest war die Verpflichtung auf den Schutzherrn, die bei jedem Thronwechsel des hessischen Fürstenhauses vonstatten gehen mußte. Hier kam es auf jedes Wort bis aufs letzte Tüpfelchen an. Was Hessen eine „Huldigung" nannte, ließ Wetzlar nur als „Schutzerneuerung" gelten, und die hessische „Vereidigung" war den Wetzlarern nur eine „Handtastung". Proteste und Gegenproteste gehörten hier von vornherein zum Programm. Es gab da in den gedrechselten Reden bestimmte Ausdrücke, die der Gegenpartei - wie auf der Bühne - das Stichwort zur Gegenrede gaben, und so wurde das Theaterspiel formgerecht durchgeführt, ohne daß den hochtönenden Worten die zugehörigen Gefühlserregungen wirklich entsprochen hätten.

In der rauhen Wirklichkeit war es nun freilich so, daß die Stadt ohne den Schutz Hessens gar nicht auskommen konnte und ihn auch immer wieder in Anspruch nahm. Gerecht Urteilende hätten zugeben müssen, daß die Landgrafen schon manches Mal geholfen hatten, wenn es galt, allzu drückende Kriegslasten zu mindern oder Übergriffe anderer Fürsten und Herren abzuwehren. Hessen konnte aber auch zahlreiche Fälle aufzählen, in denen die Bürgerschaft oder der Magistrat zum Durchfechten ihrer Streitigkeiten selbst hessische Hilfe angefordert hatten. Es mochte widerrechtlich sein, daß seit 1704 der Landgraf von Hessen in der Reichsstadt eine ständige Besatzung hielt, aber die Stadt selbst hatte ihm Anlässe und Begründungen genug geliefert, mit denen sich diese Maßnahme verteidigen ließ: die Besatzung sei notwendig, um die Bürgerschaft vor Übergriffen des Rates zu schützen, vor allem aber auch, weil die Stadt allein nicht in der Lage sei, der hohen Reichsbehörde hinreichenden Schutz zu gewähren, die seit 1693 ihren Sitz in Wetzlar hatte, dem Reichskammergericht.

Die Verlegung des Reichskammergerichtes (RKG) nach Wetzlar

Es waren die Eroberungskriege Ludwigs XIV., die das höchste Reichsgericht nach Wetzlar geführt haben. Schon wenige Jahrzehnte nach dem Westfälischen Frieden begann für Stadt und Land mit Durchzügen und Einquartierungen wieder das alte Leid. Berühmte Männer sah Wetzlar damals in seinen Mauern: den Großen Kurfürsten, der die Gelegenheit benutzte, seinen reformierten Glaubensbrüdern in Wetzlar vom Rat die Erlaubnis zu erwirken, daß wenigstens die Sakramente nicht mehr in französischer Sprache erteilt zu werden brauchten. Ferner den Feldherrn Graf Montecuccoli, von dem der bekannte Ausspruch stammen soll, drei Dinge gehörten zum Kriegführen: Geld, Geld und nochmals Geld. Aber auch der französische Feldherr Turenne drang 1673 bis in unsere Gegend vor und nahm in Wetzlar Quartier. Man erzählte sich später, der Graf von Solms habe ihn auf Greifenstein geladen, um ihn von der Uneinnehmbarkeit der Feste zu überzeugen. Immerhin - wenn der Franzose bei jedem Tore einen Humpen mit ihm leeren könne, dann solle ihm das Schloß ohne Schwertstreich übergeben werden. Doch es gelang Turenne nicht, den Rundgang zu vollenden und die Bedingung zu erfüllen. Zur Erinnerung daran ließ der Graf an dem Tore, an dem das Wetttrinken durch Aufgabe geendet hatte, den Vers anbringen:

Oh, Greifenstein, du edles Haus,
nüchtern hinein - betrunken heraus!

Aus dieser Geschichte spricht der Stolz auf die als uneinnehmbar geltende Feste, aber sie ist erfunden. Turenne hat nur am 10. August 1673 der Grafschaft Solms-Braunfels einen Schutzbrief ausgestellt. Wohl aber hat am 21. Dezember 1688 von Mainz herkommende französische Kavallerie die Orte Kröffelbach, Kraftsolms, Oberquembach, Nieder- und Oberwetz, Reiskirchen, Volpertshausen, Weidenhausen und Vollnkirchen empfindlich gebrandschatzt.

Mit Schutzbriefen hat die Stadt Wetzlar schlechte Erfahrungen gemacht. Sie ist im Jahre 1675 auf das Angebot des Kaisers eingegangen, sie möge den Franziskanern ihr Kloster wieder zurückgeben, das sie 1648 geräumt hatten, dann solle ihr Schutz gegen alle Einquartierungen und sonstige militärische Lasten gewährt werden. Diese papierne Abwehr hat wenig genützt; die Stadt mußte auch in den folgenden Jahren verbündete Truppen in Quartier nehmen. Aber daß nun alle drei Konfessionen in der Stadt ihren Gottesdienst ausüben konnten, das sollte sich als ausschlaggebend erweisen, als für das Reichskammergericht ein neuer Wohnsitz gesucht wurde. Es hatte schon seit 1679 um Verlegung aus dem gefährdeten Speyer gebeten. Dinkelsbühl, Schweinfurt, Friedberg, Mühlhausen in Thüringen und Wetzlar standen in engerer Wahl, und 1683 erstattete eine nach Wetzlar entsandte Kommission ein Gutachten:

Es bestehe Gelegenheit zum Gottesdienst für alle Konfessionen; mit den Schulen sei es allerdings bei den bisher nur kleinen katholischen und reformierten Gemeinden schlecht bestellt. Räume für das Gericht und Wohnungen für die Angehörigen würden wohl notdürftig zu beschaffen sein. Die Stadt liege bergig, habe ein übles Pflaster und in den Vorstädten und Nebengassen gebe es noch Strohdächer und auf den Gassen Dungstätten. Mauern und Gräben genügten gegen einen Handstreich, aber hier wie in allen Punkten müsse noch viel geschehen, wenn sie einmal ein würdiger Aufenthalt für das hohe Gericht werden sollte. Nur Luft und Wasser seien zu loben, Lebensmittel wohlfeil, Handwerksleute und Tagelöhner gebe es genug.

Das klang nicht sehr verlockend, aber 1689 mußte das Reichskammergericht Speyer fluchtartig verlassen, und da sich Frankfurt, wohin es sich zunächst wandte, hartnäckig weigerte, das Gericht auf die Dauer aufzunehmen, blieb schließlich kaum noch eine Wahl. Ein zweites Gutachten von 1689 läßt kaum noch etwas Gutes an Wetzlar und möchte offensichtlich noch in letzter Stunde die Verlegung dorthin vereiteln. Es gipfelt in der Feststellung:

„Obgleich Wetzlar die Würde einer Reichs Statt hat, so ist sie doch ohne Defension und ein ohnhaltbarer, auch so kein achtbarer Orth, daß das Cammergericht ohne Abbruch des heyl. röm. Reichs Hoheit und Reputation, auch merklichen Verkleinfügung sein des Cammergerichts Respekts selbsten allda stehen könte." Es werde schwer halten, tüchtige Richter und Advokaten an einen Ort zu bekommen, an dem es an allem und jeglichem fehle. Auch die Religionsübung werde durch die räumliche Beengung in den Kirchen behindert, die Schulen seien so ungenügend, daß man genötigt sein werde, „die Kinder in der zartesten Jugend anderstwohin mit Beschwerden und besorgender Gefahr oder Verführung zu schicken." Auch die Lage: in der Mitte des Reiches, in der Nähe des Stapelplatzes Frankfurt und von Rhein, Main und Mosel nicht allzuweit entfernt, könne gegen obangeregte Hauptmängel nicht in Consideration kommen.

Jedoch alle Ablehnung nutzte nichts. Der Reichstag beschloß am 13. September 1689 die Verlegung des Reichskammergerichts nach Wetzlar, der Kaiser genehmigte den Beschluß, und am 15. Mai 1693 wurde es an seinem neuen Sitze eröffnet. Schon seit Ende des Jahres 1689 waren aber bereits einige Familien nach Wetzlar gezogen, seit 1690 fanden schon Sitzungen in Geschäftsangelegenheiten statt und Unterhandlungen mit dem Stadtrat, der jetzt erst so recht merkte, was für anspruchsvolle Gäste er sich da geladen hatte und wie schwer es halten würde, Herr im Hause zu bleiben.

Zugeständnisse der Stadt

Das RKG war das ordentliche Gericht für Landfriedensbrüche, für Klagen des Reichs zur Beitreibung der schuldigen Abgaben und Dienste, für Besitzstreitigkeiten zwischen Reichsunmittelbaren oder Untertanen verschiedener Herren, endlich auch für alle Klagen gegen Reichsunmittelbare, so daß z. B. auch Untertanen dort gegen ihren Herrn klagen konnten.

Zugleich war es zuständig in Fällen der Rechtsverweigerung und oberstes Berufungsgericht in bürgerlichen Sachen für sämtliche Land- und Stadtgerichte. Mit Kriminalfällen hatte es unmittelbar nichts zu tun.

An seiner Spitze stand ein Kammerrichter aus hohem Adel, dem zwei Senatspräsidenten zur Seite standen. Die Zahl der Beisitzer oder Assessoren sollte fünfzig betragen, wurde aber nie auch nur zur Hälfte erreicht. Diese Beisitzer wurden zum Teil vom Kaiser, zum anderen Teil von den Kurfürsten und den Reichskreisen präsentiert, doch sollten die Konfessionen gleichmäßig vertreten sein. Sämtliche Vertreter der Parteien, Prokuratoren für die persönliche Vertretung, Advokaten für die Schriftsätze, wurden vom Gericht selbst angestellt. Hierzu kamen noch Beamte für Kanzlei, Leserei und Gerichtskasse sowie mehrere Gerichtsdiener und 24 Boten, darunter 12 reitende, für die Zustellung der amtlichen Schreiben.

Sanduhr des Reichskammergerichtes (Städt. Museum).

Die Kosten des Gerichts sollten durch eine Reichssteuer, die sogenannten „Kammerziele", aufgebracht werden, aber nie reichten die Mittel aus, und so war die Zahl der Richter viel zu klein für die Bewältigung der Riesenaufgabe, die ihnen von ihrer prozeßwütigen Zeit gestellt wurde. Zu Bergen häuften sich die Akten. Schon in Speyer sollen fünfzigtausend Prozesse unerledigt gewesen sein, und durch die Kriegswirren waren die Akten nach Straßburg, Frankfurt und Aschaffenburg verschlagen worden, so daß nach Wetzlar nur ein Teil mitgenommen werden konnte.

Die Mitglieder des Reichskammergerichts genossen besondere Privilegien. Sie galten als reichsunmittelbar, waren von allen Personalabgaben und bürgerlichen Lasten befreit, genossen sogar Erleichterungen bei indirekten Abgaben wie Ungelt und Zöllen und bildeten also einen Juristenstaat für sich.

Diese Sonderstellung der Cameralen war es, die den Stadtrat zu schmerzlichen Zugeständnissen nötigte und unablässig Reibungen verursachte. Er mußte den Katholiken das Recht einräumen, daß neben dem Stiftschor auch Altar und Kanzel des Kirchenschiffes benutzt werden durften. Die Franziskaner erhielten weitere Räumlichkeiten der alten Klosteranlage, und die Jesuiten begründeten eine Niederlassung in den Baulichkeiten des Arnsburger Hofes. Beim Einzug des Kammergerichts lebten nur zwanzig katholische Familien in der Stadt; nun stieg ihre Zahl beträchtlich. Es kam zwar noch nicht zur Neuerrichtung und festen Dotierung einer katholischen Pfarre, sondern mit der Seelsorge wurden von Fall zu Fall die Franziskaner, seltener ein Jesuit und ausnahmsweise auch einmal ein Stiftsherr betraut, aber es versetzte die lutherische Bevölkerung in stürmische Erregung, wenn der Versuch gemacht wurde, die Fronleichnamsprozession über den engeren Kirchenbereich hinausgehen zu lassen oder etwa eine Prozession nach Kloster Altenberg durchzuführen. Langwierige Prozesse waren die Folge. Der Jesuit Franz Callenbach (in Wetzlar 1694–98 und 1703–21) entfaltete als Seelsorger und Professor der Jesuitenschule eine rührige Tätigkeit. Seine satirischen Schulkomödien ließ er in einer nach der Straße zu offenen Halle aufführen. Auch die Reformierten wurden von den letzten Einschränkungen befreit. Sie benutzten den Chor der Franziskanerkirche, auch für Predigt und Gesang wurde die deutsche Sprache erlaubt. So fielen alle die Schranken, die das Luthertum - als bestimmende Stadtkonfession - bisher aufgerichtet hatte, um die Ausbreitung anderer Konfessionen zu verhindern. Auch die Juden genossen in Wetzlar mehr Freiheiten als anderswo; es gab für sie weder eine Wohnbeschränkung noch den Zwang zu einer Kleidung, die sie kenntlich gemacht hätte. Die für sie gültige „Judenstätigkeit" begrenzte zwar ihre Zahl auf zwölf Familien, aber ihre geschäftlichen Verbindungen mit dem RKG erschwerten die Kontrolle, und notfalls fanden sich unter den der Aufklärung huldigenden Juristen immer Schutzfreunde. Ausdrücklich legte jedoch der Stadtrat schriftlich fest, daß alle Zugeständnisse wegfielen, falls das RKG verlegt würde. Denn immer wieder bemühte sich ein Teil der Cameralen leidenschaftlich, die Verlegung doch noch zu erzwingen.

Kammergerichtsgebäude in Wetzlar

Vorgeschoben wurde als Hauptgrund dann gewöhnlich der Mangel an zureichenden Amtsräumen. Die Stadt hatte zunächst ihr Rathaus am Fischmarkt abgetreten, das als „Alte Kammer" noch heute den doppelköpfigen Kaiseradler zeigt. Sie selbst benutzte statt dessen das frühere Kaufhaus (jetzt Altes Rathaus am Buttermarkt). Da hier auch einige Zünfte ihre Stuben gehabt hatten, erbauten sich Wollenweber, Schuster, Bäcker und Schmiede, ohne die Genehmigung abzuwarten, ein eigenes Zunfthaus vor dem Franziskanerkloster (Schillerplatz). Soweit hat es das RKG nie gebracht, daß es sich ein ausreichend großes und seiner Bedeutung angemessenes Gebäude hätte errichten können. Geplant war ein schöner, stattlicher Bau quer über die heutige Goethestraße, etwa in

Ehemaliges Hotel „Herzogliches Haus", von 1756 bis 1782 Kammergerichtsgebäude (Blick vom Fischmarkt).

Höhe der Landeszentralbank, der seine Front dem Domplatz zugewandt haben würde (Modell im Städtischen Museum), - aber die Mittel dafür waren nicht aufzubringen. So kaufte man ein stattliches Bürgerhaus an der Ecke Fischmarkt-Domplatz und die drei oberhalb anschließenden kleineren Häuser hinzu. Dieses „Herzogliche Haus" wurde im Bombenkrieg schwer beschädigt und mußte mit seinen Nachbarhäusern abgetragen werden. Seinen Namen hat es erst erhalten, als von 1818 bis 1829 hier eine geschiedene Herzogin von Württemberg wohnte. Von 1756 bis 1782 benutzte das RKG die genannten Baulichkeiten, dann zog es um in das „Palais" in der Hausergasse, das vom Präsidenten v. Ingelheim erbaut und dann von den Grafen v. Virmont und v. Bassenheim bewohnt gewesen war. Auch dieses Gebäude steht nicht mehr; an seine Stelle trat 1884 das heutige Postamt. Die Akten des Gerichts mußten immer wieder umgelagert werden. Nur die notwendigsten fanden in den Sitzungsgebäuden oder in ihrer Nähe Platz; was nachträglich noch aus Frankfurt und Aschaffenburg eintraf, wanderte von einer unzulänglichen Stelle zu einer ebenso ungeeigneten, genannt seien nur: der Turm beim Obertor, das Hospitalgebäude, das Gasthaus zum Dom, die Michaelskapelle und der Speicher des Franziskanerklosters. 1782 wurde der

Von Ingelheim - von Bassenheim - Palais, von 1782 bis 1806 Kammergerichtsgebäude, später Jäger-Kaserne, an der Stelle des jetzigen Postgebäudes in der Hausergasse.

Grundstein zu einem Archivgebäude gelegt; es ist das unterste Geschoß des heutigen Rathauses in der Hausergasse und hätte also bequem neben dem letzten Sitzungsgebäude gelegen. Aber Bauschwierigkeiten und die ewige Geldnot verzögerten die Fertigstellung so, daß das RKG keinen Nutzen mehr von seinem Archivgebäude hatte. Die letzten auswärts gelagerten Akten trafen erst 1808 ein.

Hat das Gericht selbst auch keinen ansehnlichen Bau hinterlassen, so zeugen doch noch heute eine ganze Reihe schöner Barock- und Rokokohäuser von Lebensstil und Geschmack der Cameralen. Freilich, wer sich nicht vor den schützenden Mauerring der Altstadt hinauswagte, fand Bauplätze nur in den Lücken, die vom Verfall der mittelalterlichen Stadt herrührten, und so findet sie heute ein suchender Blick oft an Stellen und in einer Umgebung, die ein verwundertes Kopfschütteln erregen. Da zwängen sich in die enge Kornblumengasse, vierflügelig um Innenhöfe gelagert, die palaisartigen Häuser der Assessoren Heeser von Lilienthal und von Papius mit schwungvollem Treppenaufgang, prächtigen Stuckdecken und manch anderen kunsthandwerklichen Feinheiten.

Im Palais Papius ist seit 1968 die Sammlung europäischer Wohnkultur untergebracht, eine Privatsammlung der Kinderärztin Dr. Irmgard von Lemmers-Danforth, die 1963 in städtischen Besitz übergegangen war; sie umfaßt die gesamte europäische Wohnkultur der abendländischen Renaissance und des Barock und ist der Öffentlichkeit zugänglich.

Bauten für Kammergerichtsfamilien waren auch das jetzige „Haus der Jugend" (früher „Domschenke") sowie das gegenüberliegende Haus in

Aldefeld'sches Haus Ecke Hausertorstraße–Haarbachstraße (erbaut 1775).

Ehemalige „Domschenke", einst erbaut durch die Kammergerichtsfamilie von Albini (jetzt „Haus der Jugend").

der Hausergasse 25, beide ehedem im Besitz der RKG-Familie von Albini, das Haus Hausergasse 13 („Grünes Laub"), Engelsgasse 3 und die beiden Häuser Große Pariser Gasse 20 und 22 (jetzt Hotel „Bürgerhof", einst im Besitz der RKG-Familie von Zwierlein).

Die Cameralen und die Wetzlarer Bürgerschaft

Schon die rege Bautätigkeit bezeugt, daß für Wetzlar mit dem Einzug des Reichskammergerichts der erhoffte Aufschwung eingetreten ist. Es blieb ja nicht bei den anfangs etwa hundert Familien, darunter vielen reichen und üppig lebenden Herrschaften. Man zählte schließlich über tausend Personen, die als Glieder der Juristenrepublik ansässig waren und Sonderrechte genossen. Es kommt noch hinzu, daß zweimal (1707 bis 1710 und 1767 bis 1776) vielköpfige Sonderkommissionen zu Visitationen des Gerichts in Wetzlar tätig waren und vielfach ihre Familien mitbrachten. Noch willkommener - weil sie nicht durch Privilegien geschützt waren - erschienen die zahlreichen Fremden, die durch Rechtsgeschäfte zu längerem Aufenthalt gezwungen waren. Hatte sich doch ein besonderer Beruf der „Sollicitatoren" herausgebildet, deren Aufgabe darin bestand, die Prozesse in Gang zu bringen und zu erhalten - wie sich bei der Visitation herausstellte: oft auf krummen Wegen. Da kam ein Leben und Treiben in die engen, buckeligen Gassen - so bunt, so spannend und gegensatzreich wie sonst nur etwa in einer Residenzstadt. Stutzerhaft gekleidete jüngere Herren balancieren auf den Trittsteinen, um sich nicht zu beschmutzen, Damen und würdige Herren lassen sich in Sänften tragen, aber bei festlichen Angelegenheiten war nur die Karosse standesgemäß mit einem Vorspann an Pferden, der nicht im Belieben stand, so daß sich z. B. einmal großer Streit erhob, weil die Abgeordneten des Wetterauer Grafenvereins und des Prälatenkollegiums beanspruchten, - den Abgeordneten der Reichsfürsten gleich -, in einem mit sechs Pferden bespannten Wagen zu fahren, statt mit vieren, die man ihnen zugestehen wollte. Standesunterschiede wurden kraß hervorgekehrt. Mochten den Gelehrten ihre akademischen Titel schon eine Stellung verleihen, die sie auf gewöhnliche Laien herabblicken ließ, so waren sie selbst doch wieder durch die tiefe Kluft zwischen Adligen und Bürgerlichen geschieden. Also ließen es sich die gutverdienenden Prokuratoren etwas kosten, um sich den Adel verleihen zu lassen, und sie wußten sich auch noch das Zubehör zu beschaffen, das alter Adel von Hause aus mitbrachte: ein Rittergut. So hat z. B. Prokurator Johann Jakob v. Zwierlein das Hofgut Bubenrod gekauft, das um 1450 ein Junker Johann Mönch v. Buseck begründet hatte. Vor allem aber suchte man sich im äußeren Auftreten zu übertrumpfen, in Zahl und Bekleidung der Diener-

Blick vom heutigen Rathaus zur Lahnbrücke mit ihren beiden Brückentürmen und auf das Hospital; im Vordergrund eine Reitschule aus der RKG-Zeit und der bürgerliche Setzlingsgarten (Städt. Museum).

schaft, Meublement, Silber- und Porzellangeschirr, in Tafelgenüssen bei Gesellschaften und Lustpartien. Lieber darbte man notfalls im Alltag, ehe man auf Schaustellungen der Vornehmheit und des angeblichen Reichtums verzichtet hätte. Derselbe Herr Assessor v. Papius, der neben zwei Stadtwohnungen noch am „Schützengarten" einen Gartensaal bauen und mit Delfter Kacheln auskleiden ließ, war über und über verschuldet und wurde wegen Bestechlichkeit aus dem Amte gestoßen. Goethe hat ihn im „Götz" unter dem Namen Sapupi gebrandmarkt.

Die Bürgerschaft hatte nicht teil an dieser vornehmen Welt, - aber sie zog ihren Nutzen daraus. Alle Waren des täglichen Bedarfs, auch Wohnungsmieten und Grundstücke, stiegen im Preise. Das Mode- und Luxusgewerbe blühte auf; manche Zünfte - wie die der Perückenmacher, Knopfmacher, Barbiere und Buchbinder - konnten nur unter diesen Sonderumständen aufkommen und bestehen. Dabei deckten die Cameralen zum Leidwesen des heimischen Handels und Handwerks einen Teil ihres Bedarfs von auswärts und schmuggelten - entgegen den Abmachungen - eigene Handwerker unter dem Namen von Bedienten ein. Die Schuld daran trug zum Teil der rückständige Zunftgeist, der die heimischen Gewerbetreibenden davon abhielt, sich rasch genug auf die verfeinerten Bedürfnisse der Fremden einzustellen. So mußten z. B. die

Bäcker erst vom Rat gezwungen werden, das gewünschte Weißbrot zu backen. Aber mit der Erfüllung anderer, vom RKG immer wieder vorgebrachter Wünsche hatte es gute Weile. Straffere Handhabung der Polizei, Entfernung der Dunghaufen von den Straßen und sonstige hygienische Maßnahmen, besseres Pflaster und ausreichende Straßenbeleuchtung – all das waren Forderungen, die immer wieder erhoben, stets zugesagt, aber nur mangelhaft erfüllt wurden. Zwar wurde der Friedhof auf dem Domplatz 1757 vor das Wöllbacher Tor („Rosengärtchen") verlegt, nachdem behauptet worden war, er sei so überbelegt, daß man im Sommer vor Sonnenaufgang etliche Schuhe hoch den blauen Dampf seiner Ausdünstungen wahrnehmen könne. Aber wie berechtigt das Drängen auf Abschaffung der Strohdächer und besseren Feuerschutz war, zeigten die schweren Brände 1687 in der Gewandsgasse, 1756 in der Schmiedgasse und namentlich 1779, als eine in der Baugasse ausbrechende Feuersbrunst alle Häuser an der unteren Seite des Domplatzes hinwegraffte.

Auf das Drängen der Cameralen hin sollte die bestehende Lateinschule auf drei Klassen mit drei Lehrern erweitert werden, und in der Tat erschien im Jahre 1722 eine Schulordnung, die dem Rektor und den beiden „Praeceptores" mit dem Titel Conrektor und Cantor Anweisungen gibt, wie sie damals als neueste pädagogische Erkenntnis galten. Aber nur ein kleiner Teil der Bürgerschaft ließ seine Kinder in diese Lateinschule gehen. Die „deutschen" Schulen aber, die der Fürsorge der Konfessionen überlassen blieben, litten unter denselben Nöten, die oben bereits bei den Landschulen geschildert wurden. 1758 wurde durch Stiftung eine Mädchenschule ins Leben gerufen, kam aber nicht zu rechtem Gedeihen. Da auch die Lateinschule schließlich den neueren Geistesströmungen nicht genügte, bildete sich 1799 eine „Gemeinnützige Gesellschaft zur Verbesserung des Wetzlarer Schulwesens" und eröffnete im Gebäude der Freimaurerloge „Joseph zu den drei Helmen", Ecke Kornblumengasse/Zuckergasse, eine „Oberschule"; sie wurde zur Grundlage für das spätere Gymnasium.

Erwähnen wir noch, daß der Rat im Jahre 1694 den Buchdrucker und Verleger Winckler in die Stadt berief, dann ist wohl alles Wesentliche erwähnt, was von seiner Seite her für kulturelle Zwecke geschah und bei der andauernden Finanznot geschehen konnte. Aber auch ohne amtliche Förderung des Rates und trotz der Sonderstellung der Cameralen drang doch eine Fülle von Anregungen auch in die Kreise der Bürgerschaft. Dafür sorgte schon der außergewöhnlich gut ausgebaute Postdienst. Es gab nicht nur die kaiserlichen Postlinien der Herren von Taxis, sondern – trotz deren Protest – auch hessische und private Fahr- und Botendienste. Wenn wandernde Schauspieltruppen öfter Vorstellungen gaben, Konzerte und Vorträge veranstaltet wurden, Maler, Silhouettenschneider, Buchhändler und Heilkünstler - wie Dr. Eisenbart - und seit 1767 die „Wetzlarischen Anzeigen" als erste Zeitung in Wetzlar ihr Publikum fanden, dann doch nicht nur unter den Cameralen. Die Verbindung zur Bürgerschaft schufen schon die vielen jüngeren Herren, die als Sekretäre in den Kanzleien beschäftigt oder als Praktikanten in der Matrikel des Gerichts eingetragen waren und bei erfahrenen Prokuratoren in die Lehre gingen. Aber auch in ihren Augen war die Stadt "übel gebaut", und sie fühlten sich in ein „deutsches Sibirien" verbannt. Nur die Luft, das frische Wasser und die schöne Umgebung werden gerühmt, aber im übrigen wäre allen eine Verlegung des Gerichts lieber gewesen. Und was hielt die Stadt von ihren Gästen? Sie nennt zwar das RKG in einem Schreiben „das Band des Friedens derer Deutschen und ihr unschätzbares Kleinod" und wird damit seiner Bedeutung für den Zusammenhalt des Reiches gerecht, aber in vertrautem Gespräch fielen Worte wie „Kammergerichtsgeschmeiß" und noch weniger schmeichelhafte. Das war dem Gericht bekannt und führte zu scharfen Beschwerden wegen der Unbotmäßigkeit und Respektlosigkeit der „zügellosen" Bürgerschaft.

Goethe in Wetzlar

Vermutlich stünde es schlimm um die Erinnerung an die hundertvierzehn Wetzlarer Jahre des Reichskammergerichts, wäre nicht seinetwegen nur für ein paar Monate ein junger Praktikant nach Wetzlar gekommen: Johann Wolfgang Goethe. Nicht als ob er dem Gericht und der Stadt ein Loblied gesungen hätte! Er hat über beide nicht anders geurteilt als seine Zeitgenossen. Aber der kurze Sommer 1772 (Mitte Mai bis 11. September) hat den Namen der Stadt unlösbar mit Leben und Werk des Dichters verknüpft. Ihn ergriff tiefe Liebe zu Charlotte Buff, der Tochter des Deutschordensamtmannes; aber da sie mit dem Legationssekretär Joh. Christian Kestner verlobt war, mußte sich Goethe zur Entsagung zwingen. Ohne förmlichen Abschied, doch in ungetrübter Freundschaft mit Lotte und ihrem Bräutigam reiste er über Koblenz nach Hause. Dort erfuhr er, daß sich am 30. Oktober 1772 der Legationssekretär Karl Wilhelm Jerusalem aus gekränktem Ehrgeiz und unglücklicher Liebe selbst den Tod gegeben hatte. Was dem Dichter aus seinem eigenen schmerzlichen Erlebnis hinterblieb, was ihm die Auseinandersetzung mit den geistigen Strömungen seiner Zeit zu denken gab, und nun zuletzt noch das Schicksal des unglücklichen Jerusalem - das alles gewann im Frühjahr 1774 Gestalt in dem schmalen Büchlein „Die Leiden des jungen Werthers". Dieser Roman in Briefen machte den jungen Dichter weltberühmt. Obwohl alle Namen von Personen und Örtlich-

Deutschordenshof mit Amtmannswohnhaus und anschließender Zehntscheune sowie der alten Ritterherberge im 19. Jhdt. (Städt. Museum).

keiten verändert sind, konnte es nicht ausbleiben, daß sich die Blicke auf Wetzlar, auf Goethes Freundeskreis und Jerusalems Grab richteten. So wurde Wetzlar zur Wertherstadt.

Wie Dichtung und Wahrheit zu scheiden sind, in welcher Umwelt Goethe während seines Wetzlarer Aufenthaltes lebte und welche Bedeutung dieser Stufe im Werdegang des Dichters zukommt - das alles findet man ausführlich und liebevoll dargestellt in den Schriften von Prof. Heinrich Gloël († 1940), der diesem Forschungsgebiet einen großen Teil seiner Lebensarbeit gewidmet hat*. Hier sei nur kurz auf die wichtigsten Erinnerungsstätten hingewiesen:

Goethe wohnte Kornmarkt 11 bei dem Prokurator G. W. Ludolf, nicht, wie eine Gedenktafel noch angibt, Gewandsgasse 11. Im Gasthaus „Zum Kronprinzen" am Domplatz nahm er an der übermütigen Rittertafel des „Ordens zum Übergang" teil, der auch u. a. die Schriftsteller v. Goué und Gotter und selbst der schwermütige Jerusalem angehörten. Dessen Zimmer, Schillerplatz 5, birgt noch manche Erinnerungen. Mittelpunkt für Goethe war Lottes Elternhaus im Deutschordenshof. Nachdem es durch Bombenwurf schwer beschädigt worden war, ist es im alten Zustande wieder hergerichtet worden und bietet mit seiner Einrichtung im Stile der Goethezeit und seinen reichen Sammlungen die beste Möglichkeit, das Bild jener Tage wieder aufleben zu lassen. Wollen wir den Spuren Goethes auch vor die Mauern folgen, dann finden wir im Haarbachtälchen noch den Brunnen, der im „Werther" erwähnt wird; wir können auch über den Lahnberg nach „Wahlheim"/Garbenheim wandern und in Volpertshausen das Haus sehen, in dem der im „Werther" geschilderte Ball stattgefunden hat. Auch das Forsthaus am Stoppelberg steht noch, in dem der Roman den Amtmann wohnen läßt.

*) Im Pegasus Verlag erschien
H. Mignon: Goethe in Wetzlar

Von den Goetheerinnerungen aus fällt dann auch noch ein wenig Glanz auf das Reichskammergericht. Seine hochedlen und gelehrten Größen müssen dafür ihren Lehrlingen, den Praktikanten, danken. Denn außer Goethe haben auch die späteren Staatsmänner K. A. v. Hardenberg (1772) und Reichsfreiherr vom Stein (1777/78) eine Praktikantenzeit in Wetzlar verbracht, nicht ahnend, welche Aufgaben im politischen Leben ihnen nach dem Ende des Reiches und damit auch des Reichskammergerichtes (1806) vorbehalten waren.

17. Untergang des alten Reiches und Neuordnung

Wenn Wetzlar bei der Aufnahme des Reichskammergerichts gehofft hatte, nun würde die Bedrängnis durch den hessischen Schutzherrn aufhören, dann mußte es eine schwere Enttäuschung erleben. Gerade im 18. Jahrhundert wurde der Druck am schärfsten, und der „Schutz für das RKG" mußte sogar noch den Vorwand dafür hergeben, daß nun ständig eine hessische Besatzung in der Reichsstadt lag. Aber als Sitz des Hohen Gerichts sollte sie - nach mehrfach wiederholten Reichsbeschlüssen - wenigstens von Einquartierungslasten frei sein. Auch dieses Vorrecht sollte sich in den kommenden Kriegsstürmen nicht halten lassen.

Kriegsereignisse

Von den Weltkriegen zu Beginn des 18. Jahrhunderts, dem Spanischen Erbfolgekrieg (1701-1714) und dem Nordischen Krieg (1700-1721), blieb unsere Gegend verschont; auch der Polnische Thronfolgekrieg (1733 bis 1735) und der Österreichische Erbfolgekrieg (1740-1748) brachten nur erträgliche Truppendurchzüge und Beitreibungen. Aber der Siebenjährige Krieg (1756 bis 1763) zog das Land schwerer in Mitleidenschaft. Die Landesherren standen wohl oder übel auf Seiten Maria Theresias und mußten Truppen für die Reichsarmee stellen; dieses Kontingent kam jedoch bei Roßbach (1757) noch glimpflich davon, weil es noch nicht kampffertig war. Die Lahngegend wurde zeitweise dadurch zum Kriegsschauplatz, daß eine Armee der Verbündeten Friedrichs des Großen unter Herzog Ferdinand von Braunschweig die Aufgabe hatte, die französische Armee im Westen festzuhalten und so Friedrich selbst zu entlasten. Seit 1758 war die Festung Gießen in französischer Hand und blieb es bis zum Friedensschluß. 1759 wurde der Herzog von Braunschweig im April bei Bergen vor Frankfurt geschlagen, besiegte dann aber das französische Heer im August bei Minden und zwang es zum

Rückzug. Nun lagen sich die beiden Heere von September bis Dezember, nur durch die Lahn getrennt, in unserem Raume einander gegenüber. Schanzen der Verbündeten in der Linie Waldgirmes-Rodheim-Krofdorf-Wißmar sind zum Teil noch heute feststellbar. Die Franzosen lagerten auf der linken Lahnseite, mit der Masse ihrer Truppen allerdings weiter rückwärts bis in die Wetterau. Der Brückenübergang in Wetzlar hätte also, wenn eine der Parteien zum Angriff übergegangen wäre, zum Brennpunkt von Kämpfen werden können. Am 18. September 1759 waren schon vorfühlende Abteilungen der Verbündeten von Hermannstein her durch die Stadt bis in die Weinberge vor dem Obertor vorgestoßen. Stärkere französische Truppen drängten sie aber durch die Stadt bis vor die Neustadt zurück, ohne jedoch auf dem rechten Lahnufer zu bleiben. Das unbedeutende Scharmützel veranlaßte das RKG zu eifrigen Bemühungen, und es gelang ihm, eine Vereinbarung der Gegner zustande zu bringen, nach der Wetzlar unbedingte Neutralität genießen sollte. So lag es denn als friedliche Insel zwischen den Heeren, und die „Feinde", denen ohne Waffen der Besuch der Stadt erlaubt war, konnten einander in Schenken und Gassen harmlos begegnen. Draußen im offenen Lande aber sah es böse aus. Das lange Lagern in Feldquartieren setzte den Soldaten schwer zu, und in ihrer Not schleppten sie alles Erreichbare herbei, um sich ihre Lage erträglicher zu machen. Da war denn nichts Brennbares sicher davor, im Lagerfeuer zu enden, der städtische Wald Kühmark wurde fast kahl geschlagen, Teuerung und Seuchen bei Mensch und Vieh begleiteten jetzt wie auch in den folgenden Kriegsjahren die Truppenanhäufungen.

Drei Jahrzehnte später erschütterte die französische Revolution den Bau der alten Ordnungen von Grund auf. Auch außerhalb von Frankreich fanden die Forderungen Widerhall, daß Standesvorrechte beseitigt, Urrechte der Menschen auf Freiheit und politische Selbstbestimmung wiederhergestellt werden sollten; erst die Kunde von Greueltaten und Schreckensherrschaft wirkte als Warnung vor übereiltem Umsturz. Aber selbst wenn in Deutschland das Bürgertum mutig und tatkräftig genug gewesen wäre, um aus eigener Kraft eine Neuordnung gegen den Widerstand der alten Mächte zu erzwingen - so blieb ihm dazu keine Zeit. Denn nun drangen französische Volksheere über die alten Grenzen und gingen von der Abwehr zum Angriff über. Preußen war 1795 im Sonderfrieden zu Basel aus der Reihe der gegen Frankreich kämpfenden Koalition ausgeschieden und hatte eine Demarkationslinie vereinbart, die anfangs bei Limburg quer über die Lahn lief und unsere Gegend in das neutrale Gebiet einbezogen hätte. Unbekümmert darum drang 1795 eine französische Armee auf breiter Front von Düsseldorf bis Koblenz über den Rhein, machte dann mit ihrem linken Flügel eine Schwenkung

Erzherzog-Karl-Denkmal an der Hohen Straße im Stadtteil Dalheim.

und erreichte über den Westerwald am 20. September die Lahn. Ihr Weitermarsch führte in fortgesetzter Schwenkung zum Main. Aber von Süden anmarschierende österreichische Streitkräfte schienen überlegen, und so kamen die Franzosen am 17. Oktober auf dem Rückzug wieder über die Lahn und erreichten ungestört das linke Rheinufer.

Im folgenden Jahre, 1796, wiederholte sich der Einfall in genau der gleichen Weise. Diesmal sollte den Franzosen der Übergang über die Lahn verwehrt werden. Der Oberbefehlshaber, der vierundzwanzigjährige Erzherzog Karl von Österreich, entsandte in Eilmärschen Truppen in die Gegend von Wetzlar, um den linken Flügel des Gegners zurückzudrängen und durch diese Flankenbedrohung das ganze französische Heer zum Rückzug zu zwingen. Die Franzosen hatten schon die Höhen zwischen Berghausen und Kloster Altenberg gewonnen und schickten sich an, ins Tal hinabzusteigen, da traf - von Grävenwiesbach herkommend - Erzherzog Karl bei Wetzlar ein und schickte seine letzten Reserven vor. Sächsische Infanterie konnte den Franzosen im Sturm den vorderen Hügelrand entreißen; noch hielten sie sich am Gutshof von Altenberg, da überritt sächsische und ungarische Kavallerie ein sich tapfer wehrendes Karrée am Klosterwald. Damit war das Treffen bei Wetzlar am 15. Juni 1796 entschieden. Im RKG hatte man schon an Flucht gedacht - nun huldigte man dem Sieger um so stürmischer.

Leider war der Erfolg nicht von langer Dauer. Der Erzherzog mußte sich mit der Hauptmacht zum Oberrhein wenden, wo eine zweite französische Armee zum Angriff vorging, und so konnten die schwachen zurückgebliebenen Kräfte den erneuten Vormarsch der Franzosen nicht aufhalten. Schon am 9. Juli überschritten sie nunmehr die Lahn und konnten diesmal bis zum Main vordringen. Aber im August und September wurden sie bei Amberg und Würzburg geschlagen, und wieder führte der Rückzug sie über die Lahn. Hatten sie bis dahin Manneszucht gehalten und waren als „Befreier" von Fürstenknechtschaft aufgetreten, so kam es nun nach den Mißerfolgen zu Gewalttaten. Als sich am 10. September 1796 der Schultheiß von Niederbiel mit einigen Männern einer willkürlichen Beitreibung widersetzte, steckten die Plünderer das Dorf in Brand, schossen auf die Einwohner und hieben mit dem Säbel ein. Sechsundzwanzig Gehöfte brannten nieder, sechs Männer wurden getötet, andere verwundet, und in den Flammen kamen noch sechs Menschen um.

An dieses Jahr 1796 erinnert auch noch die Bezeichnung „Österreichergraben" für ein Stück des Dillkanals an der Grenze zwischen Hermannstein und Niedergirmes. Nachdem schon jahrhundertelang mancherlei Mittel versucht worden waren, die Dill, wenn sie Hochwasser führte, schneller zur Lahn abzuleiten, wurde nun unter Leitung eines österreichischen Pionierkommandos in wenigen Wochen ein abkürzender Kanal gegraben, weil das Heer unbedingt die Straße nach Herborn verkehrsfähig halten wollte.

Im gleichen Jahre hatte jedoch auf einem anderen Kriegsschauplatz, in Italien, Napoleons Siegeszug den Krieg entschieden. So konnte im April 1797 ohne Widerstand ein französisches Heer unsere Heimat für längere Zeit besetzen. Sein Führer, der junge Revolutionsgeneral Lazare Hoche, nahm in Wetzlar im „Herzoglichen Haus" sein Hauptquartier. Dort ist er am 19. September so unvermutet einer kurzen Krankheit erlegen, daß der Verdacht aufkam, er sei vergiftet worden, und zwar von Neidern seines Ruhmes in den führenden Kreisen seines Vaterlandes. Ein Wetzlarer Arzt stellte jedoch als Ursache eine „Kolik" fest. Seine Leiche wurde in pomphaftem Trauergeleit nach Weißenturm bei Koblenz überführt. Obwohl im Oktober 1797 der Friede geschlossen wurde, blieb die französische Besatzung bis zum Frühjahr 1799, das heißt bis zum Ausbruch des II. Koalitionskrieges, im Lande und trieb schonungslos bei, was zu ihrem Unterhalt erforderlich war. Unter solcher Belastung zeigte die Revolutionspropaganda wenig Wirkung. Mochte die Besatzung auch Freiheitsbäume aufpflanzen und Feste zum Preis der neuen Segnungen veranstalten – das Gepränge befriedigte doch nur die Schaulust und konnte von der fühlbaren Not nur vorübergehend ablenken.

Säkularisation und Mediatisierung

Inzwischen hatten Preußen und Österreich bereits im geheimen die Abtretung des linken Rheinufers an Frankreich zugestanden, doch sollten die geschädigten Fürsten dafür einen Ausgleich bekommen. Was dazu an Land und Leuten erforderlich war, mußten auf dem rechten Rheinufer Säkularisation und Mediatisierung einbringen. Säkularisiert, das heißt an weltliche Landesherren gegeben wurden alle bisher reichsunmittelbaren kirchlichen Länder und das Kirchengut, mediatisiert, das heißt ihrer Reichsunmittelbarkeit beraubt zunächst alle Reichsstädte bis auf sechs. Nachdem die Großmächte den Verteilungsplan aufgestellt und mit den wichtigeren deutschen Ländern vereinbart hatten, blieb der Reichsdeputation nur noch übrig, das große Aufräumen in ihrem Hauptschluß vom 25. Februar 1803 gutzuheißen.

Damit war auch für Wetzlar das Ende seiner Reichsfreiheit gekommen. Wäre es an Hessen-Darmstadt gefallen, dann wäre damit wenigstens ein alter geschichtlicher Zusammenhang gewahrt geblieben. Aber die Anwesenheit des Reichskammergerichts trug ihm eine Sonderbehandlung ein. Der frühere Coadjutor und zuletzt Erzbischof von Mainz, Karl Theodor von Dalberg, war dazu ausersehen, in Würden und Besitz die Überbleibsel der Reichstradition zu vereinigen. Als letzter und einziger geistlicher Fürst und Kurerzkanzler behielt er mit Aschaffenburg den kargen Rest des Kurfürstentums Mainz und bekam hinzu die „Grafschaft Wetzlar" als Sitz des RKG und das „Fürstentum Regensburg" als Sitz des Reichstages. Im ernsthaften Glauben, durch Zusammenarbeit mit Napoleon könne noch etwas von Deutschlands Selbständigkeit gerettet werden, gründete er 1806 mit anderen deutschen Fürsten den „Rheinbund", der sich unter Napoleons Protektorat stellte. Zum Dank dafür wurde den beteiligten Fürsten eine zweite, noch umfassendere Mediatisierung gestattet. Ihr fiel auch das Fürstenhaus Solms zum Opfer. Am 30. August 1806 trat die Linie Solms-Braunfels die Ämter Braunfels und Greifenstein, die Linie Solms-Lich das Amt Hohensolms an Nassau-Weilburg ab. Dalberg erhielt nunmehr als Vorsitzender im Rheinbund den Titel „Fürst Primas", die Fürsten von Nassau-Weilburg und Nassau-Usingen regierten gemeinsam, und einer führte den Titel „Herzog"; der Landgraf von Hessen-Darmstadt brachte es zum „Großherzog". Diesen Titel erhielt 1810 auch K. Th. v. Dalberg, und sein abermals vergrößertes Land hieß nun „Großherzogtum Frankfurt".

Kaiser Franz aber, der sich schon vorher mit dem Titel „Kaiser von Österreich" geschmückt hatte, legte 1806 nach der Gründung des Rheinbundes die deutsche Kaiserwürde nieder und beauftragte durch Handbillet vom 7. August 1806 den Kammerrichter, er möge den Beamten des RKG die Auflösung des Reichsverbandes, ihre Entlassung aus ihren

Pflichten und den Ausdruck seiner Zufriedenheit mitteilen. So nüchtern endete das alte Reich und sein höchstes Gericht.

Überblicken wir zusammenfassend das Ergebnis all dieser sich überstürzenden Veränderungen, dann ergibt sich für unsere Heimat folgendes:

Durch die Säkularisation wurde das Wetzlarer Marienstift nach etwa neunhundertjährigem Bestehen aufgehoben.

Sein Kollegium bestand nur noch aus dem Dechanten J. B. Meyer († 1815), dem Scholaster Eschermann († 1815), den Stiftsherren J. Reis († 1816) und A. v. Hommer († 1827) sowie den noch nicht zu Kapitularen aufgenommenen Precisten v. Greß und Fölix. Allen wurde Pension zugesprochen. Das Propsteigut, vorwiegend aus Zehntrechten bestehend, zog der Staat ein, weil es schon seit 1701 dem säkularisierten Erzstift Trier gehört hatte; die Hälfte davon erhielt später die Stadt Wetzlar. Das Stiftsvermögen bestimmte Dalberg - großzügig wie damals kaum ein anderer, auch kein katholischer Landesherr - durch Verfügung vom 6. August 1812 zur Dotierung einer noch immer fehlenden ständigen Pfarrstelle mit 1000 Gulden und einer Curie als Pfarrhaus, zu einer Kaplanstelle mit 400 Gulden und zum Unterhalt der katholischen Schule, sobald diese Mittel nach Wegfall der Pensionsverpflichtungen verfügbar würden. Das Patronatsrecht über die Pfarre und die Staatsaufsicht über den nach ihm benannten Dalberg-Fonds behielt er sich vor.

Dem Stift hat kaum jemand nachgetrauert. Die Einrichtung war überlebt und hatte zuletzt auch unter den Katholiken keine Sympathien mehr.

Dem Franziskanerkloster war die Existenzmöglichkeit entzogen, als nach der Auflösung des Reichskammergerichts die Zahl der Katholiken sehr zurückging. 1810 lebten noch fünfzehn Ordensangehörige in dem nur noch als „Hospitium" (Herberge) bezeichneten Kloster. Dalberg hatte ihnen noch die mit vierhundert Gulden dotierte Kaplanstelle vorbehalten in Erinnerung daran, daß sie seit 1675 meist die Seelsorge in der katholischen Gemeinde ausgeübt hatten. Aber 1824 war die Zahl auf zwei Patres und zwei Laienbrüder zurückgegangen, und 1826 wurde der letzte Franziskanerpater pensioniert.

Von den Baulichkeiten wurden noch die Kirche, der Kreuzgang mit den darüberliegenden Zellen und Wohnräumen und einige Nebengebäude vom Orden benutzt. Der Staat zog sie 1826 ein. Die Kirche wurde durch Einbau von Zwischengeschossen für andere Zwecke benutzbar gemacht; die Zellen dienten zeitweise als Gefängnis. Nachdem der Kirchenbau noch Kaserne geworden war, ging er nach dem Wegzug der Jägergarnison in den Besitz der Stadt über, wurde aufgeschoßt und nahm eine Schule auf.

Der Jesuitenorden war schon 1773 durch den Papst aufgelöst worden, aber mit dem Vermögensbestand führten einige Exjesuiten noch bis 1806 ein katholisches oder „kaiserliches" Gymnasium weiter. Dalberg vereinigte 1809 diese Anstalt mit der 1799 gegründeten Oberschule zu einem gemeinschaftlichen Gymnasium und überwies ihm unter anderem die Einkünfte und die Bibliothek der Exjesuiten. 1817 bezog das nunmehr preußische Gymnasium auch die Gebäude des Ordens im einstigen Arnsburger Hof.

Säkularisiert wurde auch das Kloster Altenberg; seinen immer noch reichen Besitz erhielt der Fürst von Solms-Braunfels, der linksrheinische Verluste angemeldet hatte. Das Klostergut von dreitausend Morgen an Ackerland und Wald wurde fürstliche Domäne; die Kunstschätze kamen leider zum Teil in den Handel. Die letzte Meisterin, Luise v. Bode, mietete 1804 mit sechs Jungfern, die in ihrer Gesellschaft blieben, ein Haus in Koblenz.

Der Deutsche Ritterorden war 1803 noch der Säkularisation entgangen, aber 1809 verfügte Napoleon auch seine Auflösung, und damit fielen auch der Ordenshof in Wetzlar und der zugehörige Landbesitz an den Staat. Die Einkünfte wurden zunächst für die Pension des letzten Ordenskomturs verwandt.

Wetzlar im Staate Dalbergs

Durch die Mediatisierung war Wetzlar Landstadt im Staate Dalbergs geworden. An die Stelle reichsstädtischer Selbstverwaltung trat die kurfürstliche Beamtenregierung; denn was da unter dem Namen Municipalrat noch als Bürgervertretung übrig blieb, war in seinen Befugnissen sehr eingeschränkt. Da jedoch die von Dalberg geschaffene Verfassung nur so kurz Bestand hatte, wollen wir hier auf Einzelheiten nicht eingehen. Wohl aber kann es gar nicht genug gerühmt werden, was der Oberpolizei- und Finanzdirektor Adam Joseph von Mulzer als Vertreter des Landesherrn, der Direktorialrat Münch als Leiter des Stadtamtes und einige wenige andere für eine hervorragende Verwaltungsarbeit geleistet haben. Nun, seitdem die ewigen Reibereien zwischen Rat, Zwölfern und bürgerschaftlichen Deputierten wegfielen, keine Unsummen mehr für Prozesse verschwendet wurden, die Vetternwirtschaft mit ihrer Begünstigung einiger bevorzugter Familien unterdrückt und das Trugbild scheinbarer Macht und Herrlichkeit nüchterner Einsicht gewichen war – nun kam überraschend schnell auch Ordnung in die Finanzen. Eine 1804 errichtete Schuldentilgungskasse konnte in fünf Jahren schon über 30 000 von 160 000 Gulden Schulden abtragen. Eine tatkräftige Polizei, seit 1810 unter dem tüchtigen Polizeirat Philipp v. Bostel, sorgte rasch für Beachtung der schon so oft verlangten Maßnahmen zum Reinhalten der Straßen, zur Erhöhung der Feuersicherheit und Beseitigung alter Mißstände. Nun wurden endlich die Landstraßen bis zur Stadtgrenze ausgebaut, wo die Chausseebauten der Nachbarn bisher vergeblich auf gleichwertigen Anschluß gewartet hatten. Aber leider war trotz aller Gebietsveränderung das Grundübel nicht beseitigt: daß die Stadt isoliert und ohne Hinterland auf ihr kleines Stadtgebiet von damals 3762 Morgen, davon 2595 Morgen Ackerland, angewiesen war. Unter diesen Umständen bedeutete die Aufhebung des Reichskammergerichts (1806) einen weit härteren Schlag als der Verlust der Reichsunmittelbarkeit. Bei einer Gesamtbevölkerung von 5162 Einwohnern gehörten (nach einer

Zählung des Jahres 1805) 901 dem Gericht an. In den über hundert Jahren, die es in der Stadt verbracht hatte, war allzuvieles auf die Bedürfnisse der Cameralen und des Fremdenverkehrs eingestellt worden. Nun verließ der größte Teil der Cameralen die Stadt, der Zuzug hörte auf, Wohnungen und Grundstücke waren für ein Spottgeld zu haben, die hochgetriebenen Preise sanken, manche Warenvorräte wurden unverwertbar, eine Menge von Handwerkern und Bedienten wurde brotlos. Mit einem Schlage erwies sich der Aufschwung seit 1693 als eine Scheinblüte; bis 1812 ging die Einwohnerzahl schon auf 4278 zurück.

Trotz eifrigster Bemühungen konnte die Regierung nicht viel zur Abhilfe tun. Ein Teil der Juristen fand Verwendung bei einem in Wetzlar errichteten Appellationsgericht, andere wirkten als Professoren an der Rechtsschule, die 1806 im Gebäude der Jesuiten eröffnet wurde, um die Juristen mit dem neueingeführten französischen Recht des „Code Napoleon" vertraut zu machen. Nun wäre also Wetzlar beinahe Universitätsstadt geworden - aber die Studenten blieben aus. Ein Teil des Kammergerichtspersonals fand noch Betätigung bei der Ordnung und Bestandsaufnahme des Archivs. Die Hilfe für die Bevölkerung mußte sich auf eine für damalige Zeit vorbildliche Armenfürsorge beschränken. Die Kammergerichtszeit hatte eine unverhältnismäßig große Zahl von Nichtstuern und Eckenstehern gedeihen lassen und auch von auswärts angezogen, die sich mit Gelegenheitsarbeit und kleinem Verdienst auf geraden und krummen Wegen begnügten und im übrigen den Bettel zum Gewerbe machten. Die Regierung gedachte nicht, dieses Unwesen durch wahllose Spendenverteilung zu unterstützen; sie richtete vielmehr eine - wie wir heute sagen würden - erzieherische und produktive Fürsorge ein. Eine im Zunfthaus untergebrachte Arbeitsanstalt beschäftigte die Arbeitsfähigen mit Weben, Spinnen und Stricken, für bedürftige Kinder entstand im Deutschordenshause eine Industrie- und Lernschule. Für die große Zahl der Hilfsbedürftigen sorgte ein neugegründetes Armeninstitut unter Leitung des Armenkollegiums. Hier wurden die schon lange bestehenden „Gotteskasten" der drei Konfessionen zusammengefaßt. Die Spendensammlung wurde neu geregelt, und bald schuf eine Stiftung der Freifrau v. Albini in Höhe von 115 700 Gulden einen guten Grundstock. Ein Denkstein in den Anlagen am Wöllbacher Tor hält das Gedenken an die edle Wohltäterin fest. Dem Armeninstitut wurden auch die Überschüsse aus den Hospitaleinkünften überwiesen und damit für Aufgaben verwandt, die durchaus dem Willen der Stifter entsprachen. Zwar war aus dem Hospital schon früh ein Altersheim geworden, in das sich die Pfründner einkaufen mußten, aber viele Stiftungen hatten ausdrücklich den Armen und Bettlern gegolten. Die Einkünfte aus dem reichen Hospitalbesitz wurden durch den Unterhalt des Pfründnerheims bei weitem nicht voll beansprucht, und so hatte der Rat in seiner ewigen Geldnot einen Teil der Besoldung für Pfarrer und Stadtbediente dem Hospital aufgebürdet, anstatt z. B. die Pfarren ausreichend fest zu dotieren. Noch schlimmer wirkte der stadtbekannte Mißbrauch, daß Begünstigte aus dem Kreise der Regierenden Hospitalgüter zu niedrigen Gefälligkeitspachten erhielten, daß sich der Rat Sonderlieferungen bewilligte, Kapital zu niedrigem Zinsfuß auslieh und wegen des großen Kreises der Nutznießer dennoch nicht zur Rechenschaft gezogen wurde. Welches Ausmaß diese Unregelmäßigkeiten angenommen haben müssen, erwies sich klar, als die Hospitalverwaltung nach der Neuordnung unter staatlicher Aufsicht in kürzester Zeit ganz erheblich höhere Erträge abwarf.

Aber alle staatlichen Maßnahmen zur Linderung der Not konnten der Bürgerschaft die entschwundene Nahrungsquelle nicht wiedergeben. Die Stadt erlebte nun zum zweitenmal einen wirtschaftlichen Rückschlag, nicht ganz so schwer wie den des 14. Jahrhunderts, aber doch auf lange hinaus lähmend.

So wurde man der Errungenschaften nicht froh, um die ein paar Jahrzehnte vorher das französische Volk beneidet worden war. Durch ein Gesetz vom 8. August 1810 waren alle Standesvorrechte beseitigt worden. Ohne Rücksicht auf Herkunft, Stand oder Konfession genossen alle Staatsbürger nun gleiche Rechte, und niemand konnte mehr Befreiung von bürgerlichen Lasten und Diensten beanspruchen. Für die Juden sollte die Gleichstellung allerdings erst in Kraft treten, sobald sie ihre bisherigen Sonderabgaben mit dem vierzigfachen Betrage abgelöst hätten. Seit 1811 mußten sie einen festen Familiennamen annehmen und eintragen lassen; die meisten wählten den Vaternamen mit der Zusatzsilbe -sohn (z. B. Jakobsohn), andere mitunter recht phantasievolle Namen aus dem Tier- und Pflanzenreich. Der Zunftzwang blieb in Wetzlar bestehen, während die Nachbargebiete ihn aufhoben. Dalberg fürchtete wohl, daß schrankenloser Wettbewerb unter den schwierigen Umständen die Not noch vermehren würde.

Das Kreisgebiet unter nassauischer Herrschaft

Im Kreisgebiet brachte schon das Jahr 1803 eine Änderung. Hessen gab tauschweise seinen Anteil am Gemeinschaftsbesitz im Amt Cleeberg an Nassau-Weilburg ab; das Dorf Weiperfelden, das bisher zum hessischen Amt Butzbach gehört hatte, wurde hinzugefügt. Hier war der Übergang an Nassau durch die vorausgegangene Gemeinschaftsverwaltung immerhin schon angebahnt. Aber als 1806 die Solmser Fürstenhäuser ihre Unabhängigkeit verloren und das Herzogtum Nassau von den Ämtern Braunfels, Greifenstein und Hohensolms Besitz ergriff, da war das für die Fürsten wie für die Untertanen schmerzlich. Die politischen Grenzen waren nun einmal alt, der konfessionelle Unterschied: Reformierte in Solms-Braunfels, Lutherische in Nassau-Weilburg hatte die Trennung verschärft, und unausbleiblich hatte sich ein Zusammengehörigkeitsgefühl herausgebildet, ein Lokalpatriotismus, der sich nun dem Gedanken widersetzte, daß dieser nassauische „Herzog" von Napoleons Gnaden Oberherr des angestammten Fürsten sein sollte, dessen Geschlecht mindestens ebenso alt und ruhmbedeckt schien. Ehe wir Heutigen über solche Gefühlsäußerungen lächeln, sollten wir an diesem Beispiel ermessen, welche Hemmnisse die deutsche Kleinstaaterei dem Zusammenschluß zu einem deutschen Einheitsstaate in den Weg gelegt hat. Die Entwicklung dahin brauchte Zwischenstufen, der Antrieb konnte nicht allein von planender Vernunft kommen, und das Mittel konnte nicht allein gütliche Vereinbarung sein. So war auch die große Bereinigung der deutschen Landkarte durch Säkularisation und Mediatisierung von Gewinnsucht bestimmt und mit Gewalt durchgeführt - und dennoch wurde sie zum Segen.

Das heutige Kreisgebiet war also nassauisch mit Ausnahme des Amtes Königsberg, das dem Großherzogtum Hessen-Darmstadt angehörte. Alle Rheinbundfürsten beeilten sich, durch Reformen das nachträglich zu gewähren, was das französische Volk sich durch Revolution errungen hatte. Obenan stand dabei die Bauernbefreiung. In Nassau wurde 1808 die Leibeigenschaft aufgehoben, und weitere Erlasse vom 1./3. September 1812 minderten die bäuerlichen Lasten, soweit sie aus Leibeigenschaft und grundherrlicher Abhängigkeit stammten, erheblich. Aus Hörigen wurden also persönlich freie Bauern, die nicht mehr von Geburt an mit Dienstverpflichtungen, Beschränkungen ihrer Freiheit beim Heiraten oder Wohnwechsel und dergl. belastet waren. Dies alles fiel fort, ohne daß die bisherigen Nutznießer dafür eine Entschädigung erhielten; wohl aber blieben die meisten dinglichen Lasten - wie Grundzinsen und Zehnten - einstweilen bestehen. Aber wir nehmen hier schon vorweg, daß durch weitere gesetzliche Maßnahmen die Möglichkeit geschaffen wurde, auch solche Lasten durch auf viele Jahre verteilte Geldzahlungen abzulösen. Das ist den Einzelnen in ungleichem Maße - schnell und kaum fühlbar oder langwierig und unter Entbehrungen - gelungen, so daß wir hier nicht näher darauf eingehen können. Die Dorfchroniken müßten einige Musterfälle erforschen und klar darstellen, weil nur so ein Einblick in diese sehr verwickelten und für die Bauernschaft doch so entscheidenden Dinge gewonnen wird.

Es konnte jedoch zunächst niemand der gut gemeinten Erleichterungen froh werden, denn Napoleon spannte die Rheinbundländer rücksichtslos mit allen ihren Kräften ein, um seine und Frankreichs Ziele zu erkämpfen. Wohl gab es Schwärmer, die hofften, nach Napoleons Endsieg würden alle Völker Europas in einem Staate mit gleichen Rechten vereint sein, aus den Bürgern der vielerlei Staaten würden „Weltbürger" werden. Die rauhe Wirklichkeit machte es jedoch schwer, daran zu glauben, daß die Ziele des Korsen so lauter und edel seien. Kriegssteuer um Kriegssteuer wurde beigetrieben, dann wurden 1811 alle Männer zwischen achtzehn und dreißig Jahren für wehrpflichtig erklärt; allerdings konnte man für hohe Summen Stellvertreter erkaufen. Doch schon vor der Einführung einer gesetzlichen Wehrpflicht gab es Mittel genug, die Kontingente zu füllen, mit denen die Fürsten ihre Willfährigkeit beweisen mußten. So kämpften Söhne unserer Heimat 1806 gegen Preußen, 1809 gegen Österreich, und seit 1810 stand das ganze nassauische Aufgebot in Spanien, wo es als Kerntruppe in Schlachten und mörderischem Kleinkrieg (Guerilla) blutige Opfer brachte. Noch lange lebten in der Erinnerung des Volkes die Erzählungen der wenigen glücklich heimgekehrten „Spanier" fort.

Bisher ist aus unserer Heimat noch allzu wenig an persönlichen Aufzeichnungen, Briefen oder Tagebüchern bekannt geworden, was uns einen genaueren Einblick in die Volksmeinung und Stimmung jener Zeit tun ließe. Die drei Bände der „Geschichte und topographischen Beschreibung der Stadt Wetzlar" des Freiherrn Friedrich Wilhelm v. Ulmenstein sind zwar in den Jahren 1802, 1806 und 1810 erschienen, aber naturgemäß mußte er die Zunge hüten. Dennoch dürfen wir sicher sein, daß in Stadt und Land nicht nur die eigene drängende Not empfunden wurde, sondern überall das Gefühl der Verbundenheit mit allem, was deutsch war, sich immer kräftiger regte - wenn auch zunächst mehr in der Form des Hasses gegen die Fremden und der Bewunderung für alle kühnen Versuche zur Auflehnung. Schon mußte jede Verbindung mit dem „Feinde" mit der Todesstrafe bedroht werden, als die Nachrichten über den Untergang der Großen Armee im Winter 1812 durchsickerten; denn in der Jugend gärte es mächtig, und einzelne versuchten, sich nach Schlesien durchzuschlagen, um sich einem Freiwilligenkorps anzuschließen.

Befreiungskriege und Wiener Kongreß

Der Sommer 1813 verging in banger Erwartung unter dem Druck einer französisch-polnischen Division, die hierzulande in Quartier lag. Dann aber, seit September, überstürzten sich die Ereignisse. König Jerome, den Kosaken aus seiner „lustigen" Residenz Kassel verjagt hatten, kam auf der Flucht durch Wetzlar, glaubte sich aber bald wieder

sicher und kehrte auf demselben Wege wieder zurück. Wenige Tage später wurde in der Völkerschlacht bei Leipzig Napoleons Ruf der Unüberwindlichkeit endgültig zuschanden, und dann kamen sie, die man so gerne als Befreier begrüßt und zu Freunden gewonnen hätte: Blücher und Yorck mit den Preußen und General v. Osten-Sacken mit seinen Russen. Der Durchzug der verbündeten Truppen dauerte mehrere Tage, aber nur Yorck nahm vom 7. bis 9. November Quartier bei dem Fürsten zu Braunfels. In die Begeisterung für die Befreier mischte sich sehr bald bittere Enttäuschung. Stadt und Land mußten die Zugehörigkeit zum Rheinbund entgelten und sahen sich mit Mißtrauen, wenn nicht geradezu feindselig behandelt. Durchzüge, Einquartierung und Beitreibungen nahmen Stadt und Land schwer mit, und wenn man sich auch später halbbelustigt Wunderdinge über die Kosaken erzählte, von ihrer Trunksucht, ihren Diebereien und dergl., so gab es doch auch Szenen, die an die grausigen Vorstellungen vom Dreißigjährigen Krieg erinnerten. Das schlimmste war die Überbelegung mit Kranken und Verwundeten in notdürftig hergerichteten Lazaretten. Bald griffen Typhus und Ruhr auch auf die Bevölkerung über, und diese Seuchen – ehemals die unzertrennlichen Begleiter jedes Krieges – rafften mehr Opfer dahin als Pulver und Blei. In Wetzlar sollen die der Krankheit erlegenen Lazarettkranken großenteils im einstigen Stadtgraben zwischen Obertor und

Säuturm ein Massengrab gefunden haben. Für die Stadt wurde ihre Vereinzelung wieder einmal verhängnisvoll. Ihr letzter Landesherr v. Dalberg war schon vor der Schlacht bei Leipzig zurückgetreten, und der von den Verbündeten eingesetzte Generalgouverneur in Frankfurt konnte wenig helfen. So kam es immer wieder vor, daß Wetzlars Nachbarländer die ihnen zugedachten Verwundeten- und Krankentransporte der Stadt zuschoben und sich einer gerechteren Verteilung der Lasten mit Erfolg widersetzten.

Um so rühmenswerter ist es, daß die Bürgerschaft ihrer Menschenpflicht nachkam und half, soviel sie noch konnte. Bitter genug war es, sich wegen der erzwungenen Zugehörigkeit zum Rheinbund nicht als rechter Deutscher geachtet zu sehen. Um so begieriger folgte die Jugend dem im Dezember 1813 ergehenden Ruf zum Eintritt in freiwillige Jägerkorps. Da Freiwillige ihre Ausrüstung selbst stellen mußten, wurden durch Sammlungen - trotz aller Not - die Mittel aufgebracht, um Bedürftigen dabei zu helfen. Während sich im Sommer noch fünfundzwanzig Einberufene dem französischen Kriegsdienst entzogen hatten und als Deserteure gesucht wurden, folgten im Frühjahr 1814 alle Gestellungspflichtigen der Aushebung zur Landwehr und zum Landsturm. Das in Wetzlar verbleibende Landsturm-Bataillon trat an die Stelle der Bürgerwehr.

Durchzüge und Quartierlasten hörten nicht sobald auf, wie der Einzug in Paris und die Verbannung Napoleons erhoffen ließen. Denn 1815 kehrte der Korse zurück, und erst die Schlacht bei Belle-Alliance (10. Juni 1815), in der auch nassauische Truppen sich tapfer schlugen, brachte die endgültige Entscheidung.

Seit dem Spätherbst 1814 tagte unterdes in Wien der Kongreß zur Neuordnung Deutschlands und Europas. Wieder begann der Schacher um Quadratmeilen und Seelenzahl, um Steuererträge und militärisch wichtige Punkte. Im Intrigenspiel der Diplomaten ging das große Anliegen der Deutschen auf Einheit und Freiheit unter, geschweige denn, daß Sonderwünsche einzelner Landesteile Gehör gefunden hätten, sofern sie sich nicht mit dem Sondervorteil von mächtigen Fürsten deckten. So war es auch aussichtslos, wenn die Fürsten von Solms versuchten, die Mediatisierung rückgängig zu machen. Aber Fürst Wilhelm von Braunfels hatte wenigstens die Freude, gegen die verhaßte Oberhoheit Nassaus die von Preußen einzutauschen. Dafür wirkte in Wien durch unermüdliche Besuche sein tüchtiger Kammerdirektor Joh. Joseph Stephan; diesen Wunsch unterstützte auch eine gemeinsame Denk- und Bittschrift der Solmser Schultheißen vom 12. März 1815, die nach schweren Anklagen gegen die „Bedrückungen" durch die nassauische Regierung in dem Wunsche gipfelt, „nicht unter nassauischem Joche zu bleiben". In der Tat überließ Nassau durch Vertrag vom 31. Mai 1815 dem Königreich Preußen im Tausch gegen andere Gebiete die früher solmsischen Ämter Braunfels, Greifenstein und Hohensolms. Der Vertrag trat am 3. Juli in Kraft, und die Bevölkerung richtete ein Dankschreiben an ihren allgeliebten Landesvater. Gleichzeitig hatte Nassau auch mit Preußen vereinbart, daß es das Amt Atzbach abtreten wolle, wenn es Preußen gelänge, von Kurhessen die Niedergrafschaft Katzenelnbogen für Nassau zu gewinnen. Nur diese Aussicht auf Vergrößerung macht es verständlich, daß Preußen überhaupt darauf einging, hier an der Lahn ein Gebiet zu erwerben, das mit keinem seiner Landesteile zusammenhing.

Ganz zuletzt, am 9. Juni 1815, beschloß der Kongreß in Artikel 42 seiner Schlußakte, die Stadt Wetzlar dem Königreich Preußen zuzuteilen. Mancherlei Gerüchte hielten bis dahin die Gemüter in Spannung; Romantiker hofften auf Wiederfreigabe als Reichsstadt, wie das Frankfurt erlebte, und sahen die Stadt schon vor sich als Sitz des höchsten Bundesgerichtes. Andere wollten wissen, sie komme mit den Ämtern Atzbach und Gießen an das Kurfürstentum Hessen-Kassel. Selbst als die Zuteilung an Preußen bekannt wurde und noch, nachdem am 27. Juli der preußische Regierungsrat Sotzmann die Besitzergreifung vollzogen hatte und eine kleine preußische Wachtruppe eingezogen war, hielt die Besorgnis an, Preußen sehe in diesem Gebiet nur ein Tauschobjekt. Es war keine Kriecherei, wenn die Bürgerschaft acht Tage nach der Besitzergreifung mit Festgottesdienst, Parade, Schmaus und Illumination des Königs Geburtstag feierte. Es war die ehrliche Freude darüber, nun endlich in den Schoß eines großen Staatswesens aufgenommen zu sein. Dies Preußen hatte das Entscheidende zur Befreiung geleistet und stand doch ganz anders da als Nassau mit seinem vielgeschmähten Rheinbundherzog. Da ließ man sich nicht bange machen durch Warnungen vor preußischem Schnauzton und strammem Regiment und hoffte zuversichtlich, daß der Stadt eine Rolle als Verwaltungsmittelpunkt für ein größeres Gebiet zugedacht sei. Ehe die preußisch gewordenen Rheinlande 1822 zu einer Provinz zusammengefaßt wurden, waren sie in zwei Verwaltungsbezirke eingeteilt, von denen der südliche mit der Hauptstadt Koblenz den irreführenden Namen „Großherzogtum Niederrhein" führte. Ihm wurde Wetzlar zugeteilt, und es gab zunächst eine schmerzliche Enttäuschung, als die Regierung in Koblenz am 14. Mai 1816 ihre neue Kreiseinteilung bekannt gab, nach der das solmsische Gebiet als Kreis Braunfels und Wetzlar als Kreis für sich allein vorgesehen war. Eine Vereinigung beider Kreise wurde zwar dem König vorgeschlagen, aber der wollte keine Entscheidung treffen, bevor völlig geklärt war, welche Sonderstellung den mediatisierten Fürsten eingeräumt werden würde. Wetzlar blieb wenigstens nicht lange allein. Im Herbst konnte Preußen den von Nassau gewünschten Tausch zustande bringen; durch Vertrag vom 19. Oktober 1816 ging das Amt Atzbach an Preußen über, und am 24. Oktober erfolgte die Besitzergreifung und Vereinigung mit Wetzlar - schmerzlich für den Landesteil, der zum Teil schon seit 1330 nassauisch war und nun von seinem Fürsten kaltherzig preisgegeben wurde. Das Amt Atzbach war noch am 16. Juli 1810 durch die bis dahin zum Amte Cleeberg gehörenden Orte Ebersgöns und Oberkleen vergrößert worden. Andererseits kam Espa 1816 zu dem nassauisch bleibenden Teil des Amtes Cleeberg, der seit 1814 mit dem Kreis Usingen vereinigt war.

Der Kreis Braunfels blieb nicht lange bestehen. Schon vom 1. Oktober 1820 an lag seine Geschäftsführung in Händen des Landrates Furkel von Wetzlar, und am 31. August 1822 wurde die Vereinigung beider Kreise bekanntgemacht. Dies also ist der Geburtstag des heutigen Kreises Wetzlar. Aber der König von Preußen gewährte den Fürsten von Solms-Braunfels und Solms-Lich durch Verträge vom 28. Juni und 28. September 1822 weitgehende Vorrechte, so daß der Kreis in einen „mediaten", das heißt mittelbar diesen Fürsten unterstellten Teil, und einen „immediaten", das heißt unmittelbar durch den königlichen Landrat verwalteten Teil zerfiel. Die Fürsten blieben noch im Besitz der Domänen, der direkten Steuern und des Jagd-, Berg- und Hüttenregals. Sie hatten noch die Gerichtsbarkeit erster und zweiter Instanz, für sich selbst einen bevorzugten Gerichtsstand vor Obergerichten und den Anspruch auf Ehrenwachen, und die ihnen übertragene Ausführung und Vollstreckung der preußischen Staatsgesetze und Anordnungen beließ ihnen die Ernennung der Beamten und die Bezeichnung als „Fürstliche Regierung". Der Verlust der vollen Landeshoheit kam nur zum Ausdruck in der schonend gehandhabten Oberaufsicht des Landrates. Die Grenzpfähle der mittelalterlichen Länder innerhalb des Kreises waren zwar gefallen, aber die Anerkennung der Standesherrschaften verzögerte doch noch geraume Zeit die wirkliche Verschmelzung der Bevölkerung.

18. Vom Deutschen Bund zum Deutschen Reich

Reaktion und Restauration

Viele hatten gehofft, aus der Wirrnis, die Revolution und napoleonische Zeit hinterlassen hatten, werde ein neues Deutsches Reich hervorgehen mit einem Kaiser an der Spitze, der die staatliche Einheit gegenüber den Sonderbestrebungen der Kleinländer verbürgen würde, und in einem Reichstag werde das Volk durch seine Vertreter das Mitbestimmungsrecht ausüben. Solche Hoffnungen und Wünsche wurden durch das Ergebnis des Wiener Kongresses bitter enttäuscht. Keiner der vielen deutschen Kleinstaaten wollte auf volle Selbständigkeit verzichten, die Kaiserkrone wäre von Preußen und Österreich umstritten worden, und keine der europäischen Großmächte wünschte eine Änderung in dem angenehmen Zustand, wie ihn schon der Westfälische Friede 1648 festgelegt hatte, daß nämlich in der Mitte Europas die deutsche Kleinstaaterei sich selbst in Schach hielt und kein starker Einheitsstaat aufkommen konnte. Das Volksverlangen nach einer Verfassung (Konstitution), in der die Rechte von Fürst und Volk festgelegt sein sollten, und nach einer vom Volke zu wählenden Vertretung wurde abgetan durch die vieldeutige und nicht befristete Bestimmung, daß in allen Einzelländern Vertretungen der Landstände (Adel, Bürger, Bauern) einzurichten seien. So kam statt des Reiches nur der „Deutsche Bund" zustande, ein lockeres Gefüge von 38 Einzelstaaten. Zum Bundestag in Frankfurt traten nur die Gesandten der Bundesländer zusammen, von einer gesamtdeutschen Volksvertretung war keine Rede. Alles zielte daraufhin, von den revolutionären Neuerungen möglichst wenig bestehen zu lassen und zum Alten zurückzukehren (Reaktion und Restauration).

Es wäre irrig, wollte man in dieser Entwicklung nur das Werk eigensüchtiger Fürsten und ihres engeren Anhanges in Adel und Geistlichkeit sehen. Auch weite Kreise des Bürger- und des Bauerntums waren nach fast drei Jahrzehnten mit Kriegen und umstürzenden Neuerungen aller Politik überdrüssig und sehnten sich nach nichts anderem als nach Ruhe und Beständigkeit. Das große politische Spiel, die Auseinandersetzung mit neuen Ideen, die Verantwortung für Gesetze und Verwaltungsmaßnahmen wollten sie denen überlassen, die dazu berufen schienen. Die Mehrheit war so gerne bereit, sich Autoritäten zu beugen und sich führen zu lassen, daß ihr der Aufruf zum Mittun und zur Mitverantwortlichkeit schon als Rebellion erschien und - ohne ihren Widerspruch - als Demagogentum gebrandmarkt werden durfte. Diese Abkehr vom großen Geschehen, die Beschränkung auf den eigenen, allerengsten Lebenskreis ist nur allzu verständlich, wenn man nachfühlen kann, was an Not und Enttäuschungen vorausgegangen ist. Dann aber werden wir auch nicht verwundert sein, daß wir diese Stimmung und Lebenshaltung in unserer vielgeplagten Heimat besonders ausgeprägt vorfinden.

Biedermeierzeit in Wetzlar

Erst um 1870 hat ein Witzblatt die Gestalt des Herrn „Biedermeier" - als eines gutmütigen, treuherzigen Menschen mit eingeengtem Gesichtskreis - geschaffen, und erst nachträglich ist daraus die Bezeichnung für den Lebens- und Kunststil der Zeit zwischen 1815 und 1848 geworden.

Spott hat sich in Anerkennung verwandelt; denn in der Tat wurde damals aus der Not eine Tugend geboren, die liebenswerte Fähigkeit nämlich, die eigenen Bedürfnisse nach den gegebenen Möglichkeiten zu richten und in Herzensfreuden und geistigen Genüssen das Glück zu finden - sintemalen für anderes die Mittel fehlten. Da entdeckt man etwa beim Bauen und beim Beschaffen der Möbel und des Hausrates wieder, wie sich das Einfache, das Zweckmäßige und das Schöne gut vereinigen lassen. Man sucht den Wert nicht in Prunk und Kostspieligkeit, sondern in Haltbarkeit und fachgerechter Verarbeitung. Man begnügt sich mit Wenigem, aber es muß echt sein; dann wird es als Schatz gehütet und wächst ans Herz. Häusliche Geselligkeit mit sparsamer Bewirtung führt Gleichgesinnte zusammen. Ein Familienausflug in die Umgebung - und wäre das Ziel auch nur die „Meckelsburg" auf dem Hauserberg (später Metzeburg, Minneburg) gewesen oder der „Weinberg" bei Magdalenenhausen - macht nicht weniger Freude als weites Reisen; heimisches Bier oder der Apfelwein ersetzt edlere Tropfen. Aber wir wollen das Bild auch nicht allzu verklärt sehen, wollen den bitteren Beigeschmack drükkender Armut, unter der allzuviele litten, nicht übersüßen und auch der Kritik der Zeitgenossen Gehör schenken, die hinter der Selbstgenügsamkeit Herrn Biedermeiers auch pharisäerhafte Selbstgefälligkeit und denkträge Engstirnigkeit entdeckten. Besonders auf den Universitäten grollte man dem „Philister", weil er sich ins Enge verkroch. Denn unter den Studenten blieb die Sehnsucht nach Einheit und Freiheit wach, und da nicht jeder von ihnen, sobald er in Amt und Würden kam, das Buckelkrümmen lernte, galten dem reaktionären Staat die Akademiker von vornherein als verdächtig, als „Demagogen" und Volksverführer. Auch am Wetzlarer Gymnasium fand die Demagogenspürerei ihre Opfer. Dessen erster preußischer Direktor, Dr. Ludwig Snell aus Idstein, und der Elementarlehrer Christian Sartorius wurden 1820 „wegen politischer Umtriebe" vom Amte suspendiert und 1824 ohne ordentliches Gerichtsverfahren entlassen. Sie wanderten beide - wie damals so viele politische Flüchtlinge - aus und suchten in der Ferne eine neue Heimat. Andere Lehrer waren vorsichtiger und hielten doch bei ihren Schülern den freiheitlichen Geist wach. Auch die Schuljungen wurden beargwöhnt, wenn sie etwa Vater Jahns verpöntes Turnen pflegten, von „teutschem Volkstum" schwärmten oder wohl gar heimlich auf dem Kalsmunt eine schwarz-rot-goldene Fahne hißten.

Aber solches Aufbegehren war eine Ausnahme gegenüber dem sonst üblichen Sichducken und Hinnehmen. Und so vergehen denn Jahrzehnte ohne nach außen hin merkliche Wandlung. Im Jahre 1817 hatte Wetzlar 4275 Einwohner; nach drei Jahrzehnten, 1848, waren es 4872. Das ist kein natürliches Wachstum, sondern Stillstand. Mehr Menschen

Blick von der Minneburg (früher Meckels- bzw. Metzeburg) zur Stadt, Mitte 19. Jhdt. (Städt. Museum).

konnten eben hier nicht Arbeit und Brot finden. Es nutzte nichts, daß sich der sehr rührige Landrat von Sparre (1822–46) bemühte, die Gewerbetätigkeit anzuregen und neue Arbeitsmöglichkeiten zu schaffen. Als 1824 von der Regierung die Anfrage kam, ob man in Wetzlar nicht „einige sich eignende Subjekte habe, die man auf dem Gewerbeinstitut in Berlin zu jungen Fabrikanten heranbilden könnte", gab der Magistrat die Antwort: „Derartige Personen sind in Wetzlar nicht aufzufinden." Wir dürfen uns beim Blättern in Akten dieser Zeit nicht über den gebietenden Ton des Landrats und das ständige Bemängeln und Antreiben wundern. An sich war schon der städtischen Selbstverwaltung wenig Spielraum geblieben und der Landrat zu einer bis ins Einzelne gehenden Aufsicht angewiesen. Aber im Stadtrat lebte wohl noch etwas vom alten Reichsstädterstolz fort, und der äußerte sich in einer Art von passivem Widerstand. Nur war es nicht immer bewußte Halsstarrigkeit oder gar löblicher Männerstolz, der sich Anregungen verschloß, die „von oben" kamen, sondern zum Teil doch wohl auch ein bequemes und stumpfes Verharren beim Alten – nur weil es alt war. So wurden z. B. die Möglichkeiten zur Aufhebung des Zunftzwanges nur zögernd und spät wahrgenommen. Erst 1838 gingen die Bäcker, 1839 die Metzger zur Gewerbefreiheit über. Man begründete dies lange Zögern damit, daß alle Gewerbe übersetzt seien und ohne den Schutz des Zunftzwanges viele an den Bettelstab kämen, aber es war keine Rede davon, daß die Zünfte durch Einschränkung der Meisteraufnahmen schon eher die Möglichkeit gehabt hätten, selbst die Zahl niedriger zu halten. Aber dann hätte man wohl gar eigene Söhne und Schwiegersöhne zurückweisen müssen - und das wäre ein allzu harter Bruch mit der Tradition gewesen. Nach alter Weise mußten Ackerbau und Viehhaltung hereinbringen, was aus dem geringen gewerblichen Umsatz nicht allein zu erringen war. So blieb auch das Stadtbild das eines Ackerbaustädtchens. Nach wie vor zogen die Hirten durch die Gassen und forderten durch Tuten auf dem Kuhhorn die Viehhalter auf, ihnen ihr Vieh zuzutreiben. Um die Reinlichkeit der Straßen war es daher nicht gut bestellt, und die Mahnung zur Beseitigung der Düngerhaufen mußte von der Polizei genau so oft wiederholt werden wie seit Jahrhunderten. Auch sollte man das Vieh besser beaufsichtigen und nicht frei herumlaufen lassen, in Sonderheit auch nicht die Esel, die - bepackt oder nicht - sich halsstarrig der Verkehrsordnung zu widersetzen pflegten. Zu den alten Straßen war eine neue hinzugekommen: nach der großen Feuersbrunst 1779 am Domplatz hatte man den Friedhof mit Brandschutt aufgefüllt und eine Straße zum Wöllbacher Tor hin geschaffen; sie hieß noch in den achtziger Jahren die „Neue Straße", bis sie den Namen „Goethestraße" erhielt. Aber erst 1858 wurde aus Mitteln der Provinz die Straße entlang der Stadtmauer bis zum Obertor durchgeführt. Vorher war schon der Fuhrverkehr gerne vom Domplatz aus über die „Neue Straße" und die Pariser Gasse zum Obertor gezogen anstatt über Schmiedgasse-Kornmarkt und Obertorstraße. Das hatte zu eifersüchtigen Streitigkeiten unter den Beteiligten geführt, weil die anliegenden Geschäftsleute um den Besucherverkehr bangten. Und doch genoß die Schmiedgasse einen unbestreitbaren Vorzug: sie erhielt 1824 die erste Straßenlaterne. Weil die Domuhr versagte, hatte der draußen an der Haarbach (gegenüber dem Leitzwerk) im

Barock-Plastik am „Römischen Kaiser".

Ruhestand lebende Graf v. Rohde fünfhundert Gulden zur Neubeschaffung gestiftet unter der Bedingung, daß eine Sammlung mindestens noch einmal den gleichen Betrag ergebe und der Überschuß zur Beschaffung von Straßenlaternen verwandt werde. Auf dem listigen Umweg über die Domuhr gelang es tatsächlich, auch die Opferfreudigkeit für Straßenlaternen zu gewinnen. An dem Knick der Schmiedgasse zwischen den Häusern „Zur Sonne", „Mond" und „Stern" hing sie nun, die erste Wetzlarer Stadtlatern', konnte an der Kette herabgelassen, gereinigt und mit Öl versorgt werden. Aber die Kosten für den Brennstoff wären auf die Dauer für den schmalen Stadtsäckel unerträglich geworden, hätte man nicht eine Hundesteuer eingeführt und aus ihrem Erlös das segensreiche Werk erhalten. Kleine Dinge wurden eben damals zu großen Ereignissen. Dies Jahr 1824 war rot im Kalender anzustreichen, denn der Herr Landrat hatte eine Allerhöchste Königliche Cabinettsordre erwirkt, derzufolge die Stadt auf zehn Jahre Chausseegeld erheben durfte – um aus dem Erlös das Straßenpflaster zu erneuern. In der Ankündigung heißt es:

„Die Einwohner Wetzlars werden diese Allerhöchste Gnade um so dankbarer verehren, da ein Jeder die schlechte Beschaffenheit des hiesigen Straßenpflasters kennt und weiß, daß die städtische Casse auf viele Jahre hinaus außer Stande war, nur eine Hauptreparatur vornehmen lassen zu können!"

Das Chausseegeld wurde wie andere Abgaben von den Torschreibern an den Stadttoren erhoben. Als Befestigung hatte die Stadtmauer längst ausgedient! Türme und Torbauten waren meist verfallen und mußten nach und nach abgetragen werden, aber noch lange Zeit sperrten Schlagbäume die frühere Tordurchfahrt, und der alte Mauerring galt als Zollgrenze. Die Polizei hatte ihre Last mit den Schmugglern, die sich den zunehmenden Verfall zunutze machten.

Für militärischen Schutz war gesorgt; denn seit 1818 war Wetzlar Garnison der 2. Rhein. Schützenabteilung oder, wie die Truppe seit 1860 hieß: des 8. Rhein. Jägerbataillons. Welch ein Wandel war doch eingetreten in der Haltung der Bevölkerung gegenüber den Soldaten, seit an die Stelle des Söldnerwesens die allgemeine Wehrpflicht getreten war! Früher wollte ein ehrbarer Bürger mit Soldknechten nichts zu tun haben. Jetzt verkehrten die Jäger in den Familien, und manche Hausfrau bemutterte einen fremden Soldaten im Gedanken an ihren eigenen Sohn, dem sie für seine Soldatenzeit das gleiche Umsorgtwerden wünschte. Als Kasernen wurden für die einzelnen Kompanien vorhandene Gebäude benutzt: so z. B. das letzte Kammergerichtsgebäude in der Hausergasse und schräg gegenüber die alte „Freidenburg" am Bebelplatz, von der heute nur noch ein Nebengebäude steht, das Parteigeschäftsstellen aufgenommen hat; sodann die Häuser Goethestraße 13 und 15 (zerstört) am Wöllbacher Tor, das Hauptgebäude des Deutschordenshofes und schließlich noch die umgebaute Franziskanerkirche. Die alte Dechanei hinter dem Dom wurde Lazarett, die Michaelskapelle Magazin, und neben dem Domturm entstand eine Hauptwache mit säulengetragenem Vorbau; sie wurde 1861 durch das heute noch stehende Gebäude am oberen Domplatz ersetzt. Von 1851–1870 lag eine Kompanie des Bataillons in Braunfels als Garnison.

Einen Ausgleich für den Verlust der kaufkräftigen Herren des Reichskammergerichts konnten die vierhundert bis fünfhundert Mann der Garnison natürlich nicht bieten. Aber als das Bataillon 1877 nach Zabern verlegt wurde, trauerte eben die Stadt nicht nur dem entgehenden Verdienst nach. Nein, daß man ihr die Garnison entzog, empfand sie als Kränkung, und in dem aufrichtigen Abschiedsschmerz tat sich die herzliche Verbundenheit zwischen der Bürgerschaft und „ihren" Jägern kund. Die Erinnerung bleibt gewahrt durch ein Denkmal für die im ersten Weltkrieg gefallenen Angehörigen des 8. Rhein. Jägerbataillons an der Hausertorstraße.

Dom mit ehemaliger Hauptwache, Mitte 19. Jhdt. (Städt. Museum).

Solange die Akten der neueren Zeit für eine Geschichte der Heimat noch nicht gründlich und umfassend durchforscht sind, könnte man die Zeitung für eine ergiebige Quelle halten. Aber was da mit häufig wechselndem Titel als „Wetzlarisches Intelligenzblatt", „Kreisblatt für den Kreis Wetzlar" usw. herauskam, erschien bis 1850 wöchentlich nur einmal, bis 1868 zweimal, bis 1874 dreimal. Seit 1873 bis 1945 hieß die Zeitung dann „Wetzlarer Anzeiger" und erschien vom 1. Oktober 1876 an täglich außer montags. Um diese Zeit erst entspricht sie unseren heutigen Vorstellungen von einer Zeitung.

Wer jedoch vorher dort eine regelmäßige Berichterstattung über örtliche Vorgänge sucht, ist schwer enttäuscht. Er findet nur amtliche Ankündigungen und einige private Anzeigen, darunter gelegentlich auch solche, die in dieser Form persönliche Fehden ausfechten oder zu örtlichen Angelegenheiten Stellung nehmen. Solch karge Kost genügte nicht allen; sie lasen dann etwa die Frankfurter „Didaskalia", und im übrigen stand die mündliche Nachrichtenübermittlung bei Gelegenheit geradezu organisierter Bummel- und Stammtischgespräche in hoher Blüte. Man traf sich vor allem in der Pariser Gasse vor dem Postgebäude zu den Zeiten, wenn die Fahr- oder reitende Post ankam, und es war Ehrensache, auch das Wichtigste aus Privatbriefen den Freunden nicht vorzuenthalten. Ganz offenbar wurden auf diese Weise auch politische Neuigkeiten bekannt, die Zensur und Polizei unterdrückt haben würden. Die Nähe der Universitätsstadt Gießen tat ein übriges, und so erklärt sich ungezwungen, daß der oberflächliche Eindruck biedermeierlicher Harmlosigkeit und Regierungshörigkeit doch trügerisch ist. Es bedurfte nur eines äußeren Anstoßes, damit der gestaute Unwille sich lärmend gegen die Schuldigen wandte und die betrogenen Hoffnungen als politische Forderungen offen erhoben wurden. Diesen Anstoß gab die französische Februarrevolution des Jahres 1848.

Revolutionäre Forderungen 1848

Im März 1848 brach in allen Hauptstädten der deutschen Bundesländer die Empörung aus - und erzwang fast mühelos die Bewilligung ihrer Forderungen: freiheitliche Verfassung in jedem Einzelland, aber auch ein deutsches Parlament zur Herstellung der Einheit. Die Einsichtigen wußten sehr wohl, wie vielgestaltig die Hemmnisse auf dem Wege zur Freiheit und Einheit waren, aber in der Volksmeinung erschienen sie zu einer Gestalt verdichtet und vereinfacht: die Fürsten waren an allem schuld! Deswegen gab es in Wetzlar und im immediaten Teil des Kreises kein greifbares Ziel für handgreifliche Demonstrationen, es sei denn, daß ein besonders mißliebiger Beamter als „Fürstenknecht" den Unwillen auf sich lenkte. Mit dem preußischen König selbst mochten die Berliner abrechnen. Aber im mediaten Teil des Kreises regierten ja noch der Fürst von Solms-Braunfels und für Hohensolms der von Solms-Lich. Also erging - zum Teil wohl von Landesfremden - der Aufruf, die Bauern sollten sich bewaffnen, nach Braunfels und Hohensolms ziehen und mit Nachdruck ihre Forderungen durchsetzen. Die Eingabe der Gemeindevertreter des Amtes Hohensolms braucht in ihrer allgemeinen Begründung Ausdrücke, die schwerlich in den Dorfstuben formuliert worden sind:

Gott wolle nicht, so heißt es da, daß seine Güter größtenteils in die Hände Bevorzugter strömten. „Diesem allgütigen Willen widersetzten sich Tausende von Jahren hindurch die bekannten Stände: das Pfaffentum und die Dynastien. Während diese in Überfluß das Mark des Volkes verzehrten, zerrann letzteres in blutigen Tränen. - Das Volk hat seine Würde erkannt und läßt sich nicht mehr durch Hofschranzen und Beamte unterdrücken und entehren. - Wir sind weit entfernt, die Aufhebung des Unterschieds der Stände und des Vermögens zu beanspruchen. Allein eine Verbesserung unserer Umstände wird uns nicht länger vorenthalten werden können. - Unser hochherziger, allgeliebter Fürst wird den Einflüsterungen selbstsüchtiger Interessenten ferner kein Gehör geben und solchen zwischen sich und dem Volke bei der gegenwärtig-hochwichtigen Angelegenheit keinen Raum lassen."

Nach dieser Einleitung, die zwischen radikalen Schlagworten und treuherzigem Zureden schwankt, folgen dann 31 Forderungen. Größtenteils verlangen sie Erlaß von Reallasten und Rückzahlung des Ablösegeldes, das bereits entrichtet war (vergl. Kap. 15), ferner Einsetzung der Gemeinden in das Eigentumsrecht von Jagd- und Bergregal, Aufhebung der fürstlichen Gerichtsbarkeit und des Präsentationsrechts zu Pfarrer- und Lehrerstellen, Beitragspflicht des Fürsten zur Grund- und Klassensteuer und dergleichen. Daneben aber auch mancherlei Sonderwünsche: ein Sekretär soll wegen seiner schlechten Handschrift entlassen werden, die Dächer sollen wieder mit Stroh gedeckt werden dürfen, schwebende Prozesse zwischen Gemeinden und Fürst sollen niedergeschlagen werden, und der Fürst möge seinen beständigen Wohnsitz in Hohensolms nehmen und „die verlassenen Gelände" wieder benutzen.

Wir sehen: so schlimm war es nicht gemeint. Man setzte sich denn auch in Lich zu einer Verhandlung zusammen, einiges wurde gleich bewilligt, anderes späterer Vereinbarung vertröstend vorbehalten. So konnte denn der Trupp des Wetzlarer Jägerbataillons, der vorsorglich zum Schutz nach Hohensolms verlegt worden war, alsbald wieder abziehen.

Zusammenstöße im Braunfelser Land

Im Braunfelser Lande kam es dagegen zu blutigen Zusammenstößen. Am gleichen 18. März, an dem in Berlin die Straßenkämpfe tobten, zogen

Tausende von Bauern nach Braunfels und brachten ihre Forderungen bei dem Fürsten Ferdinand vor. Da die Verhandlungen ergebnislos verliefen und die Aufständischen mit Gewalt drohten, rückten am 20. März zwei Kompanien des Inf.-Regiments Nr. 29 ein. Kaum waren sie nach acht Tagen abgerückt, als wiederum der Aufruhr begann. Eine Kompanie des 27. Inf.-Regiments wurde herangezogen und sollte am 14. April einige Rädelsführer in Bonbaden und in den Ulmdörfern verhaften. Die Bauern nahmen jedoch eine so bedrohliche Haltung ein, daß die Truppenführer ihre Aufträge nicht durchführen konnten, wenn sie Blutvergießen vermeiden wollten. In Leun wurde ein Kommando sogar gezwungen, bereits Verhaftete wieder freizugeben; dagegen drangen Wetzlarer 8. Jäger in Bonbaden ein und führten einige Gefangene mit sich zur Stadt, wo sie im Kreisgefängnis, den einstigen Zellen im Franziskanerkloster, eingeliefert wurden. Dieses Eingreifen in den Ortschaften entfachte den Groll zu wilder Leidenschaft. Tausende von Bauern zogen nun von allen Seiten gegen Braunfels heran, fanden aber die Eingänge des Städtchens von Truppen und Bürgerwehr besetzt. Bis gegen Mitternacht wurde verhandelt, aber da die Bauern merkten, daß die Regierung nur Zeit gewinnen wollte, bis die in Wetzlar angeforderte Truppenverstärkung einträfe, unternahmen Wagemutige immer wieder den Versuch, in die Stadt Braunfels einzudringen. Dabei fanden zwei Bauern den Tod, und andere wurden verwundet. Die vom Fürsten erwartete Hilfe traf jedoch nicht ein. Denn der Kurier von Braunfels hatte seine Botschaft bei der Wetzlarer Bürgerwehr abgegeben, die das Silhöfer Tor bewachte, und ein Bürger steckte sie ein, anstatt sie dem Jägerbataillon weiterzugeben. Nun rotteten sich auch in Wetzlar Aufständische vor dem Kreisgefängnis am Franziskanerkloster zusammen, verlangten Herausgabe der Gefangenen und wollten den Ausmarsch der Jäger verhindern. Selbst die zur Vorstellung von Revolution gehörige Barrikade wurde errichtet. Unterdes wurde in Braunfels die Lage so bedrohlich, daß sich die Truppe auf das Schloß zurückzog.

Die Bauern hatten versprochen, während der Nacht nicht nachzurücken; aber bei Morgengrauen drangen sie unter Trommelschlag und drohendem Gebrüll weiter vor. Sie begannen ein Haus zu zerstören, aus dem angeblich auf sie geschossen worden war, und mißhandelten den Eigentümer übel. Gegen zehn Uhr ging jedoch die Truppe mit einem Teil der Braunfelser Bürgerwehr vom Schloß aus zum Angriff vor und drängte die Eingedrungenen aus der Stadt. Wieder mußte ein Bauer sein Leben lassen, während von den Soldaten nur einer leicht verletzt wurde. Im Laufe des Tages (15. April) gaben die Bauern die Belagerung auf, zumal die Nachricht vom Anrücken weiterer Truppen eingetroffen war.

Das Ende der fürstlich-solmsischen Sonderrechte

Immerhin veranlaßten diese Empörungen die Fürsten von Braunfels und Lich, ihre Regierungsrechte niederzulegen. Als erstes wurden die bisher solmsischen Gerichte in Braunfels und Ehringshausen als Gerichtskommissionen dem Kreisgericht Wetzlar unterstellt (26. April), und endgültig übernahm der Landrat die Regierung am 6. Mai in Braunfels und am 15. Mai in Hohensolms. Damit hörten die fürstlichen Sonderrechte in den Mediatgebieten auf. Fragt man nach den Ursachen, weshalb gerade dort die Erbitterung so groß war und die Empörung so gewaltsam verlief, dann wird man die tiefere Ursache darin sehen müssen, daß dort die Mängel des absolutistischen Systems kaum gemildert fortbestanden. Privatbesitz des Fürsten und Staatseigentum, Verwaltung und Gericht waren so ineinander verstrickt, daß in den Augen des Volkes der Fürst für alle Nöte und Mißbräuche verantwortlich war. Wie sollte ein einfacher Mann durchschauen, ob die verlangten Steuern, Abgaben und Dienstleistungen auf staatlich-preußische oder privat-solmsische Ansprüche zurückgingen! Aber wenn dann die Gerichte rasch mit Zwangsverfahren bei der Hand waren, entstand der Verdacht, daß sich der Fürst mit staatlichen Mitteln private Vorteile verschaffte. Mißgriffe und Übereifer von Beamten kamen noch hinzu. Vergeblich wiesen die fürstlichen Vertreter bei Verhandlungen darauf hin, daß im immediaten Kreisteil die Lasten nicht geringer seien und wie oft der Fürst aus seiner Privatschatuelle Notleidenden geholfen habe. Offenbar hatten Agitatoren - vermutlich aus Gießen - den Bauern erklärt, der Fürstenbesitz bestehe größtenteils aus Land, Wald und Bergwerken, die den Dorfgemeinden genommen worden seien. Die Säkularisation von Altenberg und Übereignung an den Fürsten wurde als besonders krasser Fall einer Bereicherung auf Kosten des Volkes hingestellt; das Klostergut hätte Staatseigentum werden und das Ackerland an Bauern vergeben werden sollen. Noch viel später, als die Rechtsstellung der solmsischen Fürstenhäuser gegenüber der preußischen Krone durch Verträge mit Solms-Braunfels (1861, 22. November und 26. April 1862) und mit Solms-Lich (22. Juli und 1. Dezember 1862) geregelt wurde, waren diejenigen, die überhaupt Kenntnis davon erhielten, erstaunt über die großzügige Belassung von Vermögenswerten.

Im ehemals nassauischen Kreisteil und in Wetzlar kam es nicht zu nennenswerten Unruhen. Hier übernahm - wie es das Kennzeichen der deutschen Revolution von 1848 ist - der Teil des Bürgertums die Führung, dem es mehr auf das Schicksal von Gesamtdeutschland ankam. Das Parlament in Frankfurt sollte zunächst eine Verfassung beraten, dann würde ein vom Volk gewählter Reichstag schon auf gesetzmäßigen Wegen die unerläßlichen Reformen durchführen. Mit einemmal wurde das politische Leben sehr rege. Es bildeten sich zwei Parteien, eine kleinere konservative unter Führung des Arztes Dr. Paulitzky und des Oberlehrers Dr. Fritsch und eine größere, zunächst „republikanisch" genannt, unter dem Arzt Dr. Adolf Herr. Die Kreise Wetzlar und Altenkrichen, zu einem Wahlkreis zusammengeschlossen, wählten zum Frankfurter Parlament in die Paulskirche den Oberkammerrat Münch, der sich zur konstitutionellen Partei bekannte. Diese sowohl wie die anfänglichen „Republikaner", die sich jetzt „Bürgerverein" nannten, wünschten ein Kaiserreich und rückten von radikalen Forderungen mehr und mehr ab. Daß gerade jetzt aus dem Ergebnis von Sammlungen ein Denkmal zu Ehren des Erzherzogs Karl, des Siegers im Treffen bei Wetzlar am 15. Juni 1796, errichtet wurde, war zugleich eine politische Demonstration. Denn des inzwischen verstorbenen Feldherrn Bruder, Erzherzog Johann, war zum Reichsverweser für das neue Deutschland gewählt, und die Denkmalsweihe war zugleich eine Huldigung an ihn.

Sieg der Reaktion 1849

Jedoch schon im Herbst des Jahres 1848 siegte in Wien und Berlin mit militärischer Hilfe wieder die Reaktion. Und als dann im März 1849 die Verfassung endlich durchberaten war, lehnte der preußische König die ihm angetragene Kaiserwürde ab. Vergeblich sträubten sich nur noch wenige gegen die Einsicht, daß schon lange die eigentliche Macht wieder in den alten Händen lag und das Parlament nur theoretische Pläne verhandelt hatte. In der Art, wie sich all diese Hoffnungen und Enttäuschungen in Stadt und Kreis Wetzlar widerspiegeln, zeigt sich kein Unterschied gegenüber dem allerorts Bekannten. Schließlich fügte man sich der herrschenden Macht, freute sich der wiederkehrenden Ruhe und der kleinen Fortschritte und ließ auch die vom König seinem Lande verordnete Verfassung gelten, obwohl sie für den preußischen Landtag das berüchtigte Dreiklassenwahlrecht (1850–1918) festlegte.

In der 1. Klasse wählten die reichsten Steuerzahler, die das erste Drittel der Steuer eines Wahlbezirks aufbrachten, in der 2. Klasse so viele, wie nötig waren, um das zweite Steuerdrittel zu leisten, und der Rest gehörte der 3. Klasse an. Aber jede Klasse stellte die gleiche Zahl von Wahlmännern, die dann ihrerseits erst den Abgeordneten wählten, so daß also das Stimmrecht des Einzelnen nur in sehr unterschiedlichen Bruchteilen zur Geltung kam. Zur Veranschaulichung mögen ein paar Zahlen aus Wetzlar dienen:

Es wählten in der	1. Klasse	2. Klasse	3. Klasse
im Jahre 1902	21	115	798 Wähler
im Jahre 1912	30	395	2258 Wähler
im Jahre 1918	5	181	2794 Wähler

Man sieht also, wie 1918 durch Kriegsgewinne einige wenige schon das 1. Steuerdrittel aufbringen; auch zum 2. Drittel genügen weniger Wähler als bisher; viele sind dadurch in die 3. Klasse abgesunken.

Als Stimmungsbild für die Zeit nach dem Scheitern der Revolution mag es gewertet werden, daß im Mai 1849 ein Oberkellner im „Herzoglichen Haus" dem Prinzen Wilhelm, dem späteren Kaiser Wilhelm I., eine Tasse Kaffee verweigerte, weil angeblich kein heißes Wasser da sei. Der Prinz war als „Kartätschenprinz" besonders verhaßt, weil man ihn für schuldig hielt an dem Blutvergießen in Berlin. Er reiste gerade durch Wetzlar, um den Oberbefehl über die Truppen zu übernehmen, die den badischen Aufstand niederschlagen sollten. Aber noch bezeichnender dafür, wie weit man persönliche Stimmung und Willkür eines Königs als ausschlaggebend für sachliche Entscheidungen annahm, ist es, daß man in Wetzlar überzeugt war, diese Kränkung von 1849 habe Kaiser Wilhelm I. nie vergessen und deswegen seien die Jäger 1877 von Wetzlar aus nach dem Elsaß verlegt worden.

Die Landwirtschaft im Kreise Wetzlar

„Stillstand" ist auch das bezeichnende Wort für die Lage in den Dörfern des Kreises. Die Ablösung der Reallasten schritt nur sehr langsam vorwärts. Es kommen Abmachungen vor, nach denen die letzten Ablösungsraten erst gegen Ende des Jahrhunderts zu leisten waren; an anderen Orten war darin bis 1848 schon so viel geschehen, daß es den Bauern leid war, weil sie meinten, jetzt würden solche Verpflichtungen einfach gestrichen. Die Verhältnisse im Kreise sind eben je nach Höhenlage und Bodengüte sehr verschieden, und aus Steuerscheu werden häufig auch die Angaben den wahren Zustand verschleiern. Aber es gab und gibt Hemmungen, die dem Gedeihen eine Grenze setzen. Obenan steht dabei das hierorts gültige Erbrecht, das nicht - wie das Anerbenrecht - das Bauerngut ungeteilt in einer Hand beläßt, sondern durch Realteilung unter den Erben zur Zersplitterung in immer kleinere Parzellen führt. Dadurch wird nicht nur das Bauerngut vielfach zu klein, als daß es noch seinen Mann ernähren könnte, sondern die Einzelstücke, die zu einem Hofe gehören, liegen weit zerstreut in unübersichtlichem Gemenge in der Dorfflur, und das erschwert natürlich auch die Bestellung. Die Dörfer an der Ulm und einzelne sonst haben deshalb schon um 1830 ihre Flur vermessen und zum Teil neu aufteilen lassen. Aber andere Gemeinden scheuten die Kosten, und ohne Beschränkung im Erbrecht müßte ja auch die Gemengelage immer wieder neu aufkommen. Erst im 20. Jahrhundert ist die Umlegung als unerläßlich anerkannt worden und hat heutzutage im Kreise Wetzlar solche Fortschritte gemacht, daß er gegenüber den Nachbarkreisen einen deutlichen Vorsprung errungen hat.

Über die Zahl der bäuerlichen Betriebe, ihre Größe und ihren Anteil an der nutzbaren Fläche gibt nachfolgende Tabelle Auskunft:

Betriebsgrößen	Zahl der Betriebe	ha Nutzfläche	% Nutzfläche
von 0-0,5 ha	-	1334	5,2
0,5-2 ha	3700	4375	15,5
2-4 ha	3680	11445	44,7
4-8 ha	810	5510	19,9
8-10 ha	185	1640	6,2
10-20 ha	115	1385	5,3
20-50 ha	8	228	0,9
50-100 ha	6	442	1,7
über 100 ha	1	142	0,6

Die verfügbare Wirtschaftsfläche des Kreises wird zu 44% landwirtschaftlich, zu 41% forstwirtschaftlich und zu 15% auf andere Art genutzt.

Die Landräte haben sich immer mit besonderem Eifer der Landwirtschaft angenommen, und so hat v. Sparre schon 1832 einen landwirtschaftlichen Verein gegründet, der dann als Lokalabteilung dem 1840 gegründeten Provinzialverband beitrat. Das Hauptziel war stets, zu einer verbesserten Landbestellung anzuleiten, um auf diese Weise den Ertrag zu steigern. Auf die Dauer genügte es nicht, nur auf dem Erfahrungsschatz zu beharren, der von den Alten überliefert war; es galt Neues hinzuzulernen, auch wenn es so merkwürdig klang, wie die Lehre des Gießener Chemieprofessors Justus Liebig, der den Boden mit Chemikalien gedüngt wissen wollte. Später mußte sich der Bauer mit anderem Gerät und schließlich gar mit Maschinen befreunden. Kurzum - auch zum Landwirtberuf brauchte jede Generation mehr Wissen, als die vorhergehende hatte haben können. Dies zuzugeben, widerstrebte dem auf Beharren gerichteten Sinn. Aber allmählich entwickelte sich doch ein landwirtschaftliches Ausbildungswesen. Es begann mit Vorträgen von Wanderlehrern; von 1855 bis 1861 gab es in Edingen und dann in Werdorf eine Ackerbauschule, und schließlich entstand 1892 die Landwirtschaftsschule in der Kreisstadt und gewann in ihren einstigen Schülern ebenso viele Freunde. Vorweggenommen sei schon, daß seit 1924 Beispielswirtschaften und nachher die Beratungsringe an Hand praktischer Erfolge für fortschrittliche Bewirtschaftung geworben haben.

Von Anfang an nahm sich der Landwirtschaftliche Verein auch des heimischen Obstbaues an, 1870 wurde eine Kreisbaumschule zur Versorgung mit bodenständigen Sorten begründet und 1912/14 schuf dann Kreisobstbauinspektor Kilp einen Kreisobstmustergarten. Viehzucht und Viehhaltung als wichtigste Ergänzungen des Ackerbaues wurden gleichfalls auf mancherlei Weise zu höheren Leistungen angeregt. Im Jahre 1852 dachte sich der Landwirtschaftliche Verein ein besonderes Mittel als Anreiz aus: eine Kreistierschau mit Preisverteilung und Verlosung. So fand am 10. August im Finsterloh das erste „Ochsenfest" statt. Allmählich entwickelten sich feste Regeln für seinen Verlauf, und seitdem begeht die gesamte Kreisbevölkerung alle drei Jahre dieses Fest, dessen fachliche Bedeutung auch die Städter und Industrieangehörigen nicht hindert, es als den höchsten Glanzpunkt im Grau des Alltags anzusehen. Unversehens lebt dabei auch die Erinnerung an die 8. Jäger wieder auf, deren Kapelle einstmals mit dem „Ochsenfest-" und dem „Lehm-op-Marsch" den zwei Festtagen die unerläßliche Begleitmelodie gegeben hat.

In diesem Zusammenhang müßte hier etwas näher auf das bäuerliche Brauchtum eingegangen werden, wie es sich in Fest, Feier und Alltag äußerte, auch auf den Hausrat und die vielgestaltigen Trachten, nicht zu vergessen auch die Mundart in ihrem Lautstand und Wortgebrauch, der auf engem Raum doch erstaunliche Abweichungen zeigt. Aber all das geht über den Rahmen dieses Buches hinaus, obwohl vieles davon unter dem Einfluß von Industrialisierung und Verstädterung schon „geschichtlich" geworden ist. So kann denn nur auf einen Besuch des Städtischen Museums mit seiner Bauernstube hingewiesen werden und auf einige Veröffentlichungen, die das Erreichbare für einzelne Ortschaften rechtzeitig gesammelt haben.

Die Auswanderung

Blicken wir jedoch wieder zurück in die Zeit des Deutschen Bundes, so können wir nur feststellen, daß sich zunächst für viele kein anderer Weg aus der Enge und Not zu bieten schien als die Auswanderung. In einigen Dörfern wie Espa und Weiperfelden war es bereits seit langem Brauch, daß ein großer Teil der Einwohner monatelang hausierend, musizierend - und bettelnd auf Wanderschaft ging, aber die meisten kehrten doch wieder in die Heimat zurück. Der Entschluß, endgültig der Heimat den Rücken zu kehren, war schwer, und zur Entscheidung trieb nur entweder äußerste Not oder eine gar zu verlockende Schilderung von dem Glück, das in der Ferne winkte. Gewissenlose Werber von Schiffahrtsgesellschaften und Spekulanten übelster Art brachten nicht selten Auswanderunswillige um die letzte Habe oder verschuldeten ihren kläglichen Untergang. Daher bildete sich u. a. der „Verein deutscher Fürsten zum Schutze deutscher Einwanderer in Texas", dessen Generalkommissar Prinz Karl von Solms-Braunfels war. Ihm zu Ehren erhielt 1844 eine im „Wilden Westen" gegründete Stadt den Namen Neu-Braunfels. Das Hauptziel war wohl immer Nordamerika, aber es werden auch Mexiko, Brasilien und Ungarn genannt. Einstweilen liegen erst von wenigen Orten des Kreises genauere Zusammenstellungen über den Umfang der Auswanderung vor, aber wir müssen mit verhältnismäßig hohen Zahlen rechnen, namentlich in dem Zeitraum zwischen 1830 und 1865.

Daß der Heimatboden nur eine beschränkte Zahl von Menschen ernähren konnte, geht deutlich aus den sich fast nicht verändernden Einwohnerzahlen hervor. Dabei waren schon immer viele Bauern auf Nebenerwerb angewiesen. Heimarbeit hat dabei keine große Rolle gespielt. In der ersten Jahrhunderthälfte gab man sich Mühe, die Leinenweberei über den häuslichen Bedarf hinaus zu steigern. Lehrgänge im Feinspinnen und in der Spitzenherstellung wurden eingerichtet, aber Erfolg war diesen Bestrebungen nicht vergönnt. Wohl aber boten die Waldarbeit und der Bergbau noch lange - wie in alter Zeit - Erwerbsmöglichkeiten. Auf den einstmals üblichen zweirädrigen Karren besorgte der Bauer die Fuhren mit Erz von den Gruben zu den Hütten, später auch zu den Verladestellen an der Lahn oder Eisenbahn. Außer den heimischen Hütten erhielt z. B. die Ludwigshütte bei Biedenkopf auf eine Entfernung von fünfzig Kilometer das Erz aus den Gruben bei Rodheim. Holzschlag und Fuhren zur Versorgung der noch mit Holzkohlen arbeitenden Hochöfen brachten in waldreichen Gegenden Verdienst. Freilich er konnte nicht groß sein und war schwankend je nach der Wirtschaftslage, und damit lernte auch der Bauer das Schreckenswort „Konjunktur" kennen. Nur schwer konnte er sich hineinfinden, daß er leiden sollte, weil auf einmal Koks statt Holzkohle bei der Verhüttung verwandt wurde oder weil irgendwo in der weiten Welt neue Erzlagerstätten erschlossen wurden oder bessere Verkehrsmöglichkeiten ausländische Erze billiger auf den Markt brachten, als das Lahnerz sein konnte. Auch wo Bauernsöhne Bergleute wurden, behielten sie doch ihre Ackerbestellung bei, zumal im Bergbau die Beschäftigung sehr schwankte und die zahllosen kleineren Gruben sofort stillgelegt wurden, sobald die Abbaukosten zu hoch wurden. Aber in einigen Dörfern gehörte doch der Bergmann, der die rostroten Spuren seiner Arbeit an Körper und Kleidung trug, zum gewohnten Bild. Ihre Zahl ging im Kreisgebiet jedoch nie über etwa zweitausend hinaus.

Fortschritte im Verkehrswesen

Ehe dem Fuhrmann auf der Landstraße durch neue Verkehrsmittel ernsthafter Wettbewerb erwuchs, sollte noch geraume Zeit vergehen. Zunächst empfanden es alle schon als einen gewaltigen Fortschritt, als 1834 gegenüber Hessen-Darmstadt und 1835 auch gegenüber Nassau die Schlagbäume verschwanden, weil der deutsche Zollverein gegründet wurde und damit die innerdeutschen Zollgrenzen fielen. Nun war auch ein alter Plan leichter durchzuführen, der bisher immer an der Vielstaaterei gescheitert war, der Plan nämlich, die Lahn zu einem schiffbaren Wasserweg zu machen, damit die hier wartenden Massengüter -

Erze, Steine und Erden - billiger zum Rhein und in den Fernverkehr gebracht werden könnten. Als seit 1806 das Herzogtum Nassau über einen Teil des Flusses verfügte, nahm es Verbesserungen vor, und 1810 wurde die Durchfahrt der ersten zwölf Kähne vom Rhein bis Weilburg gefeiert und durch eine Denkmünze verherrlicht. 1844 schlossen dann Nassau, Preußen und das Großherzogtum Hessen einen Vertrag, der den Ausbau bis Gießen vorsah. Der Flußlauf mußte reguliert, was noch an Wehren blieb, durch Schleusen umgangen, bei Weilburg auch ein Kanal als Tunnel durch den Fels geführt werden. 1847 wurde die Schleuse bei Weilburg eröffnet, im folgenden Jahre die bei Oberbiel, und 1851 war Gießen erreicht. Jedoch nur kurze Zeit genügte dieser Schiffahrtsweg, da der ungleiche Wasserstand und andere Mängel, die nur mit größeren Mitteln zu beseitigen waren, keinen zuverlässigen, geregelten Verkehr zuließen.

Es dauerte noch ein Jahrzehnt, bis Eisenbahnbauten für Stadt und Kreis Wetzlar den Vorsprung einholten, den mittlerweile die Nachbarstadt Gießen dadurch erlangt hatte, daß sie 1850 wichtige Station an der Main-Weserbahn von Frankfurt nach Kassel geworden war. Ganz anders als die alten Höhenstraßen mußten Eisenbahnen die Täler benutzen, und dadurch wurde Wetzlar an der Mündung der Dill in die Lahn wieder Treffpunkt für Fernverkehrsstrecken - wie in alter Zeit, jedoch mit dem bedeutsamen Unterschied, daß die von Köln herkommende Strecke kein von der Natur vorgezeichnetes Tal fand, das von Wetzlar aus unmittelbar zur Wetterau und nach Frankfurt geführt hätte. Dadurch wurde Gießen zum Hauptknotenpunkt. Noch gab es kein Reich und keine Zentralbehörde, die von großen Gesichtspunkten aus die Linienführung der Bahnbauten in Deutschland hätte lenken können. Die Eifersucht der Kleinländer und der Vorteil der Privatgesellschaften, die den Bahnbau unternahmen, gaben den Ausschlag, und es bedurfte vieler Eingaben, Gesuche und persönlicher Vorstellungen, um die örtlichen Wünsche mit widerstreitenden Plänen in Einklang zu bringen. Endlich konnte die Köln-Mindener Bahngesellschaft die Strecke Deutz-Betzdorf-Wetzlar-Gießen im Januar 1862 eröffnen. Ihr folgte ein Jahr später die Herzoglich Nassauische Staatseisenbahn mit der Strecke Koblenz-Wetzlar-Gießen. Die Stadt Wetzlar mußte es hinnehmen, daß der Bahnhof in einige Entfernung von der Stadt auf Niedergirmeser Gebiet gelegt wurde, weil die von der Dill herkommende Strecke eine entsprechende Kurve zur Einmündung brauchte und die Bauleitung nicht für den Vorschlag zu gewinnen war, die Bahn etwa bei Werdorf auf das rechte Dillufer zu führen, die Kurve in das Gelände vor der Neustadt zu legen und dann mit der Lahnbahn die Dillbrücke gemeinsam zu benutzen. Der Bahnhof hätte dann etwa an der Sophienstraße seinen Platz gefunden. Die

Landbevölkerung verhielt sich großenteils überhaupt ablehnend. In ihren Augen nahmen die Bahnanlagen nur wertvolles Land weg und erschwerten stellenweise die Zufahrt zur Feldflur. Innerhalb des Kreises Wetzlar erhielten zunächst nur wenige Orte Haltestellen. Den Ausschlag gab überall der zu erwartende Güterverkehr; wie wichtig einmal der Verkehr der Berufstätigen zwischen Wohn- und Arbeitsort werden wollte, konnte man noch nicht ahnen. Das Eisenbahnnetz ist dann weiterhin ausgebaut worden durch die „Kanonenbahn" Lollar-Wetzlar, die 1878 eröffnet wurde, um aus militärischen Gründen den Bahnhof Gießen zu entlasten und die Verbindung zur Festung Metz zu verbessern. Hinzu kamen dann noch 1912 die Solmstalbahn und 1924 die Strecke Stockhausen-Beilstein durch das Ulmtal. Andere Wünsche blieben unerfüllt, so vor allem eine Bahn über Hohensolms durch das Hinterland nach Biedenkopf oder eine unmittelbare Verbindung Wetzlar-Butzbach. In beiden Fällen durchkreuzten sich die Wünsche von Wetzlar und Gießen, so daß schließlich keiner der vielerlei Pläne durchgeführt wurde. Vorwiegend als Grubenbahnen waren gedacht die Ernstbahn (1867) zum Bahnhof Braunfels an der Lahnstrecke und die Biebertalbahn, die von Gießen ausging. Beide haben aber auch (zum Teil nur zeitweise) den Personenverkehr aufgenommen.

Die Dampflokomotiven, die seit 1862 qualmend und mit lärmenden Warnsignalen durch die Täler zogen, wurden die Vorboten einer neuen Zeit. Postkutsche und Lastkarren ließen sich auf den Landstraßen immer seltener blicken, und die zunehmende Industrialisierung sollte alsbald einen Wandel in allen Verhältnissen bringen.

Die Kriege von 1866, 1870/71 und ihre Folgen

Zuvor aber hielten politische Ereignisse alle in Bann. Der Krieg 1864 gegen Dänemark um Schleswig-Holstein hatte Österreich und Preußen noch Seite an Seite gesehen - 1866 kam es zwischen beiden zum Kampf um die Vorherrschaft in Deutschland, und da alle Bundesländer Partei ergriffen, zum Bruderkrieg. Weil Hessen und Nassau auf Österreichs Seite traten, geriet der inmitten liegende preußische Kreis Wetzlar in eine schwierige Lage. Bis Mitte Juni sammelte sich in zwei Lagern bei Altenberg und Steindorf eine preußische Division von etwa 20000 Mann. Sie rückte jedoch am 16. Juni über Gießen nach Kurhessen ein, und nun hatte Wetzlar nur noch den Schutz einer kleinen Abteilung, die durch Täuschungsmanöver den „Feind" abschrecken sollte. Seit Ende Juni

---

Bild rechte Seite: Wetzlars historischer Stadtkern zwischen Dom und Schillerplatz (rechts unten).

Radio Fernsehen Elektro
Feuerwehr

begannen auch wirklich badische Truppen, die in der Wetterau standen, nach der Lahn hin vorzufühlen und in den Hüttenbergdörfern zu requirieren; am 2. Juli mußte auch Wetzlar 2100 Flaschen Wein, 4200 Halbpfundportionen gekochtes Fleisch, 800 fünfpfundige Brote und 2000 Futterrationen liefern. Am Telegraphen und an der Bahn wurden Zerstörungen vorgenommen. Dann rückten die Eindringlinge wieder ab, kamen am 4. Juli noch einmal, traten aber beschleunigt den Rückzug an, als die falsche Nachricht vom Anrücken stärkerer preußischer Truppen eintraf. Unterdes hatte die Schlacht bei Königgrätz (3. Juli) den Krieg entschieden. Der Deutsche Bund wurde aufgelöst, Preußen verleibte sich Schleswig-Holstein, Hannover, Kurhessen, Nassau und Frankfurt ein und gründete den Norddeutschen Bund; aber alsbald bereiteten Militärbündnisse mit den süddeutschen Ländern eine größere Einheit vor.

Der Krieg 1870/71 räumte die letzten Hemmungen hinweg, und Bismarck sah sein Werk vollendet, als am 18. Januar 1871 der Preußenkönig als Wilhelm I. die Kaiserwürde im neuen Deutschen Reich annahm.

Wie das große Geschehen, das hier nur in wenigen Worten berichtet werden kann, sich in der kleinen Heimat auswirkte, das soll hier nur noch soweit dargestellt werden, als es von dem überall Gültigen abweicht oder langwirkende Veränderungen hervorgerufen hat. Ohne eine solche Auslese würde der verfügbare Raum weit überschritten.

Für den Kreis Wetzlar ist das bemerkenswerteste, daß 1866 auch das Großherzogtum Hessen Gebietsteile an Preußen abtreten mußte, und zwar das sogenannte „Hinterland" um Biedenkopf und vom Kreis Gießen die Orte Königsberg, Fellingshausen, Bieber, Rodheim, Waldgirmes, Naunheim und Hermannstein. Da dieser Bezirk keilartig in den Kreis Wetzlar vorsprang und ihn in zwei Teile trennte, hätte man erwarten können, er wäre schon damals dem Kreise Wetzlar zugeteilt worden. Aber das war nicht der Wille der Bevölkerung, und Preußen formte aus dem abgetretenen hessischen Gebiet den Kreis Biedenkopf und teilte diesen der Provinz Hessen-Nassau zu, die aus den annektierten Ländern Kurhessen und Herzogtum Nassau neu gebildet wurde. Der Kreis Wetzlar blieb in seiner alten Zugehörigkeit zur Rheinprovinz, obwohl damals Anstrengungen gemacht wurden, die Zuteilung zu Hessen-Nassau zu erreichen. Wenn die hessischen Orte und nunmehr „Mußpreußen" nichts von der Einverleibung in den Kreis Wetzlar wissen wollten, dann zeigt das wieder einmal, wie tief die gefühlsmäßigen Bindungen und Abneigungen wurzeln, die durch die Kleinstaaterei in unser Volk hineinge-

---

Bild linke Seite: Oben: Dom mit Altstadt und mittelalterlicher Lahnbrücke. Dahinter links ehemaliges Kammergerichtsarchiv, jetzt Rathaus.
Unten: Das Jerusalemhaus am Schillerplatz.

tragen worden sind. Immerhin gehörten die Orte pfandweise seit 1358 und endgültig seit 1629 zu Hessen. Erstaunlicher ist es, wenn Stadt und Kreis Wetzlar, die erst 1815 preußisch geworden sind, sich nicht als „Mußpreußen" fühlten und auch einer Lostrennung von der Rheinprovinz mit geteilten Gefühlen gegenüberstanden. Man darf freilich nicht erwarten, daß damals in öffentlichen Erörterungen alles offen zur Sprache gekommen wäre, was wirklich die Meinung bestimmte. Hätten wirtschaftliche und nur vernunftbedingte Gründe den Ausschlag gegeben, so wären die Entscheidungen anders ausgefallen. Statt dessen spielte es eine fast ausschlaggebende Rolle, daß nach der Organisation der Rheinprovinz jeweils mehrere Dörfer zu Amtsbürgermeistereien zusammengefaßt waren, während in den hessischen Orten und in der Provinz Hessen-Nassau in jedem Ort Eingesessene das Bürgermeisteramt versahen. So schien also bei einer Neuordnung hier die Selbständigkeit der Ortsbürgermeister und dort die Stellung der Amtsbürgermeister gefährdet, und das hat naturgemäß bei Berichten nach „oben", die durch das Filter der Amtsstuben gingen, eine wichtige Rolle gespielt. Über die Amtsbürgermeistereien im Kreise Wetzlar gibt die nachfolgende Zusammenstellung Auskunft:

Die Landbürgermeistereien im Kreise Wetzlar

A. Ehemals nassauisches (immediates) Gebiet:

1. Atzbach mit Garbenheim, Dorlar, Dutenhofen, Kinzenbach, Krofdorf-Gleiberg und Vetzberg. Die Bürgermeisterei wurde 1858 vereinigt mit Launsbach, der Amtssitz 1860 nach Krofdorf verlegt.
2. Launsbach mit Wißmar, Odenhausen und Salzböden, das bis 1858 Amtssitz war.
3. Lützellinden mit Ebersgöns, Dornholzhausen, Hochelheim, Hörnsheim, Nieder- und Oberkleen. Die Bürgermeisterei wurde 1872 mit Rechtenbach vereinigt.
4. Großrechtenbach mit Kleinrechtenbach, Reiskirchen, Vollnkirchen, Volpertshausen und Weidenhausen, ursprünglich auch Niederwetz, das dann der Bürgermeisterei Schöffengrund zugeteilt wurde; dagegen kam Münchholzhausen aus der Bürgermeisterei Braunfels zu Rechtenbach, Niederwetz am 1. 7. 1824 ganz an Großrechtenbach.

B. Ehemals solmsisches (mediates) Gebiet:

5. Braunfels mit St. Georgen, Albshausen, Burgsolms, Leun, Nieder- und Oberbiel, Oberndorf, Steindorf und Tiefenbach. Hierzu gehörte ursprünglich auch noch die 1841 abgetrennte Bürgermeisterei Schöffengrund. Nauborn kam am 1. 7. 1824 ganz an Braunfels.
6. Schöffengrund mit dem Amtssitz in Schwalbach und den Dörfern: Bonbaden, Griedelbach, Kraftsolms, Kröffelbach, Laufdorf, Nauborn, Neukirchen, Nieder- und Oberquembach, Ober- und nachher auch Niederwetz.
7. Aßlar mit Kleinaltenstädten, Bechlingen, Berghausen, Breitenbach, Dillheim, Dreisbach, Ehringshausen, Katzenfurt, Kölschhausen, Niedergirmes (1. 4. 1903 in Wetzlar eingemeindet), Niederlemp und Werdorf. Amtssitz wurde Ehringshausen. Hierzu gehörte ursprünglich noch die 1841 abgetrennte Bürgermeisterei Greifenstein.
8. Greifenstein mit Allendorf, Biskirchen, Bissenberg, Daubhausen, Edingen, Greifenthal, Holzhausen, Stockhausen, Ulm und Werdorf. Amtssitz war bis 1864 Daubhausen, dann bis 1877 Ehringshausen und zuletzt Ulm.

9. Hohensolms mit Ahrdt, Altenkirchen, Bellersdorf, Bermoll, Blasbach, Erda, Großaltenstädten, Mudersbach und Oberlemp.

Es war eine schwere Belastungsprobe für die Rheinlandtreue Wetzlars, als ihm 1877 nicht nur die Garnison verlorenging, sondern bei einer Neuordnung des Gerichtswesens auch sein Kreisgericht. Denn zum Sitz des Landgerichts, das an dessen Stelle trat, wurde Limburg ausersehen. Die Verbitterung kommt zum Ausdruck in einem Aufruf zur Lostrennung von der Rheinprovinz, in dem es heißt:

„Wir fühlen uns weder als lebendes Glied dieser Provinz, noch werden wir als solches von ihr betrachtet."

Und der sonst so zurückhaltende „Wetzlarer Anzeiger" ließ sich am 16. Dezember 1877 wie folgt aus:

„So ist denn eingetroffen, was die meisten nicht für möglich gehalten, nur wenige befürchtet haben: Wetzlar ist einer Koalition der Partikularisten und Ultramontanen zum Opfer gefallen, und die nassauische Bischofsstadt Limburg erhält den Sitz des Landgerichts. Wetzlar ist, nachdem es den Charakter als Garnisonstadt verloren, auch degradiert worden von einem Kreisgerichtssitz zu einem Amtsgerichtssitz ... Je mehr dieses Bewußtsein das Gefühl der Bitterkeit in uns steigert und wir zur Erkenntnis kommen, daß wir auf uns allein angewiesen sind, um so fester werde aber der Vorsatz bei einem jeden, nun in eigener Kraft und Tätigkeit Ersatz für das Verlorene zu finden, namentlich aber auch dem Erwerbszweige mehr Unterstützung zuzuwenden, auf den wir hauptsächlich unsere Hoffnung gründen und dem man bisher so vielfach mit Mißgunst begegnete, nämlich der Industrie ..."

Zunächst waren jedoch alle immer wieder erneuerten Versuche, den Anschluß an Hessen-Nassau zu erreichen, vergeblich. Der Herr Minister des Innern erklärte:

„daß der Frage wegen Abtrennung ... mit Rücksicht auf die zur Zeit bestehende Verschiedenheit der Gemeinde-, Kreis- und Provinzialverfassung nicht nähergetreten werden kann."

Dieser Logik: weil das, was ihr geändert haben wollt, so ist, wie es ist, kann es nicht geändert werden - mußte sich der beschränkte Untertanenverstand beugen. Erst 1932 kam der Kreis zwar an Hessen-Nassau, aber eine Denkschrift der Stadt vom Jahre 1948, in der sie begründete, wie notwendig eine Änderung der Landgerichtsbezirke sei, hatte keinen Erfolg.

Wie der Zeitungsartikel sagt: Man war auf eigene Kraft angewiesen und konnte das Heil in der Industrie suchen. Die Grundlagen - auch zu wirtschaftlichem Aufschwung - hatte die Reichsgründung gegeben. Rasch zur Selbstverständlichkeit gewordene Dinge wie die Einführung von einerlei Münze, Maß und Gewicht nach dem Dezimalsystem, die Gründung von Reichspost und Reichseisenbahn und ein einheitliches Recht für das ganze Reich - das alles waren Voraussetzungen, die in den anderen Ländern Europas schon lange geschaffen waren. Die neugewonnene Einheit verlieh allen Kraft und Lust zu neuem Schaffen, und so erwachte auch die Heimat aus der aufgezwungenen Selbstgenügsamkeit und Erstarrung zu regem Leben.

19. Die Industrialisierung

Nichts hat im 19. Jahrhundert alle Lebensverhältnisse so gewandelt, das Aussehen von Landschaft, Stadt und Dorf so verändert, aber auch den inneren Menschen in Denken und Meinen so beeinflußt wie der Siegeszug der Industrie. Wo von „Sieg" gesprochen wird, da ging ein Kampf voraus, und der hat Opfer gefordert. Nicht anders war es, als die vertiefte Naturerkenntnis lehrte, wie man bisher ungebändigte Kräfte zur Arbeit an Maschinen zwingen konnte. Diese Umstellung von Handarbeit in kleiner Werkstatt zur Massenherstellung in Fabrikhallen hat in den Anfangszeiten mit ungestümer Übereilung und rücksichtslosem Verfahren mehr Leid als Segen gebracht, und es schien, als wolle die Technik zum Herrn über den Menschen werden so wie der Zauberbesen über den vermessenen Lehrling.

Zum Glück hat unsere Heimat diese frühe Stufe der Entwicklung mit ihren schlimmen Begleiterscheinungen nicht kennengelernt, obwohl sie von den Grundstoffen des Maschinenzeitalters, Kohle und Eisen, das begehrte Eisenerz in ihrem Schoße birgt.

Bergbau und Eisenindustrie

Gewiß hat der heimische Bergbau an dem allgemeinen Aufstieg in der ersten Jahrhunderthälfte teilgenommen und in den Kriegsjahren 1870/71 Fördermengen erzielt, die bis zur Jahrhundertwende nicht wieder erreicht wurden, aber es bestehen naturgegebene Hemmungen, die keine stetige und ins Riesenhafte ansteigende Entwicklung zulassen. Anfangs war es hinderlich, daß die Gruben in Besitz oder Pacht sehr vieler kleiner Gewerken waren, die mit ihren beschränkten Mitteln möglichst nur im Tagebau ausbeuteten, was keine Schwierigkeiten machte. Dann vereinigten allmählich kapitalkräftigere Unternehmer größere Teile des Grubenbesitzes in ihren Händen, darunter auch Werke aus dem Ruhrgebiet wie etwa die Firma Krupp, die schließlich im Jahre 1906 noch für sechs Millionen den gesamten Grubenbesitz des Fürstenhauses Solms-Braunfels an sich brachte. Aber selbst mit größtem Kapitaleinsatz ließ sich der Abbau nicht ins Ungemessene steigern. Die heimischen Erzlagerstätten sind nun einmal so uneinheitlich und wechselnd ergiebig, daß die Arbeit des Einzelhauers nicht so weitgehend durch Maschinen ersetzt werden kann, wie das etwa im Kohlenbergbau geschieht. Der für das Lahnerz erzielbare Preis – ja zeitweise sogar die Schwierigkeit, es überhaupt abzusetzen – haben immer dazu gezwungen, in die Ausrüstung der Gruben nicht allzuviel Geld hineinzustecken. Wie lange wurde bei uns das Fördergut noch mit dem Handhaspel heraufgewunden, wie lange „fuhr", das heißt: kletterte der Bergmann auf Leitern in die Grube! Keine Grubenlokomotiven zogen die Förderkarren, sondern allenfalls Pferde, kein elektrisches Licht ersetzte die Ölfunzel. Und auch über Tage, wo das Erz gewaschen und ausgeklaubt werden mußte, besorgten das noch lange keine ausgeklügelten Maschinen, sondern fleißige Hände. Von den Hunderten von Gruben im Kreisgebiet machten immer nur wenige einen kostspieligen Ausbau lohnend, und nur dann wurde wohl auch die Abfuhr zur Hütte oder Bahn durch eine Seil- oder Schmalspurbahn übernommen.

Man könnte meinen, da Deutschland so wenige Eisenerzlager besitzt, müsse das Eisen der Lahn immer begehrt bleiben. Dem steht entgegen, daß die Lahnerze verhältnismäßig lange nicht so viel reines Eisen enthalten, wie etwa die spanischen und schwedischen Erze, die auf dem Wasserwege billig heranzubringen sind. „Mit einer Fuhre Lahnerz fährt man über eine halbe Fuhre tauben Stein spazieren" - aber der kostet die gleiche Fracht wie das allein begehrte Eisen. Deshalb spielen die Frachtkosten eine ausschlaggebende Rolle. Nur verbilligte Frachtsätze der Eisenbahn, zeitweise auch eine vom Staate zugebilligte Unterstützung für jede geförderte Tonne haben den heimischen Bergbau vor dem Erliegen bewahren können. Deshalb wurde immer wieder gefordert, die Lahn wenigstens bis in den Raum Wetzlar-Gießen schiffbar zu machen, weil hier Massengüter eine billigere Beförderungsmöglichkeit suchten.

Unter diesen Umständen erscheint es als einfachste Lösung, die heimischen Erze schon an Ort und Stelle zu verhütten, damit nur noch das reine Eisen die Frachtkosten zu tragen braucht. Denn auch der zweite Grundstoff, den ein Hochofen zum Erschmelzen des Eisens braucht, der Kalk, ist in ausreichender Menge und Güte in nächster Nähe vorhanden. Aber der dritte Grundstoff, die Kohle, macht wieder Schwierigkeiten. Man hat hierzulande länger als andernorts Holzkohle verwandt, weil die großen Waldungen zur Verfügung standen. Aber dem Riesenverbrauch hätten auch sie auf die Dauer nicht genügen können; das natürliche Wachstum hätte den Raubbau nicht ausgeglichen. So hat denn schon in der ersten Hälfte des 19. Jh. die Holzkohlenversorgung schwere Sorgen gemacht. Unterdes war aber bereits ein Ersatz gefunden im Koks, das heißt in Steinkohle, der durch ein Verfahren ähnlich dem im Köhlermeiler die schädlichen schwelenden Bestandteile entzogen sind. Da die Kohle aber auch als Brennstoff unter den Dampfkesseln für jegliche Industrie unentbehrlich war, wurden zunächst die Kohlenlagerstätten - wie z. B. das Ruhrgebiet - zum Sammelpunkt der Großindustrie. Es war wegen der Frachtersparnis am vorteilhaftesten, das Eisenerz und sonstige Rohstoffe zur Kohle hinzubringen und das gewonnene Eisen auch an Ort und Stelle weiterzuverarbeiten. Aus solchen

Erwägungen schien unsere Heimat zunächst gar nicht als Standort für eine bedeutsame Industrie in Frage zu kommen.

Auch im Lahngebiet mußte man bei der Verhüttung von der Holzkohle zum Koks übergehen, und es blieb nichts anderes übrig, als ihn aus weiter Entfernung von der Ruhr her zu beziehen. Insofern waren die Eisenbahnbauten der sechziger Jahre des vergangenen Jahrhunderts eine unerläßliche Voraussetzung, ohne die jede Entwicklung gestockt hätte. Aber damit waren noch lange nicht alle Hemmnisse für das heimische Eisenhüttenwesen überwunden. Das in den Hochöfen erschmolzene Roheisen muß in der Regel noch mancherlei Verfahren durchmachen, bis es in eine der drei Haupteisensorten, Gußeisen, Stahl oder Schmiedeeisen, umgewandelt ist. Eisen ist nur ein Sammelbegriff für ein Metall, von dem man für die verschiedenen Verwendungszwecke sehr unterschiedliche Eigenschaften verlangt: weiche Nachgiebigkeit, starres Beharren in der einmal gegebenen Form oder federnde Schnellkraft. Alle diese und zahllose andere Möglichkeiten stecken im Eisenerz, und die Kunst des Hüttenmannes besteht darin, aus den ihm verfügbaren Erzen die gewünschten Eisensorten ohne kostspielige Umwege zu erschmelzen. Gewaltige Vorteile bot zum Beispiel für phosphorarme Erze das Bessemerverfahren, für phosphorreiche - wie die lothringische Minette - das von Thomas. Das Lahnerz aber eignete sich für keines von beiden; es erfordert für die Umwandlung in Stahl oder Schmiedeeisen weitere Umschmelzungen, Verfeinerungen und Zusätze. Da war es ein bedeutsamer Fortschritt, daß es gelang, schon gleich im Hochofen, also im ersten Arbeitsgang, ein zum Gießen hervorragend geeignetes Eisen zu erzeugen. Das wurde die Eigenart unserer heimischen Hütten, und erst als erkannt war, in welcher Eisensorte ihre Stärke lag, konnte eine Großindustrie aufkommen mit dem besonderen Merkmal, daß sie ihren Standort nicht bei der Kohle, sondern beim Eisenerz hat. Als einzige Erzgrube des Lahn-Dill-Gebietes ist die Grube Fortuna, zwischen Oberbiel und Berghausen, heute noch in Betrieb.

Ohne über Gebühr auf technische Einzelheiten einzugehen, kann die neuere Geschichte der heimischen Eisenindustrie nur in groben Umrissen geschildert werden, aber auch dann stoßen wir unter den führenden Unternehmern immer wieder auf den Namen Buderus. Im Jahre 1731 begann Johann Wilhelm Buderus I. (1690–1753) als Pächter einer solms-laubachischen Grube in Oberhessen. Seine Nachkommen vergrößerten den Besitz an Gruben und Hütten. Im Kreise Wetzlar erwarben sie z. B. 1781 Schürfrechte bei Garbenheim, die 1808 auf die Grafschaft Wetzlar ausgedehnt wurden. 1845/46 faßte die „Sozietät J. W. Buderus Söhne" im Kreise festeren Fuß, indem sie die solmsischen Hütten in Aßlar und Oberndorf mit den zugehörigen Gruben pachtete. Aber die

Hütte in Aßlar wurde bereits 1859, die in Oberndorf 1861 stillgelegt, weil die nur für Holzkohlenbetrieb eingerichteten Hochöfen (damals rund acht Meter hoch!) nicht wettbewerbsfähig waren. Die Firma erwarb dann 1861 die „Hedwigshütte" bei Lollar, die 1853 errichtet worden war; sie erhielt nun den Namen „Main-Weser-Hütte", und dort kam 1864 der für unsere Gegend erste Kokshochofen in Betrieb, dem alsbald ein zweiter folgte. Anfang des Jahres 1870 trennten sich die Gebrüder Buderus, aber zwei von ihnen, Georg II. und Richard, blieben vereint und begannen noch vor Kriegsausbruch in Wetzlar zwei Hochöfen zu bauen, und zwar in der Gabelung zwischen den Bahnlinien nach Köln und Koblenz an der alten Dill, so daß also mit Bahnanschluß und Wassernähe günstige Voraussetzungen gegeben waren. Daß die Nachbarflur „Arme Sorg'" hieß, wurde nicht zum bösen Vorzeichen. Die Hütte erhielt nach der Mutter der Gebrüder, Sophie geb. Spies, den Namen „Sophienhütte". Verwaltungshauptsitz wurde jedoch Lollar; Wetzlar ist es endgültig erst 1896 geworden.

Der erste Hochofen in Wetzlar kam 1872, der zweite 1873 in Betrieb; ihnen folgte 1908 ein dritter. Zur Erleichterung der Zufuhr ließen 1873 mehrere Firmen die „Eiserne Brücke" über die Lahn erbauen; denn noch lange mußte das Erz durch Fuhren von den Gruben herangeschafft werden. Immer mehr wurde die Gegend um den Bahnhof zum Industrieviertel. Die Unternehmerfamilie Jung, deren Gruben- und Hüttenbesitz hauptsächlich im Gebiet nördlich des Kreises Wetzlar lag, errichtete dort 1875/76 ein Walzwerk, das Roheisen von Buderus bezog, in Puddelöfen verfeinerte und dann weiter verarbeitete. 1883 wurde das Werk selbständige Aktiengesellschaft und zu Ehren der Mutter Heinrich Jungs „Carolinenhütte" benannt. Späterhin stellte sich das Werk dahin um, daß es einen großen Teil seiner Walzeisenerzeugung selbst zu Schrauben verarbeitete. Daneben wurde die Gießerei immer weiter ausgebaut, und da 1925 das Walzwerk und dann auch die Schraubenerzeugung eingestellt wurde, sind Zimmeröfen zum Haupterzeugnis der Firma Heinrich Jung & Co., Carolinenhütte GmbH., geworden. Durch das Vordringen der Zentralheizungen wurde die Marktsituation für die Heiz- und Kochgeräteindustrie des Lahn-Dill-Gebietes Ende der fünfziger Jahre u. J. immer schwieriger. Das führte schließlich zu einer Umstellung des Produktionsprogrammes auf Förderanlagen der verschiedensten Art. Dieses Nachfolgeunternehmen ging im Jahre 1973 in Konkurs.

Im Bahnhofsviertel hat auch das Herkuleswerk seinen Sitz. Es begann 1877 mit einigen Schlossern als Werkstätte für die Herstellung von Schmiedehilfsmaschinen und entwickelte sich ganz allmählich vom handwerklichen zum Industriebetrieb. 1896 wurde eine kleine Gießerei angegliedert und um 1900 wurden etwa 100 Arbeiter beschäftigt. Von

Anbeginn an stellten Biegemaschinen für Bleche und Profilstahl das Haupterzeugnis dar, und hierin hat sich das Herkuleswerk, welches sich bis heute in Familienbesitz befindet, Weltruf für seine Produkte erarbeitet.

Im Kreise Wetzlar ließ im gleichen Zeitraum Prinz (später Fürst) Georg zu Solms-Braunfels die Georghütte in Burgsolms errichten mit einem Kostenaufwand von 2¾ Millionen Mark. Der erste von drei geplanten Hochöfen kam 1875 in Betrieb und war mit 60 bis 65 Tonnen täglich der leistungsfähigste des Bezirks. 1882 nahm auch der zweite Hochofen den Betrieb auf. Eine Seilbahn zur Grube Fortuna und sonstige Verbesserungen steigerten die Leistungsfähigkeit der Hütte. Aber die Anlage war zu teuer geworden und mit hohen Bankschulden belastet. Das machte den Fürsten zum Verkauf geneigt, und um unliebsamer Konkurrenz zuvorzukommen, mußte sich im Jahre 1883 die Firma Buderus zum Ankauf entschließen. Sie hatte 1880 auch die Lahnhütte (Margarethenhütte) bei Gießen erworben und somit die gesamte Roheisenerzeugung an der Lahn in ihrer Hand. Aber bei andauernder Geldbedrängnis war dieser Großbetrieb nicht länger als Familienunternehmen zu halten; er wurde 1884 in eine Aktiengesellschaft umgewandelt. Zwar bestanden Vorstand und Aufsichtsrat noch aus Familienmitgliedern, aber ein großer Teil des Besitzes war an Banken verpfändet. Schließlich mußte ein Bankensyndikat die geldliche Regelung übernehmen, und 1896 schieden die letzten Angehörigen der Familie Buderus aus.

Die Leitung übernahm nun Generaldirektor Eduard Kaiser; er hat bis 1911 die fernere Entwicklung entscheidend beeinflußt. Sie ging dahin, daß sich das Werk nicht mehr auf Bergbau und Verhüttung beschränkte, sondern auch die Weiterverarbeitung des Eisens und der Nebenerzeugnisse aufnahm. Nur ein gemischtes Werk konnte damals hoffen, die häufigen Absatzstockungen und Rückschläge dadurch aufzufangen, daß ein Betriebszweig den andern entlastete. So brauchten Einschränkungen auf dem einen oder anderen Gebiet nicht gleich zum Stillstand des Ganzen zu führen. Mit diesem „vertikalen" Aufbau vom Rohstoff bis zum Fertigerzeugnis zeigte das heimische Werk das gleiche Bestreben wie damals fast alle Großbetriebe. Er wurde ergänzt durch eine „horizontale Gliederung", nämlich durch Vereinbarungen über Höhe der Erzeugung und Preise unter den Firmen mit gleichen Erzeugnissen. Durch solche Kartelle und Syndikate konnten Überangebote verhindert und ein auskömmlicher Preis gehalten werden. Die Verhüttung wurde allmählich ganz auf Gießereiroheisen abgestellt, aber auch der gesamte Hochofenbetrieb in Wetzlar vereinigt; die Hochöfen in Gießen, Lollar und Burgsolms wurden 1898, 1907 und 1925 stillgelegt. Seit 1904 wurden die Gase, die sich im Hochofen oben an der „Gicht", der Einfüllöffnung, sammeln, durch besondere Vorrichtungen aufgefangen und zum Beheizen oder zum Motorenantrieb nutzbar gemacht. Mittelbar haben Stadt und Land davon Vorteil gehabt. Denn die Gichtgase reichten aus zum Antrieb so starker Stromerzeuger, daß die Firma von ihrer Elektrizitätszentrale in Wetzlar aus auch ihre auswärtigen Gruben und Werke versorgen konnte. Seit 1911 lieferte sie aber auch Strom an die Stadt Wetzlar und die Dörfer, an denen ihre Überlandleitung vorüberführte. Dank der Gichtgasverwertung sind also viele Gemeinden früher mit elektrischem Strom versorgt worden, als dies unter anderen Umständen möglich gewesen wäre. Wie die Gichtgase anfänglich ungenutzt blieben, so häuften sich auch zunächst gewaltige häßliche Halden von Hochofenschlacke an, weil man dafür keine Verwertung kannte. Dann aber entdeckte man die Möglichkeit, daraus Schlackensteine zu formen und vor allem Zement zu brennen. Die Firma Albrecht Stein & Co. in Wetzlar war seit 1887 der Hauptabnehmer von Schlacke für diesen Zweck. Aber 1899 nahm Buderus eine eigene Zementfabrik in Betrieb, und allmählich gelang es auch, bei den Verbrauchern das Mißtrauen gegenüber dem Hüttenzement zu überwinden.

Im übrigen aber galt die Hauptsorge der Weiterverarbeitung des selbsterzeugten Eisens. Im Jahre 1901 nahm in Wetzlar eine auf dem erweiterten Werksgelände errichtete Röhrengießerei ihre Arbeit auf, und 1927 ging sie zu dem Verfahren des Schleudergusses über. Dabei wird in eine von Kühlwasser umspülte Form, die in schnelle Umdrehung versetzt ist, flüssiges Eisen eingegossen. Es setzt sich mit in Bewegung und formt sich unter der Wirkung der Zentrifugalkraft zu einem Rohr, das schnell erstarrt. Das rohe Gußstück kommt dann auf einer Art Fließband in einen Glühofen, rollt von dort noch genügend heiß in ein Teerbad, wird anschließend auf 40 Atmosphären Wasserdruck geprüft - und ist versandbereit. Das Ganze ein zauberhafter Hergang, der beim Beschauer nur immer wieder das Staunen darüber hinterläßt, welche gewaltigen Kräfte in verschiedenster Form hier zum Dienst gezwungen sind und scheinbar spielend ihre Arbeit verrichten. Eine ganze Reihe auswärtiger Zweigbetriebe hat wieder andere Gußwaren herzustellen, und in neuerer Zeit ist sogar wieder der Guß kunstgewerblicher Gegenstände aufgenommen worden, so daß sich der Kreis schließt zu den Ofenplattengießern des 16. Jahrhunderts, die gleichfalls von Künstlern entworfene Gußformen verwandten. Andererseits ging das Bestreben, über alle erforderlichen Grundstoffe selbständig zu verfügen, so weit, daß dem Unternehmen im Jahre 1911 die Zeche Massen bei Unna mit ihren Kokereien angegliedert wurde, um den Koks- und Kohlenbedarf zu sichern; sie mußte jedoch 1925 wieder aufgegeben werden. Die ständige Vergrößerung des Werkgeländes zwang schließlich auch zu einer

Maßnahme, die schon seit Jahrhunderten gewünscht worden war: In den Jahren 1907–1909 wurde im Anschluß an den oben erwähnten „Österreicher Graben" die Dill bis zur Mündung reguliert und damit die Überschwemmungsgefahr gemindert.

Da die Buderuswerke im 1. Weltkrieg Rüstungsaufgaben erhielten, mußten sie nun auch Stahl erzeugen und die hierfür nötigen Öfen errichten. Nach dem Kriege galt es, für diese Anlagen Verwendung zu suchen; es wurden daher mancherlei Stahlwaren erzeugt und auch Stahlglocken gegossen, darunter ein Ersatz für den abgelieferten großen „Dammerich" aus dem Domgeläute. Aber dann traf es sich günstig, daß die Röchlingwerke in Völklingen sich wegen der Abschnürung des Saargebietes eine neue Anlage schaffen wollten, und so fanden sich beide Unternehmungen im Jahre 1920 zusammen zur Gründung der „Stahlwerke Buderus-Röchling A. G." In deren Anlagen, die sich an das alte Buderusgelände anschließen, werden vorwiegend Edelstähle erzeugt, und damit bringen die Wetzlarer Werke vom Roheisen bis zum aufs letzte vergüteten Stahl fast alle Eisensorten auf den Markt.

Nach dem 2. Weltkriege mußten Bergbau und Eisenerzeugung wieder aus dem Gesamtbetrieb herausgelöst werden. Das verlangte die hessische Verfassung und ein Kontrollratsgesetz der Alliierten. Die genannten Betriebszweige standen zunächst unter Treuhandverwaltung und bilden seit 1952 die „Hessische Berg- und Hüttenwerke A. G."

Heute ist der Industriekomplex Buderus, dessen Aktienmehrheit seit 1956 von der Friedrich Flick KG in Düsseldorf gehalten wird, ein der allgemeinen technischen, wirtschaftlichen und gesellschaftspolitischen Entwicklung angepaßtes, vielschichtiges Konzernunternehmen mit weitverzweigten industriellen Aktivitäten. Die Edelstahlwerke Buderus befinden sich nach dem Ausscheiden von Röchling ganz im Besitz von Buderus, und auch die Hessische Berg- und Hüttenwerke A. G. wurde aus Zweckmäßigkeitsgründen wieder privatisiert. Durch Veränderung der wirtschaftlichen Voraussetzungen wurden inzwischen alle Erzgruben und das Hochofenwerk Oberscheld stillgelegt, so daß nur noch in Wetzlar selbst Roheisen hergestellt wird.

Am Beispiel der Entwicklung der Buderus-Werke haben wir den schwierigen Aufstieg der eisenschaffenden und Gießerei-Industrie dargestellt. Im Laufe der Zeit sind in Stadt und Kreis Wetzlar zahlreiche Unternehmungen in dieser Wirtschaftsgruppe hinzugekommen, besonders sind aber hier zu nennen die leistungsfähigen Betriebe der Metallverarbeitung, namentlich in den alten Hüttenorten Aßlar und Oberndorf; aber auch in anderen Orten des Dilltales sind Unternehmungen in diesem Bereich entstanden. Der Maschinenbau hat sich aufgrund seiner Qualitätserzeugnisse einen internationalen Markt erkämpft. In

Wetzlar ist dieser Produktionsbereich durch die jetzt mehr als 50 Jahre alte Firma Wilhelm Loh KG vertreten. Sie wurde 1922 in einem Haus am Liebfrauenberg als „Mechanische Werkstätte, Werkzeugbau und Schlosserei von Wilhelm Loh" gegründet. Bereits drei Jahre danach begann der Aufbau des Unternehmens in der Friedensstraße. Anfangs wurden vorwiegend Spindeln und Einrichtungen für die Bearbeitung von Mikrolinsen hergestellt und nach einer Produktionserweiterung mit dem Bau von mehrspindligen Schleif- und Poliermaschinen für Linsen und Prismen begonnen. In modernen Fabrikationsräumen bietet das Unternehmen heute ein umfassendes Programm von Maschinen und Einrichtungen für die Glasbearbeitung in der Optik und beschäftigt rund 200 Mitarbeiter. Die Produkte werden in viele Länder exportiert. Es kann nicht Aufgabe dieses Buches sein, eine Firmenliste zu liefern oder einen Warenkatalog der Erzeugnisse, denn es geht nur darum, den Vorgang der Industrialisierung überhaupt zu schildern und den Kreis der Gewerbezweige zu umschreiben, die im besonderen zum Kennzeichen der Heimat geworden sind.

Die optisch-mechanische Industrie

War für die Eisenindustrie durch Bergbau und Hütten schon seit den ältesten Zeiten eine heimische Grundlage gegeben, so hat die optisch-mechanische Industrie, die ihr heute an Bedeutung gleichkommt, Wetzlar zum Standort gewählt ohne irgendeine Bindung an heimische Rohstoffe oder eine Anknüpfung an vorhandene Gewerbe. Sie ist das Werk einiger Männer, die den Übergang vom Handwerklichen zum Fabrikbetrieb vollzogen, aber ihren Ausgang nahm sie von der geistigen Leistung und der kleinen optischen Werkstätte eines Bahnbrechers, von Karl Kellner. Sein Großvater und sein Vater waren Hüttenverwalter. So ist er am 26. März 1826 auf der Buderushütte Hirzenhain geboren und verlebte seine Jugend auf der Oberndorfer Hütte. Von dort aus besuchte er die Lateinschule in Braunfels. Seine Vorliebe galt schon früh der Mathematik und Physik, besonders der Optik. Seiner Neigung folgend, ging er mit 17 Jahren zu einem Gießener Mechaniker in die Lehre, nahm zugleich aber auch theoretischen Unterricht, weil er wußte, daß er im Handwerklichen stecken bleiben würde, wenn er sich die wissenschaftlichen Grundlagen nicht aneignete. 1845/46 arbeitete er in einer Hamburger Werkstätte von bestem Ruf und schloß dort Freundschaft mit Moritz Hensoldt, der gleich ihm mehr im Sinne hatte, als in ausgefahrenen Gleisen zu bleiben. Kellners Vater lebte nunmehr in Braunfels im Ruhestande und ermöglichte dem Sohn, sich ganz der selbstgestellten Aufgabe zu widmen. Im Alter von 21 Jahren gelang es dem jungen Optiker, eine Linse für astronomische Fernrohre herzustellen, die er „orthoskopisch", also „richtigsehend", nannte, weil sie die Verzerrungen und Fehler anderer, bisher bräuchlicher Linsen nicht aufwies. Nun war die Zeit gekommen, sich selbständig zu machen. Im Revolutionsjahr 1848 besuchte er Hensoldt in Sonneberg, wo dieser sich im Jahre zuvor niedergelassen hatte. Aber die dortigen Verhältnisse sagten Kellner nicht zu, und so richtete er in Wetzlar, im ehemaligen Pfarrhaus am „Reformierten Treppchen", sein „Optisches Institut" ein. Der Gedanke an gemeinschaftliche Arbeit mit dem Freunde war dennoch nicht aufgegeben, und 1849 kam auch Hensoldt tatsächlich für kurze Zeit nach Wetzlar. Zu einer gemeinsamen geschäftlichen Unternehmung konnte er sich jedoch nicht entschließen, wahrscheinlich, weil er sich nicht auf die Mechanik einengen wollte, die ihm dann als Sonderaufgabe zugefallen wäre. Kellners Schaffensdrang erschloß sich unterdes ein neues Gebiet. So hohe Anerkennung auch seine Fernrohre bei Astronomen des In- und Auslandes fanden, ihn reizte es ebenso, seine optischen Erkenntnisse auch den Forschern nutzbar zu machen, die optische Hilfsmittel nicht dazu brauchten, um gewaltige Himmelskörper in unendlicher Ferne zu beobachten, sondern umgekehrt: für das, was sich wegen seiner Winzigkeit dem bloßen Auge entzieht. Also entwarf Kellner Linsen für diese Zwecke und lieferte im Jahre 1851 sein erstes Mikroskop. Ein zweites Mal verband er sich in diesem Jahre mit Hensoldt, aber schon im folgenden Jahre trennten sich beide wieder in aller Freundschaft. Mit wenigen Gehilfen stellte Kellner in der Folgezeit im Jahre durchschnittlich 35 Mikroskope her. Er hielt dabei engste Verbindung mit den Professoren der verschiedenen Forschungszweige, weil er nur aus deren Bedürfnissen die Ziele für seine eigene Arbeit und Anregungen zu neuen Wegen erfahren konnte. Handwerkliche Fertigkeit und Blick für die technisch beste Lösung, wacher Verstand und wissenschaftlicher Sinn verbanden sich in Kellner mit dem leidenschaftlichen Trieb, auf die ihm gegebene Weise und an seinem ihm bestimmten Ort einen Beitrag zum Wohle der Menschheit zu leisten. Das kommt in seinen Briefen und seiner Schrift über das orthoskopische Okular in dichterischem Schwung zum Ausdruck, wenn er von dem spricht, was ihm den Sinn seines Lebens ausmacht. Allzufrüh raffte ihn am 13. Mai 1855 die Tuberkulose dahin, gerade die Krankheit, deren Wesen später Robert Koch mit Hilfe des Mikroskops erkennen sollte, also des Instrumentes, an dessen Vollendung Karl Kellner mitgeholfen hat.

Seine Werkstatt und ein Vermächtnis an wertvollen Erfahrungen übernahm Friedrich Belthle, dem später Kellners Witwe die Hand zu einem zweiten Ehebunde reichte. Ein anderer Gehilfe, der gleichfalls Kellners ganzes Vertrauen genoß, Ludwig Engelbert, machte sich 1856 in Oberndorf selbständig, und mit ihm vereinigte sich 1861 Moritz Hensoldt. Sie verlegten ihren Betrieb nach Braunfels und 1865 nach Wetzlar.

Wären diese Firmen im handwerklichen Rahmen geblieben, dann brauchten wir sie hier ebensowenig zu erwähnen wie viele andere Handwerksbetriebe auch. Wenn Karl Kellner wegen seiner Leistungen hervorgehoben wird, warum dann nicht alle heimischen berühmten Männer, an denen kein Mangel ist? Selbst wenn die Auslese der Berühmten auf Technik eingeengt werden sollte, müßten dann nicht andere mit gleichem Recht genannt werden? So etwa der 1580 in Wetzlar geborene Franz Keßler, der Maler und Tausendkünstler, der schon Entwürfe zur Einrichtung von Lichttelegraphie gemacht hat und Vorschläge für Taucheranzüge, Schwimmhosen für Entenjäger und gar ein Perpetuum mobile in Gestalt einer auf stillem Wasser dennoch immergehenden Mühle! Und warum dann nicht den von Ulmenstein so gerühmten Erfinder Carl Greiner nennen, der sich schon um 1780 einen Windmotor auf dem Dache seines Hauses in der Obertorstraße aufstellte und als Antriebkraft für Werkzeugmaschinen benutzte, mit denen er Klaviere und allerlei neuartige Musikinstrumente anfertigte. Gegenüber solchen Einwänden diene zur Rechtfertigung der hier getroffenen Auslese, daß auf beschränktem Raume nur das hervorgehoben werden kann, was nachhaltig das Geschick des Ganzen beeinflußt hat - und das ist eben das Heranwachsen von Industriebetrieben, die auf die Dauer Tausenden Arbeit gegeben haben.

Von diesem Gesichtspunkte aus ist es entscheidend, daß im Jahre 1864 Ernst Leitz (1843-1920) in Friedrich Belthles Werkstatt kam, 1865 sein Teilhaber wurde und alsbald Maßnahmen durchführte, die aus dem Kleinbetrieb eine Fabrik machten. Als Lehrersohn am 26. April 1843 in Sulzburg (Baden) geboren, machte er in Pforzheim seine Lehre als Mechaniker durch und gewann in einer Schweizer Uhrenfabrik Einblick in fortschrittliche Fertigungsweise. Dort machte ihn ein aus Gießen stammender Arbeitskamerad auf Belthles Werkstatt aufmerksam. So kam Ernst Leitz nach Wetzlar. Daß er dort seine Lebensgefährtin fand, hat ihn zum Aushalten bewogen, obwohl die Lage recht schwierig war, als er nach Belthles Tod 1869 alleiniger Inhaber wurde. Aber allmählich erwies sich das Mikroskop als so unentbehrlich für Naturforscher, Ärzte und schließlich auch in der Technik, daß die Nachfrage ständig wuchs. Nun konnte E. Leitz den entscheidenden Schritt tun und etwa seit 1875 durch Aufteilung des Arbeitsganges, Serienherstellung und vermehrten Einsatz von Maschinen seine Erzeugnisse schneller und billiger auf den Markt bringen, als dies bei handwerksmäßiger Einzelherstellung möglich war. Bald reichten die alten Räume nicht mehr aus. Die Werkstätte wurde 1870 in ein Haus am Wöllbacher Tor verlegt, dann 1875 an die

Kalsmuntpforte; und nun reihte sich allmählich zu Füßen des Kalsmunts Bau an Bau, bis schließlich die gewaltigen Hochbauten der jüngsten Zeit auch nach außen Zeugnis dafür ablegten, welche Ausmaße die Fabrikation erreicht hat. Im Jahre 1883 übernahm die erste Dampfmaschine den Antrieb, den bis dahin der Arbeitende selbst hatte leisten müssen. 1867 war das 1000. Mikroskop fertig; 1887 waren es 10 000; und nun stiegen in immer kürzeren Abständen die Zahlen: 1899 auf 50 000, 1907 auf 100 000. Das Instrument mit dieser Nummer erhielt der bahnbrechende Bakterienforscher Robert Koch, und so wird nun jeweils das fünfzigtausendste Mikroskop als Ehrengeschenk verliehen. Es wäre Nichtfachleuten wenig damit gedient, wenn hier auch nur die wichtigsten Instrumente aufgezählt würden, die außer Mikroskopen von E. Leitz hergestellt werden. Denn aus ihrer Bezeichnung allein wäre ohne umständliche Erklärung kaum eine Vorstellung über ihren Verwendungszweck zu gewinnen. Unlöslich eng bleibt eben bei dieser Industrie die Verbindung mit der Wissenschaft, und ein Stab von über 100 wissenschaftlichen Spezialisten steht im Dienste der Firma, um beobachtend, forschend und planend die Voraussetzungen für die praktische Fertigung - und den geschäftlichen Erfolg zu schaffen. Ein Erzeugnis allerdings ist zu einem weltbekannten Gerät - beinahe könnte man sagen: zu einem Gegenstand des täglichen Bedarfs - geworden: die „Leica". Ein Werkmeister der Firma, Oskar Barnack, hat diese Kamera ersonnen, die Bilder in der Größe des gewöhnlichen Kinofilms liefert; das erscheint heute als nichts Besonderes, bedeutete aber einen Bruch mit aller Gewohnheit und Theorie. Als der Sohn des Firmengründers, Ernst Leitz (2.), in den schwierigen Jahren nach dem 1. Weltkriege vor der Frage stand, ob er überhaupt Fotogeräte fertigen solle und wenn schon, ob er es mit diesem revolutionären Modell wagen dürfe, konnte ein Fehlschlag den Ruf der Firma und ihr Bestehen erschüttern. Er hat den richtigen Entschluß gefaßt und 1924 die Leica auf den Markt gebracht. Sie hat nicht nur ihrem eigentlichen Zweck, dem Fotografieren, neue Möglichkeiten eröffnet, sondern durch den gesteigerten Nebenbedarf ganze Industrie- und Geschäftszweige neu aufkommen oder doch an beschleunigtem Aufstieg teilhaben lassen. Auch in schweren wirtschaftlichen Notzeiten blieb die Leica begehrt, fand Absatz im weiten Ausland und wurde auch durch billigere Nachahmungen nicht verdrängt.

Nach dem zweiten Weltkrieg wurde das Fertigungsprogramm der Leitz-Werke erweitert und ausgebaut. Neben den traditionellen Sektoren Mikroskopie und Fotografie betraf das insbesondere die Feinmeßtechnik. Außerdem wurden Bau und Verkauf von Präzisionswerkzeugmaschinen in das Programm aufgenommen.

Ende der sechziger und Anfang der siebziger Jahre verstärkte sich der Trend zu internationaler Zusammenarbeit auch im wirtschaftlichen Bereich. Die Igelhaltung früherer Jahrzehnte entsprach nicht mehr den Gegebenheiten. Die Geschäftsführung von Leitz trug der Erkenntnis Rechnung, daß für einen Hersteller der Branche Feinmechanik-Optik ein hochqualifiziertes, breites und auch progressives Programm zukünftig zweckmäßiger Kooperation bedarf. Die Sicherung sowohl der gegenwärtigen Spitzenstellung im internationalen Markt als auch der weiteren Entwicklung führte inzwischen zu solchen Kooperationen mit namhaften Firmen dieses Wirtschaftsbereiches.

Auf dem Fotosektor entwickelte sich eine Zusammenarbeit mit der japanischen Firma Minolta. Auf dem Gebiet der Rasterelektronenmikroskpie wurde zusammen mit der amerikanischen Advanced Metals Research, Inc. in Wetzlar die Leitz-AMR GmbH gegründet.

In der Mikroskopie wurde mit dem renommierten Schweizer Unternehmen Wild Heerbrugg AG eine Kooperation vereinbart. Die Zusammenfassung der Kräfte beider Firmen ermöglichte kostensparende Spezialisierungen und Rationalisierungen von der Entwicklung bis zum Service.

Gleichzeitig übernahm die Wild Heerbrugg AG im Zuge einer Kapitalerhöhung auf 40 Mio. DM 25 Prozent des Stammkapitals der Ernst Leitz GmbH. Im Jahre 1974 wurde diese in 1972 begonnene Zusammenarbeit weiter ausgebaut. Aufgrund der seinerzeit getroffenen Vereinbarungen zwischen beiden Unternehmen übertrug die Gesellschaftergruppe Leitz weitere 26 Prozent des Stammkapitals an die Wild Heerbrugg AG. Mit der neuen Mehrheitsgesellschafterin wurde der vor Jahren eingeschlagene Weg der Rationalisierung von Programm und Organisation weitergeführt.

Ein zweites optisch-mechanisches Unternehmen, das den Schritt zur industriellen Erzeugung tat, ist das von M o r i t z H e n s o l d t (geb. am 11. November 1821 in Friedrichshall). Soweit sich sein Lebensweg mit dem Karl Kellners kreuzte und zusammenfand, haben wir ihn schon geschildert. Im gleichen Jahre 1865, in dem Ernst Leitz Teilhaber von Belthle wurde, verlegten Engelbert & Hensoldt ihre Werkstatt nach Wetzlar in die Schützenstraße. Sie bauten zunächst auch Mikroskope, aber seit 1877 schuf Hensoldt eine Reihe von Neuerungen und Verbesserungen ganz besonders für die Vermessungstechnik in eigener Werkstatt. Nach dem Tode Ludwig Engelberts (1877) ging Hensoldt zur fabrikmäßigen Erzeugung über und verlegte den Betrieb in die Sophienstraße (später Hauptverwaltung der Buderuswerke). Wertvolle Mitarbeiter wurden ihm seine Söhne Waldemar (1856–1946) und Carl (1872–1953), die er 1896 als Teilhaber in die Firma „Moritz Hensoldt & Söhne" aufnahm. Allmählich war die Herstellung von Prismen, jenen keilförmigen, geschliffenen Glaskörpern, ein Sonderleistungsgebiet der Firma geworden. Die optischen Vorzüge der Prismen wurden angewandt in Entfernungsmessern und besonders in Feldstechern. Was man lange für unmöglich gehalten hatte - die fabrikmäßige Herstellung der von Hensoldt „Dialyt" genannten Prismen und ihr gebrauchsfester Einbau -, das gelang, und damit war der Ruf der Firma gesichert, als Moritz Hensoldt im Jahre 1903 die Augen schloß. Die Art ihrer Erzeugnisse - Feldstecher, Zielfernrohre, Entfernungsmesser - gab ihr für das Heer besondere Bedeutung. So mußten die Fabrikanlagen bald erweitert werden. Sie wurden 1909 in die Moltke-, jetzt Gloëlstraße verlegt und noch während des 1. Weltkrieges bedeutend vergrößert. Aber der unglückliche Ausgang des Krieges traf die Firma um so empfindlicer und zwang sie zu einer Umstellung auf andere Erzeugnisse. Im Jahre 1922 wurde das Familienunternehmen in eine Aktiengesellschaft umgewandelt, und 1928 erwarb die Carl-Zeiß-Stiftung (Jena) die Aktienmehrheit.

Ehe die neue Lage jedoch ihre Früchte tragen konnte, brach eine besonders schwere Wirtschaftskrise über Deutschland herein. Sie hemmte den technischen und geschäftlichen Wiederaufbau stark. Erst als sich eine konjunkturelle Besserung am Weltmarkt abzeichnete und insbesondere die später beginnende deutsche Aufrüstung auch die optische Industrie mobilisierte, kam die Produktion der Hensoldt-Werke wieder in vollen Fluß. Der Rüstungsbedarf führte mit der Zeit sogar zu einer ungesunden Ausweitung und übermäßigen Beanspruchung der Kapazität. Die Ausweitung spiegelte sich nicht zuletzt im Ansteigen der Belegschaftsstärke, die sich von kaum 300 Mitarbeitern auf rund 2000 erhöhte. Die übermäßige Beanspruchung betraf vor allem die Fabrikationseinrichtungen im weitesten Sinne, denen besonders nach Ausbruch des zweiten Weltkrieges anormal viel abverlangt werden mußte, während notwendige Erneuerungen und Verbesserungen unterblieben. So haben sich die Rüstungsperiode und der Krieg auf die Gesamtkonstitution der Hensoldt AG nicht förderlich ausgewirkt.

Nach Beendigung des Krieges wurden zur Festigung der Fertigungsbasis neue Produkte und Produktgruppen aufgenommen. In dieser Zeit stellte Hensoldt auch Brillengläser, neue Mikroskoptypen, Foto- und Projektionsobjektive her, was dann aber aus verschiedenen Gründen im Laufe der Zeit wieder aufgegeben wurde. Zur Stabilisierung des Unternehmens trugen die in der ersten Hälfte der 50ger Jahre eingeführte neue Feldstecher- und Zielfernrohrgeneration und die Fertigung von optischen Feinmeßgeräten für den industriellen Bereich bei.

Entscheidende Voraussetzung für die Zusammenlegung der Fertigung

---

Bild rechte Seite: Schwerarbeit in der Eisenindustrie.

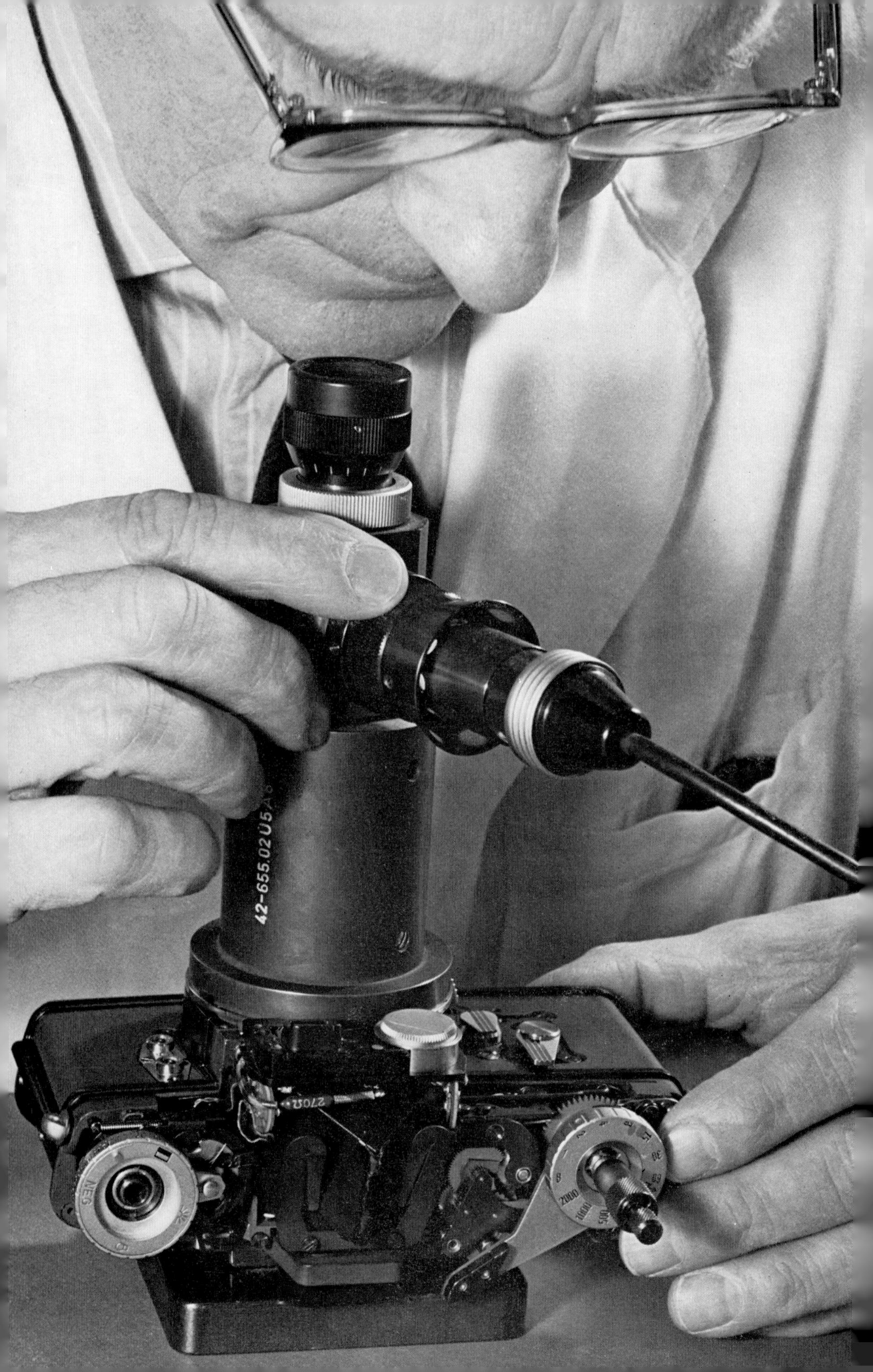
42-655.02Ü5

bestimmter Produkte der Zeiss-Stiftung - die 97,5 Prozent des Aktienkapitals der Firma Hensoldt hält - in Wetzlar waren eine fast völlige Erneuerung des Fabrikkomplexes und hohe Investitionen von Maschinen. Heute ist Hensoldt ein modernes, leistungsfähiges Unternehmen mit einer personellen und maschinellen Kapazität für etwa 1200 Mitarbeiter. Es stehen über 20000 qm Nutzfläche bzw. 100000 cbm umbauter Raum zur Verfügung, in denen hochpräzise optische Geräte mit den Namen „Zeiss" und „Hensoldt" für Benutzer in aller Welt hergestellt werden.

Noch ein drittes Unternehmen ist aus Kellners Werkstatt hervorgegangen: das der Brüder Wilhelm und Heinrich Seibert. Ihre Mutter war eine Base Karl Kellners. Er selbst hat 1854 noch die Lehrlingsausbildung Wilhelms übernommen, und Belthle die Heinrichs, und in der Folgezeit wurden noch vier jüngere Brüder von den älteren für ihren Beruf gewonnen. Ohne auf die wechselnden Schicksale ihrer ersten geschäftlichen Unternehmungen einzugehen, sei nur erwähnt, daß sie um 1873 etwa 20 Gehilfen beschäftigten. Der führende Kopf war Wilhelm Seibert; nur durch Selbststudium brachte er es zu der Fähigkeit, auch den wissenschaftlichen Teil seiner Aufgaben zu bewältigen und hervorragende Mikroskope zu bauen. Er hat u. a. an Robert Koch Instrumente geliefert. Das Unternehmen entwickelte sich zunächst sehr gut und errichtete 1889/90 die Fabrik neben der heutigen Kreisverwaltung. Die durch den Krieg bedingten Schwierigkeiten veranlaßten im Jahre 1917 eine Verbindung mit der Firma Leitz, die das Unternehmen im zweiten Weltkrieg vollkommen übernahm und im Jahre 1972 auflöste.

Wenden wir uns nunmehr den älteren feinmechanischen Betrieben zu, so gäbe es auch da aus dem Lebensweg der Begründer manches zu erzählen, was als Beispiel und Lehre dienen könnte, wenn man nach den Voraussetzungen und den Möglichkeiten des Aufstieges fragt. Etwa von Christian Kremp (1843-1920), der Bergmann werden sollte, Uhrmacher werden wollte und dann über die Tischlerei zum Instrumentenbau kam. Für seine Zither brauchte er einen spiralgezahnten Trieb, zu dessen Herstellung wiederum eine Werkzeugmaschine - und die wurde dann zum Ausgang für die Erzeugung von Trieben, Zahnstangen und Fräsen aller Art, wie sie nicht nur die heimische Industrie brauchte. So erwuchs in der heutigen Ernst-Leitz-Straße von 1898 an ein Unternehmen, von dem sich 1920 ein zweites abgetrennt hat, das auch optische Instrumente selbst herstellt.

Nicht weniger abwechslungsreich sind die Sondergebiete, auf denen sich Arthur Pfeiffer (1867-1947) erprobt hat. Als gelernter Fein-

---

Bild linke Seite: Präzisionsarbeit in der optisch-mechanischen Industrie.

mechaniker kam er mit 20 Jahren erstmals nach Wetzlar zu Leitz und arbeitete seit 1890 in eigener Werkstatt. Seine erste Erfindung war ein Gasfernzünder, mit dem man eine beliebige Anzahl von Lampen von einer Stelle aus zünden und löschen konnte. Die Weltausstellung von 1900 in Paris, mit ihrer für damalige Verhältnisse recht großzügigen elektrischen Beleuchtung, veranlaßte ihn, sich Hilfsgeräten zur Herstellung elektrischer Glühlampen zuzuwenden. Eine besondere Rolle spielten dabei Pumpen, die Luft aus den Glaskolben herauspumpten, ihn also „luftleer" machten. Diese Pumpen wurden im Laufe der Zeit verbessert und im gesamten Bereich der Elektroindustrie sowie in der chemischen Industrie verwendet. Heute finden die Pfeifferschen Vakuumpumpen darüber hinaus auch Verwendung in der Raum- und Nuklearforschung. Im Jahre 1965 brachte das Ehepaar Dres. Pfeiffer das gesamte Betriebsvermögen in eine Stiftung zugunsten der Belegschaft ein. Zur Sicherung der sehr aufwendigen Weiterentwicklung der Produkte verkaufte die Dr. Erich-Pfeiffer-Stiftung ihre Geschäftsanteile 1969 an die Balzers AG für Hochvakuumtechnik und Dünne Schichten in Balzers, Fürstentum Liechtenstein. Die Firma Pfeiffer gehört damit zu einem Unternehmensverbund, der als der zweitgrößte Hersteller der Welt von Vakuumerzeugnissen gilt.

Nachdem Wetzlar einmal zu einem Hauptsitz der optisch-mechanischen Industrie geworden war, blieb es nicht aus, daß immer wieder unternehmungsfreudige Männer ihre Stammfirma verließen und sich selbständig machten oder daß andere Firmen von auswärts zuzogen, weil hier die Arbeit in derartigen Betrieben gewissermaßen volkstümlich geworden war und die Anwerbung der nötigen Arbeitskräfte erleichtert schien. Zahlreiche kleinere und mittlere Unternehmen sind so entstanden. Erwähnt werden soll noch die Firma W i l h e l m W i l l K G , Optisches Werk, in Nauborn, die heute mehr als 300 Mitarbeitern mit ihren Familienangehörigen den Lebensunterhalt sichert. Das mehr als 50 Jahre alte Unternehmen hat unter der Führung der beiden Söhne des Gründers, Willi und Erich Will, einen festen Platz in dem Markt seiner Produkte erworben.

Eine wesentliche Bereicherung der Industriestruktur des heimischen Raumes erfolgte mit der Ansiedlung eines Zweigwerkes der Philips GmbH im Jahre 1946. Ein großer Teil der Belegschaft der „Pionierzeit" bestand aus Wetzlarer Neubürgern, die durch die Kriegsereignisse aus den Vertreibungsgebieten Sudetenland, Jugoslawien und Ungarn nach hier verschlagen wurden.

Ausschlaggebend für die Standortwahl war jedoch das Vorhandensein eines unzerstörten, bisher für Rüstungszwecke verwendeten Fabrikgebäudes im Herzen von Wetzlar. Schon bald zeigte sich, daß die Fabrikationsräume zu klein und nicht ideal gelegen waren. Deshalb wurde im Jahre 1951 mit dem Bau eines modernen Betriebes auf dem Industriegelände in Niedergirmes in der Nähe des Bahnhofes begonnen.

Hier besteht heute eine Arbeitskapazität für die Beschäftigung von 2000 Arbeitskräften (überwiegend weiblich). Die Fertigung wurde schließlich völlig in Niedergirmes konzentriert.

Um dem wachsenden internationalen Konkurrenzdruck standhalten zu können, wurde im Laufe der Jahre das Fabrikationsprogramm gestrafft, das im wesentlichen aus der Fertigung von Autoradios, Laufwerken für Tonbandgeräte, Transformatoren und Eisenkernen (C-Kerne) für Transformatoren besteht. Bis zu 80 Prozent dieser Produkte werden weltweit exportiert.

Andere Industriezweige

Daß in einem waldreichen Gebiet die Holzindustrie aufkommen würde, war zu erwarten. Als einer der ersten hat Christian Cloos d. Ä. (1816–1879) aus Klein-Altenstädten im Jahre 1851 einen Grubenholzbetrieb geschaffen, der seinen Bedarf schon bald nicht mehr in der Heimat allein decken konnte. Von 1884–1946 hatte die Firma ihren Verwaltungssitz in Wetzlar und ist zu einem der größten Grubenholzbetriebe des Westens geworden (jetzt „Gebrüder Cloos K. G., Duisburg-Ruhrort"). Späterhin haben andere Betriebe die Herstellung von Holzwolle, Holzplatten und fertigen Möbeln (Burgsolms) aufgenommen. Die heutige Holzwerke H. Wilhelmi KG in Dorlar begann um 1900 in Aßlar (Firmen Nickel, später Wilhelmi und Rink) mit der Herstellung von Holzwolle. Bereits 1932 übersiedelte die Firma nach Dorlar (Holzwollefertigung, Laubsägewerk). Nach Erweiterung der Fabrikationsräume stellt das weltweit bekannte Unternehmen Holzspan- und Akustikplatten her und beschäftigt rund 400 Mitarbeiter.

Ein alteingesessenes Gewerbe ist auch die Lederbereitung und -verarbeitung. Die Gerber bildeten in der Stadt zwar keine eigene Zunft, wohl aber hatten sie eine Lohmühle und gemeinsame Betriebseinrichtungen. Daraus wurde dann im 19. Jahrhundert als Wetzlarer Eigenart die Handschuhindustrie, die namentlich die früher im Heer zur Uniform gehörenden Handschuhe herstellte. Die Lohgerberei war vor allem in Brandoberndorf heimisch. Kleinere Betriebe der Lederverarbeitung entstanden in mehreren Kreisgemeinden. Durch die Härte des Konkurrenzkampfes mußten in der Zwischenzeit allerdings einige von ihnen schon wieder eingestellt werden.

Im Textilgewerbe war lange die 1872 begründete, aber inzwischen wieder eingestellte „Spinnerei und Weberei K. G. Wetzlar" der einzige größere Betrieb, doch sind namentlich nach dem zweiten Weltkrieg im Kreise Wetzlar eine ganze Reihe von Firmen entstanden, die Kleider und Wäsche herstellen.

Das Nahrungs- und Genußmittelgewerbe weist neben zwei Großmühlen als heimische Sonderheit die Käsefabriken in Hochelheim auf. Sie stellen die beliebten „Mainzer Käse" - hierzulande „Handkäse" genannt - im Großbetrieb her. Die Zigarrenfabriken der Gießener Gegend geben vielen Kreisangehörigen Arbeit, Brauereien in Wetzlar und Braunfels genießen weithin altbegründeten Ruf, und wiederum eine Sondergabe der heimischen Natur sind die Biskirchener „Gertrudis-" und „Karlssprudel", die als Tafel- und Heilwasser viele Freunde haben.

Die Industrie der Steine und Erden beutet vor allem die Schätze des heimischen Bodens aus, wie sie der Kalk, der harte, dunkelgrüne Diabas und der Ton für feuerfeste Steine darstellen. Das älteste Werk dieser Art, die 1879 im Wetzlarer Bahnhofsviertel begründeten Marmorwerke von Dykerhoff & Neumann, mußte nach Villmar verlegt werden. Es entbehrte - wie alle Betriebe dieser Art - besonders den Ausbau der Lahn zu einer leistungsfähigen Wasserstraße.

Sicherlich gäbe es noch mancherlei zu erwähnen, aber mehr als eine Übersicht können wir hier nicht bieten. Sie soll durch nachfolgende Tabelle ergänzt werden (Stand vom 31. Dezember 1974):

Industriegruppe	Zahl der Betriebe mit 10 und mehr Beschäftigten	Beschäftigte insgesamt
Feinmechanik und Optik	20	6410
Eisen- u. Stahl verarb. Industrie	10	4423
Gießereiindustrie	3	3554
Elektrotechn. Industrie	9	2660
Maschinenbau	8	1380
Holzverarbeitung	8	715
Ernährungsindustrie	9	309
Lederindustrie	6	145

Die Standortvoraussetzungen des heimischen Raumes sind aufgrund der zentralen Lage in der Bundesrepublik Deutschland sehr günstig. Die Eisenbahnverbindungen bieten seit langem eine günstige Anbindung an alle wirtschaftlichen Ballungsräume unseres Landes. Durch den großzügigen Ausbau des Straßennetzes, besonders durch die Eröffnung der Sauerland-Autobahnlinie, haben sich die Verhältnisse des Straßenverkehrs deutlich verbessert.

Wirkungen der Industrialisierung

Es war ein Segen für unsere Heimat, daß sich der Übergang zur Industrie verhältnismäßig spät und im ganzen langsam vollzogen hat. Dadurch sind ihr die schlimmsten Mißstände im gesellschaftlichen Gefüge und allzu häßliche Verschandelungen des Landschaftsbildes erspart geblieben. Selbstverständlich sind dabei die Unterschiede zwischen der Entwicklung in Stadt oder Land, aber auch unter den Dörfern sehr groß, und deshalb wird eine allgemeingehaltene Beurteilung immer durch die nur örtlich geltenden Erfahrungen berichtigt werden müssen.

Wenn im Laufe des 19. und 20. Jahrhunderts die Bevölkerungszahlen mächtig ansteigen, so ist das nur möglich, weil neue Nahrungsquellen erschlossen und durch Austausch unter den Völkern zugänglich werden. Unser Kreis zeigt nun aber bis in die achtziger Jahre hinein nur ein ganz allmähliches Ansteigen, ja für einzelne Orte fast einen Stillstand. Selbst wenn die Bevölkerung des Kreises von 1849 bis 1914 von rd. 41 000 Menschen auf rd. 62 000 gestiegen ist, also um 50 Prozent, dann bleibt er hinter Gesamtpreußen, das 150 Prozent aufweist, zurück. Unsere Heimat hat eben weder eine Großstadt mit überschnellem Wachstum durch Zuzug, noch ist sie eindeutiges Industriegebiet. Ein Blick auf die Berufszusammensetzung zeigt allerdings, daß in der Landwirtschaft im Jahre 1862 80 Prozent, 1882 nur noch etwa 50 Prozent beschäftigt sind, aber von der übrigen Bevölkerung gehörte damals doch nur etwa die Hälfte der Industrie an. Erst um 1907 wird der Anteil von Industrie- und Landbevölkerung etwa gleich; denn gegenüber 1882 hat sich die Bevölkerungsziffer der von Landwirtschaft Lebenden kaum geändert, während sich die Industriebevölkerung ständig vergrößert hat. Nach der Berufszählung von 1970 sind aus dem Kreisgebiet knapp 6 Prozent der Beschäftigten in Land- und Forstwirtschaft und rund 62 Prozent im produzierenden Gewerbe tätig.

Ausschlaggebend aber und ein besonderes Kennzeichen unserer Heimat ist es, daß ein großer Teil der Industriearbeiterschaft vom Lande stammt und dort seinen Besitz an Acker und Gartenland weiter bewirtschaftet, dabei meist auch noch etwas Vieh hält. In den Anfangsjahren der Industrie hat es den Unternehmern viele Schwierigkeiten gemacht, daß so mancher Betriebsangehörige in Zeiten dringlicher landwirtschaftlicher Arbeiten nicht im Werk erschien. Aber umgekehrt hat auch der kleine Besitz dem Arbeiter geholfen, die gerade im Bergbau und in der Eisenindustrie nicht seltenen Notzeiten zu überstehen, in denen die Belegschaft verkleinert werden mußte. Die landwirtschaftliche Nebenbeschäftigung und die Freude an der eigenen Scholle ließen auch viele Arbeiter lieber weite Wege zur Arbeitsstätte machen, als ihren Wohnsitz in die Stadt verlegen. So kam es dort nicht zum Bau von Mietskasernen mit lichtlosen Hinterhöfen und all den häßlichen und bedrükkenden Begleiterscheinungen wie in einseitigen Industriegebieten. Als einzelne Werke begannen, Arbeiterwohnungen zu bauen, um eine seßhafte Stammarbeiterschaft zu gewinnen, gehörten Garten und Kleinviehstall zu den Mindestforderungen der heimischen Arbeiterschaft. Aber eigentlich wird das Bild schon schief, wenn man von „Arbeiterschaft" spricht, als ob es sich da um eine einheitliche Menschengruppe, eine „Klasse", handle. Die Klassenkampftheorie von Karl Marx hat ihr praktisches Vorbild in den Zuständen des englischen, belgischen und teilweise auch deutschen Frühkapitalismus gehabt. Heute haben wir erkannt, wo die Grenzen ihrer praktischen Anwendbarkeit gesetzt sind und wie fraglich die angebliche „Zwangsläufigkeit" der prophezeiten Zukunftsentwicklung ist. So hat es denn auch den „Proletarier", dem die „Unterjochung unter das Kapital" alle Eigenart seines Volkstums genommen haben soll und für den „die Gesetze, die Moral und die Religion nur ebenso viele bürgerliche Vorurteile darstellen, hinter denen sich ebenso viele bürgerliche Interessen verstecken" in unserem Raum nur ausnahmsweise gegeben. Statt dessen haben nicht nur die meisten ihre landsmännische Eigenart bewahrt, sondern gehen auch in ihren Lebensanschauungen durchaus eigene Wege. Es hat Zeiten gegeben, wo es der Optiker und Mechaniker als eine Kränkung angesehen hätte, wenn man ihn etwa mit dem Hüttenarbeiter auf gleiche Stufe gestellt hätte, und der bezeichnete sie wohl auch als „Stehkragenarbeiter". Der Übergang vom Handwerk zur Industrie, von der Einzelherstellung eines ganzen fertigen Gegenstandes bis zur Arbeit am Fließband und der Serienherstellung ein und desselben Teilstückes - das war freilich eine starke Umstellung, und niemand wird beschönigen können, wie sehr dabei der Mensch in Gefahr gerät, selbst zu einer seelenlosen Maschine zu werden. Aber „zwangsläufig" muß das nicht geschehen; es gibt in Herz und Geist Kraftquellen genug zum Widerstand gegen diese Gefahr, und die heimische Arbeiterschaft hat gezeigt, daß sie zwar zusammenstehen kann, wenn sie ihre Rechte bedroht fühlt, daß aber jede Berufsgruppe, jede Werkgemeinschaft - ja im Grunde jeder Einzelne - Behagen und Selbstgefühl nur sichern kann, wenn er seine Eigenart gegen Gleichmacherei verteidigt. Allgemeinbegriffe wie „der" Arbeiter und auch „der" Unternehmer werden zu fadenscheinigen, blassen Gedankengebilden, wenn man - wie wir in einer Heimatgeschichte - die Dinge aus der Nähe und in leibhaftiger Wirklichkeit besieht. So wenig unsere Arbeiter „Proletarier" sind - ebensowenig sind alle Unternehmer ausbeutende „Kapitalisten". Deutschland kann stolz darauf sein, daß es von Staatswegen schon früh die soziale Fürsorge für alle, die in unverschuldete Not geraten, gesetzlich geregelt hat. Aber was heimische Wirtschaftsführer in dieser Hinsicht schon vorher und dann über das gesetzlich Geforderte hinaus an Hilfe geleistet haben und leisten, das bleibt immer ein Ruhmesblatt. Durch eine aufgeschlossene Betriebsführung kommt es leichter zu einem alle Gegensätze überbrückenden Gemeinschaftsgefühl innerhalb eines Werkes. Aber dieser für alle Teile befriedigende Zustand ist nicht an diese Voraussetzung gebunden, nicht einmal daran, daß viel verdient und darum auch leichter gegeben werden kann. Im Gegenteil - ihre Probe besteht jede Gemeinschaft erst, wenn das Rechnen aufhört und das Opfern beginnt. Gegenseitiges Vertrauen und Unterordnung unter eine gemeinsame Aufgabe im Dienst an einem größeren Ganzen - darin liegt wohl das Geheimnis für das Gelingen und innere Befriedigung. Ohne große Worte zu machen, ja sogar unter Fluchen und Schimpfen und Verleugnung aller bis dahin lieben Werte haben unsere Werkleute nach dem letzten Krieg aus völligem Zusammenbruch den Wiederaufbau begonnen und das „deutsche Wunder" vollbracht. Eine härtere Probe auf praktische Bewährung - und eine bessere Widerlegung überlebter Schlagworte konnte es kaum geben.

20. Stadt und Kreis Wetzlar im 20. Jahrhundert

Bei einer Darstellung der jüngsten Vergangenheit wird es immer weniger möglich und angebracht, die zeitliche Reihenfolge genau einzuhalten. Die Vielfalt der sich im gleichen Zeitabschnitt nebeneinander abspielenden Vorgänge wird nur überschaubar, wenn sie in das Nacheinander von Entwicklungsreihen des Zusammengehörigen aufgelöst wird. Bei der Auslese des Stoffes, der in eine Heimatgeschichte gehört, drängt sich die Beobachtung auf, wie das Schicksal des kleinen Heimatraumes immer enger und unlösbarer in das des großen Ganzen verstrickt wird. Gewiß - auch die Geschichte der alten Reichsstadt und der Kleinländer im Kreise war schon immer durch das Gesamtgeschehen bestimmt, aber in allem bestand doch die Möglichkeit zu eigenartiger Sonderentwicklung. Der alte Fehler oberflächlicher Heimatkunde, aus der Gesamtgeschichte bekannte Erscheinungen unbesehen auch für die Heimat als gültig anzusehen, ist gleichbedeutend mit einer Verfälschung - wenigstens für die ältere Zeit. Noch ein Vorgang wie die Industrialisierung sieht in der Heimat anders aus als in der verallgemeinernden Darstellung eines Lehrbuches. Aber seitdem Stadt und Kreis einem großen Lande wie Preußen angehörten und vollends seit der Reichsgründung wird doch sehr vieles durch Landes- oder Reichsgesetze einheitlich für ein weites Gebiet geregelt, und es vollzieht sich auch sonst - ohne gesetzliche Regelung - eine immer mehr die Unterschiede verringernde Angleichung. Infolgedessen besteht für eine Heimatgeschichte von beschränktem Umfang kein Grund, etwa die neuzeitliche Behördenverfassung, Steuer-,

Gerichts-, Schul- oder Heerwesen, soziale Fürsorge und all dergleichen noch einmal in ihrer Durchführung im Heimatgebiet darzustellen, weil für heimatliche Sonderheiten nicht mehr viel Spielraum bleibt. Nicht viel anders ist es aber auch mit dem großen politischen Geschehen. Zwei furchtbare Weltkriege, zwei nicht weniger schlimme Nachkriegszeiten mit Inflation und Währungsreform, umstürzende Verfassungsänderungen vom Kaiserreich zur Weimarer Republik, dann zum autoritären Hitlerreich und nun zu zwei Staaten auf deutschem Boden - schon diese paar Stichworte deuten an, welche Fülle von Ereignissen in die letzten Jahrzehnte fallen - aber wie sehr sind auch in dieser Beziehung die Auswirkungen für weite Räume gleichartig! Mit einer farblosen Aufzählung nach dem Muster: „Auch in Wetzlar war man 1914 begeistert, ... auch in Wetzlar hat man um Gefallene geweint, hat gehungert und gedarbt usw. usw....", - mit solchen Feststellungen wäre doch nur wiederholt, was jede Allgemeindarstellung auch bringt. Erst bei einer sehr ausführlichen Widerspiegelung des großen Geschehens im kleinen Raum, die dann aber von Ort zu Ort verschieden sein würde, könnte eine Heimatgeschichte der jüngsten Zeit den Reiz enger Beziehungen zum heimischen Raum und zu den dort tätigen und leidenden Menschen haben. Aber dann würde eine andere große Schwierigkeit auftauchen: für eine wertende Beurteilung fehlt noch vielfach der versöhnende Abstand, und selbst das wohlmeinendste Bemühen würde an unvernarbte Wunden rühren. Aus diesen Erwägungen kann hier nur ein Überblick gegeben werden, der das örtlich Bedingte und Eigenartige herauslesen möchte.

Von Preußen zu Hessen

Im Jahre 1932, also kurz bevor der Nationalsozialismus zur Macht kam, führte Preußen noch eine einschneidende Neuordnung in seiner Gebietsgliederung durch. Dabei wurde der Kreis Wetzlar am 1. Oktober 1932 aus der Rheinprovinz herausgelöst und der Provinz Hessen-Nassau zugeteilt, zugleich aber auch abgerundet und ausgedehnt auf die südlichen Orte des Kreises Biedenkopf und die Orte Cleeberg, Brandoberndorf, Espa, Hasselborn und Weiperfelden aus dem bisherigen Kreise Usingen; seine Größe stieg von 530 qkm auf 640 qkm. Ein Blick auf die geschichtlichen Karten des Wetzlarer Raumes zeigt, daß hier einmal durch moderne Behördenmaßnahmen ein alter geschichtlicher Zusammenhang wiederhergestellt worden ist. Nach einer kurzen Zwischenlösung wurden am 1. April 1934 die Amtsbürgermeistereien aufgelöst, und damit war die Behördenverfassung der in Hessen-Nassau bestehenden angeglichen. Was jahrzehntelang als unüberwindliche Schwierigkeit hingestellt worden war, ließ sich nun glatt und ohne Härten lösen. Auch die katholische Kirche folgte mit ihrer Organisation der staatlichen Neuordnung und teilte den Kreis Wetzlar, der bis dahin wohl tausend Jahre lang zur Diözese Trier gehört hatte, dem Bistum Limburg zu. Die evangelischen Synodalbezirke Braunfels und Wetzlar dagegen hielten bis heute an der Zugehörigkeit zur Rheinischen Kirche fest.

Im Jahre 1945 haben die Siegermächte Preußen aufgelöst, und dadurch kam die Provinz Hessen-Nassau und mit ihr Stadt und Kreis Wetzlar an das am 19. September 1945 durch die Militärregierung der Alliierten geschaffene „Großhessen". Es gab sich in seiner Verfassung vom 1. Dezember 1946 den bescheideneren Namen Hessen. Wie wären die alten Reichsstädter aufgebraust, wenn sie den rot-weiß gestreiften Löwen als Hoheitszeichen an Amtsgebäuden hätten sehen müssen, und wie spät kommt die Genugtuung für einen Henne Haberkorn, der ihn 1393 schon dort sehen wollte! 1945 dagegen war der Landesname gleichgültig, und es wurde schon mit Freude und Erleichterung begrüßt, daß überhaupt wieder eine gesetzliche Ordnung und staatliche Gliederung zustande kam.

Stadt und Kreis Wetzlar gehörten zunächst zum Regierungsbezirk Wiesbaden, seit 1968 nach der Zusammenlegung der beiden Regierungsbezirke zum Regierungsbezirk Darmstadt. Seit 1954 ist nicht mehr der Landrat die kommunale Aufsichtsbehörde für die Stadt, sondern der Regierungspräsident; die verwaltungsmäßige Zuordnung der Stadt zum Landkreis Wetzlar blieb dabei allerdings unberührt. Nachdem in Hessen ab 1952 für Gemeinden mit über 3000 Einwohnern die Magistratsverfassung verbindlich wurde, wurde auch in Wetzlar von diesem Jahre an die bisherige Bürgermeisterverfassung durch die Magistratsverfassung abgelöst. Der kollegiale Gemeindevorstand führt seitdem den Namen Magistrat; er besteht aus hauptamtlichen und ehrenamtlichen Magistratsmitgliedern, die von der Stadtverordnetenversammlung gewählt werden und den Titel Stadtrat führen. An ihrer Spitze steht der Bürgermeister, an der Spitze der Stadtverordnetenversammlung der ehrenamtlich tätige Stadtverordnetenvorsteher.

Im Zuge der gemeindlichen Neugliederung änderten sich zu Beginn der siebziger Jahre die Kreisgrenzen an einigen Stellen: die Orte Bischoffen, Niederweidbach, Oberweidbach, Roßbach, Wilsbach, Philippstein und Altenkirchen kamen zum Kreis Wetzlar, die Orte Bellersdorf, Odenhausen, Salzböden und Kinzenbach wurden an Nachbarkreise abgetreten. Damit hat der Kreis Wetzlar nunmehr eine Größe von 674 qkm.

Im letzten Jahrzehnt entstanden durch Gemeindezusammenschlüsse folgende Großgemeinden (in Klammern die Namen der jeweils zusammengeschlossenen Gemeinden):

Aßlar (Aßlar, Bechlingen, Berghausen, Bermoll, Oberlemp)

Biebertal (Fellingshausen, Königsberg, Krumbach, Rodheim-Bieber, Vetzberg)

Bischoffen (Bischoffen, Niederweidbach, Oberweidbach, Roßbach, Wilsbach)

Bielhausen (Albshausen, Oberbiel)

Braunfels (Bonbaden, Braunfels, Neukirchen, Tiefenbach, Altenkirchen, Philippstein)
Ehringshausen (Dreisbach, Ehringshausen, Greifenthal)
Hermannstein (Blasbach, Hermannstein)
Hohenahr (Ahrdt, Erda, Großaltenstädten, Hohensolms)
Hüttenberg (Hörnsheim, Hochelheim)
Kleenheim (Niederkleen, Oberkleen)
Leun (Biskirchen, Bissenberg, Leun, Stockhausen)
Schöffengrund (Laufdorf, Niederwetz, Niederquembach, Oberquembach, Oberwetz, Schwalbach)
Schwingbach (Großrechtenbach, Kleinrechtenbach, Vollnkirchen, Weidenhausen)
Solms (Burgsolms, Oberndorf)
Ulmtal (Allendorf, Holzhausen, Ulm)
Waldsolms (Brandoberndorf, Griedelbach, Hasselborn, Kraftsolms, Kröffelbach, Weiperfelden)

Bevölkerungsbewegung

Während sich im Gesamtreich die Bevölkerung im Laufe des 19. Jahrhunderts etwa verdreifacht hat, stieg sie im Kreise nicht ganz auf das Doppelte. An diesem langsamen Ansteigen hat auch die Industrialisierung kaum etwas geändert; denn die Arbeiterschaft stammt aus dem Kreise, der Zuzug von auswärts ist nicht nennenswert. Wohl aber ist anzunehmen, daß ständig in beträchtlicher Anzahl Kreiseingesessene abgewandert sind, und zwar nicht nur ins Ausland, sondern auch in innerdeutsche Gebiete, die bessere Daseinsmöglichkeiten boten. Genaueres darüber müßte örtliche Einzelforschung ermitteln, so schwer sie auch sein wird. Eine gewisse Rolle spielt es dabei, daß die jungen Burschen durch den Wehrdienst, die Mädchen - solange das noch üblich war - durch häusliche Dienste in städtischen Familien die Fremde kennen lernten und viele von ihnen nicht wieder ins Elternhaus zurückkehrten. In Wetzlar läßt sich z. B. feststellen, daß von den Abiturienten des Gymnasiums nur ein kleiner Teil seinen Beruf wieder in der Heimat finden konnte. Erst etwa seit 1895 steigt die Bevölkerung stärker an, noch etwas steiler in der Zeit zwischen den Weltkriegen, und dann brachte seit 1946 die Aufnahme der Heimatvertriebenen einen außerordentlichen Zuwachs von (1950) 26382 Personen, so daß nach der damaligen Einwohnerzahl (ca. 130000) jeder fünfte Kreiseinwohner erst nach dem zweiten Weltkrieg hier eine neue Heimat gefunden hatte. Schon während des Krieges hatten Tausende von Großstadt-Evakuierten im Kreise Zuflucht gesucht, von denen bis 1951 noch 3813 nicht an ihren alten Wohnort zurückgekehrt waren. Es war eine schwere organisatorische Arbeit zu leisten, als von Februar bis Oktober 1946 insgesamt 19 Transportzüge eintrafen mit zusammen fast 20000 Deutschen, die aus den südosteuropäischen Ländern (Tschechoslowakei, Ungarn, Rumänien und Jugoslawien) vertrieben wurden. Nur allmählich konnte für sie in den Orten des Kreises Unterkunft geschaffen werden; bis dahin mußten sie in Auffanglagern abwarten. Aber zu diesen planmäßig umgesiedelten Heimatvertriebenen, unter denen Sudeten- und Ungarndeutsche den Hauptanteil stellten, kamen noch über 2000 Schlesier, 1300 Ostpreußen und Tausende von Flüchtlingen aus Ostberlin, Pommern, Brandenburg und anderen Teilen Ostdeutschlands. Entgegen allen Befürchtungen ist die Eingliederung im allgemeinen gelungen; aber alle äußerliche Regelung durch Verordnungen und Festsetzung von Rechten und Pflichten würde für das Gefühl nur Notbehelf bleiben, wenn nicht beide Teile gelernt hätten, sich zu verstehen und das einmal Andersgeartete gerecht einzuschätzen und zu dulden. Das war eine Aufgabe, die zur Lösung ihre Zeit brauchte, jedenfalls aber durch Gleichmacherei nicht gelöst werden konnte. Deshalb ist es zu begrüßen, daß die Zugewanderten die Erinnerung an die alte Heimat bewahren und die Eigenart ihres Stammestumes weiter pflegen. Es mag für die Altheimischen unbequem gewesen sein, wenn ihnen aus Tatkraft und Tüchtigkeit der Neubürger wirtschaftlicher Wettbewerb erwuchs - aber schließlich war es doch für alle ein Vorteil, daß überall auf dem Lande - und nicht nur an einem Sammelpunkt - Unternehmungen aufkamen, die an Ort und Stelle Arbeitsmöglichkeiten schufen und zum Teil Erwerbszweige einführten, an die ohne Anregungen von außen niemand gedacht hätte.

Ein ganz neues Element in die Zusammensetzung der Bevölkerung brachten die in den letzten Jahren aus südlichen Ländern in die Bundesrepublik gekommenen Gastarbeiter mit ihren Familien; sie wurden auch für die heimische Industrie angeworben und fanden in Stadt und Kreis Beschäftigung und Unterkunft, wobei die Wohnbedingungen in Behelfsbauten, Baracken und minderwertigen Wohnungen zunächst keineswegs normalen Ansprüchen genügten, bis allmählich Abhilfe geschaffen werden konnte. Die soziale Betreuung dieser Familien und ganz besonders die schulische Versorgung ihrer Kinder warf schwierige Probleme auf, deren Lösung nach wie vor große Anstrengungen erfordert.

Nach einer Zählung vom 30. 9. 1969 waren in der Stadt Wetzlar ansässig: 1091 Griechen, 834 Türken, 755 Spanier, 144 Jugoslawen und 92 Italiener. Ende 1970 zählte man in Wetzlar 3471 Ausländer (= 9,5% der Einwohnerzahl).

Inzwischen hat sich das Zahlenverhältnis der Konfessionen beträchtlich geändert: der Anteil der Evangelischen ist in der Stadt Wetzlar seit 1939 von 92,4% auf 56,6% gesunken, der Anteil der Katholiken von 4,9% auf 29,2% gestiegen (sonstige Konfessionen: 14,2%; Stand vom 31. 12. 1970). Die entsprechenden Zahlen für den Landkreis Wetzlar lauten: Evangelische: 72,9%, Katholiken: 21,5%, Sonstige: 5,6%.

Im Jahre 1952 wurde wieder ein kathol. Dekanat Wetzlar eingerichtet, das nunmehr – mit anderer Begrenzung – die Nachfolge des einstigen Archipresbyterates angetreten hat.

Zahlreiche Kirchen-Neubauten, zumeist verbunden mit Gemeindezentren, Kindergärten und Pfarrhäusern, kennzeichnen das Bild eines erneuerten religiösen Lebens nach dem Krieg. So entstanden in Wetzlar die ev. Gnadenkirche in Büblingshausen, die ev. Kreuzkirche an der Stoppelberger Hohl, die ev. Gemeindezentren an der inzwischen renovierten Hospitalkirche und hinter dem Dom anstelle der kriegszerstörten Küsterhäuser, der Neubau der Christuskirche in Niedergirmes an der Stelle der bombenzerstörten ehem. Christuskirche, die ev. Kirche in Wetzlar-Dalheim, die ev. Kapelle in der Silhöfer Aue, eine Kirche der Neuapostolischen Gemeinde in der Neustadt, eine Methodisten-Kirche an der Nauborner Straße in der Nähe des Friedrich-Ebert-Platzes, eine Kirche der ev.-freikirchlichen Gemeinde (Baptisten) am Hörnsheimer Eck, die kathol. St. Walburgiskirche in Niedergirmes, die kathol. St. Bonifatiuskirche an der Volpertshäuser Straße, die kathol. St. Elisabethkirche in der Phönixstraße sowie die kathol. St. Markuskirche im Stadtteil Dalheim.

Selbstverständlich sind die einzelnen Orte des Kreises in sehr verschiedenem Maße gewachsen, und da die Landwirtschaft nicht vergrößerungsfähig ist, erklärt sich der Bevölkerungsanstieg meist dadurch, daß entweder am Orte selbst Industrie aufkam oder ein leicht erreichbarer Industrieort in der Nähe liegt. Wo das nicht der Fall ist, zeigt in einem Zeitraum von über 100 Jahren die Einwohnerzahl der Dörfer bis 1945 mitunter nur ganz geringe Schwankungen; so z. B. in Ahrdt, Altenkirchen, Bechlingen, Bermoll, Breitenbach, Daubhausen, Dornholzhausen, Espa, Groß-Altenstädten, Niederkleen, Reiskirchen, Vollnkirchen, Volpertshausen und Weiperfelden. Noch eine ganze Reihe anderer Orte hat in diesem Zeitraum keineswegs seine Einwohnerzahl mehr als verdoppelt, wie das der Kreis im ganzen getan hat.

Die Entwicklung der Einwohnerzahlen des Kreises zeigt folgendes Bild:

1835:	42.908	1946:	120.748
1905:	67.238	1966:	155.052
1939:	92.851	1974:	163.987

Die Bevölkerungsdichte stieg im Kreisdurchschnitt seit 1939 von 145 Einwohner pro qkm auf 256 pro qkm.

Auch die Stadt Wetzlar zeigt in ihrem Wachstum während des 19. Jahrhunderts wenig Besonderheiten und hat um 1900 mit 8906 Einwohnern die 5068 des Jahres 1805 noch nicht verdoppelt. Erst von da an wird der Anstieg steiler. 1903 wurde Niedergirmes eingemeindet, aber auch wenn man das berücksichtigt, fällt doch auf, daß erst im 20. Jahrhundert und ganz besonders seit 1945 der Bevölkerungsanstieg stürmisch wird; mittlerweile sind die 37000 erreicht.

Wetzlar vor und nach dem 1. Weltkrieg

Auch die Bebauung des Stadtgebietes vollzog sich im 19. Jahrhundert nur zögernd, es fällt auf, daß die Stadt im Jahre 1871 mit 765 Häusern noch ein paar weniger hatte als hundert Jahre zuvor: das Häuserverzeichnis von 1774 zählt 783 Häuser und 123 Scheuern! Der alte Mauerring wurde zwar überschritten, an den Ausfallstraßen entlang entstanden Neubauten, und allmählich wurde - mit großen Lücken - das Gelände zwischen Langgasse und Bahnhof bebaut. Aber noch bis zum ersten Weltkrieg schien kein Anlaß zu bestehen, mit dem Baugelände hauszuhalten; nur im Bann- und Bahnhofsviertel umsäumten stellenweise geschlossene Häuserfronten die neuen Straßen, sonst gönnte man sich die Einzelbauweise mit zugehörigem Garten.

Die Innenstadt blieb zunächst fast unverändert; nur daß die meisten Geschäftsleute nicht umhin konnten, neumodische Schaufenster nach der Straße hin brechen zu lassen, möglichst ohne den schmalen, tief ins Hausinnere reichenden Verkaufsraum zu verändern. Es gab wenig anspruchsvolles Publikum, das mehr verlangt hätte, und wenn solche Leute dann in Gießen oder Frankfurt kauften, dann wurde das zwar übel vermerkt, aber als unabänderlich angesehen. Daß gar ein „Kaufhaus" mit allen möglichen Arten von Waren, dazu noch mehrstöckig, sich auftat, mochte angehen, weil es „draußen" lag. Von „anständigen" Bürgern war zu erwarten, daß sie es höchstens aus Neugierde betraten; dort einzukaufen, hätte dem Ruf geschadet. Kein Zweifel - die Gesamthaltung der Bevölkerung war gegenüber dem Neuen abwartend und selbstbewußt. Dieses Wetzlar vor 1914 war in seinem Kern „altmodisch", aber es trug eine solche Bezeichnung mit Würde und als Ehrung.

Ohne Hast, aber auch ohne schuldhafte Versäumnis wurden die Maßnahmen zur Lebenserleichterung durchgeführt, die nun einmal zum Bedürfnis geworden waren. Seit 1863 gab es eine Gasanstalt (zunächst am Fuße des Kalsmunts, dann in der Hermannsteiner Straße), die bis 1911 schon ein Röhrennetz von 36,8 km (heute von über 120 km!) speist. Seit 1893 wurden Wasserleitung und Kanalisation verlegt - keine Kleinigkeit in der Enge der Altstadt und erschwert, weil an vielen Stellen in geringer Tiefe der harte Lahnmarmor zu durchbrechen war. 1911 folgte der elektrische Strom. Vielen Heutigen mag ein Leben ohne diese Errungenschaften schlecht vorstellbar sein. Darum sei kurz daran erinnert, in welch rascher Folge erst die letzten hundert Jahre Erfindungen gebracht haben, die jedesmal in kürzester Frist – nachträglich – als unentbehrliche Bedürfnisse betrachtet wurden. Noch 1887 erregten im Festzug beim Ochsenfest ein „Tricycle", ein „Tandem", ein „Bicycle" und ein „Velociped" Staunen – und es waren doch nur verschiedene Formen des Fahrrades. Um 1897 ratterte das kutschenartige erste Automobil eines Einheimischen über die Straßen. Um die gleiche Zeit lockten Wirte ihre Gäste durch die Klänge eines Phonographen oder Grammophons. Was da aus dem unförmigen Blechtrichter krächzte, sollte – laut Reklame – ein Hund als „Stimme seines Herrn" erkennen; wahrlich – es mußte ein gelehriger Hund sein! Auf dem Haarplatz erschien von Zeit zu Zeit eine Schaubude und zauberte mit dem Kinematographen unter Ruck-Zuck und Geflimmer lebende Bilder an die Leinwand. 1909 zog majestätisch ein lenkbares Luftschiff, der „Zeppelin III.", über den Dom und senkte grüßend seine Spitze, aber bei der „Internationalen Luftfahrtausstellung" in Frankfurt genügte noch ein hoher Bretterzaun um das Flugfeld, damit nichtzahlenden Gästen der Anblick der Versuchsflüge von „Aerodromen" (Flugzeugen) entzogen wurde. Erst nach dem 1. Weltkrieg konnten Bastler mit Detektor und Kopfhörer ferne Klänge drahtlos aus dem Äther haschen.

Wie lange hat es gedauert, bis öffentliche Einrichtungen nicht mehr ehemalige Privathäuser benutzten, sondern eigene Gebäude errichteten! Bis dahin konnte Wetzlar vom Häuserbestand aus Reichskammergerichtszeiten zehren. Das Postamt in der Hauserstraße wurde 1884 eröffnet und 1928 umgebaut; ihm folgten 1891 die Kreisverwaltung, 1902 die Reichsbanknebenstelle in der Goethestraße, 1904 das Wehrbezirkskommando in der Turmstraße (seit 1919 staatl. und städt. Dienststellen enthaltend); 1911 bezog das Amtsgericht das Gebäude an der Großen Promenade und überließ sein bisheriges Heim im Archivgebäude des Reichskammergerichts der Stadt als Rathaus. Im gleichen Jahre erhielt die 1839 schon gegründete Kreissparkasse Räume im neuen Kreishaus. Von den Schulen hatte das Gymnasium 1872 einen Neubau an der Arnsburger Gasse bezogen, der mehrmals erweitert werden mußte; auch die Landwirtschaftliche Winterschule erhielt 1895 in der Brühlsbachstraße ein eigenes Gebäude. Alle anderen Schulen waren in Gebäuden untergebracht, die nicht für Schulzwecke gebaut waren. Für das neu in Wetzlar begründete Seminar mit Präparandenanstalt und Übungsschule wurde 1905 an der Frankfurter Straße ein stattlicher Bau errichtet. Als die Schulart einging, übernahm ihn die Stadt und verlegte 1924 dorthin das Städt. Krankenhaus, das seit 1845 im Hofmann'schen Haus in der Kleinen Pariser Gasse bestand.

Als nach dem 1. Weltkrieg die Zeit der Geldentwertung vorbei war, –

ein Arbeiter bei Buderus bezog Anfang 1923 einen Stundenlohn von 429,- Papiermark, im Dezember des gleichen Jahres aber bereits 570 Millionen für die Stunde -, setzte sich das räumliche Wachstum der Stadt fort. Auf dem Gelände des ausgegangenen Dorfes Büblingshausen hatte im Kriege ein Gefangenenlager bestanden, in dem aus den russischen Kriegsgefangenen die Ukrainer zusammengezogen und zu einer Truppe ausgebildet wurden, die helfen sollte, ihre Heimat von Großrußland loszureißen. Aus bestem dunkelblauem Vorkriegsuniformtuch erhielten sie Kosakenschoßröcke und weite Pluderhosen, und mit der Lammfellmütze auf dem Ohr sahen sie unternehmungslustig aus. So zeigt sich auch die Gestalt auf dem von Ukrainern errichteten Denkmal an der Friedhofsmauer in der Frankfurter Straße. Als sie freilich 1918 in ihrer Heimat eingesetzt wurden, mußten sie nach kurzer Zeit wieder entwaffnet werden, weil sie dem Hetman nicht gehorchen wollten, den die schlecht beratene deutsche Heeresleitung als Staatsoberhaupt in der Ukraine eingesetzt hatte. Aus diesem Kriegsgefangenenlager erwuchs nach dem Kriege eine Wohnsiedlung, die allmählich zu dem neuen Stadtteil Büblingshausen wurde. Und so wie hier wurden allmählich alle Hänge und Höhen rings um den alten Stadtkern und natürlich auch die Talaue der Bebauung erschlossen.

Bedeutete die bauliche Ausdehnung der Stadt zunächst keine Veränderung ihres alten Kernes, so war doch schließlich auch dies nicht ganz zu vermeiden. Eine Umgehungsstraße mußte den ständig anwachsenden Verkehr um die Altstadt herumleiten, und das ging im Lahntal nur unter starken Veränderungen namentlich der Wasserläufe. Der Schleusenkanal wurde zugeschüttet, ein Teil der Dill unterirdisch abgeleitet, und der so in den Jahren unmittelbar vor dem 2. Weltkrieg gebahnte „Karl-Kellner-Ring" über eine neue Lahnbrücke zum Silhöfertor geführt. Ein Blick auf unseren Plan der alten Reichsstadt zeigt besser als alle Worte den heute nicht mehr erkennbaren alten Zustand.

Luftkriegsschäden und Wiederaufbau. Wetzlars Wachstum nach dem 2. Weltkrieg

Im 2. Weltkrieg haben Luftangriffe der Stadt schwere Wunden geschlagen. Dreiundzwanzigmal fielen vom 28. Mai 1944 bis zum 20. März 1945 Bomben, töteten insgesamt 288 Menschen, zerstörten 349 Gebäude ganz, 219 schwer und machten 4482 Menschen zunächst obdachlos. Von geschichtlich bedeutsamen Gebäuden wurden zerstört oder so schwer beschädigt, daß ein Wiederaufbau einer Neuerrichtung gleichkam: der Chor des Domes, das Lottehaus und die beiden Zehntscheunen im Deutschordenshof, das Häuserviertel am Domplatz vom Herzoglichen

Haus bis zum Domhotel, die Cameralbauten an der Lottestraße und Goethestraße 15, die alte Mehlwaage, der Schützengarten und die Siechhofkapelle. Besonders bedauerlich bleibt die völlige Vernichtung des spätgotischen Lettners (um 1380) zwischen Langhaus und Chor im Dom, dessen Wiederaufbau unmöglich war; einige Reste werden im Städt. Museum aufbewahrt. Es wird immer ein ehrendes Zeugnis für die Bevölkerung bleiben, daß sie alles daran setzte, um den Dom und das Lottehaus in kürzester Frist wiederherzustellen, daß sie für Bauten, die nur dem Herzen und der Heimatliebe etwas wert sind, Opfer brachte, obwohl nüchternes Denken verlangt hätte, als erstes lediglich neuen Wohnraum zu schaffen.

Denn die Wohnungsnot wurde seit dem 1. Weltkrieg, aber unerträglich drückend erst nach dem 2. Weltkrieg eine neue Drangsal mit den schwersten äußeren Beschränkungen und auch seelischen Nachwirkungen. Gewaltige Anstrengungen sind gemacht worden, um ihr zu begegnen; wiederum sind ganze Stadtviertel in Wetzlar neu entstanden; Selbsthilfe, Förderung durch Industriewerke, Wohnungsbaugesellschaften und Behörden leisteten Erstaunliches.

Noch in den fünfziger Jahren wuchs zu Füßen des Stoppelberges beiderseits der Volpertshäuser Straße und der Stoppelberger Hohl die „Neue Wohnstadt am Sturzkopf" aus dem Boden einer bis dahin landwirtschaftlich genutzten Fläche. Ende der sechziger Jahre entstand auf der anderen Seite der Lahn auf dem Boden eines im Mittelalter ausgegangenen Dorfes Dalheim ein neuer Stadtteil gleichen Namens, nachdem zuvor die ehemalige „Altenberger Kolonie" bedeutend erweitert worden war. Der Winkel zwischen Steindorfer Straße und Magdalenenhäuser Weg wurde mit dem Wohngebiet „Im Winkel" bebaut. Hinter dem Kalsmunt entstand das Wohnviertel der Morgenweide, beiderseits der Nauborner Straße wurde durch Wohnungsbau die Verbindung mit den Baugebieten des Nachbardorfes Nauborn hergestellt. Die Stoppelberger Hohl dehnte sich als Wohngebiet nach allen Richtungen hin weiter aus; von der Neuen Wohnstadt am Sturzkopf aus gewann man Anschluß an den Stadtteil Büblingshausen, der sich seinerseits auch zwischen Frankfurter Straße und Gießener Chaussee weiter entfaltete. Ein neues Wohnviertel entstand zwischen der „Schönen Aussicht" und der Landhege. Schließlich erwuchs zwischen Rasselberg und Hauserberg das Wohngebiet an Brückenborn, Vogelsang und auf dem Deutschherrenberg. Der Stadtteil Niedergirmes fand erhebliche Erweiterungsmöglichkeiten im Lahntal und an den Hängen des Simberges zwischen den Nachbarorten Naunheim und Hermannstein.

Alle genannten Wohnviertel sind durch Grünanlagen, Spazierwege und Kinderspielplätze aufgelockert und die neuen Stadtteile mit Schulen,

Kirchen, Geschäften und postalischen Einrichtungen versehen worden. Der an die Neue Wohnstadt angrenzende Stoppelbergwald wurde durch die Verbesserung seiner Wege und die Anlegung von Waldlehrpfaden zu einem bevorzugten Naherholungsgebiet ausgestaltet.

Als zentrale Sportstätte wurde das Stadion auf der ehem. Großen Bleiche an der Lahn in seinen Anlagen modernisiert und mit einer neuen Tribüne ausgestattet. Neue Sportplätze legte man in den Lahnwiesen bei Niedergrimes, im Bodenfeld, an der Brühlsbacher Warte und in Büblingshausen an. Auf der einstigen Ochsenwiese entstand 1954 das Freibad „Domblick". Das ihm benachbarte Hallenbad aus dem Jahre 1908 wurde 1974 abgerissen. Als Ersatz war an der Frankfurter Straße neben der Franzenburg das moderne „Europa-Bad" als Hallenbad geschaffen worden, dessen Außenanlagen in Verbindung stehen mit einem der Freizeitgestaltung gewidmeten „Europa-Park".

In den letzten Jahren entstanden zwei neue Industrie- und Handelszentren in Außenbezirken der Stadt: an der „Eisernen Hand" zwischen Steindorfer Straße, Lahn und Eisenbahnlinie Wetzlar–Koblenz und am „Hörnsheimer Eck", das letztere unter Einschluß einer Wohnsiedlung und in Verbindung mit der Schaffung eines großzügig angelegten Krankenhausbezirkes. Im Jahre 1966 hatten Stadt und Kreis einen Zweckverband zur Verwirklichung eines modernen Krankenhaus-Neubaues gegründet; 1974 konnte das weithin sichtbare Schwerpunktkrankenhaus am Hörnsheimer Eck mit ca. 700 Betten in Benutzung genommen und damit das bisherige Stadtkrankenhaus an der Frankfurter Straße, das an das Land Hessen verkauft wurde, aufgegeben werden. In der Nähe des Krankenhauses erbaute das Deutsche Rote Kreuz eine Unfall-Rettungsstation. Zwischen Großer und Kleiner Pariser Gasse wird ein neues Städt. Altenheim errichtet, nachdem das bisherige Altenheim an der gleichen Stelle baufällig geworden war und den Ansprüchen nicht mehr genügte. Jahre zuvor waren unterhalb der Spilburgkaserne zwischen Frankfurter Straße und Robert-Koch-Weg das Haus Königsberg als Altersheim und ein Schwesternwohnheim erbaut worden.

Seit 1965 hat die Stadt einen neuen Friedhof unterhalb des Bismarckturmes am Gießer Weg in Benutzung genommen, der in absehbarer Zeit den Friedhof an der Frankfurter Straße ablösen wird.

Die Altstadtsanierung in Wetzlar

Rund zwanzig Jahre nach Kriegsende mußte auch in Wetzlar der Lösung eines besonders schwierigen Problems nähergetreten werden, das sich allen alten Städten mit mehr oder weniger drängender Notwendigkeit stellt. Nachdem sich die Einwohnerzahl gegenüber dem Vorkriegsstand verdoppelt hatte und neue Wohn-, Geschäfts- wie auch

Industrieviertel entstanden waren, trat immer deutlicher ein Funktionsverlust des historischen Altstadtkerns als Stadtmitte in Erscheinung. Der Wohnwert der Altstadtmitte sank mehr und mehr; Eigentümer und Mieter zogen in zunehmendem Maße in Neubaugebiete am Stadtrand oder in die dörfliche Umgebung. Die Gründe für diese Wohn- und natürlich auch Geschäftswertminderung waren eine meist völlig überalterte Bausubstanz, der Mangel an Grün- und Freiflächen zwischen den kleinparzelligen, dicht bebauten, schlecht belichteten und belüfteten Grundstücken, die Störungen des ständig wachsenden Durchgangsverkehrs, fehlende Parkplätze und unzureichende Anlieferungsmöglichkeiten für Handel, Handwerk und Gewerbe.

Als Folge dieser Entwicklung fanden die an sich unzureichenden, aber preiswerten Wohnungen der Innenstadt alsbald das Interesse von Gastarbeiterfamilien südlicher Länder, deren prozentualer Anteil an der Altstadtbevölkerung inzwischen doppelt so hoch liegt wie ihr Anteil an der Gesamtbevölkerung Wetzlars.

So mußte also eine Aufgabe in Angriff genommen werden, die die Bürgerschaft und namentlich ihre gewählten Vertreter noch auf viele Jahre hinaus beschäftigen wird und die als „Altstadtsanierung" im wesentlichen folgende Zielsetzungen hat: Wiederherstellung und Neuschaffung von Wohnraum in der Altstadt, wobei nicht nur der Wohnwert alter Fachwerkhäuser unter Beibehaltung ihrer Raumhöhen durch den Einbau moderner sanitärtechnischer Anlagen gesteigert, sondern auch ihre vernachlässigten oder lange Jahrzehnte hindurch verdeckten Fachwerkaußenfronten freigelegt und erneuert werden sollen; Wiedereingliederung der Altstadt in den wirtschaftlichen Kreislauf der gesamten Stadt; Verbannung des Durchgangsverkehrs aus der Altstadt, Lösung der Probleme des sog. „ruhenden Verkehrs" und Schaffung von reinen Fußgängerzonen; Erhaltung und Pflege historisch wichtiger Gebäude, vor allem auch Gestaltung ihrer oft unansehnlichen Rückfronten und Umgebungen, Erhaltung des charakteristischen und historisch gewachsenen Gesamtstadtbildes.

Zunächst wurde eine Bestandsaufnahme des Sanierungsgebietes notwendig, danach eine Festlegung seiner Ausdehnung; schließlich entstand unter Beteiligung erfahrener Städteplaner eine Empfehlung zur Verwirklichung der vorgesehenen Maßnahmen. Im Oktober 1974 konnte die erste Ausbauphase der Fußgängerzone eingeweiht werden, die die Straßenzüge der Krämerstraße, der Lahnstraße und der Silhöferstraße unter Einbeziehung des neugestalteten Eisenmarktes umfaßt; auf dem Eisenmarkt und in der Hofstatt wurden wieder Brunnen aufgestellt. Gerade in diesem Bereich und rings um den Schillerplatz konnten zahlreiche alte Fachwerkhäuser dank gemeinsamer Bemühungen von Eigentümern und Stadtverwaltung in ihren schmucken Zustand von ehedem zurückversetzt werden.

Der Grüngürtel um die Altstadt entlang der mittelalterlichen Ringmauer, schon seit langem als Alter Friedhof, Rosengärtchen und Promenade verwirklicht, konnte bedeutend erweitert werden, und zwar zunächst entlang der Stadtmauer zwischen Obertor und ehem. Franziskanerkloster, wo eine „Avignon-Anlage" entstand und ein Mahnmal für die Opfer der beiden Weltkriege errichtet wurde. Die Fortsetzung dieses Grüngürtels zwischen Nauborner Straße und Lahnmühle legte bisher fast unsichtbare Teile der Stadt- wie auch der Zwingermauer frei. Die Umgestaltung der früher mit Kleingärten belegten Zwack'schen Lahninsel zu einer „Colchester-Anlage" sowie die Anlegung eines Lahnuferweges zwischen den beiden Lahnbrücken auf der Langgässer Seite dient der weiteren Abrundung des Grüngürtels.

Freilich kann Stadterneuerung nicht immer nur Modernisierung statt Abbruch bedeuten; bisweilen kommt leider nichts anderes mehr in Frage als Abbruch, namentlich wenn eine Modernisierung wegen des fortgeschrittenen Verfalls wesentlicher konstruktiver Bauteile nicht mehr vertretbar ist. Auch notwendig gewordene Straßenerweiterungen und Neubauplanungen führten hin und wieder zum Abbruch alter Bauwerke, denen mancher Freund der Heimatgeschichte nachtrauert. So fielen aus diesen Gründen einige kleine Häuschen an der Gewands- und Schuhgasse, mehrere Häuser in der Neustadt, in der Schützenstraße, die geschieferten Häuser in der ehemaligen Schleusenstraße (jetzt: Moritz-Hensoldt-Straße), mehrere Häuser der Kreisverwaltung an der Ochsenwiese, die Befort'sche Schmiede in der Langgasse, das Luy'sche Haus auf der Lahnbrücke sowie die Wohn- und Wirtschaftsgebäude einschl. Mühle des einstigen Hospitalgutes am Haarplatz, aber auch das Hofgut Büblingshausen dem Abbruch zum Opfer. Das Haus „Zum Goldenen Roß" neben der Hospitalkirche war nach einem Brand nicht mehr länger zu erhalten. Das Hofmann'sche Haus sowie drei benachbarte kleine Barockhäuser in der Kleinen Pariser Gasse mußten dem Neubau des Städtischen Altenheimes weichen.

Gerade angesichts der historischen Vergangenheit Wetzlars und insbesondere im Hinblick auf die Bedeutung des Altstadtkerns in den langen Jahrhunderten der Stadtentwicklung muß es der Wetzlarer Bürgerschaft in den kommenden Jahren gelingen, diese ihre Altstadt weder in ein Ghetto sozialer Randgruppen abgleiten noch ein reines Geschäftsviertel oder gar in ein lebloses Museum mit einigen Touristenattraktionen verwandeln zu lassen; vielmehr sollte es zur Wirklichkeit von morgen werden, daß in Alt-Wetzlar die weithin verlorene Einheit von Leben, Wohnen und Arbeiten zurückgewonnen wird.

Der Kreis Wetzlar nach dem 2. Weltkrieg

Was vom äußeren Wachstum der Kreisstadt gesagt wurde, gilt auch für die meisten Orte des Kreises: bald nach den ersten Nachkriegsjahren setzte eine rege Bautätigkeit ein, und es entstanden neue Wohn- und Industrieviertel, die vielen Orten nicht nur in den Außenbezirken, sondern auch oft genug im alten Ortskern ein völlig neues Gesicht gaben.

Wir müssen uns hier naturgemäß auf die Darstellung einiger wesentlicher Veränderungen in unseren Heimatgemeinden beschränken, die allerdings den Gesamteindruck vermitteln sollen: noch nie wohl im Verlauf einer langen geschichtlichen Entwicklung haben sich die Siedlungen und die sie umgebende Landschaft unseres Kreises so einschneidend und so nachhaltig verändert wie in dem letzten Vierteljahrhundert!

Bemerkenswert waren zunächst die vielen Schulneubauten in den Orten des Kreises, als die bisherigen Dorfschulen infolge der ständig steigenden Schülerzahlen nicht mehr ausreichten, zumeist auch nicht mehr den neuzeitlichen Bedürfnissen entsprachen, und als man schließlich daranging, im Zuge einer Neukonzeption des Schulwesens in Hessen an bestimmten Plätzen Mittelpunktschulen zu bauen und einzurichten.

In den fünfziger Jahren begann unter dem Schlagwort der „Sozialen Aufrüstung des Dorfes" ein Landesprogramm der Schaffung von Dorfgemeinschaftshäusern, Bürgerhäusern und Mehrzweckgebäuden, das bisher zu 40 Einrichtungen dieser Art im Kreisgebiet führte, oft durch Umbau nicht mehr benötigter Schulgebäude; Gruppen-, Jugend-, Versammlungsräume, Säle, Gaststätten, Kegelbahnen, Küchen, Büchereien, Wäschereien und Feuerwehrgeräteräume gehören meist zur Ausstattung dieser Gebäude. In vielen Orten schufen sich die Kirchengemeinden neue Gemeindezentren mit Sälen, oftmals als Anbauten an die Kirchen; aber es wurden auch eine ganze Reihe neuer Kirchenbauten errichtet, namentlich von den katholischen Kirchengemeinden.

Ganz besondere Anstrengungen wurden auf dem Gebiet des Sportstättenbaues unternommen. An die 40 Sport- und Turnhallen entstanden, meist in Zusammenhang mit Schulneubauten, aber auch als Vereins- oder Gemeindehallen. In 8 Orten wurden Freibäder eingerichtet; Hallenschwimmbäder baute man in Aßlar, Biebertal, Ehringshausen, Hüttenberg, Solms und Waldgirmes. Segelflug wird in Aßlar, Braunfels und in den Garbenheimer Wiesen betrieben, bei Lützellinden gibt es einen Motorflug-Sonderlandeplatz mit regem Motorsportflugbetrieb. Überall im Kreise wurden neue Wanderwege, Waldlehrpfade, Trimm-Dich-Pfade, Schutzhütten und Spielplätze angelegt, um der Bevölkerung Möglichkeiten zu körperlicher Entspannung und erholsamer Freizeitgestaltung zu bieten. Zu Landschaftsschutzgebieten richtete man mit Hilfe einer Verordnung die Bereiche „Um den Dünsberg", „Hörre - Hinterland", „Krofdorfer Forst", „Greifenstein - Klosterwald", „Braunfels", „Brandoberndorf - Solmsbachtal" und „Stoppelberg" ein; die drei südlichen dieser Bereiche gehören inzwischen zu dem größeren Landschaftsschutzgebiet „Taunus", den der Reg.-Präsident schuf.

Seit 1971 gibt es einen Fremdenverkehrs-Entwicklungsplan des Kreises, der den Bemühungen um die Förderung des Fremdenverkehrs in einigen Teilen des Kreises starke Impulse gibt. Die Stadt Braunfels und ihr Stadtteil Philippstein sind staatlich anerkannte Luftkurorte; staatlich anerkannte Erholungsorte wurden die Gemeinden Greifenstein, Ulmtal mit den Ortsteilen Holzhausen, Ulm und Allendorf, Biebertal mit den Ortsteilen Rodheim-Bieber und Fellingshausen sowie der Stadtteil Biskirchen in der inzwischen wieder zur Stadt erhobenen Gemeinde Leun. Bemerkenswert sind in diesem Zusammenhang die an anderer Stelle bereits erwähnten, umfangreichen Restaurierungsarbeiten an der Burgruine Greifenstein sowie die gründliche Renovierung der Burg Cleeberg und ihre Umgestaltung zu einem Hotel. Die Burg Hermannstein wurde durch private Initiative vor dem Verfall gerettet. Der Turm der Burg Gleiberg wurde renoviert, der Turm der Burg Vetzberg wird als Aussichtsturm zugänglich gemacht.

In den Nachkriegsjahrzehnten ist zweifellos ein Rückgang der Landwirtschaft als Haupt- und Nebenerwerbsgrundlage festzustellen; dabei ist sie aber immer noch in einigen Gegenden des Kreises ein nicht unbedeutender Wirtschaftsfaktor, dessen Betriebe um Straffung und Rationalisierung bemüht sein müssen. Die zahlreichen Aussiedlerhöfe dienen nicht zuletzt auch solchen Zwecken, ebenso weitere „Zusammenlegungen" in den Gemeinden und der Ausbau vieler Feld- und Waldwege im Zuge des „Grünen Planes" der Bundesregierung. Die Reduzierung der landwirtschaftlich bebauten Fläche ließ durch die sog. „Sozialbrache" ein neues Problem in der Bewältigung der Landschaftspflege aufkommen.

Starke Veränderungen im Landschaftsbild verursachte im Lahntal zwischen Dutenhofen, Atzbach und Heuchelheim die großräumige Kiesgewinnung und die anschließende Rekultivierung weiter Flächen zu einem Naherholungsgebiet mit Freizeit-Seen und Vogelschutzbereichen. Bei Wißmar entstand ein Badesee, und oberhalb der Gemeinde Holzhausen wurde der Ulmbach zur Ulmtalsperre gestaut, wobei Bade- und Campingmöglichkeiten geschaffen wurden; die Milderung der häufig auftretenden Schäden des Ulmbach-Hochwassers war der Hauptzweck für diese Anlage.

In den ersten beiden Nachkriegsjahrzehnten wurde der erhöhte Wasserbedarf durch Ausbau und Erweiterung der gemeindlichen Versorgungsanlagen zu decken versucht; ab Mitte der sechziger Jahre wurde auch Fernwasser der Mittelhessischen Wasserwerke und der Wasserwerke Dillkreis-Süd in zunehmendem Maße in Anspruch genommen. Die wachsende Nachfrage nach elektrischem Strom führte zum Neubau regionaler und überregionaler Starkstromleitungen, die die heimische Landschaft durchkreuzen, und zum Bau moderner Transformatoren- und Schaltstationen. Die Gasversorgung ging vom Stadtgas über auf Ferngas, das als Erdgas in Fernleitungen heranströmt, die die Ruhrgas-A.G. betreibt.

In diesem Zusammenhang sind auch die gewaltige Ausdehnung des Fernsprechnetzes, die Einrichtung von öffentlichen Fernsprechzellen in allen Gemeinden und die Einführung des Selbstwählsystems zu erwähnen sowie die weitere Verbreitung des Rundfunks und die rapide Entwicklung des Fernsehens in den letzten Jahren; dies alles führte zur Errichtung zahlreicher technischer Bauwerke im Kreisgebiet, die der Verbesserung des Fernsprechdienstes bzw. des Rundfunk- und Fernsehempfanges dienen. In Wetzlar entstand ein neues Hauptpostamt an der Sophienstraße.

Im Jahre 1965 wurde in Braunfels das neuerrichtete Kreisaltenheim mit über 100 Plätzen in Betrieb genommen. Ebenfalls in Braunfels unterhält der Kreis sein Kreiskrankenhaus „Falkeneck", das seit 1966 fortlaufend erweitert und modernisiert wurde und über 200 Betten umfaßt. In Braunfels wurde darüber hinaus eine Neurologische Klinik als Kur- und Nachsorgeklinik errichtet. Das Augusta-Viktoria-Krankenhaus in Ehringshausen (100 Betten) und die Lungenheilstätte Waldhof Elgershausen wurden gleichfalls erweitert und modernisiert. Das ehem. Staatl. Gesundheitsamt ging an den Kreis über und bezog 1967 einen Neubau am Philosophenweg in Wetzlar.

An Stätten für die Jugendpflege unterhält der Kreis in Hasselborn ein Jugendheim, in Lenste/Ostsee ein Jugendlager mit Zelten und festen Gebäuden für 350 Gäste und auf der Seiser Alm in Südtirol das Jugendheim „Hessenhütte" mit Belegungsmöglichkeiten für 50 Gäste. In mehr als 60 Kindergärten von Gemeinden und Kirchengemeinden des Kreises stehen an die 4000 Plätze zur Verfügung.

Die Kreisverwaltung bezog 1960 ihr neues Kreishaus am Karl-Kellner-Ring; ihre früheren Gebäude beiderseits dieser Straße sind unterdessen abgerissen worden und diesem Neubau bzw. der Kreissparkasse und einem Kaufhaus gewichen.

Straßenbau und Verkehrswesen

Die ständig zunehmende Motorisierung und die dadurch hervorgerufene stürmische Entwicklung des Straßenfern- und nahverkehrs führten in den letzten zwei Jahrzehnten zu hervorragenden Leistungen auf dem Gebiet des Straßenbaues auch im heimischen Raum.

Während man ursprünglich vom Kreis Wetzlar aus lediglich die Bundesautobahnen Frankfurt-Kassel und Frankfurt-Köln über Anschlußstellen bei Gießen und Butzbach bzw. bei Limburg erreichen konnte, durchquert nunmehr die Bundesautobahn A 13 als sog. „Sauerlandlinie", bei Gambach von der Autobahn Frankfurt-Kassel abzweigend, das Kreisgebiet in nordwestlicher Richtung zwischen Lützellinden und Edingen mit zahlreichen Brückenbauten und drei Anschlußstellen bei Garbenheim (Wetzlar-Ost 1965), Hermannstein (Autobahnkreuz Wetzlar) und Ehringshausen; die Lahn wird zwischen Garbenheim und Waldgirmes überquert. Diese Autobahn verbindet unseren Raum mit dem Ruhrgebiet und dem Rhein-Main-Gebiet.

Eine weitere Bundesautobahn (A 74), die den mittelhessischen Raum mit dem Mittelrhein verbinden soll (Reiskirchen bei Gießen-Montabaur), ist im Bau und wird das Kreisgebiet zwischen Launsbach und Biskirchen in Ost-West-Richtung durchziehen, dabei die A 13 nördlich Wetzlar in einem besonders bemerkenswerten mehrstöckigen Straßenbauwerk, dem sog. „Wetzlarer Kreuz" schneiden; als Teilstück ist bereits eine Westumgehung für Wetzlar in Betrieb genommen.

Die Bundesstraßen B 49 (Gießen-Wetzlar-Weilburg) und B 277 (Dillenburg-Wetzlar-Butzbach), die beide durch Wetzlar führen, wurden bzw. werden zwar durch die beiden Autobahnlinien entlastet, mußten aber dennoch erheblich verbessert und ausgebaut werden. Die B 49 und B 277 benutzen in der Stadt Wetzlar den gleichen Straßenzug zwischen Franzenburg und Leitz-Werk; er wurde auf vier Spuren verbreitert (1964–1966).

Völlig neu geschaffen wurde die B 429 als Schnellstraße zwischen Gießen, Wetzlar und Limburg; sie führt durch das Lahntal, überquert zwischen Garbenheim und Bahnhof Wetzlar die Lahn und erreicht, als Straßendurchbruch und Hochstraße das Bahnhofs- und Bannviertel kreuzungsfrei überspannend, einen Knotenpunkt beim Stadtteil Dalheim; von dort aus führt sie, jegliche Ortsdurchfahrt vermeidend, durch das Lahntal, um das Kreisgebiet bei Biskirchen wieder zu verlassen.

Die B 277 brachte bei ihrem Ausbau Verbesserungen einiger Ortsdurchfahrten und für die Stadt Wetzlar eine Verbreiterung der Hermannsteiner Straße, einen Neubau der Bahnüberführung mit günstigerer Linienführung (1966), den Ausbau der Gloëlstraße und des Karl-Kellner-Ringes sowie den Neubau einer Lahnbrücke zwischen der Neustadt und den Leitz-Werken an der Stelle der 1938 in Dienst gestellten Lahnbrücke. Die Knotenpunkte am Buderus- und am Leitz-Platz wurden in ihrer Verkehrsführung neu gestaltet; an zwei Stellen (am Kreishaus - 1965 - und am Leitz-Platz - 1974 -) wurden zur Sicherheit für Fußgänger Untertunnelungen angebracht; auch in der Nähe des 1969 zu einem Omnibusbahnhof umgestalteten Platzes vor dem Bahnhof wurde ein Fußgängertunnel angelegt.

Fast alle Land- und Kreisstraßen erfuhren im Laufe der letzten Jahre erhebliche Verbesserungen vor allem durch Ortsumgehungen oder Entschärfung gefährlicher Ortsdurchfahrten, die hier nur angedeutet werden können.

Ein großer Teil des täglichen Berufsverkehrs spielt sich auf diesen Straßen ab; in stets zunehmender Zahl benutzen beispielsweise die etwa 20000 in die Stadt Wetzlar einpendelnden Beschäftigten den eigenen PKW als Transportmittel, während die Zahl der Bus-Benutzer konstant bleibt und die der Bahn-Benutzer im Sinken begriffen ist. Der öffentliche Straßennahverkehr wird im Kreisgebiet von fünf Bus-Linien der Bundesbahn, drei Bus-Linien der Bundespost und zehn Bus-Linien privater Unternehmer bewältigt. Im Bus-Linienverkehr der Stadt Wetzlar, der auch einige Nachbarorte anfährt, sind etwa 35 Busse eingesetzt.

Von den Eisenbahnlinien des Kreises sind im Jahre 1974 die letzten Dampf-Lokomotiven verschwunden. Die Strecke Gießen-Wetzlar-Dillenburg-Siegen wurde schon vor Jahren elektrifiziert; dadurch war eine Erhöhung der Reisegeschwindigkeiten möglich geworden. Auf den anderen Strecken und Nebenstrecken ersetzte die Diesel-Lokomotive oder der Triebwagen die Dampflok. Die Strecke Wetzlar-Koblenz wurde wieder zur Schnellzugstrecke aufgestuft. Den Nebenstrecken Wetzlar-Lollar, Stockhausen-Beilstein und Wetzlar-Grävenwiesbach droht im Zuge von Rationalisierungsmaßnahmen der Bundesbahn die Stillegung und der Ersatz durch Bahnbus-Verkehr. Bereits stillgelegt wurde der Betrieb auf der Nebenstrecke Oberkleen-Ebersgöns-Pohlgöns der Butzbach-Licher Eisenbahn sowie der Betrieb der Schmalspurbahn Gießen-Rodheim-Bieber, die zuletzt nur noch als Grubenbahn zwischen Bieber und Abendstern in Benutzung war.

Umweltschutz

Eine der großen Herausforderungen unserer modernen Zeit ist zweifellos die Verschmutzung der Umwelt, und sie bereitet auch in zunehmendem Maße der Bevölkerung der Stadt und des Kreises schwere Sorgen und Belastungen. Maßnahmen der Umweltpolitik haben zum Ziel, diesen neuerdings entstandenen Gefahren zu begegnen, um den Menschen eine Umwelt zu sichern, wie er sie für seine Gesundheit und für ein menschenwürdiges Dasein braucht, um Boden, Luft, Wasser, Pflanzen und Tierwelt vor nachteiligen Wirkungen menschlicher Eingriffe zu schützen und um Schäden oder Nachteile aus solchen Eingriffen zu beseitigen. Vordringliche Aufgaben des Umweltschutzes sind namentlich der Schutz der Landschaft als einem natürlichen Potential und als Lebensraum, die Reinhaltung der Luft, des Wassers und der Lebensmittel, die ausreichende Wasserversorgung und -entsorgung, die Abfallbeseitigung, die Bekämpfung des Lärms und der Schutz vor Strahlenbelastung.

Die schwerwiegendsten und gefährlichsten Belästigungen entstehen natürlich in unserem heimischem Raum in der näheren Umgebung der Wetzlarer Schwerindustrie, namentlich im Stadtteil Wetzlar-Niedergirmes, aber auch im Bann- und Bahnhofsviertel, im Stadtteil Dalheim wie in den nahegelegenen Dörfern Hermannstein und Naunheim. Sie werden in erster Linie hervorgerufen durch den Betrieb der beiden Hochöfen, der Sinteranlage, des Zementwerkes, des Stahlwerkes und der Gießereien der Hess. Berg- und Hüttenwerke, der Buderus'schen Eisenwerke und der Edelstahlwerke Buderus, deren Rauch- und Staubausscheidungen die Luft verunreinigen und sich je nach Wetterlage auf Wohnviertel und Landschaft niederschlagen und deren Industrieabfälle riesige Lagerstätten erfordern, die bei unsachgemäßer Anlage die Gefahr der Verunreinigung des Grundwassers heraufbeschwören. Einige Male führten infolge technischer Pannen in die Lahn abgeleitetes cyan - angereichertes Wasser bzw. austretendes Öl zu erheblichem Fischsterben.

Auch andere Gewässer des Kreises litten unter Verschmutzung durch ungeklärtes Einleiten von Abwässern und unter darauf einsetzendem Fischsterben. Eine der Gegenaktionen war die Anlage zahlreicher Fischteiche im Kreisgebiet, eine andere die Gründung von Abwasserverbänden und der Bau von örtlichen und überörtlichen Kläranlagen.

Eine besondere Sorge gilt der Abfuhr und Lagerung des sich ständig steigernden Industrie- und Hausmülls. Vor allem mußte der unkontrollierten Müllablagerung in der Landschaft entgegengewirkt werden; aber auch die gemeindlichen Mülldeponien mußte man schließen und allmählich rekultivieren, da sie auf die Dauer nicht mehr ausreichten und zu Gefahrenquellen wurden. Dies konnte 1973 geschehen, nachdem der Kreis unter erheblichem Kostenaufwand eine zentrale Mülldeponie in der Gemarkung Aßlar eingerichtet hatte, die täglich bis zu 600 cbm Müll aufnimmt und noch auf Jahrzehnte hinaus aufnahmebereit gehalten werden kann.

Auch Lärmbelästigungen beeinträchtigten mehr und mehr die Bevölkerung, zurückzuführen auf die sich ständig ausweitende Industrialisierung und auf den Betrieb und die Arbeit an Großbaustellen des Straßenbaus, des Geschäfts- und Hochhausbaus, nicht zuletzt aber durch die sich geradezu explosionsartig entwickelnde Motorisierung im Straßenverkehr (allein im Kreis Wetzlar sind z. Z. über 53 000 Kraftfahrzeuge aller Art angemeldet, darunter mehr als 41 000 PKWs und mehr als 21 000 LKWs) und durch tieffliegende Düsenflugzeuge.

Beachtlich sind die Umweltschäden, die namentlich durch Kraftfahrzeugabgase in den letzten Jahrzehnten am Dom entstanden sind und die dieses bedeutendste historische Bauwerk der Stadt ein halbes Jahrhundert nach seiner umfassenden Renovierung erneut in seiner baulichen Substanz in Gefahr brachten. Daher wurden umfangreiche und kostspielige Instandsetzungen an den Außenfronten notwendig, die an der romanischen Westfassade begannen, am unvollendeten gotischen Westwerk ihre Fortsetzung fanden und an der gotischen Nordseite besondere Aufwendungen erfordern werden; sie werden sich noch jahrelang hinziehen und schließlich zu einem weitgehenden Ersatz des sich auflösenden Steinmaterials aus früheren Zeiten durch künstliches Gestein führen.

Um der Gefahren der Umweltverschmutzung im weitesten Sinne Herr zu werden, genügen keine Gesetze und Verordnungen von oben herab. Hier ist ein weites Feld für örtliche Bürgerinitiativen und für Maßnahmen der Industrie selbst, die auch in Wetzlar sichtbar wurden: Arbeitskreise und kommunale Gremien ließen die Rauch- und Staubausstöße messen und wissenschaftlich erforschen, die Schwerindustrie ist bemüht, durch aufwendige technische Verbesserungen Erleichterungen und Linderungen für die Anwohner zu schaffen. Aber der Umweltschutz wird eine Daueraufgabe bleiben, deren Bewältigung noch auf Jahre hinaus in gleicher Weise dem Einzelnen und der Öffentlichkeit aufgetragen sein wird.

Wetzlar als Garnison

1914 war Wetzlar wieder Garnison geworden; in die großen Kasernenneubauten auf dem Steinbühl („Spilburg") zog die Unteroffizierschule aus Biebrich ein; nach wenigen Monaten brach der Krieg aus, und die Kaserne wurde als Lazarett verwandt. Da nach Friedensschluß auch die Truppe nicht mehr bestand, fielen die Gebäude an die Stadt, und sie konnte nun in den vielen verfügbaren Räumen einen Teil der Schulen unterbringen und im einstigen Kasernenhof ein vorbildliches Stadion errichten.

Im Zuge der Wiederaufrüstung wurde Wetzlar 1934 zum dritten Mal in seiner Geschichte Garnisonstadt, als die Landespolizei-Abteilung Potsdam in die Spilburg verlegt wurde. Aus dieser Abteilung wurde ab 1935 ein Inf.-Bataillon, zuletzt das III./Inf. Rgt. 116, das von hier aus in den Krieg zog. Am Ende des Krieges war in der Spilburg wieder eine Unteroffizierschule und schließlich eine Schule für Fahnenjunker der Infanterie untergebracht. Nach dem Krieg wurde die Spilburg, erheblich erweitert, nacheinander Ausländerlager, Kaserne für amerikanische, dann französische Besatzungstruppen, schließlich für Truppenteile der Bundeswehr.

Während der Wiederaufrüstung entstanden 1935/36 in der Silhöfer Aue zwei neue Kasernenanlagen für die Nachrichten-Abteilung 9 und für das Maschinengewehr-Bataillon 2, das 1938 von der III./Art. Rgt. 45 abgelöst wurde. Beide Kasernen dienten im Krieg Ersatzabteilungen als Unterkunft und nach dem Krieg den gleichen Zwecken wie die Spilburg.

Fast zwölf Jahre nach dem 2. Weltkrieg wurde Wetzlar zum vierten Male Garnison. Im Frühjahr hielten in der Spilburg der Kampfgruppenstab B 5, die III./Pz. Art. Rgt. 5, das Pz. Jäg. Btl. 5 und die mittl. Feldzg. Inst. Kp. 539, in den Silhöfer-Aue-Kasernen das Pz. Btl. 15 und das Pz. Jäg. Btl. 15 ihren Einzug. Im Jahre 1959 wurde im Zuge der Umgliederung des Heeres aus Bestandteilen der Kampfgruppe B 5 eine Panzergrenadier-Brigade gebildet, zu der im Laufe der Jahre weitere Truppenteile stießen. So wurde Wetzlar zu einer der größten Garnisonen der Bundesrepublik, was der Stadt nicht nur Vorteile, sondern auch zusätzliche Probleme beispielsweise im Straßenverkehr bringt, wenn Panzer und motorisierte Kolonnen zu Übungen ausfahren oder von ihnen zurückkehren und wenn die fast durchweg auch persönlich motorisierten Soldaten in ihre Freizeit ausschwärmen. Für den erweiterten Raum um Wetzlar wird es immer schwieriger, der Truppe das von ihr benötigte Übungsgelände in ausreichendem Maße zur Verfügung zu stellen.

Schulwesen

Zum Entgelt für die Abtretung der Spilburg-Kaserne und des Baugeländes erhielt die Stadt Wetzlar 1934 Mittel, um neue Schulen zu errichten. So entstanden als erste Volksschulneubauten die Iding- und die Kestner-Schule, denen weitere Bauten in Niedergirmes und Büblingshausen folgten (1937). Unmittelbar vor Kriegsbeginn schuf der preußische Staat für sein Gymnasium an der Bergstraße eine neue Unterkunft, und das Städt. Lyzeum (Lotteschule) konnte das alte Gymnasialgebäude an der Arnsburger Gasse beziehen; diese Anstalt war aus einer schulgeldpflichtigen Elementar- oder Bürgerschule hervorgegangen, die sich in eine „höhere Knaben-" und „höhere Mädchen-Schule" gabelte. Nur die Mädchenschule blieb erhalten, wurde 1904 von der Volksschule getrennt und 1907 als Lyzeum anerkannt.

Nachdem nun gerade bei Kriegsbeginn das durch die Wiederaufrüstung hervorgerufene, unerfreuliche Schulprovisorium durch eine ansprechende Lösung aller Raumfragen beendet worden war, brachte der Krieg durch Beschlagnahmungen zugunsten der Wehrmacht, Umzüge, Schließungen und Einberufung von Lehrkräften und schließlich durch Luftangriffe und Plünderungen neue, noch größere Not in die Wetzlarer Schulverhältnisse. Alle größeren Schulen erlitten schwere Bombenschäden sowie starke Verluste an Inventar und Lehrmitteln.

Nach dem Krieg begann die Stadt, nachdem in den ersten Nachkriegsjahren die notwendigen Instandsetzungen vorgenommen waren, ein umfangreiches Schulbauprogramm, um die wachsenden Schülerzahlen aufnehmen zu können. Zuerst erfolgte der Neubau der Ludwig-Erk-Schule an der Nauborner Straße (1952) und die Aufstockung des Gymnasialgebäudes an der Arnsburger Gasse. 1954 übernahm die Stadt das Goethe-Gymnasium in ihre Verwaltung; im gleichen Jahr wurde die Büblingshäuser Volksschule durch einen Neubau zur Albert-Schweitzer-Schule erweitert (1967 durch einen weiteren Bauabschnitt nochmals vergrößert). 1956 entstand in der Nähe der Iding-Schule ein Neubau für die Gewerbliche Berufsschule (1962 erweitert, jetzt Werner-von-Siemens-Schule), die dadurch die ehem. Franziskanerschule für die Kaufmännische Berufsschule, später für die 1957 gegründete Musikschule freimachen konnte. 1958 kam es zur Errichtung der Freiherr-vom-Stein-Schule im Gebiet der Neuen Wohnstadt an der Stoppelberger Hohl (1961 erweitert) und 1959 der Eichendorff-Schule im Stadtteil Dalheim (1970 und 1975 erweitert). Nachdem die Schulträgerschaft für das Goethe-Gymnasium 1963 an den Landkreis übergegangen war, errichtete dieser 1966 in der Nähe der Franzenburg für diese Schule ein modernes Gebäude, woraufhin die Lotteschule das Gebäude der Goetheschule an der Bergstraße und die Kaufmännische Berufsschule (jetzt Theodor-Heuß-Schule) das alte Schulgebäude an der Arnsburger Gasse beziehen konnten.

Im Jahre 1969 begann eine völlig neue Epoche des Schulwesens in Stadt und Kreis Wetzlar, als mit Beginn des Schuljahres 1969/70 an 17 Standorten des Kreises in den Klassen des 5. Jahrganges die obligatorische Förderstufe eingerichtet wurde, die zwei Jahrgänge (5 und 6) umfaßt, in denen die Schüler von Lehrkräften der 3 tradierten Schulformen (Gymnasium, Realschule, Hauptschule) gemeinsam und in den Fächern Mathematik und 1. Fremdsprache (Englisch bzw. Latein) in 3 Leistungskursen unterrichtet werden. Vom gleichen Zeitpunkt ab nahmen die beiden Gymnasien und die 7 Realschulzüge keine Anfangsklassen mehr auf. Am 1. 1. 1970 ging die Schulträgerschaft aller Schulen des Kreises von Städten, Gemeinden und Schulverbänden auf den Landkreis Wetzlar über.

Ein weiterer, entscheidender Schritt zur Neugestaltung des Schulwesens wurde 1971 getan, als der Kreis mit Beginn des Schuljahres 1971/72 an 12 Standorten einen Flächenversuch mit der Schaffung von integrierten Gesamtschulen der Jahrgänge 7–10 ins Leben rief. Dies bedeutet, daß die Schüler nach Durchlaufen der integrierten Klassen 5 und 6 in die gleichfalls integrierten Jahrgänge 7–10 übergehen, wobei die Schüler der Grund- und Förderstufenschulen Brandoberndorf, Biskirchen, Steindorf/Albshausen, Nauborn und Erda in die für sie nächstgelegene der nachstehend aufgeführten, ebenfalls mit je einer Förderstufe ausgestatteten 12 Gesamtschulen überwechseln: Eichendorff-Schule (Wetzlar-Dalheim), Freiherr-vom-Stein-Schule (Wetzlar-Neue Wohnstadt), Kestner-Schule (Wetzlar-Stadtmitte), August-Bebel-Schule (Wetzlar-Niedergirmes), Braunfels, Solms, Ehringshausen, Aßlar, Atzbach, Schwingbach, Biebertal, Launsbach.

Die mit finanzieller Hilfe des Landes Hessen errichteten Neubauten bzw. Erweiterungsbauten für diese Schulen gehören zu den markantesten und aufwendigsten Bauvorhaben der Nachkriegszeit im Kreise Wetzlar. Alle Schulen werden im Endzustand über die notwendigen Fachräume für einen weitgefächerten Unterricht und über ausreichende moderne Sportstätten verfügen. In ihnen werden die Schüler sowohl den Hauptschulabschluß wie auch den mittleren Bildungsabschluß erreichen können. Der weitere Schulweg in die Kreisstadt wird, abgesehen vom Besuch der Berufs- und Berufsfachschulen erst ab Klasse 11 in die Gymnasiale Oberstufenschule notwendig, die aus der Vereinigung der beiden bisherigen Gymnasien (Goetheschule und Lotteschule) im erweiterten Gebäude der Goetheschule an der Franzenburg entstand und die nur noch die Jahrgänge 11–13 umfaßt. Das seitherige Gebäude der

Lotteschule an der Bergstraße mit einem 1975 fertiggestellten Anbau steht nunmehr der Kestner-Schule neben ihrem an der Frankfurter Straße gelegenen, 1970 erweiterten Gebäude zur Verfügung.

Im Kreis bestehen darüber hinaus für die Jahrgänge 1–4 43 Grundschulen. Sonderschulen für lernbehinderte Kinder gibt es in Wetzlar (Pestalozzi-Schule), Hermannstein und Krofdorf-Gleiberg. Eine Schule für praktisch-bildbare Kinder wurde im Altbau der Volksschule in Büblingshausen (Friedrich-Fröbel-Schule) eingerichtet.

Stark erweitert haben sich in den letzten Jahren die Aufgabengebiete und die Bildungsangebote der vier Berufs- und Berufsfachschulen in Wetzlar, der Kaufm. Berufs- und Berufsfachschule (Theodor-Heuß-Schule im Gebäude an der Arnsburger Gasse, mit Teilen ausgelagert in Schulpavillons im ehem. Kreislehrgarten an der Friedenstraße, mit Wirtschaftsgymnasium an der Goetheschule), der Allgem.-gewerbl. und hauswirtschaftl.-pflegerischen Berufs- und Berufsfachschule (Käthe-Kollwitz-Schule im Gebäude Jäcksburg 1), der Gewerbl. Berufs- und Berufsfachschule (Werner-von-Siemens-Schule in Gebäuden im Idingviertel) und der Landwirtschaftl. Kreisberufsschule (Brühlsbachstraße).

Seit 1963 besteht in Wetzlar in einem Gebäude an der Brühlsbachstraße als sog. „Hessenkolleg" eine neuartige Schulform des 2. Bildungsweges, die junge Menschen nach abgeschlossener Berufsausbildung auf der Basis eines mittleren Bildungsabschlusses zur Hochschulreife führt.

In diesem Zusammenhang muß auch die stark angewachsene Tätigkeit der Volkshochschule Wetzlar erwähnt werden, die sich vornehmlich der Erwachsenenbildung annimmt.

Es erscheint unmöglich, hier Einzelheiten aus dem vielgestaltigen kulturellen Leben der Gemeinden des Kreises zu schildern, das sich nach dem Krieg auf vielen Gebieten entfaltet hat und dessen Träger zumeist örtliche Vereine sind. Als herausragendes, jährlich wiederkehrendes Ereignis seien jedoch die seit 1953 auf einer im Rosengärtchen in Wetzlar geschaffenen Freilichtbühne stattfindenden Industrie-Festspiele erwähnt, die weit über die Grenzen des Kreises hinaus Beachtung und Wertschätzung finden.

Partnerschaften

In den letzten anderthalb Jahrzehnten entwickelten sich zwischen einigen Gemeinden des Kreises und ausländischen Gemeinden Partnerschaften, die dem gegenseitigen Austausch von Gedanken und der freundschaftlichen Begegnung der Menschen verschiedener Völker dienen und die zu recht regen Verbindungen namentlich auf sportlichem und kulturellem Gebiet führten.

Die Stadt Wetzlar, seit 1958 Mitglied des Rates der europäischen Gemeinden, schloß 1960 eine Partnerschaft mit der südfranzösischen Stadt Avignon, 1969 eine weitere mit der englischen Stadt Colchester und 1974 schließlich noch eine mit der österreichischen Gemeinde Schladming. Die Stadt Braunfels unterhält Partnerschaften mit Newbury (England), Bagnols (Frankreich), New Braunfels (Texas, U.S.A.) und Eeklo (Belgien). Ferner schlossen Partnerschaften ab: Aßlar mit St. Ambroix (Frankreich), Biebertal mit Sarrians (Frankreich), Bischoffen mit Mery-sur-Seine (Frankreich), Bonbaden mit Rohrmoos-Unterthal (Österreich), Ehringshausen mit Roquemaure (Frankreich) und Krofdorf-Gleiberg mit Sorgues (Frankreich). Stadt und Kreis Wetzlar unterhalten seit 1959 eine gemeinsame Patenschaft für den Berliner Stadtteil Neukölln.

Raumordnung und Gebietsreform - ein Blick in die Zukunft!

Im Jahre 1974 legte die auf Grund des Hessischen Landesplanungsgesetzes gebildete Regionale Planungsgemeinschaft Mittelhessen einen „Raumordnungsplan für die Region Mittelhessen" vor, der nach Abschluß eines Anhörungsverfahrens aller Gemeinden und Träger öffentlicher Belange verbindlich werden sollte für die weitere Entwicklung eines Gebietes zwischen Runkel und Haiger im Westen, Alsfeld im Osten, Biedenkopf und Wetter im Norden und dem Südrand des Kreises Wetzlar sowie Hungen im Süden. Hauptziel dieses Planes war es, die „ausgewogene Weiterentwicklung, d.h. den Ausbau des wirtschaftlichen und infrastrukturellen Potentials unter Berücksichtigung des hohen Freizeitwertes und die räumliche Gestaltung der Region als eigenständigen Kernraumes in Hessen" zu gewährleisten. Das umschriebene Gebiet sollte hinsichtlich seiner Wohn-, Arbeits-, Versorgungs-, Verkehrs- und Grünflächen neu gegliedert werden.

Die Bemühungen, die vielschichtigen Probleme des heimischen Raumes im Hinblick auf seine Zukunft einer umfassenden Lösung zuzuführen, hatten sich seit einigen Jahren auch auf mannigfache Versuche erstreckt, durch Änderungen der Verwaltungsgrenzen der Kreise, Städte und Gemeinden größere und leistungsfähigere gebietliche bzw. kommunale Einheiten herzustellen. Auf der Basis der Freiwilligkeit waren diese Versuche weitgehend gescheitert; so kam es mit einer Ausnahme weder zu Eingemeindungen in die Stadt Wetzlar noch zu einem großräumigem Zusammenschluß von Gemeinden zwischen Wetzlar und Gießen. Lediglich die Eingliederung der Gemeinde Dorlar in die Stadt Wetzlar fand auf Grund eines Grenzänderungsvertrages die Zustimmung des Hessischen Innenministers und trat am 1. 8. 1972 in Kraft.

Schon vorher waren Grenzänderungsverträge der Stadt Wetzlar mit den Gemeinden Volpertshausen und Reiskirchen abgeschlossen worden, die

die Eingliederung zum 31. 12. 1971 vorgesehen hatten; sie traten allerdings nicht mehr in Kraft, da die Genehmigung 1974 mit dem Vorbehalt erteilt wurde, daß diese Verträge erst mit dem Vollzug der bevorstehenden Gebietsänderung wirksam werden sollten. Mit dem gleichen Vorbehalt wurden Grenzänderungsverträge mit den Gemeinden Garbenheim, Hermannstein/Blasbach (die sich bereits vorher zusammengeschlossen hatten), Münchholzhausen und Nauborn abgeschlossen, die die Eingliederung zum 1. 1. 1974 vorsahen, aber ebenfalls nicht mehr in Kraft traten.

Schließlich kam es nach langwierigen Verhandlungen und leidenschaftlich geführten Auseinandersetzungen zu einer gesetzlichen Regelung der Gebietsreform: Der Hessische Landtag beschloß das „Gesetz zur Neugliederung des Dillkreises, der Landkreise Gießen und Wetzlar und der Stadt Gießen" vom 13. 5. 1974, das am 1. 1. 1977 in Kraft trat und im wesentlichen folgende Neuregelungen brachte:

Es wurden zusammengeschlossen:

Die Stadt Gießen, die Stadt Wetzlar und die Gemeinden Atzbach, Dutenhofen, Garbenheim, Hermannstein, Heuchelheim, Krofdorf-Gleiberg, Launsbach, Lützellinden, Münchholzhausen, Nauborn, Naunheim, Steindorf, Waldgirmes und Wißmar zu einer kreisfreien Stadt mit dem Namen „Lahn";

die Gemeinden Hüttenberg, Reiskirchen, Schwingbach und Volpertshausen zu einer Gemeinde mit dem Namen „Hüttenberg";

die Gemeinden Cleeberg, Dornholzhausen, Espa, Kleenheim und Lang-Göns zu einer Gemeinde mit dem Namen „Langgöns";

die Gemeinden Bielhausen, Niederbiel und Solms zu einer Gemeinde mit dem Namen „Solms";

die Gemeinden Breitenbach, Daubhausen, Ehringshausen, Katzenfurt, Kölschhausen und Niederlemp zu einer Gemeinde mit dem Namen „Ehringshausen";

die Gemeinden Arborn, Beilstein, Greifenstein, Nenderoth, Odersberg und Ulmtal zu einer Gemeinde mit dem Namen „Greifenstein".

Es wurden eingegliedert:

Die Gemeinden Altenkirchen und Mudersbach in die Gemeinde Hohenahr; die Gemeinde Frankenbach in die Gemeinde Biebertal; die Gemeinde Werdorf in die Gemeinde Aßlar; die Gemeinden Edingen und Fleisbach in die Gemeinde Sinn; die Gemeinde Ebersgöns in die Stadt Butzbach.

Der Dillkreis, der Landkreis Gießen und der Landkreis Wetzlar wurden zu einem „Lahn-Dill-Kreis" zusammengeschlossen; Sitz der Kreisverwaltung wurde die Stadt Lahn – Stadtteil Wetzlar.

Dieses Neugliederungs-Gesetz stieß in weiten Kreisen der betroffenen Bevölkerung auf entschiedene und energisch ausgedrückte Ablehnung. Man empfand vor allem den Zusammenschluß der beiden Städte Gießen und Wetzlar mit den 14 Gemeinden unter dem unglücklich gewählten Namen „Lahn" als einen gegen den Willen der Bewohner vollzogenen Willkürakt des Gesetzgebers, der selbst bundesweit in den Medien auf Unverständnis und Kritik stieß, sofern man sich nicht darüber lustig machte. Der Ausgang der Kommunalwahlen am 20. 3. 1977 dokumentierte schließlich ganz auffallend, daß eine deutliche Mehrheit der Wahlberechtigten diese Art der Neugliederung des heimischen Raumes nicht akzeptieren wollte.

So setzten unter dem Druck der öffentlichen Meinung von seiten aller politischen Kräfte Bestrebungen ein, die Neugliederung des hiesigen Raumes durch eine weiteres Gesetz zu ändern. Am 10. 7. 1979 beschloß der Hessische Landtag das „Gesetz zur Neugliederung des Lahn-Dill-Gebiets und zur Übertragung von weiteren Aufgaben auf kreisangehörige Gemeinden mit mehr als 50.000 Einwohnern sowie zur Regelung sonstiger Fragen der Verwaltungsreform".

Dieses Gesetz trat am 1. 8. 1979 in Kraft und bewirkte als wichtigste Maßnahme die Auflösung der Stadt „Lahn". Aus ihr wurden neben der nun wieder selbstständigen Stadt Wetzlar mit den Stadtteilen Blasbach, Dutenhofen, Garbenheim, Hermannstein, Münchholzhausen, Nauborn, Naunheim und Steindorf die ebenfalls wieder selbstständige Stadt Gießen (mit den neuen Stadtteilen Allendorf, Kleinlinden, Lützellinden, Rödgen und Wieseck) sowie die Gemeinden Heuchelheim (mit Kinzenbach), Lahnau (aus den bisherigen Stadtteilen Atzbach, Dorlar und Waldgirmes) und Wettenberg (aus den bisherigen Stadtteilen Krofdorf-Gleiberg, Launsbach und Wißmar) gebildet.

Der bisherige Lahn-Dill-Kreis wurde ebenfalls aufgelöst; aus ihm wurden zwei neue Landkreise gebildet:

Der Landkreis Gießen, dem nunmehr u.a. die Gemeinden Biebertal, Heuchelheim, Langgöns und Wettenberg angehörten; der Lahn-Dill-Kreis mit den Städten Aßlar, Braunfels, Dillenburg, Haiger, Herborn, Leun, Solms, Wetzlar und den Gemeinden Bischoffen, Breitscheid, Dietzhölztal, Driedorf, Ehringshausen, Eschenburg, Greifenstein, Hohenahr, Hüttenberg, Lahnau, Mittenaar, Schöffengrund, Siegbach, Sinn und Waldsolms. Sitz der Kreisverwaltung des neuen Lahn-Dill-Kreises blieb die Stadt Wetzlar.

Als kreisangehörige Stadt mit jetzt mehr als 50.000 Einwohnern erhielt Wetzlar zusätzliche Aufgaben; ihr Stadtoberhaupt führte fortan die Amtsbezeichnung Oberbürgermeister, ihr Erster Beigeordneter die Amtsbezeichnung Bürgermeister.

Diese gebietliche Neuordnung ist inzwischen von der überwiegenden Mehrheit der Bevölkerung als unumgängliche Notwendigkeit angenommen worden. Gewiß trauerte man hier und da mit wehmütigen Gefühlen altgewohnten Zuordnungen und Selbständigkeiten nach. Aber die Aufgaben des Alltags und ihre Bewältigung, erst recht vorausschauende Planungen für die Zukunft lassen wenig Zeit zu klagender Rückschau auf Vergangenes, drängen vielmehr zum Handeln und zur Bewährung in der Gegenwart. Die Kraft dazu muß aus inneren Quellen kommen, - eine davon ist die Liebe zur Heimat. Sie kann noch bewußter und inniger werden, wenn man in die Geschichte dieser Heimat zurückblickt, dabei in duldsamem Verstehen und in abwägendem Besinnen das Beharrende vom Flüchtigen zu unterscheiden lernt. Dann können aus der Vergangenheit Gelassenheit und mutige Zuversicht als wertvolle Gaben für die Gegenwart und für die Zukunft erwachsen.

Einwohnerzahlen der Städte und Gemeinden
des Lahn-Dill-Kreises, Stand vom 30. Juni 1985[1])

Lahn-Dill-Kreis	236.422	Wetzlar[2])	50.614
Aßlar	11.228	Kernstadt	30.748
Bischoffen	3.099	Blasbach	951
Braunfels	9.746	Dutenhofen	2.555
Breitscheid	4.416	Garbenheim	2.085
Dietzhölztal	6.049	Hermannstein	3.544
Dillenburg	22.875	Münchholzhausen	1.984
Driedorf	4.758	Nauborn	3.304
Ehringshausen	8.549	Naunheim	3.753
Eschenburg	9.399	Steindorf	1.690
Greifenstein	6.587		
Haiger	17.736		
Herborn	20.931		
Hohenahr	4.345		
Hüttenberg	8.388		
Lahnau	7.685		
Leun	4.978		
Mittenaar	4.844		
Schöffengrund	5.634		
Siegbach	2.891		
Sinn	5.815		
Solms	12.403		
Waldsolms	4.094		

[1]) Aus: „Statistische Berichte“ des Hessischen Statistischen Landesamtes Wiesbaden.

[2]) Fortschreibung des Einwohnermeldeamtes der Stadt Wetzlar.

Literaturverzeichnis

Vorbemerkung:
Die Literaturnachweise sind durch Veröffentlichungen ergänzt, die nach der Bearbeitung der Erstauflage erschienen bzw. bekannt geworden sind.

Abkürzungen:

LH = „Lieb' Heimatland", Sonntagsblatt des „Wetzlarer Anzeigers", 1924–1939. Jahrgang und Nummer.

MWG = Mitteilungen des Wetzlarer Geschichtsvereins, Wetzlar ab 1906. Nummer des Heftes und Jahrgang.

WH = Wetzlarer Heimathefte. Hrsg. v. H. Neuhaus. 9 Folgen. Wetzlar 1925 ff. Nummer der Folge.

WH = Wetzlarer Heimathefte. Hrsg. v. H. Freund. 10.–12. Folge. Wetzlar 1958 ff. Nummer der Folge.

HJL = Hessisches Jahrbuch für Landesgeschichte, Marburg ab 1951. Nummer des Bandes und Erscheinungsjahr.

HKL = Heimatkalender des Kreises Wetzlar, Wetzlar ab 1951. Erscheinungsjahr.

HLD = Heimat an Lahn und Dill (Heimatbeilage der „Wetzlarer Neuen Zeitung"), Wetzlar ab 1954. Erscheinungsjahr, Nummer der Ausgabe.

NAN = Nassauische Annalen. Jahrbuch des Vereins für nassauische Altertumskunde und Geschichtsforschung. Wiesbaden. Nummer des Bandes, Erscheinungsjahr.

A. Quellendrucke

Urkundenbuch der Stadt Wetzlar (Veröffentlichungen der Hist. Komm. f. Hessen u. Waldeck VIII 1-3) I. (1141–1350) bearb. v. E. Wiese, Marburg 1911, II. (1214–1350) bearb. v. M. Sponheimer, Marburg 1943. III. (1351–1500). Das Marienstift zu Wetzlar im Spätmittelalter. Bearb. v. W.-H. Struck, Marburg 1969 (Von den dort angeführten weiteren Quellendrucken kommen für das Heimatgebiet besonders in Betracht: Baur, Gudenus u. Wyß).

W.-H. Struck, Neue Quellen zur mittelalterlichen Geschichte des Reichsstifts Wetzlar, vornehmlich aus dem Nachlaß Allmenröder (HJL, 24. Bd., 1974) (darin: 42 Urkundenregesten 1261–1487 auf S. 13–36).

W. Küther, Die Wüstung Hausen (MWG 25, 1971) (darin: 45 Urkundentexte bzw. -regesten 778–1551 auf S. 189–224).

Wetzlarer Geschichtsquellen, hrsg. v. Fr. Luckhard. 1. Das Wetzlarer Necrologium vom Jahre 1389, hrsg. v. Fr. Luckhard. 2. Verzeichnis zu dem Wetzlarer Necrologium von 1389, hrsg. v. A. Schoenwerk. 3. Das Wetzlarer Häuserverzeichnis von 1774, hrsg. v. A. Schoenwerk, und Das Zinsregister des Klosters Altenberg von 1349, hrsg. v. M. Sponheimer, Wetzlar 1925, 1936, 1939.

B. Nachschlagewerke und kapitel-übergreifende Darstellungen

K. E. Demandt, Schrifttum zur Geschichte und geschichtlichen Landeskunde von Hessen. Band I-III (Veröffentlichungen der Histor. Kommission für Nassau XVII), Wiesbaden 1965–1968.

Handbuch der historischen Stätten Deutschlands. 4. Band. Hessen. Hrsg. von G. W. Sante. Stuttgart 1960.

Hessisches Städtebuch. (Deutsches Städtebuch, Handbuch städtischer Geschichte, Band IV Südwestdeutschland, 1. Land Hessen). Hrsg. von E. Keyser. (Kapitel „Wetzlar" bearb. von A. Schoenwerk und H. Flender).

Geschichtlicher Atlas von Hessen. Begründet und vorbereitet durch Edmund E. Stengel. Bearbeitet von F. Uhlhorn im Landesamt für geschichtl. Landeskunde. Hrsg. im Auftrag der Arbeitsgemeinschaft der Histor. Kommission in Hessen. Marburg 1960 ff.

K. E. Demandt und O. Renkhoff, Hessisches Ortswappenbuch, Doppelband 1 und 2, Glücksburg 1956.

K. Stadler, Die Gemeindewappen des Landes Hessen (Deutsche Wappen. Bundesrepublik Deutschland, Band 3). Bremen 1967.

G. Dehio, Handbuch der deutschen Kunstdenkmäler: Hessen. Bearbeitet von M. Backes. 1966.

M. Backes und H. Feldtkeller, Kunstwanderungen in Hessen. Stuttgart 1962.

H. Läufer, Gemeindebuch der Kreissynoden Braunfels und Wetzlar. 1953.

P. Arnsberg, Die jüdischen Gemeinden in Hessen. Anfang, Untergang, Neubeginn. 1. u. 2. Bd. Frankfurt 1971. Bilder, Dokumente. 3. Bd. Darmstadt 1973.

K. Watz, Geschichte, der jüdischen Gemeinde in Wetzlar von ihren Anfängen bis zur Mitte des 19. Jhdts. (1200–1850) (MWG 22, 1966).

H. Lich, Geschichte des Gesundheitswesens des Kreises und der Stadt Wetzlar. Wetzlar 1967.

R. Schmitz, Über das Apothekenwesen der Stadt und des Kreises Wetzlar (1233–1900) (MWG 17, 1957).

H. Flender, 100 Jahre Freiwillige Feuerwehr Wetzlar 24.–26. 5. 1963. Wetzlar 1963.

C. Gesamtdarstellungen

J. Ph. Chelius, Kurtze Beschreibung der Stadt Wetzflar, Gießen 1664, Neudruck hrsg. v. H. Veltman, Wetzlar 1917.

G. M. v. Ludolf, Sicilimenta ad Historiam Civitatis Imperialis Wetzflariensis (in: Observationum Forensium continuatio II), auch deutsch: Sammlung einiger Historischen Nachrichten von des Heil. Röm. Reichs Stadt Wetzflar usw., Wetzlar 1732 (wegen der beigefügten Quellendrucke noch wertvoll).

Fr. K. Abicht, Der Kreis Wetzlar historisch, statistisch u. topographisch dargestellt. 3 Bde. Wetzlar 1836/7 (Als Quellenwerk wertvoll; behandelt den Kreis Wetzlar nur im damaligen Umfang, also ohne die bis 1932 zu den Kreisen Biedenkopf und Usingen gehörenden Orte).

Fr. W. Freih. v. Ulmenstein, Geschichte u. topogr. Beschreibung der Kais. freyen Reichstadt Wetzlar. I. Hadamar 1802, II. u. III., Wetzlar, 1806, 1810 (Als Quellenwerk wertvoll, jedoch nicht ohne Nachprüfung zu benutzen).

Wetzlarer Heimathefte, hrsg. v. H. Neuhaus, Wetzlar 1925 ff (die erste neuere Gesamtdarstellung der Heimatkunde, jedoch im geschichtlichen Teil nur bis 1815 reichend).

K. E. Demandt, Geschichte des Landes Hessen. 2., neubearbeitete und erweiterte Auflage Kassel 1972.

A. Schoenwerk, Die Entstehung des Kreises Wetzlar (HKL 1953).

H. Gensicke, Stadt und Kreis Wetzlar. Geschichte, Wirtschaft und Kultur (in: Adreßbuch Stadt und Kreis Wetzlar 1962) Köln o. J.

D. Ortschroniken und Heimatbücher

Heimatbuch der Gemeinde Aßlar. Bearb. von R. Hofmann und K. Braun. 1960.

Atzbach 774–1974. Beiträge zur Ortsgeschichte. Gießen 1974.

700-Jahrfeier der Stadt Braunfels vom 30. 8.–3. 9. 1957. Braunfels 1957.

H. Watz, Heimatbuch von Ehringshausen. I.–IV. Teil. Wetzlar 1968–1971.

Heimatbuch der Gemeinde Erda. Hrsg. anläßlich der 1200-Jahrfeier vom Arbeitskreis für Dorfchronik. 1971.

Kleenheim im Hüttenberger Land. Text: K. H. Glaum. Wetzlar 1974.

J. Leib, Krofdorf-Gleiberg zwischen Tradition und Fortschritt. Heimatbuch zur 1200-Jahrfeier der Gemeinde Krofdorf-Gleiberg. Gießen 1974.

Fr. Wieber, Deine Heimat Niederbiel. Heimatschrift zur Schuleinweihung am 10. 12. 1960.

1200 Jahre Niedergirmes. Hrsg. aus Anlaß der 1200-Jahrfeier 24.–28. 6. 1971. Wetzlar 1971.

Fr. Wieber, Meine Heimat Oberbiel. Eine Heimatschrift herausgegeben zur Schul- und Turnhalleneinweihung 17. 8. 1957.

1000 Jahre Reiskirchen 975–1975. Festschrift zur 1000-Jahrfeier der Gemeinde Reiskirchen vom 19.–23. 6. 1975. Hrsg. von der Gemeinde Reiskirchen. Verfasser: G. Biesgen.

J. Leib, Burg und Siedlung Vetzberg im Wandel der Jahrhunderte. Gießen 1971.

H. Schmidt, Germitzer marca. Heimatgeschichte von Waldgirmes und Umgebung. 1970.

Werdorf. Die Geschichte eines Dorfes und seiner Leute. Bd. I. Verfasser: H. Scheidt. Werdorf. 1972.

Wetzlar. Stadtchronik. Verfasser: H. Flender. München 1968.

E. Einzelnachweise zum Text

Kap. 1 Die Ur- und Vorgeschichte

H. Richter, Die geologische Geschichte der Umgebung von Wetzlar (WH 1).

W. Panzer, Die Landschaft um Wetzlar (WH 1).

Richter-Helmke, Die ältesten menschlichen Siedlungen im Flußgebiet der Lahn (WH 3).

H. Veltman, Der Steindorfer Depotfund. Wetzlar 1904.

H. Hollmann, Auf den Spuren der Vor- u. Frühgeschichte im Nordost-Taunus. Mit 2 Karten u. einem Verz. der Hügelgräber (NAN Bd. 57, 1937).

C. Metz, Die prähistorische Niederlassung auf der Plank b. Wetzlar (MWG 9, 1925).

- -, Prähistorische Gräber. MWG 10, 1927.

C. von dem Hagen, Die Öffnung eines Hügelgrabes in der Steuerhecke bei Schwalbach (MWG 2, 1908).

F. Kutsch, Die Germanen im Rhein-Maingebiet und die germ.-röm. Kämpfe um die Zeitwende (Korrespondenzblatt d. Ges. Ver. 1934).

C. Metz, Der Kalsmunt. Früh- und spätrömische Forschung über Aliso-Halisin-Solisin u. d. Ursprung der Stadt Wetzlar. Wetzlar 1940 (dort sind auch weitere Schriften von C. Metz aufgeführt. Zur Kritik vgl. W. Bader in „Archäol. Untersuchungen im Kreise Wetzlar", s. u.).

H. Behaghel, Die Eisenzeit im Raume des Rechtsrheinischen Schiefergebirges. Wiesbaden 1949.

Fundberichte bringen jährlich: „Nassauische Heimatblätter" in den Heften „Bodenaltertümer in Nassau" seit 1951.

Fr. K. Abicht, Der Kreis Wetzlar historisch, statistisch u. typographisch dargestellt. 1. Bd. Wetzlar 1836.

O. Kunkel, Oberhessens vorgeschichtliche Altertümer. 1926.

F.-R. Herrmann, Die Funde der Urnenfelderkultur in Mittel- und Südhessen. 1966.

E. Lehmann, Bilder und Betrachtungen aus Geologie und Bergbau im Kreise Wetzlar. WH 10.

Fundberichte aus Hessen. 1. Jahrgang 1961 ff., Beiheft 1, 1969.

H. Janke, Vor- und frühgeschichtliche Bodenfunde im Kreis Wetzlar (Sonderheft der Mitteilungen des Wetzlarer Geschichtsvereins 1965). Wetzlar 1965.

H. Janke, Vorgeschichte des Kreises Wetzlar. Das Paläolithikum. Das Neolithikum. Die Bronzezeit (Sonderheft der Mitteilungen des Wetzlarer Geschichtsvereins 1973). Wetzlar 1973.

H. Janke, in: Fundberichte aus Hessen, 11. Jg. 1971: Eine Siedlung der Urnenfelderzeit bei Dornholzhausen, Kreis Wetzlar.

- -, in: HLD 1964, Nr. 100; HLD 1964, Nr. 102; HLD 1965, Nr. 123; HLD 1969, Nr. 166; HLD 1970, Nr. 175; HLD 1970, Nr. 181; HLD 1973, Nr. 21; HLD 1974, Nr. 48; HLD 1975, Nr. 53.

- -, in: Nassauische Heimathefte 50. Jg., H. 1, 1960;

- -, in: HKL 1970, S. 107 ff. und HLL 1961, S. 111 ff.

- -, in: Fundberichte aus Hessen, 9.-10. Jg. 1969/70 und 13. Jg. 1973.

- -, in: Report Werkzeitschrift der Fa. Schneider-Lahnkies Nr. 2/Okt. 1974.

Kap. 2 Besiedlung in frankischer Zeit

K. Glöckner, Codex Laureshamensis (Arb. d. Hist. Komm. f. d. Volksstaat Hessen) 3 Bde. Darmstadt 1929/36.

E. E. Stengel, Urkundenbuch des Klosters Fulda (Veröffentl. d. Hist. Komm. f. Hessen u. Waldeck 10) I, 1. Marburg 1913 (dort weitere Angaben über ältere Ausgaben der Fuldaer Quellen).

A. Bach, Die Siedlungsnamen des Taunusgebiets in ihrer Bedeutung für die Siedlungsgeschichte. Bonn 1927.

W. Sturmfels, Die Ortsnamen des Kreises Wetzlar (MWG 11, 1929) (keine unbedingt haltbaren Erklärungen!).

C. Metz, Die Marken des Lahngaus und der oberen Lahn (MWG 8, 1922) (für Einzelheiten wertvoll, in der Konstruktion der Marken nur Vermutung).

W. Bader, Archäologische Untersuchungen im Kreise Wetzlar. Mit Lageplan und Skizzen (in: Bonner Jahrbücher, Bd. 139, 1934).

W. Görich, Das Gronauer „Alte Schloß" über der Salzböde, eine frühkarlingische Straßenfeste (HJL I, 1951).

E. E. Stengel, Udo und Hermann, die Herzoge vom Elsaß. Das Rätsel der ältesten Wetzlarer Geschichte (HJL I, 1951) (dort in den Anmerkungen auch Hinweise auf die ältere Literatur).

W. Görich, Rast-Orte an alter Straße. Ein Beitrag zur hess. Straßen- und Siedlungsgeschichte (Festschrift für E. E. Stengel, Münster-Köln 1952).

Lorscher Codex Deutsch. Urkundenbuch der ehemaligen Fürstabtei Lorsch. Bearb. von K. J. Minst. Band I–VI. Lorsch 1966–72.

E. E. Stengel, Urkundenbuch des Klosters Fulda. Band I, Teil 2. Marburg 1956.

E. E. Stengel, Abhandlungen und Untersuchungen zur hessischen Geschichte (Veröffentlichungen der Histor. Kommission für Hessen, Band XXVI), Marburg 1960.

M. Helmers, Zur Frage des Stiftergrabes im Wetzlarer Dom (Archiv f. Mittelrhein. Kirchengeschichte, Band 11, 1959).

A. Paulus, Über das Stiftergrab im Wetzlarer Dom (Archiv f. Mittelrhein. Kirchengeschichte, Band 12, 1960).

W.-H. Struck, St. Lubentius und die Anfänge des Christentums an der Lahn (NAN Bd. 81, 1970).

W. Görich, Straßen zwischen Wetzlar und Marburg in alter Zeit (HKL 1953).

Kap. 3 Die kirchliche Gliederung

G. Kleinfeldt u. H. Weirich, Die mittelalterliche Kirchenorganisation im oberhessisch-nassauischen Raum (Schriften d. Inst. f. gesch. Landeskunde von Hessen und Nassau 16). Marburg 1937.

W. Classen, Die kirchliche Organisation Alt-Hessens im Mittelalter samt einem Umriß der neuzeitlichen Entwicklung (Schriften d. Inst. f. gesch. L. v. H. u. W. 8). Marburg 1929.

W. Küther, Das Patronatsrecht der Kirche Hohensolms (MWG 19, 1961).

A. Paulus, Warum hatte Wetzlar einen Erzpriester? Dem Gedenken August Schoenwerks, der 1971 achtzig Jahre alt geworden wäre (Archiv f. Mittelrhein. Kirchengeschichte, Band 22, 1970).

W.-H. Struck, Ein als Seelbuch benutztes Kalendarium um 1200 aus dem Bereich des Archipresbyterats Wetzlar (HJL XXI, 1971).

W.-H. Struck, Die Landkapitel im Archidiakonat Dietkirchen während des Mittelalters. Ein Beitrag zur Geschichte der kirchlichen Genossenschaften (NAN Bd. 83, 1972).

Kap. 4 Die politische Gliederung

K. H. May, Territorialgeschichte des Oberlahnkreises (Schriften d. Inst. f. gesch. L. v. H. u. W. 18). Marburg 1939.

W. Müller, Die althessischen Ämter im Kreise Gießen. Geschichte ihrer territorialen Entwicklung (Schriften d. I. f. g. L. v. H. u. W. 19). Marburg 1940.

(Die entsprechende Territorialgeschichte des Kreises Wetzlar von F. Uhlhorn und H. Schotte ist noch nicht erschienen.)

I. Dietrich, Die frühe kirchliche und politische Erschließung des unteren Lahngebietes im Spiegel der konradinischen Besitzgeschichte (Archiv f. Mittelrhein. Kirchengeschichte, Band 5, 1953).

Fr. Uhlhorn, Geschichte der Grafen von Solms im Mittelalter. Marburg 1931.

W. Sauer, Die Herren von Beilstein und Greifenstein (NAN Bd. 28 u. 29, 1896/98).

K. Gloeckner, Volksburg – Adelsmark – Landeshoheit (Mitteilungen des oberhess. Geschichtsvereins, N. F. 39, 1953).

H. Gensicke, Landesgeschichte des Westerwaldes (Veröffentlichungen der Histor. Komm. für Nassau, Bd. XIII). Wiesbaden 1958.

H. Gensicke, Kirchspiel und Gericht Beilstein und Wallendorf (NAN Bd. 82, 1971).

K. H. May, Der Burgsitz zu Odenhausen an der Lahn im 13. Jhdt. Ein Beitrag zur Geschichte der Häuser Merenberg, Wittgenstein-Battenberg, Solms, Wildenburg und Reichenbach-Ziegenhain (NAN Bd. 82, 1971).

Kap. 5 Die Entstehung der Reichsstadt Wetzlar

A. Schoenwerk, Geschichte der Reichsstadt Wetzlar im Mittelalter (WH 3.-5. Folge).

K. Interthal, Die Reichsvogtei Wetzlar. Wetzlar 1928.

W. Hävernick, Das ältere Münzwesen der Wetterau bis zum Ausgang des 13. Jahrhunderts (Veröffentlichungen d. Hist. Komm. f. H. u. W. 18, 1). Marburg 1936.

A. Velten, Beiträge zur Gesch. d. Grundeigentums i. d. Stadt Wetzlar i. spät. Mittelalter. Diss. Gießen 1922.

Kap. 6 Der falsche Kaiser Tile Kolup

V. Meyer, Tile Kolup. Wetzlar 1868.

R. Redlich, Rudolf v. Habsburg. Innsbruck 1903.

Kap. 7 Ritter und Burgen

C. Seiler, Schloß Braunfels einst und jetzt. Braunfels 1936.

C. Seiler - H. Schellenberg, Burg Greifenstein im Westerwald. Kurze, nach neueren Forschungen im Braunfelser Archiv ergänzte, baugeschichtliche Beschreibung. O. J.

F. H. Himmelreich, Greifensteiner Chronik. 2. Aufl. Wetzlar 1903.

H. Bergheimer, Stand früher in Niederkleen eine Burg? (LH 1935, 3).

Der Gleiberg in Natur und Geschichte, hrsg. vom Gleiberg-Verein 1929.

K. Draudt, Das Reichsschloß Kalsmunt (Archiv f. hess. Gesch. 14 [1876])
- -, Schloß Kalsmunt im Jahre 1609 (Ebenda 15 [1884]).

Ch. L. Thomas, Der Burggraben von Eschborn (Archiv f. hess. Gesch. N. F. 2 [1899] S. 423 f. Anm. 2. Beschreibung des Kalsmuntturms und Längsschnitt).

C. Metz, Der Kalsmunt. Vgl. o. zu Kap. 1!

F. Luthmer, Die Bau- und Kunstdenkmäler des Regierungsbezirks Wiesbaden Bd. 2 (für Cleeberg), Bd. 4 (für Hermannstein).

K. Hinze - B. Reese, Greyffenstein. Die Burg und ihre Kirche. Wetzlar o. J.

A. Schoenwerk, Die Reichsburg Kalsmunt bei Wetzlar und ihre Burgmannen (Forschungen zur hessischen Familien- und Heimatkunde 35). Frankfurt 1962.

Fr. Uhlhorn, Geschichte der Burg Hohensolms und ihrer Landschaft (HJL XVII, 1967).

Kap. 8 Die Wetzlarer Stadtbefestigung

Fr. Ebel, Die Wetzlarer Stadtbefestigung (Der Burgwart, Zeitschr. f. Burgenkunde, 5. u. 6.). 1904.

A. Schoenwerk, Die Wetzlarer Stadtbefestigung (MWG 23, 1967).

E. Keyser, Die städtebauliche Gestaltung Wetzlars im Mittelalter (MWG 23, 1967).

H. Flender, Silhofen. Eine alte Wetzlarer Vorstadt (HKL 1960).

Kap. 9 Ein Gang durch das mittelalterliche Wetzlar

H. Gloël, Die baugeschichtliche Entwicklung Wetzlars (LH 1929, 2-4).
- -, Inschriften und Wappen an alten Wetzlarer Bauten (MWG 1, 1906).
- -, Die Straßennamen Wetzlars (LH 1935, 20/1).
- -, Wetzlarer Hausinschriften (LH 1935, 25).

R. Herwig, Wetzlars Bedeutung als Eisenstadt im Mittelalter (LH 1937, 13ff).

E. Winter, Das gotische Haus in Wetzlar (Zentralblatt der Bauverwaltung, 1909, Nr. 20).

A. Schoenwerk, Die Burg in Wetzlar (MWG 9, 1925).
- -, Die ältesten Rathäuser der Stadt Wetzlar (LH 1938, 28/9).
- -, Die Wetzlarer Vorstädte (LH 1931, 30/2).

O. Renkhoff, Stadtwappen und Stadtsiegel (Festschrift für E. E. Stengel, Münster-Köln 1952).

K. Glöckner, Die Lage des Marktes im Stadtgrundriß (Wiesbaden, Limburg, Wetzlar) (NAN Bd. 65, 1954).

G. Haselbeck O. F. M., Die Franziskaner an der mittleren Lahn und im Westerwald. Ein Beitrag zur Geschichte des Limburger Diözesangebietes. Fulda 1957.

H. Flender, Das Wetzlarer Hospital zum Heiligen Geist (Monatshefte für evangelische Kirchengeschichte des Rheinlandes, Jg. XIII, Heft 3, 1964).

H. Flender, Die Geschichte der Wetzlarer Metzgerzunft (in: 600-Jahrfeier mit Fahnenweihe der Metzgerinnung Wetzlar). Wetzlar 1958.

H. Flender, „Getreue Tochter des Heiligen Reiches". Wetzlars Stadtsiegel aus dem Jahre 1374 (HLD 1965, Nr. 126).

H. Flender, Das neue Wetzlarer Stadtwappen (HKL 1968).

Kap. 10 Stürmische Jahrzehnte

Fr. Clauß, Wetzlarer Richter-, Schöffen- und Ratsfamilien im 13. u. 14. Jahrhundert (bis zum Ausbruch der Zunftkämpfe). (Mittgl. d. Oberhess. Geschichtsvereins N. F. 35 [1938]).

A. Schoenwerk, Handwerk und Zünfte im mittelalterlichen Wetzlar (LH 1930, 18, 20/21, 31/2).
– –, Wetzlars Bankrott im Mittelalter (LH 1929, 38/9).
– –, Eine Klageschrift der vertriebenen Schöffen (MWG 8, 1922).

W. Messerschmidt, Der Rheinische Städtebund von 1381–1389. Diss. Marburg 1906.

Fr. Uhlhorn, Wetzlar und Limburg. Untersuchungen zur territorialgeschichtlichen Dynamik der Landschaft an der unteren Lahn (in: Aus Verfassungs- und Landesgeschichte, Festschrift für Theodor Mayer II, 1955).

H. F. Friedrichs, Herkunft und ständische Zuordnung des Patriziats der wetterauischen Reichsstädte bis zum Ende des Staufertums (HJL IX, 1959).

Kap. 11 Politische und wirtschaftliche Zustände im ausgebauten Mittelalter

H. Veltman, Von der Reichsstadt Wetzlar Größe und Verfall und den Ursachen ihres Niederganges (MWG 5, 1914).

(Wertvolle Stoffsammlung für die wirtschaftl. Verhältnisse; jedoch beachtet V. nicht den Stadtbankrott und seine Wirkungen und setzt den Verfall viel zu spät an).

A. Schoenwerk, Bilder aus dem heimatl. Rechtsleben: die Feme (LH 1933, 27/8).

Fr. H. Himmelreich, Die ausgegangenen Ortschaften (Wüstungen) im Solmser Lande (WH 7).
– –, Leuner Chronik. Wetzlar 1910.
– –, Braunfelser Geschichtsbilder. Braunfels 1937.
– –, Abgaben u. Steuern in d. ländl. Bezirken d. Kreises Wetzlar vor dem Jahre 1812 (MWG 1, 1906).
– –, Einstige militärische Zustände in unserer Heimat (LH 1938, 8).

H. Zutt, Geschichte vom Kirchspiel Biskirchen. Wiesbaden 1926.

G. Einecke, Der Bergbau u. Hüttenbetrieb im Lahn- und Dillgebiet und in Oberhessen. Wetzlar 1932.

Fr. Gaul, Die persönlichen u. wirtschaftl. Verhältnisse des Bauernstandes im Fürstentum Solms-Braunfels in tausendjähriger Entwicklung vom 9. bis 19. Jahrhundert. Jena 1904.

H. Flender, Bubelingishusen. Aus der wechselvollen Geschichte eines Wetzlarer Stadtteils (HKL 1959).

H. Flender, Dalheim. Ein ehemaliges Dorf vor den Toren Wetzlars (HKL 1960).

H. Flender, Alt-Wetzlars große Not (HLD 1967, Nr. 140).

Kap. 12 Geistliche Niederlassungen und religiöses Leben im ausgehenden Mittelalter

A. Schoenwerk, Das Marienstift in Wetzlar (LH 1935, 4–8, 27–35; 1936, 31–37).
– –, Aus der Verwaltungspraxis des Wetzlarer Marienstifts im Spätmittelalter (MWG 16, 1954).

H. Gloël, Der Dom zu Wetzlar. Wetzlar 1925.
– –, Die Wetzlarer Altäre im Mittelalter (MWG 14, 1937).

Fr. Ebel, Kloster Altenberg bei Wetzlar (Zeitschrift für Bauwesen 55 [1905]).

- -, Das Praemonstratenserinnen-Kloster Altenberg a. d. Lahn. Kulturhistorische Skizzen nach der Handschrift des Petrus Diederich. Magdeburg 1905.

W. E. Podszek, Kloster Altenberg. Der Abwehrkampf eines reichsunmittelbaren Klosters in der Neuzeit. Diss. Gießen 1938.

E. Becker, Hans Döring, ein Dillenburger Hofmaler des 16. Jahrhunderts (NAN Bd. 53, 1933).

Das Marienstift zu Wetzlar im Spätmittelalter. Regesten 1351-1500 (= Urkundenbuch der Stadt Wetzlar, 3. Bd.). Bearb. v. W.-H. Struck. Marburg 1969.

W.-H. Struck, Die Sendgerichtsbarkeit am Ausgang des Mittelalters nach den Registern des Archipresbyterats Wetzlar. Geschichte der sittlichen Zustände und des kirchlichen Lebens am Vorabend der Reformation (NAN Bd. 82, 1971).

Eine Grabung im Wetzlarer Dom. Vorbericht des Landeskonservators von Hessen und des Hessischen Landesamtes für Geschichtliche Landeskunde (HJL II, 1952).

H. Feldtkeller, Grabungen im Dom zu Wetzlar. Ein Vorbericht (in: Deutsche Kunst und Denkmalpflege 1954, Heft 1). München 1954.

H. Feldtkeller, Ergebnisse der Grabungen im Dom zu Wetzlar (HLD 1956, Nr. 22).

H. Flender, Der Mann vff dem Kirchenthorn (Die Wetzlarer Stadttürmer) (HLD 1958, Nr. 45-46).

H. Gensicke, Gottfried von Beselich. Untersuchungen über die Anfänge der Klöster Altenberg, Walsdorf und Beselich (NAN Bd. 68, 1957).

K. Köster, Mittelalterliche Weißstickereien aus dem Kloster Altenberg an der Lahn in amerikanischen Museen (NAN Bd. 70, 1959).

M.-E. Fritze-Becker, Die Wandmalereien der ehemaligen Praemonstratenserinnen-Stiftskirche Altenberg/Lahn (HJL X, 1960).

E. Becker, Die Malerei am Nassau-Dillenburger Grafenhofe im 15. bis 18. Jahrhundert (NAN Bd. 69, 1958).

Kap. 13 Die Reformation in Stadt und Land

A. Schoenwerk, Die geschichtl. Entwicklung von Stadt u. Kreis Wetzlar seit dem Mittelalter bis zum Übergang an Preußen (WH 6).

P. Wagner, Zur Reformationsgeschichte der Reichsstadt Wetzlar (MWG 3, 1910).

(Für die Reformationsgeschichte der Heimat fehlen noch gründliche Untersuchungen.)

Fr. H. Himmelreich, Graf Konrad zu Solms-Braunfels. Ein Reformationsbüchlein für das Solmser Land. Wetzlar 1917.

E. Kemper, Luthertum und Calvinismus in Stadt und Amt Hohensolms bis zum Dreißigjährigen Kriege. Hohensolms 1917.

Fr. K. Abicht, a. a. O. Bd. 3.

H. Flender, Die Reformation in der Reichsstadt Wetzlar (HLD 1967, Nr. 147).

H. Flender, Unerbittliche Intoleranz. Aus der Geschichte der Wetzlarer Reformierten Gemeinde (HLD 1967, Nr. 148).

W. Küther, Die Anfänge der Reformation im Solmser Land (HLD 1967, Nr. 147).

Fr. Uhlhorn, Ein patriarchalisches Zeitalter. Kulturbilder aus der Geschichte der Grafen zu Solms (HJL XII, 1962).

Kap. 14 Der Dreißigjährige Krieg

G. Trauthig, Die Reichsstadt Wetzlar zur Zeit des Dreißigjährigen Krieges. Wetzlar 1928.

Fr. H. Himmelreich, Kriegsdrangsale in der Grafschaft Solms 1621 bis 1635 (MWG 4, 1912).

- -, Der Auszug der Nonnen aus Kloster Altenberg (1646) (MWG 6, 1917, 14, 1937).

- -, Ergänzungen zur Geschichte der Reichsstadt Wetzlar zur Zeit des Dreißigjährigen Krieges (MWG 14, 1937).

- -, Aus der Drangsalzeit des Dreißigjährigen Krieges (MWG 9, 1925).

- -, Das Kriegsjahr 1646 und unsere Heimat (MWG 11, 1929).

Aus einem alten Krofdorfer Kirchenbuch (LH 1926, 38).

E. Praß, Beitrag zur Geschichte von Krofdorf (LH 1935, 46).

H. v. Ritgen, Geschichte von Burg Gleiberg (2. Jahresbericht des Oberhessischen Vereins für Localgeschichte [1881]).

W. E. Kellner, Johann Philipp Chelius (1610–1683). Die Reichsstadt Wetzlar und die Anfänge ihrer Geschichtsschreibung (MWG 20, 1962).

Kap. 15 Fürst und Untertan

Rud. Gr. zu Solms-Laubach, Geschichte des Grafen- und Fürstenhauses Solms, Frankfurt 1865.

K. Menzel, Geschichte von Nassau von der Mitte des 14. Jahrhunderts bis zur Gegenwart. 3 Bde. Wiesbaden 1879–1889.

W. Fabricius, Erläuterungen zum Geschichtl. Atlas der Rheinprovinz 5, 2 (Publ. d. Ges. f. Rhein. Geschichtskunde). Bonn 1898.

J. Scotti, Sammlung der Gesetze u. Verordnungen im neuen kgl. preuß. Landesgebiete bis 1815/16. Teil 3. Solmsische Gebiete, 4. Nassau, 5. Wetzlar. Düsseldorf 1836.

J. Manskopf, Die Gründung der Hugenottengemeinden Daubhausen und Greifenthal (MWG 11, 1929).

A. Bibo, Die Hugenottensiedlung Hasselborn (LH 1935, 36).

Erda in Vergangenheit und Gegenwart (Verf. ungenannt) (LH 1937, 2–20).

H. Zutt, Die Querulanten im Greifenstein'schen (LH 1936, 15–17).

Klage gegen einen Fürsten (Verf. ungenannt, betr. Hüttenberg) (LH 1935, 35–38).

Zum Schulwesen vgl. z. B.: Biskirchen LH 1937, 6; Brandoberndorf LH 1939, 22; Espa LH 1936, 36; Garbenheim LH 1938, 43; Gleiberg LH 1939, 7/8; Naunheim LH 1939, 11, 33; Neukirchen LH 1939, 4; Odenhausen LH 1938, 25; Reiskirchen LH 1939, 17; Rodheim LH 1935, 38 und in Mitteilungen aus Gesch. u. Heimatkunde d. Kreises Biedenkopf 3; Waldgirmes ebenda 1.

Fr. Uhlhorn, Die böhmische Linie des Hauses Solms-Lich (HJL IX, 1959).

G. Welkoborsky, Das Solmser Landrecht (Archiv f. hes. Gesch. u. Altertumskunde, Neue Folge, 30. Bd., 1./2. Heft, Darmstadt 1967/68).

Kap. 16 Wetzlar im 17. und 18. Jahrhundert

H. Rau, Geschichte der Reichsstadt Wetzlar vom Westfälischen Frieden bis zum Kommissionsvergleich zwischen Rat und Bürgerschaft (1648–1712). Wetzlar 1928.

K. Watz, Die Reichsstadt Wetzlar vom Kommissionsvergleich zwischen Rat und Bürgerschaft bis zum Beginn des Siebenjährigen Krieges (1712–1756). Wetzlar 1929.

– –, Wetzlarer Finanznöte in der 2. Hälfte des 18. Jahrhunderts (LH 1930, 25–28).

– –, Die hess. Besatzung in Wetzlar von 1704–1803 (LH 1926, 32).

– –, Rechtsmißstände u. Justizskandale i. d. letzten Jahrzehnten der Reichsstadt Wetzlar (LH 1929, 50).

H. Veltman, Relation über die . . . im Jahre 1766 entgegengenommene Huldigung. Wetzlar 1901.

R. Smend, Das Reichskammergericht. Weimar 1911.

Jordan, Zwei Kameralberichte über die Stadt Wetzlar aus den Jahren 1683 u. 1689 (MWG 2, 1908).

H. Gloël, Goethes Wetzlarer Zeit. Bilder aus der Reichskammergerichts- und Wertherstadt. Berlin 1911.

– –, Goethe und Lotte. Berlin 1922.

– –, Der Wetzlarer Goethe. Wetzlar 1932. Neuauflage 1961.

H. Mignon, Goethe in Wetzlar. Kleine Chronik aus dem Sommer 1772. 2. Auflage. Wetzlar 1972.

Fr. Bill, Die Reichsstadt Wetzlar vom Beginn des 7jährigen Krieges bis zum Reichsdeputationshauptschluß (1756–1803). Masch.-Manuskript im Stadtarchiv Wetzlar (1938).

H. Duchhardt, Reichskammerrichter Franz Adolf Dietrich von Ingelheim (1659/1730–1742). Eine biographische Skizze (NAN Bd. 81, 1970).

H. Flender, Prunkvollste Kaiserhuldigung der Reichsstadt Wetzlar (HLD 1967, Nr. 139).

K. Hinze, Fürstliches Palais. Ein denkwürdiges barockes Baudenkmal aus Wetzlars RKG-Zeit (HLD 1965, Nr. 121).

K. Hinze, Das Fürstliche Haus mit europäischer Wohnkultur zweier Jahrhunderte (HLD 1967, Nr. 148).

I. v. Lemmers-Danforth, Europäische Wohnkultur. Renaissance und Barock. Wetzlar o. J.

1767-1967. 200 Jahre Zeitung in Wetzlar (Sondernummer der „Wetzlarer Neuen Zeitung" vom Juli 1967).

200 Jahre neue Hospitalkirche Wetzlar. Hrsg. von der Heilig-Geist-Kirchengemeinde Wetzlar. Wetzlar 1964.

W. Matthäus, Schauspiele und Schauspieler in der Reichsstadt Wetzlar. Ein Gang durch die Theatergeschichte vom Mittelalter bis zur Reichsauflösung (HLD 1966, Nr. 133).

K. Hinze, Komödienspiel in Wetzlar vor 200 Jahren (HLD 1967, Nr. 146).

E. Schrader, Johann Jakob Höfler, das Urbild des Gesandten in Goethes Werther. Beiträge zum Schicksal Goues und Jerusalems (Braunschweigisches Jahrbuch 33, 1952).

J. Göres, Die Leiden des jungen Werthers. Ausstellungskatalog 1972.

S. Rösch, Aus Wetzlars klassischer Zeit. Vom Personenkreis um Goethe und Lotte. Wetzlar 1950.

Das Lottehaus, Wetzlars Goethestätte. Bearb. von H. Pfeiffer. Hrsg. vom Wetzlarer Geschichtsverein im Gedenken an den Aufenthalt Johann Wolfgang Goethes in Wetzlar vor 200 Jahren. Wetzlar 1972.

S. Rösch, Lotte Buff und ihr Sippenkreis (Hessische Familienkunde 1, 1948).

S. Rösch, Die Familie Buff. Neustadt a. d. Aisch 1953 und 1955.

Kap. 17 Untergang des Alten Reiches und Neuordnung

Kriegsereignisse: Aßlar LH 1936, 4; Brandoberndorf LH 1936, 1; Cleeberg LH 1935, 34; Hermannstein LH 1938, 31; Krofdorf LH 1936, 10 bis 11, 23, 50; Leun MWG 2, 70 ff.; Naunheim LH 1935, 34; Niederbiel LH 1927, 16, 1936, 12; Rodheim LH 1927, 20.

H. Veltman, Einige Nachrichten über das Treffen bei Wetzlar. Wetzlar 1912.

J. Müller, Die Schlacht bei Wetzlar am 15. Juni 1796 und das Denkmal des Erzherzogs Karl (LH 1935, 19-21).

P. Darmstaedter, Das Großherzogtum Frankfurt. Frankfurt 1901.

Th. Jos. Scherg, Das Schulwesen unter K. Th. v. Dalberg usw. München-Solln 1939.

Fr. Bill, Die Stadt Wetzlar im Jahre 1810 (LH 1936, 26-29).

F. W. Feuring, Aus den Tagen des Rheinbundes (LH 1927, 44-48).

E. Praß, Maßnahmen der nass. Regierung zur Hebung des heimischen Bauernstandes bis 1815 (LH 1933, 10/11).

Fr. Wieber, Auf dem Wege zur Befreiung des Bauernstandes bis 1815. Beispiel: Gemeinde Burgsolms (LH 1934, 44-48).

H. Gloël, Wetzlar während des Befreiungskrieges (MWG 5, 1914).

– –, Der Übergang Wetzlars an das Königreich Preußen (MWG 6, 1917).

G. Stephan, Ein Braunfelser auf dem Wiener Kongreß (LH 1937, 43/4).

M. Bär, Die Behördenverfassung der Rheinprovinz seit 1815 (Veröffentl. der Ges. f. Rhein. Geschichtskunde 35). Bonn 1919.

Kap. 18 Vom Deutschen Bund zum Deutschen Reich

Das Wetzlarer Gymnasium 1799-1949. Festschrift zum 150jährigen Bestehen der Anstalt. Wetzlar 1953.

L. Roth, Der Reichsfreiherr vom Stein u. s. Beziehungen zu Wetzlar (MWG 12, 1931).

J. Hinckel, Wetzlar vor hundert Jahren (MWG 6, 1917).

v. Sparre, Über die gewerblichen Verhältnisse in der Stadt Wetzlar (Wetzlarisches Intelligenzblatt, 1837, 9. Februar).

M. Eggert, Der Übergang der Wetzlarer Zünfte zur Gewerbefreiheit (1800–1850). Diss. Gießen 1923 (Manuskript).

Fr. Henrich, Die Anfänge der Straßenbeleuchtung in der Stadt Wetzlar (LH 1939, 5).

– –, Wetzlars Gast- und Schankhäuser (LH 1936, 19–25).

– –, Die Wasserversorgung Wetzlars; seine alten Brunnen (LH 1935, 34).

H. Gloël, Die Spitzen der Wetzlarer Behörden seit dem Jahre 1815 (MWG 13, 1934).

K. Schwenk, Wetzlar in den Jahren 1848 und 1849 (MWG 7,

Fr. H. Himmelreich, Die Belagerung von Braunfels. Eine Erinnerung an das Jahr 1848 (MWG 7, 1919).

100 Jahre Ochsenfest, Festschrift. Wetzlar 1952.

O. Stückrath, Zur Volkskunde unserer Heimat (WH 9).

F. W. Feuring, Glaube und Brauch im Kreise Wetzlar (MWG 12, 1931).

Fr. H. Himmelreich, Allerlei Gebräuche, Sitten und Unsitten im Solmser Lande (MWG 10, 1927).

M. Keller, Sage und Lied in Cleeberg. Gießen 1939.

W. Luh, Die Hüttenberger Frauentracht. Hess. Blätter für Volkskunde 25 (1926).

H Neuhaus, Aus dem Sagenschatz der Heimat (WH 2).

Über Volkskundliches aus einzelnen Orten vgl. Hüttenberg LH 1936, 12, 1937, 21; Krofdorf LH 1936, 37/8, 1937, 10, 1938, 6–8; Naunheim LH 1933, 31, 1935, 32, 1936, 52, 1937, 2; Niederkleen LH 1936, 18; Rodheim LH 1934, 6; Ulmtal LH 1932, 35/6, 1936, 27.

L. Berthold, Ein Blick in die Wetzlarer Mundart (WH 2).

W. Wenzel, Wortatlas des Kreises Wetzlar und der umliegenden Gebiete (Deutsche Dialektgeographie 28). Marburg 1930.

E. David, Die Wortbildung der Mundart von Krofdorf. Diss. Gießen 1892.

J. Leidolf, Die Naunheimer Mundart. Diss. Jena 1891.

K. Jäger, Die Flurnamen der Gemarkung Cleeberg (Hess. Flurnamenbuch 13). Gießen 1938.

Über Auswanderung vgl. Cleeberg LH 1938, 44; Naunheim und Waldgirmes LH 1935, 48; Kraftsolms LH 1936, 4; Solms-Braunfels LH 1935, 33, 1936, 2.

W. Müller, Die Lahn als Wasserstraße. Wetzlar 1953.

W. E. Atzbach, Geschichte der Lahnschiffahrt und der Lahnkanalisierung (LH 1936, 41–44).

Fr. Raab, Wetzlar während des Krieges im Jahre 1866 (MWG 5, 1914).

H. Oehler, Der Krieg von 1870/71 im Spiegel der Heimat (LH 1939, 19–31).

P. Alpers, Paul Wigand, eine Lebensfreundschaft mit den Brüdern Grimm (HJL XIV, 1964).

R. Moldenhauer, Die Petitionen aus Kreis und Stadt Wetzlar an die Deutsche Nationalversammlung 1848/49 (MWG 23, 1967).

K. Fuchs, Die Lahn als Schiffahrtsweg im 19. Jahrhundert (NAN Bd. 75, 1964).

K. Fuchs, Zur Erschließung des Lahn-Dill-Reviers durch einen Schienenweg (NAN Bd. 84, 1973).

H. Hirsch, August Bebel. Sein Leben in Dokumenten, Reden und Schriften. Köln/Berlin 1968.

H. Hirsch, August Bebel in Selbstzeugnissen und Bilddokumenten. Hamburg 1973.

Kap. 19 Die Industrialisierung

W. Biemer, Die industrielle Entwicklung der Stadt Wetzlar. Ein Beitrag zur industriellen Standortlehre. Bückeburg 1933 (Mit ausführlichem Verzeichnis der bis dahin erschienenen Literatur).

50 Jahre Industrie- und Handelskammer Wetzlar. Wetzlar 1950.

A. Boehm, Das Jahr bei den Unterirdischen. Clausthal-Zellerfeld 1951 (Enthält anschauliche Schilderungen von heimischen Gruben).

H. Schubert - J. Ferfer - G. Schache, Vom Ursprung und Werden der Buderus'schen Eisenwerke Wetzlar. Wetzlar 1937.

100 Jahre Optik und Feinmechanik in Wetzlar 1849–1949. Wetzlar 1949 (Pegasus Verlag).

A. Berg, Ernst Leitz Optische Werke Wetzlar. 1849–1949.

100 Jahre M. Hensoldt & Söhne, Optische Werke AG. Wetzlar (1852 bis 1952). Darmstadt 1952.

W. Maurer, Die Entwicklung der heimischen (Brandoberndorf) Lederindustrie (HKL 1952).

W. Wagner, Von der Hochelheimer Käse-Industrie (HKL 1953).

H. Fröde, Die Zigarrenfabrikation im Kreise Wetzlar (HKL 1953).

A. Lux, 100 Jahre Photographie in der Leica-Stadt Wetzlar. Daguerre bis Barnack (MWG 15, 1953).

W. Erb, Die Leitz-Werke, Optische Werke, Wetzlar, ihre Geschichte und ihre Bedeutung f. d. Wetzlarer Raum. Marburg 1955.

K. Fuchs, Die wirtschaftlichen Strukturwandlungen im Lahn-, Dill- und Sieg-Revier seit dem ausgehenden 19. Jahrhundert (NAN Bd. 81, 1970).

Kap. 20 Stadt und Kreis Wetzlar im 20. Jahrhundert

Fr. Wieber, Aus der Geschichte des Lehrerseminars zu Wetzlar. Ein Erinnerungs- und Gedenkbuch 20. 10. 1905–20. 10. 1955. Wetzlar 1955.

Wetzlarer Heimathefte. 12. Folge. Biographien Wetzlarer Persönlichkeiten. Wetzlar o. J.

H. Flender, Ehrenbürger der Stadt Wetzlar (HLD 1957, Nr. 32–34).

U. Mayer, Das Eindringen des Nationalsozialismus in die Stadt Wetzlar (MWG 24, 1970).

Verwaltungsbericht der Stadt Wetzlar vom 1. 4. 1928 bis 31. 3. 1952. Hrsg. vom Magistrat der Stadt Wetzlar. Bearb. von H. Flender. Wetzlar 1957.

Der Kreis Wetzlar. Verwaltung und Wirtschaft. 10 Jahre Wiederaufbau und Entwicklung im Kreis seit 1948. Hrsg. vom Kreisausschuß des Landkreises Wetzlar. Wetzlar 1959.

Mitteilungsblatt der Industrie- und Handelskammer Wetzlar. Wetzlar 1946 ff.

J- Leib, Die Nahbereichsgemeinde. Methoden zur Struktur- und Funktionsuntersuchung von Gemeinden in der verstädterten Zone einer Mittelstadt und Beispiele aus Krofdorf-Gleiberg und Vetzberg (Gießener Geographische Schriften, Heft 26). Gießen 1972.

NAMEN- und SACHREGISTER

I. Orts- und Personennamen

(Örtlichkeiten in Wetzlar siehe unter dem Stichwort Wetzlar)

II. Sachregister

VERZEICHNIS DER KARTEN UND GRUNDRISSE